THOMAS MANN

TAGEBÜCHER
1933-1934

Herausgegeben
von Peter de Mendelssohn

S. FISCHER

© S. Fischer Verlag GmbH, Frankfurt am Main 1977
Umschlagentwurf R. und E. Marhold
Satz und Druck Poeschel & Schulz-Schomburgk, Eschwege
Einband G. Lachenmaier, Reutlingen
Printed in Germany
ISBN 3 10 048189 5

VORBEMERKUNGEN DES HERAUSGEBERS

Thomas Mann führte sein ganzes Leben lang Tagebuch, von seiner Lübecker Gymnasiastenzeit bis wenige Tage vor seinem Tod. Aber diese Aufzeichnungen, die sein ganzes erwachsenes Leben und sein ganzes Werk begleiteten und Werk und Leben wechselseitig erhellten und erläuterten, sind nicht für die gesamte Lebensspanne erhalten. Die Tagebücher seiner Jugendjahre vernichtete er im Jahr 1896 in München. Die Tagebücher der nachfolgenden Jahrzehnte bis zum Frühjahr 1933, als er Deutschland verließ, nicht ahnend, daß er nicht würde zurückkehren können, warf er am 21. Mai 1945, zumindest zum größten Teil, in Pacific Palisades ins Feuer. Die restlichen Tagebücher, aus den letzten zweiundzwanzig Lebensjahren, bewahrte er auf. Sie sind es, die jetzt der Öffentlichkeit vorgelegt werden. Das Ganze indessen hat seine Geschichte.

Von seinen Jünglingsjahren in Lübeck an bis etwa zur Lebensmitte führte Thomas Mann außer dem Tagebuch auch ein Notizbuch. Das Notizbuch war klein, zumeist ein handlicher Taschenkalender, den er in der Rocktasche bei sich trug. Das Tagebuch war von größerem Format und wurde wohl daheim in der Schreibtischschublade verwahrt. Da die Tagebücher aus den Gymnasiastenjahren und der Dichter-Anfängerzeit nicht erhalten sind, wissen wir nicht, in welcher Weise sie sich von den gleichzeitig geführten und erhaltenen Taschen- oder Notizbüchern unterschieden. Sie müssen wohl auch frühe dichterische Versuche enthalten haben, denn in seinen Briefen an den Lübecker Schulfreund Otto Grautoff aus der ersten Münchener Zeit erwähnt Thomas Mann, er »dichte« zeitweise »nur fürs Tagebuch«. In einem Brief des Zwanzigjährigen vom 28. März 1895 aus München heißt es: »Abgesehen von meinem treuen und lieben Tagebuch schreibe ich in dieser Zeit überhaupt keine Prosa . . .«, und in einem anderen Brief, wenige Wochen später, mit Bezug auf Hermann Bahr, den er als Gymnasiast verehrte und nachahmte: »Ein wenig reifer bin ich doch geworden seit der Zeit, wo mein Tagebuch schließlich ebensogut von dem bubenhaft frivolen und falsch sentimentalen Pseudo-Pariser hätte sein können.« Jugendliche Novellenentwürfe, Skizzen, Betrachtungen und wohl auch Gedichte dürften sich in den frühen Tagebüchern gefunden haben.

Was diesen Tagebüchern widerfuhr, wissen wir ganz genau. Am 17. Februar 1896 schrieb Thomas Mann an Grautoff: »Übrigens: Ich habe es dieser Tage bei mir ganz besonders warm. Ich verbrenne nämlich meine sämmtlichen Tagebücher – ! – Warum? Weil sie mir lästig waren; räumlich und auch sonst . . . Du findest es schade? – Aber wo sollte ich sie auf die Dauer lassen, z.B. wenn ich für lange Zeit verreise? Oder wenn ich plötzlich sanft hinüberschlummerte? Es wurde mir peinlich und unbequem, eine solche Masse von geheimen – *sehr* geheimen – Schriften liegen zu haben. Deine sämmtlichen Briefe und einige uralte Novellen zweifelhafter Art, darunter sogar der unschuldige ›B..l‹ haben ihre chemischen Hauptbestandteile ebenfalls zum Schornstein hinaus geschickt. Ich empfehle Dir, eine ähnliche Säuberung vorzunehmen. Mir hat sie ordentlich wohl gethan. Man ist die Vergangenheit förmlich los und lebt nun wohlgemuth und unbedenklich in der Gegenwart und in die Zukunft hinein.«

So der knapp Einundzwanzigjährige. Aber er schaffte 1896 das Tagebuch nicht ab, sondern legte offenbar sofort ein neues an und setzte die liebe Gepflogenheit fort. Am 19. März 1896 heißt es in einem Brief, ebenfalls an Grautoff: »Ich habe denn auch in den letzten Tagen nichts anderes gethan, als ein wenig an meinem Tagebuch gearbeitet . . .« Das Tagebuch war also für den jungen Menschen, der bis dahin noch kaum etwas veröffentlicht hatte, durchaus kein müßiger Zeitvertreib, sondern ›Arbeit‹, auf die Mühe und Fleiß verwendet wurde, eine Vorstufe des bald darauf einsetzenden Schaffensprozesses, ein vorläufiger Ersatz für das herannahende Werk. Wie lange es diese Funktion noch weiter erfüllte, nachdem das Werk begonnen hatte hervorzutreten, ob es in der Folge eine andere Funktion hatte – wer weiß. Eine lebenswichtige Funktion muß es für Thomas Mann jedoch zeitlebens gehabt haben, denn es wurde beharrlich weitergeführt; soviel ist sicher.

Die Notizbücher, die nebenher laufen, sind eine andere Sache. Sie vernichtete Thomas Mann nicht; er bewahrte sie bis zu seinem Lebensende auf und verfügte auch keine Sperrfrist über sie. Die Forschung hat sie studieren können. Es sind insgesamt vierzehn solcher Notizbücher erhalten. Das früheste wurde 1893 begonnen, als Thomas Mann noch in Lübeck zur Schule ging, das letzte stammt aus der Zeit bald nach dem Ersten Weltkrieg. In ihrer zeitlichen Folge bestehen Lücken, es mögen ursprünglich mehr gewesen sein, denn einige Notizbücher enthalten eingelegte Seiten aus anderen, früheren, die nicht mehr vorhanden sind.

Wie verhielten sich diese Notizbücher zu den gleichzeitig geführten Tagebüchern? Daß sie nicht demselben Zweck dienten, nicht die gleiche Funktion erfüllten, ist offenkundig. Sonst hätte Thomas Mann nicht die Tagebücher vernichtet beziehungsweise auf zwanzig Jahre nach seinem Tod gesperrt und die Notizbücher unversiegelt und ohne Vermerk in seiner Schreibtischschublade liegen gelassen. Der Inhalt dieser Notizbücher ist indessen keineswegs so »unprivat«, wie es auf den ersten Blick scheinen mag. Freilich ist er ein buntes Durcheinander. Zum größten Teil beziehen die Eintragungen sich auf das Werk und sind Vorarbeiten, Notizen, Einfälle, Motive, Beobachtungen und Gedankengänge für geplante oder in Arbeit befindliche Werke. Zwischen sie aber ist vieles andere eingestreut: Listen von Namen für mögliche fiktive Figuren, Ausgaben-Aufstellungen, Lesefrüchte aus Büchern, Zeitschriften, Zeitungen und Kalendern, Titel von Büchern, die er zu lesen oder anzuschaffen beabsichtigt, Adressen, Wäschelisten,

Telefonnummern, Programm-Zusammenstellungen für Vorlesungen, Zugverbindungen, Namenslisten für den Versand von Freiexemplaren seiner Bücher und anderes mehr.

Diese Eintragungen in den Notizbüchern sind nicht datiert – ihre Datierung ist stellenweise nicht einfach –, aber sie tragen dessen ungeachtet hier und dort ausgesprochenen Tagebuch-Charakter und zwar durchaus einen »sehr geheimen«. Die Notizbücher sind mithin offensichtlich eine Mischform aus Taschenbuch und Tagebuch, und es muß offen bleiben, was das eigentliche, gleichzeitig geführte Tagebuch darüber hinaus enthielt. Es wird wohl noch um einiges »geheimer« gewesen sein.

Zu Beginn der zwanziger Jahre änderte sich Thomas Manns Arbeitsmethode, und damit verschwinden die Notizbücher. Es gibt, vom *Zauberberg* an, nur noch die zum Teil sehr umfangreichen Vorarbeiten-Konvolute, und man kann sich vorstellen, daß vieles von den »täglichen Eintragungen«, die vormals die Notizbücher füllten, nunmehr im getreulich weitergeführten Tagebuch seinen Platz fand. Auf eine Umfrage der ›Literarischen Welt‹ Mitte der zwanziger Jahre über seine Arbeitsweise, gab Thomas Mann die klare Auskunft, er führe »kein Taschenbuch«.

Hingegen gab es Tagebücher aus der Zeit von 1896 – dem Zeitpunkt, als er die frühen Tagebücher in den Ofen warf – bis zum Anfang Februar 1933, als Thomas Mann Deutschland zu einer Vortragsreise verließ, von der er nicht zurückkehrte. In seinen erhaltenen späteren Tagebüchern bezieht er sich hier und dort auf sie; so an einer Stelle im Jahr 1934, wo er vermerkt, er habe alte Tagebücher aus dem Jahre 1927 wieder gelesen, um sich ein besonderes, sehr privates Erlebnis aus jenem Jahr wieder lebendig zu machen. Seine Angehörigen wußten von der Existenz dieser »braven Schulhefte«, wie Erika Mann sie nennt, die er streng unter Verschluß hielt und in die er nie jemand Einblick gewährte. Er selbst erwähnt einmal, er habe die Gewohnheit gehabt, abends vor dem Schlafengehen in dieses Schulheft einige Eintragungen über den abgelaufenen

Tag zu machen, und zuweilen wurde er bei diesem geheimen und geheimnisvollen Tun ertappt. »Trat man«, erinnerte sich Erika, »gegen Abend oder später unvermutet bei ihm ein und betraf ihn dabei, so schien er betroffen – fast ärgerlich. Waren sie ›kompromittant‹, diese braven Schulhefte? Mag immerhin sein. Kein Lebensbau ohne ein ›Blaubartzimmer‹. Eigentlich ›Anstößiges‹ muß dennoch nicht im Spiele gewesen sein. Enthielten diese zahllosen Seiten nur irgendwelche Dinge, die T. M. im Leben nicht ausgesprochen haben würde, so waren sie ihm tabu, und der Gedanke, irgendwer – selbst die Nächsten – könnte je Einblick in sie gewinnen, erweckte ihm Grauen.« So die Vermutung der Tochter und Vertrauten, die nie einen Blick in die Tagebücher warf. Der Leser des vorliegenden Bandes mag selbst ermessen, ob und wie weit ihre Vermutung zutraf.

Daß Thomas Mann davor graute, irgend jemand könne zu seinen Lebzeiten und noch geraume Zeit danach Einblick in die Tagebücher nehmen, ist zweifelsfrei. Es geht aus der großen Aufregung hervor, in die er geriet, als er im April und Mai 1933 argwöhnen mußte, die Tagebücher seien in unbefugte Hände geraten. In der Tat erlebten sie ein haarsträubendes Abenteuer.

Thomas Mann hatte am 11. Februar 1933 München verlassen und war mit seiner Gattin nach Amsterdam, Brüssel und Paris gereist, um dort den bereits in München mit großem Erfolg gehaltenen Wagner-Vortrag zu wiederholen. An diese Vortragsreise sollte sich ein vierzehntägiger Erholungsaufenthalt in Arosa anschließen, und danach gedachte er, nach München und zu seiner Arbeit zurückzukehren. Das laufende Tagebuch, das er selten auf Reisen mitnahm, war zusammen mit allen anderen, früheren in München zurückgeblieben. Während seiner Abwesenheit begann in München das nationalsozialistische Kesseltreiben gegen ihn. In Arosa erreichten ihn die ersten Nachrichten, die seine geplante sofortige Rückkehr nach Deutschland als untunlich erscheinen ließen. Warnungen von

Freunden und der eigenen älteren Kinder rieten dringend, einstweilen in der Schweiz zu bleiben und abzuwarten. Nach langer, begreiflicher Unschlüssigkeit folgten Thomas Mann und Frau Katia diesen Ratschlägen. Thomas Mann legte in diesen Tagen – es war der 15. März 1933 – ein neues Tagebuch an, in dem er die Ereignisse und seine Überlegungen zu ihnen aufzeichnete. Mit diesem Heft beginnt die vorliegende Veröffentlichung.

Golo Mann, Thomas Manns zweiter Sohn, damals vierundzwanzigjährig, war als einziger im Haus in der Poschingerstraße in München zurückgeblieben, als Eltern und ältere Geschwister sich bereits in der Schweiz befanden. Er brachte am 3. April 1933 seine jüngste Schwester Elisabeth zu den Eltern und kehrte nach München zurück. Kaum war er zurückgefahren, da fiel dem Vater etwas auf die Seele, das keinen Aufschub duldete, so sehr bedrängte es ihn, auch wenn er noch immer hoffte und erwartete, in absehbarer Zeit nach München heimkehren zu können. Die hier mitgeteilten Tagebücher erzählen ausführlich davon, und die Eintragungen stimmen weitgehend mit Golo Manns Aufzeichnungen aus dieser Zeit und seiner Erinnerung überein. Thomas Mann schrieb an Golo und wies ihn an, aus dem sogenannten »Schließschrank« in der Diele des Hauses, der sehr private Dinge enthielt und für den er den Schlüssel, den er stets bei sich trug, mitschickte, Verschiedenes auszuwählen und ihm sofort in einem Handkoffer nach Lugano zu schicken. Zu diesen Dingen gehörten sämtliche Tagebücher – soweit Golo sich erinnerte, etwa ein halbes Hundert einfacher Wachstuchhefte und somit, falls Thomas Mann nicht in der Zwischenzeit seit 1896 nochmals eine Verbrennung vornahm, der ganze Bestand seit jener jugendlichen Ofenheizung. »Ich rechne auf Deine Diskretion«, schrieb der Vater, »daß Du selber diese Hefte nicht liest.«

Golo Mann nahm, wie er sich erinnert, das Diskretionsgebot des Vaters überaus ernst und schloß sich, um bei seiner Tätigkeit nicht überrascht zu werden, während er den Koffer packte, im Arbeitszimmer ein. Nun gab es aber im Haus den Chauffeur Hans Holzner, der, was die Familie nicht ahnte, schon längst zu den Nazis übergelaufen war und für das Braune Haus eifrig Spitzeldienste leistete. Dieser wachsame Bursche nahm an, als Golo sich in des Vaters Arbeitszimmer einschloß, es müsse sich bei seinem Tun um »Politisches« handeln, und als Golo den Koffer auf die Bahn bringen und als Eilfrachtgut aufgeben wollte, erbot er sich mit heuchlerischer Freundlichkeit, das für ihn zu besorgen. Das war am 10. April 1933. Der Chauffeur besorgte die Sache auf seine Weise. Der Koffer gelangte nicht nach Lugano.

Das Tagebuch aus dem April und Mai 1933 berichtet von Thomas Manns wachsender Besorgnis und Unruhe über das Ausbleiben des Koffers. Aber es berichtet natürlich nur, was Thomas Mann selbst wußte oder vermutete, und das war nicht alles. Thomas Mann meinte, der Koffer sei vermutlich aus Zollgründen oder irgend einer Schlamperei an der Grenze hängengeblieben, und befürchtete sehr, er könne in falsche Hände geraten. Es verhielt sich anders.

Inzwischen war es nachgerade nötig geworden, in München einen Rechtsanwalt zu bestellen, der mit den neuen Behörden umzugehen verstand und sich der Sache von Thomas Manns inzwischen abgelaufenem Paß und anderer Angelegenheiten der Familie annehmen konnte. Man betraute den Anwalt Dr. Valentin Heins, der hinfort in den Tagebüchern an vielen Stellen vorkommt. Am 18. April, eine Woche nach der vorgeblichen Absendung des Koffers, schrieb Thomas Mann ihm aus Lugano und beauftragte ihn mit der Wahrnehmung seiner Münchener Interessen. Am 25. April enthielt ein Brief Thomas Manns an Golo den Nachsatz: »Der Handkoffer ist noch immer nicht da. Wir werden hier und Ihr müßt dort reklamieren.« Als Golo Mann und Rechtsanwalt Heins vier Tage später, am 29. April, nach Rorschach am Bodensee, unmittelbar jenseits der deutschen Grenze, fuhren und dort im Hotel Anker mit den Eltern zusammentrafen, um die Münchener Angelegenheiten zu besprechen, erfuhren sie, daß der Handkoffer mit den Tagebüchern auch inzwischen nicht eingetroffen war. Mittlerweile waren fast drei Wochen vergangen, und jetzt fiel zum ersten Mal Verdacht auf den Chauffeur. Das Tagebuch berichtet von der Besprechung in Rorschach.

Nach München zurückgekehrt, stellte Golo Mann den Chauffeur dringlich wegen des Koffers zur Rede, und dieser gab schließlich zu, mit dem Koffer nicht zur Bahn, sondern geradewegs zum Braunen Haus gefahren zu sein, wo er ihn, in der Annahme, daß er »Politisches« enthalte, der Politischen Polizei übergeben hatte. Es gelang Rechtsanwalt Heins – wer weiß, mit welchen Argumenten – der Politischen Polizei den faktisch nicht beschlagnahmten, sondern von einem Hausangestellten gestohlenen Koffer wieder abzuhandeln. Die Polizei gab den Koffer heraus. Heins expedierte ihn sofort selbst nach Lugano, und Bruno Frank schickte ihn weiter nach Bandol in Südfrankreich, wohin Thomas Mann inzwischen übersiedelt war, und dort traf er in den letzten Maitagen 1933, wie das Tagebuch berichtet, unversehrt ein. Thomas Mann fiel, wie seine Kinder berichten, ein Stein vom Herzen; er war, so bekannte er, »völlig erlöst«, seine Tagebücher wieder zu haben, und ließ sie fortan nicht mehr aus den Augen. Aber eines Tages warf er auch sie, gleich ihren jugendlichen Vorläufern von 1896, in den Ofen.

Wann dies geschah, wissen wir jetzt ganz genau. Thomas Mann trennte sich noch lange nicht von seinen Tagebüchern. Er behielt sie bei sich, nahm sie ins Haus in Küsnacht mit, nahm sie von dort nach Princeton mit und von dort nach Pacific Palisades. Erika Manns Vermutung, in ihrem Vorwort zur Auswahl der autobiographischen Schriften ihres Vaters, er habe sie, um Ähnliches nie wieder zu riskieren, »bei erster Gelegenheit« verbrannt, ist also nicht ganz richtig. Aber ihre Angabe, an derselben Stelle, »Einer von uns, Zufallszeuge der Einäscherung«, habe diese »ungesehen beobachtet«, trifft zu. Wie geschah es? Jeder, der einmal versucht hat, ein Buch in einem Küchenofen zu verbrennen, weiß, daß das eine sehr schwierige Sache ist. Um einen Stapel von fünfzig dicken Wachstuchheften so gründlich zu verbrennen, daß nichts mehr übrig, nichts mehr lesbar bleibt, braucht man einen modernen Müllverbrennungsofen, einen »incinerator«, und einen solchen gab es in Pacific Palisades, abseits vom Haus, hinten im Garten. Golo Mann erinnert sich, daß er eines Abends seinen Vater aus der Richtung des Ofens allein durch den Garten kommen sah. Als er später nachschaute, stellte er fest, daß hier in der Tat eine sehr große Menge Papier verbrannt worden war. Und Frau Katia erinnerte sich, später einmal sei aus irgendeinem Anlaß die Rede auf die Tagebuchaufzeichnungen gekommen und Thomas Mann habe ein wenig verlegen und leichthin erwidert: Ach, die gebe es nicht mehr, die habe er längst vernichtet. Wir wissen jetzt aus dem erhaltenen Tagebuch, daß es am 21. Mai 1945 geschah. An diesem Tag notierte Thomas Mann: ».. . alte Tagebücher vernichtet in Ausführung eines längst gehegten Vorsatzes. Verbrennung im Ofen draußen.«

Ob es die einzige Verbrennung dieser Art während der Exilzeit war, ob ihr andere vorangegangen waren, ob alles auf einmal vernichtet wurde oder in Abständen, wissen wir nicht, und es ist auch gleichviel. Thomas Manns Tagebücher bis zum 15. März 1933, dem Tag, an dem er in Arosa ein neues Heft begann, existieren nicht mehr. Was noch existiert, sind die Tagebücher vom 15. März 1933 bis zu seinem Lebensende – und noch einiges mehr, wie sich inzwischen herausgestellt hat.

Diese Tagebücher wurden, in vier Paketen verpackt, nach Thomas Manns Tod dem Thomas Mann-Archiv an der Eidgenössischen Technischen Hochschule in Zürich zur Aufbewahrung übergeben. Von diesen vier, aus braunem Packpapier gefertigten und mit gewöhnlichem Bindfaden verschnürten, versiegelten Paketen trugen drei Thomas Manns eigenhändige Aufschrift: »Daily notes from 1933-1951. Without any literary value, but not to be opened by anybody before 20 years after my death.« Auf dem ersten Paket hatte Thomas Mann zuerst »25 years« geschrieben, sich aber dann offenbar anders besonnen und eine Null über die Fünf gesetzt. Auf den beiden anderen stand von Anfang an eine »20«. Das dritte Paket trug eine zusätzliche Beschriftung von Erika Mann: »Von T. M. offenbar selbst nochmals geöffnet und neu verpackt. Jetzt endgültig versiegelt. Gez. Erika Mann 21. XI. 55. Kilchberg.« Diese drei Pakete waren mit rotem Lack versiegelt und von Thomas Mann offenbar noch in Amerika beschriftet, spätestens bevor er am 29. Juni 1952 in die Schweiz zurückkehrte. Das vierte, kleinere Paket war blau versiegelt und von Erika Mann beschriftet und datiert: »Tagebücher privat – nicht von literarischem Wert. Erst nach dem 12. August 1975 zu öffnen – gemäß dem Willen von Thomas Mann. Gez. Erika Mann, Kilchberg, den 21. XI. 1955.« Dieses vierte Paket wurde folglich erst nach Thomas Manns Ableben, bei der Sichtung seines Nachlasses von seiner ältesten Tochter hergestellt, und es enthielt die von Thomas Mann nicht mehr selbst in Amerika vor der Übersiedlung verpackten Tagebücher, von 1951 bis zum Ende.

Als diese vier Pakete an Thomas Manns zwanzigstem Todestag, dem 12. August 1975, geöffnet wurden, enthüllten sie eine Überraschung, auf die man nach den Aufschriften nicht gefaßt sein konnte. Die Pakete enthielten zweiunddreißig Tagebuchhefte mit insgesamt 5 118 beschriebenen Seiten. Aber diese Hefte umfaßten nicht nur die in den Aufschriften angegebene Zeitspanne 1933-1955. Es befanden sich unter ihnen außerdem noch vier Hefte, die aus einer ganz anderen, viel früheren Zeit stammten, mit Aufzeichnungen vom 11. September 1918 bis zum 1. Dezember 1921. Warum Thomas Mann, als er das Übrige im Mai 1945 vernichtete, diese vier Hefte aus der Zeit unmittelbar nach dem Ersten Weltkrieg aussonderte und aufhob, kann man nur vermuten. Es ist die Zeit des Kriegsendes, der deutschen Novemberrevolution, der Gründung der Republik von Weimar, der Münchener Räterepublik, alles Ereignisse, die Thomas Mann, der eben die *Betrachtungen eines Unpolitischen* veröffentlicht hatte, besonders intensiv miterlebte, mit leidenschaftlicher Anteilnahme verfolgte und im Tagebuch kommentierte. Er dürfte diese Hefte wohl zurückbehalten haben, weil er meinte, sie für den einen oder anderen Zweck noch brauchen zu können, wahrscheinlich für den damals noch nicht vollendeten Roman *Doktor Faustus*, in dessen zweiter Hälfte diese Zeitspanne geschildert wird. Diese vier Tagebuchhefte stellen einen geschlossenen, gänzlich für sich stehenden und mit dem Übrigen nicht verbundenen Block dar, der einen Band für sich verlangt und beträchtliche, gesonderte editorische Vorarbeit erfordert; er wird vorgelegt werden, sobald diese Vorarbeit geleistet ist. Die Veröffentlichungsreihe beginnt unterdessen mit den Tagebuchheften aus den Jahren 1933 und 1934, dem Beginn von Thomas Manns Exilszeit, seinem eigenen Zeugnis zufolge der schwersten Zeit seines Lebens, einer Spanne, deren Ereignisse im Gedächtnis der Zeitgenossen noch lebendig sind.

Eine kurze Beschreibung der Tagebücher mag dienlich sein. Sie sind dicke, handfest in Wachstuch oder Pappe gebundene Hefte mit unlinierten Seiten im Schulheftformat und haben einen durchschnittlichen Umfang von zweihundert Seiten. Die Eintragungen folgen in allen Heften zügig hintereinander, ohne leere Seiten oder Sprünge, mit festen horizontalen Querstrichen nach jedem Tag, wie wir sie schon aus Thomas Manns Notizbüchern und Notizen-Konvoluten kennen. Sie sind zum größten Teil mit Tinte, also am Schreibtisch geschrieben; nur selten finden sich dazwischen einige Tage in Bleistift. Thomas Mann nahm die Eintragungen für gewöhnlich am Ende des Tages, vor dem Schlafengehen, vor und verwendete offensichtlich Zeit und Sorgfalt auf sie. Sie sind alles andere als hastig, in Stichworten, also gleichsam nur als Erinnerungsstütze abgefaßt, sondern zumeist in wohlbedachten, geschlossenen Sätzen formuliert und so sorgfältig gearbeitet, daß Thomas Mann beispielsweise aus den Aufzeichnungen der

Jahre 1933 und 1934 große Teile, wie sie da waren, für den Band politisch-autobiographischer Aufzeichnungen *Leiden an Deutschland*, der 1946 in Amerika erschien, übernehmen konnte. Die Handschrift ist nicht, wie in den frühen Notizbüchern, unregelmäßig und häufig flüchtig, sondern fast durchweg gut leserlich. Über lange Strecken folgen die Eintragungen einander mit täglicher Pünktlichkeit; nur zuweilen sind einige Tage ausgelassen. Das Tagebuch-Heft wurde offenbar in der Schreibtischschublade aufbewahrt und selten auf Reisen mitgenommen. Nach Abwesenheiten von daheim wurde die dazwischen liegende Zeit zumeist mit einer summarischen Zusammenfassung von Daten und Ereignissen nachgetragen.

Die Tagebücher waren, wie Thomas Mann selbst sagte, dazu bestimmt, den »fliegenden Tag festzuhalten«, aber sie sind dessen ungeachtet häufig sehr ausführlich; mancher Tag füllt drei bis vier Seiten und mehr. Der Tagesablauf mit seinen wichtigen – und auch unwichtigen Begebenheiten ist festgehalten. Das stets sehr schwankende gesundheitliche Befinden, das gute wie das schlechte, ist registriert. Die politischen Tagesnachrichten, Zeitungen, Rundfunk, Gerüchte, die den Exilierten in der Schweiz und in Frankreich in beinahe stündlicher Spannung und Erregung halten, sind ausführlich vermerkt und mit grüblerischen und nicht selten heftig aufwallenden Kommentaren versehen. Sie bilden die tägliche, selten ermunternde Begleitmusik zur Arbeit am Schreibtisch.

Sodann: erhaltene geschriebene, Briefe von Freunden und Unbekannten und an sie, empfangene und abgestattete Besuche und die mit Gästen und Gastgebern geführten Gespräche; die täglichen Spaziergänge mit häufig ausführlichen Natur- und Stimmungsschilderungen, die zuweilen, aber durchaus nicht immer der Arbeit dienen und ebenso häufig nur um ihrer selbst willen niedergeschrieben sind; Pointen aus Gesprächen mit Frau Katia und den älteren Kindern, Erika, Klaus und Golo; Opern- und Theaterbesuche mit ihren Eindrücken, Musik und nicht zuletzt die tägliche Lektüre, ob sie nun der laufenden Arbeit oder der Unterhaltung dient; Vorlesungen im privaten Kreis und in der Öffentlichkeit, Vortragsreisen – das alles ist tagtäglich gewissenhaft im Tagebuch verzeichnet.

Vor allem aber ist das tägliche Fortschreiten der Arbeit am jeweiligen Hauptwerk mit allem Auf und Ab, aller Mühe und Plage, allem Vergnügen, aller Langeweile und allen Verdrießlichkeiten genau notiert, sodaß sich der künstlerische Entstehungsprozeß mitsamt seinen Unterbrechungen und Umwegen nach Monat, Woche und Tag verfolgen und nachziehen läßt. Und hier erweist sich, daß Thomas Manns oft gerühmte und bisweilen auch belächelte, geradezu bürokratisch anmutende, strenge Arbeitsdisziplin, die ihn mit unverrückbarer Regelmäßigkeit, komme was da wolle, drei Vormittagsstunden lang an den Schreibtisch fesselte und im Durchschnitt eine Manuskriptseite hervorbringen ließ, weitgehend eine Legende ist.

»Unser täglich Blatt gib uns heute«, wie er einmal an Ernst Bertram schrieb, war ein frommer Wunsch, der nicht selten unerfüllt blieb. Das Tagebuch der ersten Exiljahre verheimlicht es nicht: körperliches Unwohlsein, das ihn mit störrischer Regelmäßigkeit heimsucht und viel öfter und quälender, als seine Briefe vermuten lassen, chronische Schlaflosigkeit, innere und äußere Störungen aller Art, Zweifel und Niedergeschlagenheit, Unlust und Unruhe setzen ihm in diesen Jahren noch viel stärker zu, als sie es schon in friedlichen, geregelten Zeiten daheim in München taten, und halten ihn häufig tagelang, manchmal wochenlang vom Schreibtisch fern. Dann bringt er, weit entfernt vom »täglichen Blatt«, nichts, aber auch gar nichts zuwege, das Tagebuch verzeichnet quälenden Leerlauf, und das Staunenswerte ist, daß dennoch zuguterletzt das Werk – in den Jahren 1933-1935 ist es der dritte Joseph-Roman – den Widrigkeiten abgerungen wird und voll erblüht. Gewiß – das Schicksal war vergleichsweise gnädig mit ihm verfahren, und er erkannte es freimütig an; er war in materiell besserer Lage als die meisten seiner literarischen deutschen

Exilsgenossen, es fehlte zu keiner Zeit am Notwendigen, auch wenn man sich einschränken mußte, er hatte Frau und Kinder bei sich, die meisten seiner lieben Freunde waren um ihn und erreichbar, Erfolg und Ruhm in der ganzen Welt blieben ihm den deutschen Machthabern zum Trotz treu – er konnte sich nicht beklagen, beteuerte einmal ums andere in seinen Briefen, daß er sich nicht beklagen durfte. Sein Kummer und sein Gram waren von anderer Art. Das Tagebuch spricht fast auf jeder Seite davon: Deutschland.

Unzufriedenheit auch mit dem, was er da allabendlich niederschreibt, meldet sich hin und wieder. Er findet, die »bisherige Art«, das Tagebuch zu führen, habe keinen rechten Sinn, er werde hinfort nur noch »Bemerkenswertes« eintragen; aber trotz dieses Vorsatzes ändert das Tagebuch seinen Charakter nicht. Es hatte wohl nur so und nicht anders für ihn einen »Sinn«. Ob nicht, fragt er einmal, »die gebethafte Mitteilung im Tagebuch« Schutz gewähre? Dieses Schutzes und Trostes fühlte er sich inmitten der tobsüchtigen Welt, die ihn hin und her stieß und unablässig alles, was ihm lieb und teuer war, vor seinen Augen in Fetzen riß, mehr denn je bedürftig. Er war ein mimosenhaft empfindlicher, dünnhäutiger Mann, der sich stets hatte ›panzern‹ müssen, und das Tagebuch hüllte ihn ein wie in ein ›dickes Fell‹, das er so gar nicht besaß.

Am Sonntag, den 11. Februar 1934, dem ersten Jahrestag des ihm und den Seinen aufgezwungenen Exils, das er nicht wollte, gegen das er sich mit ganzer Seele sträubte und das er schließlich doch, Schritt für Schritt, als eine folgerichtige Entwicklung seines Lebenswegs hinnahm und endlich mit ganzem Geist und Charakter bejahte – an diesem Jahrestag notierte er im Haus Schiedhaldenstraße 33 in Küsnacht bei Zürich, in dem die Familie eine Art Ersatz für das verlorene Münchner Heim gefunden hatte:

»Diese Tagebuchaufzeichnungen, wieder aufgenommen in Arosa, in Tagen der Krankheit durch seelische Erregung und durch den Verlust der gewohnten Lebensbasis, waren mir ein Trost und eine Hülfe seither, und gewiß werde ich sie fortführen. Ich liebe es, den fliegenden Tag nach seinem sinnlichen und andeutungsweise auch nach seinem geistigen Leben und Inhalt fest zu halten, weniger zur Erinnerung und zum Wiederlesen als im Sinn der Rechenschaft, Rekapitulation, Bewußthaltung und bindenden Überwachung ...«

So sind, nach dem Willen ihres Schreibers, diese Tagebücher zu verstehen. Und nicht nur so. »Warum schreibe ich dies alles?« notierte er Jahre später, am 25. August 1950 in Kalifornien. »Um es noch rechtzeitig vor meinem Tode zu vernichten? Oder wünsche [ich], daß die Welt mich kenne? Ich glaube, sie weiß, wenigstens unter Kennern, ohnedies mehr von mir, als sie mir zugibt.« Gewiß wünschte er, daß die Welt ihn kenne, so gut und genau wie nur irgend möglich. Darum vernichtete er gerade diese Hefte aus seinem Lebensabend nicht rechtzeitig vor seinem Tod; darum erlaubte er, nach Ablauf der gesetzten Frist, daß man die Pakete öffne und die Niederschrift lese, und mit der Erlaubnis, zu öffnen und zu lesen, war nicht nur die Erlaubnis, war geradezu die Aufforderung gegeben, sie der Öffentlichkeit bekannt zu machen. Er scheute Selbstenthüllung und Selbstpreisgabe nicht; im Gegenteil, nichts anderes als sie ist die schöpferische Grundabsicht seines ganzen Werkes, und alles, was zu dieser Enthüllung und Offenbarung beihalf, mußte willkommen sein. Im Tagebuch von 1919 notierte er unter dem 10. Januar, nachdem er Frau Katia die fertigen Teile des *Gesang vom Kindchen* vorgelesen hatte: »Sie war sehr gerührt und zeigte nur Widerstreben gegen die Darstellung des Intimsten. Dieses Intimste ist jedoch zugleich das Allgemeinste und Menschlichste, und übrigens kenne ich solche Bedenken gar nicht.« Auch so sind, nach dem Willen ihres Schreibers, diese Tagebücher wohl zu verstehen.

Daß sie, wie die Beschriftung der Pakete besagt, »ohne literarischen Wert« seien, wird er selbst, der soviel Mühe, Geduld und Gewissenhaftigkeit auf diesen Rechenschaftsbericht verwandte, nicht ernstlich geglaubt haben. Man darf meinen, sie seien sogar von hohem literarischem Wert, denn sie stellen die letzten zweiundzwanzig Lebensjahre Thomas Manns erst in den echten und rechten Zusammenhang mit seinem Werk und zeigen das Werk im immer wieder bedrohten und erschütterten Zusammenhalt seines Lebens. Endlich sind sie von beträchtlichem Quellenwert. Denn sie fanden ja Verwendung, es wurde aus ihnen für das Werk geschöpft. *Meerfahrt mit Don Quijote* und *Leiden an Deutschland* gehen unmittelbar auf die Tagebuchaufzeichnungen des vorliegenden Bandes zurück. Die ersten Keime zur Goethe-Novelle, aus der *Lotte in Weimar* wurde, und zur Faust-Erzählung, aus der *Doktor Faustus* sich entwickelte, sind hier aufzuspüren, mit den frühesten zugehörigen thematischen Notizen. Und endlich das »große Lebensbuch«, die Familienchronik und autobiographische Fortsetzung von *Buddenbrooks*, die Thomas Mann seit den zwanziger Jahren im Sinn trug, die er bis an sein Lebensende immer wieder schreiben wollte und die dann doch ungeschrieben blieb – sie hätte sich ohne die Tagebücher schwerlich schreiben lassen.

Diese Tagebücher spiegeln eine große Auseinandersetzung wider, die größte, die einem reifen Mann in unserem Jahrhundert auferlegt worden ist, eine Auseinandersetzung mit sich selbst, seinem Heimatland, seiner Welt und der Welt schlechthin. Sie klammern nichts aus, weder Privates noch Öffentliches, sie lassen nichts weg, beschönigen und verschleiern nichts. Thomas Mann ist in ihnen von erbarmungsloser Ehrlichkeit und Aufrichtigkeit, in seinen starken wie in seinen schwachen Augenblicken. Es ist schwer vorstellbar, daß er, dem das Intimste zugleich das Allgemeinste und Menschlichste war, etwas anderes gewünscht hätte, als daß sie in ihrer Gänze vorgelegt werden, denn sie sind ein Lebensdokument, das nur in seiner Gänze, ohne Abstriche, seinen Wahrheitswert enthüllt. Der Herausgeber hat lediglich an einigen ganz wenigen Stellen aus allerprivatesten Rücksichten einige Sätze entfernt und durch drei Punkte in eckigen Klammern ersetzt. Von ihnen abgesehen, war es ihm eine Selbstverständlichkeit, diese Aufzeichnungen ungekürzt und ohne editorischen Eingriff der Öffentlichkeit vorzulegen.

Thomas Manns eigenwillige und zuweilen flüchtige Rechtschreibung wurde nicht angetastet. Er pflegte insbesondere Eigennamen häufig, so wie er sie hörte, zu schreiben, so zum Beispiel beharrlich ›Giese‹ statt ›Giehse‹ oder ›Lantzoff‹ statt ›Landshoff‹, und solche Irrtümer sind in den Anmerkungen berichtigt. Offensichtliche Verschreibungen wurden korrigiert. Fehlkonstruierte Sätze wurden belassen, wie er sie schrieb oder höchstens durch Einfügungen in eckigen Klammern verdeutlicht. In der Handschrift fehlende Wörter oder Satzteile sind durch ein Fragezeichen in eckigen Klammern kenntlich gemacht. Von Thomas Mann unterstrichene Wörter sind kursiv gesetzt. Auch die Interpunktion folgt dem handschriftlichen Original.

Die vom Herausgeber hergestellten Anmerkungen beschränken sich auf das für das Verständnis und die Erhellung der Zusammenhänge unbedingt Erforderliche. Daß sie dennoch umfangreich sind, liegt in der Natur des Erforderlichen. Ungezählte Menschen, Freunde, Bekannte und Unbekannte, treten in diesen Aufzeichnungen auf, und manche von ihnen konnten, wie freimütig zugestanden sei, nach Ablauf fast eines halben Jahrhunderts, nicht mehr identifiziert werden. Die im Tagebuch erwähnten, von Thomas Mann geschriebenen und empfangenen Briefe werden, soweit sie veröffentlicht sind, in den Anmerkungen nachgewiesen. Da die Tagebuch-Aufzeichnungen mit dem erhaltenen Korpus der Briefe Thomas Manns parallel laufen, konnte in den Anmerkungen an vielen Stellen auf die Erläuterungen in den drei von Erika Mann herausgegebenen Auswahlbänden der Briefe ihres Vaters zurückgegriffen werden, und diese Dankesschuld sei hiermit ausdrücklich festgestellt. Nicht weniger zu Dank verpflichtet ist der Herausgeber Fräulein Yvonne Schmidlin, Zürich, für ihre

unschätzbar wertvolle Hilfe bei der Herstellung eines fehler-
freien Transkriptes, der Entzifferung schwieriger Handschrift-
stellen und der Identifikation von Personen und Umständen.
Darüber hinaus sagt der Herausgeber allen Freunden, Kollegen, Archiven, Bibliotheken und Instituten, die ihm bei der
Ermittlung von Personen, Werken und Zusammenhängen behilflich waren, seinen aufrichtigen Dank.

München, Juli 1977   *Peter de Mendelssohn*

1933

Mittwoch den 15. März 33

Diese Nacht habe ich mit Hülfe des harmlosen Calcium-Mittels, das wir durch Nikischs kennen lernten, überraschend gut und ausgiebig geschlafen. Ich habe, wie all diese Tage, im Bett gefrühstückt und dann einige Zeilen, eilig, an Suhrkamp geschrieben, die Streichung betreffend einer censurwidrigen Phrase im Wagner-Essay über den Nationalismus. Wozu in diesem Augenblick diese Tiere reizen?

Heute Morgen bin ich, wie übrigens meistens am Morgen, frei von dem krankhaften Grauen, das mich seit zehn Tagen stundenweise, bei überreizten und ermüdeten Nerven beherrscht. Es ist eine Art von angsthaft gesteigerter Wehmut, die mir in gelinderem Grade von vielen Abschiedserlebnissen her vertraut ist. Der Charakter dieser Erregung, die neulich nachts, als ich zu K. meine Zuflucht nahm, zu einer heftigen Krisis führte, beweist, daß es sich dabei um Schmerzen der Trennung von einem altgewohnten Zustand handelt, um die Erkenntnis, daß eine Lebensepoche abgeschlossen ist, und daß es gilt, mein Dasein auf eine neue Basis zu stellen: eine Notwendigkeit, die ich, entgegen der Versteiftheit meiner 58 Jahre, geistig gut heiße und bejahe. Daher auch das eher lebendige als depressive Vorhaben, alle Amtlichkeiten und Repräsentativitäten bei dieser Gelegenheit von meinem Leben abzustreifen, die ich im Lauf der Jahre aus sozialer Gutmütigkeit, »Pflicht«, »Eitelkeit« oder wie man es nennen will, daran hängen ließ, und mich »aus den Schlingen der Welt« mit einem Ruck zu befreien, fortan in voller Sammlung mir selbst zu leben, – dieser Vorsatz des Neubeginns, den ich gestern Nachmittag auszuführen begann, indem ich K. die Erklärung meines Rücktritts vom Vorsitz des Schutzverbandes diktierte.

Seit vorgestern Abend ist Erika bei uns, und es wird kein Zufall, sondern eine jener »Sonnigkeiten« meines Lebens sein, daß in diesen Tagen meine beiden Lieblingskinder, die älteste und jüngste Tochter, um mich sind.

Eri's Ankunft erhöhte durch zahlreiche Geschichten von

Münchener Narreteien und Atrozitäten, Verhaftungen, Mißhandlungen etc., die sie mit sich brachte, die Aufregung und
den Abscheu, und die Mahnungen von dorther, daß jetzt keines
der exponierten Familienglieder nach München zurückkehren möge, haben seit Scharnagels u. Löwensteins Briefen einen
immer entschiedeneren Tonfall gewonnen. Erika fährt heute,
die nach Tirol geflohene Frau Giese mit dem Auto heraufzu-
holen. Sie wird mit ihr in der Schweiz bleiben. Was K. und
mich betrifft, so erhält sich, in Erwartung von Reisigers Antwort, der Plan, daß ich morgen oder übermorgen zu ihm nach
Seefeld fahre, während K. mit Medi vorläufig in die Poschingerstraße zurückkehrt, um die dort fällig gewordenen Vorkehrungen und Standard-Änderungen durchzuführen. Während
ich schreibe, überbringt sie mir die neue Idee, auf die Einladung
der Werfels zurückzukommen und für einige Zeit zusammen
in ihrem Hause in Venedig Wohnung zu nehmen. Ein stimu-
lierender Gedanke, obgleich die Freundschaft zwischen der italienischen und deutschen Obrigkeit und der »Mario« dagegen
sprechen.

Meine Sorge wegen des am 1. April ablaufenden Passes
scheint durch den hier anwesenden Dr. Feist u. seine persönlichen Verbindungen mit »der Partei« (irgend eine Hausmei-
ster-Beziehung) gelöst werden zu sollen.

Gestern Abend Verabschiedung von dem Ehepaar Nikisch,
vorbereitet durch eine Flasche Haute Sauterne, die an dem
gewohnten abendlichen Aufenthalt, im »Damensalon«, vor
einer letzten Partie Casino getrunken wurde. Die guten Leutchen, wahre Freunde und freudige Anhänger, wie ich glauben
darf, sind des Zusammentreffens, der Intimität sehr froh gewesen und trennten sich in herzlicher Wehmut, zu der sie über
mehr seelischen Raum verfügten als wir Bedrängteren.

Noch dauert immer die Serie der Sonnentage an hier oben.
Auch heute hat die Klarheit sich wieder hergestellt, obgleich
in der Frühe Bedeckung herrschte und einen föhnigen Nieder-
gang des Wetters ankündigte. –

Ich holte nach dem Ankleiden K. vom Ski-Platz ab, und wir
gingen bei reinster Himmelsbläue spazieren. – Eigentümlich
verwaschener und erweichter Brief des W. Haas von der »Literarischen Welt« im Verfolg unserer Korrespondenz. Es fehlt
nichts, als daß er von der »großen Zeit« spräche.

Zu zweit mit K. zu Mittag gegessen, da Medi an einem Ausflug teilnahm. Nach Tische auf dem Balkon viel Gutes in der
Rundschau gelesen, von Hermann Heller und Kessler. Wohltuend der höhere Blick nach dem Krud-Zeitungsmäßigen.

Erika hat mir viel Lektüre mitgebracht, auch die »Corona«
mit meinem Goethe-Vortrag, dazu das Joseph-Manuskript des
3. Bandes nebst dem Material. Das Gedichtbändchen Bertrams
– edel deprimierend, anständig-widerwärtig.

Nachmittags im Orte mit K. Paß-Aufnahmen machen lassen. Beratungen mit ihr über meinen nächsten Aufenthalt:
Seefeld? Innsbruck? Zürich? Man sprach ins Blaue, da Reisigers Antwort aussteht. – Nahmen den Thee wie gewöhnlich
im »Old India«, ohne Medi, u. lasen die »N. Zürcher Zeitung«:
über die Verhaftung Falkenbergs, den Tod Gerlichs und andere Greuel. Im Hotel Besuch bei Eri im 3. Stock. Sie ist mit
der Giese im Auto zurück und wußte neue Mord- und Schand-
geschichten aus München, die in den Tagen des Ausbruches
der nationalen Freiheit die fortlaufenden regulären Gewalt-
taten politischer Art begleitet haben. Wüste Mißhandlungen
von Juden. Verzweiflung dieses Idioten von H. über die Anarchie u. die Wirkungslosigkeit seiner Verbote. Geständnis
Arco's, daß er H. habe töten wollen. Komplott der Erz-
bischöfe von Wien und München im Sinne einer Donauföderation.

Die Giese widerspricht für München den Gerüchten vom Ab-
flauen der Gewalttätigkeiten. Die Ratsamkeit von K.'s Rückkehr neuerdings in Frage gestellt, während doch ihre Gegenwart in der Poschingerstraße aus vielen Gründen notwendig.
Gespräch mit ihr darüber und über die Umstellung des Haushaltes, die ebenfalls nicht zu überstürzen ist, weder beim Wa-

genverkauf noch bei den Kündigungen. Erneute Nervosität,
Unsicherheit und Sorge.

Donnerstag den 16. III
Seit gestern haben die Aspekte sich wieder wesentlich verändert. Pläne halten nicht stand. Reisiger telephonierte abends
aus Seefeld. Es ist seines eigenen Bleibens dort nicht, wie überhaupt Österreich nicht geheuer u. besser zu meiden ist, wie
sich aus den Gesprächen mit der Giese ergab. Es war die Bestätigung schon gehegter Gedanken. Das Gegebene scheint die
Schweiz, und zwar ergibt sich mir aus unseren Beratungen die
Wahl zwischen Lenzerheide, dem Hause der Hanna Kiel, und
Zürich, im Kontakt mit Franks. Das Schlimme ist, daß vorläufig beides mich ängstigt.

Obgleich ich leidlich geschlafen, waren heute vom Erwachen
an meine Nerven in schlechtem, beängstigtem Zustande. Die
Trennung von den Meinen flößt mir Furcht ein, obgleich ich
mich dessen schäme. Verzweiflung an meiner Lebensfähigkeit
nach der Zerstörung der ohnedies knappen Angepaßtheits-
situation.

Nervöse Krisis im Gespräch mit K., die zu einer gewissen
Beruhigung führte. Beschluß, uns vorläufig nicht zu trennen,
sondern morgen zusammen nach Lenzerheide zu fahren und
K.'s Reise nach M. zu verschieben, zumal auch ihre Sicherheit
dort nicht unbedingt gewährleistet wäre. Absicht, Feist mit
den notwendigen Geschäften in M. zu betrauen.

Angenehmer Brief von Bermann über meine Stellung, auch
über Gyldendal u. Pios als konkurrierende Bewerber um den
dänischen »Joseph«. – Brief des dänischen Zauberberg-Über-
setzers Oestergaard in der gleichen Angelegenheit.

Freitag den 17. III
Dieser Morgen ist besser u. ruhiger als der gestrige, obgleich
der Schlaf oft unterbrochen und ich früh wach war. Ich habe
gebadet u. im Bett gefrühstückt. Im Lauf des gestrigen Tages

wurden die Pläne ergänzt u. vorläufig festgelegt. Berufung Golos nach München. Medi kehrt dorthin u. zur Schule zurück, obgleich Franks aus Lugano Warnungen einschärften, die nach unserer u. des Kindes Überzeugung hinfällig sind. Lugano, Parkhotel, als nächsten Aufenthalt nach Lenzerheide in Aussicht genommen. Erörterungen mit K. wegen Umstellung des Haushaltes, die nicht überstürzt werden soll. Benachrichtigung ihrer Eltern durch Medi. Mögliche Betrauung der Kurz mit den Kündigungen. Feist, der von Eri brutalisiert worden war, mit der Besorgung meines ablaufenden Passes, dem Transport meines Pelzes u. Verhandlungen wegen Überstellung von Geld in die Schweiz beauftragt.

Wir tranken zum letzten Mal Thee im Old India zusammen mit Eri u. Medi. Einkauf von Papier- u. Toilette-Waren. Zu Hause den Koffer wieder gepackt. Den Abend nach dem Diner noch einmal bei Dr. Richter verbracht, in Gegenwart Erika's, Feists und des jungen Mährisch-Ostrauers, der Theater spielen möchte. Besprechungen über späteren Dauer-Wohnsitz in Locarno oder Zürich. Gespräch über die keß-sadistischen Propaganda-Pläne der deutschen Regierung, die ungekündigte Niederwalzung und totale Uniformierung der öffentlichen Meinung, die Ausrottung jeder Kritik, die Zweckloserklärung jeder Opposition. Der widerlich modernistische Schmiß, das psychologisch Zeitgemäße darin, in Anbetracht der kulturellen, geistigen und moralischen Rückbildung. Das keß Moderne, Tempomäßige, Futuristische im Dienste der zukunftsfeindlichen Ideenlosigkeit, Mamutreklame für Nichts. Schauderhaft und miserabel. – Der gesellige Abend physisch recht wohltuend.

Meldung vom Verbot des »Tagebuchs« u. der »Weltbühne«. Besorgnis wegen der »Rundschau«. Ohne Zweifel besteht die Tendenz der Nation möglichst alle Bildungsmittel abzuschneiden. Siehe Papen gegen die Volksschule. Bildung u. Denken ist selbstverständlich nicht erwünscht, sondern gewollt wird die Massenverdummung zum Zweck mechanistisch einförmiger

Beherrschung mit Hülfe der modernen Suggestionstechnik. Schlimmster Bolschewismus, unter dem *deutschen* Gesichtspunkt gesehen, vom russischen aber unterschieden durch den Mangel jeder Idee. –

Falkenberg, der als »bolschewistischer Mittelsmann« verhaftet war, soll auf freiem Fuße sein. Beanspruchung der Giese durch die Kammerspiele, die auf ihre Rückkehr dringen.

Sonnabend d. 18. III, Lenzerheide, Chalet Canols

Gestern Vormittag ½ 12 Uhr Abreise von Arosa. Stark besetzter Zug, wüst-deprimierende Zeitungslektüre. Eri fuhr mit der Giese per Auto nach Chur, begrüßte uns unterwegs. Entnervender Föhnsturm. In Chur, Steinbock, Mittagessen mit Eri u. der Giese. Ich setzte die Antwort an den Akademie-Präsidenten Schillings auf, worin ich den vor der Abreise erhaltenen Revers weder mit Nein noch mit Ja beantwortete, aber meinen Austritt erklärte. Abschied von Medi, die nach München weiterfuhr. In Tränen. Verabschiedung von Eri u. der Giese, die die Fahrt im Wagen nach Zürich und Bern fortsetzten. Das Auto aus Lenzerheide. Aufladen des Gepäckes und Fahrt, auf teilweise großartiger Strecke, hier hinauf, 1450 m. Beklommen. Empfangen von Frl. Kiel. Enge, nicht reizlos unter seelisch günstigeren Umständen, landschaftlich schön, halb aufgetauter See. Auspacken in den Zimmerchen. Nach dem Thee Gang nach L.-Ort, wo ich den Brief an Schillings u. das Telegramm an Wassermann aufgab, der sich aus Wien nach meiner Haltung in Sachen der Akademie erkundigt hatte. Landstraße, halb vereist.

Abendessen mit Hanna Kiel, einfach aber freundlich kultiviert. Nachher geraucht u. geplaudert in Gegenwart zweier Sportmädel, von denen die Eine drollig, jungenhaft und fast anziehend trotz dick verschwollener u. bepuderter Oberlippe. – Übermüdet. Pfefferminzthee.

Im Bett Erzählung von Ljeskow in der »Corona«. Geschlafen bis heute ½ 6 Uhr. Nach dem Erwachen zunehmender Erregungs- und Verzagtheitszustand, krisenhaft, von 8 Uhr an unter K's Beistand. Schreckliche Excitation, Ratlosigkeit, Muskelzittern, fast Schüttelfrost u. Furcht, die vernünftige Besinnung zu verlieren. Unter dem Zuspruch K.'s, mit Hilfe von Luminaletten u. Kompresse langsame Beruhigung und Möglichkeit, Thee u. ein Ei zu nehmen. Cigarette.

Der ungarisch-schweizerische Doktor, der anempfahl einige Tage zu bleiben u. Beruhigungsmittel verordnete. Rasches Verfliegen des Vormittags, bettlägerig, im Hindämmern. Milde Luft, Schneefall, etwas Sonne u. heiterer als gestern. Leichtes Mittagessen im Schlafrock mit K. im unteren Zimmer. Die Gastgeberin in Zürich abwesend. Nachher wieder Bettruhe. Medi telegraphiert gute Ankunft.

K. im Ort, um Döblins teleph. Anruf aus Zürich zu bestellen und mit dem Parkhotel in Lugano unseren Aufenthalt zu besprechen. Wir sind übereingekommen, am 23. dorthin zu reisen, da Schönheit, Bequemlichkeit und Gesellschaft: Franks, Hauptmanns, wahrscheinlich auch Fischers, dort winken.

Thee mit K. an meinem Bett. Gespräch, auf Zuversicht gerichtet, über die Zukunft.

Besonderer Gram über den Beschluß der Diktatoren, die Reichstagswahlen einfach als Maßstab für die Volksvertretung in den Ländern dienen zu lassen. Was werden die trostlos düpierten Bayern dazu sagen? Die Hast u. schamlose Gewalt, mit der die Propaganda-Sieger ihren Sieg ausnutzen u. nach allen Seiten für immer zu sichern suchen – und sie haben gegen die kurzsichtige Grausamkeit der Sieger von Versailles geschrieen. Das innere Versailles ist gräßlicher als das äußere. Wird nicht auch an seiner Revision gearbeitet werden müssen? Die unterlegenen 49 Prozent des deutschen Volkes sind nicht weniger unerbittlich mißhandelt, nicht weniger gedemütigt, verzweifelt und seelisch ruiniert, als damals das Deutschland der 4 Kriegsjahre. Dies ist übrigens der Hauptsinn des Ganzen. Es werden nicht nur die innerpolitischen, d. h. freiheitlichen u. sozialen Folgen der Niederlage annulliert und ein Geisteszustand hergestellt, als ob der Krieg gewonnen worden wäre, sondern die eigentlich Geschlagenen halten sich schadlos für ihre Niederlage an der eigenen Nation, im sadistisch übermütigen Diktatstil Clemenceaus. –

Döblin ruft aus Zürich an, Katja geht ins Nebenhaus, ihn zu informieren. – Er war einverstanden mit meiner Äußerung, empfiehlt 4 wöchiges Fernbleiben noch von München. Propagiert Kolonie in Straßburg. Erwartet in Deutschland Überraschungen u. Kämpfe.

Auch Eri rief an. Zürich soll von Emigranten wimmeln.

Diktierte K. Briefe an Bermann, Reisiger, dänischen Übersetzer. Gyldendal will 1000 M für den Joseph anzahlen.

Briefe von Suhrkamp, Steiner, Käthe Rosenberg, die wir beim Abendessen lasen. Gefestigtere Stimmung.

Lenzerheide, Sonntag den 19. III. 33
Ich nahm gestern Abend zum Pfefferminzthee ein Adaline und beim Schlafengehen noch eine Phanodorm-Tablette. Schlief ausgezeichnet und nahm den Tag in viel gefestigterem Zustande auf. Die Toilette im Badezimmer wickelte sich bequem ab. K. und ich frühstückten unten angenehm, mit Orangensaft beginnend. Das Berliner Mädchen Martha etwas langsam und bummelig, aber freundlich gefällig.

Es hat gestern viel Schneegestöber gegeben. Heute ist es heller u. kälter, u. die Landschaft ist durch Neuschnee gesäubert.

Wir sprachen beim Frühstück über die Verbote der Bruno Walter-Konzerte in Leipzig u. Berlin. Die Welt wird über diese kindische Barbarei und Prinzipienreiterei die Hände über dem Kopf zusammenschlagen. K. hörte gestern im Radio beim benachbarten Hausherrn eine rabiate Schimpfrede gegen das Centrum, das »eine christliche Partei sein wolle« und »14 Jahre lang dem Kommunismus Schmiere gestanden habe«. Nie in Welt u. Geschichte ist eine idiotischere Demagogie getrieben worden. Es ist etwas Infernalisches darin, so jedes Wort auf die letzte Dummheit, auf die es ankommt, zu berechnen und jedes bessere Wissen, jede anständige Wahrheit frech dabei unter die Füße zu treten.

Ich beobachte einen gewissen Genuß im Geschehen lassen des Bösen, das die Gewalt hat, in diesem »Nur zu, nur zu! Also bitte, bewähre dich! Das Wort wird eines Tages über dich gesprochen, ob du es jetzt auch erstickst«.

Widerstand gegen den Namen der »Geschichte«, wie etwa Schillings ihn in seinem Akademie-Revers anwendet, für dies Unwesen: die wütende Vollendung einer Gegenrevolution, in der wir seit 14 Jahren leben.

Ich notiere meine Antwort an Schillings: »Den mir vorgelegten Revers kann ich in der gewünschten Form nicht beantworten. Ich habe nicht im Geringsten die Absicht, gegen die Regierung zu wirken und der deutschen Kultur glaube ich immer gedient zu haben, werde auch in Zukunft versuchen, es zu tun. Es ist aber mein Entschluß, von meinem Leben alles Amtliche abzustreifen, das sich im Lauf der Jahre daran gehängt hat, und fortan in vollkommener Zurückgezogenheit meinen persönlichen Aufgaben zu leben. Darum bitte ich Sie, s. v. Herr Pr., von meinem Austritt aus der S. f. D. d. Pr. Akademie Kenntnis zu nehmen.«

Ich erwäge entsprechende Schreiben an die »Deutsche Akademie«, den Pen-Club, den Rotary-Club u. auch das Völkerbunds-Komitee. –

An der Verständigung mit den Katholiken, zur legalen Erlangung des Ermächtigungsgesetzes, scheint den Siegermächten ihren Reden nach zu urteilen nicht gelegen. Sie werden sich diese »Ermächtigung« also illegal selber erteilen? Nach der Ausschaltung der ordnungsgemäß gewählten kommunistischen Abgeordneten, ohne Verbot der Partei, wird nichts mehr Verwunderung erregen.

K. telephonierte gestern Abend mit Medi. Sie ist in der Schule von Lehrern u. Mitschülerinnen aufs herzlichste aufgenommen worden. Im Hause kein Zwischenfall, keine Nachfrage. Golo trifft heute aus Göttingen dort ein. Wegen meiner alten Tagebücher u. Papiere, die anfangs charakteristischer Weise meine Hauptsorge bildeten, bin ich jetzt ziemlich beunruhigt. –

– Rasierte mich vor Tisch im Badezimmer und ging mit K. auf der Landstraße nach Valbella u. der nächsten Siedelung spazieren. Heiteres Föhnwetter. Frischer weißer Schnee bei milder Frühlingsluft und starker Sonne. Das Tal ist schön u. muß im Sommer mit seinem See und offenen Spaziergängen ein reizender Aufenthalt sein, komfortabel durch die Geschäfte des Ortes und das große, elegante Hotel.

Wir lunchten 1 Uhr wohltuend einfach und ruhten dann auf dem Balkon. Ich war wieder recht angegriffen, erholte mich aber durch Liegen u. Halbschlaf. Etwas in »Krieg u. Frieden« gelesen. Brachen nach 3 Uhr zu einem Spaziergang nach Lenzerheide auf, wo ich im Hotel Cigarren kaufte. Nach der Heimkehr um 5 Uhr Thee im Eßzimmer. Diktierte dann auf dem Bett liegend K. eine Reihe von Briefen.

Lenzerheide, Montag den 20. III.

Las gestern Abend nach dem Essen in der Bankecke ein Manuskript, Kindheitserzählung des jungen Kliewe, Freund Moni's; nicht schlecht.

Sehr müde, wie auch Katja. Wir nehmen Adaline zum Pfefferminzthee. Etwas unruhiger Hochgebirgsschlaf, harmlos. Morgens alles schneeverhängt. Dichtes Flockengestöber. Ziehende Wolken durchs Thal.

Als wir nach der Toilette zum Frühstück kamen, neue Erschütterung u. Aufregung durch das bedienende Mädchen, das gestern Abend Radio gehört und berichtete, in München habe der soz. Abgeordnete Auer (oder Bauer) einen Polizeioffizier nebst Begleiter erschossen: offenbar eine Tat nur zu begreiflicher Verzweiflungswut, die vielleicht auch in Bayern das in Baden schon ausgesprochene Verbot der Sozialdemokr. Partei nach sich zieht. Daneben Meldungen von den für morgen, zur Reichtagseröffnung, vorbereiteten nationalen Betäubungsfeierlichkeiten: Glockenläuten, Fahnen, Freiheitsjubel. Es ist gar zu blödsinnig, gemein und ekelhaft. Grauen und Erbitterung erfüllten uns wieder ganz und gar. K. sorgte sich um die Kinder, über deren Unberührtheit von den Ereignissen ich sie aus Überzeugung beruhigte. Sie telephonierte mit Erika, die auf einen Tag nach München fahren will, aber die Reise noch verschiebt. Sie wußte übrigens nichts Neues. Hanna Kiel kehrt heute Nachmittag zurück.

Post aus München, »Europa« mit dem Wagner-Aufsatz in Bertaux's gekürzter Übersetzung. Brief von Bonnet in Sachen der Madrider Versammlung. Zwei Briefe der Mazzucchetti aus Mailand und Innsbruck, dankbar für meine Eröffnungen aus Arosa, der erste noch meiner baldigen Rückkehr nach München günstig, der zweite, nach Gesprächen mit Deutschen in Innsbruck ängstlich dringend davon abratend.

In der Voss. Zeitung nebeneinander Reden von Papen und Goering, die erstere in staatsmännischer Beängstigung auf Ordnung, Maß u. Versöhnung dringend, auf eine »deutsche« Revolution statt einer »bolschewistischen«; die andere schäumend, die Greuel verteidigend. Der »Marxismus« solle nicht nur ausgerottet, das Wort selbst solle vergessen werden, niemand mehr wissen, was das sei. Er und die Seinen wissen es schon heute nicht.

Gingen vorm Lunch eine Stunde bei heißer Föhnsonne spazieren. Ruhte später auf meinem Bett-Lager. Um 4 Gang mit K. bei kälterem Wind nach Lenzerheide. Ich ließ mir das Haar schneiden u. traf beim Friseur meinen bulgarischen Doktor. Der Coiffeur suchte eine alte Nummer der schweiz. Zeitschrift »Er und sie« mit Bildern von Klaus und Erika heraus. Kaufte Cigarren u. Cigaretten. Wir tranken Thee in einer Konditorei.

Auf dem Rückweg leichter Frost.

Wir haben im Parkhotel Lugano abgesagt u. wollen am 24. nach Montagnola fahren. Telephonate K.'s mit Frau Hesse; Golo, der beruhigend über München aussagte, wo er mit dem jungen Köster das Haus bezogen hat. Medi erzählt, daß sie in

der Schule das »Horst Wessel-Lied« übt zu den Freiheits-
u. Erhebungsfeierlichkeiten. Anruf von Feist aus München.
Mein Paß ist tatsächlich in Ordnung, er will ihn uns morgen
heraufbringen.

Wir atmen etwas leichter, obgleich jeder Gedanke an die zum
Ersticken geknebelte Gerechtigkeit, die allein das Wort führende Gewalt und Fälschung immer wieder erzittern läßt.
Noch heute ist die kommunistische Partei nicht verboten, aber
ihre Führer und biederen Anhänger werden in Gefängnissen
gefoltert, wie der Schriftsteller Renn und Thälmann, der Vorsitzende einer legitimen, in der ganzen Welt verbreiteten, in
Rußland herrschenden politisch-sozialen Partei. Es ist unglaubwürdig, und dabei geschieht es von Menschen, die viel »bolschewistischer« sind als die biederen Parteimitglieder des deutschen Kommunismus.

Lenzerheide, Dienstag den 21. III
Gestern Abend ein zuerst kaum verständlicher, dann sehr komischer u. Verachtung erregender Brief der K. Godwin, ohne
Unterschrift, über die letzte Vorstandssitzung des S.D.S.. Friedrich, noch nicht im Besitz meines Rücktritt-Briefes, hat mich
»stürzen« wollen. Grotesk und armselig. Das immerhin unter-
schiedliche Verhalten der Anwesenden bei vorwiegender Passivität. Ehrliche Entrüstung der Godwin.

Abendessen mit der Wirtin, schläfrige Unterhaltung danach,
während ich rauchte. Adaline zum Pfefferminzthee. Etwas
»Krieg und Frieden«, dann bis 5 oder ½6 geschlafen. In der
Nacht Schneesturm aus Nord. Alles dick verschneit, Sonne, andauernder scharfer Wind. Die Erkältungsgefahr, namentlich
morgens, bei kaltem Badezimmer, wenig Wasser u. kalter
Treppe, ist bedeutend.

War zuerst zum Frühstück unten, dann mit K. und Frl. Kiel.
Schrieb nachher an Frank nach Lugano u. schickte ihm das Dokument der Godwin. Umfangreiche Post, nichtige Büchersendungen, Briefe von Reisiger (aus Seefeld), Maril, Pios u.

Jespersen (Vertrag über Joseph). Neue Zürcher Zeitungen: Entfernung der Juden aus den Justiz- und ärztlichen Ämtern. Konzentrationslager in München für Kommunisten und Sozialisten. Die Behandlung der in »Schutzhaft« Genommenen sei angemessen. Den Gerlich und Aretin sei geistlicher Beistand nicht verweigert worden. (!)

Wir gingen des bösen Windes wegen nur bis Valbella zur Post u. telegraphierten an Fischer, daß mit Pios abzuschließen ist. Die tausend Mark Anzahlung sind willkommen. –

Unwille, daß Strauss das Bruno Walter entzogene Konzert übernommen hat. Furtwängler dirigiert die von der »Regierung« für den heutigen Jubeltag angeordneten »Meistersinger«. Lakaien.

Die sonderbare Erscheinung der eingebildeten »Geschichte«, gegenstandslose Siegesfeier mit Glocken, Te Deum, Fahnen u. Schulfeiern ins Blaue hinein, nach Volks- oder Regierungs- oder Partei-Beschluß. Wer ist besiegt? Der innere Feind, – der es immerhin geleistet hat, daß die Erhebung vor sich gehen kann. Närrisch. Aber wäre es nichts weiter und nicht mit soviel gemeiner, mörderischer Bösartigkeit verquickt.

Dämlicher Erlaß Hindenburgs zur Eröffnung des Reichstags, der endlich wieder ein wehrhaftes Volk vertrete. Wieso wehrhafter auf einmal? – Die Regierungsbildung in Bayern verschoben in Erwartung des Ergebnisses der Reichstagsverhandlungen über das »Ermächtigungsgesetz«, das vor allem auch die Zusammensetzung der Landtage einfach nach dem Muster des Reichstags betreffen soll. Kommt die Einigung mit dem Zentrum nicht zustande, die von den Naz. Soz. offenbar garnicht gewünscht wird, so soll, wie es scheint, kommissarisch-diktatorisch weiterregiert werden. Meine Rückkehr nach München würde dadurch verzögert. Ich wünsche sie nur, um die Angelegenheiten in einiger Ruhe ordnen u. unsere Übersiedelung in die Schweiz vorbereiten zu können.

– Nach Tische Kaffee. Verfroren, unausgeschlafen. Ging zu Bette und schlief. Von 4 bis 5 mit K. bei quälendem Nordwind nach Parpan spazieren. Vom Sturm aufgetrieben, erfüllt der Schnee in Staubwirbeln die Luft. Es schneit weiter vom grauen Himmel.

Thee mit Frl. Kiel und der von Ski-Touren zurückgekehrten Frau v. Morgen, dunkelbraun, mit Jungenstimme und dickschlimmer Oberlippe.

Zur Besonderheit des Aufenthalts gehört die Hundefamilie Leu mit ihren Kindern Pu-Bär und Lilli, besondere, löwen- und bärenartige, dickfellige und spitzschnäuzige Rasse von wilder und zarter Art, die Mutter löwengelb, die Kinder schwarz, mit lila-schwarzen Zungen, als hätten sie Heidelbeeren gefressen. –

– Ankunft Feists, der läppischer Weise nicht auf meinen Paß gewartet hat, sondern, wahrscheinlich in der Hoffnung Erika zu finden, schon heute ohne ihn heraufgekommen. Er schwört, der Brief, durch Telegramm angekündigt, werde morgen eintreffen. Optimistische Schilderung und Kennzeichnung der Lage als unbedenklich für mich, ebenfalls töricht und verständnislos. Entgegengesetzte Äußerungen in einem Brief von K.'s Mutter, die von Freunden ersucht ist, mich dringend vor baldiger Rückkehr zu warnen. Dr. Bernstein hat sie eigens zu diesem Zweck aufgesucht. Er ist Zeuge der charakteristischen Schutzverband-Vorgänge. Ich bin neugierig, ob von dieser Seite noch irgend eine anständig abschließende Äußerung erfolgt.

– Der »politische Referent« der Paß-Polizei hat den Paß noch zu unterschreiben, was der heutige nationale Feiertag verzögert habe. Bedenkliche Skepsis. –

Den Gedanken, mit dem ich auch schon spielte, nämlich eines Tages an den bayr. Reichskommissar einen ernsten, meine Verbundenheit mit Deutschland aussprechenden Brief zu richten u. um Garantieen für meine Sicherheit vor Chikanen zu ersuchen, – hat man in München spontan auch Feist gegenüber angeregt. –

– Mein literarisches Aktivitätsbedürfnis war in letzter Zeit durch Briefe wie den an die Mazzucchetti und den heutigen an

Frank befriedigt, außerdem durch diese Aufzeichnungen. Das ist eine Aushülfe, aber nicht gut.

Lenzerheide, Mittwoch den 22. III. –
Sonniges Frostwetter. Gestern Abend nach dem Essen war Feist da und man trank Whisky-Grog. Das tat mir nicht gut, ich träumte schwer, erwachte bald wieder und nahm ein Phanodorm.

Heute nach dem Frühstück ging K. mit Frl. Kiel Ski fahren. Ich beschäftigte mich bis ½ [?] Uhr mit dem Manuskript vom III. Band des »Joseph« im Hinblick auf notwendige Kürzungen des Eintritts in Ägypten. Die Unterbrechung der Arbeit war lang und tief: Der Wagner-Essay, Amsterdam, Brüssel, Paris, Arosa, die Erschütterungen seitdem. – Merkwürdiger Weise erinnerte meine Prosa mich an Stifter: und zwar psychisch; ich will nichts weiter sagen.

Mittags kurzer Spaziergang mit K.. Zum Lunch mit ihr allein. Nachher auf dem Balkon Tolstoi gelesen u. geruht. Dann Spaziergang zu dritt mit Feist und den beiden jungen Tibet-Hunden nach [?], wo wir im Café den Thee tranken. Sehr abgespannt.

Schrieb zu Hause kurz an die Herz.

Es ist möglich, daß wir des schönen Wetters wegen diesen Aufenthalt noch um ein paar Tage verlängern.

L. Donnerstag den 23. III.
Die Wiederkehr meines Passes verzögert sich. K. bezweifelt stark, daß sie erfolgen wird. Es hapert bei der »politischen Abteilung«, wie es scheint; die Erledigung des Verlängerungsgesuches bleibt aus. Das läßt Böses vermuten. Was könnte die Verweigerung bezwecken? In welche Lage gedenken die Machthaber mich zu versetzen, indem sie mich ohne deutschen Ausweis lassen? Soll ich zur Expatriierung gezwungen werden, und will man dann mein Haus und Vermögen beschlagnahmen? Ich habe das Gefühl, daß da Tücke und Unheil ausgebrütet wird.

Gestern Abend Damengesellschaft. Später Feist. Man spielte auf dem etwas winseligen kleinen Grammophon Bach- u. Händelplatten. Anruf Bruno *Walters* aus dem Baur au lac in Zürich. Eilig in Überschuhen u. Mantel ins Nachbarhaus zum Telephon. Freundschaftlicher Austausch über die Schrecknisse und unsere persönlichen Pläne.

Nachts starker Frost, 16° wie man sagt. Sonnig. Leidlich geschlafen, gebadet. Frl. Kiel u. die kleine Frau v. Morgen auf Ski-Tour. Beim Frühstück eines der notwendig immer wiederkehrenden Gespräche mit K. über Deutschland und die Schrecken seines Charakters. Sie ging dann mit Feist, etwas Ski laufen. –

– Vormittags kamen außer den Zeitungen, vor denen mir graut, die umbrochenen Bogen des »Wagner«, und die Beschäftigung damit hielt mich von der mit dem »Joseph« ab. Es ist eine reiche Arbeit, in der alle Motive meines Lebens angeschlagen sind.

Frau Werfel-Mahler schrieb wegen des Hauses in Venedig, das sie uns fürs Frühjahr zur Verfügung stellt.

Spaziergang mit K. Allein mit ihr beim Lunch. Wir haben beschlossen, morgen nach Montagnola zu reisen, auch ohne den Paß, der ja nicht unmittelbar nötig. Im Lauf des Tages Erwägungen über die Möglichkeit, mit Hilfe des Völkerbundes etwas zu erreichen.

Nach Tische auf dem Balkon. Dann mit K. nach Lenzerheide, wo wir Couverts für die Versendung des »Wagner« kauften.

Die Koffer werden gerüstet, es wird wieder eingepackt. Erregung durch den bevorstehenden Aufbruch.

Im Zuge Zürich–Lugano, Freitag den 24. III.

Gestern Abend, Verabschiedung von den Damen v. Morgen nach einiger Platten-Bach-Musik. Heute recht getrosten Gemütes erwacht. Frühstück mit Hanna Kiel u. K. . Danach das Gepäck fertig gemacht, das schon ½ 10 Uhr geholt wurde. Adieu und Abfahrt mit dem Lenz-Auto. Bewegtheit der kl. Hündin

Lilli. Strahlender u. milderer Tag. Feist fuhr bis Valbella mit. Der Postbote überbrachte eingeschrieben den alten Paß.

Hinabfahrt nach Chur. Von dort nach Gepäckerledigung weiter in 2 stündiger Fahrt nach Zürich, wo Eri uns empfing. Pot au feu. Essen mit ihr im Bahnhofsrestaurant. Austausch des üblichen Abscheu. Über das schreckliche Leiden zahlloser Menschen in Deutschland. Erika will in Zürich Pfeffermühle spielen, aber es scheint, daß der Bruder der Giese, Waarenhaus-Angestellter, verhaftet ist.

Abschied von Eri u. Weiterfahrt in stark besetztem Zuge, überheizt. Nerven u. Stimmung halten leidlich stand.

Lugano, Hotel Villa Castagnola, Montag den 27. III. 33.
Dies provisorische und ungewisse Reise-Dasein bei feindselig und tückisch bedrohlich verschlossener Heimat geht weiter.

Wir trafen Freitag Nachmittag 6 Uhr hier ein, abgeholt von dem Padrone des kleinen Hotels Bellevue in Montagnola mit seinem Auto in dem er uns hinauffuhr, nachdem die Gepäck-Affaire – K. hatte den Luganer Gepäckschein statt des Münchner nach Hause geschickt – gelöst worden war. Das Hotel durchaus sympathisch, mit schönem Blick, in naiv italienischem Stil geführt, aber mich beklemmend durch Abgelegenheit, Primitivität, Kümmerlichkeit. Meine Nerven reagieren sofort mit Beängstigung, und es war gut, daß wir gleich den ersten Abend bei Hesses verbrachten, in dem schönen, eleganten Hause, das ihnen der Zürcher Bodmer geschenkt. Bei ihnen ein sozialdemokratischer Flüchtling Wiegand aus Leipzig. Wein und Gespräch. Zu Hause, schlechtes Bett, das warme Wasser kalt. Die Koffer, die am nächsten Vormittag kamen, nicht angerührt.

Frank, im Palace-Hotel wohnend, kam *Samstag* mit seinem Wagen herauf u. fuhr uns nach Lugano. Besuch bei seiner Frau im Hotel, die im Begriffe war, über Mailand, Verona nach München zu fahren, um dort die Vorkehrungen, Reduzierungen, Auflösungen vorzunehmen, zu denen auch K.

nächstens die Reise unternehmen will. Von dort mit Frank zum deutschen Konsul, freundlicher alter Mann, ganz unseres Sinnes, aber nicht in der Lage in Sachen unserer Pässe etwas zu leisten. Es bleibt nichts übrig, als den Ausweis aufs Geratewohl ablaufen zu lassen und sich auf die Sympathie des Auslandes zu verlassen. – Besuch in der Villa Castagnola, Zimmerbesichtigung. In dem Wagen des Padrone zu Hesses zum Lunch. Gute Mahlzeit mit Haute Sauterne, Kaffee. Ich ruhte in der Bibliothek, und wir machten um 4 Uhr zu Fünfen einen ausgedehnten Spaziergang durch Bergwälder u. Dörfer, freudig bewegt von der idealen, in romantisch-gemäldehaften Tinten sich darstellenden, zugleich großartigen und feinsinnig zierlichen Brückenlandschaft mit Nord und Süd, Schneeberge, See, Ortschaften, heiter u. grandios, »trop meublée«, sehr neu und ausdrucksvoll für mich.

Naives Pranzo im Bellevue und von 8 Uhr an wieder den Abend bei Hesses verbracht.

Gestern, *Sonntag,* nach dem unten genommenen Frühstück dem Padrone unseren »vorläufigen« Weggang angezeigt. Das Gepäck abgeholt und hierher in das heitere elegante, aber separierte Hotel transportiert, das schönen Garten besitzt, europäische Küche etc. und mich durch ein gewohntes Niveau beruhigt. – Bei Frau Hesse in ihrem eleganten Arbeitszimmer, um das Gummi-Tub zu holen, da wir hier kein Badezimmer haben. Dann im Wagen des freundlich- nach u. einsichtigen Padrone heruntergefahren und die Zimmer, die in einandergehen, nach dem Garten, in Besitz genommen. Auspacken und Installation bis zum Lunch. Im Speisesaal Begrüßung mit Fulda's. Nachher Bettruhe (unruhe) und um 4 Ausgang mit K. bei sonntäglicher Verfassung des Ortes. Geräuschvoller Sport-Match mit Auto-Park, vielen Zuschauern Geschrei. Durch den Stadtpark oder botanischem Garten mit exotischen u. halbexotischen Bäumen, Steineichen etc. Thee in einem vollen, populären Lokal. Weiterer Spaziergang stadtauf, Treppen, zu hochgelegener Kirche, feine Fassade, innen bunt byzantinisch-

romanisch, mit stillem Borgh[ett]o und Hof, wo stimmungs-
voll-würdiges Wohnhaus mit Schild: »Monsignore X, Archiprete«. Rückweg unter rückkehrendem Sport-Publikum durch
unschöne Industriegegend.

Stärkere Beleuchtung erbeten. Brief-Diktat mit K. Wir schrieben an Monternach nach Genf, wegen einer Legitimation durch
den Völkerbund. Ferner an Fayard in Sachen des Wagner-
Buches und des Honorar-Arrangements mit Bertaux.

Rasieren u. Umkleiden, Diner im Speisesaal, dessen Gesellschaft ruhig u. unaggressiv, Damen, alte Leute. Forellen, Fa-
san, Bordure mit Chaud'eau. Nachher mit Fulda's im ungestör-
ten Spiel-Salon, rauchend. Stundenlanger Austausch über die
unerhörte und schauerliche Lage, schließlich im Besonderen
über den Gang der Dinge in der Akademie. Fulda's Gebrochenheit, seine kummervolle Gekränktheit als deutscher Jude. Er
ist 71 und ohne Hoffnung. Wohltat der Aussprache für ihn.
Ich gab ihm die Bogen des »Wagner«. Unerschöpfliches, nicht
abzuschließendes Gespräch über den verbrecherischen und ekelhaften Wahnsinn, die sadistischen Krankheitstypen der Machthaber, die mit Mitteln von verrückter Schamlosigkeit ihr Ziel
absoluter, unkritisierbarer Herrschaft erreicht... Zwei Möglichkeiten des Sturzes: Die finanzielle Katastrophe oder eine
außenpolitische Konflagration. Innige Sehnsucht danach, bereit
zu jedem Opfer, jeder Mitleidenschaft. Durch keinen Ruin ist
der Ruin dieses Abschaums der Gemeinheit zu hoch bezahlt!
Es war den Deutschen vorbehalten, eine Revolution nie gese-
hener Art zu veranstalten: Ohne Idee, gegen die Idee, gegen
alles Höhere, Bessere, Anständige, gegen die Freiheit, die
Wahrheit, das Recht. Es ist menschlich nie etwas Ähnliches
vorgekommen. Dabei ungeheurer Jubel der Massen, die glauben, dies wirklich gewollt zu haben, während sie nur mit verrückter Schlauheit betrogen wurden, was sie sich noch nicht
eingestehen können, – und das sichere Wissen der höher Stehenden, auch Konservativer, Nationaler (Kardorf), daß alles
einem furchtbaren Verderben entgegensteuert.

Der groteske u. gemeine Betrug mit dem Reichstagsbrand. Der angebliche Van der Lubbe soll, wie es scheint, ohne Prozeß »öffentlich hingerichtet werden«. Ein schamloses Betrugsverbrechen, von dem jeder weiß, wird mit unumschränkter Gewalt in Schweigen erstickt. Dazu Glockengeläut und Erhebungsrausch. Man glaubt wieder ein großes Volk zu sein. Der Krieg, die Niederlage sind nicht gewesen, seine Folgen getilgt durch einen Kriegsersatz, der sich Revolution nennt und sich unter Nachahmung der Entente-Propaganda gegen das eigene Volk richtet. Rache des Typus, der den Krieg verlor. Er ist seelisch wiederhergestellt, während alles edlere Deutschland der Qual seelischer Heimatlosigkeit überantwortet ist. Konzentrationslager überall mit »Kriegsgefangenen«.

Ich nahm Adalin zum Kamillenthee, vorm Phanodorm. Schlief sehr schnell ein u. erwachte von den Gedanken um ½6 in den *Montag!* 8 Uhr auf, im Tub gebadet u. Frühstück in K.'s Zimmer, während das Mädchen das meine ordnete. Dann zu Cigaretten dies geschrieben.

– Mit K. in der Stadt zu Einkäufen. Wir trafen Fuldas und Frank. Mit der Tram nach Hause. Nach dem Lunch Exemplare des »Wagner« couvertiert. Dann geruht. ¼4 Uhr mit Frank ausgefahren. Gesperrte Straße eingeschlagen, mühseliges Zurück. Hoch und schön gelegene Villa besichtigt, die für 95 000 frs. verkäuflich. In die Stadt zurück zum Thee im Café Huguenin; Begegnung mit Frau Massary. Der bayr. Ministerpräsident Held. Frank berichtete von Zukunftsvorschlägen der Münchener Machthaber an die Bayerische Volkspartei. Zuversicht, daß der bayrische Volkscharakter, die katholische Natur sich in absehbarer Zeit durchsetzen und das Leben in München ermöglichen wird.

Zu Hause K. Briefe diktiert: an Bonnet, Bertaux, Ali-Bureau.

Die Stimmung etwas getroster, weniger beängstigt, geneigt die Dinge leichter zu nehmen, unter dem Einfluß des Verkehrs mit dem etwas banal-lebemännischen Frank. Kaum zu begrüßen, wenn auch gesundheitlich wünschenswert und notwendig.

Nachrichten über wirksame Protestaktion in Amerika und England gegen den deutschen Antisemitismus, die kleinlaute Lügen des Machtgesindels hervorgerufen haben. Symptom kulturellen Einlenkens. Widerwille gegen jedes Zeichen von »Klugheit« und Maß bei den Gewalthabern.

Dienstag den 28. III. Lugano, V. C.
Gestern nach dem Diner wieder mit Fulda's im Spiel-Salon. Er hat die rührende und etwas enervierende Schwatzhaftigkeit des Polonius. Die Frau gutmütig wie auch er, der den Wagner-Aufsatz schon zur Hälfte gelesen hatte u. sich in Lobeserhebungen darüber erging. – K. telephonierte mit München; im Hause alles in Ordnung, aber es sind Briefe von Golo und K.'s Mutter unterwegs, die selbst vor K.'s Besuch in M. noch warnen. Die Informationen, auf denen diese Warnungen beruhen, noch unklar. Fuldas Überzeugung, daß man nicht wagen werde, Hand an mich zu legen. Man habe unter dem Druck des Auslandes schon zurückpflocken müssen. Im Unterhaus Anfrage, ob es denn wahr sei, daß Deutschland seine Denker u. Dichter vertreibe.

Elend der flüchtigen Tagesschriftsteller in Prag, Zürich etc. Schwarzschild will in Prag das »Tagebuch« fortsetzen für die Diaspora der Intellektuellen u. das deutsch lesende Ausland. Das wird sehr gut sein trotz der Unmöglichkeit des Bezuges in Deutschland.

Ich nahm von Fulda's ein Gläschen eines weinigen Brom-Präparats u. danach noch Phanodorm. Mochte vor Müdigkeit nicht mehr Tolstoi lesen und schlief ausgiebig. Noch heute Morgen liegen die Mittel mir etwas in den Gliedern.

Das Wetter ist licht geworden. Es ist blau und kühl. Ich freue mich über mein Zimmer, das mit seinem Blick auf die Palmen u. Cedern des Gartens heiter und wohl geordnet ist und ein gutes, weiches Bett hat. Wir packten das große, von der Kurz bestellte Paket mit leichteren Kleidern aus, die ich freilich bis auf den Mantel noch nicht brauchen kann.

Kleine Cigarre nach dem begierig eingenommenen Frühstück zur schriftlichen Tätigkeit.

Um 11 Uhr mit K. zum Postplatz, wo wir den Motor-Omnibus nach Montagnola nahmen. Klarster, südlich getönter Tag. Hinauffahrt zu Hesses. Lunch bei ihnen, noch in Gesellschaft des Herrn Wiegand, dann Besichtigung von Hesses Privaträumen, Aufenthalt auf der Terrasse, Ruhe. Nachher Thee und Spaziergang. Die idealhaft-überschöne, romantische Landschaft. Das südlich Wirken des Gemäuers im blau-weißen Licht. Hesses frühere Wohnung mit tropisch wirkendem Garten.

½7 Uhr Abfahrt von der Post, nachdem K. im Bellevue Briefe in Empfang genommen, darunter die Buch-Korrekturen des »Wagner«. Wiegand, abreisend nach Italien, fuhr mit uns.

Zu Fuß von der Post ins Hotel, wo ich einen vormittags begonnenen Brief an Fiedler beendete. Nach dem Diner mit Fuldas im Salon. Angebliche Befähigung ihres Freundes Dr. Ilgenstein, meinen Paß in Ordnung zu bringen. Unwahrscheinlich nach dem Fehlschlage bei dem gewiß freundwilligen Konsul, aber desto wünschenswerter, als K. über ihre Mutter u. Golo von einem Münchener Wohlinformierten neuestens ernstlich gewarnt ist, auch nur ihrerseits nach München zu fahren, da man Ehefrauen die Pässe abnahm, um die Gatten zur Rückkehr zu zwingen.

Mit Fuldas Gespräche an Hand der schauerlich zu lesenden deutschen Zeitungen. Die Berliner Illustrierte, voll von photographischen Verherrlichungen des Regimes! Die Greuel-Propaganda und ihre wenig berechtigte Abwehr. Die gegen-antisemitischen Demonstrationen des Auslandes und die deutschen Juden als Geiseln. Aufforderung der Regierenden zu Boykott und Pogrom. Drohung gegen Dänemark. Gewappnetes Mißtrauen der umgebenden Völker. Scheitern des sogenannten Vier Mächte-Bundes. Finanzielle Mißwirtschaft und Feindschaft der jüdischen Hochfinanz. Wie lange?

Numerus clausus für die Juden in den akademischen u. freien Berufen nach dem Prozentsatz ihres Bevölkerungsanteils. Man spricht von ihrer Undankbarkeit für die ihnen »vom deutschen Volke gewährte Gastfreundschaft«. Die Regierung werde sich verhalten wie die andern und der »Gegenbewegung« freien Lauf lassen. Bedrohung der Presse, die sich auch nur »passiv« verhalte.

In der Vossischen Zeitung Auszug aus dem »Wagner« mit sehr hübscher Vorbemerkung. Man hat gerade die Passage über den Nationalismus gewählt, um sich »geistig« ein wenig schadlos zu halten – und die Leser. Aber wie lange wird überhaupt eine freundliche und hervorhebende öffentliche Behandlung meiner Person u. Arbeit noch geduldet werden?

Mittwoch den 29. III. (Lugano)

Andauer des sonnigen Wetters. Das Mädchen ordnet während des Frühstücks mein Zimmer. Telephonat mit Dr. Ilgenstein wegen des Passes. Verabredung seines Besuches.

Wir erwarten für heute Abend Erika, die nach der Riviera fährt. Ärger über Klaus, der unautorisierter Weise groben Brief an Dr. Friedrich geschrieben. –

Briefe an Bertram, Dr. Loewenstein. Frostig im Zimmer, aber auf dem nachfolgenden Spaziergang mit K. auf TreppenFußwegen bis zum Kurhaus des Monte Bré wurde es sehr warm. Nach dem Lunch auf dem Bett geschlafen. 3¼ Uhr Besuch das Dr. Ilgenstein, etwas umständlicher u. wichtigtuerischer Mann. Mit ihm im Hotelgarten Thee getrunken; Sommeranzug, wundervoller Nachmittag. Über den unmöglich-excessiven Charakter der deutschen Zustände. Mit Ilgenstein zu dem Rechtsanwalt Herrn van Aaken, dessen Sozius dem Berner Nationalrat angehört, in der Paßangelegenheit. Angenehmes Haus, sympathische rheinische Mutter. Man trank Thee, u. ich erhielt von dem Advokaten die Versicherung, daß ich einen internationalen Paß auf dem einen oder anderen Wege, entweder durch ihn oder durch Monternach, dessen Antwort abzuwarten ist, erhalten werde. –

Verabschiedung von Ilgenstein und Besuch in dem hübschen Hotel Seehof, um Unterkunft für Erika u. Th. Giese zu bestellen, die aber während des Spaziergangs, den wir anschlossen, schon bei uns abgestiegen waren. Erika trat bei mir ein, während ich schrieb. Ich freute mich herzlich. Ihr Schweizer Cabaret-Unternehmen ist noch nicht endgültig gescheitert. Sie ist nur gekommen, uns zu sehen und kehrt morgen nach Zürich zurück, wo sie einen Kreis von Freunden hat.

Diner an anderem Tisch zu Viert. Dann kamen Frank und Speyer, u. man verbrachte den Abend mit Fulda's im Salon. Getränke u. Unterhaltung. Das niederträchtige Geisel-System in Deutschland. Die Verwirklichung des systematischen wirtschaftlichen Boykotts der Juden scheint abhängig von dem »Wohlverhalten« der ausländischen Presse, ist aber als Drohung eine neue Herausforderung an die Welt.

Ich hatte Post: ein Artikel der Baseler National-Zeitung über deutsche Zustände mit der Versicherung, daß ich heute im Dachauer Konzentrationslager säße, wenn ich in Deutschland wäre. – Langer Not-Brief Kiefers aus Basel. Seine Flucht nach der Mißhandlung seines Sohnes. Seine Nachrichten aus Genf. Isolierung Deutschlands, dessen wirtschaftliche Aussichten für sehr schlecht erachtet werden. Dennoch rechne man mit einem jahrelangen Bestehen des Regimes, wenn nicht außenpolitische Konflagrationen die Ereignisse beschleunigen, was z. B. Herr van Aaken mit Bestimmtheit annahm. Unwahrscheinlich sei eine Milderung der Spannung in Deutschland mit nächster Zeit. Im Gegenteil werde es Blut geben; das Zeichen dazu, ein Attentat, werde mit derselben Skrupellosigkeit inszeniert werden wie alles Übrige. Rat, mit den Meinen das Land zu verlassen.

Ullstein hat den Vertrieb von Feuchtwangers »Jüdischem Krieg« eingestellt, wegen Beteiligung des Autors an der »Greuel-Propaganda«. Wann wird die Censur beginnen, sich gegen die Buch-Literatur zu richten? Zweifel, ob Fischer, der Verleger Trotzki's, seinen Betrieb in Berlin wird aufrecht erhalten können.

Lugano, Donnerstag den 30. III
Ohne Mittel recht gut geschlafen nach einiger Lektüre in
»Krieg u. Frieden«. Herrlicher Morgen; nur daß unsere West-
zimmer vormittags etwas frostig sind. Ich will die Buch-
Korrektur des »Wagner« lesen, über den gestern Abend Frank
und Fulda sich mit Begeisterung äußerten.

Erika und die Giese fanden mein Aussehen gebessert, auch
Hesses stellten das fest. Tatsächlich bin ich hier ruhiger geworden, die Neigung zu Angstanfällen ist geringer, eine gewisse
Gewöhnung an die Lage hat stattgefunden, und ich verstehe,
daß ich, bei aller Qual, von charakteristischem Glück sagen
kann, insofern ich bei Ausbruch der Katastrophe mit K. auswärts war. Eine Flucht, précipité, über die Grenze, wäre
schreckhafter gewesen. Das Problem des Münchener Hausstandes
wird so oder so zu ordnen, eine neue Grundlage, Häuschen
bei Zürich, in absehbarer Zeit zu schaffen sein. Der Gedanke,
daß die Rückkehr nach München für etwa ein Jahr abgeschnitten u. auch garnicht wünschbar ist, muß einverleibt und vertraut werden.

An einen Besuch von K.'s Eltern hier wird gedacht. K. möchte
die Kinder, Golo u. die Kleinen, für die Osterferien herbeischaffen. Nur ist dieser Aufenthalt teuer, während ich ungern
schon bald wieder reisen würde. Hier muß zunächst nach einem
Arrangement gesucht werden.

Die lügenhaften Gemeinheiten gegen Braun und Severing,
Gerede, blödsinnige Anschuldigungen der »Unterschlagung«,
Vermögenskonfiskation, elende kaltblütige wirtschaftliche Ver-
nichtung. Der abgründig-widerwärtige Rache-Charakter des
Ganzen. Im Berliner »Herrenklub« ratlose Verzweiflung unter
Vorsitz des albernen Verbrechers Papen. –

Korrektur des Wagner-Buches. Dann schöner, erwärmender
Spaziergang mit K. und Eri bergauf. Gespräche über die Zukunft, Zürich, das dort einzurichtende Häuschen, den Umfang,
in dem Münchener Besitz dazu zu verwenden – er kann nur beschränkt sein. Über die Form, in der das Zusammensein mit

den Kindern während der Osterferien zu ermöglichen. Bibi's Italienfahrt. Auch Golo käme nur zu Besuch; der Aufenthalt hier wird sich vornehmlich auf Medi beschränken. Später die Umschulung nach Zürich. Die vorläufige Verlegung unseres Wohnsitzes dorthin ohne Aufsehen zu vollziehen. – Plan, im Mai mit dem Buik nach Madrid zu reisen, sei es, daß Eri frei wäre, ihn zu fahren oder daß Hans so lange im Engagement bliebe. Übernahme des Wagens in das Zürcher Leben. Heitere Ideen im Gehen am schönen Tage über dem See. Gefühl seelischer Genesung und neuen Vertrauens.

Lunch zu Viert. Ich gab danach meine Wäsche aus und ruhte eine Stunde. Fertigte den Brief an Bonnet von der Coopération über die Ungewißheit meiner Lage und die Frage der Eröffnung der Diskussion durch einen vorbereiteten Vortrag aus.

4 Uhr fuhr Eri uns nach Montagnola zu Hesses, wo wir Thee tranken u. dann denselben schönen u. ausgedehnten Spaziergang machten wie neulich. Verspätete Heimkehr zum Diner, erwartet von der Giese. Nachher mit Fuldas im Salon. Greisenhaftes Geplauder des Alten. Ich hatte Briefe: von Berth. *Brecht* über die Wirkung meiner »Botschaft«, durch die die deutsche Literatur ihr Gesicht gewahrt habe; ferner vom »Foyer« die Texte der Reden beim Wagner-Diner; von Annette Kolb und der Herz. Lektüre der »Voss. Zeitung«, mit schauerlichem Eindruck.

Freitag den 31. III (Lugano)
Hesse hat mir seine Insel-Ausgabe von »Krieg u. Frieden« geliehen, statt meiner elend übersetzten Reklam-Ausgabe. Ich las vorm Einschlafen längere Zeit am 1. Bande weiter. Unruhig geschlafen infolge der Beschäftigung mit den heimatlichen Dingen, dem Boykott- und Geiselwesen, dem verrückten Kriegszustand, dem Blödsinn u. der Gemeinheit. Neue erregte Depression. Nahm gegen 5 Uhr Evipan und schlief dann noch. K. war bei mir u. ließ die Verbindungstür offen.

Wieder glänzend heller, frisch-dunstiger Morgen. Aber die

Nerven sind wieder beklemmender u. bedrängter als in den letzten Tagen. Ich beendete die Buchkorrektur u. schickte sie an Fischer. Brief von Paul Ehrenberg aus finanzieller Not und Gedankenlosigkeit über meine eigene Lage. Es ergriff mich, diese Schriftzüge wieder zu sehen . . .

Erika fuhr uns um den See nach Paradiso und [?] spazieren. Reizender Punkt, hoch, noch unterhalb kleiner Kirche, an erwärmter Mauer. Las nach dem Lunch auf der Chaiselongue mit Genuß in »Krieg und Frieden«. Etwas geruht und mit K. auf der Terrasse des Hotels Müller Thee getrunken. Leichter Gewitterregen, schöner, tintenreicher Himmel.

Zu Hause Briefe diktiert: die Antwort an Paul E., dann an Kiefer, an die Lowe wegen »Past Masters« etc.

In Breslau hat man allen Juden die Pässe entzogen. In München, offenbar auch an anderen Orten, hat der systematische Boykott der jüdischen Geschäfte, trotz Nachlassen der auswärtigen Propaganda, eingesetzt. Der Unterhalt der Angestellten ist dabei Sache der Inhaber. Blödsinnige Inkonsequenz in der Niedertracht, da die »Bewegung« vor den jüdischen Banken halt macht. Ernst warnender Artikel der N. Z. Z., der auch auf die wirtschaftliche Selbstschädigung hinweist. Rasende Drohungen des Göbbels in seinem Blatt gegen diejenigen, die sich dem »Aufbau« entgegenzustellen wagen. Der »Völk. Beobachter« schäumt gegen die »D. A. Z.«, die als über und über mitschuldiges Organ jetzt die Vernünftige spielt. Die Narren, die das Unwesen großgezogen!

K. ermahnt ihre Eltern, in die Schweiz zu kommen und die Sammlung zu sichern.

Lugano, Samstag den 1. April.
Gestern neue Nachrichten aus München. Zu jeder Ausreise ist ein Attest politischer Unverdächtigkeit erforderlich. K. dringt auf das Kommen der Kinder, d. h. Golo soll Medi hierherbringen. Telephonate mit ihm gestern Abend u. heute Morgen. – Idiotische Bosheit in der Behandlung des Juden-Boykotts: Die

Geschäfte müssen geöffnet bleiben und ihre Angestellten bezahlen, aber das Publikum wird gehindert, sie zu betreten, u. wer es dennoch tut, wird gefilmt u. öffentlich vorgeführt. Gelber Fleck an jüdischen Geschäften. Es ist gar zu unglaubwürdig albern und verrückt.

Wir verbrachten den Abend nach dem Diner, zu dem wir Asti tranken, wie gewöhnlich mit Fulda's im Salon. Die Frauen telephonierten mit München u. Berlin, auch die Giese, deren Bruder in Schutzhaft ist während ihre Mutter im Sterben liegt. Ich hatte einen Brief von Knopf über den Essayband. – Fuldas Klagen und jüdische Verzweiflung tragikomisch. Er kommt übrigens immer wieder mit höchster Bewunderung auf den »Wagner« zurück.

Las vorm Einschlafen noch längere Zeit Tolstoi, löschte erst ½1 Uhr das Licht, wurde aber schon ½6 Uhr wach und schlief nicht wirklich wieder ein. Erika kam um 8 Uhr, sich zu verabschieden. Sie kehrt nach Zürich zurück, beauftragt, unter der Hand nach einem Häuschen für uns Ausschau zu halten. Es kommt darauf an, sich ohne Aufsehen bald in der Schweiz u. zwar bei Zürich eine vorläufige private Basis und Lebensstätte zu schaffen u. vom kostspieligen Hotel-Leben loszukommen. Zu wünschen, daß die Möglichkeit fortlaufenden Bezuges von einigem Geld aus Deutschland erhalten bleibt. An den Gedanken, daß ich in absehbarer Zeit überhaupt nicht in das gewohnte Leben zurückkehren werde – es wäre ja auch das alte nicht mehr, sondern ein sehr widerwärtiges u. gefährliches neues – habe ich angefangen mich zu gewöhnen. Im Sinne liegt mir die Herbeischaffung meiner Papiere, alten Tagebücher etc.

Bermann telegraphiert, daß er heute Nachmittag Lugano passiert. Er ist, wie es scheint, ziemlich Hals über Kopf, mit den Kindern von Berlin abgereist, was gestern Frau Fischer telephonisch aus Rapallo in großer Aufregung mitteilte. »Wissen Sie, ob Juden noch Pässe bekommen?« Grotesker Conversationsstil der Zeit. Der alte Fischer nimmt viel Schlafmittel.

In der Nacht Gewitter. Heute alles in Regen gehüllt, aber

milde. Wir sahen der Abfahrt Eri's, die in etwa 10 Tagen wieder vorsprechen will, von Balkon u. Fenster zu. –

Beschäftigung mit dem Joseph-Manuskript. K., vom Bahnhof zurück, berichtet von kurzer Unterhaltung mit dem verstörten Bermann, der ein wirres, ratloses Berlin im Rücken gelassen. Ein Tollhaus. Niemand weiß, woran er ist, was für ihn gilt, was nicht. Die Boykott-Aktion soll Münchener Herkunft und sogar dem Göhring unangenehm sein.

Mit K. auf dem Crédit Suisse, wo wir von München überwiesenes Geld erhoben. Dann bei Frank im Palace. Seine Frau bleibt aus, nur er vermutet nicht, warum. Er fuhr uns nach Hause.

Nach dem Lunch Tolstoi gelesen. $^3/_4$ 4 mit K. spazieren, bei aufgeklärtem Wetter, hinauf zum Kurhaus des Monte Bré, wo wir Thee tranken. Begegnung mit dem alten englischen Globe-Trotter. Schrieb, nach Hause zurückgekehrt, an die Herz.

Besuch des Ingenieurs Franco Ender, Besitzers der neulich besichtigten Villa, Sozialdemokrat, der ein Interview vermitteln wollte, das ich ablehnte. Hübscher junger Mensch südlichen Typs, der mit der jungen Frau von neulich u. dem Baby etwas menschlich sehr Reizendes abgibt. Er kam wohl hauptsächlich, um die persönliche Beziehung herzustellen. Mein Aufenthalt hier sei bekannt, von der Tessiner Presse gemeldet.

Nach dem Diner las ich Fuldas das »Bunte Kleid« vor.

Schrieb den Brief an die Herz zu Ende.

K. telephonierte mit der Poschingerstraße. Golo hat den Unbedenklichkeitsvermerk noch nicht bekommen können, weil bei Amte niemand gewußt hat, wer ihn erhalten und erteilen soll. Ausreise über die badische Grenze geplant.

Die Züge aus Deutschland sind lang und voll.

Sonntag den 2. IV. 33, Lugano

Heute vor einer Woche zogen wir hier ein, und ich kann nicht umhin, Dankbarkeit für den freundlich schützenden Aufenthalt zu empfinden.

Blauer, kühler Morgen, Nordwind. Ziemlich kurzer, aber
großen Teils ruhiger Schlaf. Nach dem frühen Erwachen Gedanken über die Geistesverfassung der Menschen in Deutschland: dieses Geheimr. Oskar Wassermann von der Deutschen
Bank, der das Ausland belehrt, daß es den deutschen Juden gut
gehe und von einer Revolution spricht, die im Verhältnis zu
ihrer unvergleichlichen Größe höchst diszipliniert u. maßvoll
verlaufe; dieses Sozialdemokraten Wells, der wegen einer zor-
nigen auswärtigen Kundgebung seinen Austritt aus der 2. Internationale erklärt; dieses Demokraten Prof. Hellpach, dem es
nicht etwa die Stimme, das Wort verschlägt, sondern der ehr-
fürchtig angepaßte Artikel über »Neuen Heroismus« u. dergl.
schreibt. Was ist das alles? Angst? Notgedrungene Unterwerfung? Oder Ergriffenheit, der sich zu entziehen über Menschen-
und Verstandeskraft geht, wenn man im Lande ist? Der Ausgang könnte auf jeden Fall zerschmetternd sein, wie nach dem
Volksorgiasmus von 1914. Aber man fühlt sich nicht unbedingt
wohl in Gesellschaft derer, die draußen sind, dieser Kerr,
Tucholski etc. Auch Hauptmann ist draußen, aber von größerem
Trost ist mir das physische u. gesinnungsmäßige Außensein
Hermann Hesses. Wie seltsam, daß man in Deutschland gegen
die wahrhaft schweinischen Mittel, mit denen diese »Volksbewegung« gesiegt hat, offenbar nicht die Empörung, den Ekel
aufbringt, den ich empfinde! Ist meine Rolle nur die eines
Erasmus im Verhältnis zu einem neuen Luthertum? Große Revolutionen pflegen um ihrer blutigen u. leidensvollen Genero-
sität willen die Sympathieen der Welt, Mitleid u. Bewunderung
auf sich zu ziehen. Das war und ist bei der russischen nicht
anders als bei der französischen, von der alle lebendigen Geister
der Welt ergriffen waren. Was ist es mit dieser »deutschen«,
die das Land isoliert, ihm Hohn und verständnislosen Abscheu
einträgt ringsum? Die nicht nur die Kerr und Tucholski, sondern auch Menschen u. Geister wie mich zwingt, außer Landes zu gehen?

K. telephonierte nach dem Frühstück mit Franks. Die Frau

ist per Flugzeug, ohne Unbedenklichkeitsvermerk, zurückgekehrt. Der Wirrwarr soll unbeschreiblich sein. Niemand weiß,
was gilt und was nicht. Depression u. Ratlosigkeit im Grunde
trotz national-antijüdischer Festivität u. Beflaggung. Weit verbreitet das Gefühl, daß den halbnärrischen Führern, wie Göbbels, dessen wüstes Rundfunkgekeif die Welt abstößt, die Zü-
gel mehr u. mehr entgleiten, daß Blutvergießen bevorsteht und
eine Militärdiktatur, die Ordnung stiften müßte, sich vorbereitet. Die Verfassung des Hitler, der natürlich längst eine Puppe
ist wie Hindenburg, machtlos, kompromittiert, dementiert, sei
einigermaßen verzweifelt – wie die seiner konservativen Verbündeten schon lange. Übrigens soll, was mich betrifft, ein vor-
sichtiges u. gewissermaßen verschämtes Schweigen herrschen.
Ich werde nicht beschimpft, [mein] Austritt aus der Akademie wird nicht gefeiert. Mein Außenstehen scheint eine gewisse
Dämpfung, eine leichte Verlegenheit zu bedeuten. Es scheint,
daß man mich lieber im Lande hätte – in gewissen Kreisen wenigstens, deren Empfinden freilich nicht meine Verhaftung hin-
dern würde, wenn ich morgen zurückkehrte.

Es ist darum sehr töricht u. leichtsinnig von Bertram, wenn
er heute auf Ansichtskarte aus Friedrichshafen schreibt, nichts
könne und »dürfe« meiner Heimkehr im Wege stehen. Auch
Vikkos langer Brief aus Bozen, gestern, war unbefriedigend,
aus Mangel an geistiger Kapazität.

Schlechte Nachrichten durch Frau Frank über den Chauffeur Hans, der natürlich verludert und etwas wie ein gefährliches Element darstellt. Seine Entfernung unbedingt notwendig.

Spannung, ob heute die Kinder ihre Grenzüberschreitung
melden.

Mittags kurzer Spaziergang mit K. . Nach dem Lunch auf der
Terrasse Kaffee getrunken, was mir jetzt besonders schädlich
ist. Tolstoi-Lektüre auf dem Zimmer u. kurze Ruhe. Dann mit
K. zur Stadt, wo wir bei Huguenin im Freien Thee tranken.
Besuch bei Franks im Palace, wo wir die Massary und ihre

Schwester trafen. Längere Unterhaltung über die üblichen Gegenstände. Vielfach wird in Deutschland mit einem Eingreifen
der Reichswehr und Militärdiktatur gerechnet, namentlich
wenn ein wirtschaftliches Débacle kommt – wie fast unvermeidlich. In München übrigens Tendenz sich mit der Volkspartei zu arrangieren und mit ihr, etwa unter Epp, eine Regierung zu bilden. Man werde, so sagt man in M., unter einem
solchen Regime die Rückkehr von meinesgleichen dringend
wünschen. Daß ich heute noch schon am zweiten Tage in Haft
säße, ist so gut wie sicher.

Schöner Nachmittag, malerische Beleuchtung der Berge. Aber
lebhafter Nordwind und Staub. Viele Leute unterwegs im
Stadtgarten u. am Quai. Gut, daß nun wieder eine Woche ohne
Sonntag kommt. –

Die Kürzung des bisher geschriebenen ägyptischen Joseph
liegt mir im Sinn.

Montag den 3. IV, Lugano.
Wieder ein strahlender, frischer, sonniger Morgen. Es ist sehr
hübsch, sich nach dem Frühstück rauchend, bei offener Balkon-
tür, zu der leichten Tätigkeit des Tagebuch- oder Briefschrei-
bens zu setzen; aber es wäre Zeit, daß ich mich aus der Bumme-
lei [des] Umsturzes und der Aufregung zur Arbeit am Joseph
zurückfände. Fruchtlos übrigens ist doch wohl das schwere
Ferien-Erleben nicht. Ich bringe es oft in Beziehung zu der
Faust-Novelle, der Nachfolgerin des Joseph, mit der ich »etwas
sehr Originelles leisten würde«. –

Gestern vorm Diner diktierte ich Geschäftsbriefe. Wir verließen später den Spielsalon wegen anderen Zuzugs u. ließen
uns in einer Ecke des großen Salons mit Fuldas nieder.
Dr. *Loewenstein* aus München, der in Paradiso wohnt. Bewegte Gespräche zum Bier über die »Revolution«. Bermann
rief aus Rapallo an, um seine Zuversicht zu äußern. Offenbar
hatte er beruhigende Nachrichten über die Stellung des Verlages. Auch mit Frau Hesse wurden neue Verabredungen ge-

troffen. Dann kam zu K.'s großer Freude u. Beruhigung der Anruf der Kinder aus Zürich. Dicht vor Torschluß, da heute die Ausreiseerschwerung im ganzen Reiche eingeführt wird, sind sie gereist. Medi hat die Schule verlassen mit der Entschuldigung meiner Erkrankung. Sie, die dringend zurückwollte, erklärt ihre Freude von M. weg zu sein; es sei abscheulich gewesen. Golo und sie haben in Eri's Hotel übernachtet; sie sind unterwegs hierher.

Ich las gestern Abend noch eifrig Tolstoi u. war erregt. Phanodorm verhalf nach 1 Uhr zu einem ruhigen Schlaf bis 7 und 8 Uhr.

Die Paß-Angelegenheit stockt, keine Antwort noch aus Genf, und so treffen wir neue Verabredung mit van Aken.

Schrieb längeren Brief an Vikko. Mittags mit K. zur Stadt, wo wir schöne Schuhe kauften. Mit der Tram zurück.

Nach dem Lunch auf der Terrasse Empfang Dr. van Aken und Besprechung der Nansen-Paß-Sache. Auch machte er Vorschläge wegen der Sicherung unseres deutschen Vermögens. Dasjenige Einsteins ist beschlagnahmt worden, und wahrscheinlich steht die Androhung der Konfiskation für Nicht-Rückkehrer bevor.

Später mit K. im Auto zum Bahnhof. Unterhaltung mit dem Ministerpräsidenten Held, der, von München zurück, eine üble Charakteristik der dortigen Zustände gibt, aber an eine bevorstehende Coalition mit der Volkspartei glaubt. Der deutsche Antisemitismus, gebändigt durch die Androhung, das finanzielle Stillhalte-Abkommen aufzuheben.

Einlaufen des Zuges, ich begrüße Golo und schließe Medi wieder in die Arme. Mit den Kindern im Omnibus des Hotels nach Hause, Einführung in ihre Zimmer. Ich ruhe etwas, und wir machen mit Dr. Loewenstein, der uns ½4 Uhr abholt, einen Spaziergang zum Kurhaus Monte Bré hinauf, wo wir Thee trinken. Unterhaltung über die Vorgänge und über die zu ergreifenden finanziellen Maßnahmen. Gedanke der »Verpfändung« des Münchener Vermögens an einen Schweizer, z. B.

Helbling. Wir sitzen mit den Kindern dort oben bei sinkender Sonne unter einem Schirm und kehren auf Umwegen nach Hause zurück. Ich ging wieder Arm in Arm mit Medi. Sie erzählte von ihrer Kurz-Maria, die die Lage begriffen u. beim Abschied geweint habe. »Du kommst gewiß nie wieder«. Dies bewegt mich andauernd.

Keine Zeit mehr zur Korrespondenz. Ich zog mich um, wir nahmen das Diner zum ersten Mal mit den Kindern und verbrachten den Abend mit Fulda's. Medi brachte allerlei Post, u. a. einen Brief von Prof. Heuser über die Möglichkeiten Golos, die recht gering sind, und meine Reise. Artikel der Nouvelles littéraires über den Wagner-Vortrag.

Dienstag den 4. IV. 33.

Der Schlaf hat ohne Nachhilfe keine rechte Ausdauer, ich erwache zu früh bei großer Müdigkeit am Abend. Der Morgen wieder klar, schön u. kühl. Nach dem Frühstück Gespräch mit K. über die Zukunft der Kinder, namentlich die von Klaus, auch über unsere unsicheren Aussichten, und daß eigentlich unter den Freunden in der Welt sich hilfreiche, ein Heim bereitstellende Gönner finden müßten. Die wirtschaftlichen Verhältnisse wiesen nach Südfrankreich, Italien. Aber mein Wunsch, nicht von den gewohnten Kulturbedingungen abgeschnitten zu sein nach Zürich oder Winterthur.

Sorge um meine Unlust zur Fortsetzung des Joseph. Die notwendige stille Begeisterung, möge sie auch von Zweifeln u. Unzufriedenheit beeinträchtigt sein, schafft nur die Arbeit – und diese widersteht.

Gute Briefe von K. Fiedler und Bertaux.

Beschäftigung mit dem Manuskript.

Mit K. u. den Kindern in der Stadt. Einkäufe.

Reinhart vom Deutschen Theater ausgeschlossen. In den Schulen obligatorischer Geschichtsunterricht über die Spanne 1918 bis 33. *Verfälschung der Gehirne.* Meldung von Neuraths Rücktritt u. Ernennung des Rosenberg statt seiner (noch dementiert). Mißstimmung der Reichswehr gegen das Regime, die übrigens eine Parallele zu italienischen Verhältnissen von einst ist u. nichts beweist.

Die Massary schickte ihren Wagen nach 4 Uhr u. wir fuhren zu Besuch in ihrem schön gelegenen u. reizend eingerichteten Landhaus, wo Franks zugegen. Üppiger Thee, Aufenthalt an dem sybaritischen kleinen Lido am See. In der Nähe haben Franks für 2 Monate ein Haus gemietet. Auch uns scheint, da definitive Beschlüsse noch unmöglich, ein Zwischenstand dieser Art fürs nächste notwendig.

Törichte u. enttäuschende Antwort des Völkerbundes, der nur eine Bescheinigung meiner Mitgliedschaft ausstellt.

Mittwoch den 5. IV, Lugano
Briefe an Reisiger und Dr. Knoche. Beschäftigung mit dem Manuskript. Mittags bei schon zu starker Sonne mit K. und Golo spazieren gegen Gandria. Nachmittags Fahrt mit Barbeys Auto nach Montagnola. Sehr warmer Tag, der sich abends rasch verkühlte. Thee bei Hesses im Eßzimmer. Dann Besichtigung der Garten-Arbeiten. Später Boccia-Partie auf der gepflegten Bahn zwischen Hesse, mir, unseren Frauen, Golo, Medi und einem zu Besuch gekommenen Maler. Kehren zu Fuß über Gentilino nach Lugano zurück.

Nach dem Diner Dr. Löwenstein, mit dem wir uns in der Salonecke in Gegenwart Golos über die Vorkehrungen betr. die Münchener Wertpapiere beraten. Dann Unterhaltung mit Fuldas, deren Sohn als Referendar vorläufig beurlaubt. Gespräch über die Diktatur als Staatsform des 20. Jahrhunderts und die Belastung der Idee durch groben, weltbeleidigenden Unfug in Deutschland. Sie ist in unmöglichen Händen, u. wenn auch die parlamentarische Demokratie nicht wiederkommen kann, diese Menschen werden scheitern. Welche Enttäuschung wird das unglückliche, jetzt berauschte und scheinglückliche Volk noch hinunterwürgen müssen! Die Börse ist in Déroute. Wirtschaftliches oder Außenpolitisches wird dieser

Regierung den Hals brechen. Was fängt man aber dann, wenn etwa die Konservativen mit der Reichswehr einschreiten, mit diesem vergötzten Popanz an, Hitler, der Millionen eine Religion bedeutet? Man wird ihn, unter Beseitigung seines Regimes, auf den Präsidentenposten abschieben müssen, denn seine Absetzung und Verhaftung wäre zuviel für das deutsche Herz.

Seine Leute können ihre Versprechungen nicht erfüllen. Ihre positiven Leistungen müssen notwendig minimal bleiben. Desto mehr müssen sie die Massen in Atem halten. Feste u. Fahnen. Der Kommunismus hat seinen Dienst getan. Der Juden-Rummel versandet unter den empörten Drohungen des Auslandes. Was dann? Es werden Attentate herhalten, die Regie wird so plump raffiniert sein wie bisher: es liegt nichts daran, daß die Höheren es merken, auf die Massen kommt es an, die Intelligenz spielt überhaupt keine Rolle mehr: wer spricht wird gelyncht oder »gehängt«. Problem: welche Lebensform wird die Intelligenz annehmen, und, da sie keine Möglichkeit der Einflußnahme mehr besitzt, wie wird sie ihre Kritik wenigstens für die Geschichte zu bewahren wissen? –

– Es kamen Exemplare der »Rundschau« mit dem »Wagner«. Einladung zu Vorträgen nach Locarno, die ich ablehne.

Donnerstag den 6. IV.
K. steht früher auf, da Medi mit Fr. Hesse einen Berg-Ausflug macht und Golo abreist. Verabschiedung, ½9 Uhr, von diesem. Immer ist das Wo und Wann des Wiedersehens recht ungewiß.

Wieder ein sonniger Sommertag mit kühlem Morgen. Frühstückte allein. Ließ mir gegen Mittag beim Coiffeur in der Nähe das Haar schneiden. Vorm Lunch etwas im Garten, Rundschau gelesen. Nachmittags mit K. im Belvedere überm See Thee getrunken. Dunstig, kühler. Zu Hause eine große Zahl Briefe diktiert, vor allem an Motta, auch an Bonnier, Knopf etc. Aufforderung von Korrodi zu einem Joseph-Beitrag für die Osternummer. Sagte ihm die Pyramiden zu, die K. abschreibt.

Gehe vorm Diner mit Medi im Garten umher, die Zukunft besprechend. Über einen Aufenthalt in Süd-Frankreich.

Nach dem Essen allein in der Ecke des großen Salons, lesend. Unwohl, der Magen überladen. In der Rundschau wenig gewinnende Geschichte von Broch. Interessant (für den »Faust«) Huxley über Lawrence und dessen Briefe. – Die Anderen kamen später hinzu, mit Dr. Löwenstein, der nach München zurückkehrt. Br. Frank mit kurzen Worten benachrichtigt, daß er (wie wohl auch die anderen Juden) aus der Mitgliederliste des *Rotary-Clubs* (!) gestrichen ist. Ein neues Zeichen für den Geisteszustand in Deutschland. Sehr unheimlich. Mein Austritt beschlossene Sache. Es fragt sich nur, ob ich auf den Widersinn im Verhalten des Clubs hinweise.

Korrodi berichtet Erika, K. sei in München besonders gefährdet, da ihre aufsässigen Reden bekannt seien. Denunziation?

Erika's Zürcher Pläne vorläufig zerstört, da die Beteiligung der Giese, deren Bruder man in der Gewalt hat, von München her hintertrieben wird. Sie muß zurückkehren. Wir erwarten Erika, die nach Frankreich fährt, um sich mit Klaus zu vereinigen und ihr Kinderbuch zu schreiben.

Theater-Anekdoten. Phanodorm.

Freitag den 7. IV, Lugano.
Schön und kühl. Darm u. Magen etwas angegriffen. Eumydrin, Vorsicht. – Brief von Frau Fischer wegen ihres Kommens und über Wassermanns Ehe-Affaire, die überschüssige Aufregung bringt.

Telephoniere mit dem Mann in Locarno, dem ich absage. Gestern Abend mit Prof. Joel aus Basel. Der Anlaß war Kiefer, aber er erinnerte mich an seinen Vorschlag von früher, nach Basel überzusiedeln, der heute neuen Sinn bekommen hat. Der Gedanke zu erwägen. Verabredung mit Joel zu einer Begegnung.

Nachdenken über die Komprimierung der Reise durch Aegypten. Mit K. gegen Gandria spazieren. Nach dem Lunch in der

Rundschau über Jüngers Buch gelesen (»Faust«) und im Tolstoi fortgefahren. ¼ [?] Uhr mit K. u. Medi per Tram zum Hotel Bellevue au lac. Thee mit Joels. Gespräche über die Lage beim Thee und auf dem langsamen Rückweg. Das Problem Basel. Die teure Wirtschaft. Aber als geistiges Milieu und europäischer Punkt sehr sympathisch.

Erika mit der Giese wieder angekommen. Mit Eri vorm Hause bei Cocktail. Abend-Toilette. Begrüßung der Giese, die entschlossen ist, nicht nach München zu gehen, obgleich man ihren Bruder als Geisel behandelt, in K.'s Zimmer. Diner zu Fünft. Nachher im großen Salon mit Fulda's, Franks u. Speyer. Geteilte u. gemeinsame Konversation. Recht glückliche u. neue Perspektiven aufreißende Anregung Fulda's, wir möchten Süd-Tirol, Bozen zum längeren Aufenthalt nehmen. Die Reise von hier über Mailand ist bequem. Nähe Venedigs. Höhenaufenthalte bieten sich für den Sommer. Nähe Münchens in Hinsicht auf K.'s Eltern. Medi's Wunsch und Recht zur Schule zu gehen bietet eine Schwierigkeit.

Neue Aufregung, neue Aussichten.

Nachricht, daß man sich jetzt in Deutschland anschickt, bei den Intellektuellen u. zwar nicht nur bei Juden, sondern auch bei solchen, die man für politisch unzuverlässig, dem Regime abgeneigt hält, nach dem Rechten zu sehen. Mit Haussuchung zu rechnen. Neue Beunruhigung wegen meiner alten Tagebücher. Bedürfnis sie in Sicherheit zu bringen.

Vorm Einschlafen Tolstoi, jeden Tag. Mächtig gefesselt immer. Nur größte Schläfrigkeit kann mich zwingen, die Lektüre zu unterbrechen, und sie tritt rasch ein, ohne eine Garantie für dauerhaften Schlaf zu bedeuten.

Sonnabend den 8. IV. 33, Lugano.
Schreibe nach dem Frühstück ausführlich u. genau an Golo wegen der mir aus engl. Zügen u. Schreibtisch zu sendenden Papiere u. Gegenstände. Schicke ihm die Schlüssel.

Selten soll hier um diese Zeit so andauernd schönes Wetter

sein. Der Tag ist wieder blau mit kühlem Morgen. K. zu Erika hinunter in den »Seegarten«.

Fand dort die Damen beim Frühstück im Garten. Spaziergang mit den Meinen gegen Gandria. Sehr warme Sonne.

Nach dem Lunch Tolstoi. Herrliche Erzählung der Schlacht bei Austerlitz.

Ich erhalte vom Rotary-Club München denselben Brief mit der trockenen Mitteilung der Streichung meines Namens, wie Frank. Er kam mir unerwartet. Hätte es nicht gedacht. Erschütterung, Amüsement und Staunen über den Seelenzustand dieser Menschen, die mich, eben noch die »Zierde« ihrer Vereinigung ausstoßen, ohne ein Wort des Bedauerns, des Dankes, als sei es ganz selbstverständlich. Wie sieht es aus in diesen Menschen? Wie ist der Beschluß dieser Ausstoßungen zustande gekommen?

Ich ruhte auf dem Bett, schlief etwas ein. Dann fuhr Erika uns bei unsicher gewordenem Wetter, das sich aber später wieder aufklärte, nach Chiasso, wo aber der Grenzübergang nach Como, dem wir rasch einen Besuch machen wollten, nicht gelang, weil Medis Paß fehlte. Netter junger Beamter, stolz auf die Disziplin u. Präzision, die Italien von der Schweiz unterscheide. Rückfahrt über Capo Lago, wo wir bei kühlem Winde Thee tranken. Närrische Wirtin aus Niederbayern.

Inständiger Brief von Lewisohn in Paris über die Brutalisierung der Juden in Deutschland. Verlangt Äußerung für die amerikanische Nation, die wieder an allem Deutschen irre geworden und zum Glauben an die Wahrheiten der Kriegspropaganda zurückkehrt. Törichtes Ansinnen, aus Unwissenheit kommend über die schaurige Bedeutung, Wildheit und Rasanz dessen, was in Deutschland vor sich geht und die Folgen, die die leiseste Kundgebung nach sich zöge.

Quälendes Gespräch mit K. über die Vorgänge, z. B. die totale Entrechtung der Länder zugunsten des Reichs, dieses Reichs. Reichsstatthalter überall, der Kanzler ist es in Preußen. Mein pessimistischer Glaube an die Irreparabilität von alldem, selbst der Entrechtung der Juden. Die Welt wird sich an einen Zustand Deutschlands gewöhnen müssen, der, als eine deutsche, unheimlich eigentümliche u. eigensinnige Erscheinung weltpsychologischer Prozesse, dem Zustande Rußlands u. Italiens entspricht. Heimliche Überzeugung, daß es weiter geht, wenn auch unter Krisen, daß nichts zu redressieren ist, und daß ich außen bleiben werde – und es vielleicht nicht dürfte. –

– Knoche schickt den gewünschten zahnärztlichen Informationsbrief. – Die Mazzuchetti meldet sich an. – Bureau »Ali« über »Lebensabriß«. – Teilnehmende Zeilen von Gilbert Murray aus Mailand. – Rührender Brief von Vikko aus Bozen. – Die Herz berichtet über ihr Geschäft und die Zumutungen, die die feindlichen Siegesfeste an die Nerven stellen. – Prof. Petersen antwortet aus Baltimore in Sachen der Hamburger und hat aus Deutschland »fürchterlich klingende« Nachrichten, die er für übertrieben hält. –

Nach dem Diner Musik in der Halle zur großen Unterhaltung Medi's, deren »anmutigen Ernst« Fulda feststellt. Aufenthalt im Spielsalon. Das übliche Gespräch in Anwesenheit Erikas u. der Giese. Auseinandergehende Meinungen über die Dauer der deutschen Zustände. Ich kann die Meinung, es werde rasch vorübergehen, nicht teilen. Nichts ist da, was an die Stelle des Gegenwärtigen treten könnte, und eine staatliche und gesellschaftliche Umgestaltung wie diese in all ihrer Wildheit, Unrechtlichkeit, Bösartigkeit, Krankhaftigkeit, ist nicht wieder rückgängig zu machen. Enttäuschung, Ernüchterung, Verzweiflung sind keine Gegengründe. Die Parallele mit dem Kriege, die sich freilich aufdrängt, auch nicht. Eine Entwicklung ins National-Bolschewistische, wozu bei allem verrückten Haß gegen den Kommunismus viele Ansätze vorhanden, ist möglich, ja wahrscheinlich. Möglich ist das Verschiedenste. Aber auf den Aufstand des betrogenen u. betrunken gemachten Volkes, den »Bürgerkrieg«, der mit alldem aufräumen soll, hoffe ich nicht. Er spielt, in Formen, die neu wären wie die der »Revolution« seit langem; und was sollte er an die Stelle des Heutigen setzen?

Im Kriege mißlang die Durchsetzung der deutschen »Ideen« von 1914, und Deutschland wurde durch die Niederlage »demokratisiert«. Die »deutsche Revolution« ist, unverhüllt, der Revanche-Krieg nach innen, und bringt sie auch außenpolitische Gefahren mit sich, die moralische Isolierung, die kulturelle Verrufenheit, so sichert ihr Charakter als »innere Angelegenheit«, in die niemand sich einmischen darf, doch weit günstigere Chancen. Niemand kann Deutschland zwingen, die Demokratie wieder anzunehmen. Es fragt sich nur, ob nicht ihre menschlich unveräußerlichen Bestandteile sich allmählich nicht wieder in einem Lande mit den Überlieferungen Deutschlands gegen den bübischen Radikalismus des »neuen Geistes« durchsetzen werden. Hitler »prägt« mit Bezug auf die Presse den Satz: »Das Recht auf Kritik ist die Pflicht zur Wahrheit.« Die »Wahrheit« ist hier nicht gerade humanistisch gemeint, nicht im geistigen Sinn. Wahrheit u. Recht sind Angelegenheiten des absoluten Geistes, des freien Gewissens, und nach dem Schriftsteller Jünger ist absoluter Geist, also die Wahrheit »Landesverrat«. Das scheint sehr tief und neu und umwälzend, ist aber nichts anderes als die zu Anfang des Krieges ausgegebene Parole: »Wer jetzt nicht lügt, ist ein Schuft«. –

– Brom. Müde, niedergeschlagen. Beendete vorm Einschlafen den 1. Band »Krieg u. Frieden«.

Sonntag den 9. IV. 33, Lugano
Mäßig geschlafen. Kühl, Witterung unsicher geworden. Erika und die Giese reisen morgens ab mit dem Ford, über Mailand an die Riviera, wo sie sich mit Klaus zu treffen gedenken. Ich verabschiede mich von ihnen vom Balkon herab. Erschüttert durch die abermalige Trennung u. die Ungewißheit des Wiedersehens. Vielleicht in Bozen. – Medi geht zum Platz-Konzert in der Stadt.

Nicht möglich, mich zur energischen Beschäftigung mit dem Roman zu zwingen. Ich »arbeite« an diesen Aufzeichnungen.

Weitere Briefe, unter denen ein schönes Schreiben des Dirigenten Gustav Brecher in Leipzig über den Wagner-Aufsatz bemerkenswert. Eine Freude. – Sonderbare Abbitte eines Anonymus, der vergebens darauf rechnet, erkannt zu werden, – »Persönlichkeit«, die es aus seelischer Not der Gegenwart beklagt, »die Freundschaft mit Füßen getreten zu haben«. Keine Ahnung. Aber merkwürdig u. auch ein Zeit-Symptom. – Englischer Brief eines A. P. Saunders vom Hamilton College, Clinton, über »Goethe und Tolstoi«. –

Der Ruhe-Genuß der ersten Tage dieses Aufenthalts scheint dahin. Meine Nerven sind wieder gespannter, erregter. Bis nach Ostern werden wir jedenfalls hierbleiben und den Besuch Fischer-Bermann abwarten. Die schwebende Paß-Angelegenheit beunruhigt mich dauernd. Warte auf eine wenigstens vorläufige Antwort von Motta. –

Frau Frank, deprimiert u. der Aussprache bedürftig, besucht K. Ich finde die Beiden auf der Terrasse. Gang am sonntäglichen Quai zum Palace, wo wir Frank u. Speyer sprechen. Ersterer verblüfft und in seinem Interesse entzückt über meinen Hinauswurf aus Rotary. Begegnung mit Medi, die mit ihrer Freundin S. aus dem Konzert kommt.

Las nach dem Lunch die Artikel von Brecher. Nach kurzer Ruhe kommt die Mazzuchetti, mit der wir einige Zeit vorm Hause sitzen u. dann zum Belvedere zum Thee gehen. Mailänder und deutsche Gäste. Die Stimmung in Italien gegenüber »Deutschland« fast so schlecht wie in den anderen Ländern. Mussolini: »Cet Hitler est un singe«. Er sage übrigens über Croces letztes Buch: »Er mochte es schreiben; aber was mich ärgert ist, daß er es Th. M. gewidmet hat«. Seine Informationen sind nicht die besten. »Th. M.«, ruft er auf einem Diner, jemandem widersprechend, »ist gar kein Repräsentant Deutschlands. Er hat nichts getan, es zu repräsentieren. Stefan Zweig – ja!« – Das würde man nicht einmal bei uns gern hören.

Gespräch über Mondadori als Verleger des Joseph. Ich wünsche den »Wagner« dort erscheinen zu lassen, den ich der M. beim Abschied im Hotel einhändige. –

Anschließender Spaziergang mit K., sehr staubig, aber Regen bleibt aus. Schrieb nach der Heimkehr an Brecher, dessen Worte ich auf das Streifband der Buchausgabe setzen lassen möchte. Da er schon abgesetzt ist, kann es ihm nicht mehr schaden.

Nach dem Diner Unterhaltung und Spiele mit Fuldas im gr. Salon. Casino und Patience.

Bemerkung des Ministerpräsidenten Held im Café: »Sie machen eine Eselei nach der anderen.« – Gesetzliche Verordnung, daß die nationalen Verbänden angehörigen Studenten keine schriftlichen Prüfungsarbeiten mehr zu machen brauchen. »Staatsfeindliche Arbeiter« können einfach entlassen werden, um Parteimitgliedern Platz zu machen, u. sind ohne Unterstützung arbeitslos. Man sollte an einen Wut- u. Verzweiflungsaufstand gegen das Regime, in Bälde, glauben. Ich wollte, ich könnte es.

Montag den 10. IV. 33. Lugano.
Bedeckter Morgen, doch will es sich aufklären.

Gestern Abend Stimmung für die Neugestaltung der Reise durch Ägypten. Schreibe etwas an einer neuen Formung.

Neuer Brief von P. Ehrenberg, dem ich 800 M leihe.

Mittags in der Stadt.

Nachmittags schöner Spaziergang nach Gandria, wo wir auf der Terrasse der Dampferstation Thee trinken. Lese dabei längeren Brief von Reisiger.

Nach dem Diner mit Fuldas und Adrienne Thomas im Salon. Im »Völk. Beobachter« Vorschlag eines Arztes, die Juden zu sterilisieren. Munteres Regierungsblatt.

Die Frankf. Zeitung bekämpft zwar nicht ohne Mut den dogmatischen Rassenkampf (einen Mut, der sich immer nur, wie auch anderwärts, auf diesen einen Punkt konzentriert), feiert dann aber die radikale Reichscentralisierung, die wenig Respekt vor geschichtlicher Tradition und »Stammeseigenart« bekundet, als große historische Tat. Der tausendjährigen Zersplit-

terung der Deutschen sei mit einem Schlage ein Ende gemacht.
Ob nicht allerlei andere Zersplitterung an die Stelle tritt? Bisher galt die Entpolitisierung u. Entmachtung der Länder für
undeutsch und marxistisch-gemütlos. Eine Ansprache des
Reichsinnenministers Goering an Arbeiter schlägt in die gleiche wacker marxistische Kerbe. Welche Komik! Aber geht dennoch Bedeutendes und Groß-Revolutionäres vor in Deutschland? Die Juden ... Daß die übermütige und vergiftende
Nietzsche-Vermauschelung Kerr's ausgeschlossen ist, ist am
Ende kein Unglück; auch die Entjudung der Justiz am Ende
nicht. – Geheime, bewegte, angestrengte Gedanken. Widrig-
Feindseliges, Niedriges, Undeutsches im höheren Sinn bleibt
auf jeden Fall bestehen. Aber ich fange an zu argwöhnen, daß
der Prozeß immerhin von dem Range derer sein könnte, die
ihre zwei Seiten haben ...

Dienstag den 11. IV. 33. Lugano.
Strahlend heller Tag. Schrieb Briefe an Reisiger, die Herz und
Paul E. .

Mittags Besuch von Baseler Dame, die uns zur Stadt begleitete und Vorlesung in B. anregte. Man kam auf den Gedanken
zurück, dort Wohnsitz zu nehmen. Neue Aufregung zu dem
außerordentlich sympathischen Gedanken. Wir nehmen von der
Adresse einer dortigen Immobilienfirma Notiz. Plan, Nidden
zu verkaufen u. das Geld in die Schweiz zu ziehen. Die europäische Atmosphäre, die Nähe Frankreichs u. seiner Seebäder,
die deutsche Schule wären große Vorzüge. Dann der altdeutsche Kulturboden, die Nietzsche-Bachofen Tradition, die Achtung, die man mir entgegenbringt.

Abhebung von Geld und Einkauf von Süßigkeiten. Vorm
Lunch Besuch von Ludwig *Bauer.* Nachher Tagebuch-Aufzeichnungen und Ruhe. 3¼ Uhr Besuch von Emil *Ludwig,* der uns
verfehlte. Zum Thee bei *Hesses.* Boccia-Partie.

Donnerstag den 13. IV. 33. Lugano
Ich schreibe vormittags an der Umformung der Reise.

Motta und das Berner Amt haben in der Paß-Frage versagt. Brief an den Gesandten Müller in Bern.

Gestern eine Reihe längerer Briefe diktiert, nachdem wir in der Stadt Thee getrunken und mit Joels über Basel geredet. Ich antwortete Lewison und schrieb an Murray wegen Golo. Das Manuskript ging vorgestern an die N.Z.Z. ab, u. Korrodi dankte »für großartiges Kapitel«, was mir wohltat.

Heute Morgen Behandlung des schlimmen Zeh's durch Wüterich.

½ 12 Uhr in Ludwigs Wagen zu seinem schönen Wohnsitz bei Ascona. Gesellschaft: *Remarque* und Frau, der alte Graf *Wolf-Metternich, Toller,* später Staatssekretär *Abegg.* Frühstück, Haus- u. Gartenbesichtigung, angeregte Unterhaltung, fast nur über die politischen Dinge. Abeggs Optimismus: Er hält den Bestand des Regimes für undenkbar, baut auf Stahlhelm und Reichswehr, während Ludwig die Deutschen für psychologisch befriedigt hält und ich nur den Krieg für ein wirksames Mittel zum Sturze der Machthaber halte. Der aber wird sorgfältig vermieden werden.

Abegg warnt vor Bozen, im Gegensatz zu Ludwig.

Bei der Heimkehr allerlei Post, darunter Brief von Annette Kolb und Karten von Bertram, der in Locarno ist, durch das wir eben fuhren, und uns »in München wieder anzutreffen hofft«. Ich schrieb ihm nach dem Diner eine Karte, ohne auf seinem Besuch zu bestehen. Auch an Schickele nach Sanary.

Abegg erzählte von den Räubereien und Juden-Mißhandlungen der S.A.-Bande. Von dem »Verschwinden« des Bürgermeisters, bei dem der Reichstags-Brandstifter sich als Nationalsozialist gemeldet. Neugier, was die Hunde mit diesem machen werden. Welch ein Wust von Betrug, Verbrechen und niederträchtigem Humbug ist das Ganze.

Gestern in der Frankf. Zeitung Furchtwänglers höchst angepaßter, aber immerhin warnender Kultur-Brief an Göbbels und die lange Antwort des Narren darauf. Wie dankbar und eitel diese Gewaltherren Wendungen wie die von der »wiedergewonnenen nationalen Würde« quittieren! Die vollkommene Subjektivität dieser Würde.

Abends mit Fulda's, *Frau Klöpfer* und dem Verfasser des »Gneisenau«, *Götz*. Gewitter und Regen.

Freitag den 14. IV. 33 (Charfreitag)
Nachts viel Regen, Löschung des argen Staubes. Vormittags etwas gearbeitet. Besuch eines jungen Schweizer Schriftstellers. Mit K. und Medi in der Stadt zur Besorgung von Cigarren und Phanodorm. Zurück mit Frank, der unser Gast zum Lunch war. Kaffee in der Halle, ungewisse Gespräche über die Zukunft.

4 Uhr Rechtsanwalt *Becher*. Thee mit ihm auf der Terrasse und Beratung über unsere finanziellen Möglichkeiten. Während er K. eine Anweisung auf hypothekarische Belehnung des Münchener Hauses ins Stenogramm diktiert, mache ich mir, nervös und verfroren, Motion im Garten. Erwägungen u. Ratschläge über Aufgabe des deutschen Wohnsitzes und Opferung eines Drittels unseres deutschen Vermögens. – Spazierfahrt mit Becher und seiner Frau in ihrer großen Limousine, die sie in Holland verkaufen wollen. Aufklärung des Wetters. Bewundernswerte feuchte Farbigkeit der freundlich-dicht besiedelten romantischen Landschaft.

Das Resultat alles Gesprächs die völlige Unmöglichkeit des Voraussagens und Disponierens. Nach meiner Überzeugung ist trotz allem mit dem Bestande der jetzigen deutschen Herrschaft zu rechnen. Wirtschaftliche Schwierigkeiten werden ihr nicht ernstlich gefährlich werden, und außenpolitisch wird sie den wilden Mann strikt verleugnen. Sie wird Frieden verkünden und um Vertrauen werben, kann sich auch, im Gegensatz zur Republik, jede Konzilianz gestatten. Nur ein Krieg aber könnte sie stürzen. Goering in Rom als über den europäischen Frieden verhandelnder Staatsmann. Goering beim Papst. Man empfängt ihn, man nimmt ihn alsob – Es ist ekelhaft.

Die Rückkehr nach Deutschland, das Leben dort immer wieder unvorstellbar. –

Abends Ankunft Golo's u. seines Freundes Kai. Sie wohnen notdürftig in der »Villa« und fahren Sonntag wieder ab. Golo kommt, um Nachrichten von den Münchener Bankiers zu überbringen. Die mechanische Sicherung der Wertpapiere erweist sich als völlig unratsam.

Nach dem Diner Geselligkeit mit Fulda's, Golo, Kai Köster und dem dazu kommenden Prof. Müller-Hoffmann aus Wien. Die üblichen Gespräche. Ich ziehe mich, sehr müde, um ½ 11 Uhr zurück. Später besucht mich noch K. u. wir besprechen Golos Berichte über die Münchener unleidliche Atmosphäre, die uns kaum das Atmen ermöglichen würde. Beschluß, nach Belehnung des Hauses unter Opferung eines Viertels oder Drittels des deutschen Vermögens den Münchener Wohnsitz aufzugeben und in Basel zu leben.

Sonnabend den 15. IV. 33, Lugano.
Trübes Wetter, Regen, aber im Laufe des Tages Aufklärung. Arbeitete vormittags. Dann mit K. und den jungen Leuten zur Stadt, wo wir vergebens einen Notar suchten, um die Unterschrift der Belehnungsorder beglaubigen zu lassen. K. kaufte Osterhasen, ich seidene Bandträger sehr wohlfeil. Am Quai Begegnung mit dem Ex-Rotarier Drey, der über die dortigen Vorgänge berichtete. Es ist brutaler Zwang geübt worden; die Unanständigkeit des Verhaltens erscheint weniger schlimm. Doch bleibt das Schweigen der einzelnen Mitglieder bestehen.

Lunch mit Golo und Kai. Nachher Tolstoi-Lektüre. Nachher Schlaf.

Konferenz K.'s mit Becher wegen der Vermögenstransaktion, deren Ratsamkeit zuletzt wieder ungeklärt bleibt.

Problem des Begegnungsortes mit K.'s Eltern – Hier? Bozen? Südfrankreich? Ich bliebe am liebsten hier. Vorhaben, den Buik-Wagen kommen zu lassen.

Zum Thee mit den jungen Leuten ins »Belvedere« hinauf.

Erörterung einer fingierten Schenkung an Golo und Monika. Spaziergang gegen Gandria. Bei der Heimkehr Begegnung mit E. Ludwigs in Gesellschaft Fulda's, der fortfährt, Juden-Geschichten zu erzählen u. »sich die Liebe zu Deutschland nicht aus dem Herzen reißen kann«.

Minister Held war für heute Abend zusammen mit uns bei Adrienne Thomas eingeladen. Er hat abgesagt, wahrscheinlich aus Besorgnis, sich mit mir zu kompromittieren. So hält sich Bertram fern. Neue und merkwürdige Erfahrung, ein wenig demütigend und widerlich, die ich wohl zu Hause in gehäuftem Maße machen würde.

Die Herz schickte Ostereier. Reisiger sein Wagner-Poem und einen Nidden-Aufsatz. Golo überbrachte einen erfreulichen Artikel aus der »Prager Presse« über eine tschechische Besprechung der Prager Gesamtausgabe.

Oster-Sonntag den 16. IV. 33, Lugano.
Gestern nach dem Diner, das wie auch das Lunch, in diesen Tagen doppelt serviert wird, mit Fulda's hinüber zu Adrienne Thomas, bei der man, ohne Held also, bei Bier und Liqueur, unter Anekdoten und Geschichten recht heiter den Abend verbrachte. Ich las danach noch lange u. schlief sehr unruhig, erwachte bald in Erregungszustand, nahm Phanodorm u. kam dann leidlich zur Ruhe.

Glänzend heller Tag, frisch. Nachts beschloß ich aufs Neue, Deutschland zu meiden.

Golo und Köster sind früh morgens wieder abgereist.

Der Ort, auch dies Hotel, ist von Oster-Fremden überfüllt. Es ist kein Zimmer zu haben, und der Zudrang übertrifft offenbar weit die Erwartungen. Gestern in der Mitte des vollen Speisesaals beim Diner: Ältere Dame mit jungem Mann, Jüngling, Mutter und Sohn, jüdisch, recht feinen Typs, der Junge im Smoking, zart und anziehend. Er ging jedoch nachher so schlecht hinaus, schlenkernd und mit rudernden Händen, daß es um die Illusion geschehen war.

Schrieb längeren Brief an Heinrich nach Nizza.

Ankunft Bibi's aus Rom. Spaziergänge mit den Kindern.
Vormittagsthee beim Kurhaus Bré.

K. erfährt von Frau Klöpfer, daß durch das *Münchener Radio*
eine Kundgebung M.ᵉʳ »Kunstfreunde«, darunter Knappertsbusch und der nationalsozialistische Bürgermeister, gegen den
Wagner-Aufsatz ergangen ist und gegen die »Verunglimpfung unseres deutschen Meisters im Auslande.« Schauriger,
deprimierender und erregender Eindruck von dem reduzier-
ten, verwilderten und gemeinbedrohlichen Geisteszustand in
Deutschland.

Oster-Montag den 17. IV. 33. Lugano.

Unruhige Nacht. Wiederkehr der Neigung zu Erregungs- und
Beängstigungszuständen. Ausweglosigkeit in der Paß-Angelegenheit. Diktierte nach dem Frühstück K. Briefe an Motta,
den Gesandten Müller und Bürgermeister Seitz, Wien.

Schreibe Widmungen an Fuldas auf den Wagner-Aufsatz
und in den »Tonio Kroeger«.

Glänzender Tag. Die beiden Kleinen gehen sorglos und
schmuck zum Konzert in die Stadt.

Brief von Heinrich aus Nizza, voller Haß auf die machtha-
benden Verbrecher und Schurken in Deutschland. Sein Berliner
Guthaben ist beschlagnahmt, seine Münchener Wohnung »se-
questriert«.

Brief von Bonnier, der den Wagner als Buch bringen will.

Mit K. ins Palace zu Franks, mit denen wir auf einer Bank
in der Sonne sitzen und hauptsächlich die Gemeinheit jener
Radiosendung besprechen, die im heutigen Deutschland einen
Akt mörderischer Denunziation bedeutet. – Über die Paß-Kala-
mität und die Frage der Evakuierung des Münchener Hauses,
die wünschenswert aber sehr sichtbar u. entscheidend wäre.

Nach dem Lunch Verabschiedung von Fuldas.

Kopfschmerzen, etwas Schlaf. Nachmittags mit den Kindern
bei Hesses.

Mittwoch den 19. IV. 33, Lugano

Gestern, nachdem ich etwas gearbeitet, Verschärfung des Münchener Falles durch einen vielfach unterzeichneten »Protest der Wagner-Stadt München« in der Oster-Ausgabe der M.N.N.. Frank überbrachte das hundsföttische Dokument. Heftiger Choc von Ekel und Grauen, durch den der Tag sein Gepräge erhielt. Entschiedene Befestigung des Entschlusses, nicht nach M. zurückzukehren und mit aller Energie unsere Niederlassung in Basel zu betreiben.

Nachmittags beim Thee neue Besprechung mit Rechtsanwalt Becher über die Belehnung des Hauses und die Schenkung an die Kinder. Er fuhr uns zur Stadt, wo wir beim Notar Antonini die Unterschrift unter den Belehnungsantrag beglaubigen ließen.

Nachher bei Frank im Palace zur Beratung der Münchener Aktion gegen mich und eine erforderliche Erwiderung.

Abends Kombination von Adalin und Phanodorm, worauf ich bis ½ 6 Uhr ruhig schlief, dann allerdings nicht mehr.

Schrieb heute nach dem Frühstück die Erwiderung, die wohl gelang. Frank kam und bewirkte die letzte Milderung des ruhig u. würdig abgefaßten Briefes.

Mit ihm, seiner Frau und Speyer zur Massary in Bissone, wo wir frühstückten.

Zu Hause schrieb K. die Erwiderung mit der Maschine für die »Frankfurter Zeitung«, die »Neue Freie Presse«, die »D.A.Z.« und die »Vossische Zeitung«. Absendung.

Thee im großen Salon. Wir erwarteten Bermanns aus Rappallo, die aber nicht eintrafen.

Die Herstellung meines Briefes hat beruhigend und genugtuend auf mich gewirkt.

Die außenpolitischen Ereignisse der Woche sind, besonders durch die englischen Unterhaus-Reden so desaströs, daß auch die Münchener kulturelle Ermutigung die Machthaber wohl nicht zu sehr anstößigen Akten gegen mich bewegen wird.

Donnerstag den 20. IV. 33, Lugano.
Nervöse Erregtheit, Übelbefinden. Unruhig-schwerer und schlechter Schlaf.

Bermanns kamen gestern nicht mehr. Ihre Ankunft ist neuerdings für morgen Abend gemeldet. B. ist in Zürich, wo hoffentlich geschäftlich Nützliches vorbereitet wird. Er schrieb, daß die Firma für ihre Autoren Devisen-Freiheit besitzt, was uns sehr zustatten käme. Wird man sie ihr nicht entziehen?

Kalt und regnerisch. Ich arbeitete etwas, und wir waren dann mit den Kindern in der Stadt, wo wir Einkäufe für sie machten. Korrodi schickte Belege der »Pyramiden«. Schikkele schrieb ausführlich, auch über unser gedachtes Kommen nach Sanary, das er empfiehlt. Der Plan wird uns unter dem Eindruck seines Zuredens u. seiner Anerbietungen aufs Neue aktuell und fast zum Beschluß erhoben. Vorher müßte für den Herbst in Basel das Feld bestellt und mit dieser Reise die Begegnung K.'s mit ihren Eltern, sei es in Zürich oder B. verbunden werden. Neue Beratungen über das Schicksal der Kinder, die K. sich scheut nach Deutschland zu lassen. Zuoz? Zürich? Ferien bis zum Herbst? – Wenn ich meinen Paß, so oder so, vom Gesandten zurückhabe, sind die Konsule hier aufzusuchen.

Ein schöner Brief von St. Zweig über den »Fall Wagner«. Viel Post gestern u. heute, auch von Keyserling, Wassermann, der Hamburger, Witkop, in Golos Sache von Mistreß Murray für ihren Gatten, der in Griechenland. –

Nach dem Lunch wohltuender Schlummer. Der Magen ist etwas schmerzhaft und katarrhalisch wie immer bei angegriffenen Nerven. Der Chianti stopft zu sehr, zum mindesten der rote. Ich trank heute Thee zum Lunch.

Der Wettersturz, die Kälte sind erstaunlich. Wir gehen nachmittags mit den Kindern etwas spazieren, nehmen den Thee im »Belvedere« und besichtigen die obere Wohnung, die mit dem Ausblick auf den See aus allen Zimmern viel Gewinnendes hat. Doch lockt uns der Luganeser Sommer zu wenig.

Anmeldung, telegraphisch, von Erika und Klaus für morgen. Überraschung.

Diktat einer Reihe von Briefen, u. a. an Korrodi in Sachen der Hamburger und der Münchener Aktion. Löwenstein, in Mailand, führt sie auf »Einschüchterung und Psychose« zurück. Namentlich die erstere hat zweifellos eine große Rolle gespielt. Es ist mir z. B. ziemlich sicher, daß der Kritiker Berrsche den Aufsatz bewundert. Übrigens fehlt die ganze Universität, auch Preetorius u. m. a...

– Die deutschen Vorgänge hören nicht auf, mich zu beschäftigen. Später, wenn ich in Deutschland liquidiert habe, werde ich gewiß einmal darüber schreiben. Die Rebarbarisierung, die in antiken Zeiten durch primitive Völker von außen kam, willentlich als »Revolution« vorgenommen, mit Hülfe einer stark vereinfachten Jugend. Austreibung des mittelständisch-humanen Geistes, die sich hauptsächlich in Antisemitismus kleidet, und Reduzierung aufs Völkisch-Nationale, gründlicher u. gewaltsamer als je früher schon. Die Revolte gegen das Jüdische hätte gewissermaßen mein Verständnis, wenn nicht der Wegfall der Kontrolle des Deutschen durch den jüdischen Geist für jenes so bedenklich und das Deutschtum nicht so dumm wäre, meinen Typus mit in den selben Topf zu werfen und mich mit auszutreiben. Dies ist wesentlich, wie der Münchener Fall zeigt, der Haß von Vereinfachten gegen die Nüance, die als solche als antinational und Galle machend empfunden wird, ja Mordlust erregt. Diese Revolution rühmt sich ihrer Unblutigkeit, ist aber dabei die Haßerfüllteste und mordlustigste, die je da war. Ihr ganzes Wesen ist, was man sich auch einbilden möge, *nicht* »Erhebung«, Freude, Hochherzigkeit, Liebe, die immer mit vielen dem Glauben und der Menschenzukunft dargebrachten Blutopfern sich vertragen könnten, sondern Haß, Ressentiment, Rache, Gemeinheit. Sie könnte viel blutiger sein, und die Welt würde sie dennoch bewundern, wenn sie dabei schöner, heller und edelmütiger wäre. Die Welt verachtet sie, darüber ist kein Zweifel, und das Land ist isoliert.

Dabei der mangelnde Sinn für moralische Imponderabilien. Man hält sich für klug, wenn man *nur* an Machtpolitik glaubt und die Aktion im Unterhause nur für ein Manöver hält. Dies ist aber die größte Dummheit.

Rührendster Brief von Max Mohr an die M.N.N. aus Entrüstung über die Münchener Schweinerei. Obgleich die Veröffentlichung natürlich unmöglich, sind K. und ich herzlich erfreut und erfrischt durch diesen Ausbruch von naiver Ehrlichkeit.

Freitag den 21. IV. 33. Lugano.
Mohrs Brief wirkt wohltätig nach. Ruhiger geschlafen. Schon beim Frühstück meldet Frank telephonisch in freudiger Erregung einen 6 Spalten langen Artikel der N. Z. Z. von ihrem Musikreferenten Schuh gegen die Münchener Aktion. K. holt Exemplare der Zeitung, und wir lesen mit Vergnügen den ausgezeichnet geschriebenen und für die Münchener Trottel vernichtenden Aufsatz. – Auch in der Voss. Zeitung eine schüchterne Betrachtung und Kritik des Falles.

Ich schreibe dankbar an M. Mohr nach Seefeld. Dann Spaziergang mit K. bei Sonnenschein gegen Gandria mit Aufenthalt vor der roten »Grotte« am See und einem Gläschen Wermuth.

Emil Nachek schickt seinen Aufsatz über die tschechische Ausgabe meiner Novellen und ersucht um meinen Eintritt in das Beratungskomitee für eine europäische Bücherserie.

Klaus und Erika treffen um 4 Uhr ein. Thee mit ihnen im großen Salon; Lektüre der Dokumente zum »Fall Wagner« und Besprechung der Lage. Die Kinder drängen auf vollständige Liquidierung der Münchener Verhältnisse, auch auf den Weggang der beiden Alten, der aber kaum zu erreichen sein wird.

Brief von K.'s Mutter, dem die Abschrift eines Briefes des alten Geheimrats an einen der Unterzeichner, einen Physik-Professor beiliegt. Rührende Handlung des alten Mannes aus ehrlicher Erbitterung über soviel Fälschung, Dummheit, Leichtfertigkeit und Niedertracht. Es wird immer klarer, daß nicht Einer der Unterzeichner das Rundschau-Heft überhaupt in der Hand gehabt hat.

Das Wetter wieder grau und sehr kalt.

Beim Thee über die Schandtaten der »Revolution«, die Miß-handlungen in den Gefangenenlagern und besonders vorher in den S.A.-Kasernen. Die »auf der Flucht Erschossenen« und die Kommunisten, die man in der Zelle erhängt gefunden, wo-bei lieber nicht auszumalen, was vorhergegangen sein muß.

Die Verachtung und der Abscheu in Frankreich. Die Kinder berichten von Beschimpfungen, die sie von Amerikanern und Franzosen als Deutsche erfahren.

Briefe an Geheimr. Pringsheim und W. Schuh von der N.Z.Z.

Telegramm von der »Deutschen Allgem. Zeitung«, daß mein Brief morgen erscheint. Und die Frankfurter?

Verfroren. Nach dem Diner langen *Bermanns* ein. Unterhal-tung mit ihnen im kalten gr. Salon über die schwebenden Fragen.

Sonnabend den 22. IV. 33. Lugano.
Man schläft zu wenig. Morgens nervös und ängstlich. Nach dem Frühstück gearbeitet, aber vorwiegend abschriftlich.

Freundschaftlicher Brief von Hesse über seine und meine Er-lebnisse mit Deutschland. – Herzliches Telegramm von Fischers anläßlich des »Fall Wagner«.

Besuch bei Prof. Daniel am Monte Bré, wo wir die großen Kinder antrafen und etwas bewirtet wurden. Er erbietet sich, mich stimmtechnisch zu unterrichten. Besprechung der Mög-lichkeit, in Deutschland liegendes Geld im Ausland zu ver-werten.

Mit den Kindern in E.'s Wagen nach Hause und Lunch zu Sechsen, die Kleinen am Nebentischchen.

Nach Bermann und Daniel Handel, Wandel und Leben in Deutschland sehr darniederliegend, die Theater etc. leer, die Stimmung gedrückt. Die närrischen Schulerlasse des »Kultus-ministers«. Man gönnt sich alles. Das Spektakel »Hitlers Ge-

burtstag«. Für den kleinen Mittelstandscharakter seiner An-
betung kennzeichnend die Art der Geschenkmassen, die zu-
geströmt sind: Sofakissen, Nippsachen, Wandsprüche. Grotesker Festartikel Rosenbergs im V.B., worin H. mit Heinrich dem
Vogler, Otto dem Großen und Friedrich dem Großen verglichen wird und außerdem ein Menschheitsprophet heißt, der
u.s.w. Es ist die absichtliche und bewußte Verrücktheit aus Lust
an der Fälschung, an der Gewalt, der allein und ohne Widerspruch das Wort gehört. –

Es kommt die Broschüre »Goethes Laufbahn als Schriftsteller«.

Meine Erwiderung im Fall Wagner ist in der Frankf. Zeitung in sehr wirksamer Aufmachung erschienen.

Freundlicher Brief eines ehemaligen Mitschülers, *Rathgen,*
aus Locarno.

Thee mit allen Kindern im Belvedere. Später mit K. beim
Advokaten Grafen Riva zur Besprechung der finanziellen Dinge und der Niederlassung.

Abends mit Bermanns, die bei Hesses in Montagnola gewesen waren. Erika liest dem ganzen Kreise, einschließlich Reisigers, der frisch eingetroffen, in einem der hinteren Speisezimmer aus ihrem neuen Kinderbuch vor. Ärger K.'s über Reisigers Egoismus und Mangel an Empfindung.

Sonntag den 23. IV. 33, Lugano.
Besser geschlafen. Das Wetter blau und kalt. Die großen Kinder reisen mit dem Ford nach Lavandou zurück, und im letzten
Augenblick kommt Erika auf den Gedanken, die Kleinen gleich
mitzunehmen. Ich billige den Einfall, der eine Ersparnis und
mehr Bewegungsfreiheit für uns bedeutet in Hinsicht auf unsere nächsten Schritte. Abschied und Abfahrt nach schnellem
Packen. Aussicht auf ein Wiedersehen in ca 14 Tagen.

Allerlei Briefe und Bücher. Entgegenkommende Antwort aus
Bern in Sachen der Wieder-Einreise und Niederlassung. Briefe
von Heinrich, Süskind, Brüll, Golo und anderen.

Golo über einen Besuch des nach M. zurückgekehrten Bertram, der mich nicht besucht hat und den Wagner-Aufsatz nun »ja etwas psychologistisch« findet. »Aber wir leben doch in einem freien Land!« Traurige Gestalt.

Ich schrieb dankend an Rathgen.

Bermann berichtet, daß von der neuen Fischer-Serie der Tonio Kroeger am meisten gekauft wird.

Reisiger erklärt schlecht geschlafen zu haben.

Ich diktierte noch vormittags Briefe an Schickele und Zweig, und wir machten dann einen Spaziergang mit Bermann, auf dem wir die finanziellen Angelegenheiten besprachen.

Leichtere, hellere und frischere Stimmung.

Begrüßung vorm Lunch mit Prof. Overbeck aus Fribourg.

Golo berichtet, daß von der Nummer der N. Z. Z. an keinem Münchener Kiosk ein Exemplar zu haben war. Das deutet auf große Nachfrage oder Aufkauf. –

Thee mit Bermanns und Reisiger am See in starker Sonne halbwegs Gandria.

Schrieb zu Hause an Hesse etc.

Nach dem Diner Produktion des Prestidigitateurs »Flamingo« in der Halle. Teilnahme des hübschen kleinen Juden. Bermanns in Sorgen wegen der Alterswiderspenstigkeit ihrer Eltern.

Montag den 24. IV. 33 Lugano
Unverschämter Spitzel- oder Journalisten-Anruf um ½8 Uhr aus Kopenhagen. Unausgeschlafen.

Unruhe wegen des langen Ausbleibens des Handkoffers mit Papieren. Notwendigkeit, den Paß aus Bern wieder herbeizuschaffen.

Blau und kühl. Ich arbeite etwas.

Neuer Anruf durch »Extrabladet«, Kopenhagen. Es ergibt sich, daß die Nachricht von meinen Paßschwierigkeiten in der Form von der französischen Presse verbreitet wird, daß die deutsche Regierung mir den Paß verweigere, damit ich nicht nach Madrid reisen könne. Richtigstellung durch K.. Die Veröffentlichung sehr unangenehm, da auch der Mailänder Vice-konsul dadurch abgeschreckt werden könnte.

Ich telephoniere mit dem Gesandten Dr. Müller in Bern wegen Rücksendung meines Passes.

Brief von Felix Braun, Palermo, in Sachen des Münchener Protestes. – Karte von Albert Einstein, der mir schreiben will – Brief des Rechtsanwaltes Heins, München, in Sachen der Belehnung des Hauses, die ebenfalls Schwierigkeiten macht oder unmöglich ist. Erregt und verstimmt von alldem.

Die Paßgeschichte in der französischen Presse (Journal) und in der Wiener (N. W. Journal). Weitere Anrufe aus Kopenhagen und Dementi.

Nachmittags keine Ruhe. Langes Insistier-Telegramm von Bonnet. Zum Thee zu Ludw. *Bauer* mit *Pallenberg* und Frau Frank.

Zu Hause an Bonnet und an Baseler Haus-Vermittler diktiert.

Briefe von Rutra und dem gestrigen Zauberer. Nach dem Diner gleich hinauf, um zu schreiben und den Goethe-Aufsatz an Vossler, Croce und die Herz zu verschicken.

K., überanstrengt, macht mir innige Sorge.

Sehr komische Hitler-Copie Pallenbergs.

Die Mazzuchetti und Löwenstein rufen aus Mailand an. Mondadori will uns seinen Wagen schicken.

Abends mit Bermanns, Speyer u. Frau Frank im Salon. Adalin.

Dienstag den 25. IV. 33, Lugano.

Schrieb Briefe nach dem Frühstück: an Golo (wegen der Joseph-Bücher), Nachek, Einstein, Michel-Flamingo.

Der Paß kam aus Bern.

Erfreulichster Artikel im Berner »Bund« »Richard Wagner und Th. M.«.

Bermanns, die bis Donnerstag nach Rappallo reisen, kamen sich verabschieden.

Gab Wäsche aus, ließ mir das Haar schneiden und machte allein etwas Motion. Heiteres, wärmeres Wetter.

Nach dem Lunch mit Reisiger und K. im Garten. Gespräch über eine Äußerung des Prof. Overbeck, ich möge zur national-sozialistischen Bewegung übertreten, »um sie zu veredeln«. – Über die »Märchenseele« des deutschen Volkes und die Austreibung des schwarzen Elementes aus seinem Lichtkörper. Der verhunzte Mythus. Heruntergekommene Romantik und mesquin-giftige Kleinbürger-Ranküne. Der künstlerische Heros ist R. Wagner. Ich berührte eine empfindlichste Stelle.

Schöner Brief von Schickele über meine Erwiderung, die er in der »Frankf. Zeitung« gelesen. »Niemals hat man für ein tragisches Motiv einen so leisen, ja, zarten Ton gefunden.«

Nachmittags mit Rechtsanw. Becher und Frau in ihrem Wagen nach *Cademario,* wo wir in dem offenbar bemerkenswerten Naturheil-Sanatorium Thee tranken u. die Anlagen besichtigten. Auf der Fahrt entfaltet der Tessin sich in voller Schönheit. Wir nahmen das Sanatorium für einen Aufenthalt in Aussicht, wenn wir Baseler geworden.

Mit Becher über die schwebenden Finanzsorgen, Beleihung des Hauses, Auszahlung deutscher Einkünfte, die Frage der Abmeldung in Deutschland oder doppelten Wohnsitzes.

Begegnung mit Rechtsanw. Heins an einem Grenzort notwendig. Programm: Besuch beim franz. Konsul, Fahrt nach Mailand. Dann Bregenz, wohin wir den Wagen kommen lassen, Zürich, Basel und von dort nach Frankreich. Es steht wieder eine bewegte und lockere Zeit bevor.

Zum Diner und nachher Reisiger. Go-bang-Spiel.

Mittwoch den 26. IV. 33, Lugano
Grau, wärmlich, leicht regnerisch. Mit der Post Sympathie-Briefe aus Anlaß der Wagner-Affaire und Kunstblätter eines Budapester Malers.

Zum französischen Konsul. Schwierigkeiten, Rückfrage in Paris notwendig.

Gespräch mit dem Breslauer Professor Marck in Sachen einer Emigranten-Universität.

Nervös, müde, verstimmt. Auch für den Grenzübertritt nach Mailand genügt keineswegs, wie uns vorgeschwatzt wurde, ein Grenzschein, sondern ich muß mit dem abgelaufenen Paß die Grenze überschreiten.

Telegramm an Giraudoux. Den Brief des Berner Amtes auf Wunsch an den Konsul geschickt.

Reisiger setzte sich beim Lunch zu uns. Er reist nachmittags wieder nach Tirol.

Zum letzten Mal *bei Hesses*, dem ich die Goethe-Broschüre brachte. Wir machen, begleitet von Hesse, seiner Frau und einer Freundin einen schönen Umweg durch den Grotten-Wald und steigen wieder hinab.

Beim Diner teleph. Nachricht von Golo, daß nicht nur die Tryptik für den Wagen, den wir heraus kommen lassen wollten, verweigert worden ist, sondern auch *alle drei Autos von der Politischen Polizei abgeholt* und »sicher gestellt« worden sind. Abscheulicher Choc und schwere Depression und Müdigkeit. Wir hielten uns in unseren Zimmern auf, ich schrieb Karten u. Briefe und lag dann auf der Chaiselongue, während K. bei mir saß. Wir besprachen, wie von München durchaus alles gegen uns zu erwarten sei.

Donnerstag den 27. IV 33, Lugano
Mit Hülfe von Phanodorm gut geschlafen. Wird es nach dem gestrigen schlimmen Tage wieder ein wenig besser? Das Wetter ist heiter.

Andreae in Basel schickt Häuser-Mietliste. – Paul Stefan in Wien einen Artikel über den Münchener Fall. – Die Lowe schreibt sympathievoll und stellt Fragen wegen des Vorwortes zu »Past Masters«. – Bert Brecht und Kläber in Carona hier in der Nähe, wünschen mich zu sprechen; doch weiche ich aus.

K. rät Golo telephonisch dringend, München zu verlassen, da sie mit seiner »Sicherstellung« ebenfalls rechnet. Auch das

Ausbleiben des Handkoffers mit den Tagebüchern ist unheimlich. Die Büchersendung (Joseph-Material) widerrufe ich zunächst telephonisch bei der Kurz. Die Herz wird brieflich beauftragt, die Sendung herzustellen und an eine Baseler Adresse gehen zu lassen.

Schrieb Briefe vormittags.

Besuch von Dr. Noder, München, z. Z. Ascona, mit dem ich mich längere Zeit im Salon unterhielt.

Von Franks im Wagen abgeholt, lunchen wir mit ihnen in einer italienischen Trattoria in der Stadt ausgezeichnet. Nach langer Zeit wieder einmal heißen Zabaione gegessen.

Danach bei Franks in ihrem neu gemieteten, sehr reizvollen Hause in Paradiso.

Mehrere Briefe, Sympathie-Kundgebungen. Neuer, sehr guter Brief von Max Mohr, der die deutschen Dinge, als die »kleinbürgerliche Form des Bolschewismus« bestimmt.

Die Reinigung der deutschen Universitäten macht Fortschritte, nicht allein durch Zwangsbeurlaubungen, sondern durch freiwillige Rücktritte berühmter Professoren. Die Frankf. Zeitung meldet einhellige Empörung in England, das deutsche Gelehrte aufnehmen will. In Deutschland heißt das »Deutschfeindlichkeit«.

Seit mittags leichter Regen.

Neues Telephonat mit Rechtsanw. Heins, der Golo dazu anhält, sich in Sicherheit zu bringen und am Sonntag nach Rorschach kommt.

Nahm den Thee auf dem Zimmer. Während ich nachher Briefe diktierte, kehrten Bermanns mit ihren Kindern von Rappallo zurück. Wir hatten beim Diner gemeinsamen Tisch und verbrachten im Salon den Abend mit ihnen. Ungeduldiges, immer wieder enttäuschtes Warten auf eine Nachricht von Golo, der leicht angehalten oder verhaftet worden sein kann. Fragwürdig die Rolle, die S.A.-Mann und Chauffeur Hans dabei spielt. Quälende Unruhe K.'s, die mir sehr leid tat. Wir müssen ohne Telegramm schlafen gehen.

Freitag den 28. IV. 33, Lugano
Keine Nachricht von Golo.

Kühl und ziemlich trüb. Neue briefliche Sympathie-Kundgebungen. Walter Seidl an R. Strauss im Prager Tagblatt.

Du Bos schickt ein Buch über Mauriac.

Vom franz. Consul nichts. Wir wollen Viennot in Paris an-
rufen.

Die Sonne dringt langsam durch. Dies ist der letzte Tag dieses seltsamen Aufenthalts. Morgen um diese Zeit, ½10 Uhr,
sind wir auf dem Wege nach Zürich und Rohrschach zur Begegnung mit unserem Rechtsanwalt.

Beginne zu packen, lese Bücher aus.

Der Chauffeur Hans, allmählich als Judas erkannt. Ich wollte
es lange nicht glauben, aber unter den gegen ihn sprechenden
Aussagen ist seine eigene Prahlerei. Er hat die Tryptik garnicht
beantragt, sondern uns sofort im »Br. Hause« angezeigt u. verkündet, auch das Bankkonto werde er beschlagnahmen lassen.

Ekel und Depression. Mit K. zur Stadt. Während sie auf der
Bank zu tun hatte (die Überweisung war nicht da, kam aber
nachmittags) nahm ich vorm Café einen Vermouth.

Beruhigendes Telephonat mit Heins wegen Golo, der auf
Umwegen über die Grenze.

Lunch mit Bermanns u. Hardekopf. Nachher Besuch eines
verjagten Psychoanalytikers Kalischer aus Berlin, dem wir
Empfehlungen nach Paris gaben.

Geruht, dann noch einmal Behandlung durch Wüterich.

Später noch einmal im »Belvedere« Thee getrunken. Schöne,
grau-glasige Regen-Beleuchtung.

Bei der Rückkehr endlich Telegramm von Golo, der über die
badische Grenze nach Basel gegangen u. nach Rohrschach kommen wird. Da K. noch drüben in der Droguerie eilte ich gleich
zurück.

Berman schenkte mir ein Pfeifen-Service.

Durch Golos Entkommen hat sich auch Heins als vertrauenswürdig bewährt.

Ein neuer Sympathie-Brief, diesmal aus Dresden. Einer von Annette Kolb aus Basel.

Man hört, daß der Manchester Guardian mit Veröffentlichungen über den Reichstagsbrand beginnt.

Möchte man in Europa den Entschluß finden, diese Hunde völlig zu boykotieren und unmöglich zu machen.

K. hält mich an, auf das Münchener Haus und Vermögen innerlich zu verzichten. Auch das Herausziehen einzelner Stücke wird voraussichtlich vereitelt werden. Niemand hindert diese Menschen, mir auch meine deutschen Honorare zu sperren. In diesem Falle denkt Bermann sie mir durch einen Vertrag mit Schickele zukommen zu lassen. Sie können aber auch für den »Staat« konfisziert werden.

Weiter mit Packen beschäftigt, das wegen der großen Sachansammlung sehr schwierig ist. Ein Bücher-Packet nach Basel dem Concierge in Auftrag gegeben.

Diner mit Bermanns, nachher mit ihnen u. Franks. Verabschiedung, auch von Prof. v. Overbeck. Phanodorm, Tolstoi-Lektüre. K. packte noch lange, sehr erleichtert durch Golos Entkommen.

Sonnabend den 29. IV. 33, Lugano
Regen. Wir stehen 7 Uhr auf, frühstücken u. machen das Gepäck fertig.

Ich nehme Abschied von diesem Aufenthalt, dem ich dankbar bin, als einem Asyl, das trotz allem heitere und wohltuende Eindrücke schenkte. Es kommt jetzt wieder eine unruhige Zeit, aber mein Mut ist besser, scheint mir als nach den ersten Schlägen, obgleich sehr böse folgen können.

Wir sprachen gestern Abend über das Zusammengedrücktwerden des Volkes durch den äußeren Widerstand gegen die Regierung. Die Identifizierung »Deutschlands« mit dieser ist schon wieder hergestellt wie im Kriege. Wenn die empörten Engländer erklären, verjagte deutsche Professoren aufnehmen zu wollen, so nennt die deutsche Presse das »deutschfeindlich«. –

Bermann u. Overbeck waren zur Verabschiedung in der Halle. Briefe von Mondadori, Frau Fischer. Ein Sympathie-Schreiben. Abreise bei strömendem Regen mit dem Omnibus. Kurz nach 9 Uhr der Zug nach Zürich. Sind allein im Abteil. Lese die Neue Rundschau, die sich weise zurückhält.

Jenseits des Gotthart etwas besseres Wetter. Kalter Lunch, geizig bemessen wie alles, was von diesem sonderbaren kühlen u. geizigen Hotel kommt. Etwas herben Chianti.

Sonntag den 30. IV 33. Rohrschach-Hafen, Hotel Anker.
Gestern in Zürich bei strömendem Regen zu dem von Franks empfohlenen kleinen Juden Tennenbaum, wo wir bewirtet wurden und die finanziellen Fragen besprachen. Neue Möglichkeiten des Geldtransportes ins Auge gefaßt. Starke nervöse Erschöpfung. Der kleine begleitete uns 4 Uhr durch die bevölkerte Bahnhofstraße, wo man anläßlich des 100jährigen Universitätsjubiläums einen Festzug erwartete, zum Zuge.

Reise von zwei Stunden hierher, nach lästigem Umsteigen in R.-Bahnhof. Wiedersehen mit Golo. Ins Hotel. Abendessen zu dritt. Erzählungen Golos von der Abholung der Autos und einer Untersuchung des Hauses »nach Waffen«. Unheimlicher Gemütszustand durch die Nähe der Grenze und den atmosphärischen Eindruck. Später Rechtsanw. Heins und seine Freundin Frau Walter, die in ihrem Auto die von Frl. Kurz gepackten Koffer mitbrachten. Zusammensitzen in der Ecke des Speisesaals und diskursives Hin- und Hergrübeln über unsere Rückkehr, unser Außenbleiben. Man trennt sich 11 Uhr u. ich schlafe in dem mittelguten Bett bis 5 Uhr, erwache dann, von dem sofort einsetzenden Schreckensgedanken an den Handkoffer mit den Tagebüchern erfaßt, und kann mit Hülfe einer halben Tablette noch etwas schlafen.

Morgens sehr nervös – entsetzte und schaurige Stimmung. Beim Frühstück zu Dritt und nachher ernste u. bedrückte Gespräche. Dann lange Sitzung mit Heins in der gestrigen Saalecke. Fortsetzung des dialogischen Grübelns. Die Alternative:

Rückkehr oder Krieg und Entfernung des mobilen Vermögens drängt sich auf, ich kehre aber mit K.'s Einverständnis zu dem Mittelweg der Schenkung an die Kinder und gelegentlichen Beseitigungen zurück, da ich die psychische Belastung u. die sonstigen Consequenzen der offenen Trennung und Kapital-Entfernung nicht will. Die Möglichkeit beschleunigter Schweizer Einbürgerung wird erörtert. Die Hausbelastung, des Transportes einiger Möbel. Meine Manuskripte, zwei Bilder, die Medibüste kommen zu Heins. Das Grammophon kann durch Koch nach Basel expediert werden.

Zu einem leidlichen vorläufigen Ergebnis gelangt, machen wir mit Heins nach 11 Uhr bei Sonne u. weicher Bodensee-Schwüle einen Spaziergang ins Freie aufwärts. 1 Uhr Mittagessen im Speisesaal zu fünfen. In einer halben Stunde werden wir die Reise nach Basel antreten, während Golo mit Heins u. Fr. Walter im Wagen nach München zurückkehrt. Die Fiktion unserer baldigen Rückkehr wird dort aufrecht erhalten. Die Recherchen nach dem offenkundig feindlich beseitigten Handkoffer gehen durch Heins und seinen Sozius weiter. Ich soll Dienstag telephonische Nachricht nach Basel haben. Meine Befürchtungen gelten jetzt in erster Linie u. fast ausschließlich diesem Anschlage gegen die Geheimnisse meines Lebens. Sie sind schwer und tief. Furchtbares, ja Tötliches kann geschehen.

Das positive Ergebnis des gestrigen Tages war die telephonische Nachricht vom franz. Consul in Lugano, daß der Quai d'Orsay alles Entgegenkommen gezeigt und uns Einreise- u. Aufenthaltserlaubnis in Frankreich gesichert sind. –

Basel, abends 9 Uhr. Rorschach wird mir in schlimmer, schwerer Erinnerung bleiben. – Strömender Regen u. Gewitter, Schwüle. Schwere, entnervte und von Sorgen gequälte Reise, mit Anfällen von Beängstigung, die größter Müdigkeit wichen. K. u. ich saßen viel Hand in Hand. Sie versteht halb und halb meine Furcht wegen des Koffer-Inhalts. In Zürich müssen wir umsteigen. Begegnung dort mit Dr. Helbling u. seiner Familie. Gegen 8 Uhr, immer bei Regen Ankunft hier u. Fahrt ins

Hotel 3 Könige, wo wir ein zu teures Doppelzimmer mit Bad nahmen. Es kam Post: Telegramm von Feist, der Wagner-Vertrag von Bonnier. Wir aßen auf dem Zimmer zu Abend: Schinken, Eier und Thee. Das Hotel ist sehr gut, es schafft durch seine Gepflegtheit sofort etwas leichtere Stimmung.

Geschäftliches Telephonat mit Tennenbaum, Zürich. Es ist morgen Feiertag, sodaß wir nicht viel werden unternehmen können. K. schreibt an Pierre Bertaux, der nach München kommen soll und an Heins wegen der Bemühungen um den Koffer, mit denen man notfalls an eine Reichsstelle gehen müßte.

Montag den 1. V. 33, Basel
Grau, regnerisch. Der Rhein strömt unter unsern Fenstern vorbei. Weiche Luft. Festtag, Marschmusik und -Gesänge.

Leidlich geschlafen und kurz nach 8 Uhr auf. Gebadet und nach dem Frühstück halbwegs ausgepackt u. eingeräumt.

Es kam Post: das Bücher-Packet aus Lugano, eine Prager Emigranten-Zeitschrift, ein recht schönes Sympathie-Schreiben des Wiener Sozialistischen Schriftsteller-Bundes mit Begleitbrief eines Dr. Steinitz. Man beabsichtigt Veröffentlichung, die ich nicht unbedingt freudig bejahe. Denn auch die passive Gegnerschaft zum Regime wird als aktive gedeutet u. empfunden, und es fragt sich, ob ich bei meiner singulären, mit anderen Schicksalen nicht zu verwechselnden Stellung das Recht habe, die Welt gegen eine deutsche Regierung aufzurufen, die bleiben muß und sich entwickeln kann, weil nichts da ist, was an ihre Stelle rücken könnte.

K. spricht telephonisch mit Feist in Paris.

Zu Fuß zu Annette Kolb in die Malzgasse, wo sie bei einem Architekten zu Gast. Vor dem Restaurant Jura zu Mittag gegessen. Mit der Tram ins Hotel und geruht, oder vielmehr nicht geruht, sondern in Seelenqual gelegen.

Gegen 4 mit einem Taxi zu Direktor J. Hecht, elegantes Haus in stiller Villen-Gegend. Begegnung mit Prof. Cohn, Breslau.

Aufenthalt nach dem mahlzeitartigen Thee im Garten u. auf der Terrasse.

Mit der Tram nach Hause, wo wir Bermanns mit A. Kolb in der Halle fanden.

Nervöse Erschöpfung, die sich auf dem Zimmer durch Rasieren und Alleinsein besserte. Seit mittags haben wir das gestrige Zimmer mit einem größeren dreifenstrigen vertauscht, dessen Preis auf 26 frs. gemildert worden ist. Ein Kanal-Zulauf in den Rhein beeinträchtigt die Ruhe.

Direktor Hecht kontrolliert eine Transport-Firma in Deutschland und glaubt uns bei der Herüberschaffung von Möbeln behilflich sein zu können.

Bermann erklärt, daß ein – unwahrscheinliches – Verbot des Wagner-Buches den Vertrieb nicht stören würde, da ihm durch Schweizer Niederlassung vorgebaut ist.

Basel, Dienstag den 2. V. 33.
Gestern Diner im Hotel, sehr gut, mit Bermanns und Annette, die mein sehr angegriffenes Aussehen feststellte. Man hielt sich nachher in einem großen, zurückgelegenen Salon auf, Annette spielte auf dem schlechten Piano eine schöne, vertraute Melodie von Chopin, und wir tranken Lindenblütenthee mit einer Citronenscheibe. Während des Essens war ich sehr erschöpft gewesen, wurde aber nachher stärker, als ich mit Bermann auf die deutschen Dinge zu sprechen kam, sie in großem Stil betrachtete, die gegenwärtigen als eine neue Form der alten deutschen Kultur-Quatscherei charakterisierte und die verringerten Chancen für das Gelingen dieser Unternehmung ins Auge faßte. Eine verlorene Sache, auch wenn es sich wieder wie beim Kriege, von dem sie die klare Fortsetzung ist, um eine Reihe von Jahren handelt. Ein großes Ablenkungsmanöver, eine Riesen-Ungezogenheit gegen den Willen des Weltgeistes, ein kindisches Hinter die Schule laufen. Das Eigentliche wird durch noch einmal entfachten nationalistischen Rausch aus dem Bewußtsein verdrängt: das Problem des Kapitals und der Ar-

beit, der Güterverteilung, das vom Nationalen her nicht zu lösen ist. Neue Enttäuschung, neue bittere Lehren müssen kommen. Werden sie dies Volk endlich klüger machen, das ein Dorn im Fleische Europa's, des Abendlandes ist?

Ich konnte nicht schlafen bis 3 Uhr, gequält von Altem u. namentlich von der Affaire des Koffers, hinter der mörderische Tücke lauert. K. nahm Teil u. redete mir zu. Evipan ist ein schlechtes Mittel, es taugt nichts, übte gar keine Wirkung. Erst das bewährte bittere Phanodorm, um 3 Uhr genommen, führte Schlaf bis nach 8 Uhr herbei.

Der Tag ist windig, aber heller, sonniger und frischer. Wir nehmen die Baseler Geschäfte in Angriff.

Beim französischen Consul: größtes Entgegenkommen, Passierscheine für die Grenze u. besonderer Empfehlungsbrief; »Cher Maître«. Ach, ja! –

Beim Chef des Polizei-Departements, Dr. Ludwig, in Sachen unserer Niederlassung. Größtes Entgegenkommen, Dispens von der Beibringung üblicher Papiere. Schon beim Empfang bedankte er sich für unsern Besuch. Ach, ja! –

Wir fanden uns mit Bermanns im Hotel und gingen hinüber zu Spitz, wo wir auf der Rheinterrasse zu Mittag aßen. Danach kam der Besuch bei Dr. Ludwig. Ruhe nach der Heimkehr. Um 3 Uhr Anruf von Dr. Heins, München: Es sei festgestellt u. ohne jeden Zweifel gewiß, daß der Handkoffer sich nicht mehr auf deutschem, sondern auf Schweizer Boden befinde. Ein Telegramm mit der Anzeige, wo die Sendung hängen geblieben, soll folgen. Wahrscheinlich liege sie in Lugano. Bedeutende u. tiefe Erleichterung. Das Gefühl, einer großen, ja unaussprechlichen Gefahr entgangen zu sein, die vielleicht keinen Augenblick bestanden hat. –

Thee mit Bermanns u. Annette Kolb in der Halle. Wir begleiteten danach die abreisenden Bermanns bei hochsommerlicher Wärme zum deutschen Bahnhof, vor dessen Front wir kehrt machten.

Berichte der Zeitungen über die gestrige Mai-Feier in Deutschland. »Ohne Haß«. Aber gerade dieser ist alleinherrschend. Hitlers Rede, von der man große Dinge, besonders sozialer Art erwartet hatte, – null und nichtig. Straßenbau, das ist alles. Es ist erbärmlich und wird erbärmlich enden.

Brief von W. v. Cornides, München über die Goethe- und Wagner-Schriften. Er schickt höchst positiven Bericht der Bayr. Staats-Zeitung über den Vortrag in der Universität. Das Blatt behauptet jetzt, die im Protest inkriminierten Stellen seien dabei nicht gefallen. Was falsch ist. Mir scheint, die ganze Eselei ist als solche enthüllt, selbst für die Teilnehmer.

Basel, Mittwoch den 3. V. 33

Auch zum Abendessen gingen wir gestern zu Spitz hinüber und saßen im Freien am Rhein. Nachher hielten wir uns in dem Salon des Hotels auf, ich las Verschiedenes in der »Neuen Rundschau« und trank Lindenblütenthee.

Habe, wie auch K., besser geschlafen. Der Morgen war sehr trübe u. regnerisch. Doch scheint es sich aufzuhellen.

Ein Brief von B. *Croce* kam gestern nebst einem Heft der »Critica«.

K. und ich sprachen beim Abendessen wieder über die Frage der Expatriierung oder Rückkehr. Da schon das Leben von der Substanz des in der Schweiz befindlichen Geldes gegen das Gesetz verstößt, ist die Rückkehr sehr bald verwirkt, spätestens im Herbst. Man wird aber früher schon endgültig vor die Entscheidung gestellt werden, durch die Bedrohung der Vermögenskonfiskation im Falle des Außenbleibens. Diese kann kaum ausbleiben, u. es ist zu überlegen, wie man sich ihr gegenüber verhält. Das flüssige Geld herauszuziehen, scheint es schon zu spät zu sein, da Golo »Schwierigkeiten« bei Feuchtwanger meldet. Ich bin es, der hier ein entschlossenes Handeln verzögert hat, wobei es mir aber weniger um die Rückkehr ins Gewohnte zu tun war, als um die Idee, daß selbst das unseligverworrenste Deutschland noch eine große Angelegenheit bleibt, während die Schweiz – Sie hat große Vorzüge. –

Telephon-Gespräch mit Frl. Joel in Abwesenheit K.'s. Prof. Schmalenbach will uns nachmittags mit seinem Auto zu Häuserbesichtigungen abholen. –

½11 Ausgang mit dem jungen Andreae. Eine reizvolle moderne Wohnung St. Albans-Anlage besichtigt.

Mittagessen bei Frau *Burkardt-Schatzmann*, schönes altes Patrizierhaus, mit Herrn *Zur Mühlen* u. seiner Frau, geb. B., ferner A. Kolb.

Etwas geruht, dann abgeholt von Prof. Schmalenbach, in dessen Haus in Riehen wir Thee tranken. Dann Besichtigung eines uns zugedachten, aber mir abscheulichen Hauses, das 3000 frs. Miete kosten soll.

Ich fühlte mich schlecht, und der Eindruck der Besichtigung, die eine abscheuliche u. niederdrückende Vorstellung von deklassierter Existenz gab, verschlimmerte den Zustand meiner Nerven, die zu Hause bis zu Tränen versagten.

Schrieb kurz an die Herz, die in der Poschingerstr. lebt und die Joseph-Bibliothek verpackt und an Dr. Bernoulli hier geschickt hat. K. telephonierte mit der Frau.

Telephongespräch mit Pierre Bertaux, Sèvres, der zu Golo nach M. fahren u. vielleicht einiges Geld transportieren soll.

Wir bleiben zu Hause, haben uns Thee und Eier aufs Zimmer bestellt.

Nach den wohltuenden Wochen von Lugano setzt dieser verworrene Übergangszustand mir aufs Neue beängstigend zu. Es gibt Augenblicke, wo ich fürchte, meine Nerven könnten überwältigt werden.

Nachricht von der Verhaftung aller deutschen Gewerkschaftsführer. Neuer Gewaltstreich, vorbereitet für den Tag nach dem »Fest der Arbeit«.

In Berlin u. Köln weitere 29 Professoren beurlaubt, darunter diesmal K.'s Bruder.

Basel, Donnerstag den 4. V.

Trübes Wetter. Mit Phanodorm recht gut geschlafen, aber sehr angegriffen. Es kamen Briefe von Fiedler, Moenius, Wassermann, Osborn u. a., meistens die Wagner-Sache betreffend. Gestern einer von E. Lasker-Schüler, für die ich bei der Alliance Israelite intervenieren soll. Ferner schrieb Albert Einstein, tragisch eindrucksvoll.

Ich erledigte Briefe am Vormittag, und wir machten dann einige Besorgungen, kauften vor allem gutes Schreibpapier für mich.

Mittagessen bei Spitz. Ich aß leicht, da mir nicht wohl war.

Schon vormittags telephonierte K. mit Golo und Dr. Heins, den wir auf seine Weisung um 3 Uhr wieder anriefen. Die Koffer-Affaire begann von neuem u. erregte mich sehr. Das Stück ist nun eruiert, dank 4 tägiger zäher Bemühungen. Es war tatsächlich von der politischen Polizei beschlagnahmt, soll aber nun frei gegeben u. auf dem Wege nach Lugano sein, von wo wir es durch Br. Frank weiter spedieren zu lassen hoffen. In Sanary eventuell erst werde ich feststellen können, ob der Inhalt intakt ist. Ich möchte annehmen, daß es einfach in Lindau liegen geblieben ist.

Von Tische zurückkommend trafen das Paar Zurmühlen und A. Kolb, die, während ich mich zurückzog, mit K. Kaffee tranken u. dann mit ihr ein altes Haus in Riehen besichtigten, das K. mir als primitiv, aber würdig und besonders beschrieb. Es fehlt moderner Comfort, aber ein stilvoller Wohnsitz wäre geboten.

Ich lag zu Bett bis ½ 5 Uhr, während K. mit Frau J. Hecht weitere Wohnhäuser ansieht. Ließ Thee kommen und schrieb an den Architekten von gestern, der die Pläne seines verhaßten Häuschens wieder abholen soll.

In Sanary haben Schickele und die Kinder sich bisher vergebens bemüht, eine passende Unterkunft für uns zu finden. Gleichwohl haben wir heute unsere Fahrkarten nach Toulon-Marseille geholt und wollen morgen Abend fahren, um zunächst im Hotel Bandola, Sanary, zu wohnen. Dorthin sollen auch K.'s Eltern kommen. K. sieht nicht froh der weiten Reise entgegen, der vielleicht nur ein kurzer Aufenthalt folgen soll, und für die mein Nervenzustand wenig geeignet scheint. Aber wohin sonst? Die Hauptsache ist, daß ich irgendwo zur Ruhe komme, auspacke, mich installiere und gleichmäßige Arbeitstage habe, eine förderliche Lebensordnung.

Ein stiller Trost in der Wirrnis ist beständig »Krieg und Frieden«, worin ich fortfahre. Gestern vorm Einschlafen beendete ich den 2. Band.

Wir sind zum Abendessen bei Joels geladen.

Basel, Freitag den 5. V. 33

Dort trafen wir Vollmoeller, dessen Haus am Rhein in den Bereich unserer Aussichten trat. Es war mit dem alten Geschwisterpaar ein recht beruhigender und wohltuender Abend. Viel war auch von dem alten Bauern-Herrensitz »Wenkenhof« die Rede, den man uns sehr anträgt, u. der würdigste Baseler Tradition besitzt. Der reiche Besitzer muß Einiges dazu tun. – Wir gingen zu Fuß nach Hause, ich war sehr müde, schlief aber doch nicht ohne Phanodorm ein.

Heute blaues und warmes Wetter. Ich begann nach dem Frühstück zu packen. Die Herz schickt die Liste der Joseph-Bücher. Sympathie-Kundgebungen. Interessanter Brief von Meyer-Graefe über ein Haus in St. Cyr. –

Sommerliche Wärme. Besuch von *Dr. Hirsch,* München, der mir Grüße von Vossler überbrachte. Auch bei diesem hat man Haussuchung gehalten.

Wir gingen aus und erledigten einige Besorgungen. Danach Besuch von *W. Kiefer,* der in Hüningue, auf französischem Gebiete wohnt.

Wir suchen Vollmoellers Haus am Rhein auf und finden es außerordentlich ansprechend und stimmungsvoll. Es wäre gut, dort etwas zu leben. Im Übrigen beschäftigt Basel sich mit unserer Niederlassung hier, u. gewiß wird [?] auf den Besitzer des Wenkenhofes einwirken, das Seine zu tun.

Mittagessen mit A. Kolb auf der Spitz-Terrasse. Im Hotel nachher nahmen wir Abschied von der wunderlichen Person, die über Paris nach Irland reist.

Zu Hause geraucht und geruht. K. begann die weitläufige Arbeit des Umpackens und der Einkampferung der Dinge, die über den Sommer hier bleiben sollen.

Nach dem Thee erneutes Gespräch über das immer hin und her erörterte Problem des Geldtransportes aus Deutschland – zu dem es bald zu spät sein wird. Mein moralisches Recht auf die in Deutschland befindliche Hälfte des Nobel-Preises ist unbestreitbar – einem Staat gegenüber, der Recht und Billigkeit nicht kennt. Dies Geld ist nicht in Deutschland gewonnen, es ist ein Geschenk des Auslandes. Wenn es verloren geht, so ist meine Scheu daran schuld, das Tischtuch zu zerschneiden und mich von Deutschland auf immer auszuschließen. Das Widrige ist, daß fast mit totaler Sicherheit der ganze Münchener Besitz, Haus, Möbel, Bibliothek eingeschlossen, auf jeden Fall u. auch bei größter Vorsicht, Loyalität und Enthaltsamkeit verloren zu geben ist. –

Ich machte meinen großen Koffer fertig. Wir haben viel Zeit. Es ist erst ½6 Uhr, und erst um 10 geht unser Zug nach Mühlhouse, wo wir den Schlafwagen bekommen, den wir bis Toulon, morgen Nachmittag um 2 Uhr nicht zu verlassen brauchen.

Sonnabend den 6. 5. 33. Im Zuge nach Marseille-Toulon.
Am Bahnhof gestern bei der Abreise, der Paß- und Zoll-Visitation funktionierten unsere Passierscheine u. der Empfehlungsbrief vortrefflich. Kein Koffer wurde geöffnet. Auf den Zug nach Mühlhausen hatten wir zu warten, gelangten dorthin dann in kurzer Fahrt und verbrachten eine Wartestunde in dem neuen Bahnhofsrestaurant, wo wir Thee tranken. K. war sehr müde von dem durch Packarbeit u. Briefschreiben höchst anstrengendem Tage. Ein sympathischer junger Träger, deutsch sprechend, besorgte unser Gepäck.

Schlaf-Coupé; Phanodorm, das sich immer wieder ausgezeichnet bewährt. Es wurde ½2, bis man zur Ruhe kam.
Ich setzte die Lektüre von »Kr. u. Fr.«, mit der ich mich bis
zuletzt im Hotel beschäftigt, nicht mehr fort; schlief fest eine
Reihe von Stunden.

Der Morgen, trübe, brachte nach dem Aufstehen um 9 Uhr
eine bittere Enttäuschung. Es ist kein Waggon-Restaurant im
Zuge, auch sonst bis Marseille um 12 Uhr keine Gelegenheit,
ein warmes Getränk, mir so wichtig, zu bekommen. Eine
schlimme Behagensminderung und unbegreiflich auf solcher
Strecke. Wir nahmen etwas Chokolade, wonach denn wenigstens eine Cigarette möglich.

Es regnete leicht, jetzt versucht die Sonne durchzudrücken.
Die Landschaft, schön an der Rhône, scheint es wieder aufzugeben, sich im Südlichen zu versuchen. –

– *La Roche fleurie bei Le Lavandou.*

Wir essen zu Mittag in Marseille: Thee und Schinken-
Omelette, reisten um 1 Uhr in unserem Schlafwagen weiter u.
wurden um 2 in Toulon von Erika empfangen. In ihrem Wagen hierher. Es ist schön trotz windigen, bedeckten Wetters.
Das Meer, vor unseren Balkon-Türen, rauscht gegen Felsen.
Die Zimmer sind fein und gefällig. Wiedersehen mit Klaus,
Medi u. Bibi. Auch mit der Giese u. A. M. Schwarzenbach.
Beisammensein u. Gespräch in K.'s Zimmer beim Thee. Ich
legte mich zur Ruhe dann, während K. mit den Kindern das
zu vermietende Haus in der Nähe besichtigte, über das sie bei
der Rückkehr höchst Löbliches berichtete. Nur Einsamkeit spräche dagegen. Morgen gilt es, Weiteres in St. Cyr und Bandol
zu prüfen.

Ich habe die aufregende Reise besser überstanden als ich
dachte. Der Kopf ist müde u. etwas schmerzhaft.

Sonntag den 7. V. 33. La R. fl.
Diner gestern Abend mit den 4 Kindern, der Giese und A. M.
Schwarzenbach, die mit Medi Ähnlichkeit hat, in der Veranda

angesichts des Meeres. Ein totaler Regenbogen, nur in der Mitte schwächer, spannte sich über die Bucht. Ich sang für Medi den Rheingold-Schluß, wie ich schon früher, angesichts des Meerschloßartigen des Hotels, zitiert hatte: »Bin ich in Cornwall? – Nicht doch, in Kareol!«

Nach Tische Besichtigung der Zimmer der Kinder und gemeinsamer Aufenthalt in K.'s Zimmer, bei einem Gläschen Kirsch-Cognac von Erika. Sehr müde. Wir gingen bei Zeiten schlafen, u. ich spürte die aphrodisierende Wirkung des Meeres, wurde auch etwas von hereingekommenen Mücken geplagt, schlief aber, nach Tolstoi-Lektüre, mit Hilfe von Phanodorm recht gut.

Noch gegen Morgen hat es geregnet, aber die Bedeckung ist hell, die Luft mild, die See ruhiger. K. weckte mich, öffnete den Laden und zeigte mir Medi, die unten auf der Terrasse auf einer Bank saß. Das Frühstück kam um ½9, wie bestellt. Ich badete rasch vor, wonach ich jetzt immer, während der großen Trockenheit der Nägel, die Zehen mit Öl befeuchte.

So nahe am Meer habe ich noch nie gewohnt. Es liegt weißliches Halbsonnenlicht darauf. Ich brauche den neuen Aufenthalt nur mit den letzten Stationen dieser »historischen« Reise, mit Rorschach und Basel zu vergleichen, um Freude, Hoffnung, Wohlsein zu empfinden.

Die Tolstoi-Lektüre ist mir darum so gemäß, weil das Sinnlich-Frohe und Positive sich darin so natürlich und menschlich mit moralischer Gewissenskritik verbindet. Gestern auf der Reise las ich, die höchsten u. besten menschlichen Eigenschaften, die den sogen. großen Männern, Feldherren etc. abgingen u. abgehen müßten, seien »Liebe, poetisches Empfinden, Zärtlichkeit, philosophischer zur Forschung treibender Zweifel.« –

Mit der Lesebrille stellte ich vorm Spiegel im Badezimmer fest, daß mein Haar in letzter Zeit stärker ergraut ist. –

Unsere Lage ist an der Küste zwischen Toulon und Cannes, St. Raphael. Sanary liegt nach der anderen Seite über Toulon hinaus. Wenn ich Toilette gemacht habe, werden wir mit Eri dorthin fahren, um Schickele aufzusuchen und weitere Häuser zu sehen. Aber das hier gelegene soll das schönste sein, u. die Einsamkeit spricht nicht dagegen, solange die Kinder da sind. Später ist auf den Besuch Heinrichs, Reisigers, Franks u. anderer zu rechnen.

Montag den 8. V. 33. Les Roches fleuries.
Der gestrige Tag verging auf der Automobiltour mit Erika und der Giese über Hyères u. Toulon nach Sanary und Bandol. Wir besuchten Schickele, sprachen im Hotel Bandol vor, sahen Häuser, aßen alle bei Meyer-Graefes zu Mittag. Ich ruhte nachher im Boudoir der Hausfrau, während K. die Häuser in St. Cyr ansah. Weitere Besichtigungen mit dem windigen Agenten. Zur Entscheidung stehen 3 Objekte, wovon das hiesige mit Abstand das Erfreulichste und Preiswerteste. Die Kalamität ist die weite Entfernung von den freundwilligen Kollegen. Theater, Schickele. Dann Heimfahrt, zunächst nach Toulon, wo die gewünschte Telephon-Verbindung mit Bertaux-Paris nicht mehr zu erreichen war. Abendessen im Speisesaal des Grand Hotel (keinen Appetit, erschöpft u. verstört) und Aufenthalt in der Halle. Erika hustete u. ließ ein Mittel aus der Apotheke kommen. Dann weitere Heimfahrt und nach einigem Zögern sehr müde ins Bett.

Heute blauer Himmel und starker Landwind. Angegriffene Nerven. Das Notwendige wäre wohl Entscheidung in der Hausfrage, Installierung, Gleichmaß des Lebens. Ein Brief an den »Statthalter« General Epp in München, von allen Seiten befürwortet, soll geschrieben werden, um möglicherweise ein Arrangement wegen Vermögen u. Mobiliar zu erzielen. –

Gestern hörte ich Bibi Geige spielen, geübt und begabt, es machte mir Eindruck. –

Neues über die Scheußlichkeiten u. Moritaten in Deutschland u. sogar außerhalb. Der tötlich »verunglückte« junge Mendelssohn, den man wahrscheinlich für Remarque gehalten.

Schickele u. Meyer-Gräfe warnen dringend vor Basel wegen der Nähe der Grenze u. der nat. soz. Propaganda u. Beeinflussung. Innere Abwendung von diesem Plan. *Bern* tritt in den Vordergrund. –

K. versucht lange vergebens, telephonische Verbindung mit Pierre Bertaux zu gewinnen, der morgen nach Berlin zu Golo reisen will. Ich hielt mich vorm Hotel mit den Kindern in der windigen Sonne auf, besuchte Erika, die heiser ist und mit Klaus, der Giese u. A. M. Schwarzenbach in ihrem Zimmer frühstückte. Warten und nicht wissen was tun. –

– Mit K. 20 Minuten Weges zu dem Vorzugshaus an dieser Küste. Auffinden der Beschließerin u. Besichtigung. Außerordentliche Befriedigung und Beschluß das kultivierte und durchaus sympathische Anwesen zu mieten. Danach auf dem Rückweg wieder Zweifel, ob die Bereitmachung eines Hauses u. die Installierung darin mit dem deutschen Mädchen für 3 Monate überhaupt lohnt. Zu Hause Besprechungen mit den Kindern. Es wird besser sein, einen mobilen und nur provisorisch-definitiven Zustand zu wahren und ins Hotel Bandol zu ziehen, wo K.s Eltern bequem zu empfangen und die Freunde in der Nähe sind. Man kann 4, 6, 8 Wochen bleiben und hält sich frei, im Sommer etwa noch den Aufenthalt zu wechseln, nach Biarritz oder Arosa zu gehen. Der Entschluß, sich hier in einem Hause auf lange, ein Jahr, einzurichten, wäre in jeder Hinsicht zu gewagt.

Telegramme an Schickele und Meyer-Graefe, drittens an die Besitzer des hiesigen Hauses. –

Nach dem Lunch gut geschlafen. Nachher verfehlter Thee in der benachbarten Bar-Veranda.

Der junge Schickele mit dem Arrangement in Bandol telephonisch beauftragt.

Zu Hause mit K. den Brief an General v. Epp hergestellt, der immerhin ein interessanter Schritt ist, von dem ich mir aber keinen Erfolg verspreche. K. diktiert ihn Erika in die Maschine.

Ich las im Garten Tolstoi; es wurde sehr frisch, aber der Himmel ist vollkommen rein, und der Wind hat sich gemäßigt.

Dienstag den 9. V. 33 Les Roches fleuries
Gestern vor und nach dem Diner wurde der Brief an den »Statthalter« getippt u. dann verlesen. Ich las ihn heute Morgen noch einmal durch, und er befriedigt mich als Klärung meiner persönlichen Situation u. Haltung, obgleich ich nie und nimmer glauben kann, daß er ein Entgegenkommen zur Folge haben wird. Die Antwort kann vielmehr in der sofortigen Beschlagnahme aller meiner Habe bestehen, etwa auch in feindseligem Schweigen oder kühler Abweisung meiner Auffassung.

Unruhig geschlafen, viel wach und halb wach gelegen. Sonniger Morgen. Der Tag will sehr warm werden.

Der junge Schickele gab gestern durchs Telephon eine Meldung der Frankf. Zeitung über die »Umgestaltung« der Akademie wieder. Alle irgendwie europäisch angehauchten Mitglieder sind ausgetreten, selbst Pannwitz, auch Mombert. R. Huch freilich und – Hauptmann sind geblieben, auch dieser, der Mann der Republik, der Freund Eberts und Rathenaus, den Juden erhoben u. groß gemacht haben. Er hat am »Tage der Arbeit« auf seinem Hause das Hakenkreuz hissen lassen. Er mag sich goethisch vorkommen in seiner Loyalität gegen das Gemeine. Es gefällt ihm, zu konversieren mit Gescheiten, mit Tyrannen. (Er war auch bei Mussolini.) Ich hasse diese Attrappe, die ich verherrlichen half, u. die großartig ein Märtyrertum von sich weist, zu dem auch ich mich nicht geboren weiß, zu dem aber meine geistige Würde mich unweigerlich beruft. –

Wir stellten fest, daß die Festlegung auf das Häuschen für den klimatisch vielleicht nicht zuträglichen Sommer gewagt u. zu verantwortungsvoll gewesen wäre. Die Übersiedelung nach Bandol ist für morgen in Aussicht genommen. Ich hoffe sehr, dort Nachricht von Frank über den Handkoffer zu erhalten und zu einigem Behagen u. Sicherheitsgefühl zu gelangen, die Arbeit zu fördern. Für den Hochsommer bleibt uns Freiheit, an den Ozean oder auch nach Lenzerheide zu gehen. Tatsächlich geht mir der Gedanke, zum Herbst nach München zurückzukehren im Anschluß an den Brief an Epp wieder durch den Sinn, obgleich ich ihn bei ernstlicher Prüfung nicht für möglich halten kann. –

Verbrachte den größten Teil des Vormittags auf einem kleinen Söller des Gartens im Liegestuhl, Tolstoi lesend. Ging dann zum Badesträndchen hinab u. kehrte mit K. u. den Kindern zum Essen zurück. Nachher Gespräch über ein Haus bei Zürich – denn diese Stadt steht zur Zeit im Vordergrund unserer Gedanken.

Etwas geruht. Wir machten später mit den Kleinen einen Spaziergang landein- u. aufwärts in die Berge, deren Terrassen vielfach dicht mit Margariten bepflanzt sind. Wir verstehen uns nicht auf ihren Nutzen.

Der Marsch ermüdete mich sehr. Bei der Heimkehr gleichgültige Post, von Schickele vermittelt, dessen Sohn sich erbietet, uns morgen nach Bandol zu fahren.

Golo schrieb aus Berlin, wohin er, in M. von Schutzhaft bedroht, eilig gereist ist, erbittert über den Raub seines Wägelchens.

Beschluß, meine Lieblingsmöbel: Schreibtisch und Fauteuil mit Taburet durch Bernheimer, das Grammophon durch Koch abholen und später schicken zu lassen.

Mittwoch den 10. V. 33. Les Roches fl.
Nach dem Diner, das ich, offenbar übermüdet, widerwärtig fand, kam der in Lavandou wohnende E. A. *Reinhardt* zu Besuch, und es war Unterhaltung in K.'s Zimmer. Ich war sehr abgespannt.

Die Nacht war unruhig. Gegen den Sturm, der lärmte, und heftiges Jucken der Handrücken durch Mückenstiche kam das gute Phanodorm nicht auf. Der Entschluß beschäftigte mich, unbeschadet des Briefes an Epp die 90 000 M, die verfügbar sind, durch Bertaux herbeischaffen zu lassen, natürlich nicht bevor Golo u. Moni außer Landes sind. Wegen der Möbel u. des Grammophons ist noch heute Weisung zu geben.

Der Wind hat nachgelassen, es ist etwas föhnig bedeckt. Wir sind wieder einmal im Begriffe abzureisen. Der große Koffer, kaum berührt, ist in Ordnung zu bringen u. die Handtasche wieder zu packen. Wir reisen mit dem Omnibus ½ 11 Uhr nach Toulon, wo wir Anschluß nach Bandol haben. –

Daß Chauffeur Hans die Anzeige wegen des Koffers erstattet hat, steht nun fest; das Bekanntwerden der Sendung im Braunen Hause u. bei der Pol. Polizei wäre sonst nach Aussage der Spediteure ganz unerklärlich. Elender Bursche.

Man hat Golos Wägelchen leer ihm vor die Augen in die Poschingerstraße gestellt, offenbar um ihn zu provozieren. Was für eine Obrigkeit! Hat Loyalität gegen sie irgend einen Sinn?

Bandol, Gr. Hotel Bandol.
Ich assistierte heute Vormittag dem Frühstück der jungen Leute in Les Roches. Um halb 11 kam dann der Omnibus, es wurde unser zahlreiches Gepäck aufgeladen, und die Fahrt ging nach Toulon. Die alte Auto-Car stieß sehr. In Toulon Umladen, woran Leute von der Straße sich gutmütig beteiligten. Ich trug meinen großen Koffer zusammen mit einer Frau aus dem Volk. Der Omnibus Toulon-Bandol überfüllt. Ankunft hier. Viel Post, darunter ein Douane-Avis, das augenscheinlich den Handkoffer betrifft.

Ein Brief-Gruß von P. *Valéry* aus einer Sitzung des Komitees in Madrid, geschrieben während einer Rede Pinders, – der mich citiert, – Brief von Knopf und mehrere Kundgebungen der Anhänglichkeit.

Wir lunchten im großen geschmacklosen Speisesaal. Unsere Zimmer haben Loggien, u. ich schreibe in der meinen. Aber ich finde in diesem Kulturgebiet alles schäbig, wackelig, unkomfortabel und unter meinem Lebensniveau.

Es gab ein sehr anstrengendes Auspacken und Einräumen, denn die von der Kurz gesandten Sommersachen u. Wäschevorräte kamen zu den mitgenommenen. Ich ruhte nachher etwas meine strapazierten Nerven, trank Thee danach und ordnete Briefe, während K. den Durchschlag des Schreibens an Epp nebst Begleitbrief zur Post brachte.

Das Hotel ist zwar von der Straße durch den Garten getrennt, dennoch verursachen die vorüberfahrenden Autos ziemlich viel Geräusch.

Donnerstag den 11. V. 33, Bandol, Var.
Ich bekam noch gestern einen größeren Arbeitstisch, stellte den Koffer in die Loggia und schuf mir leidliche Ordnung und Bequemlichkeit.

Wir hielten uns nach dem nicht ungenießbaren Diner im Schreibzimmer auf u. spielten Go-bang. Später kamen die jungen Leute aus dem Hotel La Tour in Sanary, wohin sie gezogen. Sie kamen nachher noch mit in die Zimmer hinauf, die sehr schön zu finden sie uns ermutigten.

Ohne Mittel recht gut geschlafen. Schlecht schmeckender Thee, nachdem man wieder die Gummiwanne benutzt.

Der Tag ist klar, das Meer grün. Es war malerischer und griechischer in Lavandou.

Ich schreibe in der Loggia, wo ich vorwiegend auch wohl arbeiten werde.

K.'s Eltern sind seit gestern unterwegs hierher und werden heute Nachmittag von Erika in Toulon abgeholt werden. Sie werden ihre Tochter nach einer Trennung von einem Vierteljahr hier wiedersehen und etwa 14 Tage bleiben.

Wir rechneten gestern aus, daß diese Station die zehnte dieser »Reise« ist. Ich will sie doch aufzählen: Amsterdam, Brüssel, Paris, Arosa, Lenzerheide, Lugano, Rorschach, Basel, Les Roches und dies.

Ich will in der Joseph-Bücherliste der Herz die Bücher markieren, die Bernoulli's in Basel mir hierher schicken sollen.

Auch an Heinrich will ich schreiben und mit K. an die schweizerisch-französische Grenzstelle, wo der Koffer liegt, ferner an Bernheimer und Koch in München.

Freitag den 12. V. 33
Man suchte gestern Vormittag nach einem Strand-Aufenthalt, es war jedoch nichts dergleichen zu finden. Deprimiert und zur nervösen Beängstigung geneigt, hielt ich mich lesend vorm Hotel, am Ufer und im Garten auf. Auch nach dem Lunch las ich und erwartete dann mit den Kindern die Ankunft der alten Leute, deren 14 tägige Anwesenheit nicht eben eine Erleichterung für mich sein wird. Ich billige sie jedoch von Herzen um K.'s willen.

Die Stimmungsbilder aus München beklemmend, ein Blick in mitgebrachte deutsche Zeitungen dito.

Ich ruhte eine Stunde, und man ging zum Thee in die benachbarte »Reserve«, wo wir L. Feuchtwanger trafen und uns mit ihm und seiner ägyptisch aussehenden Frau über seine Schicksale und die Lage unterhielten. Später Gang durch den Ort und ein paar Besorgungen.

Diner zu Sechsen. Nachher Aufenthalt im Schreibzimmer. Die jungen Leute kamen von Sanary herüber.

Die Tage sind für diese Jahreszeit unpassend kalt, bei starkem Mistral, der übrigens heute schwächer scheint.

Ich erwachte früh u. kam die letzten beiden Stunden vor 8 Uhr nicht mehr zum Schlafen.

Beim Frühstück besprachen wir die Thatsache, daß Peter Pringsheims physikalisches Seminar überfüllt ist, was auf Unabhängigkeit u. Freigeisterei größerer Teile der Studentenschaft deutet. Selbstverständlich ist auch für mich und meine geistige Natur immer noch ein bereitwilliges Deutschland vorhanden. Aber man muß sich klar darüber sein, daß, staatlich-historisch genommen, die deutschen Vorgänge positiv zu werten sind, obgleich sie mit deutscher Geistigkeit und Kultur so wenig zu tun haben wie Bismarcks Werk. Die Republik

wollte – im Tiefsten – Staat und Kultur in Deutschland versöhnen, Elemente und Sphären, einander fremd bei uns seit je.
Es mißlang gänzlich. Geist und Macht, Kultur und Staat sind
heute weiter auseinander als je; aber man muß erkennen, daß
die Mächte der geistfeindlichen Roheit die historischen Aufgaben an sich genommen haben und mit einer Energie, an der
es der Republik vollkommen gebrach, durchführen. Sie irren
nur, wie ich vorläufig glauben muß, wenn sie sich für umfassend halten und auch im Kulturellen für produktiv. Hier,
scheint mir noch, sind sie hoffnungslos, und die Absonderung,
ja Abwanderung des deutschen Geistes wird die Folge ihres
Sieges sein. –

Ich vermisse sehr eine rauchbare Cigarre, habe aus Zürich
welche bestellt.

Es kam gleich morgens allerlei Post, u. a. ein kurzer Zustim-
mungsbrief in Sachen Wagner von Fritz Busch. Ferner die
Nachricht aus New York (Heuser), daß die Carnegie-Stiftung
der allgemeinen wirtschaftlichen Mißlage wegen meine amerikanische Reise vorläufig nicht mehr finanzieren kann. –

Psychisch freier und belebter. Schrieb an Lucka u. Fritz
Busch. Rasierte mich nachher u. las im Garten etwas in einer
Dissertation über Gides Sexualität u. Erotik.

Nachmittags in Eri's Wagen zu Schickeles. Spaziergang etwas in das schöne, merkwürdig mich immer an Palästina erinnernde Land hinein. Dann Thee, bei dem der Brief an Epp
verlesen und unser Verhalten beraten wurde. Gesunde und be-
friedigende Beschlüsse überhaupt nicht möglich. Chiffre-Tele-
gramme wegen der Entfernung der Kinder aus Berlin und
Sicherstellung des Geldes. Sehr erregt von den quälenden Erörterungen.

Nach dem Diner ins Spielzimmer, mit Erika und A. M.
Schwarzenbach, die morgen nach Spanien fährt. Wir lachten
sehr über den närrischen Brief jenes Mackans, und ich teilte
Briefe über den Fall Wagner mit. Erika in großer Sorge wegen
der Nichtwiederkehr ihrer nach Deutschland gesandten Pässe.

Brief von Bermann über Honorierungsschwierigkeiten, Drucklegung des Joseph und die Antwort der Rundschau auf die Proteste und Hauseggers Artikel.

Sonnabend den 13. V. 33. Bandol
Mit Phanodorm geschlafen. Post, Sympathiekundgebungen. Schrieb Briefe.

K. mit ihrem Vater nach Marseille.

Heinrich meldet sein Kommen an. Wir bestellen ihm ein Zimmer mit Bad u. Pension für 50 frs und erhalten selbst eine solche Aufbesserung zugesichert.

Thee in der »Réserve« und anschließender Spaziergang an der Küste gegen Marseille, zum Golf-Hotel.

Es kam eine sehr wunderlich zusammen[ge]stellte amerikanische Anthologie, enthaltend den T. i. V.

Viel von dem »Fall Wagner« die Rede im Anschluß an den offenen Brief des Hausegger und Antworten von Gulbransson und Frankenstein, die Bermann in Abschrift schickte. Trostlose Dokumente.

Sonntag den 14. V. 33 Bandol.
Ohne Mittel leidlich geschlafen, wenn auch zu früh erwacht. Einladung nach Paris für Oktober von einer neuen Coopération, an deren Spitze Valéry und Borel stehen. Rührendes Sympathie-Schreiben einer Marta Schulze in Berlin.

Beschäftigung mit dem Manuskript. Führte die gedrängtere Fassung der Reise durch Aegypten zu Ende.

Nachmittags Briefe von Bermann und Golo, durch Schickele. Rat- u. Vorschläge, und verwirrender Art, wegen meiner Einreise in Deutschland und gütlicher Ordnung meiner Angelegenheiten. Unvorstellbar. Jedenfalls zunächst der Effekt meines Briefes abzuwarten, den ich an Bermann schickte.

Thee in der Réserve mit Erika und Klaus, dazu Feuchtwangers. Ich war sehr verstört u. bedrückt durch Bermanns Äußerungen, der mit anderen meine Diffamierung in Deutschland fürchtet und mir die Flüchtlingsrolle mit allen ihren Folgen ersparen möchte. Dennoch ist die Illegalität, der Bruch mit Deutschland, dessen Konsequenzen für meine ganze Existenz nicht abzusehen sind, so gut wie unvermeidlich u. meine Lage ausweglos. Feuchtwanger, vielleicht verzeihlicher Weise, ausschließlich mit sich beschäftigt.

Mit K. eine Reihe von Briefen erledigt. Unsere Pässe zur Verlängerung nach Paris.

Nach dem Diner musizierten Medi u. Bibi vor den Großeltern u. uns recht erfreulich mit einander. Die Cavatina von Raff war angenehm zu hören. Bibi's Fortschritte bemerkenswert.

Montag den 15. V. 33. Bandol

Immer Mistral und blauer Himmel. Ich ging vormittags zum Haarschneiden in den Ort u. kaufte Gitane-Cigaretten.

Unterdessen Zimmerwechsel, der nach meiner Rückkehr beendet wurde. Ich bewohne jetzt das bevorzugte Eckzimmer mit Bad und K. ist in mein bisheriges gezogen. Mein Arbeitsplatz vor der Loggia ist entschieden hübsch, und alles wäre recht gut, wenn im Hintergrund ein gesichertes Heim stände.

Es kam eine weitere amerikanische Anthologie mit »Disorder«. Eine dumme Person schickte, nach Hamburg adressiert, unmögliche Gedichte u. einen Brief von stupider Unberührtheit. Ich zerriß die Sendung.

Sehr starker Wind den ganzen Tag. Den Thee nachmittags nahmen wir im Hotel-Garten u. machten dann einen Spaziergang durch den Ort zu einem schön gelegenen, angenehmen u. billigen Hotel namens »Le Goëland«. Auf dem Rückweg Begegnung mit Feuchtwangers. Die alten Leute gehen quälend langsam; Medi und ich lassen sie meist zurück. Ilse Dernburg hat ihr Kommen, wie es scheint für Wochen gemeldet. »Wir« werden recht zahlreich nachgerade.

Im Temps Meldung von der solennen Einberufung des deutschen »Reichstags« zur Verkündigung der Aufrüstung gegen die Beschlüsse Genfs, wo »Deutschland« nur Ungarn auf seiner Seite hatte. Wird es Sanktionen geben? –

Dienstag den 16. V. Bandol.
Zum Diner Ankunft *Heinrichs.* Vorher mit ihm vor einem der Cafés am Hafen. Gespräch über die Situation.

Mittwoch den 17. V.
Gestern und heute Beschäftigung mit dem Roman. Etwas weiter geschrieben. Ankunft Ilse *Dernburgs.* Mit ihr und den 3 Schickele, ferner Heinrich und K.'s Eltern Thee im Hotelgarten. Die üblichen Gespräche.

Der Handkoffer aus Toulon avisiert.

Ilse D. überbringt Ratschläge aus Berlin, wegen des Geldes keine illegalen Schritte zu tun, sondern die vorgeschriebenen Abgaben u. Sperrungen in den Kauf zu nehmen u. Auslandsdeutscher zu werden. Dies hat meine Zustimmung.

Die außenpolitische Lage sehr gespannt. Eine Niederlage der deutschen Canaille in der Rüstungsfrage zu erhoffen.

Kurze Autofahrt mit Schickeles zur Besichtigung von »Goëland«. Zu eng, zu klein, wenn auch kultiviert, und kein guter Essengeruch.

Dr. Heins mißbilligt den Brief an Epp, da er an der Fiktion unserer Rückkehr festgehalten hat. Er beabsichtigt einen Schritt bei dem General. Bermann für sein Teil in Berlin einen solchen wegen unseres Passes.

Der Artikel des »Völkischen«, den Erika brachte, über die neue Akademie, überaus stupide. Dagegen scheint die Stimmung in Berlin gegen mich vorsichtiger: Rust soll mein Ausscheiden aus der Akademie beklagt u. das B.T., Links-Regierungsblatt, mir eine Reverenz erwiesen haben.

Donnerstag den 18. V. Bandol.
Mühsame und müde Versuche, weiterzuschreiben.

In der Frankf. Zeitung Artikel von Diebold zu meinen Ehren, im Zusammenhang mit der Akademie u. dem Wagner-Aufsatz.

Der Zürcher Händler kann keine Cigarren schicken. Ich muß mir mit hiesigen helfen.

Thee in der »Reserve« mit Feuchtwangers. Nachher mit K. Briefe erledigt.

Nach dem Diner die jungen Leute mit der Giese. Hitlers Rede im »Reichstag« ein vollkommener pazifistischer Rückzug. Albern.

Freitag den 19. V. Bandol.

Flottere Arbeit. – Das Klima dieser Küste überaus rühmens-wert, leicht, heiter, rein. Ich denke doch zuweilen, daß man, in St. Cyr etwa oder in einem gemieteten Hause, den Sommer hier verbringen könnte.

Etwas erkältet, leichte Mandelschmerzen links, mit Kamillen gegurgelt. Dazu wieder Augenreizung, sodaß K. mir Bor-Wasser besorgte, das angenehmer Weise mit Rosenwasser vermischt ist.

Besuchte mittags die Badenden an ihrer Strandbucht.

Briefe von Fiedler und Prof. Frankel, der mich zu Vorträgen in die Tschechoslowakei sehr dringend einlädt.

Thee in der Reserve, ohne K.'s Vater, der seit heute unpäß-lich. Feuchtwangers u. ihr Freund, der etwas feminine tsche-chische Journalist. In Deutschland sollen die Preise ansteigen, man berichtet von Unzufriedenheit selbst bei den S.A.-Leuten, deren Löhnung ihnen nicht mehr genügt. Ich baue geringe Hoffnungen darauf. Die friedliche Rede des Hitler hat namentlich in England »befriedigend« gewirkt.

Man ging spazieren u. machte kleine Einkäufe. Bei der Heimkehr fand ich den konfiszierten *Handkoffer*, sehr schwer, in meinem Zimmer vor. Die Münchener Verpackung scheint un-berührt. Offenbar hat das Stück wochenlang, angehalten aber unangetastet, in Lindau gelegen.

Sonnabend den 20. V. 33, Bandol.

Wir gingen gestern Abend ziemlich früh hinauf, aber ich schrieb noch an die Herz, der ich es schuldete, ordnete weitere Postsachen, indem ich u. a. die »Pyramiden« an das »Litt. Magasin« schickte und den Joseph-Kontrakt an Melantrich schickte, und revidierte dann noch längere Zeit den Inhalt des Handkoffers, was mich anstrengte und erregte. Trotz Phanodorm nicht recht zulänglich geschlafen.

Heute fuhr ich nach dem Frühstück mit dem Auspacken, Überprüfen und Wiedereinpacken des Koffer-Inhaltes fort. Die Papierumhüllung schien unberührt, aber der Koffer war nicht abgeschlossen, was er doch bei der Absendung zweifellos gewesen ist, und der Inhalt, der immerhin auch durch den Transport in Unordnung geraten sein kann, macht immerhin den Eindruck der Durchwühltheit. Ich entnahm ihm das Joseph-Maschinen-Manuskript, Wörterbücher und Papier, auch die Verlagskontrakte. Aus dem Arbeiten wird heute nichts mehr werden. Ich will Briefe schreiben.

Sehr starker Sturm, lästig.

Heute ward die große Zündholzschachtel leer, die ich am 10. Februar mit auf die Reise nahm! –

– Ich mag mich täuschen, aber indem ich Heinrich beobachte, habe ich den Eindruck, daß zum mindesten seine psychische Gesundheit viel robuster ist als meine. Auch trinkt er abends seine halbe Flasche Rotwein, die er sehr liebt, danach zwei Cognacs und morgens und nachmittags Kaffee, was ich auch gern täte. Zwar hat er auch in Nizza nervenärztliche Hilfe in Anspruch genommen und nimmt Phosphor zum Essen. Aber schon die Tatsache, daß er allein leben kann, spricht dafür, daß er seelisch weniger prekär daran ist als ich. –

– Nachmittags mit Heinrich und den beiden Kleinen mit dem Omnibus nach Toulon, wo wir Kaffee tranken, am Hafen spazierengingen u. dann das Schiff nach Seyne nahmen. Von dort wieder mit dem Autobus zurück.

Abends las Eri aus ihrem neuen Kinderbuch vor.

Sonntag den 21. V. 33. Bandol
Recht unlustiges Weiterschreiben. Melancholisch verstimmt. Wollte im Meer baden, unterließ es aber.

Nachmittags mit Heinrich bei Feuchtwangers in der Réserve zum Thee.

In der Frankf. Zeitung Replik »aus Akademiekreisen« auf Diebolds Äußerungen. Das Bedauern des Ministeriums über den »schweren Verlust«, den mein Ausscheiden bedeute, stark affichiert. Fast sieht es aus, als wolle man mir eine Brücke zurück bauen.

Das trifft mit Nachrichten über Bemühungen Bermanns und des Rechtsanw. Heins zusammen, einen Frieden herbeizuführen oder doch mein Außenbleiben legal zu gestalten. Zweifellos wäre das Beste eine vorläufige Rückkehr im Herbst mit nachfolgender rechtmäßiger Übersiedelung in die Schweiz.

Montag den 22. V. Bandol.
Nachmittags mit K., Heinrich und den Kindern mit dem Omnibus über Le Lecque (wo hübsch gelegene Villen zu vermieten sind) nach Cyautat (?), malerischer Hafen mit Übersee-Schiffen. Wir tranken Kaffee und waren zum Abendessen zurück. Wir freuten uns des schönen, farbig belichteten Landes, durch das wir fuhren.

Abends im Salon, der an ein Postbureau erinnert, neuerdings aber mit zwei roten Fauteuils ausgestattet ist, las Erika den Schluß ihrer Kindererzählung vor. Wir belobten sie alle. Die Erzählung hat Kultur und Humor, ich hatte meine Freude daran.

Bandol, Dienstag den 23. V. 33.
Schöner, schon sommerlicher Frühlingstag mit nur leichtem Windzug.

Wie täglich versuchte ich, vorwärts zu arbeiten. Aber die Mitgenommenheit meiner Nerven äußert sich in großer Schlaffheit und Trägheit, die über den guten Willen, mit dem ich [mich] nach dem Frühstück niedersetze, nach wenigen Zeilen den Sieg davonträgt. Immer besteht auch die Neigung zu depressiver Erregung fort.

Von Fayard kamen die Korrekturbogen der franz. Ausgabe des Wagner mit einer erfreulichen Einleitung von Lewinson. In der Übersetzung Bertaux' Fehler u. Mißverständnisse, die noch richtig gestellt werden sollten.

Die Befriedigung der Welt, oder doch der Angelsachsen über Hitlers Reichstagsrede ist albern. Erfolg »Deutschlands« in Genf: Die »Hilfspolizei« wird nicht in die deutsche Truppenzahl eingerechnet. Sehr pädagogisch. Möge das Volk sehen, daß es mit dieser Regierung auch geht, vielleicht sogar besser geht.

K. mit ihren Eltern in Toulon. Ich trank den Thee in Gesellschaft Heinrichs und Feuchtwangers in der »Réserve«.

Mittwoch den 24. V. 33, Bandol
Das herrliche Wetter, das ich trotz vielfachen Elendbefindens von Herzen zu bewundern bereit bin, hält an. Seewind, Wärme und Frische. Ich schrieb doch etwas leichter und reichlicher.

Briefe, von Rechtsanw. Heins, dessen Unternehmungen noch in der Schwebe, und Golo, der sich wegen der Berliner Schritte (Neurath) optimistisch äußert und zu glauben scheint, wir könnten K.'s 50. Geburtstag alle zusammen in Nidden feiern.

Ging zum Baden in die Bucht, die ich aber wegen der Hitze bald wieder verlassen mußte. Nachdenken über die schweren Hemmungen u. Widerstände, die ich bei körperlich betonten Unternehmungen, wie dem Baden im Meer, besonders wenn sie neu sind, zu überwinden habe – und schlecht überwinde. »Demütigende Umständlichkeiten«.

Abschied von den großen Kindern, die mit der Giese nach Paris, dann nach Zürich fahren. Melancholisch.

Ausfertigung des Korrektur-Briefes an Bertaux.

K. mit ihren Eltern in Le Goëland. Trank mit Heinrich am Hafen Kaffee. Er drückte den Wunsch aus, seine Berliner Freundin und Wirtschafterin, die unter rachsüchtigen Verfolgungen zu leiden hat, hierher kommen zu lassen. Mit ihm in der kleinen Papier- u. Buchhandlung, in der die franz. Ausgaben des »Mario« und des »T. K.« ausliegen.

Donnerstag den 25. V. 33, Bandol.
Himmelfahrtstag, viele auswärtige Gäste mittags und abends im Hotel. Starker Mistral, nicht angenehm.

Ich schrieb eine Seite und badete vom Stege aus. Um 4 Uhr fuhren wir zu Fünfen, ohne die Kinder, mit einem Taxi nach St. Cyr zum Besuch Meyer-Graefes. Thee dort und Aufenthalt im Salon. Gespräch mit dem Hausherrn über Ägypten. Der kleine Schickele, der anwesend war, und mich wie immer in der Redeweise an P. Ehrenberg in seiner Jugend erinnerte, fuhr uns nach Les Lecques, wo wir das in einem großen Garten, ruhiger als dieses hier gelegene Kurhaus (Gr. Hotel) besichtigten, das jedoch keine Loggien hat. Er brachte uns dann nach Hause. Das Diner war schlecht. Ich wünschte mir doch ein Haus u. eigene Küche, einen kleinen Wagen dazu, und gleichmäßigen Alltag.

Freitag den 26. V. 33. Bandol.
Erwachte nachts von Erkältung, Luftröhrenkatharrh. Unruhe, Beängstigung eine Stunde lang. Nahm Luminaletten und schlief dann wieder.

Kam mit der Arbeit kaum weiter. Heftiger Mistral-Sturm, Staub, enervierend. Kaufte mittags im Ort Tabackwaaren ein.

Nachmittags Schlaf. Nahmen alle den Thee bei Suzy. Nachher diktierte ich Briefe, besonders die Antwort auf einen Brief aus Straßburg, worin mir diese Stadt in interessanter u. einleuchtender Weise als Wohnsitz empfohlen wird.

Es kam die Neue Rundschau, sehr vom neuen Geiste erfüllt, mit einer Akademie-Rede Bindings. Sänger schreibt über den »Fall Wagner«.

Brief von Reisiger mit Gedichten. Berichte über Leute konservativer Gesinnung, die mir anhänglich bleiben u. meine Ausstoßung verurteilen.

Etwas übel im Magen.

Heinrichs Lübecker Akzent stellt sich im Alter auf rührende und komisch-überraschende Weise wieder her.

Sonnabend den 27. V. 33. Bandol.
Einige Zeilen geschrieben. Mittags ging ich zur Bade-Bucht und las die Neue Rundschau, fuhr nach Tisch damit fort. Die Rede Bindings, erstaunlich durch den (vielleicht obligatorischen) Kotau vor dem »Führer«, im Übrigen fromm nationalistischer Bewunderung voll für die deutsche Sprache, obgleich sie etwas verschwommen gehandhabt wird. Wie sieht es aus in diesen Menschen? Man wäre, kehrte man zurück, ein Fremder, der sich nicht zu benehmen wüßte. Wunderliches Erlebnis, daß einem, während man gerade draußen ist, sein Land irgendwohin davonläuft, sodaß man es nicht wiedergewinnen kann. Das Funkspiel in Versen zu Anfang – dantesk, pennälerhaft, ungeheuer preußisch-staatspatriotisch, dabei voll symptomatischer Straflust, Grausamkeit, Antihumanität. Ich strich manches als charakteristisch an, in dem Wunsche, die »Bewegung« und »geschichtliche Wende«, von der in jedem Beitrag die Rede, jedenfalls zu kennen, Bescheid darüber zu wissen.

Thee im Hotelgarten mit I. Dernburg. Machte nachher mit Medi 1½ stündigen Spaziergang. Wir zweigten von der Straße nach Bausset ab über Land und sprachen über ein Haus bei Sanary, das K. vormittags gesehen. Das Mieten eines Hauses, bevor die Saison die Hotels unwohnlich macht, drängt sich als vernünftige Notwendigkeit auf. Wohin sonst sollten wir gehen? Es ist am besten, wir bleiben, wo wir sind, in Erwartung des Herbstes und der Entwicklung. Nicht nur Basel, sondern auch Zürich scheint unpraktikabel, wie aus Briefen zu entnehmen. Der Antisemitismus, die »Gleichschaltung« mit Deutschland sind im Zunehmen. Abfällige Kollegien eines Dozenten an der Zürcher Universität über mich.

Zum Diner Meyer-Graefes. Verbesserte Kost, dann Kaffee, Liqueurs und Bier in der Bar. Behagliche Erzählungen des Gastes.

Sonntag den 28. V. 33. Bandol.

Der starke Mistral hält an. Es werden schwere Stürme auf dem Mittell. Meer gemeldet.

Etwas geschrieben. Um 11 Uhr mit K. per Omnibus nach Sanary, wo wir das uns angebotene *Haus besichtigten.* Sehr positives Ergebnis: Freie u. reizvolle Lage, geschmackvoll persönliche Einrichtung, leichte Verbindung mit dem Ort, ein eingeborenes Mädchen in Aussicht, das schon bisher im Hause diente, ein billiger Preis. Mit Frau M., die uns führte, fast schon handelseinig geworden. Es handelt sich noch um die Gestellung von Wäsche u. Silberzeug.

Erregt durch die neue Aussicht. Die Beendigung des Hotellebens wird gut sein, wenn auch die neue Umsiedelung viel Ravage mit sich bringen wird.

Keine Ruhe nachmittags. Thee im Garten mit den alten Prs. (die morgen abreisen, ouf), I. Dernburg, Feuchtwangers und Heinrichs Bekanntem Dr. Levi, dem Herausgeber Nietzsches in England. Unterhaltung hauptsächlich mit ihm: über Nietzsche, die »deutsche Revolution«, die deutsche Form des Bolschewismus, die Austreibung des mediterranen Humanismus, den Aufstand der kleinbürgerlichen Un- und Antibildung, die sich als »Volksbewegung« ideologisiert – und es in einem bestimmten welthistorisch-deutschen Sinne auch wohl ist. Dennoch ist der Ausdruck »geschichtliche Wende«, der in jeder Rede, jedem Aufsatz vorkommt, eine Übertreibung. Es handelt sich im Grunde um eine recht überflüssige u. geschichtlich wenig bedeutende Aufwärmung der Kultur-Quertreibereien, deren Nietzsche die Deutschen beschuldigte. Die soziale Überflüssigkeit. (Was sie machen, ist »Marxismus«.) Die moralische Überflüssigkeit (aus einem Minderwertigkeitskomplex, der reine Hypochondrie war). Der Unterschied von Italien, wo eine nationalistische Injektion nötig sein mochte, um Kräfte zu entfesseln. Auch ist die Rückbeziehung aufs Römische Reich natürlich etwas anderes als die auf den Teutoburger Wald. Das Halbe und Feige an dieser »Revolution«, die sich so radikal gibt. Das Wort »barbarisch« steht zwar in hohen rednerischen Ehren, aber man möchte doch nicht barbarisch sein, scheut doch wieder dies Odium vor der Welt und legt Wert auf Bildung, putzt sich mit einer Literatur-Akademie, in der ein Schriftsteller unter Verbeugungen vor deren Exponierten geistigen Elends die deutsche Sprache preist, während Kollegen von ihm im Gefängnis so geprügelt werden, daß ihre Frauen sie sechs Wochen lang nicht sehen dürfen. (Ossiezky, Mühsam, mit denen ich wenig zu tun habe, was nicht hindert, daß mir übel wird, wenn ich von ihrem Schicksal höre.) Pavillone in den Krankenhäusern mit streng nationalsozialistischem Wartepersonal, weil die Insassen nicht gezeigt werden können und über ihren Zustand u. seine Herkunft nichts bekannt werden darf. In dieses Staates Akademie halten Schriftsteller Festreden, und junge Dichter verherrlichen oder rechtfertigen in Versen, die gern schlecht sein dürfen, die Höllenstrafen von Sündern am Staate Brandenburg. Soll man glauben, daß all das mehr »Geschichtlicheres« als eine Verrücktheits-Episode ist?

Montag den 29. V. 33, Bandol
Unruhiger Schlaf, Mücken, aber nicht darum allein.

Konnte es nicht unterlassen, an Binding einen ironischen Brief zu schreiben.

Mittags Abreise der Eltern K.'s. Wohnte ihrem Frühstück um 12¼ Uhr bei, verabschiedete mich von ihnen u. aß dann mit Heinrich und Dr. Levi, während K. die Alten zum Bahnhof brachte. Frage des Maître: »Vous allez en Allemagne? Alors vous n'êtes pas proscrits comme M. Mann?«

Las in der D.A.Z. die Antwort von Benn auf den Brief von Klaus aus Lavandou. Quälende Beschäftigung mit dem Dokument, das mir übrigens nichts Neues gesagt hatte.

Keine Ruhe, der Schlaf ist reduziert und die Verdauung sehr träge.

Zum Kaffee mit K., Heinrich, Dr. Levi, der später abreiste, und den Kindern an den Hafen zu »Suzy«. Nachher schöner

Spaziergang mit K. u. Medi auf der Straße am Meer hinter
Goëland, wo schöne Villen liegen.

Dienstag den 30. V. Bandol.

Etwas geschrieben. Mittags am Badestrand, wo ich in der sonderbaren Rundschau las. Heinrich war mit Feuchtwangers und
blieb dem Lunch fern. Zum Thee, den wir bei Schickeles nehmen sollten, erschien Frau Marcesani mit der zustimmenden
Antwort der Hausbesitzerin. Es handelt sich noch um die Bereitwilligkeit des französischen Mädchens.

Der junge Sch. fuhr uns nach Sanary, wo sich später auch
Meyer-Graefes einfanden. Zum zweiten Mal Thee, zuviel Cigaretten u. Gespräch. Enerviert und appetitlos. Nach dem
Diner kam auch noch Herzog, und die Politik wurde wieder
durch-erörtert. Das geschieht jetzt an hunderttausend Punkten,
und überall versandet die Debatte in Ratlosigkeit. Benns recht
widerwärtige Antwort an Klaus war ein ergiebiger Gegenstand. Die Grenzsperre zwischen Deutschland und Österreich,
das von Frankreich und Italien unterstützt, gegen die »Gleichschaltung« kämpft. Gleichzeitig arbeitet Mussolini mit Goering gegen Frankreich. Nachrichten (in einem Brief von Frank),
daß Frankreich über kürzer oder länger einzumarschieren entschlossen sei. Fragwürdigkeit des Ergebnisses. Auf der anderen Seite ist es höchst unklug, daß die bürgerlichen Mächte
um des augenblicklichen lieben Friedens willen die Zwei gegen sich arbeiten lassen. Warum erklärt man die Berliner Be-
trüger u. Verbrecher nicht für verhandlungsunfähig u. macht
sie so unmöglich?

In Frankreich, nach Bertaux, der Faschismus latent, unter-
irdisch an der Arbeit, im Grunde überall. Ich fürchte die
Lähmung und Widerstandslosigkeit der Welt ist derselben
Schicksalsnatur wie die der Linken in Deutschland. Was wird
werden? Bolschewismus in deutsch-gemütvoll-bösartig um-
wölbter Form? Das Allgemeine ist nicht zu enträtseln; es ist
fast besser nur nach dem eigenen individuellen Schicksal zu

fragen, dessen Grundcharakter sich wohl irgendwie durchsetzen wird – wiewohl in meinen Gedanken über mich seit Einigem schon das Wort Goethes eine Rolle spielt: »Der Mensch muß wieder ruiniert werden.«

Mittwoch den 31. 5. Bandol.
Stiller, dunstiger Morgen. Ziemlich unruhig geschlafen. Der bevorstehende Umzug erregt mich, und mein Mut wird durch die Beobachtung beeinträchtigt, daß K. sich nicht auf der gewohnten Höhe ihrer Energie befindet. Sie hat in diesen Monaten 11 Pfund an Gewicht verloren.

Brief von Bermann in Sachen der amerikanischen Joseph-Ausgabe, mit der Knopf anfangen möchte. B.'s Schritte in Berlin bisher ohne Resultat. Auch Heins in München läßt nichts von sich hören.

– Ankunftsmeldung Moni's, überraschend, Vermutungen weckend. K. nach Toulon. Mit Moni zurück, um 3 Uhr, als ich mich eben hingelegt hatte. Heins plötzlich in Berlin erschienen: Man hat in München mein auf den Banken liegendes baares Geld (40 000 Mark) beschlagnahmt. Die allgemeine Folgerung in Berlin daraus war die Herausschaffung der 60 000 Mark durch die franz. Botschaft, wodurch freilich ohne Zweifel für 100 000 Mark Wertpapiere, das Haus etc. verloren und die Brücke endgültig abgebrochen ist. Zu hoffen, daß Golo rechtzeitig die Grenze überschritten hat. Sein Brief bleibt abzuwarten. Ich vermute, daß die Nachricht von meinem Brief an Epp sich in Münchener herrschenden Kreisen verbreitet und den Anlaß zum räuberischen Zugriff gegeben hat.

Auch Golo also unterwegs hierher. – Ich blieb natürlich ruhelos, aufs Neue erschüttert fast wie zu Anfang der Krise. Was wird aus den sechs Kindern werden?

Die idiotische u. besessene Tücke u. Feindseligkeit gerade Münchens gegen meine Person. Wahrscheinlich ist vom Berl. Ausw. Amt ein Druck dort auszuüben versucht worden, auf den die Vermögenskonfiskation die Antwort sein kann.

Ich wäre gern in Frieden von dem Lande geschieden, mir wäre wohler dabei – es wäre mir gemäßer gewesen.

Zum Thee abgeholt vom Wagen Mr. Seabrooks, des Afrika-Reisenden u. Schriftstellers in der Nähe. Man saß mit ihm, einem unreinlichen Mann, seiner Freundin u. der Tochter der Frau Marcesani in dem hofartigen Garten mit Platanen. Er hat mit Kannibalen gelebt und einmal Menschenfleisch gegessen. – Nervös und verfroren. Ich hatte aus Vergeßlichkeit meine Hausschuhe anbehalten, sodaß wir nicht zu Fuß zurückgehen konnten, sondern uns wieder fahren lassen mußten.

Zu Hause Briefe diktiert an Giraudoux, Bermann, den deutsch-französischen Verlag der N. R. Fr., R. Kayser.

Nach dem Diner musizierten Medi und Bibi in Gegenwart von Heinrich, Ilse D. und dankbaren Engländern: Beethoven, Händel und die Cavatina von Raff. Rührung.

Ich will die Lenzerheide »Kombination« nehmen, Adalin und Phanodorm, es ist nötig.

Donnerstag den 1. VI. 33 Bandol.

Der Juni ist angebrochen, der Monat meiner Geburt und Vorzugssympathie. Man hört, daß er dieses Jahr überall sehr kalt und unwirtlich auftritt. Auch hier war morgens der Himmel bedeckt und etwas regnete es sogar; doch stellt die Klarheit sich schon wieder her, wenn auch die Kühle der Jahreszeit u. dem Himmelsstrich wenig entsprechend bleibt.

Tief und vorzüglich geschlafen mit Hülfe der »Kombination«. Schrieb nach dem Frühstück zuerst an Klaus in Paris und arbeitete dann etwas. Golo telegraphierte aus Lyon: »Chose beaucoup moins grave.« Immerhin haben er u. Moni das Weite gesucht.

K. schrieb an das Zimmermädchen Marie und forderte sie auf, zu kommen, um in »La Tranquille« zu dienen.

Es machte mir Eindruck gestern Abend, wie Heinrich das Spiel Bibi's bewunderte und sich beglückwünschend über die Begabung der Kinder äußerte.

Gestern vorm Einschlafen habe ich die Lektüre von »Krieg und Frieden« beendet, die in all diesen Wochen mein Trost u. meine Stütze war. Und zwar trösten mich die Schwächen, Unerlaubtheiten, Ermüdungen eines solchen trotz ihrer gewaltigen Werkes nicht weniger als seine Meisterhaftigkeit und Größe. Ich habe die Absicht, Stifters »Witiko« zu lesen, von dessen »Unmöglichkeit« ich mir Ermutigung verspreche. –

Nachmittags 3 Uhr Ankunft Golos. Mit der Beschlagnahme auf Order des Münchener Finanzministers Himmler hat es seine Richtigkeit. Das Geld ist jedoch auf den Banken geblieben. Beschluß, unsererseits die gesicherten 65 000 M durch die frz. Botschaft wenigstens vorläufig herausbringen zu lassen und beim Crédit Lyonais zu deponieren. Gegebenen Falles können sie zurückgebracht werden.

Sehr schläfrig, es schien, daß die gestrigen Droguen noch nicht absorbiert waren.

Kaffee bei Suzy mit Heinrich und I. Dernburg. Dann außerordentlich schöner Spaziergang auf dem Wege am Meer, von Goëland aus. An den Klippen das Wasser herrlich schäumend, herrlich auch das licht-bunte Nachmittagslicht über der Bucht u. ihrer malerischen Umrahmung.

In einem kleinen Almanach »Rot und Schwarz«, wunderlich schöne Gedichte von Claudius und ebenso wunderlicher Bericht über seine letzten Stunden. –

Beim Kaffee teilte Heinrich mir mit, daß seine Berliner Freundin infolge der erlittenen Aufregungen, denen eine Gehirnerschütterung vorangegangen war, geistesgestört geworden ist. Ich nehme an, daß das jetzt in Deutschland ein sehr häufiger Fall.

Freitag den 2. VI. 33. Bandol.
Muß feststellen, daß mein Schlaf gelitten hat durch diese Zeit. Diese Nacht wurde mir das Einschlafen wieder sehr schwer und verzögerte sich lange, auch infolge eines Krampfhustens, der

im Zusammenhang mit der gegenwärtigen, übrigens harmlos verlaufenden Erkältung bisweilen auftritt.

Nahm Luminaletten. Begann das »Negermädchen« von Shaw zu lesen. Bermann schickte neulich die Bogen.

Verschlief morgens und mußte eilig frühstücken, da K. mit ihrer Cousine in Konsulats- u. a. Angelegenheiten nach Marseille fuhr.

Gestern Abend Gespräch mit Heinrich über den möglicherweise richtigen sozialen Kern der deutschen »Bewegung«: Das Ende der parlamentarischen Parteien, die Vereinigung der proletarisierten Kleinbürgermassen zur Verwirklichung des Sozialismus. Das teils gestohlene, teils lumpenhaft vorgestrige Gewand, worin das gehüllt ist. Die unglaublichen Widersprüche. Wiegand schreibt aus Levici von der Verbrennung der Werke Freuds in Dresden, als Demonstration »gegen die seelenzerfasernde Überschätzung des Trieblebens, für Idealismus«. Welche Unwissenheit u. Verlogenheit in der Wortkombination »seelenzerfasernde Überschätzung«! Das Triebleben ist der »dynamischen«, vernunftfeindlichen Bewegung doch gerade heilig. Vor Zerfaserung kann man es schützen wollen, das hat Sinn, aber es ist idiotisch gleichzeitig gegen seine Überschätzung zu eifern. Immer liegt da ein muffig-gemütvolles Kleinbürgertum in Widerstreit mit dem barbarisch-dynamisch-irrationalen Ehrgeiz. –

Ging müßig, indem ich Briefe an Hesse und Reisiger schrieb, machte vor Tisch einen nicht langen Spaziergang, bei dem ich einen schönen Waldweg fand, und freute mich des Appetits, mit dem ich ein gutes Frühstück aus Hors d'oeuvres, Milchnudeln, Kalbsbraten, Käse u. Erdbeeren verzehrte.

Es waren Regenwolken aufgezogen u. hatte sogar zu tröpfeln begonnen. Aber das Wetter hat sich schon wieder hergestellt. –

Kaffee in der Réserve mit K., Heinrich, den Kindern und Feuchtwanger. Der junge Schickele kam, uns zu einer Spazierfahrt mit seinem Vater einzuladen. Es ging über Sanary und

La Seyne nach dem Kriegshafen von Toulon, dessen Befestigungen u. Armierungen wir sahen. Reichtum des Landes an malerischen Motiven modernen Geschmacks, vielleicht hauptsächlich durch das Licht erzeugt.

Überraschendes Gelingen von K.'s Unternehmen beim deutschen Konsul in Marseille, die Eintragung der Kinder in ihren Paß zu erwirken. Keine Schwierigkeit, obgleich die Identität des Vaters ausdrücklich erkannt u. salutiert wurde. Man hatte fast den Eindruck, alsob dort auch mein Paß verlängert werden würde.

Diebold in Frankfurt schickte eine Erzählung »in tiefer Verehrung«. Die Widmung hat etwas Schmerzensvolles.

Die Großen riefen an aus Paris und werden vielleicht bevor sie nach Zürich gehen, hier wieder vorsprechen.

In der Dépêche de Toulouse Artikel Heinrichs über die Herrschaft des Ratés in Deutschland.

Wir sprachen über die im Einzelnen wahrhaft schweinische Art des Systems, das offene Bekenntnis zur Lüge, wenn etwa Korrekturen an wüsten Maßnahmen als »fürs Ausland bestimmt« bezeichnet und die Atrozitäten dennoch durchgeführt werden. Wenn auch Einwendungen gegen die Unmöglichkeit gewisser Korruptionsprozesse gegen »Marxisten« die Antwort lautet: »Wir brauchen diese Prozesse noch.« – Die gegenseitige Verachtung der Bonzen. Der Führerschwindel. Hitler wird von den Seinen »der Korken« genannt, weil er obenauf schwimmend jede Strömung mitmacht. Goering, ein kranker Bluthund, der seine Amtswohnung für 98 000 Mark (»zugunsten des deutschen Handwerks«) neu hat einrichten lassen und alle Todesurteile vollstrecken läßt, die, weil die Republik die Todesstrafe abzuschaffen gedachte, seit Jahren ausgesetzt waren. Die vollständige Zerstörung der Strafreform durch diesen Verbrecher. Geheimr. Plank bei Hitler, der ihm antwortet: »Ich bin nicht Antisemit. Es ist sehr zu bedauern, daß die leidige Identifizierung der Juden mit dem Marxismus ...« Es ist seine Lüge, die er beklagt, jedem zum Munde redend.

Die wirtschaftliche Not und Verödung soll jeden Pessimismus rechtfertigen. Man erwartet Inflation und Brotkarte. Exilantenwünsche, gut. Aber daß die schuftigen Verderber des Landes die verdiente furchtbare Strafe treffen möge, das ist wahrhaftig ein menschlich-natürlicher Wunsch.

Sonnabend den 3. VI. Bandol

Mühsam geschlafen. Mich beschäftigten die Bücher, die ich aus meiner Bibliothek gern einpacken u. kommen lassen möchte, die Werke, Gesamtausgaben, einschließlich meines eigenen.

Zärtlicher Traum, auf eine bestimmte Gestalt zurückgehend, der mich beglückte, aber einige Nervosität zurückließ.

Verdrießlich morgens. Briefwechsel Suhrkamp-Hausegger in den M.N. Nachrichten über den Wagner-Protest verbesserte die Laune nicht. Ach, diese geblähten Dummköpfe, »aufgeregt« in des Wortes albernster Bedeutung. Da tun sie sich, ich weiß nicht was, zugute, weil sie »die Fesseln einer tötenden Verstandesanalyse gesprengt haben« (oder so ähnlich) und bedenken nicht, daß der, gegen den sie sich dieser Weisheit rühmen, den »T. i. V.« geschrieben hat, worin er ihre Gedanken schon 20 Jahre früher gehabt hat, und er diesen Gedanken nicht mit der gehörigen Begeisterung nachhängen kann, da jeder Durchschnittskapellmeister sie hat.

Wenig geschrieben. Allein in der Sonne eine Stunde spazieren.

Nachmittags enervierte mich der Krampfhusten. Später aber tranken wir im »Goëland« einen guten Thee, und ein Spaziergang auf der außerordentlich schönen Straße überm Meer, das wunderbar kristallgrün um die Klippen wogt – der Weg heißt Chemin du Douaniers – tat mir sehr wohl.

Besorgungen auf dem Heimweg, weiße Schuhe für mich. Wir trafen Schickeles, die uns nach Hause fuhren.

Allerlei Post. Aufforderung über Deutschland zu schreiben von Paris. Die ungarische Übersetzung des Joseph bis zum 3. Bande schon beendet.

Sonntag (Pfingsten) den 4. VI. 33, Bandol.

Recht gut geschlafen, kein Husten. Aber mit dem Erzählen geht es kaum vorwärts. Die Widerstände sind groß, ich langweile mich, ich bin zerstreut.

Las mittags in der Bade-Bucht das Negermädchen von Shaw mit gemäßigtem Interesse zu Ende.

Großer Zudrang von Menschen, lebensgefährliche Menge von Automobilen auf der Straße, dicht besetzter Speisesaal beim Lunch.

Wir nahmen den Thee in der Réserve. Es war, bei Ostwind, der föhnigen Charakter hatte, sehr warm heute. Die Combination von Hitze und Wind, bei der die allzu rasche Verdunstung der Transpiration bewirkt wird, ist nicht angenehm und führt leicht Erkältung herbei

Nach dem Thee gingen wir zu Fünfen, mit Heinrich und Ilse D. auf dem von mir gefundenen hübschen Waldwege spazieren, u. ich diktierte dann vor dem Umziehen noch Briefe in Sachen der englischen Ausgabe des Joseph an Bermann nach Lugano und Knopf nach London. Ferner dankte ich Diebold.

K. war heute in Sanary in häuslichen Angelegenheiten und wird morgen mit der Marcesani eine Inventur machen.

Das Mädchen Maria hat ihr Kommen zugesagt.

Während des Diners telephonierte P. Bertaux aus Paris, daß durch die Verlobung des dortigen Mittelsmannes, der das Geld auf die Berliner Botschaft bringen sollte, eine Verzögerung notwendig geworden. Sie ist, wenn möglich, zu vermeiden, da zu sonstigen Gefahren Markentwertung droht. Golo bittet Pierre, selber zu fahren.

In einem Brief von Hatzfeld, den Schickele schickte, die Mitteilung, daß Schäfer und Strauss die Berufung in die Akademie abgelehnt haben. Immerhin, dazu gehörte so viel Mut, wie Carossa nicht gehabt zu haben scheint.

Vier Todesurteile im Altonaer Kommunistenprozeß. Schändliche Lakaienhaftigkeit der gleichgeschalteten Richter. Die Mör-

der von Potemka gehen frei herum. Ein seelisch verdorbenes
Land. Wie könnte und dürfte man zurückkehren.

Montag (Pfingsten) den 5. VI. 33, Bandol
Begann gestern Abend, während K. mit Heinrich und Golo
noch zu einem Trunk Bier in die »Réserve« gegangen war,
mit der Lektüre des »Witiko« und bin entschlossen, damit fort-
zufahren, aus Sympathie mit der »Langweiligkeit« des Werkes.
Der Schlaf unruhig wie meistens. Bedeckter Himmel, Bran-
dung. Verschiedene Post, Geburtstagsbriefe. Hauptsächlich:
langer Brief der Mme. Luchaire über den Gallimard-Hachette'-
schen Plan eines deutsch-französischen Verlages, mit deutschen
Tauchnitzausgaben. Ich faßte sogleich nach dem Frühstück
mit K. einen längeren Brief an Bermann in dieser Sache u. eine
vorläufige Antwort an die Luchaire ab. Das Gravierende ist,
daß Gallimard die Verwirklichung von meiner Beteiligung abhängig macht, daß ich aber ohne Fischer garnicht entscheiden
kann. Die Frage ist: Wie weit glaubt dieser noch an sich? Er
beteiligt sich selbst!
    Ferner Brief von Schwarzschild über das bevorstehende Er-
scheinen des »Neuen Tage-Buchs« in Holland mit Aufforderung zu einem Beitrag für die erste Nummer. Beschäftigt mich.
    Gefühl erschütterter Gesundheit. Die Nerven schwach, der
Leib nicht in Ordnung. Mir war, als sollte ich gerade zu meinem Geburtstage krank werden.
    Die Mazzucchetti schreibt, Carossa habe sicherem Vernehmen
nach ebenfalls die Akademie abgelehnt. Das wäre mir eine
große Genugtuung. Auch behauptet sie, Toscanini werde nicht
nach Bayreuth gehen. –
    Leidend. Aß nur dünne Suppe und etwas Schinken zu Mittag.
Lag danach ein paar Stunden im Bett. K. beunruhigte mich
durch den Vorschlag, im letzten Augenblick noch von dem
Mietkontrakt zurückzutreten, da sie besorgt, der südliche Sommer könne schädlich für mich sein. Aber für die Umstellung
auf Bretagne oder Normandie scheint es mir zu spät, u. ich

hatte mich auf den selbständigen Haushalt, vielleicht mit einem kleinen Wagen, gefreut, soweit ich mich jetzt freuen kann. Übrigens ist es heute frisch und bedeckt u. hat nachmittags kurze Zeit geregnet.

Mit Heinrich u. Medi zu Suzy, wo es unverschämter Weise keinen Thee gab. Dann ins Casino, wo es sehr schlechten gab, und wo populäres Tanz-Treiben mit einer Lotterie war, bei der lauter gleiche Puppen gewonnen wurden. Auch beim Roulettespiel sahen wir eine Weile zu. Ich war sehr matt und verdrießlich.

Dienstag den 6. [VI.] 33. Bandol.
Mein 58. Geburtstag.

Gestern im Lauf des Abends nahm die melancholische Depression ein wenig überhand. Ich verließ den Eßtisch und ließ mir etwas zum Diner aufs Zimmer nachkommen. Später hielt ich mich aber noch mit K. und Heinrich unten im Musikzimmer auf.

In der Nacht wiederholte Hustenanfälle, nervös, da die wieder in Bewegung gekommene Frage unserer nächsten Zukunft mich beunruhigte. Konnte aber immer bald wieder einschlafen.

Der Himmel bedeckt und zum Tröpfeln geneigt. K. und die Kinder gratulierten. Diese waren früh auf gewesen und hatten Nelken für den Frühstückstisch, Gebäck u. eine Torte besorgt. K. hatte mir eine Flasche Liqueur und »Duftwässer« aufgestellt, dazu eine Ledermappe, die die Herz geschickt. Die Kinder nahmen am Frühstück teil, während dessen wir erneut, ohne Resultat, die Frage unsres Hierbleibens oder Weggehens besprachen.

Glückwunschbriefe von Fiedler und Alfr. Neumann. Telegramme von Franks, den Großen u. ihren Freunden, Fischer-Bermanns, Knopf. Ilse Dernburg brachte Nelken.

Ich begann einen Brief an Schwarzschild über seine Zeitschrift zu schreiben. – Besuch von Fr. Marcesani, die mit uns lunchte. Nachmittags fuhren wir mit dem Autobus nach La Ciotat,

wo wir im Casino Kaffee tranken und durch schöne Häuser in
Gärten am Strand sehr zur Niederlassung aufgeregt wurden.
Verspätete Heimkehr. Es wurde Champagner bestellt, und die
Kinder trugen das Konzert von Vivaldi vor. Man aß von der
Geburtstagstorte trank den Sekt u. blieb länger als gewöhn-
lich beisammen, wobei Golo im Gespräch gute politische Kennt-
nisse entwickelte.

Mittwoch den 7. VI. 33. Bandol
Der Schlaf etwas alkoholisiert. A. M. Frey schickte einen guten
Offenen Brief von Grossmann an G. Hauptmann. Längerer
Brief des ehem. Simplicissimus-Redakteurs Schoenberner über
eine in der Schweiz zu gründende deutsch-europäische Monats-
schrift. Gut u. sympathisch abgefaßtes Exposee.

Wir werden im Hause vor La Ciotat, das der Vergnügungs-
vorort von Marseille, lebhaft gewarnt. Vermutlich wird es bei
La Tranquille bleiben.

Ich schrieb an dem Brief an Schwarzschild weiter. Wie herabgesetzt meine Kräfte sind, erkenne ich an der Langsamkeit,
mit der so ein Text zustande kommt.

K. war wieder in La Tranquille, um Wäsche und Silberzeug
in Empfang zu nehmen. Wir denken, Freitag die Übersiedelung zu vollziehen. Der kleine Schickele erbietet sich zu den
notwendigen Fahrten.

Moni's Geburtstag wurde im Garten von »Goëland« mit
Chokolade gefeiert, nach der ich mich nicht gut fühlte. Ein
Spaziergang auf dem Chemin des Douaniers besserte die Folgen der Unregelmäßigkeit, aber ich aß das Diner nur mit Auswahl.

– Die Erbärmlichkeit der Menschen ist zuweilen erstaunlich!
Die Simplicissimus-Künstler, die sich »gleichgeschaltet« haben,
erklärten, sie hätten die Gesinnung des Blattes nie geteilt und
seien nur von Heine verführt worden. – Dieser ist in Prag,
nachdem er mit vorgehaltenem Revolver gezwungen worden,
auf alle seine Rechte zu verzichten.

Der Berliner Bildhauer, der, wohl um seiner Professorenstellung oder sonst seines Fortkommens willen, erklärt: Seine Frau sei allerdings Jüdin, aber er habe seit 5 Jahren nicht mehr mit ihr verkehrt. –

Es war heute ein sehr schöner Tag mit leichtem Mistral. In der rasch schwindenden Dämmerung wundervoll matt-helle, weiche Farben. Ein prachtvoller Vollmond warf seinen Schein aufs Meer.

Donnerstag den 8. VI. 33, Bandol.
Briefe von: der *Lowe*, die das Vorwort zu »Past Masters« schickt, Bruno *Walter* aus Zürich, R. G. *Binding* (beleidigt und dumm), C. G. *Heise* (über den Fall Wagner, langes Schreiben) und *Bermann*, der von Knopfs Wünschen angelegentlich abrät, weil seine Berliner Versuche, jetzt über das Kultusministerium, weiterlaufen und man nichts verderben dürfe. Analyse der Lage, wobei Hitler-Goering-Goebbels als die »Gemäßigten« bezeichnet werden. Stille Überzeugung, daß von dieser Bande für mich [und] uns alle nichts zu erwarten ist.

Goering ißt täglich mit seinem ganzen »Stabe« bei Pelzer. Das *Genießen* dieser durch Lüge u. Verbrechen heraufgekommenen Burschen.

Ich schrieb den Brief an Schwarzschild zu Ende, dessen Absendung ich aber als zwecklos erfunden habe. Er genügt mir einerseits nicht als erste öffentliche Äußerung u. würde andererseits Bermanns u. Heinsens Pläne konterkarieren.

Nachmittags mit Heinrich u. K. zu Feuchtwangers, die uns in ihrem neuen, sehr angenehmen und durch seine praktische Geräumigkeit neiderregenden Heim am Meer zwischen Sanary und hier begrüßen. Herr Pinkus aus Berlin.

Später von Schickele abgeholt und schöne Autofahrt über Le Beausset durch den großartigen Schluchtweg mit Sarazenenburgen.

Abends Vorlesung des Briefes und sich hinziehendes Gespräch über unsere Lage. Klaus unzufrieden, weil man ihn gehindert hat, im Pariser Emigranten-Cabaret aufzutreten, um die Herausschaffung meiner Bücher nicht zu gefährden. Er überschätzt die befreiende Wirkung dieser Aktion, an der ich ihn nie gehindert hätte.

Freitag den 9. VI. 33, Bandol

Gestern Abend nervös erregt. Mücken und Krampfhusten quälten mich. Nahm spät Phanodorm, das ich dann nicht recht ausschlafen konnte.

Schreiben von *Beidler*, dem Enkel Wagners, über das Schicksal meines Aufsatzes u. sein eigenes. Sendung von *Biehler* aus Köln. Brief von *Lewandowski*, Utrecht, über eine holländische Vortragsreise. Sympathie-Kundgebung aus Brasilien.

Katja zu weiterer Inventur nach Sanary.

Die Pässe der Kleinen, die gefährdet schienen, sind von Berlin zurückgekommen. Ebenso kam Medi's Paß aus Marseille. K. will allen Ernstes den Versuch machen, von diesem Konsul die Verlängerung des meinen zu erreichen.

Sonnabend den 10. VI. 33, Bandol

Gestern war ein besonders schöner, frischer Sommertag mit leichter Westbrise. Die Leute sagen: viel wärmer werde es garnicht.

Ich schrieb nur Briefe, u. es sind solcher noch eine ganze Menge zu erledigen. Den Thee nahmen wir in der Réserve und hatten dann Besorgungen. Heinrich hatte Schwierigkeiten mit seiner Wohnung, die er gegen die darunter gelegene eintauschen muß. Wir trafen den Berliner Banquier Simon im Wagen mit dem kleinen Schickele.

Nach dem Abendessen kam Ilse Dernburg, und ich las, wie vorher verabredet, im Schreibzimmer den Schluß des II. Josephbandes vor, den ersten Teil in Gegenwart der rührend aufmerksam lauschenden Kinder. Es ist eine Mischung von Neuheit und Anlehnung, Kühnheit und Pedanterie. – Aber das

Vorlesen versetzte mich in normale Zeiten u. tat mir seelisch gut, indem es mich, zusammen mit der Vorstellung von Haus und Wagen, die Möglichkeit einer wiederhergestellten und in sich ruhenden Existenz erblicken ließ. Es ist auch klar, daß ich in Prag, in Wien, in Straßburg sehr ehrenvoll leben würde. Ich sprach mit Heinrich von offiziellen Ehrungen, wie man sie auf Reisen von Ländern wie der Tschechoslowakei oder der Türkei empfängt. Es sind solche, die noch Wert auf ihre kulturelle Würde u. Gesittung legen, den Ruf davon nötig haben. Deutschland, so könnte man erklärend sagen, ist mit Kultur übersättigt. Es vollzieht an sich, vielleicht aus Lebensgründen, eine Reduktion, eine gewaltsame Vereinfachung. »Wo sind die Barbaren des 20. Jahrhunderts?« fragte Nietzsche. Man braucht keine von außen kommenden mehr, man macht es selbst, von innen. Aber die Formen! Und die Verlogenheit!! –

Heute Vormittag fährt K. nach Marseille, um den halb scherzhaften Versuch beim Consul zu machen und auch, um sich nach einem Wagen für uns umzusehen.

Sonntag den 11. VI. 33, Bandol.
Bewegte Tage, neue Aufrollung der Probleme, herbeigeführt durch das Verlangen Knopfs, den Joseph bald herauszubringen. Korrespondenz und telephonischer Verkehr (gestern Abend) mit Bermann (Lugano). Entschluß, zum Herbst die Veröffentlichung der beiden ersten Bände überall vorzubereiten, auf die Möglichkeit hin, daß die Veröffentlichung der deutschen Ausgabe durch chaotische Verhältnisse verhindert wird.

Bermanns Bemühungen in Berlin durch das Kultusministerium, die zu einer Verpflichtung für mich führen könnten, zurückzukehren... Besorgnis, daß B. mich in die »Gleichschaltung« des Verlages hineinziehen will...

Schrieb gestern u. heute nur Briefe.

Heinrich in seine kleine Privatwohnung übergesiedelt, wo ich ihn heute Mittag besuchte.

Wir trafen ihn u. Ilse D. in der »Réserve«, die wir als hübschen, auch am Sonntag ruhigen Aufenthalt schätzen gelernt haben.

Instandsetzung von La Tranquille, das wir morgen beziehen wollen. Aber keine Nachricht von dem Mädchen Maria, die man, wie es nachgerade fast scheint, an der Ausreise zu uns verhindert.

Montag den 12. VI. 33

Abends gegen 8 Uhr. Wir sind in unserem hübschen, kultiviert wohnlichen Hause, und schon schreibe ich diese Zeilen nach persönlich fast vollkommener Installierung in meinem sympathischen Arbeitszimmer an einem grün ausgeschlagenen Spieltisch, den ich vorläufig zum Schreibtisch gewählt habe. –

Gestern Abend dinierte Heinrich mit uns im Hotel. Nachher im »Postamt« lasen wir, mit Grauen, die Frankfurter Zeitung, unter deren unheimlichen, drohenden und bösartigen Texten die Nachricht von dem »Freitod« des Münchener sozialdemokr. Abgeordneten Pfülf – die menschlichste war. Welches Nervengift, diese deutschen Zeitungen! Das Zuchthaus-Gesetz gegen den »wirtschaftlichen Verrat« mit Amnestie-Zusage bei Anzeige vor Ende August – geht uns an. Neue, schwere Erkenntnis von der Gefährlichkeit unserer Lage und jedes zu fassenden Entschlusses. Namentlich der Beschluß, den Joseph im Herbst erscheinen zu lassen, erneuert diese Einsicht. Es wäre die Rückkehr dazu notwendig.

Heute nach dem Frühstück schrieb ich zunächst zwei Briefe und begann dann zu packen. Diese Arbeit zog sich bis zum Mittag hin. Wir hatten ein bevorzugtes Schluß-Déjeuner mit Langusten und fuhren danach mit der Räumung fort. Zwischendurch Besichtigung eines alten Wagens u. kurze Probefahrt damit. Ablehnung – ½3 kam Hans Schickele mit seinem Gefährt, und der Abtransport unserer stark angesammelten Habe hierher begann. Er vollzog sich in drei Fuhren, vor deren letzter, die uns persönlich galt, ich mit K. im Hotelgarten Kaffee trank. Der kleine Schickele war uns mit gewinnender

Dienstwilligkeit und Gefälligkeit behülflich und sorgte für eine
verspätete Theemahlzeit im Eßzimmer. Vorher wurde die Arbeit des Auspackens u. der Verteilung so gut wie getan. Medi
war sehr fleißig, Moni u. Bibi badeten, K. war mit Hans Sch.
in Toulon und sah einen Wagen, der schön sein soll, u. für
dessen Ankauf für 14 000 Francs ich mich einsetze.

Wir werden zu Hause Sardinen, Eier u. Schinken mit Thee
soupieren, da noch kein Wein da ist.

Ich glaube, daß wir in diesem Hause glücklich sein werden.
Zunächst tut die private Existenzform mir unendlich wohl,
nach dem Hotel-Dasein von 4 Monaten.

Dienstag den 13. VI. 33.
Für gestern nachzutragen: ein langer und moralisch stupider
Brief Bindings. Ich weiß noch nicht, ob ich ihn beantworte.

Schwer eingeschlafen, wenig genügende Nacht. Theewasser
und Warmwasserversorgung funktionierten noch nicht, aber
wir hatten schöne Erdbeeren zum Frühstück und vorher bewunderte ich den Anblick des blauen offenen Meeres von der
Höhe wilder Klippen.

In Kanonenschläge aus Toulon mischte sich bald das Rollen
von Gewittern, die blau am Himmel standen und nachmittags
herankamen.

Ich benutzte den Vormittag, einen längeren Brief an Schoenberner in Sachen der Monatsschrift zu schreiben.

Zum Lunch gingen wir in die Pension Menandière. Nachher packte ich Bücher aus und beendete die Ordnung meines
Arbeitszimmers.

Zum Thee erwarten wir Heinrich, der wohl zum Abendessen
bleiben wird.

Mittwoch den 14. VI. 33
Morgens so nervös, verzweifelt und überreizt (im Anschluß an
das Versagen der Warmwasserversorgung), daß ich K. um Verzeihung zu bitten hatte.

Schrieb einen ausführlichen Brief an Brüll über meine Lage, von dem ich Abschrift zurückbehalte.

Das Mädchen Marie traf nachmittags ein, von Moni und Bibi in Marseille abgeholt.

Ruhte nur kurz u. machte um 4 Uhr sehr schöne Autofahrt mit Schickeles nach *Cassis* (Dep. Bouche du Rhône), wo wir den Maler Becker u. seine Frau auf seinem fruchtbaren Landsitz besuchten. Nach dem Thee Besuch seines Ateliers u. Betrachtung seiner Bilder. Die Rückfahrt sehr frisch.

Nach dem häuslichen Abendessen gemeinsam mit K. Lektüre von Briefen, die die Rückkehr nach Deutschland betrafen: von Rechtsanwalt [Heins?], der über seine (erfolglosen u. im Grunde überflüssigen) Schritte ausführlich Bericht erstattet und von Dr. Feist, der einen Teil meiner Bücher bei sich zu Hause in Sicherheit gebracht hat u. zum Versand nach Basel bereit hält, u. seinem Bericht darüber dringende Ratschläge der Rückkehr hinzufügt.

Donnerstag den 15. VI. 33
Die Wärme scheint jetzt doch im Wachsen begriffen.

Ich studierte vormittags die Kapitel-Gliederung von »Höllenfahrt« und »Am Brunnen«. Dies letztere scheint ungegliedert bleiben zu müssen. – War vor Tisch einen Augenblick an der Badebucht, um K. abzuholen. Begegnung mit dem jüdischen Kunstreferenten, der den Wagner-Aufsatz liest, u. Freunden von ihm, dann mit dem Prager Journalisten Jordan in der Badehose, gut gewachsen.

Erstes Mittagessen im Hause. Nachher Karten an Heinrich und A. E. Reinhardt in Le Lavandou.

Nachmittags zu Schickeles, wo wir zusammen mit dem Banquier Simon u. seiner Frau den Thee nahmen. Zwischendurch kam der von der Auto-Bourse in Toulon angebotene Peugeot-Wagen, ein schmuckes Kabriolet, und während ich mit Schickele in seinem Arbeitszimmer die Probleme besprach, machten K. u. Hans Sch. eine Probefahrt, die befriedigend verlief. Wir kaufen den Wagen für 13 000 Frs und werden ihn morgen in Besitz nehmen.

Nach dem Abendessen mit K. und Medi einige Partien Go-Bang gespielt.

Freitag den 16. VI. 33
Man soll den Tag nicht vor dem Abend loben, dieser aber ist, verglichen mit vielen, vielen vorangegangenen, sehr gut, und ich bin dankbar dafür.

Ich ging morgens (es hatte heißes Wasser gegeben) wie gewöhnlich einige Schritte auf die Klippen überm offenen Meer hinauf und beschäftigte mich nach dem Frühstück bis zum Mittag interessiert und angelegentlich mit der – nicht leichten aber wichtigen – Gliederung und Betitelung des I. Joseph-Bandes.

Das häusliche Mittagessen – Tomatensuppe, Beefsteak und Kirsch-Pfannkuchen – schmeckte mir vorzüglich. Eine große, vorwiegend deutsche, Post fand sich ein, darunter eine sehr erfreuliche Karte *Carossas* und ein ebensolcher Brief *Hesses*. Vieles betraf noch meinen Geburtstag. Auch die Luchaire schrieb noch einmal ausführlich und dringlich in ihrer Verlagsangelegenheit. Im Ganzen waren es 17 Stück. Morgens kam übrigens ein schwer und klassisch verfolgungswahnsinniger Brief einer Ärztin in Bonn.

K. nachmittags in Toulon in Sachen des Wagens u. seiner Bezahlung. Ich trank mit Medi Thee. Ich freute mich an der Beharrlichkeit von Bibi's Üben, das mich, da ich es als ernste Arbeit empfinde, nicht irritiert.

Es ist trübes Wetter heute, sonnenlos, der falsche Wind, und hat sogar etwas geregnet. –

Den ganzen Nachmittag leichter Regen und große Kühle. K. brachte den Wagen. Langes Diktat von Briefen bis zum Abend. Zwischendurch traf Golo ein, von Paris u. Zürich zurück. Er brachte allerlei Nachrichten und Emigranten-Journalistik. Bermann erklärt, seine Anstrengungen in Berlin einstellen zu wollen. Aber wie denkt er sich das Erscheinen des Joseph im Herbst? – Neuer langer Brief der Luchaire zu dieser Frage und der des internationalen Verlages, der »mit mir steht und fällt.«

Noch nach dem Abendessen weiter diktiert: an die Lowe in Sachen des Essay-Bandes und des Joseph.

Weltbühne, Aktion etc. freuen mich wenig u. sind mir nicht zuträglich. –

Sonnabend den 17. VI. 33.

Nachts träumte mir, Rolland sei gestorben und ich spräche an seinem Sarge mit großem Ernst und Zorn über die deutschen Verbrechen. –

Der Mistral geht wieder; blaues Wetter. Ich fuhr vormittags mit der Gliederungs- u. Betitelungsarbeit fort. Mittags kurze Zeit an der Badestelle.

Nach Tische Kopfschmerzen und nachmittags etwas Temperatur.

Zum Thee Heinrich und Ilse Dernburg.

Besprechung mit K. und Golo über die Veräußerung unserer in der Schweiz liegenden deutschen Goldpfandbriefe mit 60 % Verlust, wie der Banquier u. der Zürcher Geldmann Tennenbaum es empfehlen, da weitere Entwertung droht. Der Beschluß muß aus Sicherheitsgründen gefaßt werden. Wir stellten fest, daß uns ein Vermögen von zweihunderttausend Schweizer Franken bleibt, u. es machte mir [Vergnügen?], es als eine Million französischer Francs vorzustellen. Die Veräußerung ist natürlich »illegal«, aber das werde ich zwangsläufig desto mehr, je länger ich außerhalb Deutschlands bin, – und wie sehr sind es diejenigen, die mit meiner Beraubung begonnen haben. Übrigens werfe ich ihnen die Hälfte meines Vermögens und das Haus hin.

Bermann hat Golo in Basel erklärt, er sei bereit, auch die »Illegalität« nicht zu scheuen, um mir zu den Joseph-Einkünften zu verhelfen. Unter diesen Umständen werde ich den ausländischen Lockungen vorläufig kaum folgen können. –

Das nation.-sozialistische »B. T.« hat, wie ich höre, schon wieder eine Klage darüber veröffentlicht, daß ich der Akademie verloren gegangen sei. Golo überbrachte einen erstaunlichen Artikel desselben Blattes über den Fall Wagner. Nach diesen Äußerungen schiene mir in der Veröffentlichung des kleinen Buches zur Zeit keine Provokation mehr zu liegen. An Bermann ist so zu schreiben.

Heinrich blieb zum Abendessen, nach dem mein Fieber sich verlor. Um 9 Uhr kamen Schickeles und Meyer-Graefes, 5 Personen, mit Heinrich 6, und es gab einen Gesellschaftsabend wie in der Poschingerstraße, mit Brötchen, Gebäck, Thee und Wein und zunehmend lebhafter Konversation über die deutschen Dinge. Ich las »Das bunte Kleid« vor, das zu gefallen schien, ohne daß ich gerade etwas Treffendes darüber zu hören bekommen hätte. – Es wurde 12, und als die Gäste gegangen, räumten wir noch gemeinsam auf.

Sonntag den 18. VI. 33.
Recht leidlich geschlafen. Starker Mistral. Später auf. Hübscher Brief von A. M. Frey aus Salzburg; er spricht liebevoll vom »Mario«.

Weiteres an der Kapitelordnung des 1. Bandes.

Mittags an der Bucht. Starker Wind aus der blauen Weite.

Guter Appetit. Gebesserte Verdauung. Die seelische Verfassung sehr gebessert und beruhigt durch die Rückkehr ins Private, die eine Art von Heimkehr ist. Selbst Einiges in dem Roman lese ich mit Beifall. –

Am späteren Nachmittag mit K. und Medi Spaziergang auf der schönen Straße überm Meer zu Feuchtwangers, die wir verfehlten, dann auf Feldwegen nach Sanary, wo wir die Marchesani ebenfalls nicht antrafen. Nachher: ein Münchener Auto, Begegnung und lange Unterhaltung mit Kurt Wolff und Hasenclever, der viel von »Buddenbrooks« sprach. – Stark ermüdet.

Montag den 19. VI. 33

Von dem tschechischen Journalisten hörten wir gestern, Hindenburg liege im Sterben. Das umlaufende Gerücht wird von Berlin dementiert, aber es lenkt jedenfalls die Gedanken auf die Fragwürdigkeit der Situation, die entstehen würde, wenn der deutsch-mythisierte alte General, unter Wagner-Klängen natürlich, in sein Heldengrab verbracht sein wird. Hitler als Präsident (pfui) *und* Kanzler, als Regent?

Auflösung u. Verteilung der Frankfurter S.A. wegen eines aufsässig sozialistischen Telegramms an Hitler. Bedenklich.

Außenpolitisch: Hugenbergs albernes Memorandum in London, seine Zurückziehung u. H.'s Desavouierung. Nett.

Nachricht, daß Schleicher bei Schwarzenbachs in Zürich oder Winterthur sitzt und seiner Stunde wartet, die er für nahe halten mag. –

Gleich nach dem Aufstehen rasiert und gedoucht, was eine Stunde dauert, und als Arbeit vor dem Frühstück mich sehr enerviert, besonders bei mangelndem heißen Wasser. Der Wind abgeschwächt.

Brief von Beidler nebst Material über seine Tätigkeit. –

10 Uhr von Schickele abgeholt: Beglückend schöne Fahrt in ihrem Wagen über Toulon und Hyères, unter Einschluß eines Besuches des schönen Anwesens der Frau Meyrisch, die herrliche Küste entlang nach Le Lavandou, wo wir bei E. A. Reinhardt, Villa Les Palmiers, in seinem südlichen Garten, einkehrten und im Winde unter einer schattenden Palme die Bouillabaisse aßen, mit ihm und seinem weiblichen Stabe von Engländerinnen und Baltinnen. Ich ruhte später in seinem Zimmer, und fuhren nachmittags weiter nach St. Tropez, wo wir am Hafen mit K. Wolf und Hasenclever zusammentrafen. Thee bei Wolf und seinen Damen im Garten seiner primitiven Häuslichkeit, dem Altenteil eines Bauern.

Auf der Fahrt: Korkeichen, Eukalyptus, hohe Agaven, Schirmpinien, andere Pinien mit angerissener Rinde und Tropfbechern für das Harz.

Es wurde, neu für uns, die Idee eines Winteraufenthaltes in Nizza besprochen, wo Häuser billig zu mieten sein sollen, und wo man die Entscheidung in Österreich abwarten könnte, da gegebenen Falles Wien natürlich den Vorzug vor allen anderen Niederlassungsmöglichkeiten hätte.

Hasenclever sprach viel, mit Erbitterung und Freude, über meine Lage u. Haltung, und man war gegen meine Schweizer Einbürgerung, der man in meinem Fall eine einfache europäische Ehren-Freizügigkeit vorziehen würde. –

Abgekürzte Heimfahrt im Inneren, das oft eine fast thüringische Landschaft bot. Abenteuer K.s in Hyères in der finsteren Toilette.

Häusliches Abendessen. Brief von Bermann über die Publikation des Joseph: die mit dem 1. Bande allein zu beginnen. Ankündigung von Kürzungsvorschlägen seitens Loerkes. – Enthusiastischer Geburtstagsbrief von H. O. Roth.

Dienstag den 20. VI. 33
Neue Morgeneinrichtung: Krug mit heißem Wasser.

K. mit dem Wagen in Sanary zu Einkäufen.

Fischer schickte ein Exemplar der neuen Abschrift des ersten Bandes (zum Teil).

Liebenswürdiger Brief vom Ausw. Amt in Paris: Unsere Papiere beim Var-Department. – Brief von Faesi, der für Zürich plädiert.

Arbeit an der Gliederung des 1. Bandes.

Chocartige Wirkung der Nachricht (durch Jordan), daß August *Mayer* sich im Gefängnis Hals- und Pulsader durchgeschnitten hat und wahrscheinlich tot ist. Der Grund nach englischen Blättern und dem »Temps« völlige Isolierung und unaufhörliche Verhöre seit 3 Monaten. Das wird noch euphemistisch sein. Grauenhaft. Die Hunde.

Erschüttert und auch wohl müde von gestern. Keine Ruhe.

Brief von Bruno Walter über den Wagner-Aufsatz aus Meran.

Mitteilung von einer neuen Anti-Faschisten-Zeitschrift in Amsterdam »Freie Presse« und Aufforderung zur Mitarbeit.

Durch Klaus Erkundigung der »Weltbühne«, auf vielfaches Verlangen, warum Heinrich und ich eigentlich schweigen.

Mittwoch den 21. VI. 33

Trübe und leicht regnerisch. Beendete vormittags die Einteilung und Benennung des 1. Bandes, wobei eine gewisse Zahlenmystik und zwanglos sich ergebende auf 10, 5 und 7 gestellte Ordnung mich amüsierte. Der Band teilt sich in das Vorspiel und 7 Kapitel. Von diesen hat das erste, wie das Vorspiel 10 Abschnitte, das zweite 5, das dritte wieder 10, das vierte abermals 10, das fünfte 7, das sechste und siebente wieder 5. So bietet der Band eine ganze Menge hübsch abgeteilten Stoffes.

Mit schwerer Sorge aber erfüllte mich die anschließende Beschäftigung mit dem II. Bande, dessen ganze erste Hälfte mir als beängstigend problematisch und episch unnütz auf Nerven und Gewissen fiel. Es ist sehr schlimm. –

K. mit Golo in Sachen von Amtsformalitäten mit dem Wagen in Toulon.

Ich hielt mich vor Tische in den Klippen rechts vom Hause und auf »meiner Bank« auf.

Vorm Thee mit K. im Wagen nach Sanary zum Haarschneiden. Begegnung mit W. Herzog, der die finanziellen Gefahren des Erscheinens des Romans bei Fischer wieder gegenwärtig machte. Notwendigkeit der Vorausbezahlung, vor allem persönlicher Unterredung, zu der Bermann hierher kommen müßte. –

Für gestern nachzutragen, daß Feuchtwangers, Ilse Dernburg und Herzog zum Thee bei uns waren, wobei die Unterhaltung fast ausschließlich in Herzogs wilden Scheltreden auf die deutsche Sozialdemokratie bestand. Golo und ich widersprachen. – Später Spaziergang mit K. und Jordan. –

Heute Heinrich zum Thee. Regen.

Eine Menge Post, aber nichts Beträchtliches. Deutsche Zeitschriften, darunter die deprimierend, ja niederschmetternd wirkende »Europäische Revue«. (!) Furchterregender Aufsatz eines Dietrich über »Kulturpolitik«. – Wie aus einer versunkenen Welt wirkt die »Psychoanalytische Bewegung«. Das hält sich noch wie Österreich sich hält. Wird »die Zeit« nicht stärker sein? In Frankreich beginnen, von der Industrie finanziert, faschistische Revolten.

Donnerstag den 22. VI. 33
Vormittags Beschäftigung mit der Einteilung des II. Bandes. Große Pein und Sorge, namentlich wegen der ersten Hälfte.

Sehr schön und erregend ist es, am alten Turm vorbei und überm Meere die Felsen abwärts, die schräge Klippenplatte zur Spitze der Klippe hinabzusteigen, die in ihrer grauen Felsigkeit an einen liegenden vorsintflutlichen Dick- und Panzerhäuter erinnert.

Nach dem Thee eine Reihe von Briefen diktiert, darunter ausführlich an Bermann, die Mazzucchetti, Fayard. Auch an Koch in München schrieb ich wegen des Apparats u. der Platten. Später mit K. und Medi einen Spaziergang gemacht.

Enthusiastischer Brief von W. Herzog über den Wagner-Aufsatz, dessen Veröffentlichung als Buch im Sommer ich Bermann nahelegte.

Nach dem Abendessen suchte ich im Manuskriptkoffer nach dem für die N. Fr. Pr. geschriebenen Aufsatz über den Joseph, fand ihn aber nicht, obgleich auch K. mit mir nach der Urschrift fahndete. Ich brauche ihn für Mondadoris Almanach.

Mit der Lektüre des bewundernswert langweiligen »Witiko« fuhr ich in all diesen Tagen fort und will sie zu Ende führen.

Freitag den 23. VI. 33.
Heins schickte sein langes Schreiben an Epp, das durch Paul Stengel vermittelt und unterstützt werden soll. Wohin soll es führen?

Anruf Bermanns aus Paris. Gespräch über den 1. Band, die Auflage von 10 000, das Honorar u. seine Sicherung. Ich bestimmte ihn, herzukommen.

Brief von K.'s Mutter mit einem amerikanischen Mietsangebot auf das Poschinger-Haus von monatlich 400 Mark, wodurch wir auf unsere Kosten kämen. Der Preis womöglich zu steigern. –

Machte die neue Abschrift des 1. Bandes mit Einleitung und Titeln fertig, sodaß ich sie an Fayard schicken kann. Es ist dann doch wohl zum mindesten ein eigenwillig-originelles Buch.

Betitelung des II. Bandes.

Mittags in den Klippen.

Nach dem Thee zahlreiche Briefe diktiert. Dann Spaziergang mit K.

Die 3 jüngsten Kinder kamen zum Abendessen aus Marseille zurück, wohin sie mit Schickeles gefahren.

Der »Temps« schreibt über die »deutsche Unordnung«, die Auflösung des »Stahlhelm« und aller anderen Organisationen und Parteien. Die Anarchie, von der er spricht, besteht hauptsächlich in der Herrschaft von Lüge, Ableugnung, Widersprüchen, dummem, falschem Geschwätz. Die Diktatur wird geleugnet, es wird die Redensart »germanische Demokratie« dafür eingesetzt, die Regierung wolle »im Volke wurzeln« u. thue es auch, sie sei nur die Vollstreckerin des Volkswillens etc. Diktatur sei Herrschaft gegen den Volkswillen. Woher die Definition. Dabei wird die Herrschaft einer »edlen Minorität« proklamiert, alles verboten, unterdrückt, aufgelöst, was nicht S.A. ist, Staat und Volk mit der Partei identifiziert, so sehr, daß alles, was sich im Ausland gegen das Nazitum wendet, »deutschfeindlich« heißt. – In Bayern Aktion gegen die Volkspartei, die im Verdachte steht, im österreichischen Abwehrkampf gegen den Nation. Sozialismus die Hand im Spiel zu haben. Die Partei von der österr. Regierung nach den letzten Terrorakten verboten. Wird Dollfuß sich halten? Das Ausland

stützt ihn, aber ist das je eine Stütze im Inlande? Die Fern-
haltung des Hitlerismus von Österreich wäre eine bedeutende
Niederlage für jenen. Aber ich zweifle daran. –

Dachte in der Stille des Abends über mein Leben nach, seine
Pein und Schwere von frühan und seine Gunst vermöge gewisser glücklicher Seiten meines Charakters. Ich glaube doch,
zuletzt werde ich seiner recht müde sein – und nicht nur seiner,
sondern damit auch, im Gegensatz zu den metaphysischen
Hoffnungen und Sehnsüchten meiner Jugend, des Lebens überhaupt. Genug, genug! Wenn man das am Ende sagt, so meint
man nicht nur die eigene »Individuation«, man meint das
Ganze – aus der wahrscheinlich zutreffenden Erkenntnis wohl:
Viel anders ist es nie. Der Sinn des Wortes »lebensmüde« ist
nicht persönlich, er ist umfassend. –

Die Kühle der Witterung ist erstaunlich, zumal für diese
Zone. Mein Katarrh will nicht weichen.

Sonnabend den 24. VI. 33

Einteilung des II. Bandes in sechs betitelte Hauptstücke. Diese
Sichtung des Stoffes und Textes ist wohltuend für mich und
läßt selbst die peinigenden Partien in versöhnlichem Lichte
erscheinen.

Warmer, sonniger Tag. Erledigte eine Reihe von Korrespondenzen mit Ansichtskarten.

Zum Thee Ilse D., mit der K. und ich gegen Abend einen
Spaziergang machten.

Telegramm Bermanns, das sein morgiges Eintreffen meldet.

Telegramm über die Vermietung des Münchener Hauses an
eine amerikanische Familie für 600 Mark monatlich. Wir kommen dadurch auf unsere Kosten, und die Vermietung an Ausländer bedeutet zugleich eine gewisse Sicherung.

Neue Nachrichten über das Schicksal des Hauses in der Arcisstraße, dessen Enteignung mit oder ohne Entgelt bevorsteht.
Die alten Leute müssen hinaus, damit das Haus, das sie
40 Jahre bewohnten, einem weiteren der verschwenderischen

Parteipaläste Platz mache, aus denen dieses ganze Viertel in Kurzem bestehen soll. Das Restchen Zukunft der beiden Greise dunkel und ungewiß, ebenso das der Sammlung und Kunstwerke. Man scheint an Übersiedelung ins Ausland zu denken u. zwar dorthin, wo wir uns niederlassen. Wir neigen jedoch dazu, den Entschluß zu verschieben u. hängen dem Gedanken nach, noch den Winter abwartend in Nizza zu verbringen. Kurt Wolff teilte mit, daß er ein passendes Haus dort für uns in Aussicht habe. –

Nach dem Abendessen Fahrt nach St. Cyr mit K., Golo und Moni. Unterwegs Begegnung mit Schickeles u. Heinrich, in deren Wagen ich wegen Kuppelungsschwierigkeiten umstieg. Zu Meyer-Graefes, die den Kreis mit Bowle bewirteten. Vorlesung zweier recht anmutiger Plaudereien. Späte Heimkehr und Witiko-Lektüre vorm Einschlafen.

Sonntag den 25. VI. 33.
Stiller, bedeckter Tag. Man erwartet die Hitze, die sich nicht beeilt zu kommen.

Nicht wohl. Kopfschmerzen beim Husten.

Langer Brief von Brüll als Antwort auf meine Eröffnungen. Entschiedenste Ablehnung des Gedankens der Rückkehr. In Aussicht Stellung seines Besuches nach der Entbindung seiner Frau.

Brief des Comité Français de Coopération Européenne in Sachen der auf Mitte Oktober angesetzten Pariser Reunion.

Brief vom Athenäum, Budapest, wegen »Joseph«.

Donnerstag den 29. VI. La Tranquille, Sanary.
Vormittags noch im Bett. Krankheitszwischenfall von 3 Tagen, der sich schon des längeren angemeldet und am Sonntag Nachmittag, als wir mit Bermanns und Meyer-Graefes bei Schickeles waren, seine Anerkennung erzwang. Ließ mich von dem jungen Sch. nach Hause fahren und legte mich mit Fieber, Kopfschmerzen, Husten, Übelkeit. Am Montag und Mittwoch

Untersuchung und Behandlung durch den dicken Militär-Doktor vom Hügel und dem Pariser up to date-Arzt aus Toulon. Tropfen, Eukalyptus-Einreibungen. Große Zähigkeit der Kopfschmerzen. Der übliche Verlust des Geschmacks am Rauchen. –

Die Begegnung mit Bermann nicht unerfreulich. Seine Verbindung mit Querido günstig. Die Zahlungen für den ersten Band scheinen vorläufig gesichert.

Heute trafen die Packete mit Exemplaren des *französischen* »*Wagner*« von Fayard ein, mit dem warmen Vorwort von Levinson. Nachdenklicher Eindruck.

Post: Weltbühne, Coopération, Mondadori.

Schrieb im Liegen an Klaus Pr. nach Tokio zu seinem 50. Geburtstag. – Sehr angestrengt. Tiefe Lebenswehmut.

Freitag den 30. VI. 33.
Verbrachte den gestrigen Tag noch halb krank, zum Teil im Zustand großer Nervenschwäche und Depression, die ja in allen Gedanken u. Umständen reichlich Nahrung findet. Die Kopfschmerzen heute weiter zurückgegangen, wenn auch nicht verschwunden. Nehme weiter die verordneten Tropfen und mache die Brust-Einreibungen. Nach dem Thee, den ich im Bett nahm, diktierte ich K. eine Reihe von Briefen, den Joseph betreffend und auch die Pariser Konferenz von Mitte Oktober, zu deren Programm ich allgemeine Vorschläge machte. Die Frage meiner Haltung und Redeweise dabei beschäftigt mich andauernd. Sie ist eine komplizierte Frage des Taktes und der Überlegenheit. Da es die Zukunft des esprit européen gelten soll, wird das humane Problem selbst zu erörtern sein und zwar in seiner »Totalität«, d. h. auch und besonders nach seiner politischen Seite. Das eigentliche Problem ist das der »Totalität«, der Einheit von Staat und Kultur, wie sie jetzt durch »Gleichschaltung« erzwungen werden soll. Man trat für die Republik im Sinne einer Totalität ein, in der die Kultur dominierte, etwa wie das Civil über das Militär. Im Faschismus

oder seiner deutsch-bolschewistischen Form ist es umgekehrt. – –

Im »Temps« Nachrichten über die Fortschritte der »Totalisierung« in Deutschland. Gegen die »Nationale Front«, Abdankung dieses Esels von Hugenberg, Verhaftung aller Führer der Bayr. Katholikenpartei, völlige Verstaatlichung der protestantischen Kirche: es ist die völlige Bolschewisierung – vor der man die deutsche Seele retten zu wollen vorgab. – –

Starker Mistral. Ging mit K. und Medi vorm Abendessen etwas spazieren.

Leidlich geschlafen u. im Bett gefrühstückt.

Später aufgestanden, rasiert und gedoucht, was mich sehr ermüdete.

Brief von K. Hamburger, worin sie mit Erstaunen von »Demütigung und Erhebung« spricht, das sie durch die Herz kennen gelernt. – Brief von Dr. Anna Jacobson von Bord eines Europa-Dampfers von New York über die »unfaßbare« Einstellung der Münchener. Sie habe mein Werk nie mit größerer Liebe amerikanischen Studentinnen am Hunter College vermittelt als im letzten Semester. »Daß Sie als Künstler und Mensch immer noch als Führer des geistigen Deutschtums gelten.«

Gegen Mittag Besuch eines Pariser Journalisten, eingeführt von Herrn Pinkus. In Gegenwart K.'s Unterhaltung über die allgemeine Lage, mit Zurückhaltung geführt. –

Immer Wind, starker Mistral; es gilt für ungewöhnlich und wird als schlechtes Wetter empfunden. Der Himmel vollkommen blau, das Licht wundervoll, weißblau, nachmittags in rötliche Färbungen der Küste übergehend, die Luft in der Ferne matt-sturm-dunstig. Aber der Wind enervierend und gefährlich für die Gesundheit. Die Neigung zur Gesichtshitze, die Fieber vortäuscht, deutet auf große Trockenheit der Luft. Die Sonne ist sehr stark. Die Transpiration verdunstet zu rasch im Wind. Einige Fliegenplage. Immer noch Hustenneigung, aber der Kopf tut fast nicht mehr weh dabei.

– Heute das Gerücht, daß der General von Mackensen verhaftet sei. Nicht übel. Unterdessen geht in Österreich der

Kampf gegen den deutschen Bolschewismus tapfer und nicht ohne Geschicklichkeit weiter. Dollfuss erklärt das Land für »erwacht«, was gezündet zu haben scheint. –

Zuweilen scheint mein Kopf mir etwas überlastet: Der politische Komplex, mit meinen persönlichen Lebensfragen eng verquickt. Dann das Problem des »Joseph« in seiner Zusammengesetztheit aus künstlerischen und praktisch-technischen Sorgen. Ein eben eingegangener Brief von Knopf besagt, daß die Lowe mit der Übersetzung des 1. Bandes nicht früh genug fertig werde, um das Erscheinen vor Herbst 34 oder frühestens Frühjahr 34 zu ermöglichen. Dabei war er es, durch dessen Urgierung die ganze Publikationsbewegung jetzt in Gang gekommen ist. –

Zwischen alldem freue ich mich, den »Witiko« nach und nach aufzunehmen, un noble ennuy von still großartigem, leichtnärrischem und edlem Eigensinn. Er schnitt sich schließlich die Kehle durch ... Aber die Belagerung von Prag ist ja fast spannend. –

Samstag den 1. VII. 33.
Im Bett gefrühstückt. Neigung zu Durchfall. Windstill nun und sehr warm. Geschlossene Läden.

Vormittags K. die Kapitel-Einteilung des 1. Bandes für die Übersetzer diktiert. Umständliches Geschäft. Später Brief an die Herz, die Abschrift des Joseph-Artikels aus der N. Fr. Pr. für Mondadoris Almanach geschickt hatte. Beauftragte sie mit dem Transport mir wichtiger Bücher zu Gockele. Gefahr, daß der Brief gelesen wird.

Zum Thee und Abendessen Heinrich. Wir gingen in den Ort hinunter, die unangenehme Prozedur des Photographierens ausführen zu lassen, da wir Paßbilder für die »Carte d'identité« brauchten. Beim Essen und nachher politische Gespräche. Über Deutschland u. den Staat.

Sonntag den 2. VII. 33.

Schöner, stark sonniger und frischer Sommertag. Ging morgens wieder auf die Klippen. Vormittags Beschäftigung mit dem Roman, ohne zu schreiben.

Witiko-Lektüre. Schrieb einen Brief an E. A. Reinhardt über sein Nachwort zur Education, worin eine frappante Stelle über den heroisch-resignativen Spätbürger des 19. Jahrhunderts.

Nachmittags zu Schickeles. Beschenkung des Sohnes, der seinen 19. Geburtstag beging. Hinzukommen der Meyer-Graefes. Gespräch über den Verderb der deutschen Kunst nach 1870, das individuelle Absinken nach genialischen Frühzeiten (Leibl, Thoma). Boecklin und Wagner. Der »süße Imperialismus«.

Nachher schöner ländlicher Spaziergang mit K.

Montag den 3. VII. 33.

Vergebliche Bemühung, wieder zum Erzählen zu kommen. Es fehlen Heiterkeit und Energie. »Was soll der Unsinn«.

Das Wetter warm und still. Es kam Schwarzschilds »Neues Tage-Buch«, das ich begierig las, das mich aber einigermaßen enttäuschte. Der Aufsatz von Dollfus zeugt für die Unbedeutendheit des Mannes.

Schlechte Nerven, trübe, schwere Stimmung. – Zum Thee Schickeles, Meyer-Graefes, Ilse D. und Heinrich, der zwei scharfe und harte Aufsätze gegen das deutsche Regime, einen deutschen und einen französischen las. Anknüpfend politisches Gespräch, wo der Bericht Heinrichs über eine republikanische Soiree in Berlin bei Bernhardt kurz vor dem Umsturz am eindrucksvollsten war. François-Poncet der Einzige, der sich über das Kommende keine Illusionen mehr zu machen schien. Seine Abschiedsbemerkung: »Wenn Sie einmal über den Pariser Platz gehen, mein Haus steht Ihnen zur Verfügung« veranlaßte H. zur Abreise. –

In der Frankfurter Zeitung sonderbarer Aufsatz Pfitzners, worin er sich gegen Angriffe in Sachen des Wagner-Protestes verteidigt und unseren Briefwechsel vom Juni 25 mitteilt –

nicht zu meiner Unehre; aber daß er alle, die jene rüde Denunziation nach ihrem Wesen kennzeichneten, als »Geschmeiß«
abtut, verlangt nach Erwiderung, – welche Gelegenheit geben
könnte, den Dummköpfen von Unterzeichnern die Tragweite
ihrer Handlung klar zu machen.

Dienstag den 4. VII. 33
Sehr warmer Tag. Erschütterung durch die Ansprache an seine
Studenten, mit der Bertram das Semester eröffnet hat, und
[die] die fürchterlichen M.N.N. veröffentlichen. Schauriger
Eindruck, der mich zusammen mit der Absicht, auf den Artikel
von Pfitzner zu antworten, in Anspruch nahm.
   Nahm Mittags ein kurzes Bad in der See.
   Verschickte Exemplare des »Wagner« an Pariser Freunde.
   Diktierte nach dem Thee Briefe.
   K. beantwortete einen Brief von Dr. Heins, der auffallend
chikanöse, offenbar politisch inspirierte Fragen des Finanz-
Amtes übermittelt hatte. Sie hat dem immer noch gutmütig be-
mühten Mann endlich in nicht mißzuverstehenden Wendungen
reinen Wein über unseren Entschluß nicht zurückzukehren, ein-
geschenkt.
   Wir erörterten bei Tische neuerdings das Ratsame für den
Herbst. Zürich wurde allseitig als das Natürlichste empfunden, auch für die Kinder.

Donnerstag den 6. VII. 33
Ich schreibe an einer bewegten Erwiderung auf den Artikel
von Pfitzner.
   Es ist sehr warm geworden, aber die Abende sind erquik-
kend, und ich sitze gern nach dem Nachtessen vor meinem
Zimmer auf der kleinen Terrasse im Korbstuhl.
   Ilse D. ist in der Menandière eingezogen, sie erging sich
heute Abend mit uns beim Vollmond zu den Klippen, und wir
begegneten Zweigs und Feuchtwangers mit ihren Sekretä-
rinnen.

Der Papst scheint mit der deutschen Regierung zu einem Concordat gekommen zu sein, das er als das »kleinere Übel« betrachtet. In München wird der Kardinal Faulhaber unter Bewachung gehalten.

Wir hatten gestern Thee mit Heinrich bei Feuchtwangers, bei dem die mögliche Dauer des heutigen Regimes wieder zweifel- und hoffnungsvoll unter allen Gesichtspunkten erörtert wurde. Mein Glaube an ein rasches Hinweggefegt werden ist leider weit geringer als der von Heinrich und Feuchtwanger, die an baldigen wirtschaftlichen Zusammenbruch und Revolution glauben. Ich fürchte, das Psychische, die Illusion der Erhebung, Befreiung und Reinigung wird stärker sein als die Not. Vielleicht freilich gilt das nur für die »Gebildeten«, wie Bertram, und Masaryk hat recht, wenn er sagt, daß die neuen Machthaber, wenn sie die simpelsten Bedürfnisse der Menschen nicht zu befriedigen vermögen, werden davongejagt werden. Es ist jedoch ein ganzer Retter-Mythus zu zerstören, und Vorgänge sind rückgängig zu machen, die sich zum Mindesten den Anschein des Epochalen und Geschichtlichen zu geben wissen.

Die Gegensätze innerhalb der herrschenden Partei treten hauptsächlich in der Frage der Fortsetzung oder des Abgeschlossenseins der »Revolution« hervor. Große Auflage-Nachricht für den bis dahin wild rodomontierenden »Angriff« vonseiten des frommen und für das Geschehene in Gott bewunderungsvollen Hitler: »Die Revolution ist beendet«. Das heißt in erster Linie: Die Latifundien werden nicht aufgeteilt.

Der österreichische Heimwehrführer Starhemberg spricht von der »braunen Pest«, die »ein schlechter Bolschewismus« sei. Alle Achtung.

Bibi's Münchener Freund Del Bogno teilt ihm ein deutsches Kindergebet mit: »Lieber Gott, mach mich stumm, – Daß ich nicht ins Konzentrationslager kumm!« –

Die Neigung zu Kopfschmerzen hält unter der Einwirkung des Klimas an. –

Fiedler schrieb von seiner für den Minister sehr kompromittierenden milden Verurteilung und dem Rückgrat der doch nun absetzbaren oberen deutschen Richter.

Ein Student der Kunstgeschichte in Göttingen schreibt ein ernstes Bekenntnis der Dankbarkeit und des Willens zum Kampf.

Donnerstag den 20. VII. 33.

Seit zwei Wochen gerade hier nichts eingetragen. Unser Leben geht weiter wie bis dahin bei immer klarem Himmel und in den Mittagsstunden sehr feuriger Sonne, doch ist die Hitze keineswegs übergroß, ein Sturmtag, der, wie es scheint, als Gewitter fungierte hat sie sogar beträchtlich herabgesetzt, und immer sind die Abende frisch, an denen ich, wenn wir allein zu Hause sind, gern längere Zeit in einem Korbstuhl vor der Tür meines Arbeitszimmers auf der kleinen Veranda sitze und rauche, während die Sterne hervortreten.

Erika ist seit einigen Tagen hier, um K.'s 50. Geburtstag mit uns zu begehen. Wir berieten über die Feier.

Der Verkehr mit den hiesigen Siedlern geht fort: Schickeles, Meyer-Graefes, Heinrich (und seiner Freundin), Jordan, den Freundinnen Erikas in »La Jeanne«, die wir gestern mit E's Ford auf ihrem reizvollen klösterlichen Sitz, 20 Minuten von Sanary besuchten. Eine angenehme Erinnerung der gesellige Abend in unserem Garten, bei dem ich den »Segensbetrug« vorlas und eine offenbar tiefe Wirkung damit hervorrief. Immer habe ich bei solchen Gelegenheiten das Gefühl, zu täuschen und zu blenden, weil ich nicht das Verfehlte, Teigig-Sitzengebliebene biete, sondern eine »schöne Stelle« und jenes verhehle, sodaß es scheint, das Ganze sei so. Das ist wohl das Betrügerische jeder Probe-Mitteilung. Aber auch das Präsentierte erweist sich dabei als viel besser und eindrucksvoller als ich schon längst hatte sehen und glauben können, und der Schluß ist erlaubt, daß auch das Verhehlte weniger schlecht, in entsprechendem Maße, ist, als ich es sehe. – Die »Szenen aus dem Nazi-Leben«, die Heinrich auf meinen Wunsch folgen ließ, sind nicht glücklich.

Ich habe die Erwiderung auf Pfitzners Artikel abgeschlossen und mehrfach vorgelesen, hier und bei Schickeles. Die Diskussion darüber war vielfältig und verwirrend. Unzufriedenheit Erikas mit der melancholischen Konzilianz des Aufsatzes, – dessen Sprache dennoch der Art ist, daß es fast ein Wunder wäre, wenn er in Deutschland erschiene. Meine Neugier auf die Entscheidung ist sehr groß. Vermutlich zerbricht man sich zu der Vormittagsstunde, in der ich dies schreibe, in Berlin, Bülowstraße, den Kopf darüber, denn ich habe mich unter Verzicht auf die immer trostlosere Frankf. Zeitung für die N. Rundschau entschlossen. Die Frage ist, ob sie ihrerseits sich entschließt. Tut sie's, so wird im Lande selbst eine erste Kundgebung von mir erscheinen, die den Münchner Strohköpfen meine Ausstoßung, die Schuld an meiner Nicht-Rückkehr zuschiebt, die amtlichen Übergriffe gegen mein Eigentum kundmacht und damit politisch dem Kommenden vorbaut, auf der anderen Seite aber soviel Resignation u. Milde an den Tag legt, daß meine Rückberufung die Folge sein könnte. Der Widerspruch ist, daß ich ihr nicht zu folgen gedenke. Dennoch ist es gerade dieser Widerspruch, der mich reizt. Ich weiß, daß in Berlin Bedauern über mein Außensein besteht; ich will es nähren u. zum Sprechen bringen, vielleicht eine Aktion im Sinne meiner Rückkehr hervorrufen, die Münchner Ochsen desavouieren – und dann die weiteren und eigentlichen Gründe ausführen, aus denen ich mich versage.

Mehrfache Gespräche mit Erika über meine Lage und Haltung, deren Schiefheit und Unklarheit ich zugebe; doch sind diese die natürliche Folge der Einmaligkeit meiner Situation. Bermann, der S. Fischer Verlag, der mich braucht, wenn er innen fortbestehen will, will zum Herbst den 1. Band des »Joseph« herausbringen. Das Buch wird rasch gedruckt, ich habe eine Reihe von Vormittagen daran gewandt, die Korrekturen bereits der ersten Hälfte zu lesen, wobei ich mich übrigens zu keinen Kürzungen entschlossen, sondern sehenden Auges das Mehlige im Kuchen gelassen habe. Zwar ist B. mit Querido im Einvernehmen, u. wenn das Buch in Deutschland Schwierigkeiten begegnet, kann es nach Amsterdam übernommen werden. Dennoch zwingt – wenigstens in den Augen Bermanns – das Erscheinen in Deutschland zu Rücksichten, die innerhalb der Emigration bittere Enttäuschung hervorrufen müssen. B. verlangt nach Dementierung der Anzeige meiner »regelmäßigen Mitarbeit« an der Amsterdamer »Freien Presse« (gestriges Telephonat mit Berlin). Meine grundsätzliche, allgemeine und unverbindliche Zusage war nicht dieses Sinnes; das Dementi aber wird böses Blut machen und verfälscht meine Stellungnahme. B.'s unverantwortlichen Überrumpelungsversuch: neue Aussichten meine Angelegenheit zu »ordnen« seien vorhanden, und der Mittelsmann bedürfe meiner »Vollmacht«, habe ich abgeschlagen, indem ich solche Vollmacht erregt verweigerte. Aber damit stimmt das mir als »notwendig« abgeforderte Dementi nicht, und wenn auch mein Außensein Demonstration genug, so ist ein solches Lavieren zwischen Entschiedenheit und Rücksicht, wovon zweifellos auch der Aufsatz ein Ausdruck ist, nicht länger möglich. Ist es schon darum nicht, weil Anfang September der Termin der Geldentfernungs-Amnestie abläuft u. die Aufforderung zur Rückkehr bei Strafe der Vermögenskonfiskation im Falle des Ungehorsams ergehen wird. Meine Münchener Habe, die bewegliche und unbewegliche, das schöne Haus mit dem nicht zu rettenden Inventar wird weggenommen werden, und ich werde cum infamia der deutschen Staatsangehörigkeit für verlustig erklärt werden. Schwere Chocs erwarten mich da noch, aber meine öffentliche Antwort darauf ist bereit und kann sich auf gute Argumente stützen. Gerade in Hinsicht auf das Kommende ist die Antwort an Pfitzner richtig und wichtig, weil sie danach angetan ist, den Feind unter dem menschlichen und nationalen Gesichtspunkt ins Unrecht zu setzen. Dies ist wenigstens der Instinkt, aus dem das Plaidoyer hervorgegangen.

Dennoch machen Erikas leidenschaftliche Ermahnungen, das Bild meiner Gesinnung und Haltung sich nicht trüben zu lassen, Eindruck auf mich, und die Absage nach außen, die aus dem abgenötigten Dementi spricht, bedrückt mich. Ein entschiedener Brief an Bermann, zur Klarstellung meines Willens und Abwehr der Beengung meiner Freiheit wird notwendig sein.

Die Rückkehr ist ausgeschlossen, unmöglich, absurd, unsinnig und voll wüster Gefahren für Freiheit und Leben, – das ist meiner Vernunft klar, so sehr ich den klaren und *freiwillig* vollzogenen Bruch bisher zu verzögern suchte. Die Situation läuft auf die Erwerbung der Schweizer Staatsangehörigkeit und die Niederlassung in Zürich zum Herbst hinaus. Zwar spielt die Neugier nach einem eleganten Anwesen in Nizza, das uns durch Kurt Wolff von einem amerikanisch-belgischen Ehepaar, Verehrern meiner Schriften, für den Winter angeboten worden, und K. will morgen mit Erika die Fahrt unternehmen, um das Angebot in Augenschein zu nehmen. Ein Hinbringen des Winters in Nizza unter schmeichelhaften Umständen hätte schon seinen dilatorischen Sinn, aber es hieße das Provisorium, die Unentschiedenheit auch innerlich verlängern, und die energischere Lösung wird zweifellos die definitive, auf Naturalisierung ausgehende Niederlassung in Zürich sein, das natürlicher u. vertrauter Boden ist, und wohin ich Teile des gewohnten Rahmens, Möbel, Bücher, den Musik-Apparat etc. an mich ziehen kann – unter Opferung des Restes. –

Außer dem Aufsatz, den Korrekturen, viel Korrespondenz in diesen zwei Wochen. Ein langer, handschriftlicher Brief an Bruno Walter, Semmering, über seine Aktivitätspläne und meine Lage.

Die Gesundheit leidlich, bis auf Zwischenfälle nervösen Versagens und depressiver Müdigkeit. Beständiger, herzlich unruhiger Blick auf K.'s Aussehen u. die Spuren der Sorge und Aufregung, die sich, nicht überraschender, aber ergreifender Weise darin abzeichnen.

Fortgesetzte Lektüre des »Witiko«. Weiterer Lese-Eindruck

ein vorzüglicher Aufsatz von Trotzki über den National-Sozialismus.

Die Nationalfesttage vom 14. bis 18.: Feuerwerk in Sanary, das ich von Weitem sah. Fahrt nach Bandol am 18. und Teilnahme am Volksvergnügen mit Meyer-Graefes, Schickeles, K., Erika, den Kindern. Hatte viel Freude am Feuerwerk.

Einzelne Sympathie-Kundgebungen aus Deutschland. Hilfeleistungen wie für Kiefer in Basel, die Hamburger, Dr. Beidler. Der Buchhändler aus Bandol ließ franz. Übersetzungen signieren.

Fuhren nachmittags mit Schickeles nach St. Cyr zu Meyer-Graefes zum Thee, wo wir mit Aldous *Huxley* u. seiner Frau zusammentrafen. Sie fuhren uns nach Hause.

Freitag den 21. VII. 33.
Früh morgens fuhr K. mit Erika, Golo und Moni nach Nizza ab. E. wird dort zum Geburtstag einkaufen.

Ich badete vorm Frühstück im Meer. Längerer Brief von A. M. Frey aus Salzburg, recht zuversichtlich in Betreff Österreichs. Er hat Nachrichten von einem kommunistisch gestimmten Schriftsteller, wahrscheinlich Graf, daß der Kommunismus in Deutschland sehr wirksam arbeitet und die S.A. zu 75 % durchsetzt sei. Es sei mit blutigem Bürgerkrieg u. der Errichtung der Sowjet-Republik zu rechnen. – Skepsis, Kommunismus in Deutschland nicht haltbar; er würde niedergeschlagen werden wie der Spartakismus von 1919. Andererseits ist die Verleugnung des sozialistischen Programms durch Hitler, das Zurückpfeifen der anderen »Führer«, die Abstellung der »Revolution«, der industrielle »Staatsrat«, die Erklärung des kapitalistischen Nationalismus so kläglich und muß soviel wilde Enttäuschung hervorrufen, daß man dies und das gewärtigen kann. Aber man hat damit die Reichswehr sowohl wie die Kommunistenangst des Auslandes auf seiner Seite.

Zum Thee Heinrich. Gespräche mit ihm über den vermutlichen Lauf der Dinge und meine Entschlüsse. Ausgedehnter Spaziergang mit ihm.

Telegramme von Suhrkamp (das Manuskript sei zu spät gekommen) und D. Ewen, amerik. Verehrer, der seinen Besuch für Sonntag meldet. – Das Nicht Erscheinen der Pfitzner-Antwort ziemlich leicht verschmerzt.

Abends ½ 10 Uhr Rückkehr K.'s und Erikas. Am Eßtisch Berichte über das Anwesen in Nizza. Hübscher Geburtstagsbrief von Klaus, bei dem Erika weinte. Den Entschluß wegen Nizza dahingestellt.

Freundschaftlicher Brief von Hermann Hesse.

Sonnabend den 22. VII.

Gestern und heute etwas über Theben weitergeschrieben. Neue Korrekturen des 1. Bandes. Besuch der Vicomtesse Trolly de L'Espinasse mit Miss Joyce Weiner aus Bandol.

Langer Brief des Rechtsanw. Heins über seine Audienz bei der Politischen Polizei in München. Absurd, albern und schauerlich. Jedenfalls kommt die Mine jetzt zum Springen, und ich muß mich auf Skandal, Radio-Lärm, widerwärtige Choks gefaßt machen, auch die öffentliche Gegenerklärung vorbereiten.

Nach dem Thee mit K., Erika und Ilse D. in Eris Wagen nach Bandol, wo wir uns von K. trennten und Geburtstagseinkäufe machten: ein hübsches blaues Strandkleid nebst Jacke und Parfümerien. Außerdem sind Ledertaschen und Marquis-Chokolade da. Erika bereitet Verse vor.

Nachmittags und abends Korrekturen gelesen. Abends eine etwas sentimentale Novelle von Frank in der Voss. Zeitung: »Die Monduhr«. Zu glatt, zu weich und gefällig.

Langer, nebelhafter Brief von Feist, in Frankreich befördert, in einem komischen, aber nicht dummen Optimismus gehalten. Im Grunde könne ich es halten wie ich wolle, kommen (was er befürwortet) oder draußen bleiben, – man werde keinesfalls viel gegen mich unternehmen. Vielleicht eine recht gesunde Ansicht. – Nach Heins erklärt die Münchner P. P. zu wissen,

daß ich Geld hinausgeschafft habe, kann aber nicht heraus-
bekommen, wie. Sie ist beunruhigt von dem Verbleib des
»Nobelpreises«. Ins Blaue behauptet sie, ich hätte »deutsch-
feindliche« Artikel veröffentlicht und rechtfertigt damit die Beschlagnahme der Wagen, die von der S.A. natürlich schon zuschanden gefahren sind, sodaß die für den Fall meiner Rückkehr in Aussicht gestellte Herausgabe wenig Sinn hätte.
Verlangt wird meine wenn auch nur vorübergehende Gegenwart in M, um Ermahnungen in Betreff meines Wirkens »gegen Deutschland« entgegenzunehmen. Dann könne ich sogleich
wieder ins Ausland gehen. Ist das nun pure Albernheit oder
»List« und Falle?

Ich denke und fühle ruhiger u. heiterer über den ganzen
Komplex als seit langem. Das Nizzaer Angebot beschäftigt
mich. Es wäre ein vornehmer Lebensrahmen, der kein Degra-
dierungsgefühl aufkommen ließe; man könnte den Chauffeur
Joseph aus M. dorthin kommen lassen, Reisiger zu Besuch
haben u.s.w. Andererseits zieht es mich in ein Züricher Defini-
tivum. Aber auch die Verlängerung des Provisorischen hätte
seine Vorteile, auch in Hinsicht auf die Wiener Frage.

Montag den 24. VII. K.'s 50. Geburtstag.
Gestern schrieb ich über Theben weiter. Nachmittags im Garten dichtete ich Verse zum Geburtstag. Vorm Abendessen fuhren wir eine Stunde mit Schickeles spazieren. Abends hatten
wir bei Erika in der Menandière eine Probe für das »Festspiel«.

Heute ist die Hitze sehr groß. Morgens vorm Frühstück war
die Feier. Wir legten alle 7 (einschließlich Ilse D.'s) nach einander vor K., die auf der Treppe stand, unsere Gaben unter
wohl memorierten Versen auf den Blumentisch nieder.

Nachher schrieb ich eine Seite weiter.

Neuer Brief von Bermann, in Paris aufgegeben, auf Rückkehr nach Deutschland dringend. Man sei bereit, mir an die
Grenze entgegenzukommen. Törichter, eigennütziger, willent-

lich unwissender Mann. Dennoch erschüttert dies Insistieren mich immer aufs Neue.

Freundschaftsbrief von Brüll, der die Geburt eines Sohnes, Thomas, Manfred, meldet.

Der junge Schickele überbrachte eine große Stickerei von seiner Mutter und prächtige Blumen zum Geschenk.

Heinrich kam zum Thee, ebenfalls mit Blumen. Er brachte auch das Manuskript des Pfitzner-Aufsatzes zurück, über den er sich sehr beifällig äußerte. Er empfiehlt, ihn als Nachwort in die Buch-Ausgabe aufzunehmen. – Gespräch über sein Buch »Der Haß«, in den ich das »Bekenntnis zum Über-Nationalen« aufzunehmen empfahl. H. konnte zum Abend nicht bleiben. Ich begleitete ihn zum Hafen hinunter, wo es schwüler war als bei uns auf der Colline.

Dienstag den 25. VII. 33.

Gestern Abend-Gesellschaft bei uns im Garten zur Feier von K.'s Geburtstag: Die 3 Schickeles, Frau Meyer-Graefe, Ilse D., die 5 Kinder und wir. Pfirsich-Champagner, Obst-Salat und viel Bewirtung. Angenehmer Aufenthalt. Die jungen Leute angeheitert. Es wurde spät.

Heute wiederum schwere Sommerhitze, aber nicht ohne Windzug. Ich badete morgens in der See und schrieb dann über Theben weiter. Nachmittags wie gewöhnlich im hinteren Garten.

Neue Affektion des Halses u. der Luftröhre: wohl gestern Nacht bei langem Sitzen in der bloßen Leinen-Hemdblouse erkältet. –

Im Lauf des Tages die Erkältung überwunden. Nach dem Thee Briefe diktiert, auf Erikas Wunsch auch einen an die Neue Zürcher Zeitung zugunsten W. Schuhs gegen Pfitzner. Ferner an Suhrkamp. Bermann ist erst zu antworten, wenn die sich nähernde Kaethe Rosenberg gehört ist.

Gegen Abend mit K. zu Dr. Loutier, meinem ersten Arzt von neulich, der ihr eine Salbe gegen ihre schlimmen Mückenstiche verordnete. Trafen am Hafen Erika und Medi, mit denen wir vor dem Café saßen. Begrüßung mit Herzog. Reizvolle Situation.

Ungewöhnliche hübsche und warm empfundene Briefe von Franks in Lugano an K. zum Geburtstag. Wir besprachen ein Zusammenleben in dem Hause in Nizza, wohin man auch Reisiger locken könnte.

Mittwoch den 26. VII. 33
Andauer der starken Hitze. Fortsetzung der Arbeit am Roman. Briefe von der Lowe und der Redaktion einer neuen Prager deutschen Zeitschrift »Der Monat«. Neue Korrekturen, von denen ich nachmittags im Garten große Teile las. Der Band gefällt mir mit einigen beunruhigenden Ausnahmen doch sehr.

Zu Tische die angenehme Eva Herrmann.

Das Klima ist im Grunde wundervoll. Allerdings ist die Wärme u. Sonnenmacht auf ihre Höhe gekommen, aber die Nachmittage verkühlen sich rasch und erquickend. Ich schlafe unter dem Laken.

Ich empfinde deutlich, daß mein seelischer Zustand sich gebessert hat, obgleich ich mit einer raschen Änderung oder gar Besserung der Lage in Deutschland keineswegs rechne. Aber ich bin ruhiger geworden, habe mich an das Außensein, die Trennung von dem gewohnten Münchner Heim gewöhnt und blicke nicht ohne Vertrauen in die Zukunft, ob nun ihr Schauplatz Nizza oder Zürich sei. Ins Gewohnte zurück zu verlangen, hätte keinen Sinn, da ich es nicht mehr vorfände. Es war zwar in Vielem meiner etwas schwierigen Angepaßtheit günstig und damit verbunden, und zunächst war es ein schwerer Choc, davon abgeschnitten zu sein. Der Leidende hat aber nicht soviel Grund wie der »Glückliche« an einem gewohnten Zustande zu hängen; Veränderung ist ihm willkommener als diesem, und es wäre sentimental, dem eingebüßten Münchener Zustand Heimweh zu widmen. So glücklich war er nicht, dafür war gesorgt, und in Fällen, wo immer dafür gesorgt ist, gibt es nicht allzuviel Anhänglichkeit.

Für die deutschen Vorgänge, lügenhaft und wirklich erbärmlich wie [sie] sind, empfinde ich schon mehr Verachtung als Grau-
en. Die Absetzung des »Sozialismus«, die Thyssen'sche Wirt-
schaftsdiktatur, die Angstbedrohung der revolutionären S.A.,
die Beschwörung dieser lieben Leutchen wegen der Gefangenen-
Mißhandlungen, das alles ist kaum mehr als kläglich. Man
sucht nicht mehr nach zulänglichen Worten des Abscheus. Was
die revolutionären Errungenschaften betrifft, die für die nächsten hundert Jahre zu sichern sind, so ist mit bloßem Auge über
tausend Meilen hin zu sehen, daß sie Schwindel sind, einschließlich besonders der »Einheit der Nation«. Wie lange hat diese
Einheit 1914 gedauert? Und sie war viel freier u. echter damals.
Heute leben 2 Drittel der Nation nicht anders als die Rheinländer
während der Besatzung. Die Besatzung meutert aber zu großen
Teilen, und der trunkene Macht- und Lebensgenuß, ohnedies auf
Wenige beschränkt, ist stark beeinträchtigt durch solche Sorgen.

Groß ist die Neugier, was etwa bis zum Frühjahr geschehen
sein wird. Man rüstet gewaltig, und die Welt weiß es. Daß sie
zusieht, ohne einzuschreiten, wirkt sehr lahm und fatalistisch
und zeigt vor allem, wie sehr der Vertrag von Versailles schon
an Autorität und Geltung verloren hat. Der Krieg ist mir unwahrscheinlich, aber gerade wenn er nicht kommt, wird sich
die geschlossene und »gleichgeschaltete« Einheit der Nation
nicht einmal als Fiktion sehr lange aufrecht erhalten lassen.
Ich habe das Gefühl, es abwarten zu können und sehe auch
dem, was mir aus Deutschland droht, mit viel mehr Phlegma
entgegen als noch vor Kurzem.

Donnerstag den 27. VII. 33
Im Meer gebadet. Gearbeitet, Korrekturen gelesen. Briefe an
die Herz und an A. M. Frey geschrieben. Spaziergang mit K..
Abends Gesellschaft im Garten: Feuchtwangers, Arnold
Zweigs mit Sekretärin, Herzog, Seabrooks und Ilse D.. Ich
sagte, wir würden später an diesen Aufenthalt noch gern und
heiter zurückblicken.

Freitag den 28. [VII.] 33
Später auf und warm gedoucht. Weiter geschrieben über
Weset. Scheck von 8 Pfund von The Criterion, wo der Freud-
Aufsatz erschien. Nachricht von der Lowe, daß die Übersetzung des Joseph Fortschritte macht. Nachricht von der Herz,
die von »Fieber« schreibt und damit wohl persönliche Erfahrungen gelegentlich der neuen Judenhetze in Nürnberg
andeutet.

K. fuhr nach Bandol, um Käthe Rosenberg vom Zuge zu holen. Diese überbrachte einen schönen Brief des alten Fischer
der von meinem Aufsatz außerordentlich bewegt gewesen sein
soll.

Las Korrekturen im Garten. Der Band ist schon ausgedruckt.

Heinrich kam zum Thee. Ich schrieb an die Herz wegen ihres
Kommens u. begann an Frank zu schreiben. Erika fuhr uns in
den Ort hinunter, wo Einkäufe zu machen waren. Von dort
machten wir mit Heinrich einen Spaziergang. Vorher hatten
Erika u. ich bei Schickeles vorgesprochen. Schwere Fingerver-
letzung der Fr. Meyer-Graefe.

Nach dem Abendessen kamen Ilse D. und Kaethe R.. Man
trank auf der kleinen Veranda »jungen Pommery« und besprach in lebhaftester Wechsel- und Durcheinanderrede die Situation. Entschiedene Ablehnung der Rückkehr unter den jetzigen Verhältnissen.

Sonnabend den 29. VII. 33
Spät eingeschlafen mit Phanodorm wie schon gestern und wieder das Seebad versäumt.

K. R. meint mit Recht, daß man Grund hat, sich die Reaktion
des Regimes auf mein Außenbleiben höchst unangenehm vorzustellen. Ich müßte es in den Kauf nehmen und kann meine
Entscheidung vor der Welt vollkommen vertreten.

Nachmittags Briefe diktiert: klar und deutlich an Rechtsanwalt Heins, ferner an Prof. Heuser in New York etc.

Abends fuhren wir zu Schickele, der in größerem Kreise aus

seinem provençalischen Roman vorlas. Man lauschte der me-
lodiösen Prosa mit Vergnügen.

Viel Thee mit Rotwein. Sehr müde.

Sonntag den 30. VII. 33.

Heftiger Mistral-Sturm. Am Roman gearbeitet bis zum Mittag.
Nach Tische die Korrektur des 1. Bandes beendet, zu Tränen
gerührt wieder von Rahels Tod, wie es beim Schreiben war und
bei jedem Wiederlesen unfehlbar sich wiederholt. Hier spielt
die Herkunft der Figur aus meinem Verhältnis zu K. eine
Rolle. Nicht umsonst liebt auch sie die Geschichte Jaakobs und
Rahels so sehr. Sie erkennt sie als die idealisierte, die mythische Darstellung unserer Lebensgemeinschaft.

Zum Thee der Buchhändler Ostertag aus Paris, dessen leidenschaftliche Bejahung meines Außenbleibens mich interessierte und stärkte.

Schrieb an Fiedler und ging dann mit K. spazieren. Nach dem
Abendessen kamen die »Mädchen«, und am Eßtisch wurden
mit Erika, die sich Aufzeichnungen machte, die Angelegenhei-
ten besprochen: die Herausschaffung der Bücher und einiger
Möbel aus dem Hause und ihr Transport durch Tennenbaum
in die Schweiz. Auch die Beförderung über Badenweiler als
Schickele'sches Umzugsgut kommt in Betracht. Zwischendurch
Erörterung der Lage von K.'s Eltern, die nun wirklich ihr Haus
verlassen müssen, aber sich nicht entschließen können, außer
Landes zu gehen.

Abschied für diesmal von Erika, die auch in Sachen eines
Wohnhauses für uns in Zürich thätig sein wird. Sie will dort
die Wiedereröffnung der »Pfeffermühle« betreiben.

Montag den 31. VII. 33.

Der Sturm hat sich gelegt. Wenig geschlafen infolge Mücken-
belästigung. Auch herrscht Fliegenplage.

Erika fuhr früh ½7 mit dem Endziele Zürich ab, zunächst
nach Lyon und Montreux.

Ich arbeitete weiter an Josephs Einreise in Theben.

Golo zieht zu Seabrooks um, wo er ein schönes Zimmer erhält.

Ich denke viel an den Text der Erklärung, die ich nach Erhalt der amtlichen Aufforderung zur Rückkehr abzugeben gedenke.

Briefe von Liefmann aus Ascona, der Luchaire über die Verlagsdinge. Karte von der Herz, daß sie infolge des Nürnberger »Fiebers« ihre Reise hierher aufgegeben hat; wahrscheinlich weil man ihr den Paß abgenommen.

Dienstag den 1. VIII. 33

Erneuerung des Sturmes. Schrieb das Kapitel vom Einzug in Theben zu Ende.

Nervös und beklommen. Neue Anfechtungen wegen der Notwendigkeit meiner Weigerung, zurückzukehren und der damit verbundenen Opfer. Und wie weit wird man meinen Boykott in Deutschland treiben, besonders, wenn die öffentliche Absage scharf ausfällt? Ich muß sie schon jetzt vorbereiten.

Zum Thee L. Bauer aus Lugano. Mit ihm über Österreich und die Lage in Deutschland. Ich befragte ihn auch wegen der Veröffentlichung der geplanten Erklärung.

Spaziergang mit K., den »Mädchen« und Medi.

Waldbrand in der Nähe, wovon abends eine rosige Rauchwolke über Sanary schwebte. Dazu Feuerwerk.

Mittwoch den 2. VIII. 33.

Ruhigeres Wetter. Badete zwischen den Klippen und begann nach dem Frühstück, die »Erklärung« zu schreiben, die ich für den rechten Augenblick in Bereitschaft haben will. Recht angegriffen davon.

Nachmittags im Garten weitere Beschäftigung damit und Witiko-Lektüre. Danktelegramm von Fischer für meinen Brief, der sie alle sehr berührt habe. Das heißt, er wird wohl Folgen haben auch für sie.

Zwölf Judenjungen sind wieder irgendwo, weil einer von ihnen etwas gegen den Minister Goebbels gesagt haben soll, aus ihrer israelitischen Schule herausgeholt und viehisch mißhandelt worden. Weil irgend jemand, warum nicht ein Nazi (denn die Verbreitung der Nachricht wurde untersagt) eine »Hindenburg-Eiche« angesägt hat, ist 18 000 gefangenen Kommunisten auf 3 Tage das Mittagessen entzogen worden. – Heinrich zum Thee und Abend. Spaziergang mit ihm und K.

Donnerstag den 3. VIII. 33

Zeitig auf und im Meer gebadet. Schrieb die »Erklärung« zu Ende.

Viel Post, »Tage-Bücher«, von Bonnet über Beidler, von der Herz. In der »Prager Presse« Nachricht über Pogrom-Untaten in Nürnberg, gegen die [die] Reichswehr eingeschritten und Nazis erschossen habe. Der deutschen Presse soll Schweigen befohlen sein.

Hinrichtungen und Ermordungen von Kommunisten. Selbstmord des ehemaligen Oberbürgermeisters von Bochum. Ich werde ihn gekannt haben. Wie müssen diese Menschen gehetzt und gequält werden, bis sie so weit sind.

Nachmittags im Garten Lektüre von »Tage-Buch«-Heften. Ein Artikel von Schwarzschild: »Rückbildung der Gattung Mensch« eindrucksvoll.

Zum Thee K.'s Cousinen.

Gestern Brief an Hermann Hesse geschrieben und abgefertigt.

Morgen begeht R. Schickele seinen 50. Geburtstag. K. besorgt die Gaben, die zum Abendfest zu überbringen.

Abends Lektüre des »Tagebuchs«.

Freitag den 4. VIII. 33

Gebadet, was mich aber merklich anstrengte und nervös machte. – Vormittags Beschäftigung mit dem neuen Kapitel »Joseph kommt zu Peteprê«. – Im Garten Lektüre der »Neuen Rundschau«. Gequält durch das Vollwertig nehmen und die ergebene geistige Unterbauung der deutschen Vorgänge. – K. überbrachte unterdessen unseren Geschenkkorb mit Leckereien dem Hause Schickele.

Nachmittags nervös beengt und unwohl. Zum Thee die Cousinen mit Brief von Frau Fischer, worin die Schreiberin den Eindruck schildert, den mein Brief an den Alten gemacht, einen Eindruck, gemischt aus Beifall und Sorge. – Brief von K.'s Mutter über die Abgabe des Hauses und Neu-Installierung. Auch über die Behandlung unserer zu entfernenden Habe.

Nachricht von der Setzung der Todesstrafe auf Einführung »staatsfeindlicher« Literatur von auswärts. Ersatz der – durch den Code Napoleon eingeführten – Guillotine durch »das Beil«. Das sind Errungenschaften!

Zwei italienische Bücher aus Brüssel, von »Cilly«, mit hochtönenden Widmungen.

Sonnabend den 5. VIII. 33

Gestern Abend in unserem Wagen zu Schickeles, wo in größerem Kreise der Geburtstag gefeiert. Unterhaltung mit dem Maler Klassowsky, den ich vor vielen Jahren durch Grautoff in Paris kennen lernte. Er ist von einer »nervösen Lähmung« am rechten Arm betroffen. – Diskussion über Bürgers »Leonore«. Gespräche über Frankreichs Haltung gegenüber Deutschland und die bevorstehende Spaltung in seinem Sozialismus, bei dem es sich um das Problem der Mittelstandsmassen handelt. – Schickele las die Episode »Waldbrand« aus seinem Roman.

Heute dialogisch weiter an der Ankunft bei Peteprê. Mittags auf der Landzunge in dem herrlichen, die gewaltige Hitze auffrischenden und angenehm die leichten Kleider schüttelnden Wind.

Im Garten Lektüre der »Rundschau«: Broch unerfreulich, Suhrkamp recht albern.

Bücher kamen: »Hitlers Reich« von H. F. Armstrong, nebst Brief. Ein Roman von Royer, dem Interviewer.

Loebe im C.-Lager. Fechenbach von Detmold an Bayern »ausgeliefert«. Grauenvoll.

Graf Lerchenfeld hat demissioniert, ebenso Prittwitz.

Sonntag den 6. VIII. 33

Morgens gebadet. Teilweise bedeckt, nachmittags schwül.

Fortgeschrieben an dem Dialog mit den Türhütern.

Im Garten Lektüre der »Rundschau«. Der Reise-Aufsatz von W. Bauer, wohltuend.

Zum Thee die Cousinen. Zunehmende Niedergeschlagenheit der armen Kaethe unter dem Eindruck nicht sowohl neuer Thatsachen als der Optik von außen.

Eine Reihe von Briefen diktiert, auch an den polnischen Übersetzer Tarnowski, dann an neu gegründete Zeitschriften und Verlage, an den Book of the Month Club, Armstrong, etc.

Später Spaziergang mit K. und Medi, der meine Beklommenheit besserte. Bewölkung, die aber zu keinem Niederschlag führte und große Schwüle.

Nach dem Abendessen saß ich lange auf der kleinen Veranda, während die Frauen im Garten plauderten. Mein Bedürfnis nach gesellschaftlicher Gegenwart und Zerstreuung hat zugenommen. Ich bedauerte heute fast, daß der Abend mit Huxley bei Meyer-Graefe, an dem Heinrich lesen soll, auf Donnerstag verschoben ist.

Es ist heute der wärmste Abend des bisherigen Sommers. Die Kleidung ist jetzt meist die leichteste, nur Bluse mit kurzen Ärmeln und leinene Hose.

Gestern Besuch des amerikanischen Verlegers Hübsch, mit dem wir lange in Gesprächen über die deutsche Lage u. meine eigene auf der Veranda saßen. Wir begleiteten ihn dann zum Omnibus.

Überlegungen wegen der Herausgabe eines neuen Essaybandes, der nicht in Deutschland, sondern bei Querido erscheinen müßte. Die beiden Goethe-Studien, Wagner, Storm und Platen.

Montag den 7. VIII. 33
Der Himmel wieder klar. Große Hitze.

Las gestern Abend lange einen interessanten Aufsatz über Napoleon und Talleyrand in der »Psychoanalytischen Bewegung« und ging spät schlafen. Heute später auf. Weiter geschrieben an der Ankunft im Hause Potiphar.

Melancholisch-beklommenes Grübeln wie oft.

Lust, Poe wieder zu lesen, ebenso Don Quixote.

Polemik zwischen der englischen und deutschen Presse über 1914. Sehr zeitgemäß. »Amicale« Demarche in Berlin wegen Verletzung des Vier-Mächte-Paktes bevorstehend. Lächerlich. Unverschämte Reaktion der elenden deutschen Presse. – Der Inhalt der über Salzburg abgeworfenen Propaganda-Zettel – unwahrscheinlich durch die Genauigkeit, mit der das alles auf Deutschland zutrifft. – Die Zwischenfälle in Nürnberg frech geleugnet. Nur »ein Emigrantenhirn« könne auf dergleichen verfallen. Dabei wissen wir direkt von dem »Fieber« der Herz.

Das Maß, in dem von der Macht eines großen Landes wie Deutschland die Wahrheit unterdrückt oder doch zu ohnmächtigem Schweigen gebracht werden kann, unheimlich und bedrückend. Auch die Erklärung, die ich werde abgeben können, wird fast tonlos sein müssen, wenn Schweizer Blätter sie sollen bringen können.

Zum Thee Prof. Goll aus Besançon, unser Nachbar in »Viseau bleu«, mit Frau und Tochter. Dedikation des französischen Wagner an ihn.

Abends auf der Veranda. Dann Lektüre der »Neuen Weltbühne« mit einem imposanten Aufsatz von Trotzki über die Aussichten in Deutschland.

Dienstag den 8. VIII. 33
Mußte gestern Nacht Phanodorm zu Hülfe nehmen, um einzuschlafen und fand die prompte und wohltuende Wirkung des harmlosen Mittels wieder bewundernswert bestätigt.

Schlief bis 9 und fuhr an dem Ankunftskapitel fort. Überlasse mich improvisatorischer als sonst den Geschehnissen und der Erfindung von Figuren: Die Eltern Potiphars, der Zwerg.

Im Garten das »N. Tagebuch« gelesen, worin ein Artikel »Kein Pardon für Th. M.«, betreffend eine alberne Polemik zwischen Fechter und einem Nazi-Blatt über mich.

Fayard lehnt den Joseph unter Komplimenten ab.

Nach 6 Uhr zu Seabrook, Gardenparty, großer Kreis. Verspätetes Abendessen. Nachher Brief an »Athenäum«, Budapest in Sachen der ungarischen Ausgabe.

Mittwoch den 9. VIII. 33
Spät auf, trotzdem noch vorm Frühstück zum Baden. Der Eindruck, daß zur Zeit die Seebäder meine Nervosität steigern, täuscht mich wohl nicht. Doch kommt bei mir im Hygienischen das Moralische dem Physischen durchaus gleich, und aus diesem Grunde setze ich die Bäder wenigstens mit Unterbrechungen fort.

Weiter geschrieben am ersten Potiphar-Kapitel.

Der Book of the Month Club schickte seinen 500 Dollar-Chek. Der Fischer Verlag erörtert drucktechnische Einzelheiten.

Im Gartenschatten Material studiert.

Briefe diktiert: an den Verlag Plon, Angebot des Joseph.

Brief von Erika: Der Vertreter Tennenbaums ist nach München abgereist, um den Versuch zu machen, Flügel, Bibliothek und Vorzugsmöbel außer Landes zu bringen. Ein Haus, günstig, nahe Luzern, soll in Aussicht sein.

Besuch des Mons. Berge, ehemaligen Lektors in Heidelberg.

Spazierfahrt mit Moni, K. und Golo über Le Beausset durch die schöne Schluchtstraße.

Nach dem Abendessen die Cousinen mit dem Musiker Landshoff.

Donnerstag den 10. VIII. 33.
Heute vor 6 Monaten war mein Wagner-Vortrag in der Münchener Universität, am Vorabend unserer Abreise.

Spät eingeschlafen, da der junge Schickele törichter Weise noch spät mit dem Wagen kam und lärmte. Aber zeitlich auf und gebadet. Dann etwas weiter geschrieben: Zwei Zwerge.

Brief von Fiedler, der von rückgratlosen »Mitmachen« in Deutschland erzählt, den Wendungen, mit denen man es entschuldigt: »Erschütterung«, »Geistige Strukturveränderung, für die die alten Maßstäbe nicht gelten«. – Nachdenken über eine kulturelle Niveau-Senkungs-Bewegung, die seit längerem spielt und nicht nur Deutschland betrifft. Barbarisierung auch des Bildungsproletarischen (Döblin). Entsprechende literarische Erscheinungen in Frankreich. Auch von der Seite der Arbeiter scheint mir gegen die Barbarisierung nichts mehr zu hoffen. Die deutschen Universitäten – Militäranstalten. In Westeuropa noch viel zarter Humanismus, im Osten und außer Europa noch viel Achtung vor der Kultur. Aber sehr Vieles aus dem 19. Jahrhundert heute einfach schon unverständlich geworden. Tiefe und komplizierte Melancholie wirkt possenhaft, die Nüance erregt Wut.

Die Rebarbarisierung, früher von außen kommend, heute eine eigene Veranstaltung der Völker. Vielleicht tut sie Europa not u. gerade als Europäer sollte man sie begrüßen? – Die Formen in Deutschland – die denkbar abstoßendsten. –

Im Garten in den Apokryphen gelesen.

Zum Thee die Cousinen.

Brief an Reisiger geschrieben.

Nach dem Abendessen zu Schickeles u. mit ihnen nach St. Cyr zu Meyer-Graefes, wo Heinrich seinen Aufsatz »Le grand homme« vortrug. Schickele und Meyer-Graefe sehr niedergeschlagen über Nachrichten im »Schriftsteller«, wonach man der allgem. Zwangsorganisation angehören u. einen unmöglichen Revers unterschreiben muß, um in Deutschland verlegt zu werden. – Über Sanary hinaus verlängerte Heimfahrt. Die Nächte sind warm, aber schon feucht jetzt.

Freitag den 11. VIII. 33.

Ein halbes Jahr seit unserer Abreise.

Morgens gebadet. An den Zwergen weiter.

Ein Kätzchen aus der Nachbarschaft hospitiert viel bei uns, auch in meinem Arbeitszimmer.

Allerlei Post: Umbruch-Korrekturen mit Rückfragen, Villen-Angebot Zürich, Frank Thiess wegen deutscher M. Twain-Gesellschaft, Besuchs- u. Verehrungskarte eines Berliner Ober-studiendirektors, überraschend.

Im Garten nachmittags die Korrekturen und das gestern entliehene Buch der Tochter Tolstois über Flucht und Ende des Vaters.

Brief der Kurz über die Verpackung von Büchern und Porzellan in zahllosen Kisten. Die gefährliche Wut der Mieterin darüber. Wird der Export gelingen?

Briefe diktiert und geschrieben.

Abends lange draußen gesessen und dort den Tilleul-Thee getrunken.

Sonnabend den 12. VIII. 33

Später auf. Im Pyjama gearbeitet.

Brief von Reisiger. Von Korrodi, wegen Sekretierung meines Schreibens wegen Schuh. – Geld von Melantrich. – Von einer »Zauberberg«-Verehrerin in Böhmen.

Im Garten das »Neue Tagebuch«.

Zum Thee Dr. Haensel, angemeldet, dann, überraschend, Prof. Heuser aus Düsseldorf. Ich fragte nach Klaus.

Mit Haensel im Garten. Er entwickelte seinen Plan einer Europäischen Akademie. Diskussion, Zweifel, Vorschläge, Zusagen. Ein kühler Wind war aufgekommen, ich war verfroren und erschöpft. Machte mit K. und Medi noch einen kurzen Spaziergang.

Abends Beschäftigung mit den Revisionsbogen. Vorher lange auf der kleinen Terrasse gesessen und die Gespräche vom Nachmittag überdacht. Haensel ist mit Schwarzschild der Meinung, daß, wenn man den deutschen Machthabern Zeit läßt, ihre ungeheuren Rüstungen noch 1½ bis 2 Jahre fortzusetzen, ein siegreicher Krieg Deutschlands gegen den Westen, vielleicht mit Unterstützung Rußlands nicht undenkbar ist. Als Chemiker (ehem. Cementfabrikant) erklärt er sagen zu können, daß die chemische Überlegenheit Deutschlands, sein Vorsprung in der Giftgasherstellung, diese Möglichkeit mehr als denkbar macht. Dabei ist das Land ein großes Heerlager, die Volkspsyche oder doch die Staatspsyche kriegsliebend in demselben Maß wie die der Westvölker friedliebend. Die Gefahr des französischen Pazifismus. Wegen Österreichs keinen Krieg. Als-ob es sich um Österreich handelte.

Die propagandistische Arbeit am Falle Österreichs wird durch den Münchener Sender mit wilder Unverfrorenheit fortgesetzt, gegen die Versprechungen, die man dem italienischen Berater gegeben. Man wird so weit gehen müssen, die Sache vor den Völkerbund zu bringen ...

Sonntag den 13. VIII. 33
Zeitig auf, gebadet.

Beim Frühstück mit K. über das Amokläufertum Deutschlands. Es hat vor der Welt den moralischen Vorteil, daß ihm an der »Zivilisation« keinen Pfifferling gelegen ist. Es fürchtet das Chaos nicht, sondern liebt es.

Zerstreut und mühsam gearbeitet. Bibis Üben störte mich, Post fiel dazwischen: ein Brief von Erika, hoffnungsvoll in Sachen der Münchener Rettungsversuche, dann von der Absicht diktiert, mich zu bestimmen, daß ich in einer etwaigen öffentlichen Erklärung meine Weigerung zurückzukehren durchaus moralisch-freiwillig begründe und das Persönliche, die »Ausstoßung« zurücktreten lasse. Klug und beherzigenswert. – Vertrag von Mondadori.

Im Garten Lektüre des Tolstoi-Buches.

Zum Thee Käthe R. und Heinrich. Gespräch über die deutsche Gefahr und die Frage, ob das Risiko sich lohnt, öffentlich gegen die Regierung zu demonstrieren, um die schwachen und kriegsängstlichen Weststaaten gegen sie mobil zu machen. Der Erfolg wäre fraglich, die Lebensgefahr, in die man sich damit begäbe, wird immer deutlicher. Ich las meinen Entwurf einer »Erklärung« vor und ließ mich beraten.

S. Fischer übersandte die Aufforderung der Reichs-Zwangs-Organisation der deutschen Schriftsteller zur Fragenbogen-Ausfüllung und Unterfertigung des Revers, in dem man dem »nationalen Staat« Loyalität zusichert. Ich werde schweigen und bin neugierig, ob man mich stellen wird, ebenso ob die Aufforderung zur Rückkehr kommt.

Abends Dr. Haensel, mit dem wir einen kleinen Spaziergang machten, und der dann zum Essen blieb. Wir hatten nachher eine Unterredung mit ihm über die finanziellen Fragen u. die damit verbundenen. Ein ziemlich törichter Mann. Ich habe ihm aber Empfehlungsbriefe in Sachen seines akademischen Planes an eine Anzahl Notabilitäten versprochen.

Außerordentliche Hitze, die übrigens ganz Europa bedrücken soll.

Medi leicht erkrankt, Fieber, Schwindel u. Übelkeit. Es scheint ein Zwischenfall auf Basis der Regel. Dennoch sehr besorgt. Sie schlief aber leicht und fest ein unter ihrem Leinentuch.

Las nach Haensels Weggang noch bis nach Mitternacht in dem Tolstoi-Buch.

Montag den 14. VIII. 33
Wind, noch aus falscher Richtung, aber wohl in Mistral überzugehen bestimmt.

Medi nach guter Nacht gebessert und außer Bett.

Nervös und bedrückt in Nachwirkung der gestrigen Gespräche, die mir wieder die Nichtvoraussehbarkeit des Verlaufs meiner Abtrennung von Deutschland und der Situationen deutlich gemacht haben, die sich dabei ergeben können.

Karte der Herz aus Farchant bei Garmisch, wo sie sich von

»den schlimmen Erlebnissen« zu erholen sucht. Da sie die Reise hierher aufgegeben, ist sie offenbar ihres Passes beraubt – wie es charakteristisch ist. Erst Missetaten, dann Verhinderung der Ausreise, damit die Mißhandelten draußen nichts erzählen. – Brief des Agenten Lewandowski in Sachen einer holländischen Reise.

Etwas weiter geschrieben.

Im Garten Beschäftigung mit Jaloux' »Vie de Goethe«.

Trank Lindenblütenthee, wie sonst nur abends, weil eine Blasenreizung zu spüren war.

Beim Thee beschlossen wir, wenn die Angelegenheit der auszuführenden Dinge geordnet ist, beim Münchener Finanzamt die Initiative zu ergreifen und unter Darlegung der Gründe unser Ausscheiden zu erklären. Dies ist mir lieber als schweigend das Springen der Mine und die »Überführung« abzuwarten. Der Vorwurf des »Wirtschaftsverrates« kann kaum erhoben werden, wenn ich dem Reich 140 000 Mark u. mein Haus überlasse. Prozeß und Verurteilung zu Zuchthaus in absentia könnten im Auslande kaum Eindruck machen, so widerwärtig der Skandal wäre, der möglicherweise von München aus mit plumpem Lärm in die Welt gesetzt werden wird.

Später Diktat von Briefen: Bot dem Book-of-the Month-Club die »Geschichten Jaakobs« an.

Dann Spaziergang mit K. zum Fort an der Südspitze. Ostwind. Bewölkung, abends Wetterleuchten, aber ohne Aussicht auf Regen.

Dienstag den 15. VIII. 33.

Gebadet. Langen Brief an Erika nach Kilchberg geschrieben, auf ihre Ermahnungen eingehend. Dann von düsterer Stimmung hingerissen.

Mistral, leichtere Luft.

Nachmittags fuhr uns Rainer Schickele, der vorher Heinrich geholt hatte, nach Toulon und ein Stück weiter, wo Graf *Sforza* mit seiner Familie in einer schön überm Meer und in

einem alten Park gelegenen Villa den Sommer verbringt. Es
waren noch da: Meyer-Graefes, G. Ferrero und Frau, Prof. Salvatimini und seine englische Mitarbeiterin, deutsch sprechende
Germanistin. Thee auf der Terrasse. Anregende Unterhaltung
über Faschismus und Nationalsozialismus und die große
Furcht Frankreichs. Neigung der Italiener, den Fascismus als
ebenso gemein und verbrecherisch hinzustellen, wie den Nationalsozialismus, – wie ich glaube irrtümlich. Prof. S. sehr
lustig und sympathisch.

Auf der Rückfahrt Erfrischungsaufenthalt in Toulon. Höl-
lenlärm, anstrengend. – Abends sehr müde.

Mittwoch den 16. VIII. 33
Gebadet. Am ersten Potiphar-Kapitel weitergeschrieben.

Nach Tische die »Weltbühne« gelesen, die, wie das »Tage-
buch« fast mit jedem Beitrag die Welt gegen die deutsche Bedrohung mobil zu machen sucht. Schilderung der deutschen
Aufrüstung und des Zukunftskrieges, der Gift- und Untersee-
waffen.

Freundlicher Brief von Frey, der sich optimistisch über
Österreich äußert.

Nach dem Thee besuchte mich Schickele, um mich wegen seines Verhältnisses zu Fischer um Rat zu fragen. Es handelt
sich um das Problem der Zahlungen, seinen neuen Roman und
die Frage des Überganges zu einem auswärtigen Verleger.

Später Ausfahrt mit Schickeles. In Sanary Einkauf (eine blaue
Leinenhose für mich). Dann Fahrt zur »Südspitze Frankreichs«. Verabredung zur morgigen Vorlesung bei uns.

Während ich abends draußen saß, ließen Nebel die Sterne
vorübergehend völlig verschwinden. Später traten sie im alten
Glanz wieder hervor.

Ich sah noch Revisionen durch.

Donnerstag den 17. VIII. 33.
Große Hitze. Gebadet. Wellen, das Meer warm und schmutzig
von Tang.

K. sehr gequält von schlimmen Stichen.

Von den Zwergen weitergeschrieben.

Brief von Bermann, recht nichtssagend, die Aussichten des Buches erörternd, die einige so, andere anders beurteilen.

Brief von Erika: Die Ausfuhr scheint zu gelingen. Mehr als 40 Kisten, die ganze Bibliothek bis auf den Teil, der sich bei Feist und Gockele befindet, sind in Zürich angekommen. Das Silber, das Porzellan, die Platten sind gerettet, Möbel nach Badenweiler abgegangen, um als Umzugsgut weiter zu gehen. Der Abgesandte Tennenbaums ist nach Zürich zurückgekehrt mit dem das Haus betreffenden Hypothek-Dokument, das zu Schutz und Verwertung desselben von Nutzen sein kann. Dies wäre umso mehr zu begrüßen, als weitere in Berlin ruhende 15 000 Mark sich als verloren erweisen, sodaß die Werte, mit denen ich meine Ablösung bezahle, sich auf 150 000 Mark belaufen. – E. berichtet auch von Hausbesichtigungen. – Die Vorstellung, daß ich in absehbarer Zeit wieder zwischen meinem Schreibtisch und Lesefauteuil wohnen und das Grammophon wieder haben werde, ist angenehm, ja erheiternd.

Im Garten Material-Studium und Überlegungen.

Der »Temps« berichtet von einem scharfen Artikel der »N.Z.Z.« gegen die Bedrohung der Schweizer Unabhängigkeit durch Deutschland. Die »moralischen« Eroberungswünsche sind durchaus unbegrenzt. Dabei bieder-friedseliges Gerede im Sinn eines nationalsozialistischen Europa. Es ist ein nie gesehenes Maß von dummer und grobschlauer Unverschämtheit. Das elende Niveau ist es, die Mischung von Unbildung, Träumerei und Roheit, was am meisten erbittert. –

Abends große Garten-Gesellgkeit bei uns: etwa 20 Personen. Auch Prof. Goll wurde noch gebeten, und junge Leute neben den älteren nahmen teil. Ich las, auf der kleinen Terrasse sitzend, das bei diesen Gelegenheiten als Podium dient, »Jaakobs Hochzeit«.

Freitag den 18. VIII. 33
Große Hitze. Später auf. K. erkältet und etwas fiebrig, blieb einen Teil des Tages im Bett.

Weiter geschrieben und etwas falsch gemacht, was ich nachmittags im Garten schon besser wußte.

Revidierte die letzten Umbruchsbogen des I. Bandes.

Habe den Wunsch, mit Feuchtwanger über die finanzielle Ablösung von Deutschland zu reden.

Fuhr mit Golo zum Thee dorthin. Das Gespräch war wenig ergiebig, führte aber zu neuen Zweifeln, ob der »legale« Weg aus Deutschland heraus nicht der zuträglichere gewesen wäre.

Schrieb, zurückgekehrt, einen Dankbrief an eine Frau Roth, angeblich Ur-Urnichte der Rahel.

Sonnabend den 19. VIII.
Schon wieder ein Wochenende und Vermehrung der Spaziergänger auf der Colline. Die Zeit vergeht außerordentlich schnell hier. Dies halbe Jahr im Ganzen scheint mir schnell vergangen, und sechs solche Zeitspannen etwa, wenn ich 3 Jahre für eine Periode rechne, der rasch zu anders Geartetem leiten muß, scheinen mir gar nicht schwer zurückzulegen.

Zeitig auf und gebadet. Am ersten Potiphar-Kapitel weiter geschrieben.

K., Gott sei Dank, fieberfrei, aber noch erkältet.

Beidlers aus Berlin melden ihre Ankunft an der Küste an. – Franco Schwarz, Mailand, zitiert mir mein Wort von dem Durchschimmern der eigentlichen Bestimmung der Gotteskinder durch Leiden und Qual. – Brief vom Budapester »Athenäum« über den Stand der Übersetzung. Die überstarke Verklebung läßt erkennen, daß der Brief in Deutschland geöffnet worden.

Das »Tagebuch«, das ich nachmittags im Garten las berichtet von anderen solchen Fällen, die natürlich Rechts- und Vertragsbrüche sind.

Brief von Feist, der über mein Außenbleiben das Übliche

sagt (in Frankreich aufgegeben), aber Möglichkeiten sehen läßt, 15 000 Mark, die bei B. Simon in Berlin liegen u. für verloren gelten, doch noch herauszubringen. Übrigens scheint es, daß 14 000 Mark, die durch die Botschaft in Paris eingetroffen und von denen wir 5 000 frs der Emigrantenfürsorge gestiftet, eine Zahlung Bermanns darstellen.

Sonntag den 20. VIII. 33.
Zeitig auf und gebadet. Die eingelaufene Post, darunter einen langen, in Frankreich aufgegebenen Brief des Dr. Heins, möglichst wenig beachtet und weiter gearbeitet (Mont-kaw).

Das Schreiben des Rechtsanwalts gibt Bericht über Verhandlungsergebnisse mit der »Statthalterschaft«, dem Innenministerium und der Pol. Polizei. Endlich können der Baron Stengel und Heins mir die Rückkehr nicht mehr empfehlen, da mit einer, wenn auch nur vorübergehenden, Verhaftung wegen meiner politischen Äußerungen seit dem Jahre 25, über die man offenbar eine genaue Kartothek geführt hat, zu rechnen wäre. Leider wird immer noch weiter geforscht und verhandelt, was zu inhibieren ist, weil es die ganz falsche Auffassung hervorruft, als bemühte ich mich um Rückkehr, während nicht Furcht vor Verhaftung mich zurückhält, sondern Abscheu.

Einladung der L. Weiss zu einem Vortrag in ihrer Nouvelle Ecole de la Paix. – Dr. A. Apfel über einen in Paris zu gründenden Verlag mit Zeitschrift. – Ersuchen des Bergis-Verlag, Paris, zu einem Buch über Herriot ein Vorwort zu schreiben. – Der Verleger Dr. Freund, München, schickt einen von ihm in der Wagner-Sache an Pfitzner gerichteten Brief, wegen dessen Pf. mit seiner Freundin Scheinpflug gebrochen. O. Gulbransson reuig. – Langer freundschaftlicher Brief der alten Frau Fischer voll sorgenvoller Liebe für den Jaakob-Band. Was sie sagt, brachte alle schweren Bedenken, die ich selbst gegen das verfrühte Erscheinen des Buches hege, wieder obenauf. Abgesehen von den düsteren, zeitlichen Gegengründen: wieviel besser wäre es, das Werk erst einmal durchzuführen und dann

durch Zusammenschweißung seiner gelungenen Teile ein
knapperes und glücklicheres Ganzes daraus zu machen, dessen
äußere Einteilung vielleicht eine ganz andere wäre als die jetzi-
ge in 3 Bänden, auf die ich mich durch die Veröffentlichung
des ersten festlegte! – Beim Thee, in Gegenwart der Cousinen,
etwas gereiztes und gequältes Gespräch hierüber.

Lektüre der »Weltbühne« mit einem Aufsatz aus Heinrichs
Buch.

Montag den 21. VIII. 33.
Beim Baden holten die Wellen meinen einen Gummischuh
weg, u. ich konnte ihn im Tang nicht mehr finden.

Brief von Erika aus Kilchberg. Sie rät nun doch, das Haus in
Nizza zu nehmen. – Brief des polnischen Übersetzters M. Tar-
nowski, der sich begeistert über den Band äußert und einen
Fragebogen beifügt, den ich ausfüllte.

Weiter geschrieben.

Große Hitze, schlechter Appetit, wie auch Medi. Nervös und
beklommen.

Starker Wind, der den Aufenthalt im Garten verhinderte.

K. bettlägrig: Starke Heiserkeit und Ohrenschmerzen, aber
keine Temperatur. Sorge, weil ein Mittelohr-Katarrh speziell
behandelt werden müßte, wozu hier kaum Gelegenheit.

Schrieb an Tarnowski und Freund. Zwischenein Besuch von
Dr. *Beidler*, dem Enkel Wagners, und Frau. Gespräch über die
Lage in Deutschland. Nachricht von Grimme, der Grüße sandte.
Versicherung, daß Severing, entgegen den Gerüchten, wohlauf
ist und eine Nervenkrise nur markiert hat. Die furchtbare,
drückende Atmosphäre im Lande, die geistig-seelische Verödung und Stumpfheit.

Ging allein vorm Abendessen etwas spazieren. Lektüre des
»Temps« über die österreichische Frage und die Abwehr raci-
stischer deutscher Zudringlichkeit durch die Schweiz.

Dienstag den 22. VIII. 33
Mistral-Sturm, nicht gebadet. K. gebessert und außer Bett.
Vier Stunden gearbeitet.
Langer Brief von Reisiger, recht temperamentlos in seinen Äußerungen über die deutschen Vorgänge, von seinen Arbeiten berichtend, begleitet von Manuskriptsendung. – Dilatorische Antwort von Plon. – Langes Schreiben aus Locarno von einem Dipl. Ing. Bettelini über einen humanitären Bruderbund.
Seit Tagen große Fliegenplage.
Zum Thee die Cousinen. – Briefe diktiert.

Mittwoch den 23. VIII. 33
Mistral-Sturm, Abkühlung, ja Kühle. Die Sommerhitze scheint gebrochen.
Früh auf und K. besucht, die wieder im Bette bleibt. Dann einen Gang auf die Klippenzunge getan und bis mittags gearbeitet.
Nach Tische beendete ich die Lektüre von »Witiko«, die mir lange eine Zuflucht und in manchem Sinne ein Trost war. Ein reines, seltsames Werk von der stillen, ja pedantischen Kühnheit, die ich liebe, und die mich in eigenem ermutigt.
Gestern, auf einem Spaziergang, den ich mit Golo und Medi vorm Abendessen machte, berichtete Medi, man habe »Buddenbrooks« in die Bibliothek ihrer Münchner Schulklasse aufgenommen. Das erklärt sich daraus, daß dies Buch sich schon verselbständigt, sich von meiner Person abgelöst hat und von dem Haß nicht getroffen wird, den diese erregt.
Zum Thee Dr. *Beidler* und Frau, dazu *Breitbach* aus Paris. Angeregtes Gespräch, man blieb bis 7 Uhr am Tisch. Besuch an K.'s Bett. Spaziergang mit Beidlers.
Nach dem Abendessen in den »Zürcher Novellen« gelesen.
Sorge über K.'s Befinden. Sie hat starke Halsschmerzen und hustet viel. Man wird morgen, wenn die Nacht keine Besserung bringt, den Arzt rufen müssen.

Donnerstag den 24. VIII. 33.

Mistral. Matt, niedergeschlagen, verstimmt. – Gearbeitet. Nach
Tische in den Sprüchen Laotse's gelesen. – Neigung zu Zahnschmerzen und Sorge deswegen, weil jeder ernstere Ausbruch
eine komplizierte Sache wäre. – K. noch bettlägrig, was zu
meiner Niedergeschlagenheit beiträgt.

Romain Rolland beantwortet in der Schweizer Presse die
taktische Herausforderung des Reichsanwalts und stellt die
Übergabe der Dokumente in Aussicht unter Bedingungen für
die Prozeßführung, die das Reichsgericht freilich nicht erfüllen
kann. Man kann auf die Parallel-Verhandlung gespannt sein.
Den Berliner Schweinen wird nichts Gutes daraus erwachsen,
und wenn Österreich gegen sie gehalten wird, kann es unter
anderen »Enttäuschungen« ein böser Winter für sie werden.

Ein neues politisches Buch Spenglers ist in Deutschland erschienen, worin er sich rückhaltlos für den National-Sozialismus erklärt. Jede Zeile, die er geschrieben, habe der Republik
schaden sollen. Das wußte ich.

Zum Thee W. Herzog mit seiner Freundin. Er wird in Zürich leben, wo er bei der »Büchergilde« eine Lektoratsstelle
übernimmt. Sein Dreyfusbuch erscheint dort. Erika wird die
»Pfeffermühle« eröffnen. Die Giese auf 4 Monate an das dortige Theater verpflichtet. Die Aussichten auf eine Unterkunft
sollen nicht schlecht sein.

Spaziergang mit den Beiden auf den Waldwegen jenseits der
Straße hinüber auf die nach Bandol, wo ich mich von ihnen
verabschiedete und bei Schickeles vorsprach, um nach der Gesundheit des Vaters zu fragen, der an der grassierenden Erkältung laboriert. Er war ausgefahren.

Leichteres und aufgehellteres Befinden.

Abends äg. Details excerpiert.

Freitag den 25. VIII. 33

Unruhig geschlafen. Am Morgen die Nachricht (durch einen Brief von K.'s Mutter), daß *das Poschingerhaus mit Beschlag belegt* ist und von S.A. Leuten bewacht wird. K. teilte es mir, im Bette liegend mit, und ich wechselte die Farbe. Wir haben 18 Jahre dort gelebt. Die Dinge, die wir noch zu entfernen hofften, Flügel, Frigidaire, Tischwäsche, tägliches Silber etc., sind verloren. Es ist ein Kummer um alles Gute, womit wir es noch neuerdings ausgestattet, die Lüster, Borden und Wandbespannungen, die Sammtsessel der Diele, die Teppiche. Aber der Gedanke all dieses Verlustes ist ja nicht neu, und andere verlieren mehr. Dennoch geht die Bewegung recht tief.

Der Sturm hat sich gelegt, aber der Charakter der Luft hat sich doch vorherbstlich geändert.

Ich schrieb vormittags einen der Käthe R. mitzugebenden Brief an Bermann, dessen zweite Hälfte ich auf K's Rat noch änderte. Ich dringe nicht auf die Zurückhaltung des Bandes überhaupt, sondern auf seine Übergabe an Querido, wie auch Klaus es in seinem heutigen Brief durchaus verständig befürwortete. Der Augenblick ist für das Erscheinen in Deutschland gar zu unsinnig gewählt, Bermann muß das einsehen.

Ich übergab den Brief der Überbringerin, die nach Tische mit ihrer Schwester bei K. war und verabschiedete mich von [ihr], die nach Berlin zurückkehrt. Moni fuhr sie 3 Uhr nach Toulon. Ich hielt mich wieder im Garten auf und las die »Prager Presse«.

K. noch immer bettlägrig, zwar ohne Fieber, aber an geschwollenem Hals und Ohr laborierend. Der Arzt in Bandol, schon heute Morgen bestellt, versäumte sich, kam um 6, ein verständig wirkender Mann, der sich beruhigend äußerte: Die Geschwulst geht vom Halse aus, nicht vom Ohr, die Sache werde in etwa 3 Tagen beigelegt sein. Er gab Verordnungen.

Krankenbesuch von Meyer-Graefe, selbst erkältet.

Ich schrieb an P. Eisner von der Prager Presse und an Klaus. Später an Fiedler. Las den »Temps«.

Sonnabend den 26. VIII. 33

Zum Frühstück langer Brief von Dr. Heins über die Beschlagnahme des Hauses und die Stellungnahme der Politischen Polizei, der die Versendung der Kisten »unter einer Deckadresse« und die Tatsache bekannt ist, daß weitere Habe aus dem Hause genommen wurde. Aufstellung der Summe, über 97 000 Mark, die als Fluchtsteuer zu erlegen sei, wenn das Haus freigegeben werden solle. Man möge sich bedienen . . . K. entwarf, außer Bett, die Antwort an den Rechtsanwalt, den wir nicht weiteren Gefahren aussetzen dürfen. Ein weiterer an das Finanzamt, die Abmeldung enthaltend, muß abgefaßt werden. – Weitere, unbedeutende Post.

Gearbeitet bis fast zum Mittagessen; die letzten Seiten umgeschrieben.

Nach Tische Beratung mit K. und Golo in meinem Zimmer. Nachher, im Garten, Lektüre des »Tagebuchs« mit einem guten Artikel von Heinrich, aus seinem Buch.

Nach dem Thee mit K. den Brief an das Finanzamt verfaßt, dessen Absicht dahingeht, der Pol. Polizei und der Stadt die Schuld an der Situation zuzuschieben. Damit verbunden die Abmeldung.

Spaziergang mit Beidler und Frau, die zum Abendessen blieben. Er erzählte unterwegs, in der Arbeiterschaft Berlin sei vor dem Umsturz viel Stimmung für den Gedanken gewesen, mich als Anwärter auf die Reichspräsidentenschaft aufzustellen. – Es kam nach dem Essen noch Ilse D., und in die politischen und musikalischen Gespräche flocht sich Familiäres. Seine Entlassung durch den Schupooffizier: »Ich hoffe, Sie bald wiederzusehen, Herr Doktor. Es kommen auch wieder mal andere Zeiten!« – sehr erfreulich.

Sonntag den 27. VIII. 33

Die »Deutsche Akademie« fordert die Mitglieder ihres Senates auf, ihr Amt zwecks Gleichschaltung zur Verfügung zu stellen – was ich »mich beeilte« zu tun.

Erste Listen der Politiker und Schriftsteller, die der deutschen Staatsangehörigkeit verlustig erklärt sind, werden veröffentlicht. Einstein ist an der Spitze, auch Heinrich figuriert. Und welche Menschen sind es, die diese Ausschließung vom Deutschtum verfügen!

Weiter geschrieben. Nach Tische im Garten Druckproben des »Jaakob« durchgesehen, Titelblätter, Schlußnotiz, die auf die folgenden Romane hinweist. – In den »Zürcher Novellen« fortgefahren.

Zum Thee Heinrich, mit dem ich, nach einigem Briefdiktat, ausgedehnten Spaziergang machte.

Die Münchener Angelegenheiten haben durch die letzten Nachrichten einen neuen, eher heitereren Aspekt gewonnen. Leichte Möglichkeit, daß nach Zahlung von 97 000 Mark Haus und Inventar freigegeben werden. – Nun, die Rückschläge werden schon kommen.

Durch die deutschen Blätter soll die Nachricht verbreitet worden sein, ich hätte eine Professur in Straßburg angenommen.

Montag den 28. VIII. 33

K., gebessert, telephonierte mit Erika in Kilchberg, wegen der Form und des Titels, worunter die aus dem Haus entfernten Dinge unter Tennenbaums Adresse versandt worden seien, damit wir uns gegenüber den Behörden nicht in Widersprüche verwickeln. Eine vorläufige, möblierte Wohnung aufzufinden ist schwer. E. empfiehlt doch für die nächsten Monate Nizza.

Weiterer langer Brief von Heins, in der Schweiz besorgt und sichtlich anderen Geistes als der vorige, der wohl für die Behörde bestimmt war. Wohlwollende Stimmung gegen uns beim Finanzamt, die für die Entwicklung der Dinge nicht gerade das Bösartigste erwarten läßt. Genügt die geforderte Zahlung und wird nicht auf der Verbringung unseres auswärtigen Vermögens nach Deutschland bestanden, so ist eine friedliche Loslösung möglich, die unseren Aufenthalt in der

Schweiz begünstigen würde. Es fragt sich nur, wie lange ich es werde unterlassen können, gegen das Gauner-Regime öffentlich zu demonstrieren, das als solches aller Voraussicht nach durch den Reichstagsbrand-Prozeß aller Welt bloßgestellt werden wird, und es aufzufordern, auch mich aus dem Staatsverband auszustoßen, dessen Herren sie sind.

Etwas weiter geschrieben. Im Garten Zeitungen gelesen. Den 1914-Geist in Deutschland illustriert und illuminiert ein Brief, den der Verlag A. Langen an ein Prager Blatt gerichtet hat, das ein Buch zur Besprechung verlangt hatte. Er war wert, im Völkischen Beobachter abgedruckt zu werden, was auch geschah. –

Nach dem Thee Diktat an K.: u. a. an die Fremdenpolizei in Bern, wegen meiner Wiedereinreise.

Später in den Ort hinunter zum Haarschneiden. Traf nachher vor dem Café Prof. Heuser und seine Freundschaft Ulmers und Klausmaiers, saß dann mit W. Herzog Vermouth trinkend. Frau Marchesani kam dazu. Ob wir das Haus über Mitte September hinaus behalten können, hängt davon ab, ob Frau v. Storer über Marseille nach Kairo fährt oder nicht. – Valéry ist hier und soll mich »suchen«.

Fertigte den Brief an das Finanzamt aus.

Dienstag den 29. VIII. 33

Morgens gebadet. Das Wasser war sehr still und klar.

Großer Brief von Bermann über die buchhändlerischen Aussichten des »Ersten Romans«, woran er sehr herzliche Worte über das Werk knüpft. Dazu Mitteilung eines kleinen Aufsatzes, den er schon voriges Jahr über das Vorspiel geschrieben.

Weiter gearbeitet. Ich wünsche dies Kapitel abzuschließen, bevor der Umzug einfällt und ich zur Vorbereitung der Conférencen übergehen muß.

Im Garten Lektüre der »Weltbühne« und Beschäftigung mit

der Broschüre des tapferen Bonner Theologen Barth, die Bermann schickte.

Zum Thee Heinrich mit dem Schauspieler P. Graetz und
Frau. Dazu Frau Marchesani.

Fertigte Briefe aus und schrieb an Reisiger. Kurzer Spaziergang mit K. –

So schlimme Fliegenplage, daß man schon von ekelhafter
Kalamität sprechen kann. Schwüle und feuchte Witterung.

Las abends mit außerordentlicher Sympathie die Schrift von
Karl Barth, »Theologische Existenz heute«. Was für ein un-
erschrockener, braver und frommer Mann! Und wie symbolisch, wie nicht-nur-theologisch ist alles, was er sagt! Seine
ironische Höflichkeit gegen die deutschen Führer ist geradezu
amüsant. –

Die Fürstin M. Lichnowsky schrieb aus der Schweiz und
wünscht eine Begegnung.

Mittwoch den 30. VIII. 33
Gestern Abend fühlte ich mich ängstlich-unwohl von der
feuchten Schwüle und glaubte Fieber zu haben, was aber nicht
zutraf. Nahm ein Aspirin und schlief bald ein.

Heute vorm Frühstück gebadet. Neuer langer Brief von
Heins. Über die vorsorglichen Sicherstellungen durch das F. A.
in München: Das Haus, die Honorare bei allen in Betracht
kommenden und nicht in Betracht kommenden Verlegern
und die Bibliothek, soweit sie »an dritter Stelle« (bei Feist)
befindlich, sind beschlagnahmt. Das hindert nicht, daß sie nach
der Zahlung der großen Steuerforderung wieder freigegeben
werden, wenn keine Komplikationen sich ergeben. – Brief von
Erika, wenig ermutigend was Zürich betrifft. Das Braunbuch
über den Reichstagsbrand ist in der Schweiz beschlagnahmt
worden. Döblin ist ausgewiesen worden, man weiß nicht, warum. Er steht nicht einmal auf der Liste der Expatriierten. –
Meine Gedanken sind also wieder vornehmlich nach Nizza
gerichtet.

Bis 1 Uhr gearbeitet. Im Garten Keller gelesen.

Die Fliegen-Heimsuchung unvermindert.

5 Uhr mit K. zu Fuß zu Schickeles, wo wir verharrten. Nachher schöne Spazierfahrt in ihrem Wagen: von der Straße nach Le Bausset links ab, über einen verfallenen Ort nach Cyr und von dort nach Bandol und Sanary zurück. – Die Abende sind nicht kühl, aber sehr feucht, sie machen transpirieren und sind sehr erkältungsgefährlich. Viele Leute haben Halsschmerzen.

Briefe: von Bermann, der die Argumente und Wünsche meines Courier-Briefes ablehnt, an der Herausgabe des Bandes festhält und einen guten Verkauf meiner Bücher gerade in den letzten Wochen mit Ziffern belegt. Ferner von Brüll, Klaus und Feist.

Ich schrieb einen Abschiedsgruß, für eine Ehrenmappe bestimmt, an Fischers Frau Rosenbaum, die nach Palästina auswandert.

Von Fischer kamen bestellte Bücher: Don Quixote und die schöne, sechsbändige Poe-Ausgabe des Propyläen-Verlages. Ich suchte die scharfsinnig-phantastische Geschichte von der »Sphinx« auf und las sie K. und ihrer Cousine vor. Las dann für mich Weiteres.

Donnerstag den 31. VIII. 33

Nach Meerbad und Frühstück recht mühsam gearbeitet. Lange im Philosophisch-Analytischen hängen geblieben.

Zum Mittagessen E. A. Reinhardt aus Le Lavandou, der uns dringend die Besichtigung eines dortigen, billig zu mietenden und sehr schönen Hauses empfahl. Der Besuch für Anfang nächster Woche in Aussicht genommen. Mit R. im Garten. Nach seiner Abfahrt zu Schickeles las ich die Zeitungen.

Brief von Wassermann, der nach meinem Verhalten in Sachen des Reichsverbandes fragt und von seiner schweren Lage berichtet. Er wohnt jedoch im Baur au lac, wenn er nächstens Zürich besucht.

Nachricht von dem durch ein Automobil-Unglück herbei-
geführten Tod des jungen Leo Ferrero, Sohn Guglielmos.

Nachricht von der Ermordung Th. Lessings in Marienbad
durch Nationalsozialisten.

Schrieb an Wassermann und Bermann.

Spaziergang mit K.

Abends französischer Kondolenzbrief an Ferrero.

Freitag den 1. IX. 33
Mit besonderen Empfindungen verfolgt man unter diesen Umständen den Hingang der Monate.

Heute ist das Wetter schwül und zeitweise bedeckt, obgleich,
als ich mittags die Badenden am Meer besuchte, ein erfrischen-
der Seewind ging.

Ich arbeitete zur Zufriedenheit. Las im Garten nach vielen
Jahren wieder einmal den »Fall des Hauses Usher«, der zu meinen frühesten Eindruckstraditionen gehört. Hanno B. zitiert
ihn, und es fielen mir Einzelheiten auf, die ich nachgeahmt
habe: Das Hindurchgehen der Lady im Hintergrunde des
Zimmers ist das der Pastorin Höhlenrauch in »Tristan«.

Über Th. Lessings Ende noch keine weiteren Nachrichten.
Die beabsichtigte erschreckende Wirkung wird nicht ausbleiben. Prag, Paris, Amsterdam mögen sicherer sein als Marienbad oder Basel, aber Schwarzschild und die Leute der »Weltbühne« werden sich kaum ihres Lebens sicher fühlen. Mir
graust vor einem solchen Ende, nicht weil es das Ende, sondern
weil es so elend ist und einem Lessing anstehen mag, aber
nicht mir. – Deutsche Grenzverletzungen überall: an der belgischen, schweizerischen, tschechoslowakischen Grenze. Sie
werden, wie es heißt, zu Vorstellungen führen.

Abendspaziergang mit Beidlers, die zum Essen blieben; dazu Ilse D. . Gespräch über den zu schreibenden Roman der
Sphäre Wagner-Liszt-Cosima-Nietzsche, ein höchst interessantes Thema, der komplizierteste, weitschichtigste europäisch-
deutsche Gegenstand. Die Antipathie zwischen Liszt und sei-

nem Schwiegersohn (sehr ausgesprochen). Die europäische Geistigkeit Liszts gegen das deutsche Wachstum Wagners aus dem Kleinbürgerlichen. Die Liszttochter, geistig mondän und nicht-deutsch (um nicht zu sagen »undeutsch«) von Geburt, trägt einerseits katholisch-weihrauchhaftes in die Wagner-Sphäre hinein, inspiriert oder schreibt selbst aber auch die antisemitischen und deutschnationalistischen Artikel des späten Wagner in den Bayreuther Blättern. Dazu der aus Pfarrhaus, Humanismus, Professorentum durch Krankheit ins Europäisch-Deutschfeindliche genial ausgeartete Nietzsche. – Ich las im Anschluß an das Gespräch meinen Wagner-Aufsatz wieder.

Sonnabend den 2. IX. 33
Gebadet und einen Schritt weiter gearbeitet.

Es kam die von Klaus redigierte »Sammlung«, erstes Heft.

Las im Garten das »Tagebuch«, das ungleich besser und interessanter geschrieben ist als die »Weltbühne«.

Zum Thee fuhren wir zu Huxleys, wohin Valéry und seine Gastgeberin kamen. Große Ermüdung durch die stundenlange französische Konversation und ihr Ungenüge. Zur Erholung Spaziergang mit K., während dessen wir den Wagen stehen ließen.

Las abends »William Wilson«. Die Poe-Lektüre paßt besser zu der vorgesehenen Faust-Novelle, als zum Joseph, für den ich den Don Quixote lesen will.

Sonntag den 3. IX. 33
Sehr schöne Spätsommertage jetzt bei schon wieder fast vollem Mond. – Die »Neue Rundschau« kam, ich las abends Mehreres darin. Ein Leitaufsatz von K. Schrempf, bejahende Erläuterung des nationalen Amoklaufs durch Wirtschaftsgeschichte. Binding übersetzt eine Rede des Perikles auf die Gefallenen, ohne große Anfangsbuchstaben – harmonisé. Im Anschluß an das Gespräch mit Beidler interessierte mich der Briefwechsel Liszts mit der Gräfin d'Agoult.

Zwischen der oft hysterischen Gekränktheit der Emigranten-Journalistik und der submissiv und am »Wiederaufbau« mitwirkenden deutschen Schriftstellerei muß man seinen nachdenklichen Weg finden. Eindruck, zweifelnden, machte mir Schrempfs Ausspruch, daß das herrschende Prinzip das defensive der Sicherheit sei und, »wenn der erforderliche Rüstungsausgleich zugunsten Deutschlands *rechtzeitig* und *rechtmäßig* (?) durchgeführt werde, für den Rest des Jahrhunderts nichts unwahrscheinlicher sei als ein europäischer Krieg«. Er fügt hinzu, daß es jedenfalls nur ein Krieg der Verzweiflung, nicht der Hoffnung sein werde. – Ein Aufsatz voller Halbrichtigkeiten, die dienen müssen, die Geschehnisse zu rechtfertigen. Im Grunde historische Bedientenhaftigkeit. Der Einzige Trost im Anblick all dieses Auf dem Bauch liegens ist die Schrift des Theologen Barth. Ein anderer, Dibelius, nimmt immerhin, bei größerer Nachgiebigkeit, den Protestantismus ebenfalls gegen Staat und Nationalsozialismus in Schutz. Nur in dieser Sphäre und von dieser Seite hier scheint ein gewisser Widerstand, ein gewisses Sich aufrecht halten möglich.

Die Prager Blätter voll von dem Mord an Lessing und dem Zorn darüber. Die deutsche Presse hat ihn mit Zustimmung aufgenommen.

Zum Thee nebenan bei Golls, später Spaziergang mit dem Ehepaar, dabei Begegnung mit Schickeles, Meyer-Graefes und Simons.

Zuschrift von H. Kesten aus Sanary.

Montag den 4. IX. 33
Allerlei Post, darunter eine Karte von Vossler aus Santander, wo er an einem internationalen Kongreß teilnimmt: »Ein Lichtblick in der Finsternis«.

Fischer schickte noch einmal Revisionen mit dem Inhaltsverzeichnis des Bandes.

Lektüre der »Weltbühne« und des »Temps« mit einigermaßen scharfem Leitartikel über den Nürnberger Rummel und

das Elend der Hitler-Rede. Eine neue Friedensrede des »Volkskanzlers« steht bevor, die wahrscheinlich weniger guten Glauben finden wird als die erste.

Zum Thee Heinrich, H. Kesten, Monsieur Aron und Ilse D.
Unterhaltung im Garten, dann Spaziergang mit K., Heinrich
und Ilse D.

Schrieb an die Herz.

Auch ein Brief von Rechtsanw. Heins kam wieder, worin
er sich mit dem meinen an das Finanzamt einverstanden erklärt. Die Idee der friedlichen Lösung durch Zahlung von ca
100 000 M, worauf die beschlagnahmten Werte freigegeben
werden sollen, wird aufrecht erhalten. Feist schrieb aus Holland, daß er die amtliche Benachrichtigung meiner bei ihm
liegenden Auswahl-Bibliothek erhalten habe.

In der »Weltbühne« Bemerkung über die Schriftsteller, die
»noch kein Wort gegen die Hitlerei« gefunden haben. Die
journalistische Provokation ärgert mich.

Dienstag den 5. IX. 33
Schönes, klares Bad. Übte mich etwas im Schwimmen.

Gestern und heute fehlgearbeitet; beschäftigte mich noch
nachmittags im Garten mit der Verbesserung. Joseph muß
in der Verkaufsszene mit dem Vorsteher noch einmal zum
Sprechen kommen und Schönes sagen. Benutzung des Gute-
Nacht-Motivs im Hinblick auf das von Gott veranlaßte Sterben Mont-kaws, dem Joseph noch zuletzt Gute Nacht sagt.

Während der Arbeit ruft Prof. Saenger von Paris an und
erklärt, daß er mich dringend sprechen müsse. Offenbar vom
Verlage gesandt, wird er heute Abend nach Marseille fahren
und morgen hier eintreffen. Man ist einigermaßen gespannt.

Die ersten Hefte einer neuen Pariser Kunstzeitschrift in reicher Ausstattung trafen ein: »Minotaure«, inspiriert vom
Primitivismus, Religionsgeschichte, Mythologie und Psycho-
analyse: einen Interessenkomplex, dessen Popularität seit dem
Zeitpunkt im Anwachsen ist, wo ich mein Buch konzipierte

und vielleicht in dem Augenblick auf die Höhe des Allgemein-
interesses kommt, wo der »Joseph« zu erscheinen beginnt.
Schriftstellertum ist Sensitivität und ein Voransein um 5 bis
10 Jahre.

Zum Abendessen fuhren wir zur Marchesani, wo wir
Schickeles, Dr. Uhde aus Paris, Eva Herrmann u. a. vorfan-
den. Nach dem Essen zahlreiche weitere Gäste, darunter Frau
Stieler, Frau Franz Hessel u. ihr junger Sohn, Huxleys u. a. .
Unterhaltung mit Uhde über Deutschland. Wir gingen auf
meinen Wunsch bei Zeiten, ½ 11 Uhr und tranken noch
Lindenblütenthee zu Hause.

Mittwoch den 6. IX. 33
Früh auf und gebadet. Während der Arbeit Ankunft Geheimr.
Saengers. Es handelte sich, wie erwartet, um die Ankündigung meiner Mitarbeit an der »Sammlung«, wodurch der
Jaakobsband gefährdet und der Fischer Verlag in seinen
Grundfesten erschüttert sein soll. Stundenlange Auseinandersetzung hierüber vor und nach dem Essen, unterbrochen von
Erörterungen des deutschen Zustandes und des Verhältnisses
der Welt dazu. Die Bedrohung soll jetzt überall stark empfunden werden. Aber ob man sich zum Notwendigen aufraffen
wird, ist zweifelhaft, ja unwahrscheinlich, trotz fieberhafter
deutscher Aufrüstung. Vieles andere, das ganze Elend, wurde
besprochen. In meinen Angelegenheiten erfuhr ich, daß die
Stimmung für das Buch sogar außerordentlich, die Nachfrage
stark ist u. tausende von Vorbestellungen eingehen. Das erneuerte künstlerische Ansehen eines Verfehmten wäre für Viele
Genugtuung und Wohltat. Ich erwies ein mögliches Entgegenkommen, indem ich das Telegramm an Bermann diktierte, das
sogleich abging u. mit dem ich mir nichts vergebe.

Merkwürdig die Äußerung Suhrkamps, des Redakteurs der
Rundschau, die Sache werde mit der Aufteilung Deutschlands
enden. So wird im Lande gedacht – und so geschrieben.

Telegramm von Erika, ein sehr schönes und passendes Haus,

möbliert, sei für den Vorzugspreis von 550 Franken monatlich gefunden. Dilemma: die Unsicherheit und kulturelle Abhängigkeit der Schweiz, das Vorsichtsschweigen, das mir der Aufenthalt dort auferlegen würde, und das jede Gefahr nicht einmal ausschalten würde. Warnungen Heinrichs, denen Saenger sich weitgehend anschließt. Ein Brief Erikas, Nachrichten aus Nizza und das Schweizer Einreise-Visum bleiben abzuwarten.

Donnerstag den 7. IX. 33
Die Gewohnheit des morgendlichen Schwimmbades vom Steg (bei ruhigem und klarem Wasser) ist mir lieb geworden.

Weiter gearbeitet, besser als gestern, wo ich gestört wurde.

Anruf Saengers, der im lärmenden Toulon eine schlaflose Nacht gehabt.

Lektüre der »Europäischen Revue« des sehr widerwärtigen Prinzen Rohan, – eine hochgradig unzuträgliche, nervenvergiftende, zugleich empörende und niederschlagende Beschäftigung, geübt aus Selbstquälerei und dem vielleicht schwächlichen Willen, die andere Seite zu hören und ihre »Gedankengänge« zu kennen. Man spricht in der E. R. wenigstens nicht von einer Revolution, sondern von der »nationalen Gegenrevolution«, die aber von Herausgeber und Mitarbeitern als großer Auf- und Umbruch und als führend für Europa gefeiert wird. Daß das Staatsleben sich ändert während eines 60 jährigen Lebens ist klar. Warum sollte mir das Haß und Abscheu erregen? »Fascistische«, autoritäre Methoden, national betont, beginnen überall die alten, klassischen Formen der Demokratie abzulösen. Warum macht man daraus ein besonderes deutsches Mysterium, und warum erhebt Deutschland dabei den Anspruch den Führer und Retter der Welt zu spielen? Nach den anti-demokratischen Umwälzungen in Rußland und dem geistig unbedeutenden Italien folgt Deutschland mit der seinen, die die Machtergreifung seiner geistig am tiefsten stehenden Bevölkerungsschicht, der verelendeten und haßerfüllten Kleinbürgermassen bedeutet, erst an dritter Stelle. Was hat es voraus? Soll an der verdreckten Mystik, der verhunzten Lebensphilosophie, die es in die Bewegung mischt, die Welt genesen? Weil die im Gange befindlichen Veränderungen in der politischen Technik und Führung dort die Gestalt einer totschlagesüchtigen Bluts- und Kriegsreligion annehmen, deren moralisches und geistiges Niveau das elendeste seiner Geschichte ist? Ressentiment und Größenwahn vereinigen sich zu einer Weltgefahr, im Vergleich mit welcher der Vorkriegs-Imperialismus die Unschuld selbst war. Auch dieser prinzliche Kellner versichert, daß dieses Deutschland Europa ebenso friedlich organisieren werde, wie es die Macht im Innern »in den Bahnen der Verfassung« erlangt habe. Aber es ist das einzige Volk Europas, das den Krieg nicht fürchtet und perhorresziert, sondern ihn vergöttert und das mit seinem totalitären Staat nichts anderes bezweckt, mit allem, was es in diesem halben Jahr getan hat, nichts anderes vorbereitet hat, als den Krieg, den es vielleicht nicht wollen will, den es aber seiner Herkunft und Natur nach wollen muß. Das – teils bewußte, teils unbewußte – Programm ist klar: Erst Niederschlagung des »inneren Feindes«, d. h. all dessen, was im Innern dem Kriege entgegenstand (es war zugleich die Rache am eigenen Volk für den angeblich durch dieses Volk verlorenen Krieg) und dann – –. Was dann kommen soll, weiß man nicht, es ist nicht absehbar, und man leugnet, daß man es will. Aber heimlich erhofft, ersehnt man es als das geliebte Chaos – eine Liebe, durch die man sich zur politischen Weltführung berufen fühlt – und rüstet sich offen aus allen Kräften dafür. – Das alles ist überhaupt nicht zu leugnen, es ist die Wahrheit. Aber wer ihr die Ehre gibt, der ist nach den Amokläufern der E. R. nur eben nicht mehr fähig, »den Sprung aus dem Gewordenen ins Werdende zu wagen«.

K. wieder fiebrig und zum Teil bettlägrig. Kummer.

Zum Thee Annette Kolb, die wir zuletzt in Basel gesehen. Nach dem Abendessen fuhr ich mit Golo nach St. Cyr zu

Meyer-Graefes, wo wir Annette wiedertrafen, außerdem Schickeles. Der Hausherr las zwei Künstlergeschichten vor. Unterhaltung über die schwebenden Fragen, auch über die Angelegenheit der »Sammlung«, die für das Haus Fischer ein Schlag und für den Jaakobsband eine ernste Gefahr zu sein scheint. Übrigens hat Klaus uns mit der Aufnahme des Artikels von Heinrich ins erste Heft einen Streich gespielt. – Ich teilte die heute erhaltene Karte »eines Nationalsozialisten« aus München mit, in der ich »gewarnt werde, je wieder deutschen Boden zu betreten«. Die Klein-Kaufmannsschrift ist charakteristisch. Las auch einige Stellen aus der Broschüre von Barth vor. Hatte einen nervösen Beklemmungsanfall.

Habe den »Don Quijote« wieder zu lesen begonnen und will ihn diesmal durchführen. – Erst ½2 Uhr ins Bett.

Freitag den 8. IX. 33

K. bettlägrig mit Fieber und Rückenschmerzen.

Wenig gut gearbeitet; erregt, überreizt.

Nachmittags geschlafen.

Briefe von Lewandowski wegen der holländischen Tournee und von Stybel, Tel-Aviv, wegen der hebräischen Übersetzung des Jaakobsbandes. Beantwortete diese Zuschrift nach dem Thee u. gab Weisung, die korrigierten Bogen dorthin zu schicken.

Im »Prager Mittag« sehr zweifelhafte Äußerung Joseph Roths an die Adresse der in Deutschland gebliebenen Verleger, teils geschmacklos, teils denunziatorisch. Alkoholisches Emigrantentum.

Abendspaziergang mit Medi.

Las abends in einer fränkischen Nazi-Zeitung, die man mir sonderbarer Weise geschickt hat, die Rede des »Führers« über Kultur. Erstaunlich. Dieser Mensch, Exponent der kleinen Mittelklasse mit Volksschulbildung, die ins Philosophieren geraten ist, ist wahrhaftig eine kuriose Erscheinung. Gar kein Zweifel, daß es ihm, im Gegensatz zu Typen wie Göhring und

Röhm, nicht um den Krieg, sondern um »die deutsche Kultur«
zu tun ist. Die Gedanken, die er darüber, hilflos, sich immer
wiederholend, unter beständigen Entgleisungen und in einem
erbarmungswürdigen Stil, aneinander reiht, sind die eines hülflos bemühten Klippschülers. Sie könnten rühren, wenn sie
nicht von so grauenhafter Unbescheidenheit zeugten. Nie haben die Mächtigen, die Tatmenschen des Weltgeschäftes, der Politik sich angemaßt, auf diese Weise die Lehrer eines Volkes, ja
der Menschheit zu spielen. Weder Napoleon, noch Bismarck
haben das getan. Sie haben eine Ordnung, eine Grundlage
geschaffen, nach ihrer Vision erzwungen, auf der das höhere,
geistige Leben, Wissenschaften u. Künste, dann blühen oder
nicht blühen mochte. Sie haben von diesem geistigen Leben
staatlich gefördert u. ausgezeichnet, was ihnen nützlich schien
und auch gewaltsam unterdrückt, was ihnen entgegen war.
Aber nie haben sie vom Katheder herab der Nation eine Kul-
turtheorie, ein Kulturprogramm dozierend vorgeschrieben, obgleich ihre geistige Capazität sie unvergleichlich mehr dazu
befähigt hätte als die dieses armen Burschen. Freilich, sie kannten noch nicht den »totalen Staat«, der nicht allein eine Macht-
grundlage, sondern alles umfassend ist und auch die Kultur,
ja vor allem sie, kommandiert, der weiß wie sie sein soll und
sie, diktatorisch, ausschließlich und ohne Widerspruch das
Wort führend, auf seine in heißem Ringen autodidaktisch und
durch schrecklich lückenhafte Lektüre erworbenen Begriffe reduziert. Der totale Staat ist unter allem anderen der Staat
Platos, in dem die Philosophen *regieren*, – ein Philosoph, ein
von der Zeit geistig umgewirbelter und von ihrer leidenden
Unordnung zur Macht getragener Handwerker, der seine
Hysterie mit Künstlertum, seine hülflose Angeregtheit mit
Denkertum verwechselt und es ohne Skrupel und Zweifel
unternimmt, einem Volk von der geistigen Vergangenheit des
deutschen seine stümperhaften Meinungen aufzudrängen. Der
Nationalsozialismus ist eine Philosophie... Erinnert man
sich, mit welcher bescheidenen Ehrerbietung der Gewerkschaft-

ler Ebert sich den kulturellen Dingen näherte, so erkennt man, welchen grausigen Weg die Demokratie seitdem genommen hat.

Sonnabend den 9. IX. 33

Nachts ausgiebiger Regen. Vormittags wärmere Kleidung.

Brief von Erika über das Haus bei Küsnacht, das einer Architektin gehört, sehr geräumig, bequem und schön ist und uns vorläufig bis April zu billigem Preis zur Verfügung steht. Die Person der Besitzerin zeigt auch den Weg, mit der Zeit zur eigenen passenden Heimstätte zu kommen.

Diskussionen mit K. und Golo über die Frage Nizza oder Zürich.

Benachrichtigung von der Berner Fremdenpolizei, daß mein Paß mit dem Einreise-Visum mir vom Marseiller Konsulat zugeht.

Der Gauner David Ewen veröffentlicht in einer amerikanisch-jüdischen Zeitschrift ein langes Interview mit mir, in dem er einfach seine eigenen Meinungen vorträgt, die er mir zuschreibt. Er führte sich als Musikschriftsteller und Verehrer ein, den es verlangte, mir die Hand zu drücken, ohne eine publizistische Verwertung unserer Unterhaltungen im Geringsten in Aussicht zu stellen. Eine krasse Erfahrung.

Nach dem Thee Briefe diktiert. Es kamen Schickeles, sich nach K.'s Befinden zu erkundigen. Ich machte mit ihnen eine Spazierfahrt im Dunkeln nach Bandol.

Starke militärische Sicherungen an der oesterreichisch-deutschen und schweizerisch-deutschen Grenze infolge zahlreicher Zwischenfälle, die zu diplomatischen Auseinandersetzungen geführt haben. Scharf geladene Karabiner der Schweizer Grenzwachen. Alles wehrt sich vor dem bissigen Hunde in der Mitte Europas, einem fanatisierten, schauerlich überreizten Volkswesen im Zustande des nationalen Orgasmus, das die Welt rings umher zu größter Vorsicht zwingt.

Sonntag den 10. IX. 33
Nachts Gewitter und Regen. Unruhig geschlafen, müde gearbeitet.

Briefe von Frank (aus Lugano) und Reisiger.

Falscher Wind, schlechtes, bedrückendes Wetter.

Im Garten das »Tagebuch« gelesen. Schilderung des Konzentrationslagers Oranienburg von einem Kenner. Nicht übel. Die Rückseite der Kultur-Führer-Rede – oder »Wo viel Licht ist, da ist viel Schatten«.

Beklommen und unruhig. Nervös durch die bevorstehende Entscheidung, die wohl für Zürich fallen wird. Übrigens ist es ein Versuch und nicht bindend. Erweist sich die Atmosphäre als unmöglich, können wie immer nach Frankreich zurückkehren.

Neuer Brief von Heins. Das Münchner F. A. verweigert eine Ermäßigung der Fluchtsteuersumme, wenn nicht Neuaufstellung des Vermögens erfolgt. Diese können wir nicht zugestehen, während nach K.'s Meinung die glatte Zahlung einer so hohen Summe ebenfalls die »friedliche« Abwicklung des Geschäftes gefährden müßte. Ich bezweifele das.

Beim Thee Besuch von Prof. Heuser und seinen Gastfreunden Ulmer. Langweilig.

Später Beidlers, mit denen ich spazierenging. Begegnung mit Feuchtwangers. Nach dem Abendessen las Beidler eine Kundgebung gegen den deutschen Mißbrauch des Namens Wagners vor, die er, als ältester Enkel, durch eine Correspondenz verbreiten lassen will.

Montag den 11. IX. 33
Gestern Abend war ich erregt und verstimmt, da K. andeutete, daß auch Golo, wie seine Geschwister, eine Äußerung von mir gegen das Hitler-Deutschland herbeisehne. Ich besprach die Sache heute Morgen mit K.. Sie stimmte mit mir überein, daß man wissen müsse, was man will, und daß, da nun einmal nächsten Monat der Roman in Deutschland erscheinen soll, ich jetzt dem Verlage nicht in die Quere fahren darf.

Unser Entschluß, in die Schweiz überzusiedeln kommt hinzu. Eine Antwort von der Hausbesitzerin in Nizza blieb auch heute Morgen aus. Ich ermächtigte daher K., an Erika zu telegraphieren, daß wir das Küsnachter Angebot annehmen und ca am 25. in Zürich eintreffen werden. Es ist vorgesehen, daß Golo, Moni und Bibi mit dem Mädchen Maria den Wagen benutzen, und daß ich mit K. und Medi für ein paar Tage ins Hotel gehe. Der Versuch, auf dem uns natürlichen Kulturboden zu leben, muß gemacht werden. Es gilt die atmosphärische und finanzielle Möglichkeit zu erproben. Auch ist es mir interessant, bei Erscheinen des Buches in deutscher Sphäre zu sein. Dabei handelt es sich um ein zugleich komfortables und provisorisches, nicht bindendes Unterkommen, das leicht wieder aufzugeben ist. –

Oststurm, meist trüber Himmel, schwühl und durch den Wind kühl zugleich.

Ich setzte mit der Erzählung aus und schrieb an einem Brief an den »Intransigeant« zur Antwort auf die Frage »Que pensez-vous de la France?«, wobei ich sofort wieder Gefahr laufe, zu aggressiv gegen das deutsche Unwesen zu werden.

Die Kleinen erhalten von Prof. Goll nachmittags französischen Unterricht. – Las die »Weltbühne«.

Dienstag den 12. IX. 33

Tag der Niedergeschlagenheit. Schwüle, lastende Witterung. Absage der Besitzerin des Nizzaer Hauses. Das Ganze entpuppt sich als ein von K. Wolff genährtes Mißverständnis. Gleichzeitig Telegramm Erikas, daß das Küsnachter Haus plötzlich verkauft worden. Immerhin steht ein anderes, größeres und etwas teureres zur Verfügung.

Schrieb den Brief an den »Intransigeant« zu Ende, indem ich ihn abkürzte und milderte.

Das Braunbuch über den Reichstagsbrand kam. Gab die Beschäftigung damit bald wieder auf.

Telegramm Saengers: »Aus guten Gründen« sei weiteres

Abrücken von der »Sammlung« notwendig. Empörende Erpressung, für die man in Berlin, wo die Furcht vor dem Verbot des Buches und dem Ende des Verlages alles beherrscht, kein Gefühl hat. Fuhr ½5 Uhr mit K. zu Schickele, um mich mit ihm zu beraten. Dieselbe Lage ist bei ihm durch den Wegfall der persönlichen Beziehungen einfacher, und er ist Bermann stark entgegengekommen. Quälendes Schwanken zwischen Ablehnung und Nachgiebigkeit. Schrieb endlich: »Muß bestätigen, daß Charakter ersten Heftes Sammlung nicht ihrem ursprünglichen Programm entspricht«, und K. besorgte das Telegramm, mit dem ich mir schon viel vergebe, und das dabei nicht genügen wird.

Bedrücktes Gespräch über die Unmöglichkeit richtigen Verhaltens, dem notwendigen Versagen vor der Bestialität. Über das Bedürfnis nach geistiger Freiheit und Seelenruhe, Fernhalten von der Ressentiment- und Verzweiflungsliteratur. Man ist nicht dazu geschaffen, sich in Haß zu verzehren.

Kurzer Spaziergang mit K., die ich allein nach Hause fahren ließ, um den Rückweg zu Fuß zu machen. Häufiges Wetterleuchten.

Fand zu Hause Heinrich mit seiner ordinären Freundin vor, die meiner Müdigkeit und Nervosität sehr unwillkommen waren. Sie blieben zum Abendessen.

Las Don Quixote.

Mittwoch den 13. IX. 33
Sorgenvolle Tage. Brief von Rechtsanw. Heins, daß das F. A. die 60 000 M unverkäuflicher Amnestie-Anleihe nicht annehmen will, sodaß für die Lösungssumme nicht Mittel genug da wären. Erörterungen über Auswege und Brief K.'s.

Erika schreibt über das große Ersatzhaus, in dem es an Wäsche u. Silber fehlt. Ihre Erfahrungen mit Zürich sind nicht günstig, ihre Arbeits- u. Verdienstunternehmungen durch einsässige Eifersucht gefährdet, sodaß sie eher dahin einlenkt, uns zu Nizza zu raten. Wir bleiben aber bei Zürich für diesen

Winter und depeschierten, daß wir am 22. eintreffen wollen, um zunächst ins Hotel zu gehen.

Schrieb ausführlich an Bermann in Sachen der Sammlung.

Der italienische Übersetzer Sacerdote schickt einen Fragebogen.

Zum Thee Ilse D. und Frau Marguesani. Ich schrieb später ausführlich an Klaus in der Angelegenheit der Zeitschrift und ging mit K. zur Post hinunter, die Briefe zu besorgen.

Feuchte Schwüle.

Der Zeitungsverleger R. Mosse, mit Kriegsauszeichnungen bedeckt, kürzlich verhaftet, ist, wie der »Temps« meldet, jetzt in verlötetem Sarge, als Leiche seiner Familie zurückgegeben worden.

Der Temps meldet auch den Selbstmord des jüdischen Professors Forster, Psychiater der Universität Greifswald, der von seinem Amt suspendiert worden war.

England, Frankreich und Amerika scheinen ziemlich einig zu sein darüber, daß Frankreich gerüstet bleiben muß und daß die Aufrüstung Deutschlands zu kontrollieren ist. Wutausbrüche der deutschen Presse.

Plump heuchlerische Friedensrede des Göbbels, von jener »Taktik« bestimmt, mit der diese Menschen bisher Erfolge gehabt haben.

Ein vor einem Jahr geplantes kommunistisches Attentat auf Hitler soll entdeckt worden sein. Es mißglückte, weil der Rotfront-Bund einen Mann dazu angestellt hatte, der mit dem Revolver nicht umzugehen verstand. Die Lüge ist von gewohnter Faustdicke, aber sie wird gewiß einem Dutzend Kommunisten das Leben kosten.

Donnerstag den 14. IX. 33

Wohltat des Phanodorms: Ich konnte gestern der feuchten Schwüle und des Mückensingens wegen nicht einschlafen, nahm ½2 Uhr eine Tablette und schlief von der nächsten Viertelstunde an, auf dem Rücken liegend, bei brennender

Lampe, bis ½8 Uhr. Übrigens ist etwas Müdigkeit zurückgeblieben, da das Mittel zu spät genommen wurde.

Trotzdem leichter gesinnt. Gebadet. Die Roman-Arbeit wieder aufgenommen (Potiphar).

Artikel der »Prager Presse« über das Braunbuch. In Paris
Riesendemonstration gegen die in Deutschland bevorstehende
Justiz-Schweinerei. Die beiden vom Reichsgericht abgelehnten
Verteidiger haben gesprochen. Es war das Vorspiel zu der
Londoner Verhandlung, die der Leipziger um einige Tage vor-
angehen wird. Man darf gespannt darauf und auf die Welt-
wirkung sein.

Nach dem Thee Briefe diktiert, besonders an Sacerdote. –
Fühlte mich recht schlecht und lag eine Weile auf dem Bett,
bevor ich mich [für] die Abendgesellschaft rasierte und um-
kleidete, die wir gaben: Seabrook, Mrs. Worthington, Annette
Kolb und Heinrich kamen zum Essen, das sehr gut war; mein
Befinden hatte sich wiederhergestellt, und der Abend verlief,
französisch-deutsch, ganz amüsant.

Freitag den 15. IX. 33
Reinere Luft, reiner Himmel. Später auf und vorm Frühstück
einige Schritte gegangen. Dann bis 1 Uhr gearbeitet.

Ergreifender Brief von I. Herz über ihr Leben in dem extrem antisemitischen Nürnberg.

Las im Garten Don Quijote.

Zum Thee Arnold Zweig mit Familie, die nach Palästina
übersiedelt, während er noch hier bleibt, um sein Buch zu be-
enden. Unterhaltung im Garten und Abschied.

Schrieb an A. M. Frey.

Ging zur Post hinunter, um Briefe zu versorgen. Traf auf dem
Rückweg Schickele, der kam, mich wegen der Antwort an den
Intransigeant zu beraten, die ich milderte und couvertierte.

Secker schickte die englischen Ausgaben meiner Bücher, einschließlich des neuen »Past Masters«. Sie sind zum Geschenk
für Seabrook bestimmt, und ich versah sie mit Widmungen.

Sonnabend den 16. IX. 33

Schönes Spätsommerwetter. Zeitig auf und gebadet. Während der Arbeit Besuch von M. u. Mme. Luchaire. Gespräch über den Fischer Verlag und Deutschland.

Allerlei Post, von der Kurz nachgesandt. In einem Brief an die Kinder berichtet sie, daß Bertram angerufen und nach einiger Aufklärung über die Lage seinen Besuch für heute angekündigt habe. Erstaunlich. Diese Naivität geht weit.

Las im Garten das »Tagebuch«, worin ein Auszug aus einem energischen Artikel der Neuen Zürcher Zeitung, z. Z. in Deutschland verboten, und ein schöner Aufsatz von Heinrich über die Erniedrigung der Intelligenz erfreulich waren.

Tiefe Verstimmung über die neue Ausgabe der Revue Franco-Allemande, die wirkt, alsob sie vom Berliner Propaganda-Ministerium aufgekauft wäre. Empörende Torheit.

Wir gingen nach dem Thee zum Hotel de la Tour hinunter, wo Medi und Bibi mit dem Cellisten Lantzof konzertierten. Ein Stück von Bach und ein Trio von Beethoven wurden von Frau Schickele und Sohn, Frau Lantzof, Ilse Dernburg, Annette Kolb und uns dankbar angehört. Die Kinder bekamen Blumen und Chokolade.

Anschließend ausgedehnter Spaziergang mit K., Medi und Ilse D. von Sifour landeinwärts. Im Spätlicht schöne Landschaftsbilder. Im Dunkeln Rückkehr auf unseren Hügel.

Las abends Novellen von Poe.

Der Privatprozeß in London ist im Gange. Aussagen über die Unmöglichkeit der Brandstiftung im Reichstag durch Kommunisten. Der nationalsozialistische Verteidiger der Berliner Angeklagten ist im Flugzeug in London eingetroffen und wohnt den Verhandlungen bei. Ein sonderbares Informationsbedürfnis. Gleichzeitig meldet der »Temps«, daß »Minister« Göbbels mit der deutschen Delegation nach Genf gehen wird – nach seiner Bloßstellung durch das Braunbuch und der voraussichtlichen Vollendung dieser Bloßstellung durch den Prozeß! Wird man apathisch genug sein, ihn zu dulden?

Sonntag den 17. IX. 33

Trübes, kühleres Wetter. Nach Bad und Frühstück weiter gearbeitet und die erste Potiphar-Szene abgeschlossen.

Außerordentlich träge Verdauung. Seit Tagen konstipiert. Nahm Eumydrin außer dem Magn.-Perhydrol.

Las nachmittags die »Weltbühne«, die den Ausgang des Leipziger Prozesses als entscheidend für das Verhalten der kapitalistischen Welt zum Hitler-Regime hinstellt. Wenn Torgler »gestehe«, was leicht möglich sei nach einer Kur von ½ Jahr, so werde alle Kommunistenangst zu Hitler schwören. – Ferner über die chemische Kriegsvorbereitung Deutschlands.

Aufbruchsunruhe beginnt sich fühlbar zu machen. Ein sehr merkwürdiger Wechsel steht wieder bevor, eine Art von Rückkehr ins Deutsche. Reiffs, Zürich, versichern, daß die dortige Atmosphäre uns sehr gemäß sein werde. Man hört auch Gegenteiliges; aber weiter als die N. Z. Z. kann man nicht gut gehen, die jüngst versicherte, die Ostschweiz werde lieber die deutsche Sprache aufgeben als sich mit Hitler-Deutschland vereinigen.

Wanderschaftserregung und -Beklemmung, wie zur Zeit von Lenzerheide droht wieder mich anzufallen. Aber die neue Lage ist unterdessen doch schon mehr zur Gewohnheit geworden, und aller Voraussicht nach erwartet uns eine würdige und der früheren sehr verwandte Existenz, – überdies deutsche Theater und die Atmosphäre einer weltverbundenen und geistigen, wenn auch bürgerlichen Stadt. –

Charakteristisches Vorkommnis: Der Schriftsteller H. Hauser, läßt dem Fischer Verlag durch das Propaganda-Ministerium mitteilen, er erachte sich für sein neues Buch durch seinen Vertrag mit Fischer nicht gebunden. Die Niedrigkeit ist erstaunlich – und Bermanns Niedergeschlagenheit groß. Seine ganze, fast krankhafte Hoffnung ist der »Joseph«, ohne den der Verlag wahrscheinlich schon geschlossen hätte. Dies aus einem Brief von Feist. –

Zum Thee Herr u. Frau Luchaire und Heinrich. Politische

Unterhaltung. Mit Frau L. die Übergabe des Jaakob-Bandes an Gallimard verabredet. Plon, der warten läßt, ist zu verständigen.

Später las Heinrich einen sehr eindrucksvollen Artikel über Hitlers Morddrohungen an die Emigranten vor. Er blieb zum Abendessen.

Montag den 18. IX. 33

Beim Frühstück beklagenswerte Auseinandersetzung mit K. infolge beiderseitiger nervöser Überreizung. Ich sorgte für rasche Versöhnung, aber es beschämt mich, daß die Kinder dabei waren.

Brief von Erika. Für die Villa in Küsnacht muß ein halbes Jahr im Voraus bezahlt werden, da die Besitzerin die Einrichtung und Ausstattung kompletieren will: 3600 frs. – Erika hat in Zürich z. T. erfreuliche Erfolge (Radio und Modenschau); aber die Frage ihres Kabarets schwebt noch bei den Ämtern.

Brief von Bodmer, Zürich, in Sachen der Schweizer Vortragstournee, die ich des Gewinnes wegen unbedingt übernehmen will. Es sind bisher 8 Städte vorgesehen, zu denen aber wohl noch west-schweizerische kommen werden.

Keine Arbeit. Schrieb an die Herz ausführlich.

Zum Thee Dr. Beidler und Frau, Ilse Dernburg und Frau Lantzoff mit Sohn. Müde. Beidler behauptet, Heinrich sei fast krank vor Kummer und Aufregung über unseren Entschluß nach Zürich zu gehen. Seltsam.

Ich schrieb an Reisiger und ging dann im Dunkeln zu Fuß zu Frau Marchesani, wo wir mit ihrer Tochter und Eva H. zu Abend aßen. Unpolitische, recht angenehme Unterhaltung. Die Wirtin nicht ohne Drolerie.

Dienstag den 19. IX. 33

Gebadet und bis zum Mittagessen gearbeitet.

Brief von Lewandowski über die holländische Tournee im November.

Beginnende Reisevorbereitungen. Bücherkisten, Schlaf-
wagenbestellung.

Zum Thee bei Schickeles mit Heinrich und den Meyer-
Graefes. Danach zum Haarschneiden und zu Fuß nach Hause.

Briefe geschrieben vor und nach dem Abendessen an Dr.
Bodmer und Fiedler.

Schickele gab mir einen sehr dummen und unverschämten
Brief Bermanns über die »Sammlung« und Heinrichs »unfun-
dierten« Aufsatz darin zu lesen. Es ist der Geist des unfreien,
benebelten und blinden Inland-Deutschtums, das ebenso un-
wissend und überzeugt wie 1914 sich in den nächsten Krieg
wird führen lassen. Ordinärer Konkurrenz-Ärger macht sich
überdies Luft.

Las abends Geschichten von Poe.

Mittwoch den 20. IX. 33
Schöne, blaue, nicht zu heiße Spätsommertage jetzt zum
Schluß, mit frischem Mistral, der aber mir das Wasser zu
sehr mit Schlamm trübt, als daß ich baden könnte.

Bei Zeiten auf und bis ½ 12 Uhr gearbeitet. Dann mit
Hülfe Golo's Bücher gepackt und auch das Manuskript wieder für die Fracht fertig gemacht. Das Packen der Kisten wird
fortgesetzt. Auflösung.

Nach Tische Don Quijote gelesen.

Brief des Comité de Cooperation in Sachen der Oktober-
sitzungen. Neigung dort abzusagen, da die bisher bevorstehenden Vortragsreisen Kräfte genug kosten werden.

Besuch von Frl. Mazzucchetti, den ich verfehlte. Besuch von
Frau L. Feuchtwanger.

Zum Thee Herr und Frau Luchaire, dazu Heinrich.

Schrieb an B. Frank und einige andere.

Gewitter und Regen, der bis in die Nacht dauerte.

Abschiedsabend bei uns: Schickeles kamen nicht, da René
an Asthma litt. Meyer-Gräfes, Heinrich mit seiner Freundin,
Beidlers und Frau Lanzoff mit ihrem Sohn waren da, auch

Medi nahm teil. Die Unterhaltung, anfangs etwas steif, kam später in Fluß. Ich las die »Pyramiden« und machte starken Eindruck damit, namentlich bei Heinrich, dessen Kummer über unsere Abreise uns aufrichtig rührt.

Donnerstag den 21. IX. 33

Abermals Gewitter und Regen. Heute spielt in Leipzig der Reichstagsbrand-Prozeß, nach halbjähriger Vorbereitung. Ein widerlicher Vorgang.

Ich arbeitete vormittags etwas erregt und zerstreut, da Kisten genagelt wurden und Auszugsunruhe herrschte. Möge K. diese turbulenten Tage gut überstehen!

Ich packte mittags den Handkoffer mit Wäsche und Sommersachen, der die Reise als Frachtgut machen soll. Um 2 Uhr wurden die Frachtstücke abgeholt: Kisten und mehrere Koffer, darunter mein schwarzer Handkoffer mit den Tagebüchern und Papieren, um den ich so große Sorge ausgestanden.

Ich werde morgen Vormittag noch schreiben können, bevor ich meinen Hauptkoffer packe. Der Auszug ist so gut wie bewerkstelligt und Zürich nahe. Allerlei Reizvolles wegen des Romans schwebte mir vor. Ich empfand die Überlegenheit meines Talentes über alle in Deutschland zurückgebliebenen und äußerte übrigens gestern Abend zu Heinrich, daß ich trotz vorgerückter Jahre mir zuweilen belebende und steigernde Wirkungen auf mein Künstlertum durch die gewaltsame Befreiung aus der deutschen Misere und die Verpflanzung ins Europäische erwarte. –

Zum Thee Sig^{na} Mazzucchetti. Wir fuhren dann mit ihr zu Feuchtwangers zum Abschiedsbesuch u. trafen dort wieder Heinrich und Meyer-Graefes. Dieser hatte festgestellt, daß das Baumaterial der Pyramiden nicht Granit, sondern Kalkstein ist. Granit waren nur die Deckplatten. – Endgültiges Lebewohl. Zurückgekehrt, ging ich noch auf die Klippen-Landzunge um das Meer und die immer noch gewittrigen Wolkenbildungen am Horizont zu betrachten. Wundervoll

blaue Dämmerungsbeleuchtung im Osten auf dem Rückweg. –
Schrieb eine Karte an H. Hesse.

Brief der Zürcher Studentenschaft wegen einer Vorlesung
im Winter.

Freitag den 22. IX. 33, Sanary, La Tranquille.
Wieder helles Wetter, frisch. Zeitig gefrühstückt und bis
½ 12 gearbeitet. Dann Zusammenräumen und Kofferpacken.
K. mit Auflösung u. Übergabe des Hausstandes überbeschäf-
tigt. Die »Morphesani« kam zur Inventur. Mittag fuhren die
3 Kinder, Golo und die Kleinen mit Maria und Seabrooks
Kätzchen im Wagen ab. Sie haben gutes Reisewetter und wollen bis Zürich 3 Tage unterwegs sein.

K. und ich aßen im »La Tour« zu Mittag und freuten uns
noch einmal an der südlichen Farbigkeit des Hafenbildes. Wir
werden bei Schickeles zum Thee sein, abends von Hans nach
Toulon gefahren werden, dort essen und um ½ 11 den Schlafwagen nach Genf haben.

Moni bleibt noch einige Tage hier in einem Zimmer, das
sie gemietet u. wird dann nach Paris gehen.

K. berichtete, von Prof. Heuser gehört zu haben, daß möglicherweise Mira und Klaus gegen Ende des Monats hierher-
kommen. Die Begegnung wäre sehr merkwürdig gewesen,
geschieht aber wohl besser nicht. Nach menschlichem Ermessen war das meine letzte Leidenschaft, – und es war die glücklichste.

Ich schließe die diesen Aufenthalt begleitenden Aufzeichnungen, an den ich dankbar zurückblicken werde. Die Zukunft
ist ungewiß, wie sie es im Grunde immer ist, und nur darauf
darf ich wohl mit einer Art von natürlicher Sicherheit rechnen,
daß der bei aller Schwierigkeit glückliche Grundcharakter
meines Lebens sich auch unter Umständen durchsetzen wird,
die mir anfangs den Atem nahmen.

Sonnabend den 23. IX. 33

(Im Schlafwagen, zwischen Genf und Lausanne)

Das gestrige Programm entwickelte sich sehr angenehm, und auch K. fand schließlich glücklich aus ihrem Arbeitsgedränge. Hans Sch. und Moni besorgten das Aufladen des Gepäcks auf den Adlerwagen, ich sah noch oft das Häuschen zum Abschied an und die kleine Terrasse, auf der ich so viele Abendstunden gesessen und den Sternenhimmel betrachtet – es ist nun diese ganze Lebensform versunken. Wir fuhren, Moni hinten zwischen dem Gepäck nach Toulon, zum Bahnhof, wo wir die Koffer aufgaben, und dann zum Restaurant »De la Provence«, das sich als ausgezeichnet erwies. Wir aßen zu viert mit Vergnügen eine schmackhafte Fischsuppe, vorzügliche Rumsteaks und Weintrauben und tranken einen reizvollen halbroten Wein dazu. Dann wieder Bahnhof und Abschied von Hans und Moni am Waggon.

Ich war sehr müde u. las nicht lange im Don Quijote. Aber das Einschlafen war lange unmöglich. Um 2 nahm ich ein Adalin u. schlief dann einige Stunden.

Stand heute ¾ 9 Uhr auf und ließ mir vom Schaffner Milchkaffee in einer Termosflasche u. Hörnchen servieren, während K. Toilette machte. In Genf stiegen wir aus, absolvierten die Gepäckrevision, und K. frühstückte im Restaurant. Dann kehrten wir in den Schlafwagen zurück, der uns bis Lausanne bringt. Dort haben wir Aufenthalt und werden nachmittags 4 Uhr in Zürich sein. –

Zürich, Hotel St. Peter. – Wir aßen ziemlich spät im Zuge zu Mittag, ruhten etwas, und ohne Langeweile kam die Ankunft heran. Eri und Klaus am Bahnhof. Wir überließen das Gepäck dem Omnibus und fuhren mit Erikas Ford ins Hotel, wo wir herzlich aufgenommen wurden. Einiger Austausch; dann mußte E. zu einem Radio-Regisseur zum Thee. Wir nahmen ihn mit Klaus im Hof-Garten des Hauses, gut und billig. Bequeme Zimmer mit Bad, eigenen Toiletten u. der nicht mehr gewohnten Annehmlichkeit des laufenden heißen Wassers.

Blumen von A. M. Schwarzenbach und Tennenbaum. – Haben in der Schweiz heiteres Wetter vorgefunden; die Fahrt durch das freundliche und wohlhäbige Land war wohltuend, und die grünen Wiesen u. Wälder, die noch keine Herbstfarbe zeigen, wirkten neu. Wir waren morgens am Genfer See, überrascht, die Luft nicht kälter zu finden als zuletzt in Sanary. Jetzt, abends, freilich ist es empfindlich frisch geworden, und zum ersten Mal wieder seit Monaten habe ich eine Weste angelegt.

Die Kinder schildern unser Haus sehr wohnlich und glücklich gelegen; besonders schön soll mein Arbeitszimmer sein, das neben dem Schlafzimmer liegt. Wir werden morgen hinausfahren.

Auf der Fahrt war viel bepacktes Militär zu sehen, offenbar zu Übungen reisend. – Es ist Wahlzeit; Propaganda herrscht, trommelnde »Fronten« ziehen vorüber. Die deutsche Misere scheint sich in dem kleinen Lande zu wiederholen: ein, im Grunde kraftlos, die Faust zeigender Kommunismus, eine schwache und von Gott verlassene Sozialdemokratie, die jenem feindlicher ist als irgend jemandem sonst, und ein aggressiver, seiner geschichtlichen Stunde sicherer Fascismus. Kulturbürger wie Reiffs in der Mythenstraße gehören zur Partei der »Freisinnigen«, die aber Listengemeinschaft mit der Nationalen Front hat.

Ich habe mir vorgenommen, mir dies alles möglichst wenig nahe gehen zu lassen und der politischen Leidenschaft tunlichst abzusagen. Wir sahen unterwegs eine Nummer der »Münchner Illustrierten Zeitung«. Welch ein unsinniger Tiefstand! Welche Erniedrigung für die Vernunft und den Geschmack, all diese Fälschungen, lächerlichen Gewaltsamkeiten und stumpfsinnigen Sentimentalitäten auch nur zu überfliegen! Was es auch hierzulande davon gibt, berührt mich nicht. Das Heimische soll mich ebenfalls weniger und weniger berühren. Ich will es von ferne sehen, gewiß mit Neugier und Spannung, zu der man alle Ursache hat, aber mit der Freiheit, die der Sinn und Vorteil meines Außenseins ist.

Was man von dem Leipziger Prozeß liest, deutet auf den Freispruch Torglers hin, von dessen Unschuld sein Verteidiger Sack sich in London »überzeugt« haben will, alsob das nötig gewesen wäre. Man markiert, da die marxistischen Parteien ohnedies unterdrückt sind, vor dem Auslande Gerechtigkeit und wird die Brandstiftung auf eine kleine Gruppe ausländischer Kommunisten, der der Idiot van der Lubbe angehört, abschieben. Wenn Göring bei der Sache etwas zu Schaden kommt, so gibt es auch daran Interessenten. Man spricht von einer »Neudeck-Partei«, die auf Militär-Diktatur hinarbeitet. Die mythische Popularität des »Volkskanzlers« ist erzener Faktor in der Rechnung. Man fragt sich, wie man dazu kommt, all diesen plumpen u. dummen Machenschaften untergeordneter Menschen, die »Weltgeschichte« aufführen, überhaupt einen Gedanken zu schenken.

Zürich, Sonntag den 24. IX. 33.
Mangelhafte Nacht, kalt, leichtes Zahnweh, erregt, übermüdet, zu früh erwacht. Stand nach 8 Uhr auf, badete u. frühstückte mit K.. Schrieb dann Karten an Schickele und die Hess in Frankfurt wegen eines Bildes für Secker. Dann Haarwaschung und Rasieren.

Das Wetter ist heiter, ein großer Vorteil. Fühle mich aber recht angegriffen und spüre einen Schnupfen im Anzuge. Um 11 Uhr wird Eri uns abholen zur Besichtigung des Hauses, das uns für den Winter aufnehmen soll. –

Wir fuhren bei schönem Wetter mit Erika dorthin und waren zufrieden mit der leicht erreichbaren und nicht einsamen Ländlichkeit, in der das Haus gelegen. Fanden es jedoch verschlossen und konnten der Vermieterin auch in ihrem Hause und anderwärts nicht habhaft werden. Sie war ausgeflogen, ohne die Schlüssel zu deponieren. Immerhin hatten wir die Lage (mit schönem Blick über den See) rekognosziert und Einblick in die geräumige Halle und den verwilderten Garten genommen.

Kehrten in die Stadt zurück und besuchten Reiffs in der Mythenstraße, die wir in Gesellschaft einer Sängerin trafen, die früher Engagement in Lübeck hatte. Begrüßungsgespräche. K. erzielte leihweise Überlassung von Tischwäsche.

Mittagessen im Appartement-Hause der Kinder zusammen mit Erikas baltischen Pfeffermühlen-Mitglied, Begegnung mit E. von Kahler. Am Nebentisch W. Herzog und die Giese. Der Wirt schickte Kaffee, nach recht schlechtem Essen. Nach Tische Konferenz mit Herzog über die Sonderausgabe der Jaakobsgeschichten bei der »Büchergilde«.

Erika, die zu einer Wohltätigkeitsveranstaltung mußte, fuhr uns ins Hotel zurück. Begegnung mit A. M. Schwarzenbach. Las das Neue Tagebuch und schlief etwas.

Gegen 5 mit K. zu Fuß in die Freimutstraße zu Tennenbaum, der uns mit seiner Mutter einen sehr sorgfältigen Thee gab. Nachher sein Bruder, Ingenieur, mit seiner sympathischen ungarischen Frau. Gespräch über Schweizer politische Verhältnisse. Erörterung unserer Niederlassungserlaubnis, deren Gewinnung mit Hülfe von Verbindungen keine Schwierigkeiten machen wird.

Viel sonntägliches Publikum auf den Straßen. Erwartung der Wahlergebnisse.

Wir stellten fest, daß seit unserem vorigen Zürcher Aufenthalt unser seelisches Befinden sich gebessert hat. Die Dinge haben sich gesetzt, die Situation sich einigermaßen gefestigt. In München ist eine größere Zahlung, etwa 70 000 Mark, schon geleistet, und es ist möglich, daß das Haus wieder freigegeben ist oder bei weiterer friedlicher Prozedur demnächst freigegeben wird. Wir könnten dann das Inventar herausnehmen und das Haus verkaufen. Als Auslandsdeutscher könnte ich Geld aus Deutschland beziehen, u. auch K. hätte Aussicht auf ihr Erbe. Mit der Zeit wäre auch die Reise nach Nidden wieder möglich, einige Beruhigung in Deutschland vorausgesetzt, und unser Leben könnte wieder in sichere Geleise kommen. Dies alles freilich nur, wenn unsere persönlichen und die europäischen Angelegenheiten einen einigermaßen friedlichen Verlauf nehmen. Es ist aber dunkel, wie die Mächte der Civilisation mit dem Lande werden auskommen können, das den Krieg verehrt und dem an der Civilisation kein Deut gelegen ist.

Zürich, Montag den 25. IX. 33. Hotel St. Peter.

Gestern mit Klaus [und] Erika im Restaurant des Hotels zu Abend gegessen. Begegnung mit Grete Ring, die sich einige Zeit zu uns setzte und uns in ihren Ansichten und Ausblicken innerdeutsche Luft spüren ließ, offenbar überzeugt von dem aere perennius. Charakter der deutschen Zustände. – Plauderei mit Klaus in K.'s Zimmer. Er fährt heute oder morgen nach Paris und Amsterdam zurück. – Bei Zeiten schlafen gegangen und noch einige Seiten Don Quijote gelesen.

Heute 8 Uhr auf, mit K. gefrühstückt und ½ 10 Uhr der Verabredung mit der Architektin gemäß am »Bellevue« auf den Autobus nach Küsnacht gewartet. Er kam aber nicht, da er dort nicht abfährt. Mit Autodroschke in die Schiedhaldenstraße, wo wir das Haus offen fanden und von einer Angestellten empfangen wurden. Die Besitzerin fand sich später ein. Die Räume des weitläufig gebauten Hauses sind noch unvollkommen ausgestattet, präsentierten sich aber höchst erfreulich und flößten uns Vertrauen zu dem Aufenthalt ein. Ich studierte besonders mein sehr großes und elegantes Arbeitszimmer, dessen Einrichtung freilich auch noch zu wünschen läßt. Hoffe auf meinen Schreibtisch und Lesestuhl aus München.

Man prüfte, was an Notwendigem vorhanden und setzte die Verteilung der Räume fest. Von da mit dem Wagen der Architektin zu Reiffs zur Besprechung des Auszuleihenden. K. begab sich von dort auf Einkaufswege, während ich ins Hotel zurückkehrte, wo der Zeichner des Hauses für das »Goldene Buch« in kurzer Sitzung ein Portrait von mir herstellte.

Wir erwarten die Ankunft der Kinder für heute Nachmittag. Sie sollen die Nacht bereits in der Schiedhaldenstraße verbringen. Unsere Übersiedelung ist für übermorgen vorgesehen. –

Heiteres, etwas nebliges Herbstwetter. – Das Ergebnis der Zürcher Wahlen läßt die Verhältnisse beim Alten, d. h. eine große sozialdemokratische Majorität bleibt bestehen. Die »Nationalen Fronten« erhalten 9 Sitze. – Ein neuer schwerer deutsch-schweizerischer Grenzzwischenfall. Mißhandlung von deutschen Automobilisten auf Schweizer Gebiet durch eingedrungene bewaffnete S.A.-Leute. –

– Mittagessen mit Klaus im Restaurant. Stimmungszerfall im Lauf des Nachmittags. K. zu meinem Kummer enerviert und überfordert. Das Nicht zur Hand einer Memeler Bankadresse, nach der sie den Koffer durchsuchen muß, gab den Grund ihrer Verzagtheit ab. Die Nachricht von Rechtsanw. Heins über die Freigabe des Hauses und der Bücher bleibt aus – ein schlechtes Zeichen, das uns nach einigen Tagen des Optimismus plötzlich wieder die Unangebrachtheit der gestern ausgesprochenen Hoffnungen aufs stärkste empfinden läßt. Es ist in der Tat sehr unwahrscheinlich, daß die Münchner Pol. Polizei der Freigabe unserer Habe zustimmt, auch wenn das Finanzamt dazu willens ist. Damit sind nicht nur jene friedlichen Hoffnungen hinfällig, sondern es erfolgt womöglich auch, nach Entdeckungen der Sicherstellungen unsererseits, die schon früher ins Auge gefaßte Diffamierung. Unsere finanzielle Lage wäre durch das Abgeschnittensein von Deutschland und dortigen Einnahmen, auch durch den Verlust des Hauses und der Erbschaft stark beeinträchtigt, was uns angesichts der Teuerkeit des hiesigen Lebens besorgt machen muß. Nach unseren heutigen Eindrücken ist das Erbauen eines Hauses nach unseren Bedürfnissen bei den Schweizer Preisen ein Ding der Unmöglichkeit. Eher wäre es in Lugano denkbar, aber ein Leben dort ist mir schon wegen der Sommerhitze u. auch wegen mangelnden Kulturreizes, Theater, Zerstreuung durch Freunde, wenig erwünscht. Wir sind für ein halbes Jahr in dem Küsnachter Hause geborgen, ohne daß mich vorerst soviel Sympathie damit verbände wie mit der Tranquille. Für den Sommer hat Erika ein Haus bei Luzern, das etwas primitiv und einsam sein soll, für uns ins Auge gefaßt. Was dann? Ich vertrage sehr schlecht die Unsicherheit der Zukunft, das improvisierte Leben u. das Fehlen fester Grundlagen, die wenigstens subjektiv, für immer, bis zum Tode gelten. Eben dies habe ich verloren, und es ist gewiß kein Wunder, daß Ersatz nicht im Handumdrehen zu schaffen ist.

K. ging bald nach Tische aus, um mit Reiffs Wagen Lebensbedarf in das Haus zu schaffen. Sie riet mir, nachmittags auszugehen und irgendwo Thee zu trinken; aber meine Depression, die in den bekannten Erregungszustand überzugehen drohte, hinderte mich daran. Ich blieb bis ½6 Uhr im Bett u. ließ Thee aufs Zimmer kommen. Ich leide unter der Kälte, die durch die Nordlage unserer Zimmer empfindlicher wird. Man heizt nicht vor dem 1. Oktober. Meine Zähne reagieren erkältet, der Kopf ist schmerzhaft schwer. Reise und Klimawechsel tun selbstverständlich das ihre. Moralisches Unbehagen darüber, daß ich K. bei den an sie gestellten Anforderungen so wenig zur Hand gehen kann, vertieft die Niedergeschlagenheit. Zweifel an der Lebensrichtigkeit meiner Entschlüsse quälen mich aufs neue. Wird mein Ende elend sein? »Der Mensch muß wieder ruiniert werden«. Und der Grundcharakter des individuellen Lebens? Meinte ich nicht schon zu sehen, wie mir die deutsche Wendung zum persönlichen Guten ausschlüge. –

K. kam fast gleichzeitig mit Erika, und wir plauderten eine Weile über die Lage. Herzog rief an, und eine Unterredung wurde für abends festgesetzt. Die Kinder scheinen heute noch nicht zu kommen, u. es ist auch vernünftiger, daß sie bis morgen ausbleiben.

Der Ausgang der Wahlen ist günstig für Erikas Kabaret, gegen das schon hakenkreuzlerische Drohungen laut geworden waren.

– Abendessen im Restaurant mit Eri, Klaus, Frl. Schwarzenbach und W. Herzog, mit dem ich die Angelegenheit des Lizenz-Druckes weiter besprach. Das finanzielle Ergebnis wären für mich immerhin 4 000 frs.

Überraschende Ankunft der Kinder, die über Avignon und Bern die Reise glücklich zurückgelegt haben. Medi übernachtet heute bei K., die mit den beiden andern u. dem Mädchen noch einmal in die Schiedhaldenstraße gefahren ist. – Verabschiedung von Klaus, der heute Abend nach Paris fährt. Wir sehen ihn vielleicht im November in Holland.

Zürich, Dienstag den 26. IX. 33. Hotel St. Peter.
Gestern Abend Erkältungszahnschmerzen bei reichlicher Erschöpfung. Nahm Aspirin, das gute Wirkung tat und mich auch wohl besser schlafen ließ.

Das Hotel kam uns heute mit der Heizung unserer Zimmer entgegen. Der Himmel war den ganzen Tag neblig bedeckt.

Ich schrieb nach dem Frühstück einen längeren Brief an Bermann in Sachen des Schweizer Lizenzdruckes. Ging gegen Mittag aus, um in der Bahnhofstraße Cigarren u. Cigaretten einzukaufen. Kehrte dann ins Hotel zurück u. dort mit K. zusammen, die uns im Peugeot zu Reiffs fuhr. Dort Frühstück mit der Onegin, ihrem Gatten Penzoldt, der sympathischen Frau eines Zürcher Psychiaters, Frl. Rössler und einer Rezitatorin, die beim Kaffee par coeur ein russisches und ein isländisches Histörchen sprach. Die Onegin, Sängerinnentemperament, erzählte Anekdoten von R. Strauss und Bayreuth, drastisch und vital, mit klingender Altstimme. Ich war müde und bedrückt. K. hatte das erste politische Rencontre: mit Penzoldt, der alberner Weise der Brutalisierung von Künstlern in Deutschland die soziale Großtat entgegenstellte, daß es zwei Millionen Arbeitslose weniger gäbe. Erstens hat das nichts mit einander zu tun, und zweitens ist die Großtat ein Schwindel. Das Denken der Menschen erregt Verzweiflung.

Rückkehr zum Hotel und Bettruhe. K. machte Besorgungen.

Die beiden Kleinen besuchten uns, sie hatten die 9 Kilometer zu Fuß zurückgelegt. Sie sind entzückt von dem Hause draußen und nicht weniger von ihrer Reise hierher. Sehr rühmen sie Golo als Fahrer und Reisemarschall.

Zwei Briefe von Fiedler, davon einer ein Stimmungsbericht aus Deutschland, der mir nichts Neues sagt, sondern nur meine eigenen Vorstellungen bestätigt. Unmöglich kann es bleiben wie es ist, aber niemand sieht, auf welchem Wege und in welchen Formen es anders werden wird.

Fischer schickt den Joseph-Prospekt mit recht großartig abgefaßtem Text und Inhaltsverzeichnis. Ferner den Münchner Universitätsvortrag Hofmannsthals, der zeitgemäßer Weise als Broschüre erschienen ist, unter Hervorkehrung des Satzes von der »konservativen Revolution«, zu der der Verstorbene sich positiv verhielt, unbekümmert um die Gestalt, in der die wildgewordenen Untermittelstandsmassen sie in Deutschland verwirklichen würden. Ich widerstand der deutlich erkannten und überall erspürten geistigen Bewegung, aus Abscheu vor ihrer Realität, die ich voraussah, und die man, in Deutschland lebend, vielleicht leichter voraussehen konnte als in Wien. Dieses Wien widersteht heute dem deutschen National-Sozialismus, der politischen Wirklichkeit jener konservativen Revolution, aus demselben Gesittungs-Abscheu, und mit ihm würde mutmaßlich H. von Hofmannsthal es tun. Seine Rede aber muß als Prophetie und Bestätigung herhalten, ein jüdischer Verlag legt sie auf, weil man anderes nicht auflegen darf, und trägt damit zur geistigen Stützung und »historischen« Rechtfertigung weltgefährlicher Greuel bei. –

Schlechtes Befinden, schlechter Leib. Suche wieder das Bett auf, in dem ich schon den Thee nahm, um erst zum Abendessen wieder aufzustehen. –

Zürich, Mittwoch den 27. IX. 33. Hotel St. Peter.
Verbrachte den Rest des gestrigen Tages im Bett, ließ mir eine Crêmesuppe heraufkommen, während K. mit Erika und

Golo unten zu Abend aß. Las etwas Don Quijote, löschte um elf das Licht u. schlief recht gut.

Heute 8 Uhr auf und mit K. gefrühstückt. Fuhr dann mit ihr aus. Wir besuchten Erika, die wir literarisch arbeitend fanden, hoben Geld von der Bank ab und leiteten auf dem Telephonamt die Einrichtung eines Anschlusses ein. Telegraphierten an Rechtsanw. Heins um Nachricht die Freigabe betreffend. Einkauf von Lebensmitteln u. Schreibmaterialien. Der Vormittag ging darüber hin. Wir kehrten ins Hotel zurück und aßen im Garten zu Mittag. Die Aufmerksamkeit der Wirte ist wohltuend – umsomehr als man sich in dem reichen und teuren Land etwas reduziert fühlt. –

Gestern Abend im Bette las ich die Hofmannsthal-Broschüre durch. Im Grunde ist es derselbe Mißbrauch, der heute an Nietzsche, Wagner und jeglichem scheinbar brauchbaren Geist geübt wird, diese Schrift heute herauszustellen. Die »konservative Revolution«, die H. meint, soll schon als Gegenbewegung gegen Renaissance und Reformation beginnen und das Aufklärungszeitalter (?) mit einschließen. Da sie eine Glaubens- und »Bindungs«-Bewegung ist, wäre also die Reformation, zu der sie in Gegensatz stehen soll, als reine Freiheitsbewegung aufzufassen, was nicht stimmt. Wie ist es überhaupt möglich, das 17., 18., 19. *und* 20. Jahrhundert als eine »konservative« Bewegungseinheit gegen die »Freiheit« des 16. zu sehen mit dem deutschen Ziel der »Form«, der Einheit, an der »die ganze Nation teilnehmen könne«? H.'s Aspekt ist sehr willkürlich, offenbar von seiner Barock-Liebe bestimmt, aber nur durch gewisse Worte, hauptsächlich das Schlagwort der »Bindung« geeignet, dem Aktuellen Vorschub zu leisten.

Ein Feuilleton der N.Z.Z. über ein Buch von Jaspers über Max Weber war mir sehr angenehm zu lesen. Die Unveräußerlichkeit gewisser Werte u. Wahrheiten des »Liberalismus« wurde mir neu bestätigt. –

Wir werden ruhen, nach dem Thee packen und ca 6 Uhr in die Schiedhaldenstraße übersiedeln. –

Küsnacht b/Zürich, Schiedhaldenstr. 33.
Donnerstag den 28. IX. 33.

Gestern nachmittag mit K. im schwer bepackten Peugeot hierher gefahren. Beginn der Installation in dem eleganten, aber dilettantisch gebauten, lächerlich hellhörigen und unzulänglich eingerichteten Hause.

Improvisiertes Abendessen im kleinen Speisezimmer mit Erika. Begrüßungs-Fruchtkorb von Faesis. Viel Post.

Abends in der geheizten Halle Mitteilung der interessanten Briefe. Bermann antwortet über Schickele auf meine letzte Äußerung, nicht unsympathisch, von seinem Standpunkt aus. Rigorosität Erikas. Der Jaakobsband soll am 5. X. erscheinen. – Langer, guter und als Stimmungsbild interessanter Brief der Herz. – Nachrichten von Wiegand aus Lerici, der Weiss über die Pariser Conférence, Lewandowski über die holländische Tournee, dem Verlage Plon, Frau Fischer etc. – Zeitungen über die verderbte Komödie des Reichstags-Prozesses.

Las bis 1 Uhr im Bette die »Weltbühne«. –

Heute 9½ Uhr auf und in dem luxuriösen Badezimmer Toilette gemacht. Mit K. und den Kindern gefrühstückt. Dann den Vormittag in meinem großen, atelierartig kahlen Arbeitszimmer mit dem Schreiben von Briefen verbracht. Das falsche Interview des D. Ewen auch in »New York Times« erschienen. Dementi dorthin und entsprechender Brief an Bermann. Ferner an Wiegand und Tarnowski, Warschau.

Das Wetter sehr milde. Haben die Heizung wieder eingestellt. –

Ging vor Tische etwas spazieren, bergauf und zu einer Bank in einem grünen Grunde. Sah Bauplätze, ländlich, an Wald gelehnt, wo ich mir ein Haus für uns denken könnte.

Das erste Mittagessen im Hause mit gutem Appetit eingenommen. In der Zeitschrift »Neue Deutsche Blätter« gelesen. Auf dem Bette geruht. Nach dem Thee mit K. zu Fuß nach Zollikon, wo wir das Haus Faesi's nicht finden konnten und von einem freundlichen Schweizer Kind hingeführt wurden. Trafen den Hausherrn und unterhielten uns mit ihm einige Zeit über unsere Lage und die deutschen Verhältnisse. Auch den Rückweg zu Fuß gemacht, in Gesellschaft Bibi's, der aus der Stadt zurückkehrte.

Fanden zu Hause einen gestern Abend geschriebenen strengen und kummervollen Brief Erikas vor, die mir nicht verzeiht, daß ich Bermanns Äußerungen über Klaus und auch über Heinrich toleriere.

Freitag den 29. IX. 33.
Morgens neblig bedecktes, dann heiteres und warmes Herbstwetter. Wieder das Erlebnis heiterer Reife und Ermüdung in dem rotgelb werdenden Laube unter dem sonnigen Himmel.

Begann noch gestern Abend einen langen, väterlichen Brief an Erika zu schreiben, doch wurde mir unwohl dabei, um ihn heute Vormittag zu Ende zu führen. K. hat ihn nach Tische mitgenommen, um ihn E. bei der Generalprobe der Pfeffermühle, der sie beiwohnt, zu geben. Haben beschlossen, die Première morgen zu besuchen.

Machte mittags einen etwa einstündigen sehr sonnigen Spaziergang und las nach Tisch zahlreiche Zeitungen über den Leipziger Prozeß, den man im Raffinement der Vorbereitung stark überschätzt hat. Der Verlauf ist einigermaßen kläglich im Sinne der »Staatspolitik«, da keine Beziehung des idiotischen Hauptangeklagten zu einer geplanten kommunistischen Revolution sich ergibt; auch nicht zu Torgler, der sehr höflich behandelt wird, u. dessen Freisprechung festzustehen scheint. Zusammenstöße mit dem aufsässigen Bulgaren Dimitroff, der zum Schweigen verurteilt. Trotzdem herrscht bedenkliche »Freiheit«, da der Untersuchungsrichter durch den Verteidiger Sack kompromittiert werden darf. Ein echt deutscher Prozeß, halb niederträchtig, halb »anständig«, aus halbem Mut zur ganzen, gar zu schreienden Niedertracht. Daß die Wahrheit nicht gefunden werden darf, ist selbstverständlich; aber sie wird unter Zugeständnissen an den Anstand vermieden werden.

Brief, zur Begrüßung, von Reisiger.

Reiffs schickten eine Torte.

Trank allein Thee.

Der Fall Bertram beschäftigt mich. Was soll die plötzlich in München ausbrechende Freundschaft, da er ein halbes Jahr nichts hat von sich hören lassen, nicht nach Lugano kam, mit keinem Wort an mir teilnahm? Wird er etwa eine Aktion versuchen? Wenn er hierher kommt, so kann er eines sehr ernsten Empfanges gewärtig sein. –

Die Rede des Goebbels in Genf vor der internationalen Journalistenschaft – widerwärtig durch Verleugnung und »kluge Strategie«, durch die freche Fiktion, ein glückliches, einiges Volk hinter sich zu haben. –

K. berichtet bei ihrer Rückkehr Vertrauenerweckendes über den Verlauf der Generalprobe.

Schrieb Briefe an Lewandowski und Haas.

Ging vorm Abendessen mit K. eine Stunde nach Küsnacht hinunter spazieren.

Das Oktoberheft der Neuen Rundschau mit der Ankündigung des Jaakobsbandes und einem schön und ernst abgefaßten Prospekt-Text. Las nach dem Essen Mehreres in dem Heft, das im Ganzen eine erträglich anständige Haltung wahrt.

Sonnabend den 30. IX. 33.

Nahm die Arbeit wieder auf und schrieb auf das Ende des Ankunftskapitels zu. Doch ermüdete es mich sehr, vielleicht auch durch die kleine Cigarre, die ich, wie in Lugano dazu rauchte.

Ging vor Tische eine halbe Stunde spazieren und las nachher das »Tage-Buch«. Sehr angegriffen, gewiß auch unter der Wirkung des allzu milden und föhnigen Wetters. Die Akklimatisierungsschwierigkeiten machen sich immer erst nach einigen Tagen, oft erst einiger Zeit bemerkbar; meine Krankheit in Sanary war vermutlich von dieser Art. – Ich schlief nachmittags eine gute Weile, nach einiger nervöser Beängstigung seelischen Ursprungs.

Die Post brachte neben Gleichgültigkeiten den Vertrag über »Joseph« von Gallimard. Auch eine sehr lobende Besprechung des »Wagner« aus dem Intransigeant.

Rechtsanwalt Heins kündigt telegraphisch seinen Besuch für morgen früh an. Er wird kaum endgültige Nachrichten bringen, aber wir erwarten seinen Bericht dennoch mit Spannung. Wir werden leben auch im Falle des Fehlschlags, den man wohl als wahrscheinlich ansehen muß; für meine Stimmung und unsere Lebenshaltung aber wäre der Erfolg von Wichtigkeit.

Diktierte nach dem Thee die Absage nach Paris. Schrieb dann an Heinrich.

Nach 8 fuhren wir, K., Golo u. ich, nach Zürich, wo wir in dem überfüllten Lokal am Hirschenplatz der Première von Eris Cabaret beiwohnten. Ein entgegenkommendes Publikum bereitete ihr zu unserer Freude einen fast stürmischen Erfolg, und es gab viele Hervorrufe und Blumen. Erikas geistige und organisatorische Leistung bewundernswert. Wir sprachen Herzog, den Schauspieler Kalser, den Rotarier X., Tennenbaum u. a. Die Giese hervorragend und schon Liebling des Publikums. Wir besuchten die Künstler und gratulierten. Erika überanstrengt, klagte über Rückenschmerzen, und wir fürchten eine Grippe. Angenehme Heimfahrt und Freude an der schönen Lage des Hauses. Wir aßen noch etwas Obst.

Erika hat Freude an meinem Brief gehabt; sie dankte mir sehr dafür. Nervöse Rührung ergriff mich oft bei ihren Vorträgen. Das verschleiert Schmerzliche und Zarte, das den Hintergrund bildet, ließ mehrfach meine Augen naß werden.

Es ist spät geworden, 1 Uhr. Ich schrieb noch eine Glückwunschkarte an L. Lewisohn in Paris, der die Geburt eines Sohnes meldete.

Sonntag den 1. X. 33

Gut geschlafen und um ½9 zu einem weiteren schönen Herbsttag erwacht. Tönendes Glockengeläute.

Von morgens an erwarteten wir den Münchner Gast, der aber bis zur Stunde, 12 Uhr, noch nicht gekommen ist. Das ist ärgerlich, weil K. Erika besuchen wollte, um sich um ihre Gesundheit zu kümmern.

Ich schrieb das große Ankunftskapitel, das noch einzuteilen ist, zu Ende und werde nun wohl auf die Bücher warten müssen, ehe ich weiter gehe. Auch die in Basel liegenden Werke sind noch kommen zu lassen. – Halte auf Seite 1056 des Manuskripts. –

K. ließ sich nicht länger abhalten, nach Z. hinunterzufahren, um Erika zu sehen. Ich gehe nicht aus, um den Rechtsanwalt nicht zu verfehlen. –

Erging mich etwas vorm Hause und stieß mit zwei Motorfahrern zusammen, von denen der Eine sich als Rechtsanwalt Bumann, der Associé von Heins entpuppte, der mit einem Freunde die Fahrt hierher gemacht hat, an Stelle von Heins, dem, wie er berichtete, der Paß abgenommen ist, damit er nicht Kontakt mit mir nehmen kann. Ein übler und erregender Eindruck. Ich entließ den Mann, ohne mich vorerst weiter zu erkundigen, bis ½3 Uhr und erwarte nichts Gutes. –

– Bumann, jugendlicher Münchner Typ, kam um 3 Uhr wieder, und wir hatten mit ihm in Gegenwart Golos eine gegen 3 stündige Sitzung bei Kaffee und Cigaretten. Wir sehen in sofern klarer, als wir nun gewiß sind, daß die Politische Polizei, die angeblich nur dem F.A. hatte vorarbeiten wollen und sich schon für desinteressiert erklärt hatte, sich alsbald wieder eingeschaltet hat, als die Sache mit dem F.A. einen friedlich-rechtlichen Verlauf zu nehmen schien. Erstaunliche Frage des Beamten von der P.P., als Heins bemerkte, das F.A. wolle doch nur sein Geld haben: »Und meinen Sie, daß wir nichts haben wollen?« Es handelt sich einfach darum, daß die S.A.-Behörde dem F.A. seine rechtlichen Ansprüche nicht gönnt und die Konfiskation im eigenen Interesse vorzunehmen wünscht. Sie verhindert die Zahlungen an das F.A, verbietet sie, damit keine Freigabe der beschlagnahmten Güter erfolgen kann. – Überraschend war uns, daß Heins die Entfernung der 60 000 Mark durch die französische Botschaft längst bekannt ist, sei es durch Bermann oder den idiotischen Feist, der den Abtransport der besten bei ihm lagernden Bücher solange versäumt hat, bis es zu spät war. – Auch erfuhren wir, daß nur auf Grund des Figurierens meines Namens auf der Mitarbeiter-Liste der »Sammlung« die Frage meiner Ausbürgerung erörtert – allerdings noch verneint worden ist. In München aber, wo man meine Stellung im Lichte des Wagner-Protestes sieht, rechnet man offenbar damit und sieht nicht ein, warum man sich mit mir arrangieren soll, wenn man voraussichtlich all meine Habe haben kann.

Allerlei Allgemeines außerdem über Deutschland, die Kompensionen durch erhebende nationale Feste, die Gedrücktheit, das Mißtrauen, die geistige Öde. Wiederholte Erklärung des jungen Urmünchners: wenn er Geld draußen hätte – lieber heute als morgen machte er sich davon.

Weitere Gespräche unter uns beim verspäteten Thee über die geringe Wahrscheinlichkeit eines gütlichen Arrangements und die beschleunigte Beschaffung meiner in Badenweiler lagernden Möbel und des Radio-Apparates von Koch. Hierüber mit Tennenbaum.

– Die inferiore Verlogenheit der Menschen, die jetzt Deutschland regieren ist erstaunlich. Sie konfiszieren unsere Autos unter Vorweisung eines von einem höheren Beamten der P. P. unterzeichneten Befehls. Später, zum Kauf der schon halb zuschanden gefahrenen Wagen aufgefordert, kratzen sie sich hinterm Ohr und erklären: Ja, ja die Konfiskation sei schon eine recht revolutionäre Handlungsweise gewesen, ein Kauf käme wohl in Betracht. Beim Wort genommen, haben sie das einige Tage später nie gesagt. Die Sache gehe die P.P. garnichts an, S.A.-Leute hätten da eigenmäßig gehandelt.

Briefe des Anwalts in dieser Sache haben sie nie erhalten. U.s.w. So aber machen sie es im Großen und Kleinen, auch in der ausw. Politik; es ist ein Lügen, Ableugnen und Nie so was gesagt haben wollen, daß Gott erbarm.

– Der glatte Cynismus: Die sozialdemokratischen Redakteure, die bei Übernahme des Blattes durch die »Sieger« fristlos und ohne Entschädigung abgebaut werden. Ihr Kontrakt läuft noch ein halbes Jahr, sie bestehen auf dem Recht, verlangen die Weiterzahlung ihres Gehaltes. Sie kommen ins Konzentrationslager, und sehr bald sind die Ansprüche ans Recht ihnen ausgetrieben. »Die sind schon mürbe. Die haben schon verzichtet.« (Schmunzelnd, selbstgefällig.)

– Die Dummschlauheit. »Halten Sie uns doch nicht für so dumm, zu glauben, daß das Bankkonto nicht höher als 4000 M ist!« – Bewundernswert! – Sie sind sicher, daß man sie mit Recht für sehr dumm hält und sind voller Mißtrauen u. Minderwertigkeitsgefühl.

– Die vereinfachende Gewalt, die im Grunde alles Rechtsleben überflüssig macht. Ein Nazi will jemandes Wohnung, betreibt die Exmittierung. Während der Anwalt des anderen an dem Schriftsatz arbeitet, schickt der Nazi den Sturm so und so, der die Wohnung einfach wegnimmt. Kompliziert wird die Sache nur dadurch, daß der Wohnungsinhaber ebenfalls eine Rolle in der Partei spielt. Die Möglichkeit besteht, daß auch er einen bewaffneten Sturm beordert und daß sich in der Wohnung eine Schlacht entspinnt.

Die Wahrscheinlichkeit, daß irgend ein höherer P.P.-Beamter mein Haus haben möchte, u. daß darum die Einigung mit dem F. A. hintertrieben wird, ist sehr groß. –

– Die völlige Verantwortungslosigkeit in Dingen der bürgerlichen Ehre, im Widerspruch zu dem affichierten Ehrenschutz, der im Gesetze vor dem des Lebens geht. Die an den Haaren herbeigezogenen Korruptionsprozesse, die Viele in den Tod getrieben haben, und von denen dann u. wann einer denn doch so gegenstandslos ist, daß er eingestellt werden muß,

– eine juristische Blamage, die im Rechtsstaate das Ende der
Carrière der öffentlichen Ankläger bedeutet hätte. Niemand
von ihnen läuft mehr diese Gefahr. Alles bleibt an dem unsinnig Diffamierten hängen. Die Öffentlichkeit erfährt nur
seine »Korruption«, die ausgeschrieen wird; das notgedrung-
gene Dementi erscheint versteckt. Die Ankläger haben es
leicht, weil keinerlei Verantwortung für die Ehre des Mit-
menschen sie trifft. –

– Ich ging vorm Abendessen etwas mit K. gegen Zollikon
spazieren. Nachher kamen Bumann u. sein Schulfreund, ein
anderer Münchner Rechtsanwalt, wieder und wurden in der
Halle bewirtet. Das gesprächige Beisammensein, das die Deutschen sichtlich genossen, dauerte bis gegen 12 Uhr. Ich unterhielt mich vorwiegend mit dem dicken 30jährigen Juristen,
einem gescheit humoristischen Münchner Typ, nicht ohne
Koketterie, an H. L. Held, auch an die Giese erinnernd. Vieler-
lei über das deutsche Faktum in seinem Widersinn, seiner
Gemeinheit und Niveaulosigkeit, seiner Unlogik, Verlogenheit und widerspruchsvollen Geistesarmut – und seiner tatsächlichen Geschichtswirksamkeit dennoch. Der halbgebildete
und rückständige Materialismus der Rassen-Ideologie etwa
liegt für den Denkenden auf der Hand. Das hindert nicht,
daß faktisch, die Rolle des Judentums in Deutschland ausgespielt ist; mit dem, was man mit pöbelhafter Gassenbildung
die »liberalistische Humanität des 19. Jahrhunderts« nennt,
ist es tatsächlich und aufs praktisch wirksamste aus. Die Zulassung kriegsverdienter jüdischer Anwälte ändert nichts daran. Man prozessiert überhaupt ungern, geschweige mit einem
jüdischen Anwalt. Justizminister leisten es sich, die volle amtliche Ebenbürtigkeit dieser Zugelassenen zu proklamieren;
aber das ist nur »taktisches« Zugeständnis an die Civilisation,
zur Beruhigung der Welt und absoluter Anständigkeits-
bedürfnisse von früher. Im nächsten Augenblick wird jedem
»deutschblütigen« Anwalt die Assoziierung mit einem jüdischen verboten.

– Über das Konkordat, das die Kirche einem unfruchtbaren und gefährlichen Märtyrertum vorgezogen, und das übrigens unter dem biederen Klerus und den Katholiken Deutschlands viel Schmerz, Enttäuschung u. Verbitterung erzeugt hat. Immerhin, die Kirchen sind offen, und jeder Kirchgang bedeutet eine oppositionelle Handlung gegen die »Totalität«, die in ihrer etatistischen Diesseitigkeit ausgemacht »marxistisch« ist – entgegen dem blödsinnigen Haß auf den »Marxismus«.

– Das Konglomerathafte und geistig Wirre der »Bewegung«, die überall Anleihen macht, ganz gleich, ob sie sich selbst damit ins Gesicht schlägt. Die statuarisch unbeweglichen S.A. Wachen vor der Feldherrnhalle, direkt und ungeniert nachgeahmt den russischen Wachen am Mausoleum Lenins. Es ist der angebliche »weltanschauliche« Todfeind, den man – wie im Film – kopiert, ohne Bedenken, vielleicht ohne Bewußtsein. Die Gemeinsamkeit des *Zeitstyls* ist viel stärker und entscheidender als die rationale Feindschaft im »Weltanschaulichen«. –

Die gährende Unzufriedenheit bei den Muschkoten, die sich um ein paar ordentliche Pogrome und den Sozialismus betrogen sehen. Die Konkurrenz und das Divergieren zwischen den »Führern«: Goering, in phantastischen Generaluniformen paradierend, der bei einer großen Rede Hitlers unbeteiligt, demonstrativ nicht zuhörend, das Publikum lorgnettiert. Dinge, an die übrigens keine Hoffnungen zu knüpfen sind. –

Viel über den Leipziger Prozeß, an dem, nach dem Dicken, vorläufig nichts technisch Anomales ist. Er steht in den Anfängen. Man ist noch weit von der Erörterung des eigentlichen Vorganges u. hält noch bei Eruierung der Persönlichkeitsbilder. Den Vorsitzenden, einen nicht unfeinen deutschen Typ, hält der Sprecher für gutgläubig, insofern er den Kommunismus jeder Schandtat für fähig hält. Ein Verbot der Wahrheitsfindung ist nicht ergangen; man verläßt sich auf das »gesunde« Empfinden der Richter. Die Überzeugung von dem Primat des staatspolitischen Interesses vor dem absoluten Recht wäre ein Standpunkt. Er wird jedoch subjektiv nicht zugelassen, ist eben nur wirksam. Der Jurist leugnet vor sich selbst, unter Zwang zu stehen; er hält an der Idee des Rechtes und der Wahrheit fest, ist aber von sich aus und nicht erst aus Zwang, nicht in der Lage, sie zur Geltung zu bringen. In dem naiv gebundenen Menschen, fein und klug wie er außerdem sei, verschränken sich Freiheit und Notwendigkeit, sodaß seine Würde und gutes Gewissen gewahrt bleiben, auch wenn er offenbar nur dem Notwendigen genügt.

– Auf das »öffentliche Hängen« v.d.Lubbes wird man wohl verzichten. Es war eine revolutionäre Ankündigung. –

– Hitler gilt für weich, kompromißlerisch und lenksam. Die große, große Verantwortung lastet schwer auf dem edlen Mann, diesem Repräsentanten der ressentimentgequälten Mittelstands-Unterschicht. Zweifellos beherrscht die innere Politik sein Denken, das Äußere interessiert ihn kaum, u. er ist weit entfernt, den Materialkrieg zu wollen, der unterdessen aus Leibeskräften vorbereitet wird. Die Situation ist zweifellos von der vor 19 Jahren sehr verschieden; aber Wilhelm hat den Krieg von Natur wegen noch viel weniger gewollt, als diese Leute, denen ihre heroische »Philosophie« leicht über dem Kopf zusammenschlagen kann. – Jedenfalls stellten wir fest, daß der Leipziger Prozeß die Kluft zwischen Deutschland u. den anderen Völkern weiter vertiefen wird. –

– Sich ohne Mißtrauen aussprechen zu können, tat den beiden Männern offenbar wohl. Dabei hat man als »Emigrant« immer Rücksicht auf die Empfindlichkeit der Innerdeutschen zu nehmen, die besorgen, man halte sich für wissender als sie, während sie als Selbsterlebende bei aller Eingeschränktheit diesen Vorzug für *sich* in Anspruch nehmen, das Emigrantentum und sein leicht ausartendes, wenn auch begreifliches Ressentiment weitgehend verachten und seine Rolle tragi-komisch finden. –

Aufträge an Bumann in Sachen des Musik-Apparates und der bei Feist liegenden Bücher, die möglicher Weise zu retten.

Montag den 2. X. 33.

8 Uhr und vormittags an diesem Heft gearbeitet.

K. bei Zeiten zur Stadt, u. a. um mit Tennenbaum den Transport der Badenweiler Möbel zu besprechen.

Überlegungen, was in der gegenwärtigen Lage meiner Persönlichkeit entspricht. Der Aufenthalt in Zürich, nahe der deutschen Grenze und zwar in Freiheit und Distanz aber in Kontakt mit dem Innerdeutschtum, zweifellos das Richtigere für mich als das Aufgehen in französischer Sprache. Gestern mit K. über den Bau eines Hauses hier in Küsnacht und seine Finanzierung. Über das Bedürfnis nach Ruhe und definitivem Zustande, andererseits die Nichtratsamkeit einer Überstürzung und die Unvermeidlichkeit wiederholter Zwischenzustände. –

Machte Mittags mit Medi einen einstündigen Spaziergang bei unglaublicher heißer Sonne, erstaunlich für diese Jahreszeit. Übrigens soll das schöne Sommerwetter auch in München herrschen.

Es kam viel Post, darunter ein langer Brief von Bermann, nicht ablehnend in Sachen der Büchergilde, erschreckt schon wieder von der Interview-Angelegenheit. Vom Jaakobsband fünf tausend Vorbestellungen. Die Umschlag-Zeichnung von Walser kam anbei, und ich betrachtete sie viel. Sie ist schön und nicht ohne Feingefühl dem Geiste des Buches angepaßt. Auch das Dekorativ-Symbolisch-Unbestimmte der Szene zieht mich an – ist es Abraham mit dem kleinen Isaak oder der erzählende Jaakob – man weiß es nicht recht; aber allgemeine Stimmung ist darin.

Las nach Tische Zeitungen. Gegen 5 fuhren wir zu Faesi's zum Thee. Man trank ihn an hübschem Platz im Garten. Golo holte auch die Kleinen, die mit dem Sohn des Hauses Boccia spielten. Gespräche über unsere Schicksale, die Teuerkeit der Schweiz u. ihre Gründe, unsere Niederlassung hier. Ein Architekt namens R. Hürlimann wurde empfohlen. Faesis ihrerseits denken aus klimatischen Gründen an Übersiedelung ins Tessin. –

– In München bei der P. P. ein untergeordneter Standarten-Beamter namens [?)], der auf meine Rückkehr nur darum erpicht ist, um mir einmal die Leviten lesen und mir klar machen zu können, was für Unsinn ich geschrieben. Weiter wolle man garnichts von mir, eine Verhaftung käme nicht in Betracht. Es stellt sich jedoch heraus, daß allerdings ein Verhaftungsbefehl vorliegt und daß [?] Lockungen und Wünsche eine Falle sind. Die Lüge ist geradezu die fixe Idee dieser Menschen; sie denken nichts anderes, ihre ganze Moral und Politik ist in ihr beschlossen. –

Weitere Post, amerikanische und andere. Es kam zum ersten Mal die »N. Z. Z.« mit einer außerordentlich warmen, ja begeisterten Besprechung von Erikas Kabaret, das übrigens gestern einen noch stärkeren Erfolg gehabt hat, als bei der Première. Dabei hat Erika einen leichten Gelbsuchtsanfall, Rückenschmerzen, vergrößerte Milz. (Siehe ihre Wut auf Bermann, die damit in Wechselbeziehung steht.) Aber der Arzt hat ihr das Auftreten erlaubt.

K. mit den Kindern ins Konzert von Ad. Busch. Zu meinem Kummer fühlte sie sich enerviert und unwohl.

Schrieb an Herzog in Sachen des Lizenzdruckes.

Aß allein zu Abend, las dann Zeitungen und die »Weltbühne«. Prospekt von Secker, London, mit Ankündigung von »Past Masters« und eines Buches von James Cleugh über meine Arbeit.

Schrieb noch an Bermann.

Dienstag den 3. X. 33.
Schlief morgens lange, bis ½9 Uhr und länger. Der Himmel dick neblig bedeckt, aber die Luft noch milde.

Stellte die Einteilung der Ankunftserzählung her und bestimmte, wie anfangs in Sanary, Kapitel-Überschriften für das Geschriebene vom Anfang des III. Bandes. Diese Titel sind ästhetisch von unglaublicher Wichtigkeit.

Mittagsspaziergang allein. Nach Tische Zeitungslektüre.

Minderheitsrede des deutschen Delegierten in Genf. Scharfe Replik Bérengers und allgemeiner Beifall für den Franzosen. Die moralische Vereinsamung »Deutschlands«, das von den Italienern notdürftig zur Vernunft angehalten wird, ist eklatant. Übrigens handelt es sich bei der Abrüstungskonferenz kaum noch um mehr, als einander die Schuld am Scheitern zuzuspielen. Es steht aber a priori zweifellos fest, daß sie aufseiten Deutschlands ist.

Herriot schwer krank.

Nach dem Thee Besuch von dem Schwager der Herz, einem Nürnberger Geschäftsmann, der von den dortigen widerwärtigen Geschehnissen berichtete. Wir tauschten Grüße, und er war bewegt beim Abschied. Ein schlichter, weichherziger Mann. Das Wüten jener Tiere gegen diese Menschenart ist garzu stupid und roh. Barbaren pur sang und ohne Wortemachen – man ließe es sich gefallen. Aber die Roheit auf Grund von verdorbener Literatur und viertelsgebildeter Theorieen ist Übelkeit erregend. –

Im »Temps« ein interessanter Aufsatz über den Hitlerismus und Gobineau, der ganz zu Unrecht als Kronzeuge des Rassenunfugs und des Antisemitismus angerufen und intellektuell verunglimpft wird. Sein Lehrsatz war gerade die hoffnungslose Gemischtheit der europäischen Völker, und daß namentlich die Deutschen wesentlich keine Germanen seien. Übrigens war er (in Teheran) praktischer Philosemit. –

Sehr hübscher Bericht von Hornstein in der N. Z. Z. über Wagner in der Schweiz. Er braucht noch 10 Jahre bis zur Vollendung des »Ringes«, redet aber unausgesetzt von dem dafür zu erbauenden Theater, (das von Wesendonck finanziert werden soll, dessen Frau er liebt) – mit einer geschäftlichen und unternehmerischen Erfülltheit, daß man einen Barnum oder Straussberg zu hören glaubt, keinen Künstler. Schubert sei wie ein Schwamm gewesen, aus dem Musik lief, wenn man dran drückte. (Dies herabsetzend gemeint, gegen den Inspirierten, den absoluten Musiker.) Ärger über einen Lobesartikel der Lortzing gilt. Das ist doch einer seiner Vorgänger, auch in der Deutschheit; er müßte Sympathie mit ihm haben, seine Sache in ihm gelobt sehen. Aber er zeigte sich besonders chockiert durch L's Kennzeichnung als »deutscher« Meister. Aus Eifersucht? Oder weil er von deutschem Meistertum nichts wissen will? –

– Diktierte Briefe nach abgefertigtem Besuch, u.a. ein Interview über den Roman für Mme. Luchaire, das im »Excelsior« erscheinen soll. Ferner an Gallimard, Pios etc.

Es kam eine franz. Buchsendung: La condition humaine von André Malraux.

Mittwoch den 4. X. 33.
Gestern hatten wir nur ein leichtes und vorläufiges Abendessen, machten später Toilette und fuhren nach 10 Uhr zu Reiffs, wo im Anschluß an das Busch-Conzert Soirée war: wir trafen außer dem Geiger und seiner Frau den Dirigenten Andree mit Familie und einen jungen bulgarischen Pianisten. Souper, bei dem ich Adolf Busch gegenüber hatte, neben dem K. saß. Ein ungewöhnlicher sympathischer Mensch, in strenger Opposition gegen den Hitler-Unfug, von Deutschland getrennt, dabei »der deutsche Geiger«, sehr wohltuend und verwandt. Seine Verachtung des R. Strauss, dessen Musik, seinem Charakter entsprechend, oberflächlicher Mist sei. Und Pfitzner? – Um Gottes willen! Dann noch lieber Strauss. – Über die Dummheit des Knappertsbusch und den Wagner-Protest. Andree: »Die Leute werden es eines Tages bereuen.« – Dann nach dem Essen in ein Gespräch unter vier Augen mit Busch über unsere Situation und das deutsche Publikum, über die Verderbnis jeder Art, die das Hitler-Goering Regime über Deutschland bringt. Ich sprach ihm von dem bedrückenden Charakter meiner Stellung im Lande und zugleich außer ihm. Es ist wohl so, daß das vergewaltigte Innerdeutschtum zwar von denen, an denen es hängt, Charakterbekundung verlangt, daß es sich aber auch wieder verraten fühlen würde, wenn

209

man sich ganz von ihm trennt. Mein Außensein in Verbindung mit der Ermöglichung des Erscheinens meiner Bücher in Deutschland stellt vielleicht die Versöhnung dieses Widerspruches dar.

Ergebnisreiche Besprechung K.'s mit Busch und Andrä, betreffend Bibi's geigerische Ausbildung. Der Direktor wird ihn mehrfach prüfen und eventuell dem Konzertmeister seines Orchesters als Schüler zuweisen. Man wird Konservatoriumsausbildung mit dem Besuch eines freien Gymnasiums verbinden, das auch Medi besuchen kann. Die Vorzüge Zürichs, die uns eigentlich hergeführt, treten hier hervor.

Die Kinder hatten, nach dem Besuch auch des zweiten Konzertes, dem verehrten Geiger Guten Abend sagen dürfen. Wohltuender Eindruck des Abends, zu meiner Genugtuung, auf K., die durch die Begegnung mit dem Onegin-Penzoldt-schen Paar abgestoßen war. (Busch: »Schreckliche Gesellschaft!«) – Lächerlich nur das lavierende und um die Harmonie ihres Berühmtheiten-Hospizes besorgte Verhalten der reichen Wirte – »objektiv«, »unpolitisch« und peinlich berührt.

Es wurde natürlich spät, wir fuhren gegen 1 Uhr zurück (ich im Rücksitz) und erst um 2 löschte ich das Licht.

Heute bedeckt und kühl. Man hat die Heizung wieder in Gang gesetzt. Telephonarbeiter im Haus, davon einer mit Hasenscharte.

Besserte, führte die Betitelung weiter und registrierte die bisherigen 18 Kapitel des III. Bandes.

Ging nur wenige Augenblicke an die Luft.

Zum Mittagessen Erika und die Giese. Der Erfolg der »Pfeffermühle« ist vollkommen, die Zürcher Presse einhellig im Lob, das Publikum drängt sich jeden Abend. Das ist mir eine herzliche Freude.

E. erzählte von der Mißhandlung eines jungen Kommunisten in einer S.A.-Kaserne. Mit dem Revolvergriff die Kinnbacken zerschmettert – für den Anfang. Solange er sich noch aufrecht halten konnte, mußte er Verse zu »Ehren« Hitlers schreien.

Schließlich, unkenntlich, ins Krankenhaus. Später hat ihm sein Vater den Paß weggenommen, damit er nicht außer Landes gehe. Wenn er sich vernünftig halte, werde schon weiter nichts passieren. Er ist aber doch mit Hülfe eines Ausflugs-Grenzscheines entkommen. Er berichtet, die Kerle seien bei ihrem gemeinen Geschäft so besoffen und idiotisch gewesen, daß er Haßgefühle während der Mißhandlungen kaum habe aufbringen können. Auch habe von politischem Haß auf ihrer Seite nicht die Rede sein können. Es sei die blöde Ausübung einer Brutalität gewesen, zu deren Bewährung sie da seien. –

– Schlimmes Vorkommnis im S. Fischer Verlag: Das jüngst erschienene Buch von H. Hauser ist Hauptm. Goering mit Heilgruß oder ähnlichem gewidmet. Es ist ein wenig stark. Man verlangt von uns Auswärtigen die äußerste Rücksichtnahme, kein Laut darf über unsere Lippen kommen, damit der Verlag nicht gefährdet werde. Dieser aber kompromittiert uns vor der Welt mit solchen Erniedrigungen. Ein hiesiger Buchhändler hat sich bei Erika erkundigt, ob es denn wahr sei, daß mein Buch bei Fischer erscheine.

– Zeitungen gelesen und geruht.

Das Telephon funktioniert. Sprach mit Herzog wegen des Lizenzdruckes, und abends telephonierten wir mit Franks Lugano.

Schrieb an die Herz und ging vor dem Abendessen eine Stunde im Dunkeln spazieren.

Die Frachtsachen aus Sanary kamen.

Donnerstag den 5. X. 33

8 Uhr auf und nach dem Frühstück die Bücherkiste ausgepackt und den vertrauten Inhalt in die Fächer meines Zimmers geordnet. Dann angeregte Beschäftigung mit den Notizen zu zukünftigen Kapiteln und mit der Vorbereitung des nächsten. Jedes Wieder anheben ist schwer und merkwürdig, ein neuer Beginn.

Da ich Haarwäsche und Rasieren hatte, ging ich mittags nur wenige Schritte mit K. vors Haus und tätschelte einem Kinde das Bäckchen. Der morgens dick neblige Tag wurde später wieder heiter und schön. Telephonierte mit einem Zürcher Buchhändler, der sich nach dem Joseph erkundigt hatte, und sprach mit Korrodi, der uns für nächstens zum Essen einlud.

Die Briefe Liszts an die Gräfin d'Agoult, die ich gestern Abend las, haben mir Freude gemacht.

Nach dem Thee Briefe diktiert: an den Polizeichef Basel wegen Niederlassung, an Frankl Prag etc.

Für ½8 Uhr mit K. nach Zürich ins Pfauentheater, wo wir im Vestibül L. Frank trafen und in einer Balkon-Loge Speyers neues Stück »Ein Hut, ein Mantel, ein Handschuh«, sahen, einen wirksamen und gewandt dialogisierten Reißer. Begrüßung des Autors in der Pause. Nachher Souper im Hotel St. Peter, in Gesellschaft von Speyer und Frau, L. Frank, W. Herzog, des Schauspielers Horwitz u. Frau. Unterhaltung mit diesem. Erika u. die Giese sprachen zum Schlusse auch noch vor. Die Pfeffermühle hatte einen besonders erfolgreichen Abend gehabt. Es sind für morgen schon 140 Vorbestellungen da.

½1 Uhr Rückfahrt.

Freitag den 6. X. 33

Später auf und bis mittags gearbeitet, überlegt, kombiniert und skizziert.

Zum Mittagessen Erika und Liesl Frank. Mit ihnen nachher in der Halle, dann bei den Kindern, die ein paar Sätze Vivaldi zusammen vorspielten. Anschließend Gespräch über unsere Angelegenheiten in München, wobei Golo die Initiative zum Abbruch befürwortete. Ich neige dagegen dazu, die Dinge sich zu Ende spielen zu lassen. Übrigens hat im Theater ein aus München kommender Herr berichtet, daß vor unserem Haus lange ein »S.S.-Wagen« gesehen worden sei. Wozu unbekannt.

K. war nachmittags mit den Kindern bei dem Direktor Andrä in der Akademie. Er hat sie geprüft, gelobt und guten Lehrern zugewiesen. Die Aufnahmeprüfung ist in dieser Form absolviert. Wir freuen uns darüber.

Der Leipziger Prozeß: Der Vorsitzende befragt den apathischen Lubbe sehr ernst nach der Wahrheit. »Haben Sie den Reichstag allein angezündet?« – »Ja.« – »Aber die Sachverständigen erklären, Sie könnten es nicht allein getan haben.« – Ein Lächeln geht über Lubbes Züge. – »Ja, allein.« In welchem Seelen- und Geisteszustand befindet sich der Vorsitzende, von dem des Angeklagten nicht zu reden? Daß Torgler und die Bulgaren nichts mit der Sache zu tun haben, ist so lächerlich klar, daß jedes Weiterverhandeln gegen sie eine öde Komödie ist. Und Lubbe will es allein getan haben. Die Lage ist derart, daß die Verteidiger, der schneidige Sack an der Spitze, es für nötig halten, eifrig gegen das Braunbuch und seine Behauptungen zu polemisieren, was übrigens unter ihrer Würde sei. –

Anruf von einer Frauensperson aus München, die für einen Romanstoff einen Autor sucht. Ich brach gereizt ab.

Der Schrankkoffer aus Basel kam mit Kleidern und Büchern, die ich einreihte.

Es ist mir eine Freude und Genugtuung, daß Andrä den Bibi entschieden begabt gefunden u. ihm eine gute Zukunft prophezeit hat, wenn er Fleiß u. Energie bezeigt. Es gäbe garnicht viele gute Geiger. Daß er ihn sofort dem Konzertmeister de Boer, dem ersten Lehrer der Stadt, zugeteilt hat, ist ein Beweis der Aufrichtigkeit seiner guten Meinung. Der Junge wird auch das Klavier erlernen und auf der Akademie ein regelrechtes, auch theoretisches Musikstudium treiben, außerdem um seiner allgemeineren Bildung willen das Freie Gymnasium besuchen. Wir wollen nur hoffen, daß diese Ausbildung nicht zu sehr ins Geld läuft.

Medi wurde weniger ernst genommen, wird aber ebenfalls guten Klavierunterricht bekommen, und ihr Wunsch, später mit dem Bruder zusammen Konzerte zu geben, kann erfüllt werden unbeschadet ihres wissenschaftlichen Weitergehens. –

Steiner, dem ich schrieb, schickte einige der nicht mehr empfangenen Hefte der »Corona«, mit den Stücken von Stifter und Leskow, nach denen mich verlangte. Er schreibt dazu das Gerücht, Oldenbourg habe meine Broschüre »zurückgezogen«, sei völlig unwahr. – Doch wohl nicht, da die Anzeigen des Verlages beweisen, daß er meinen Namen nicht zu nennen wagt. Schrieb hierüber ironisch an St., außerdem an Joel, Basel, dem ich das Nötige berichtete und erklärte.

Abendspaziergang mit K.

Es kam ein ungewöhnlich guter und erfreulicher französischer Brief von einem jungen Mann namens Borel in Neuchâtel über den »Zauberberg«. – Ferner schickte Dr. Erich Brock, Zumikon, die »Neue Schweizer Rundschau« mit einem Aufsatz über meine Goethe-Schriften.

Abends Lektüre dieser Zeitschrift und der Zeitungen. Eine Rede des Goebbels vor der Presse ist wieder einmal nicht schlecht. Die Regierung wünsche bei den Zeitungen aufrechte Männer und freie Diskussion – natürlich im Rahmen der großen Politik. Die Holzpapier-Fabrikation soll um 70 % zurückgegangen sein.

Sonnabend den 7. X. 33.
Mit dem Schlage 8 Uhr aufgestanden und nach dem Frühstück bis zum Mittag mit der Vorbereitung der »10 Jahre« fortgefahren.

Mittags, als ich einige Schritte mit K. ausging, war wieder die Sonne, bedenklich drückend, durch die Nebel gedrungen; nachmittags verhüllte sie sich wieder, und abends hat es geregnet. Es ist wohl anzunehmen, daß die Periode schönen Herbstwetters, die uns hier aufgenommen, zu Ende ist.

Gespräch mit K. über die Gefahr, die auch den nach Badenweiler gegangenen Möbeln droht. Der Weitertransport ist lange verzögert worden. Er ist jetzt eingeleitet, aber ob diese mir wichtigen Dinge noch rechtzeitig herausgelangen, bevor man auch auf sie von München aus die Hand legt, ist zweifelhaft.

Lektüre des »Tagebuchs«, der Zeitungen, des Schlusses der Ljeskow-Erzählung in der »Corona« und eines Aufsatzes über Goethe und Grillparzer von Nadler ebendort.

Schrieb Dankesbriefe an Dr. Brock, Zumikon, und an Borel in Neuchâtel.

Telephonierte mit Hanhart und war unangenehm berührt von seinem völligen Mangel an Teilnahme für unseren Verlust und Zustand, – einer bei Schweizern häufige Erscheinung.

Sonntag den 8. X. 33
Seit gestern Nachmittag schon wieder das starke Glockenläuten.

Auf meine Nerven ist doch noch wenig Verlaß; vielleicht ist es die Föhn-Wetterlage, die dazu beiträgt, es mir bemerkbar zu machen. Gestern auf einem einstündigen Abendspaziergang Zwischenfall von Verlust der Fassung, Angst und Schrecken. Abends nach dem Essen bei der Lektüre Unwohlsein vom Magen her und vorm Einschlafen weitere Attacke von heftigem Herzklopfen und Angstgefühl. Beruhigung übrigens dann und recht guter Schlaf.

Viel Behagen gewährt das gute Funktionieren der elektrischen Wasserheizung, sodaß das warme Bad jeden zweiten Tag sicher ist. Danach ist Wolle zu tragen, denn leichte rheumatische Muskelschmerzen sind von dem linken auch auf den rechten Arm übergegangen.

Die Anforderungen der für nächsten Monat bevorstehenden holländischen Reise an meine Kräfte machen mir einige Sorge. Aber ich denke, die »Reserven« werden sich wieder bewähren, und auch hier stelle ich die Stärkung fest, die unter den neuen Lebensumständen der Gedanke an diese Aufzeichnungen mir gewährt. –

Besserte den Schluß des Ankunftskapitels und fing an, weiter zu schreiben.

Mittagsspaziergang mit K. bei Schwüle und Tröpfelregen. Wir sahen Bauplätze an, Wiesengründe auf weiterer Höhe der Landstraße, Wald in der Nähe, mit schönem Blick nach Süden auf die jenseitigen Ufer des Sees. Zum vierten Mal fassen wir Land ins Auge, ein Heim darauf zu bauen. Adolf Busch empfahl sehr seinen Architekten, einen Deutschen, der viel für Adenauer in Köln gebaut und also fliehen mußte.

Zum Essen Erika und Annette Kolb. Verbindung mit der hiesigen Familie, an welche die Sachen von Badenweiler geschickt werden sollen. – Verabredung ins Kreislerkonzert und zum 7 Uhr-Thee bei Reiffs. – Gestern Abend Straßentumult vor der »Pfeffermühle«; es waren zu viele Voranmeldungen angenommen worden.

Erika mußte bald zur Nachmittagsvorstellung, und Annette fuhr mit ihr.

Las das Stifter'sche Bruchstück aus der »Mappe des Urgroßvaters«. Interesse für die Stifter-Ausgabe des Sudetendeutschen Verlages.

Dunkel, heftiger Föhnsturm und leichter Regen.

Zum Thee Dr. Fleischmann, rumänischer Konsul, in Sachen unserer Niederlassung und der Zollfreigabe unserer hier ruhenden Habe.

Sturm und Regen. Werde nicht mehr ausgehen können.

Schrieb einen Glückwunsch zum 75. Geburtstag der Lagerlöf und exzerpierte Ägyptisches.

Las abends in den Äg. Märchen und trank wieder einen Lindenblütenthee.

Montag den 9. X. 33

Regen. Fuhr gleich nach dem Frühstück mit K. zum Gemeindehaus, wo wir um die Aufenthalts- oder Niederlassungserlaubnis einzukommen hatten. Ausfüllung des Formulars. Die Sache wird nun wohl durch Protektion vereinfacht und beschleunigt werden.

Es kamen aus Leipzig die beiden ersten fertigen Exemplare der »Geschichten Jaakobs«. Der Band überraschend stark durch das weiche, dicke Papier, die Umschlag-Zeichnung gut und eindrucksvoll. Ich blätterte – alt und allzu oft überprüft ist alles, die Reize versagen. Mögen sie bei anderen wirksam sein. Das Buch erscheint morgen: Neugier auf seine Schicksale. An Bermann müßte ich ernstlich wegen der skandalösen Widmung schreiben. Dazu sein rasender Haß auf Klaus und dessen Zeitschrift. Es sieht sonderbar aus in den Eingesperrten. – Schrieb etwas weiter an den »10 Jahren«. –

Es kam Ewen's Interview in den New York Times – ganz manierlich und nicht, wie ich gedacht hatte, identisch mit dem in der Jewish Revue. Man hat in Amerika lebhaftes Gefallen daran gefunden, weshalb mein Dementi mir fast leid tut. Aber die Illoyalität der publizistischen Ausnutzung überhaupt bleibt bestehen.

Nach Tische Zeitungslektüre. In der »Neuen Freien Presse« *die erste Besprechung* des Jaakobsbandes, ein sehr festlicher Aufsatz von Franz Horch.

Zum Thee *Dr. Brock* von Zumikon, ein kluger, schwermütiger Mensch, mit dem ich mich gut über Deutschland und anderes unterhielt. Er empfiehlt Zumikon sehr für unsere Ansiedelung der hohen Lage (700 m) und der billigen Bodenpreise wegen. Besuch bei ihm in Aussicht genommen.

Den ganzen Tag Regen. Ging abends, nachdem ich K. Briefe an Bermann und »Equinox«, New York, diktiert, noch eine halbe Stunde aus. Bermann scheint sein Entgegenkommen in Sachen der Büchergilde durch übertriebene Forderungen illusorisch machen zu wollen. Habe ihn ermahnt.

Am Schluß des Abendessens Anruf von Rechtsanw. Heins, München, dem wir wieder einmal die Niederlegung des Mandates anempfohlen hatten. Aber wieder einmal erwartet er gerade eine entscheidende Antwort der P.P., und sein Optimismus ist unzerstörbar. Vielleicht, daß er doch wenigstens die bei Feist ruhenden Bücher rettet.

Vertiefte mich abends doch noch einmal in die Lektüre des Bandes – nicht ohne Vergnügen.

Dienstag den 10. X. 33.
Erscheinungstag der »Jaakobsgeschichten«.

Vor acht Uhr auf und eine Seite an den »10 Jahren« weitergeschrieben.

Schöner, sonniger, frischer Herbsttag. Mittags Spaziergang. Es gibt schöne Waldwege. Auf den Bergen Neuschnee von gestern.

Ausschnitt aus der deutschen Presse: Verbalhornte Wiedergabe des Interviews aus der New York Times, ins Positive gefälscht und als »interessant« bezeichnet. Schmierfinken.

Längerer Brief von Heinrich aus Nizza, anhänglich.

In der N.Z.Z. ironisch höflicher und gewundener Aufsatz von Rychner über das deutsche »Schriftleitergesetz«.

Schrieb an Fiedler.

Fuhren mit den Kindern gegen 7 Uhr in die Stadt zu Reiffs, wo wir Annette Kolb und Dr. Kesser trafen. Man setzte sich zu Thee, Sandwidches und Torte. Dann in die Tonhalle, wo Kreisler konzertierte: Viotti und Brahms, Zugaben von Bach. Eine Virtuosennatur von Geblüt, die viel Süßigkeiten spendet, der aber auch Ernst und Strenge nicht fremd ist. Überfüllte, arge Luft, rauschender Beifall.

Zu Hause um 11 Uhr Abendessen. Eine Menge Post, darunter Bemerkenswertes. Bertram, der wieder in der Poschingerstraße war und seiner sicheren Hoffnung auf unsere baldige Rückkehr Ausdruck gegeben hat, schickt seinen Gedichtband »Wartburg«, »mit der herzlichen Bitte um Heimkehr zur Burg«. Eine Burg? Ein Konzentrationslager. Was soll mir die Professorenlyrik.

Claire Goll, Paris, schickt ihren Roman »Arsenik« mit dem Wunsch nach einer Aeußerung.

Die Paneuropäischen Studenten der Schweiz laden zu Vorträgen in Basel und Zürich ein.

Eine Inaugural-Dissertation von Kurt Meyer, Leipzig: »Die Novellen Paul Heyses und Th. M.'s«.

Ein umfangreiches Buch von H. I. Weigand von der Yale University: »Th. M.s Novel ›Der Zauberberg‹ A Study«.

Viel auf einmal. Aber es glaubt das Lumpenpack, man wär's nicht mehr.

Mittwoch den 11. X. 33

Las gestern Nacht so lange noch, nachdem ich den Brief an Fiedler zu Ende geschrieben, in den angekommenen Drucksachen, daß es halb 3 und 3 Uhr wurde, ehe ich zur Ruhe kam.

Ein blauer, frischer Herbsttag heute wieder, der mich übernächtigt und erkältet findet. Auch ist mein linkes Auge wieder einmal stark entzündet, wogegen Borwasser zu brauchen. –

Der Zürcher Aufenthalt läßt sich an wie ich ihn mir vorgestellt: gegen den von Sanary ist er durchaus Rückkehr ins Gewohnte, wie der gestrige Konzertabend nebst Heimfahrt im Wagen mich lebhaft empfinden ließ. Viele Gäste: Alfred Neumann und Frau kommen nach St. Gallen und hierher. Liefmanns aus Frankfurt sind in Genf u. haben sich angemeldet. So wird es weitergehen; Z. ist ja in ganz ähnlicher Weise ein Durchgangspunkt wie München. Das elegante Haus als Rahmen und das Zusammentreffen von Erscheinungen wie gestern die Post sie brachte, geben mir weiter den Eindruck, daß der Charakter meines Lebens sich eigentlich nicht geändert hat.

Auch Bertram ließ neuerdings wissen, daß er – in akademischen Geschäften wie es scheint – diesen Monat nach Z. komme. Auch die Übersendung seines Versbuches, das ich nicht umhinkann im Zusammenhang mit dem deutschen Greuel und als seinen beschönigenden Ausdruck zu sehen, wird mich nicht bestimmen, ihm zu schreiben. Er möge kommen. Wie die Begegnung ablaufen würde, kann ich nicht voraussagen.

Eben kommt in Deutschland das Gesetz gegen den »Rasse-Verrat« heraus, das jüdisch-»arische« Verbindungen jeder Art, auch wenn sie nicht auf Nachkommenschaft zielen, unter schwere Strafe stellt. Das revolutionär Phantastische, Rasante, Ungeahnte und Wider-Wahrscheinliche dieser Legislative könnte amüsieren, ja erfrischen, wenn es nicht der unleidliche und jämmerliche Kostbarkeitsdünkel der deutschen Crapule wäre, die hier aus abenteuerlicher Machtvollkommenheit, die Welt herausfordernd, ihre Krüppel-Philosophie in »Geschichte« umsetzt. –

Die Post ist interessant jetzt. Liebenswürdiges Antwortschreiben des Polizeichefs Dr. Ludwig in Basel. – Briefkarte von Korrodi über sein Eingesponnensein seit Tagen in meinen »schönen und schweren Roman« und gleichzeitig in der N. Z. Z. der erste Teil seiner Studie darüber: »Der biblische Roman Th. Ms.« – sehr ernst und gewichtig eingehend, das Kritische allzu sehr mit Citaten aus Goethe, Gunkel und aus dem Texte selbst plombiert. Es sind auf diese Weise schon acht Spalten. Nervöse Erregung u. Erschütterung bei allem, was ich über das Buch lese.

Das zweite Heft der »Sammlung« kam.

Ludwig Hart meldet sich an.

Schrieb an Korrodi und an die Sudetendeutsche Verlagsanstalt in Sachen ihrer Stifter-Ausgabe.

Mittagsspaziergang mit K. bei wieder allzu heißer Föhnsonne.

Zum Essen Erika und A. M. Schwarzenbach, die morgen eine Reise nach Persien antritt.

Zeitungs- und Zeitschriftenlektüre. Später geschlafen.

Der Reichstagsbrand tagt in Berlin, eine schauerliche und elende Groteske, Lubbe, der allein angezündet haben [will], antwortet auf die dringliche Frage, ob er von irgendwem dazu angestiftet worden, mit tropfender Nase: »Das kann ich nicht sagen.« Die drei anderen Angeklagten sind längst offenkundig entlastet, aber der Beweis, daß der internationale Kommunismus hinter dem stupiden Verbrechen steht, wird dennoch als erbracht betrachtet werden. Torglers verbitterte Miene deutet es an. Das Urteil wird im Geiste derjenigen ergehen, nach denen junge Kommunisten, die in provozierter Rauferei einen Nazi getötet, geköpft werden. Man rechnet auf Weltsympathie für ein solches Urteil auf Grund der allgemeinen Furcht. Aber die Kommunistenfurcht der Welt ist eines und ein anderes ihr Ekel vor der deutschen Rechtsverhunzung, ausgeprägt in dem Satz: »Was dem deutschen Volke nützt ist Recht.« Der Spruch wird dem deutschen Volke nicht nützen, sondern die Kluft zwischen ihm u. der übrigen Welt vertiefen. –

Verbrachten den Abend in dem nahe gelegenen eleganten Hause einer Frau Rudolph in Gesellschaft von Annette Kolb und des ehemaligen republikanischen Ministers Hilferding und seiner Frau.

Schrieb zu Hause noch an Prof. Weigand, New York.

Zürich-Küsnacht, Donnerstag den 12. X. 33.
Den ganzen Tag Regen. Weiter geschrieben an den »10 Jahren«. Mittags Besuch des jungen Studenten Hässig in Sachen einer Vorlesung in der Universität. Längere Unterhaltung mit ihm. Ging dann einige Schritte aus.

In der N. Z. Z. der zweite Teil der Korrodi'schen Besprechung, etwas näher an das Buch herankommend. – Weitere Exemplare von Fischer.

Ein neuer Ergebenheitsbrief des jungen Borel in Neuchatel.

K. holte das neu eintretende Mädchen, Schwester unserer Münchner Sophie vom Zürcher Bahnhof ab.

Klaus' Aufsatz über George in seiner »Sammlung« ist eine lobenswerte Arbeit.

Zum Thee Ludwig Hardt, der lange blieb. Schenkte ihm den Jaakobsband, aus dem er hier vielleicht vortragen wird.

Es kam der IV. Band der »Oeuvres complètes« von André Gide. Zwei sind in München . . .

Abends einige Schritte im Regen gegangen. Widmungen in

eine Reihe von Exemplaren des »Jaakob« geschrieben. Briefe ausgefertigt. Es kam heute und gestern viel Post, die Arbeit macht, so von W. Born, Wien, wegen Kokoschka, der ein Jaakobs-Fragment im »Kunstwanderer« illustrieren soll, u. wegen eines Beitrags über ihn.

Freitag den 13. X. 33

Tief hängender Himmel, Regen, Kälte. Plagte mich vormittags mit einer (geforderten) Botschaft an die Teilnehmer der Pariser Sitzungen des Comité Français de Coopération.

Verstimmt. Zum Mittagessen Erika mit einem befreundeten Zürcher Journalisten und einer Tänzerin. Vieles über den komplizierten u. schwierigen, verkniffenen, neurotischen Charakter der Schweizer.

Zum Thee Hermann Kesser. Über die Schwierigkeit richtigen Verhaltens zu Deutschland.

Brief von Heins: Dauernde interne Verhandlungen, die noch etwa 3 Wochen in Anspruch nehmen sollen.

Bösartige Veröffentlichung des »Buchhändler-Börsenblattes« in Sachen der »Sammlung« u. meiner Mitarbeiterschaft, am Erscheinungstage meines Buches.

Ärger und Komplikationen wegen des amerikanischen Interviews.

In der Pariser Presse Aufsätze von Heinrich gegen das deutsche Regime mir zugeschrieben.

Abendspaziergang.

Schrieb an Goldstein, Königsberg. Las in der »Corona« über Gogol, interessant.

In der N. Z. Z. Nachricht vom Tode Hofmillers.

Sonnabend den 14. X. 33.

Klarerer Himmel, sehr frisch. Schrieb an den »10 Jahren« weiter. Mittags Waldspaziergang.

Guter Brief von Fiedler über Deutschland, wie immer jetzt nicht anders datiert als aus diesem Lande.

Die Herz bestätigt Empfang des »Jaakob« durch Telegramm. Ich sandte solche an Le Jour und die New York Times,
um Weiterungen zu verhüten.

Rückziehung des Vorwurfs des »geistigen Landesverrats«
gegen mich, Schickele u. Döblin durch den »Reichsverband zur
Förderung des deutschen Schrifttums« in der N. Fr. Pr.. Idioten. –

Bewegter Nachmittag. Während des Diktates eines Briefes
an Bermann über den recht erniedrigenden Fall »Sammlung«
und sein Verhalten in Sachen der »Büchergilde«: Telegramm
von Schwarzschild, er müsse wegen der »Sammlung« Stellung
nehmen und bitte um private Erklärung. Brief an ihn, zum
Teil zur Veröffentlichung bestimmt, mußte gleich abgefaßt
werden und wurde noch nach dem Abendessen zu Ende diktiert u. befördert. Zwischenein telephonische Nachricht von
Herzog, Deutschland sei aus dem Völkerbund ausgetreten und
die Abrüstungskonferenz aufgeflogen; es stehe im Abendblatt
der N. Z. Z. . Dort fanden wir die Nachricht nicht. Ein Redakteur der N. Z. Z., den ich anrief, erklärte in erregter Ge-
sprächigkeit, die Meldung, nur in einem Teil der Auflage
enthalten, treffe zu. Wilde Rede Hitlers im Radio, Neuwahlen
zum Reichstag (?!), Volksentscheid, tragische Begeisterung. Un-
glückliches, vereinsamtes, irres Volk, von wüsten und dummen
Abenteurern, die es für mythische Helden hält, verleitet.

Das Merkwürdige ist, daß noch die letzten Nachrichten aus
Genf im Sinne eines Einlenkens Amerikas, Frankreichs u. Englands lauteten. Hat man die Vorzüge eines Bruches vor einem
Vertrage erkannt? Was ist geschehen, um »Deutschland« zum
Abbrechen von Unterhandlungen zu bestimmen, die weiter
zum Paravent seiner Rüstung hätten dienen können? Die Konsequenzen sind unabsehbar. Die Mächte sind gezwungen, der
deutschen Kriegsfertigkeit zuvorzukommen. Einmarsch? Aufteilung? Donauföderation? Im Inneren werden zunächst alle
Rücksichten fallen, die man noch auf die Welt genommen.
Z. B. wird es den Angeklagten im Leipziger Prozeß den Kra-

gen kosten. Aber welche Pestbäule, dieser Lügenprozeß, von dem man, nach den fremden Juristen, nun auch wohl die fremden Berichterstatter vertreiben wird! Und wie steht dieses Land wieder als Feind der Menschheit da!

Klaus telephonierte aus Amsterdam, wo ebenfalls die Nachricht aus Deutschland schon verbreitet. Bereitet auf Gegenerklärung Queridos vor, die ich natürlich finde.

Noch nachts allerlei Schreibereien.

Samstag den 15. X. 33
Sehr frisches, heiteres Wetter. Der Schlaf war mangelhaft infolge der gestrigen Aufregungen, und den ganzen Tag fühlte ich mich müde und mitgenommen. Arbeitete indessen etwas weiter und ging mittags mit K. spazieren.

Zum Essen Liefmanns aus Frankfurt, mit denen wir dann bis 4 Uhr und länger plaudernd in der Halle saßen. Vieles über die deutsche Paranoia und die Charakterprobe, die diese Zeit die Menschen unterzieht – mit vorwiegend kläglichem Ergebnis. Moralische Vorteile der Juden.

Schlief nachmittags, sehr erschöpft.

Diktierte nach dem Thee den Offenen Brief an die Teilnehmer der Pariser Sitzungen.

Abendspaziergang.

Es scheint nicht, daß die deutschen Beschlüsse nur einem Druck auf die Welt dienen sollen. Dem Extrablatt der N. Z. Z. zufolge hat man wegen »entehrender Zumutungen« das Verlassen der Konferenz erklärt und den Austritt aus dem Völkerbund angemeldet. Der Reichstag ist aufgelöst und Neuwahlen sind ausgeschrieben, – ein lächerlicher Widersinn. Schließlich soll eine Befragung des Volkes stattfinden, ob es der Politik der Regierung zustimmt. Diese Politik hat laut einem feierlichen Manifest den höchsten Friedenswillen, und die Einigung Europas zum Inhalt nebst dem eisernen Entschlusse, lieber »Not und Verzweiflung« zu leiden als Entehrung. Eine pazifistische Kriegserklärung, deren Wirkung wohl die erneute Trunkenheit der »heroischen Nation«, aber auch viel geheimer Zweifel und Bangnis sein wird. Not und Verzweiflung war schließlich nicht das, was man verheißen hat. Die Entwicklung der Dinge scheint rascher weiter zu rollen als man gedacht hat.

Montag den 16. X. 33.

Am Roman weiter. Rührend begeisterter Brief von Reisiger über den Jaakobsband. Auch Dr. Horch schrieb u. schickte seine Besprechung. Brüll an K. – Besuch des Architekten Hässig.

Nur wenig gegangen. Zum Essen Erika und die Giehse. Begierige Lektüre der Zeitungen. Die larmoyante Verlogenheit der Rundfunkrede ist ekelhaft. Der ganze Coup de théâtre ist vor allem ein innenpolitisches Manöver: die »Volksbefragung«, die neue Aufputschung aus der Unzufriedenheit, die seelische Mobilisierung sind die Hauptsache. Wieder aber fehlt es nicht an Anzeichen für eine gewisse Widerstandsschwäche der Welt gegen das Friedenspathos. England u. Amerika scheinen um jeden Preis ein Fiasko der Konferenz vermeiden zu wollen.

Ging nach dem Thee zum Haarschneiden nach Küsnacht. Zeitraubend, ungeschickter Gehilfe, Ärger.

Schrieb an Reisiger zum Dank. Verfaßte mit K. die Eingabe an das Gemeinde-Sekretariat wegen der Niederlassung. Dank an Horch. Widmungen an Franks und Vikko.

Sturm und Regen.

Dienstag den 17. X. 33

Regen. Schrieb das kleine Kapitel über die 13 Jahre zu Ende u. ging vormittags nicht mehr aus, da Bermann anrief u. das Gespräch über die Büchergilde und das Buch viel Zeit in Anspruch nahm. Von diesem muß eine neue Auflage gedruckt werden, die ersten 10 000 sind bis auf ca 900 Stück ausgegeben. Das Buch liegt aus, z. T. sogar in München. Besprechungen sind erschienen: in der »B.Z.« angeblich eine sehr warme, in der Kölnischen Zeitung eine respektvoll ablehnende. Den Lizenzdruck versichert B. nicht verhindern zu wollen. Sprach mit Herzog wegen des Preises u. veranlasse telephonische Aussprache zwischen ihm und Bermann. Dieser hat in München, gelegentlich der feierlichen Hauptmann-Première mit Heins konferiert und sich von dessen Hingabe an unsere Sache überzeugt. Seiner Überzeugung nach wird es dort schließlich zu einer Lösung kommen.

Nach dem Mittagessen fuhr ich mit K. zur Stadt, zum Polizeipräsidium, wo wir dem Regierungsrat Schuster in Sachen unserer Niederlassung und der Zollgüter einen Besuch machten. Besorgungen in ausgezeichnetem Papiergeschäft auf dem Rückweg.

Die deutsche Presse spricht von »wachsender Besinnung in England«. Die »Times« läßt nichts davon spüren, da sie den deutschen Popanz davor warnt, seine Methoden in der inneren Politik auf die äußere anzuwenden und erklärt, die Welt habe sein hirnverbranntes Gerede satt. Tatsächlich muß man hoffen, daß die Welt sein mit vibrierender Stimme ausgestoßenes Friedensgeschwätz, dem Göbbels jetzt das Seine hinzugefügt hat, als den elenden Selbstwiderspruch nimmt, der es ist.

Nach dem Thee Briefe geschrieben.

8 Uhr mit K. u. den Kindern ins Abonnementskonzert, Tonhalle, das genußreich und unterhaltend verlief. Klavierkonzert von Tschaikowski, bisher mir nur vom Grammophon bekannt, gespielt von W. Horowitz, einem höchst brillanten jungen Pianisten, der nachher mit Chopin und Strawinsky größten Erfolg hatte.

Spätes Abendessen. Briefe von Born und Prof. Weigand.

Mittwoch den 18. X. 33.

Schöner Herbsttag, reizvoller Anblick der aus leicht getönten Morgennebeln hervortretenden Ortschaft.

Morgens angenehmer Eindruck durch ein Telegramm des Comité Français: Valéry als Präsident habe meinen Brief verlesen und Kundgebung der Sympathie sei auf seinen Vorschlag beschlossen.

Vorbereitungen zum nächsten Kapitel, das die ersten 5 Jahre erzählt.

Mittagsspaziergang, bei dem ich den großen Reichtum der Gegend an schönen, nach allen Seiten sich ausdehnenden Waldspaziergängen feststellte.

Zum Mittagessen Erika und die Giehse. Nationalsozialisten haben gestern vor dem Lokal der »Pfeffermühle« das Publikum belästigt. Erika ist mit Vorbereitungen zu Schweizer Gastspielen beschäftigt.

Es kam die erste Übersetzung des »Jaakob«, die ungarische.

Zum Thee Herr und Frau Reiff, denen ich das Buch überreichte. Nervös, da schlecht geschlafen.

Schrieb an Schickele, wurde aber nicht fertig. Halb 8 Uhr fuhr ich mit K. zur Stadt, zu Korrodi, Freiestraße. Wir aßen mit ihm und seiner alten Mutter zu Abend. Später kamen noch sein Chefredakteur und ein anderer, jüngerer Journalist. Gespräche vorwiegend über die deutschen Dinge.

Bei der Heimfahrt Schwierigkeiten mit dem Motor. Kalte, sternklare Nacht.

Büchersendungen. Langer Bewunderungsbrief über den Jaakob von J. Lesser, Wien. Die Besprechung der Kölnischen Zeitung scheint unglaublich untergeordnet und ein ödes Beispiel der geistigen Wiederkäuerei in Deutschland, abgestandener Jargon: »Intellektualistische Geistigkeit« – »Dichtung des Volkstums«. Stumpfsinnig.

Donnerstag den 19. X. 33.

Unausgeschlafen. Nicht gearbeitet, sondern an Schickele und Lesser geschrieben.

Wundervoll reiner Herbsttag, den die Kinder zu einem Ausflug mit dem Wagen benutzten. Auch K. und ich machten einen 1½ stündigen Wald- und Sonnenspaziergang, wonach wir mit geschärftem Appetit zu zweien aßen.

Schöner Brief von Focillon über den »Wagner«.

Nachmittags geschlafen. Zum Thee der Musikkritiker W. Schuh mit Frau. Gespräche über den »Fall Wagner«.

Schrieb nachher an Prof. Weigand nach Berlin.

Kluger Brief von Fiedler über den Jaakob. Schwärmerischer Brief von I. Herz über denselben Gegenstand.

Fuhr nach dem Abendessen mit K. und Golo zur Stadt, zu Frau Katzenstein. Jüdische Professoren, die über die Zürcher »Notgemeinschaft deutscher Gelehrter im Auslande« berichteten.

Freitag den 20. X. 33.

Das neue Kapitel zu schreiben begonnen. Schöner Herbsttag, Spaziergang allein.

Zum Thee zu Reiffs. Anwesend eine in München ansässige Prinzessin von Bourbon, Infantin von Spanien, neben der ich saß, weitere Damen, Korrodi, Erika, ein dämlicher Neffe des Hausherrn. Üppige Bewirtung und unangenehme politische Gespräche. Enerviert und entschlossen, diesen nachmittäglichen Zeitverderb nie wieder mitzumachen.

Brief von Bermann nebst Kritiken aus der »Kölnischen Zeitung« und der »B.Z. am Mittag«, ferner dem Kontrakt [der] Büchergilde. Wiegler schreibt oberflächlich, aber warm und freundlich, der Mann der Kölnischen mit abneigungsvoller Objektivität. Weitere dumm-lobende Besprechung in »N. Wiener Journal«, die Born schickte. Mehrere ausländische Übersetzungsangebote. Die zweiten Zehntausend werden gedruckt.

Die N.Z.Z. wieder einmal in Deutschland verboten, diesmal auf einen Monat, wohl um eine Störung der bevorstehenden Wahldemonstration zu beseitigen.

Müde, angeekelt und nervös.

Sonnabend den 21. X. 33

Glänzend schöner Herbsttag. Schrieb an den ersten 5 Jahren weiter. Gegen Mittag trafen Alfred Neumanns mit ihrem Wagen ein. Wir nahmen ein kleines Rotweinfrühstück und machten einen Spaziergang. Unterhaltung in der Halle über das Übliche, die deutschen Zustände, den sogen. »Tag der deutschen Kunst« etc. Sie nahmen Abschied um ½4 und nahmen den »Jaakob« mit.

Nach dem Thee Briefe diktiert, mit denen ich jetzt sehr belastet bin. Ging vor dem Abendessen noch spazieren. Schrieb nachher an Born in der Kokoschka-Sache und las dann das Tage-Buch und die Zeitungen.

Ein Brief von Vikko kam.

Die vorige Nacht mußte ich Phanodorm nehmen, da infolge des schädlichen Nachmittags das Einschlafen nicht gelingen wollte. Im Ganzen aber steht es damit viel besser. Neumann hatte den Eindruck, ich hätte überwunden; und wirklich erkläre ich gern, daß ich, was mein Leben betrifft, mit den Ereignissen im Einverständnis bin. Ich führte schon brieflich die Platen-Verse an:

>»Denn wer aus ganzer Seele haßt das Schlechte,
>Auch aus der Heimat wird es ihn verjagen,
>Wenn dort verehrt es wird vom Volk der Knechte.

>Weit besser ist's, dem Vaterland entsagen,
>Als unter einem kindischen Geschlechte
>Die Wut des blinden Pöbelhasses tragen.« –

Aus Berichten Neumanns: Die Mittelstands-Crapule-Physiognomieen, die, früher kaum gesehen, das Straßenbild, das nationale Bild beherrschen, viel häßlicher und rassisch schlechter, als der proletarische Typ. Es ist der soziologische Typ, der zur politischen Herrschaft gelangt ist und das kulturelle Niveau bestimmt. Die Rassen-Ideologie steht ihm besonders schlecht zu Gesichte. Hitler ist sein Exponent, in seiner an- und aufgeregten Halbbildung. In einer seiner letzten Reden ist er nie recht mit dem Wort »Diskriminierung« fertig geworden. Im-

mer darüber stolpernd sagt er: »Diskrimierung«. Geziert,
spricht er getrennte S-t und S-p, um dann irgend einen ver-
dunkelten bemmischen Vokal-Klang (wår) folgen zu lassen. – Goerings Uniformen-Verrücktheit. In eine Stadt ist er
in weißer Seide eingezogen, einer Sommer-Uniform mit ebenfalls weiß-seidenen Generalsstreifen an den Hosen. –

Rychner in Köln schreibt in der N.Z.Z. über das Einsame
Deutschland und seine leidenschaftlich-ausschließliche Vertie-
fung in sich selbst. Die Kritik dieses Deutschtums, das immer
etwas anderes im Kopf hat, als was die Welt braucht, steht
bei Nietzsche. –

Die Möbel aus Badenweiler sollten kommen. Ebenso die
Bücher aus Basel.

Montag den 23. X. 33.

Gestern den ganzen Tag unwohl. Nach recht lahmer Arbeit
nervöser Schwäche-Anfall, der bald überwunden wurde, aber
große Abgespanntheit zurückließ. Ging mittags etwas mit K.
spazieren. Zum Essen waren Erika und der junge Lanzoff
vom Querido-Verlage da: Zum Thee, nachdem ich geschlafen,
der kleine Herr Tennenbaum, der den »T.i.V.« reizend fand
u. dem ich den »Jaakob« schenkte. Gegen Abend schrieb ich
an Fiedler und setzte unter einen Diktatbrief an Bermann
strenge Worte über sein schlechtes Benehmen mit dem Doku-
menten-Material in Sachen der »Sammlung«, das er aus Rach-
und Eifersucht im Auslande herumbietet. Las abends, interessiert, in dem Roman der Claire Goll »Arsenik« und noch
interessierter in J. Rabeners sehr begabtem epischen Wurf
»Verurteilt zum Leben«, der etwas Zeitwildes und jugendlich
Großartiges hat.

Gut geschlafen, daran fehlt es nicht.

Neblige, eher milde Herbsttage mit mittäglichem Durch-
dringen der Sonne.

Zahlreiche Geschäftsbriefe, da viele auswärtige Verlage sich
für den »Jaakob« interessieren.

Las noch mehrmals in Weigands Buch über den »Zauberberg«, das eine erstaunlich eindringliche Arbeit ist und freute mich über die Beziehungen zum »Wilhelm Meister«, die er aufgedeckt, namentlich im Punkte der *Ironie*. (Schlegel über Goethe.) Hier ist tatsächlich Nachahmung im mythischen Sinn, Nachfolge also. Mit mehr Recht im Grunde, als Stifter, kann ich von mir sagen, daß ich »von Goethes Familie« bin. –

An den 5 Jahren weiter. Allein spazieren. Zum Thee Herr und Frau Kaula aus München. Das übliche Gespräch. Ihr aufrichtiger Neid auf unser Außensein. Übrigens werden sie drinnen zu melden haben, daß es uns gut geht. Sie bewunderten das Haus.

Nach ihrer Abfahrt fuhren wir mit Golo zu Rechtsanwalt Rosenbaum, Stadelhoferstraße, wo Dr. Grigoroff aus Sofia in französischer Sprache vor einem Publikum von Journalisten und Juristen über den Leipziger Prozeß referierte. Man erfuhr nichts wesentlich Neues, aber der Kontakt mit einem Teilnehmer an den tollen Verhandlungen war interessant.

Neue Zeitungsberichte über die Aussagen der Sachverständigen, die in aller Einfalt die sensationellsten Aussagen über die Unmöglichkeit machen, daß v.d. Lubbe den Brand allein gelegt habe und über die Gewißheit, daß ihm vorgearbeitet ist. Dimitrow erklärt schneidend, das sei auch seine Überzeugung ...

Schickte die beiden Bände meiner Novellen an die Marchesani nach Sanary und den »Jaakob« an Dr. Heins nach München.

Dienstag den 24. X. 33
Recht mühsam und träge etwas weiter gearbeitet. Schlechter Nervenzustand, der sich auch in Beklemmungszuständen bei Tische äußert.

Glückwunschtelegramm von Fischers zu einer »glänzenden« Besprechung von M. Platzer in der Baseler National-Zeitung. – Mitteilung von Lewandowski, daß die holländische Reise durch Absagen sehr zusammengeschrumpft ist und vielleicht ganz unterbleiben wird, was mir nicht unangenehm wäre. – Telephongespräch mit Herzog, der von einem sehr uneinsichtigen Artikel der »Wiener Arbeiterzeitung« über den Fall »Sammlung« berichtet und mitteilt, daß der Lizenzdruck daran zu scheitern droht, da kein Absatz mehr in Wien zu erwarten. Wie leicht und bereitwillig die Verehrung in Verachtung umschlägt! Es ist, alsob jede Scheingelegenheit beim Schopfe ergriffen würde. – Depressive Erregung.

Mittags nicht ausgegangen. Phantastischer Fortgang der Brand-Sachverständigen-Gutachten über die chemischen Brennstoffe, die notwendig waren. Makabrer, höchst unheimlicher Eindruck. Dieser politische Prozeß wird einmal mit skandalösestem Ruhm in die Geschichte eingehen.

Zum Essen Erika. Von dem Antiquar Dr. Rosenthal hat sie erfahren, daß Bertram nach Zürich kommen wird, um einen Vortrag über den National-Sozialismus zu halten. (!) Er habe den amtlichen Auftrag erhalten oder erlangt, bei dieser Gelegenheit mich zur Rückkehr zu bestimmen, wobei die Verlegenheit nur darin bestehe, welche Stadt man mir offerieren solle, da zugegeben werde, daß ich in München nicht leben könne! –

Zum Thee Erich v. Kahler mit Frau. Gutes Gespräch, z. B. über die »Schuld« des Geistes an dem, was jetzt ist. Sympathie mit Kahler, dessen Lage und Problematik ähnlich wie die meine, entsetzensvoll abgewandt von diesem Deutschland und doch in Distanz zum eigentlichen Emigrantentum.

Mittwoch den 25. X. 33
Schlafmittel. Nachts Regen und auch weiter bedeckt.

Die »Sammlungs«-Angelegenheit läuft weiter und macht mir Arbeit. Auch Schlamm von der »Weltbühne« schrieb loyaler Weise deswegen. Setzte mit dem Erzählen aus und füllte den Vormittag mit Diktat an K.: Langer Brief an die »Arbeiterzeitung«, den ich im Durchschlage auch an Schlamm schicke. Ebenso an Herzog.

Es kam die dänische Ausgabe des »Jaakob«: »Josef og hans Brødre. Jakobs Historier«.

Der Reichstagsbrand-Prozeß im Begriff (nach der N.Z.Z.) »eine unerhörte Wendung zu nehmen«.

Diebolds Besprechung des »Jaakob«: widerspenstig-bewunderungsvoll. Daß das Buch »erstaunlich«, die Wortkunst »unerhört« ist läuft in einer Menge Hartköpfigkeit und Mangel an Reizempfänglichkeit mit unter. Niedergeschlagen.

Bermann schickt einen Verteidigungsbrief und weitere unbedeutende, aber z. T. höchst positive Kritiken.

Briefe von Platzer, Stroh, Frau Reiff, A. T. Wegner, der um Bücher für die von ihm zu organisierende Bibliothek seines Konzentrationslagers bittet.

Fuhr 8 Uhr mit K. ins Theater: Hübsche Aufführung von »Viel Lärm um nichts« unter Hartau, der uns, wie auch der Direktor, in der Loge besuchte.

Donnerstag den 26. X. 33.
Mußte mich entschließen, mit der Abfassung eines Briefes über Kokoschka an Born zu beginnen.

Zweimaliges Telephonat mit Bermann, der mittags aus Amsterdam anrief und um 3 Uhr den Anruf zur Fortsetzung des Gesprächs wiederholte. Über die Unrichtigkeit der gegen ihn erhobenen Vorwürfe. Über Diebolds Hartstirnigkeit und die Wirkung des Buches. Der Berliner Ober-Rabbiner hat mehrmals vor mehr als tausend [Hörern] Vorträge darüber gehalten. Hingerissenheit und Staunen junger Leute wie Heuser und Hausmann. Das augenblickliche Vergriffensein diene nur der Propaganda. Am 30. erscheinen vorläufig weitere 5000 Stück. Die Umstände erinnern sehr an die Zeit des »Zauberbergs«. – Die Akten der Münchner Sache von Goebbels eingefordert. Heins in Berlin. Entscheidung so oder so in den nächsten Tagen. Ich sprach eindringlich über den Morast des Prozesses, die neue Hinrichtung eines 19jährigen Kommunisten, den ganzen Wahnsinn, der mich eines Tages zu offener Absage zwingen werde. Torgler durch neue Belastungszeugen grauenhaften Typs in Lebensgefahr. Vollende sich diese Schmach, so ist es aus. Ich sagte ihm das; er ging nicht ein, versprach bald herüberzukommen. Ich unterschätze nicht die Schwere seiner Lage. Erika tut ihm viel Unrecht an. Man muß vertrauen, daß der Brief nach Wien keine Komplikationen hervorruft.

– Brief von Schickele aus Zorn über Diebold.

– Golo als Lektor an das Lehrerseminar von St. Cloud engagiert.

Nach dem Thee K. eine Reihe von Briefen diktiert. Nicht mehr ausgegangen. Den ganzen Tag Regen und Dunkelheit. –

In München, berichtete Bermann, habe er Hauptmanns Stück angesehen u. dann mit ihm bei Walterspiel zu Abend gegessen. Beide seien mit den Regierenden überhaupt nicht in Berührung gekommen.

Freitag den 27. X. 33.
Sturm, Kälte, bleiernes Licht. Neuschnee in ziemlich niedrigen Mulden.

Stand 8 Uhr auf und frühstückte mit K., die mit Bibi zum Konservatorium fuhr, wo Aufnahme und Aufstellung des Arbeitsprogrammes stattfindet.

Meine Vorlesung in der Universität auf den 8. November festgesetzt. Zu überlegen, was ich lesen soll.

Will den Brief über Kokoschka zu Ende schreiben. Der Kopf, die Nerven lassen recht viel zu wünschen, der Zustand hat sich verschlechtert in letzter Zeit. Versage mir öfters die kleine Cigarre zur Arbeit.

Schicke Bücher in ein Konzentrationslager bei Ems, zu dessen »Häftlingen« A. T. Wegner gehört.

Diktierte Briefe. Schrieb an Heinrich, lang. Beförderte den Brief an den »Kunstwanderer«.

Sonnabend den 28. X. 33.

Mit Kopfschmerzen aufgewacht, die sich den ganzen Tag nicht verloren. Die Nerven sind in den letzten Tagen überfordert worden. Matt gearbeitet.

Fuhr vor Mittag mit K. zur Stadt, wo wir zunächst bei Ford Wagen ansahen, da Golo den Peugeot nach Frankreich bringt, und dann den Buchhändler und Verleger Rascher besuchten. Unterhaltung mit ihm in seinem Bureau, auch über den Essayband. – Cigarren gekauft.

Zum Essen Erika. Die »Sammlung« wird sich für die Veröffentlichung der Absagen durch einen Brief von R. Rolland entschädigen.

Die Belastung Torglers geht weiter, ein schauerliches Schauspiel. Die Verhaftung des englischen Journalisten Panther durch die Münchener Pol. Polizei hat diplomatische Spannung mit England hervorgebracht. Aber die Labour Party ist verständigungsfreundlich u. der Manchester Guardian ermahnt Frankreich, die Angebote Hitlers doch zu beantworten; nicht alles müsse doch Lüge sein. –

– Golo verbrühte sich mit heißem Badewasser, das ausströmte, weil der Hahn absprang. Er ist bettlägrig.

Reclam schickte die 3 Bände Bachofen, die ich eingebüßt.

Warme Besprechung des »Jaakob« im Berner Bund und im Berliner Tageblatt.

Der junge Sozialist Schlesinger schreibt klagend über das Gerücht meiner »Gleichschaltung«.

Die N.Z.Z. teilt eine Gefolgschaftskundgebung deutscher Schriftsteller an Hitler mit, unterschrieben von einem langweiligen Gewimmel, das völlig zufällig ist, da nicht nur die Huch, Carossa, Hauptmann, Stehr, sondern sogar Schäfer und Kolbenheyer fehlen. Läppisch.

Sonntag den 29. X. 33.

Weiße Nässe, der erste Schnee. Befinden gebessert. Mit mehr Sinn gearbeitet.

Mittags mit K. spazieren. Zu schweres Essen (Wildente.) Golo wieder bei Tisch.

Las mit herzlichem Vergnügen in dem rein und schön geschriebenen Lebensbuch von Carossa »Führung und Geleit«.

Nachmittags geschlafen und geträumt.

Nach dem Thee Briefe geschrieben: an den jungen Schlesinger, an Claire Goll und andere.

Nach dem Abendessen las ich an Golo's Bett in Gegenwart der Kinder die Kapitelsuite von Josephs Ankunft bei Potiphar vor. Einige Stellen, die Zwerge und Mont-kaws Rührung beim Gute Nacht-Gruß erregten herzliche Heiterkeit. Aber ich war müde und konnte mich nicht recht freuen. Es wurde ziemlich spät.

Montag den 30. X. 33.

Sturm in der Nacht, der andauert. Stumpfes Licht.

Schrieb langsam an den »7 Jahren« weiter.

Der Tod Painlevés wird gemeldet. Eine Generation von Wohlwollenden geht dahin. In seinen letzten Stunden hat er im »Faust« gelesen. Man hat die Beisetzung im Pantheon beschlossen.

Viel Post, darunter Nachrichten der Hamburger von ihren Arbeiten über den »Jaakob«; ferner ein Aufsatz von R. Kayser, der in amerikanischen Blättern erscheinen soll. Auch der junge Borel schrieb wieder.

Der Prozeß geht weiter unter Bemühungen, Torgler und die Bulgaren von politischen Feinden, furchtbaren Typen, die hellen Unsinn beschwören, belasten zu lassen. Hayes, der aus Deutschland abgereist ist, veröffentlicht in der Weltpresse einen Bericht, worin er feststellt, daß die Ergebnisse der Verhandlungen vollkommen denen der Londoner Untersuchung entsprechen, und daß notwendig auch das Gericht dem wird Rechnung tragen müssen. Wird es das? Ich muß es fast hoffen, denn die Verurteilung oder gar seine Vollziehung würde mir nicht erlauben, irgendwelche Beziehungen zu diesem Lande aufrecht zu erhalten. –

Heimsuchung durch den Antransport der 40 Kisten mit Hausrat, Porzellan und überflüssigen Büchern. (Die guten liegen in Feists Münchener Wohnung und sind beschlagnahmt.) Das Schleppen und Unterbringen in der Garage und in unteren Fluren wird heute noch nicht beendet sein. –

Zum Thee der junge Hässig; Besprechung des Programms meiner Vorlesung.

Erika telephoniert, der Arzt habe kleine Gallensteine bei ihr festgestellt. Sie kann ihre Tournee jedoch absolvieren.

Dienstag den 31. X. 33.
Lebhafter gearbeitet. Mittags einige Schritte mit K. spazieren.

Mit den Kisten und Körben ist eine Welle von ehemaligem Leben, mich sehr erschütternd und erregend, ins Haus gestürzt: Viel Silber, Kleider, Mäntel, Schuhzeug, Tisch- und anderes Leinen, Theegerät und Kunstgegenstände. Der siamesische Krieger steht wieder vor mir auf dem Schreibtisch, der vielleicht noch durch den »wirklichen« nebst Stuhl ersetzt wird; auf der Truhe der Halle die Schwegerle-Büste, die [mich] 40jährig darstellt. Etc.

Zu Tische Erika, die heute hier ihre Abschiedsvorstellung gibt und morgen nach Basel abreist, wo wir sie vielleicht zu ihrem Geburtstag besuchen werden. Sie spielte uns Platten vor, die von Nummern der »Pfeffermühle« aufgenommen worden. Auch das ergriff mich. Sie meldete, Bermann werde allerdemnächst, schon heute oder morgen erwartet.

Schöner Brief von O. M. Fontana über den »Jaakob« und den Sinn seines Erscheinens in Deutschland.

Erregte Nerven am Nachmittag; nahm eine Luminalette. Im bisher leeren Zimmer liegt die Habe zu Hauf.

Nach dem Thee Dr. Schuh mit einem Wiener Freunde, Herausgeber einer Wiener Musikzeitschrift, der meine in Sanary geschriebene Antwort an Pfitzner als Sonderdruck veröffentlichen möchte. K. rät ab, und auch ich verspüre nicht viel Neigung. Der Gedanke an die Aufnahme in den Essayband bei Rascher genügt mir. – Schuh berichtete von einem Artikel der gleichgeschalteten »Literarischen Welt«: »Th. M.'s Alterswerk. Eine notwendige Ablehnung«. Welches Pflichtbewußtsein. –

Der Prozeß um den Reichstagsbrand zeigt Zersetzungsmerkmale. Die Zusammenstöße mehren sich. Die Verhaftung des aus Angst meineidig gewordenen ehemaligen Kommunisten wirkt befremdend im Zusammenhang eines Prozesses, in dem ein Meineid nach dem anderen geschworen wird. Die Typen der Belastungszeugen werden immer grotesker. Die Überreiztheit des Vorsitzenden, begreiflich durch die Menge der moralischen Verdrängungen, paßt zu der Sumpfatmosphäre des Ganzen.

Die Kinder im Abonnementskonzert und K. in der Abschiedsvorstellung. Aß allein zu Abend, nachdem ich noch einige Schritte gegangen und einen Dankesbrief an Fontana befördert.

Viel Zeitschriftenlektüre.

Mittwoch den 1. XI. 33.

Sturm, Regen, Dunkelheit. – Schrieb etwas weiter. – Weitere gewohnte Gegenstände aus der Poschingerstraße finden sich ein: K.'s Jugendbild von Kaulbach, der venezianische Löwe, der Kobra-Leuchter, die alten Joseph-Bilder, die chines. Aschenschale etc. Auch trage ich wieder einen der älteren Winteranzüge, die mitgekommen sind, wie Mäntel und Pelze. Es ist sehr seltsam, und meine Erregung darüber hält an. Viele Bücher, schon ausgepackt, häufen sich in der unteren Halle. Sie stammen meistens aus meinem Münchener Arbeitszimmer und sind von Feist nicht mit versorgt worden, obgleich manche Dinge darunter sind, auf die ich Wert lege. Freilich ist das objektiv Wertvolle nicht dabei. – Man fängt an, Einiges in mein Zimmer heraufzuschaffen. –

Die Wiener »Arbeiterzeitung« schickt den Beleg meines Briefes, den sie in extenso veröffentlicht und in gedämpfterem

Tone beantwortet. – Aufsatz aus »Politiken« über den »Jaakob«: »En dunkel og klog Roman«. – Sympathische Briefe von
Kiefer in Basel und O. Basler in Burg. –

Wurde mittags mit K. vom Fiat-Vertreter per Auto abgeholt
zur Besichtigung von Wagen. Wir werden dort kaufen, da
ich zu dieser Marke, die unsere erste war, Vertrauen habe.
Wir schwanken zwischen einer bequemen Limusine und einem sportlich-schmucken Kabriolett. Hielt den Verkäufer zur
genauesten Ehren-Kalkulation an. Hätte nicht gedacht, daß
wir so bald zu einer solchen Anschaffung im Stil des früheren
Lebens kommen würden. –

Verrückte Lügen vor dem Leipziger Gericht zur Belastung
Torglers, dessen Aussehen immer schmaler und vergrämter
wird. Die Verhaftung des aus Furcht meineidigen Entlastungs-
zeugen schreit zum Himmel angesichts all dessen, was dieses
elende Gericht an krasser Unglaubwürdigkeit hinnimmt, um
zu dem Urteil zu gelangen, das ein verbrecherisches Regime
verlangt. –

Schrieb an R. Kayser.

Das Blatt »Die Liter. Welt« ließ durch Fischer ihre Besprechung, die »notwendige Ablehnung« schicken, ein unwahrscheinliches Machwerk nach K's und Golo's Schilderung,
denn ich habe sie nicht gelesen. Von Einstein sagt der »Völk.
Beobachter«, einige jüdische Damen seien auf ihn hineingefal-
len. Es ist dasselbe, es ist alles dasselbe.

Präsident Buenger vom »Beobachter« gerüffelt, weil er den
Ausruf Dimitrows: Der Ring der Belastungszeugen habe sich
geschlossen vom nationalsozialistischen Abgeordneten bis zum
bestraften Dieb, ungerügt gelassen hat. Eilig hat er es nach-
geholt und den Aufsässigen wieder einmal ausgeschlossen.

Ging nicht mehr aus. Regen und Sturm.

Anruf von Prof. Reinstrom bei Dr. Fleischmann und Einladung von diesem für morgen.

Donnerstag den 2. XI. 33

Sturm, trübe Wolken. Vor 8 Uhr auf und weiter gestrebt, aber es geht recht matt.

Zum Essen mit K. in die Seestraße zu Dr. Fleischmann: reiches Anwesen mit Park und Strand, Charakter einer Wannsee-Villa. Außer Reinstrom noch ein Zürcher Fabrikanten-Ehepaar und weiterer Herr, Kunstsammler, zugegen. Unterhaltung vorwiegend über Deutschland. Gutes Essen, Kaffee u. Cigarre.

Wollte nachmittags den Vortrag des Rektors Fleiner besuchen, doch verfehlten wir mit dem Wagen die Universität, es wurde zu spät, und ich ging spazieren bis zur Heimfahrt.

Entschuldigungsbrief an Fleiner. – Rührende Danksagung für den »Jaakob« von Dr. Heins, der aus Berlin zurück ist und sich über seine Erfolge ausschweigt.

Lese seit einigen Tagen wieder Bachofen, um die anregenden Stellen neu zu markieren. Fahre auch abends noch mit dem Don Quixote fort, der mich aber redlich langweilt.

Freitag den 3. XI. 33.

Regen, grau, windig. Übrigens soll es auch in München so sein. – Schrieb unlustig. Ging mittags eine Stunde mit K. spazieren.

Die Bücherbörter füllen sich. Selbst das, was uns jetzt wieder zugekommen, bildet noch eine stattliche u. wertvolle Bibliothek, obgleich das Beste fehlt. In der Halle, der Küche u. ihren Vorräumen häuft sich noch immer das Material, das erst, wenn die Schränke aus Badenweiler kommen, leidlich unterzubringen sein wird.

Nachmittags tiefe Nervenverstimmung. Schlief dann und war gefestigter. Die Erwerbung der Fiat-Limusine wurde für 6000 frs vollzogen und die Versicherung eingeleitet.

Nach dem Thee fuhr ich mit Golo zum Friseur in die Stadt. Sah dort den »Simplicissimus«, Propaganda Nummer für »Ehre und Frieden« in 4 Sprachen.

Zu Hause Telephongespräch mit Bermann, das beruhigend

wirkte. Von den neuen Fünftausend schon 2000 verkauft, Neudruck nächstens notwendig. Die Delikatessen der »Lit. Welt« sollen vereinzelt dastehen; der Wiener Brief scheint still vorübergegangen.

Vorm Abendessen etwas Diktat (Ewen).

Beschäftigung mit den Büchern. Las wieder den Storm-Essay.

Sonnabend den 4. XI. 33.

Recht unlustig weiter geschrieben. Die Nerven sind in schlechtem Zustande. Quälende, tief niedergedrückte und hoffnungslose Zustände, schwer zu ertragen, eine Art seelischer Wurzelhautentzündung, kommen, nach Aufhellungen, immer wieder. Das Eßzimmer beengt mich und verdirbt mir die Mahlzeiten. Vielleicht ist das trübe, kalte Wetter mitschuldig.

Ging mittags allein spazieren. Las nach Tische das »Tage-Buch«. Kam nachmittags nervöser Weise nicht zur Ruhe. Schrieb an Prof. Burckardt, Genf, über Dr. H. Hellmund und sein Buch.

Viel Arbeit mit den Büchern.

Der neue Wagen kam.

Göring als Zeuge vor Gericht, widerwärtiges Theater.

Golo's letzter Abend in der Familie. Man trank eine Flasche roten Neuenburger. Er fährt morgen früh mit dem Peugeot nach Straßburg ab u. von dort weiter nach Paris, kehrt wohl Weihnachten wieder ein. Verabschiedung von ihm.

Briefe: von Stefan Zweig, der sich in London vom kontinentalen Faschismus erholt, und von dem jungen Rabener, Berlin, der mit großer Liebe über den »Jaakob« schreibt, in Ausdrücken, von denen man nicht glauben sollte, daß sie gleichzeitig mit den Niedrigkeiten des nationalsozialistischen Literaturblattes über ein und dieselbe Sache gesagt werden können.

Die Exemplare der 11. bis 15. Auflage kamen. Auch neue Bücher von Fischer.

Montag den 6. XI. 33.

Der gestrige Sonntag, grau, ging vorüber mit etwas Arbeit, einem Spaziergang mit K., Bücherräumen, Widmungen des J. an verschiedene Personen, einem Brief an die Herz und Lektüre von Nicolsons »Peacemaking 1918«, das mich sehr fesselte und bewegte. Vieles Heutige erklärt sich aus dem Stümperwerk von damals, und unsere »Sieger« haben zweifellos von den damaligen gelernt: die Propaganda und die Grausamkeit. Geist und Haltung von Nicolsons Buch sind überaus anständig und sympathisch.

Frau Faesi rief an: der an sie adressierte Elektrola-Apparat ist eingetroffen. Tennenbaum wurde informiert.

K. besuchte nachmittags einen großen Thee bei Reiffs, bei dem ein Hörspiel von Kesser auf Platten vorgeführt wurde. Ich hielt mich weislich zurück.

Viel Nervenqual und belastete Brust.

Heute gebessert am Vorigen und weiter geschrieben, unterbrochen von großer Post mit ausführlichen Briefen von Heinrich, dem Weltbühnen-Schlamm, der einen Wiener Schmerzensbrief über die Sammlungs-Affaire schickt und selbst sehr ernst und dringlich schreibt, ferner von Dr. Steiner, Lewandowski u.a.. Fiedler schickte kleine Besprechung des »Jaakob«. Das 3. Heft der »Sammlung« kam, mit interessantem Beitrag von Lion und den Briefzeilen von Rolland an der Spitze. – Die Zeitungen: Goerings wüstes Auftreten als Zeuge, der Dialog mit Dimitroff, dessen Beschimpfung u. brutale Bedrohung durch den Henkersknecht, – so erschütternd und aufwühlend widerwärtig, daß ich vor Erregung zitterte. Dabei welche Ochsendummheit in der Beleidigung Rußlands!

Mit K. spazieren. Nach Tische Zeitungen. Erregt, wenig geruht. Zum Tee der Buchhändler Silomon, mit dem wir zur Stadt fuhren, um den Buchhändler Dr. Oprecht zu besuchen, der aber in Paris ist. Wir wurden freundlich von seiner Frau empfangen.

Auf der Rückfahrt stieg ich aus, um eine halbe Stunde zu Fuß zu gehen.

Bücherräumen.

Dienstag den 7. XI. 33

Helleres Wetter, das im Laufe des Tages sogar blau und sonnig wurde. Schrieb das Kapitel zu Ende.

Schöner, aber durch die Steigung für meine Nerven anstrengender Waldspaziergang mit K. .

Nach Tische Beschäftigung mit dem Leseprogramm für morgen. Hässig meldete, der Vorverkauf habe wegen Überfüllung eingestellt werden müssen. Eine Wiederholung des Abends für Freitag in Aussicht genommen.

Nachmittags geschlafen. Nach dem Thee lange Zeit Briefe diktiert. Tiefe Erregung und Gequältheit durch die Notwendigkeit, das neue Insistieren des Schlamm von der »Weltbühne« zu beantworten.

Las nach dem Abendessen die neue Nummer dieser Zeitschrift. Gutes über den deutschen Wahlschwindel und die innere Emigration, zu der ich im Grunde gehöre. –

Bermann schrieb, daß der Verkauf des Buches gut weitergeht und ein Neudruck in Aussicht genommen sei. Er schickt Pressestimmen, die vorwiegend gut gemeint, aber sehr töricht sind. Das weitaus Beste und Stärkste an Lob und Verständnis las ich gestern von Paul Eisner in »Die Welt im Wort«.

Mittwoch den 8. XI. 33.

Nachts sehr unruhig, konnte lange nicht einschlafen und nahm nach 1 Uhr Phanodorm, unter dessen Wirkung ich dann im sehr hellen Licht der Leselampe bis zum Morgen schlief. Vorher hatte ich eine Erschütterung, Seitwärtsbewegung und Knacken in den Wänden zu spüren geglaubt und an Erdbeben gedacht, was sich heute bestätigte. Die Zeitung meldet einen Erdstoß um 10 Minuten vor 2 Uhr, dessen Ausgang in Deutschland gewesen sei.

Später auf. Schrieb die persönliche Einleitung zu meiner heutigen Vorlesung.

Mit der Post Briefe von Mollenhauer-Nidden (über das Haus und unsere nächstjährige Rückkehr) und von Faber du Faur, Florenz, der enthusiastisch über den Jaakobsband schreibt u. meint, daß auch von den Engländern, die er sehr bewundere, niemand daneben bestände.

Mittags mit K. nur wenige Schritte ins Freie. Begegneten dabei dem jungen Hässig, mit dem wir Verabredungen für den Abend trafen.

Nach Tische Zeitungen. In der N.Z.Z. interessanter Artikel über den französischen Neo-Sozialismus, der offenbar ein Versuch ist, dem Fascismus das Wasser abzugraben. Das heute eigentlich »revolutionäre« Element, die proletarisierten, aber anti-marxistischen Mittelstandsmassen aufzufangen (an die Marx nicht gedacht hat) ist offenbar nur mit Parolen wie Ordnung, Autorität, Nation möglich. Da dies aber im Grunde zeitliche Hilfsfiktionen sind und es sich bewußt um einen Übergangszustand zum wirklichen Sozialismus handelt, der offenbar den Kapitalismus nicht unmittelbar abzulösen berufen ist, so scheint mir dieser Denkart notwendig der mitreißende unbedingte Glaube zu fehlen, das religiöse Element, ohne das die Welt nicht zu bewegen ist. –

Schrieb an Faber Du Faur und St. Zweig.

Von Annette Kolb Nachricht aus Paris in Verbindung mit der Zusendung meines Wiener Briefes. Sie spricht, zutreffend, von einer »Emigrantenpsychose«. Übrigens scheint es, daß sie in Badenweiler durch Nennung unseres Namens uns das Spiel verdorben hat, was schändlich wäre. Die Möbel wollen nicht kommen, und es sieht aus, alsob man dort die Absendung nicht wagte oder auch sabotierte.

Donnerstag den 9. XI. 33

Gestern nahmen wir ½8 Uhr einen kleinen Imbiß mit Rotwein und fuhren dann zu Fünft (K., die Kinder, der junge

Hässig u. ich) in dem Fiat zum Polytechnikum, wo ich einige Zeit in einem Konferenzzimmer allein blieb. Dann Eintritt in das überfüllte Amphitheater, das mich mit stärkstem, lang andauerndem Applaus empfing. Ich las die Dankesworte an die Schweiz, die wieder lebhaft quittiert wurden, und blieb stehen bei dem etwa $^5/_4$ stündigen Vortrag des »Bunten Kleides« und der nachfolgenden Brüderszenen. Die Wirkung schien außerordentlich, der kompakte, einhellige, lange sich hinziehende Beifall tat mir wohl.

Faesi, Korrodi, Hanharts, Hässigs u. A. kamen ins Wartezimmer. Man fuhr in ein Restaurant »Zum Pfauen« (die Kinder waren heimgefahren), wo man im Oberstock an langer Tafel etwas aß und trank. Ich mußte mich zu den jungen Leuten setzen und ließ mir von dem Stiefsohn Faesi's einen Vortrag über theoretische Physik, besonders die Plank'schen »Quanten« halten. Später sprach man [über] Politik, den Versailler Vertrag, Nicolson, Clemenceau, Grey etc. Wir brachen $^1/_2$ 12 Uhr auf und brachten zuerst Faesi nach Hause.

Las vorm Einschlafen noch etwas im Don Quixote und freute mich an einer sehr drolligen, volkstümlichen Replik Sancho Pansa's an den Barbier: »Ich bin von niemand schwanger«. –

Heute erst 9 Uhr auf. Brief von W. Born, Wien, der für den Brief über Kokoschka dankt und die wohltätige Wirkung auf den Künstler schildert. In Deutschland hat man seine Bilder in »Schreckenskammern« gezeigt. Er leidet unter wirtschaftlichen Schwierigkeiten, und der Verlust seines Managers P. Cassirer hat ihn offenbar recht hilflos gemacht. Er hat die Zeichnungen zum Jaakob wiederholt verworfen und neu gemacht. Unsicherheit hat ihn ergriffen. Er übermalt und verdirbt, nach Borns Aussage, vortreffliche Bilder.

Grau und feucht. Fuhren 11 Uhr nach Zürich zum Bahnhof, wo wir den Fiat stehen ließen und den Zug nach *Basel* nahmen, um Erika zu ihrem Geburtstag zu besuchen. Sie empfing uns am Bahnhof dort und brachte uns in ihrem Ford in ein sympathisches Restaurant, wo wir zu Dritt zu Mittag aßen. Von da ins Hotel »3 Könige«, das uns, namentlich durch die vertraute Lage von E's Zimmer nach dem Rhein hinaus, die Tage vom Frühjahr vor der Abreise nach Frankreich lebhaft und sonderbar zurückrief. Wir hatten Kaffee und Likör, und ich rauchte. Wir plauderten bis ½5 Uhr, u. dann begleitete E. uns zu Fuß zum Bahnhof zurück. Wir trafen um 7 Uhr wieder in der Schiedhaldenstraße ein.

Im Abendblatt der N.Z.Z. Korrodi's Besprechung der gestrigen Vorlesung: freundschaftlich, [ohne] aber sehr viel zum Ausdruck zu bringen. Wir sollten ihn zu Gast haben heute Abend, aber er sagte wegen Erkältung ab. Wir erwarten Faesi und die Guyer.

Freitag den 10. XI. 33

Diese Tage sind reichlich anstrengend, Erkältung und Nerven-Strapaziertheit unvermeidlich. Die Gäste blieben gestern Abend nicht allzu lange. Man aß, mit dem guten Silber, Rehrücken und Windbeutel und ging dann in mein Zimmer hinauf, wo Kaffee und später Thee genommen wurde. Unterhaltung weniger politisch als aesthetisch (über Architektur und Stil) und natur-spekulativ (über die sonderbare Theorie der Weltall-Hohlkugel.) Verabschiedung nach 11 Uhr.

Schlief zum ersten Male wieder unter meiner Münchner Seiden-Steppdecke, die sehr leicht, aber etwas zu warm ist. Sie macht mir die Nimmer-Rückkehr als definitive Wirklichkeit aufs neue und mit neuem Lebensschrecken unbegreiflich-begreiflich.

Skizzierte vormittags die nächstfolgende Handlung, der ich bei Entwurf und Materialsammlung nicht genug Aufmerksamkeit geschenkt, und über deren Einzelheiten u. Beziehungen ich mir klar werden muß, um damit schalten zu können.

Ging nur 20 Minuten aus, zu atmen.

In der N.Z.Z. Leitartikel eines »deutschen Mitarbeiters« über die »Wahl«, dessen diese Schweizer sich schämen sollten.

Ohne Gefühl und Verstand, aber wohl voll deutscher Atmosphäre, die man kennen muß. Mich beschäftigt dieser Tage wieder der Gedanke einer Äußerung in Gestalt einer ruhig-ernsten Warnung an Deutschland anläßlich des Dialogs zwischen dem Reichsanwalt und dem Verteidiger der Bulgaren. Aber der natürlichen Trägheit kommt eine allgemeine Lähmung zu Hülfe, deren ganze Natur schwer zu ergründen ist.

Karl Barth schreibt in der N.Z.Z. über Luther, sympathisch.

Etwas geschlafen; zog mich gleich zum Vortrag an und nahm den Thee oben.

Schrieb an Fiedler und Dr. Freund.

8 Uhr, nach kleinem Imbiß mit K. zur Stadt, zur Wiederholung der Vorlesung. Der Saal wieder voll besetzt, demonstrative Begrüßung und kompakter Beifall am Schluß, für den [ich] wiederholt zu danken hatte. Im Zimmer Begrüßung durch Prof. Medikus.

Mit K. zum franz. Restaurant von St. Peter, wo wir Herzog zum Abendessen trafen. Gespräch über Heinrich, seine Frauen, seine Leichtgläubigkeit und Kindlichkeit, seine Weichheit und Härte, die Fehler und Schwächen, die sein Buch beeinträchtigen. – Heimfahrt.

Bermann schickt, mit deplaciertem Stolz, Äußerungen des Hans Grimm über »Buddenbrooks« in einer illustrierten Bücherzeitung.

Max Mohr schreibt bewegt über den »Jaakob«.

Dienstag den 14. XI. 33.

K. krank. Rief den Küsnachter Arzt, der eine Geschwulst an der Gebärmutter feststellte. Längere Ruhe notwendig.

Am 12. die deutschen »Wahlen«. Ein einig Volk von Brüdern. Die Herz gesteht, daß auch sie – Ich müsse es wissen, aber nicht an ihr irre werden.

Briefe über den »Jaakob«. Ungedruckte Besprechung von Wiegand.

Vorgestern zum Thee bei Raschers, dem ich Material zum Essaybande brachte.

Schlechte Arbeitsverfassung, nur Skizzierungen und Notizen. Viel ängstliche, niedergeschlagene, trübe Stimmung. Muß feststellen, daß im Grunde keineswegs Gewöhnung sich ergibt an der Tatsache des Verlustes von festem Heim und sicherer Lebensgrundlage. Sorge um unsere Unterkunft, wenn wir dies Haus (das große Fehler hat) verlassen müssen.

Briefe geschrieben.

Drucksachen-Sendungen von Prof. Medikus und Prof. Faesi. Letzterer überreicht das Buch seines Freundes Schmidhauser »Das geistige Reich«, worin ich gestern Abend lange las. Er ist ein Schweizer mit deutschen, auf höherer Ebene durchschnittlichen Gedanken, verherrlicht recht professoral den Nationalsozialismus ohne Sinn, Blick, Gefühl für seine Realität, die Scheußlichkeit seines geistigen u. moralischen Niveaus, die Lüge, die intellektuelle Ehrlosigkeit. –

Die Schweizer Tournee für Februar ist organisiert und trägt 2000 Franken. Außerhalb ihrer fallen Abende in Lausanne und, noch in diesem Monat, in Zug. Weiteres abgelehnt.

Mittwoch den 15. XI. 33.

Der Arzt wieder bei K.. Der Zustand gebessert, das Fieber sank im Lauf des Tages, die Übelkeit verlor sich. Verordnung eines Schlafmittels.

Schöner, blau-nebliger Herbsttag. Machte mittags Spaziergang.

Meldung von Tennenbaum, daß die Möbel aus Badenweiler eingetroffen sind.

Die Kinder von Gymnasium und Conservatorium sehr in Anspruch genommen. Medi bleibt mehrmals in der Woche über Mittag in der Stadt und ißt bei Raschers.

Studien u. Vorbereitungen zur Weiterarbeit. War nach dem Thee im Ort, um Briefpapier und Tabackwaren zu besorgen. Schrieb dann Briefe.

Las abends in der französischen Ausgabe von Heinrichs Buch über die Deutsche Revolution.

Donnerstag den 16. XI. 33
K. gebessert, muß noch bis Ende der Woche liegen.

Schrieb weiter an den Sieben Jahren.

Nachmittags Briefe an Faesi und Medicus.

Mit Reiffs Wagen zum Schauspielhaus: Shaws »Kaiser von Amerika« mit Ebert als König. Liebenswürdige Aufführung. Trank Kaffee in der Pause. Sprach Vickihalder, Rechtsanw. Loewenfeld und Reiffs. Aß zu Hause zu Abend, spät.

Freitag den 17. XI. 33
K.'s Zustand leider verschlimmert, da sie sich gestern nicht ruhig genug gehalten.

Schrieb weiter. Milder, nebliger Herbsttag. Es kamen Briefe von Bermann (über den Parallelismus im Verkauf von »Zauberberg« und »Jaakob«) und dem alten Fischer, dessen Worte mich rührten. Auch Frau F. schrieb gestern.

Es kam das Heft des Wiener »Kunstwanderers« mit meinem Brief und den Zeichnungen Kokoschka's zu Jizchaks Tod und Rahel am Brunnen. Das erstere ist merkwürdig, das zweite für mich fremd und verfehlt.

Es kam ferner die deutsche Ausgabe von Heinrichs »Der Haß«. Ich las nach Tische darin, erschüttert von seinem Pathos trotz seinen Schwächen, Fehlern, realen Irrtümern. Dennoch bleibt das Beste darin der große Einleitungsaufsatz, dessen Aufnahme mein Verdienst ist.

Eine Stunde spazieren gegangen, allein wie jetzt immer.

K.'s Krankheit, die das Signal für eine zukünftig eingeschränktere Aktivität ist, beunruhigt mich sehr; denn auf ihrer Spannkraft ist alles aufgebaut.

Das »Tage-Buch« mit Franks Besprechung des »Jaakob« kam, einem freundlichen Dokument.

Las auch abends noch lange in Heinrichs Buch, das einem

oft heftig Genüge tut, oft mehr als freie Phantasie wirkt, denn als Analyse des Wirklichen, ab- oder weggleitend ins Irreale.

Nachmittags Besuch von Rechtsanw. Forster, eingeführt durch Rascher, wienerischer Schweizer, nicht sehr angenehm. Er wird in unserem Auftrag nach München fahren, mit Heins zu konferieren, ohne daß wir viel Vertrauen zu ihm hätten.

Sonnabend den 18. XI. 33

Vormittags und nachmittags Briefe geschrieben an Heinrich, Born, Hesse, den alten Fischer, Schlamm, Eisner u. a..

Mittags eine Stunde spazieren.

K. gebessert, noch schwach, darf morgen etwas aufstehen.

Las abends in Beckers Wagner-Buch, in dem ich bei der Abreise von München im Februar vermeintlich für wenige Tage unterbrach, und das nun wieder in meinen Händen ist.

Die Dokumenten-Veröffentlichung des Petit Parisien verdirbt ein wenig, wenn auch nicht hinreichend, Hitlers Friedens-Concept, das mindestens so gefälscht ist wie das Dokument.

Sonntag den 19. XI. 33.

Farbiger Föhntag. Schrieb vormittags einen längeren, sehr bitteren und ironischen Brief an Bertram.

Machte mittags mit den Kindern den 1¼ stündigen Wald- und Wiesenrundgang.

Zum Mittagessen Bruno Frank und Frau. K. kam nach Tische in mein Arbeitszimmer hinüber, wo Kaffee getrunken wurde. Aussprache über die deutschen und persönlichen Dinge, bis 4 Uhr. Frank bleibt allein einige Tage hier, um auf der Bibliothek für seinen »Cervantes« zu arbeiten.

Zum Thee an K.'s Bett die Mazzucchetti, die bis sieben Uhr schwatzte.

Las abends in Beckers Wagner-Buch über die Meistersinger: »Er verwendet die archaisierenden Stilelemente nicht nur als episodische Farbe, sondern als das Ganze bestimmende Maske.« Er setzt Wagners abscheuliche Künstler-Vergeßlichkeit (in den Memoiren) in Gegensatz zu Goethes immerwährende Dankbarkeit für die Stein, – was ich nicht für richtig halte. Ich denke an ihr Begräbnis, das unter seinem Fenster vorüberzieht, und von dem er sich gleichgültig abwendet. Der Novellen- oder Theaterstoff des Besuches der alten Lotte Buff-Kestner in Weimar fiel mir wieder aufs Herz. Er bildet zusammen mit der Faust-Idee die produktive Ausschau.

Montag den 20. XI. 33

Warmer, klarer Herbsttag. Zerstreut, unlustig und unkonzentriert etwas weiter geschrieben. Nervöse Unruhe, die wahrscheinlich mit Gedanken an eine Rückkehr nach Deutschland zusammenhängt. Schließlich brauchte man sich nicht zu benehmen wie Hauptmann und Strauss, sondern könnte eine ernste und jedes Hervortreten ablehnende Isolierung bewahren. Freunde gäbe es genug. Katja's Krankheit und der Gedanke an die Unruhen und Anstrengungen, die ihr immer weiter bevorstehen, wenn wir hier aufs Neue die Suche nach einer degradierenden Unterkunft aufnehmen müssen, tragen stark zu diesen inneren Erwägungen bei.

In gewissem Grade tat das auch ein längerer Brief von Suhrkamp heute, der von der Anteilnahme des ganzen Verlages und des Publikums am »Jaakob« berichtet u. dringend nach einem Kapitel aus dem 3. Bande für das Januarheft der »Rundschau« verlangt. Es geht aus dem Brief hervor, daß sowohl Bertram wie Vossler auf seine Einladung angelegentlich geantwortet und sich nur für verhindert erklärt haben. – Ich schicke den Brief an Bertram nicht ab. – Reisigers Aufsatz hat nur noch einen schlechten Platz am Ende des Heftes erhalten können.

Heinrich schreibt bedeutend über die »Höllenfahrt«, die er gelesen.

Walter Bauer schickt mit guten Worten ein neues Buch.

K. enttäuscht von der Vorschrift des Arztes, der zwar Besserung feststellt, aber ihre Aktivität noch sehr einschränkt.

Sie hatte im Lauf des Tages Besuch von Frau Hesse und Frau Reiff. – Die Ankunft ihrer Eltern für die nächsten Tage zu erwarten.

Frau Fischer berichtet von der »Verzauberung« des Ehepaars Werfel-Mahler durch den Jaakob. Ein Brief von Werfel zu erwarten.

Las nach Tische in dem sehr hoch stehenden und durch seine katholisch-oppositionelle Humanität wohltuenden, aber auch wieder kirchlich beschränkten Essayband »Was ist der Mensch?« von Theodor Haecker.

St. Zweig schreibt wieder aus London, schickt einen Bericht aus dem »D. Chronicle« von Nicolson über das Buch von Cleugh »Th.M.« Spricht allzu weich über Kerrs zweifellos gerechten Angriff auf Hauptmann.

Mittwoch den 22. XI. 33

Gestern etwas lebhafter gearbeitet und, wenn auch in nicht gerade sehr rüstigem Zustande, ausgedehnten Spaziergang gemacht.

Ein sehr guter Brief von Schickele kam, teils über den Jaakob, teils über die deutschen Dinge und das Emigrantentum. Lebhafte Übereinstimmung.

Ich schrieb an Fiedler und las in einem eingesandten Buch »Bürgertum und Bürgerlichkeit bei Goethe«, das eine Verbreiterung meines Vortrages ist.

Reisiger, in Kilchberg eingetroffen, meldete sich.

Tennenbaum gab Nachricht von einer günstigen Weisung aus Bern wegen der Möbel.

Schrieb abends an die Herz, die zu Weihnachten oder Neujahr kommen wollte, was natürlich nicht angeht.

Später unwohl – konnte nicht einschlafen und blieb unruhig die ganze Nacht.

Stand aber früh auf und rasierte mich gleich. Das schöne Herbstwetter der letzten Tage hat sich in dichten Nebelregen verwandelt.

Etwas weiter. Zum Mittagessen kam Reisiger von Kilchberg herüber. Wir tranken Vermouth und gingen einige Schritte vor Tisch. Wir sprachen viel über die Dinge, versuchten zum hundertsten Mal die Analyse u. erörterten das Für und Wider des Lebens draußen u. drinnen. Auch über K. sprach[en wir].

Reisiger blieb bis 4. Zum Thee war der junge Widmann da, der hübsche Augen hat. Später diktierte ich K. eine Anzahl Briefe.

Zum Abendessen Frank, urban und herzlich wie immer. Er las uns im Arbeitszimmer, z. T. in Gegenwart der Kinder, die sehr hübschen Anfangskapitel seines Cervantes-Romans vor.

Besprechung des Jaakob, höchst positiv, in den Basler Nachrichten. Merkwürdig, daß die Schweizer Presse einhellig zustimmend ist. Der Unterschied zwischen ihrem Ton und dem der Deutschen ist charakteristisch. Es fehlt in Deutschland die Anerkennung der Persönlichkeit; dem Buch wird man allenfalls gerecht, aber das genügt nicht.

Werfel schickte die »40 Tage« mit herzlicher Widmung.

Ich höre, daß Wassermann seinen neuen Roman, eine weitere Fortsetzung der Kerkhoven-Serie, »absurder Weise« nicht unterzubringen weiß – und kann mich eines Lächelns über diese Absurdität nicht enthalten.

Donnerstag den 23. XI. 33
Helleres Wetter. Nicht recht wohl im Magen. K.'s Befinden macht regelmäßige Fortschritte.

Ein Stückchen weiter.

Da die Sonne schien, ging K. etwas mit mir vor's Haus.

Die Mazzucchetti schickte einen großen Artikel aus dem »Oggi« von B. Tecchi und die böse Erwiderung eines Fascisten.

Rechtsanw. Forster, von München zurück, berichtet telephonisch: Die Reichsfluchtsteuer ist bezahlt; teilweise Rückerstattung auf Grund neuer Aufstellung zu erhoffen. Die Tätigkeit des Dr. Heins, seine verbissen-idealistische Hingabe an den Fall, der ihn vollkommen absorbiert, sollen ergreifend sein. Er beschäftigt sich überhaupt mit nichts anderem. In Berlin, nichts zu machen. Die »Mainlinie« bewährt sich stärker als je. Besuche des Heins bei 4 Ministern, darunter dem Präsidenten. Die Entscheidung über die Freigabe von Haus und Vermögen, Honoraren etc., deren Beschlagnahme noch fortbesteht, obgleich sie angeblich zur Sicherstellung der Schuld an das Finanzamt erfolgte, soll in höchstens 10 bis 12 Tagen bevorstehen. Erst dann wird Heins seinen Paß zurückerhalten und sofort nach Zürich kommen. Er ist überwacht zur Zeit und steht und fällt sozusagen mit mir. Ich erkläre mir seinen Fanatismus damit, daß dieser Fall ihm ein Mittel ist, seine Persönlichkeit zu behaupten.

Freitag den 24. XI. 33.
Gestern fuhr ich mit dem Omnibus um ½6 Uhr zur Stadt, um der Einladung zum Vortrag des Prof. Köhler über den König David in der Aula der Universität zu folgen. Lief vom Bellevue zu Fuß und wäre fast wieder zu spät gekommen. Der Vortrag mäßig, aber sachlich interessant. Viele Menschen. Begegnung mit Wölfflin nachher, der mich zum Rektor Fleiner und dem Vortragenden führte. Im Auto des Rektors ins hübsche Haus Fleiners am Zürichberg, wo man zu Abend aß. Außer den Ehepaaren Köhler (Alttestamentler) und Fleiner (Historiker), waren ein befreundetes Ehepaar und eine Cousine des Hauses anwesend, ferner der sehr gesprächsaktive und humoristische, übrigens mit dem Nazitum stark sympathisierende Dichter H. Burte. Angeregte Unterhaltung, vorwiegend über das Politische. Fuhr mit Wölfflin nach Hause und mußte mir zwei Franken von ihm für den Chauffeur des Rektors borgen. – Fand K. noch wach. – Im Supplement des »New York Herald« eine Besprechung von Past Masters mit Portrait. Der Wagner-Aufsatz wird abgelehnt. Er scheint sehr schlecht übersetzt zu sein.

Heute Regen. Die Badenweiler Möbel, Schreibtisch etc. sind unter Einwirkung von Bern als Umzugsgut freigegeben, nur muß ich mit den Papieren persönlich beim Freilager vorsprechen.

Im Gespräch ließ ich mich gestern, was die Entwicklung und Konsolidierung der Verhältnisse in Deutschland betrifft, mit ziemlich humoristischem Optimismus gehen, auch in Anpassung an Burte, der sich überzeugt erklärte, man werde mich, nach der Analogie jener Stabsärzte, die angesichts eines schwierigen Falles die Berufung eines richtigen Arztes beschließen, sehr bald »zurückholen«.

Groteske Meldungen der gestrigen u. heutigen Blätter über das rednerische Erwachen v.d. Lubbe's, seine Proteste gegen die Verschleppung und den »Symbolismus« des Prozesses und seine Äußerungen über das »Drum und Dran«, das ihm offenbar nicht durchsichtig. Dimitroffs Vermutung, gegen die der Rechtsanwalt protestierte, daß L. unbewußt von Feinden des Kommunismus als Werkzeug gebraucht worden sei, ist natürlich einleuchtend. Mir scheint darüber hinaus, daß ganz zuletzt die Urheberschaft selbst so fluktuierend u. schwankend sein mag wie die geistige und personale Grenze zwischen Nationalsozialismus und Kommunismus überhaupt. Ich bin geneigt, den unbewußten Sinn des Prozesses in der Fühlbarmachung der Nähe, Verwandtschaft ja Identität von Nat. Sozialismus und Kommunismus [zu sehen]. Sein »Ergebnis« wird den Haß u. die idiotische Vernichtungswut des einen gegen den anderen ad absurdum führen, wohin sie eigentlich nicht geführt zu werden braucht. Sie sind brüderlich-verschiedene Ausdrücke einer u. derselben historischen Sache, derselben politischen Welt, noch weniger zu trennen als Kapitalismus und Marxismus, und symbolische Ausbrüche wie das Aufgehen des Reichstagsgebäudes in Flammen sind, wie fühlbar, wenn nicht sichtbar werden wird, ihr gemeinsames Werk. –

Stand erst 10 Uhr [auf], nachdem ich um ½3 Phanodorm

genommen. Reisiger kam frühzeitig, wir plauderten und gingen ein paar Schritte bei Regen, der sich weiß färbte und zum Schneegestöber wurde, ins Freie. Nach dem Essen Aufenthalt in meinem Zimmer. Dann, nach 3, fuhr K. uns zur Stadt. Nach der Verabschiedung von Reisiger holten wir den Angestellten Tennenbaums ab und fuhren mit ihm zum Freizollager, um die Möbel-Angelegenheit zu ordnen, was ohne Schwierigkeiten gelang. Die Bewilligung der zollfreien Auslieferung war von Bern eingetroffen – zum Erstaunen des Beamten – und ein paar weitere Unterschriften waren alles sonst noch Nötige. Morgen früh um 8 Uhr werden die Dinge: mein Schreibtisch mit Stuhl, der Lesestuhl mit Taburett, die Empire-Schränke, die Kandelaber, der Musik-Apparat hier in der Schiedhaldenstraße abgeladen. Man hat mir die Schlüssel zum Schreibtisch eingehändigt, in dem ich noch verschiedene kleine Dinge, die ägyptische Grabfigur, das Elfenbeinmesser etc. vermute. Wie wunderlich! Wie weitab, diese Eintragung von den ersten dieser Epoche, die ich vor $8^{1}/_{3}$ Monaten in Arosa machte.

Wir waren um 5 Uhr zurück und tranken Thee. Schrieb dann bis zum Abendessen einen langen Brief an R. Schickele als Antwort auf den seinen über den »Jaakob« und die mutmaßliche Entwicklung der Dinge in Deutschland.

Las abends Zeitungen und das Tage-Buch.

Sonnabend den 25. XI. 33

Der sonderbare Tag ist gekommen, die Münchener Sachen sind vor der Tür. Ich stand um 8 Uhr auf, badete, begrüßte K. und frühstückte und hatte zu alldem reichlich Zeit, ehe das Fest begann. Es ist 9¼ Uhr und regnet weißlich. Der Lastwagen ist da; man packt aus und schleppt. Mein bisheriger Schreibtisch ist bei Seite gerückt, man entfernt die unnötige Chaiselongue, meine Stühle, der Hamburger Empire-Fauteuil und der mit dem Tabouret, wurden ins Zimmer getragen. Es ist träumerisch, sie zu sehen.

Ich wollte zur Stadt fahren, um Geld von der Bank zu holen, aber K., die ich nicht fahren lassen wollte, hat Bibi beauftragt. –

Das Aufstellen und Räumen, das Auspacken der kleinen Gebrauchs- u. Ziergegenstände aus den Schubladen des Schreibtisches nahm fast den ganzen Vormittag in Anspruch. Dies sind die ersten Zeilen, die ich wieder an dem schönen Möbel, in dem dazugehörigen Stuhle schreibe. Nach Tische las ich die Zeitungen in dem Empire-Fauteuil. Die Plaketten-Sammlung, die gewohnten Einzelheiten des Schreibtisches sind wie vordem geordnet. Der Abreiß-Kalender war dick – er war am 11ten Februar stehen geblieben. Ich entfernte mit sonderbaren Empfindungen den ganzen Packen von Tagesblättern bis heute. Auch in der Halle sind die schönen Empire-Schränke aus unserem Familienbesitz, die Kandelaber und der Musikapparat schon aufgestellt. Schreiner und Techniker müssen am Montag noch weitere Arbeit tun. Die Ankunft der Dinge hat mich sehr bewegt und angestrengt; Kopfschmerzen und große Müdigkeit sind die Folge. Auch Bilder sind da: der L. von Hofmann, der kleine Lenbach und das Kinderportrait Medi's.

Thee an K.'s Bett. Danach Diktat von Briefen.

Eine neue Änderung unseres Lebens, für etwa 14 Tage, steht bevor: K.'s Eltern werden heute Abend eintreffen.

– Die intellektuelle Schamlosigkeit der deutschen Machthaber ist immer wieder erregend. Dem »Temps« entnimmt man, daß der »Völkische Beobachter« die Publikationen des »Petit Parisien« mit der Erklärung pariert, es handle sich um Kriegstreibereien im Dienste »der Rüstungsindustrie«. Sie sei es, die um ihrer Geschäfte willen abscheulicher Weise die Erde Europas mit dem Blute seiner Jugend zu düngen wünsche. Wer das bisher sagte war antideutsch, war eine Friedenshyäne, ein Pazifist und Verräter, geradezu ein Republikaner und muß heute im Concentr. Lager schreien: »Ich war ein Kommunistenschwein.« Die freche Aneignung der niedergestampften Gesinnung ist nicht mehr neu, hört aber nicht auf, erstaunlich zu sein. Offenbar wird sie mit Genuß geübt. Auf den idiotischen Cynismus aufmerksam machen, darf niemand. –

Ich ging noch in der feuchten Frische spazieren, was mir wohl tat.

Die alten Leute kamen an, mit Reiffs Auto, um 9 Uhr. Man aß verspätet, zu Sechsen, zu Abend und saß nachher am Tisch in der Halle, die durch die Münchener Möbel viel wohnlicher geworden ist.

Später las ich noch einige Abschnitte im Bachofen, der eine sehr anregende Wirkung hat. Josephs Mondnatur (der stofflichste der himmlischen Körper, der geistigste der irdischen) ist interessant. Tellurischer und geistiger »Segen«. Künstlertum.

Sonntag den 26. XI. 33.

Frühstückte mit Bibi, bevor die alten Leute herunterkamen und arbeitete nicht ohne Freudigkeit an dem schönen, wohnlich eingerichteten Möbel, dessen neu polierte Platte etwas sehr Edles hat. Ging mittags mit K. und Medi aus. Nachdem der Föhn sich in Niederschlägen gelöst, ist die Luft kräftiger u. frischer. K. kehrte früher um, ich machte mit Medi den Rundgang über Itschnach.

Sonntägliches Mittagessen zu Sechsen.

Ausschnitt aus den Nouvelles Littéraires, den Peter Pr. aus Brüssel schickte: hervorragende Besprechung des »Jaakob«, die den ganzen kritischen Vorsprung Frankreichs (im Vergleich mit der stockigen Misere in Deutschland) bewährt. Die Mehrschichtigkeit des Buches ist ausgezeichnet charakterisiert, die »singulière originalité« ausgesprochen. Es fällt das Wort: »Un des sommets de la littérature européenne moderne«. Ich freute mich sehr.

Las nachmittags weiter in dem Wallenstein-Roman des Tschechen, der entschieden stark ist. Bewunderte gestern Abend die Schlacht bei Lützen, eine vorzügliche Leistung, und heute ein Schlußkapitel.

Schrieb an Bermann und Walter Bauer.

Die Kinder schleppten nachmittags lange Zeit Grammophon-Platten aus der Garage, wo sie in Kisten verpackt gestanden hatten, ins Haus u. in die Halle hinauf. Sie waren nach dem Abendessen, während wir am Tisch saßen, der mit Alben belastet ist, stundenlang beschäftigt, die unübersehbare Menge an Platten zu sichten und zu ordnen. Sie liegen, lose, in Alben und in Cartons auf den Stühlen u. am Boden gestapelt. Ihre Unterbringung ist ein Problem. Man müßte den Schrank aus München haben oder es wird einer gemacht werden müssen.

Las abends noch weiter in dem Roman von Durych.

Montag den 27. XI. 33
(Nachts) Vormittags Arbeit. Brief von Hesse aus Baden mit entzückter Äußerung über »Höllenfahrt«.

Mittags von Reiffs Auto abgeholt, die Kinder erwarteten uns dort, und wir aßen, drei Generationen, zu Mittag mit dem Schauspieler Carl Ebert und seiner Frau, dem Pianisten Gieseking, Frau Fritz Busch und Ludw. Wüllner. Mit diesem unterhielt ich mich nach Tisch des Längeren.

Besorgungen auf der Rückfahrt. Zu Hause Installation des Radio-Grammophons, das gut funktioniert.

Bald nach dem Thee fuhr K. mich zum Bahnhof Zürich-Enge, von wo ich *nach Zug* zur Vorlesung fuhr. Von den Vorstandsherren, Pfarrer und Lehrer, abgeholt, bekam ich im Hotel ein Abendessen u. hielt dann im Saal vor einem aufmerksamen Publikum den Vortrag. Nachher Thee im Bahnhofsrestaurant und Heimreise mit der Bahn, einem Auto und dem Omnibus.

Traf K. noch auf und die Kinder, die aus dem Gieseking-Konzert kamen. Imbiß.

Brief von Fiedler, der jetzt zu Dienstentlassung mit kurzfristiger Teil-Pension verurteilt ist. Er meint, die Stimmung erinnere sehr an 1914-15, worauf logischer Weise 16, 17 und 18 folgen müsse.

Das protestantische Kirchenschisma wird vom »Temps« sehr ernst genommen. Hinter der Trennung des Südens vom Norden stehe vermutlich auch Politisches.

Dienstag den 28. XI. 33

Arbeit. Reisiger zum Spaziergang und Mittagessen. Langes, hoffnungslos anständig professorales und selbstgerechtes Schreiben Bertrams, das ich K. und Reisiger vorlas. –

Gegen Abend Briefdiktat, hauptsächlich an den Emigranten Posener, antwortlich.

In der Emigrantenpresse weitere Erörterungen über den Fall »Sammlung«.

Viel Musik.

Donnerstag den 30. XI. 33

Gestern nach der Arbeit machte ich allein einen Spaziergang. Reisiger schickte die Korrektur seines Jaakob-Aufsatzes. Brüll seinen Artikel im Wiener »Tag« zu meiner Verteidigung in Sachen der »Sammlung«.

Abends kam Hörschelmann zum Essen, voller Freude und Herzlichkeit. Man verbrachte den Abend oben bei mir, in Gegenwart der Alten. Es wurde spät. Im Bette las ich einen Brief von Beidler aus Paris, den Artikel Brülls und war zu müde, um Reisigers Aufsatz zu Ende zu lesen.

Ich las ihn heute nach Tische. Seine Verhältnisse sind durch Kürzungen unrichtig geworden, aber die Charakteristik ist schön und neu, was mich persönlich betrifft.

Etwas Arbeit heute; dann mit K. zur Stadt zu dem Architekten Schneider, dessen Bekanntschaft uns der junge Widmann vermittelte. Fuhren mit ihm nach Zollikon, wo er uns ein von ihm erbautes, erstaunlich komfortables Haus vom Dachgarten bis zum Keller zeigte. – Zurück zur Stadt, wo ich in einem sehr guten Geschäft der Bahnhofstraße Cigarren kaufte.

Nachmittags längerer Brief an Carossa zum Dank für die Zueignung seines Buches.

Abends mit K. und ihrer Mutter ins Schauspielhaus zur Ur-

aufführung von Bruckner-Taggers »Rassen«. Mangelhaft gebautes und etwas voreiliges Stück von unnatürlicher Sprache,
aber mit aufrüttelnden Momenten und wahren Einzelheiten.
Sehr günstige Aufnahme. Große Demonstration des Publikums bei dem Worte: »Im Augenblick ist es nicht deutsch,
die Wahrheit zu sagen.« – Begegnungen mit Çokor, Reisiger,
Kahler u. A.

Sehr spätes Ende und verspätetes Abendessen.

Mit der Abendpost: umfangreicher amerikanischer Aufsatz
aus Brooklyn »Th. M.'s new message«.

Freitag den 1. XII. 33

Schrieb vormittags an einer Einleitung zu der am 6. in Lausanne zu haltenden franz. Conférence.

Ging spazieren mit Reisiger, der zum Essen blieb und mir
nachher in der Rundschau gestrichene Stellen aus seinem Jaa-
kob-Aufsatz mitteilte.

Arbeitete nachmittags noch an dem Vorwort zur Conférence.
Abends fuhren wir zum Souper bei Reiffs. Fritz *Busch* und
Frau.

Starke Abendpost bei der Heimkehr. Bermann berichtet über
den Verkauf des Jaakob und teilt mit, daß die Sperre des
Finanzamtes aufgehoben ist, sodaß die Honorare gezahlt wer-
den können. Es soll auch die Freigabe des Hauses bevorstehen.
Bermann schickt Analysen des »Jaakob« aus der »Vossischen
Zeitung« und (sehr gut) aus der »Bayr. Israel. Gemeinde-
Zeitung« von L. Weltmann.

Das Glanzstück der Post ist, von der Kurz nachgesandt, ein
Schreiben des Berliner Auswärtigen Amtes, worin ich aufgefordert werde, meinen Austritt aus der Kultur-Kommission
des Völkerbundes zu erklären und zwar mit Unterlassung
jedes Ausdrucks von persönlichen Bedauerns und von Dank.
Eine dreiste, fast unglaubwürdige Zumutung, deren unvermeidliche Ablehnung interessante Folgen haben kann. Wir
werden sehen.

Sonnabend den 2. XII. 33

Sehr spät, mit Hülfe von Phanodorm, eingeschlafen und entsprechend spät aufgestanden. Frühstückte mit der Familie, arbeitete und ging spazieren. Die Völkerbund-Affaire beschäftigt meine Gedanken. Ich wünsche zunächst festzustellen, wie man in Genf und Paris die Lage beurteilt, ob man der Meinung ist, daß etwa mein Ausscheiden mit dem meines Landes automatisch erfolgt ist.

Nach dem Thee zum Haarschneiden. Dann Briefdiktat an Bonnet, Paris. Abends Parsifal und Ring gespielt.

Schickeles »Witwe Bosca« kam, die Rundschau und sonst viel Unterhaltung. – Schrieb kurz an Schickele.

Sonntag den 3. XII. 33

Gestern Abend spät wieder etwas Don Quijote gelesen. Heute nur wenig geschrieben. Müde, melancholisch, halb krank. Das Wetter ist grau und froststarr, der scharfe Wind war so stark, daß ich, ohnehin wenig unternehmungslustig, bald aufs Spazierengehen verzichtete.

Las nach Tische in der Rundschau und schlief dann auf dem Bette ein, wodurch aber das Unbehagen im Leib und die organische Verstimmung nicht gebessert wurden.

Züge nach Lausanne notiert.

Gegen Ende des Tages Aufhellung der Stimmung.

Montag den 4. XII. 33

Schrieb vormittags die Einleitung zur Conférence zu Ende u. machte ausgedehnten Spaziergang. Grauer Frost, staubig.

Zum Mittagessen die Giese.

Brief von Hoerschelmann, der mitteilt, daß jetzt auch in München der »Jaakob« überall ausliegt, sogar »partienweise«. Brief aus Lausanne, daß Gide mich dort erwartet.

Es kamen neue Möbel für die Halle, ein größerer Eßtisch, Stühle dazu.

Zum Thee der Architekt Schneider mit seiner Schwester und

der junge Widmann. Nachher mit Schneider u. K. in meinem
Zimmer, wo er uns Bauentwürfe zeigte. Besprechung über das
uns erwünschte Haus, die Finanzierung etc. Idee eines Arbeitszimmers zuhöchst, als Aufbau, mit Dachgartenterrasse.
Verabredung zur Grundstücksbesichtigung.

Schrieb an Bermann wegen Honorarzahlung. Übertrage ihm
die Verhandlungen wegen einer holländischen Ausgabe des
Romans und mahne wegen des Konversationslexikons.

Abends durch das Schweizer Radio Nachricht vom *Tode
Stefan George's* in Locarno. –

Tschaikowski gespielt.

In Berlin ein junger Kommunist wegen Brandstiftung, die
er leugnet, zum Tode verurteilt. – Der Reichsanzeiger meldet
nach dem »Temps« die Konfiskation des Vermögens von Hugo
Simon, Heinrich und anderen »wegen Staatsfeindlichkeit«.

Dienstag den 5. XII. 33
Schrieb vormittags am Roman weiter. Fuhr mittags mit K.
zu Rascher, um Bücher zu signieren. Brachte ihm das Manuskript des Nachwortes zum Wagneraufsatz. Reisiger kam dorthin und fuhr mit uns, nach einigen Einkäufen zum Mittagessen nach Hause.

Beschäftigte mich nach dem Thee mit dem französischen
Vortrag, dessen neue Einleitung K. mir übersetzt hat.

Intellektueller Liebesbrief des jungen Borel. Ein Sam M.
Steward von der Ohio State University schreibt: »I return to
parts of your work with the deep love of a person who knows
that always a friend waits for him ... You have helped to
make my mind.« – Auf französisch lautet es ähnlich.

Einladung, auch im Radio Bern zu lesen.

Nervös durch die für morgen bevorstehende Reise.

Manuskript von »Jaakob trägt Leid um Joseph« an die
Neue Rundschau.

Korrodis Nachruf für St. George, leicht gearbeitet, betont
immerhin, nach dem Propheten der Heroik des Dritten Reiches,

das Schweigen nach seiner »Verwirklichung«. Auch die französisch-europäischen Ursprünge und Anfänge.

Donnerstag den 7. XII. 33.
Gestern vormittag packte ich für die Reise, während der Schreiner die neue Tür zwischen Arbeits- und Schlafzimmer einhängte.

Reise über Bern, wo Herzog zu mir einstieg, nach *Lausanne,* wo wir vor 5 Uhr ankamen u. im Hotel Mirabeau abstiegen. Thee mit Herzog. Später die Professoren von den Etudes de lettres, Souper mit ihnen, Bohnenblust und Herzog. Dann der Vortrag in der Universitätsaula mit Lautsprecher. Gide. Nachher Empfang mit vielen Menschen, auch V. Wittkowski. Gespräch zu dritt mit Gide und Herzog über des Letzteren organisatorische Pläne. Später, nachts, Unterhaltung mit Herzog in der Hotelhalle bei einem Glase Bier.

Hatte zahlreiche Signaturen des »Jaakob« zu geben. Ein sehr hübscher Junge brachte den »Tod i. V.«

Heute ½10 Uhr [auf] und gefrühstückt. Später Spaziergang durch die Stadt hinauf mit Herzog. Abreise gegen 12. Im Speisewagen mit Prof. Gumbel aus Heidelberg. Ankunft Zürich 4 Uhr, abgeholt von K. mit dem Wagen.

Aufforderung zur Anmeldung beim Reichsverband deutscher Schriftsteller mit erläuterndem Brief Bermanns, daß weitere Erklärungen voraussichtlich nicht verlangt werden.

Klaus gibt mir einen Aufsatz von E. Frisch über den Jaakob für die »Sammlung« zu lesen, den ich entgegen den Zweifeln des Redakteurs gut und sogar recht gut heiße.

Briefe von Frau Mahler-Werfel und Alban Berg über den Roman.

Zum Abendessen Erika.

Freitag den 8. XII. 33.
Schlecht geschlafen, spät auf. Gearbeitet. Spaziergang bei dunklem Frost und Wind.

Heftiger Gereiztheitsausbruch in Gegenwart der Alten u. Reisigers gegen die Kinder wegen der geforderten Anmeldung bei der Berliner Zwangsorganisation, die ich zu vollziehen gedenke, ohne mich um die Formulare und ihre Bedingungen zu kümmern, »in Bekräftigung meiner Zugehörigkeit zum deutschen Schrifttum«.

Blieb eine Weile dem Mittagessen fern und kam später nach einer Unterredung mit Reisiger.

Nachmittags keine Ruhe. K. in der Stadt beim Gynäkologen, der die Harmlosigkeit des Leidens diagnostiziert, keine Kur verordnet, Abwarten anrät, ob die Geschwulst wächst oder nicht. Aber K. sieht sehr angegriffen aus. Ihre Jahre rechtfertigen Einiges, doch brauchte sie Erholung.

Schrieb nachmittags an Frau Mahler-Werfel. Abends Brahms und Wagner musiziert. Später erneutes recht gequältes Gespräch mit K. über die widrige Sache der Zwangsorganisation.

Müde, elend.

Die Bestattung Georges in Schweizer Boden, die den deutschen Regierenden nichts weiter als die Niederlegung eines Kranzes gestattete, ist eindrucksvoll und genugtuend.

Sonnabend den 9. XII. 33

Starrer Frost, staubig, grau. 8 Uhr auf. Müdigkeit infolge der Erregung, die übrigens andauert. Schrieb über Bücher für die »Welt im Wort«. Mittags reisten K.'s Eltern ab, sie fuhr sie zum Bahnhof u. besuchte auf dem Rückweg Wassermann im Baur au lac.

Bald nach Tische fuhren wir mit dem Fiat nach *Baden*, wo wir *Hesses* im Hotel Verena besuchten. Tranken Thee und verbrachten mehrere Stunden mit ihnen im Gespräch. H. sagte Kluges über den Jaakob. Er hat seine Anmeldung bei der Berliner Organisation schon vollzogen.

Waren vor 8 Uhr zurück. Bermann meldet starken Weiterverkauf des Buches und schickt eine höchst beifallsfreudige und garnicht dumme Besprechung aus der Kön. Hart. Zeitung von dem kleinen Pfeiffer-Belli aus Nidden.

Hörte abends Radio-Musik und las Zeitschriften.

Sonntag den 10. XII. 33
Starker Frost, schneidender Wind. Etwas gearbeitet. Mittags mit K. spazieren. Zum Essen die Professoren F. Strich und Singer aus Bern. Kaffee in meinem Zimmer.

Zum Thee Rechtsanw. Dr. Loewenstein mit Frau, unterwegs nach Amerika. Sie blieben lange. Auch die Berliner Organisationsfrage besprachen wir mit ihnen.

Korrespondierte später und setzte auch die Worte an Blunck auf: »Als Ehrenmitglied des im Reichsverbande aufgegangenen S.D.S. darf ich wohl annehmen, daß man mich und mein Werk nach wie vor als zum deutschen Schrifttum gehörig betrachtet und hoffe, daß es weiterer Formalitäten in meinem Falle nicht bedarf.«

Montag den 11. XII. 33
Hohe Kältegrade bei dickem Nebel und Staub. Ging nach der Arbeit ausgiebig spazieren. Zum Thee Dr. Hellmund. Dann Abendtoilette und mit K. ins Hotel Baur au lac, wo der *Pen-Club* eine Feier zu unsren Ehren veranstaltete. Saß zwischen Frau Fleiner und Frl. Meyer, der Tochter Conrad Ferdinands. Faesi hielt die Begrüßungsansprache; ich erwiderte mit Worten über die Schweiz und den heraufkommenden Humanismus und las dann die »Ismaeliter«. Dann Souper, während dessen Korrodi sprach. Lebhafte Unterhaltung, zahlreiche Vorstellungen, darunter Hans Henning Jahn, der an Krieg binnen Halbjahrsfrist glaubt, und Prof. Griesebach, der eher an einen deutschen Religionskrieg mit Heugabeln glaubt. Vickihalder erzählte von häufiger Beschäftigung des Berl. Tageblattes mit mir, u.a. einer ausführlichen Apologie des Joseph in theologischer Beziehung. Jahn über die bemerkenswert freie Redeweise in Deutschland. – Heimfahrt nachts mit

Faesis u. ihrem Stiefsohn. Reisiger, der am Abend teilnahm, erzählt von einem dringenden Telephon-Anruf Bermanns, den er versäumt habe und nimmt an, daß er mich betraf. Nachricht von K.'s Mutter, daß in der Poschingerstraße alles verändert. Heins erklärt, daß »wieder etwas dazwischen gekommen«. Verdächtig. Dennoch beruhigt und bestärkt durch das Einverständnis mit Jahn und den Schweizern, daß man sich von Deutschland und dem deutschen Publikum nicht trennen solle. Man erwartet von Blunck Diskretion und Nachgiebigkeit in meinem Fall.

Dienstag den 12. XII. 33.
Nach der Arbeit spazieren mit Reisiger, der zum Essen blieb. Es wurde beschlossen, daß er für einige Tage zu uns zieht. Nach dem Thee korrespondiert. Telephoniert mit Bermann, Berlin, in Sachen der »Anmeldung«, von der ich ihm Copie schicke. Nachricht von gutem Weiterverkauf des Buches und einer großen Düsseldorfer Besprechung. Das Honorar angewiesen. B. glaubt an die Freigabe auch des Hauses.

J. Hecht, Basel, schickt die »Nationalzeitung« mit einem hübschen A propos über den Jaakob.

Mit K. und Klaus ins Opernhaus zu der Tanz-Pantomime der Frau Vickihalder u. ihrer Truppe: Amüsante Ausdruckskunst. Abendessen mit den Kindern, die aus dem Konzert kamen.

Zuviel Unternehmungen und Gesellschaft. Stark ermüdet. Mehreres steht bevor.

Mittwoch den 13. XII. 33
Schrieb vormittags für die »Welt im Wort« über »Witiko« und an Eisner über den »Friedland«.

Reisiger zog ein; wir gingen etwas spazieren.

Die Rundschau-Korrektur vom Jammer Jaakobs kam eilig. Ich las sie nach Tische und nachmittags und war befriedigt.

Zum Thee der Buchhändler Renzsch, dem ich von Hellmund sprach. Ein unbedeutender Mann. Rascher ist mir lieber.

Schrieb an Fiedler und nach Basel wegen Papier.

Abends mit K., Klaus und Reisiger zur Stadt zu R.'s Vortrag über Whitman. Eine angenehme Darbietung, die alle befriedigte.

Donnerstag den 14. XII. 33.

Nach der Arbeit am Roman Spaziergang mit Reisiger. Eisiger Wind. Nach Tische Aida gehört. Zum Thee ein junger Jurist, Freund Hesses, »Verehrer«. Später an Fiedler u. Schickele geschrieben. Abends ins *Schauspielhaus: Werfels »Juarez und Maximilian«* in guter Aufführung. Saßen in der Loge neben W. und seiner Schwester, Frau Reiser. Nachher Abendessen im »Pfauen« mit Ebert und Frau, Werfel, Reisiger, der Binder, Hartung etc. Spät fort, zu Hause noch Thee. Es ist ½ 3.

Bermann schickt die Abrechnung, die sich nach den Abzügen auf ca 20000 Franken beläuft. Ein »Nachwort« zum Jaakob im Düsseldorfer »Tag«, das, nicht dumm, gegen den Stumpfsinn der meisten deutschen Besprechungen polemisiert.

Freitag den 15. XII. 33.

Sehr spät auf. Seit ein paar Stunden reichlicher Schnee bei andauernder Kälte. Nichts getan. Gegen Mittag mit K. zum Architekten Schneider, mit dem wir nach Zollikon zur Besichtigung von Grundstücken fuhren, ein ziemlich zweckloses Unternehmen bei mangelnder Aussicht. Das Fahren im Schnee war gefährlich, und ich fror heftig. Schneider blieb bei uns zum Mittagessen.

Telephonat von Dr. Brock, der über den »Jaakob« eine größere Arbeit schreiben will.

Nach dem Thee Briefe diktiert. –

Gestern erfuhren wir im Theater aus der »N.Z.Z.«, daß der Reichsanwalt gegen Torgler ungeheuerlicher Weise die Todesstrafe beantragt hat. Was werden der unglückselige Buenger und die Seinen tun? Vermutlich wird man doch den Affront scheuen, trotz der gemeinen und blutdürstigen Einschüchterung durch diesen Henker von »Ministerpräsident«, der für einen im politischen Geraufe erschossenen S.A.-Mann elf junge Kommunisten köpfen läßt.

Es kam die italienische Ausgabe »Le storie di Giacobbe«, ein schmucker Band. Ferner ein englischer Brief aus New York über die Höllenfahrt.

Drucksachen aus Deutschland – jeder Blick hinein ist Ekel und Grauen. Die historischen Fußtritte nach mir. »Th. M. war nur der erste Schriftsteller, nicht der erste Dichter seiner Zeit«. (»Der Bücherwurm«.) Binding »stellt den Satz auf«, »es gebe keinen echten Dichter, der nicht eines Verses fähig sei«. Man ruft ihm – wie langweilig, wie phantasielos – meinen Namen entgegen, und – »scheinbar in die Enge getrieben« – »wirft er nach Augenblicken des Besinnens *die damals verwegene Behauptung* hin«, ich sei dann eben kein echter Dichter. »Es war mehr als ein Bonmot oder eine glänzende Ausflucht.« Sollte man einen solchen Mist für möglich halten? Ich frage mich das nicht nur im Gedanken an Jean Paul, Dickens, Dostojewski, Tolstoi, Balzac, Proust, Maupassant etc.

Sonnabend den 16. XII. 33
Nach der Arbeit mit Reisiger spazieren. Zu Tische Fritz Busch und Frau mit den alten Reiffs. Busch musizierte mit Bibi.

Es kam das bestellte gute Papier aus Basel.

In den Zeitungen die Plaidoyers der Leipziger Verteidiger Seiffert, Sack. Pathos des Rechsstaates. Wahrhaftig, aus diesem Sumpf von Prozeß soll noch eine Rechtlichkeits-Reklame erwachsen. Dabei eine heillose Blamage der Regie. Die Neugier, was, nach Goerings wüsten Drohungen, mit Dimitrow geschehen wird, ist groß.

Schrieb an Brüll.

Zum Abendessen zu Dr. Bollag: Vorzügliche Verpflegung und angenehme Unterhaltung mit Dr. Wälty von der N.Z.Z.

Heftige Kälte, unter der ich leide, wahrscheinlich weil der Kontrast zu dem provençalischen Sommer zu stark ist.

Sonntag den 17. XII. 33

Andauernd strenge Kälte. Etwas gearbeitet. Ging mittags mit Reisiger zu Fuß gegen die Stadt und stieg dann in den Wagen, mit dem K. nachkam. Wir fuhren nach Kilchberg, geführt von dem Direktor Rieser in seinem Wagen, der uns bei seinem Theater erwartet hat. Üppiges Frühstück in seinem üppigen Hause, in Gesellschaft von Werfel, Ebert, einer armenischen Dame, Reiffs, Hartung. Das Zusammensein, die Unterhaltung zogen sich lange hin. Wir fuhren Hartung zur Stadt.

Nach dem Thee korrespondiert.

Abends las ich Reisiger die Kapitelserie von der Ankunft bei Potiphar vor. Er zeigte sich überaus angetan von der Erzählung, was mir wohltat.

Montag den 18. XII. 33

Nur wenig gearbeitet. Viel Post, darunter ein Brief von Bermann, der meldet, daß die Angelegenheit des »Reichsverbandes« erledigt ist. Teilt ferner mit, daß das 21. bis 25. Tausend in Druck gegangen ist und will schon im März den »Jungen Joseph« herausbringen, – was bedenklich ist wegen der übergroßen Pause, die zwischen 2. und 3. entstehen würde. Stellte fest, daß »J. in Ae.« schon 260 Manuskriptseiten hat. So wird sich voraussichtlich eine Teilung von III ergeben ...

Machte bei strenger, aber halb sonniger Kälte mit Reisiger den Waldrundgang. Schrieb nachmittags an Bermann und schickte ihm das Maschinenmanuskript des II. Bandes, der auf jeden Fall gesetzt werden mag. Ging abends noch etwas aus.

Hörte nach dem Abendessen mit Ergriffenheit Kinder-Totenlieder von Mahler. Las in den von Hesse gesammelten »Sesam«-Geschichten.

Dienstag den 19. XII. 33

Nach der Arbeit mit Reisiger spazieren auf die andere Seite der Bachschlucht. Abminderung der Kälte.

Große Demonstrationen in Zürich gegen die Anträge des Reichsanwalts.

Hübscher Brief von Frey aus Bozen über den Jaakob.

Um 3 Uhr: Schlamm, Herausgeber der »Weltbühne« zum Kaffee. Große Diskussion über die Weltlage und die Bewertung meines Verhaltens, wobei ich in Reisiger einen Advokaten hatte. Kaum war S. fort – es war spät geworden – als Herzog anrief und Nachricht von einem Artikel L. Marcuse's im »Blauen Hefte« gab, den ich im Gespräch gut hätte ins Feld führen können. Er soll eine Apologie der indirekten Wirkungen des »Jaakob« und eine Verteidigung meiner Existenz bei kritischer Haltung sein.

Ruhte etwas bis gegen 6 und trank dann Thee. Las verschiedenes Zugesandte. Machte Smokingtoilette.

Vor acht fuhren wir mit den Kindern zur Tonhalle: Es war Fritz Busch-Konzert, die 2. Symphonie von B., das Klavierkonzert, gespielt von Serkin, dann die Boecklin-Suite von Reger. Nach Schluß stark besuchte Soiree bei Reiffs. Ich saß am Tische mit Busch, den Andreaes, dem deutschen Generalkonsul, Frau Rieser und Erika. Es gab reiche Verpflegung, und später hatte ich eine längere Unterhaltung mit dem gutmütigen Generalmusikdirektor, war aber müde, nervös und gelangweilt. Wieder wurde es sehr spät. Zu Hause fanden wir Reisiger noch auf. Erst ½3 oder 3 Uhr löschte ich das Licht.

Mittwoch den 20. XII. 33

½ 10 Uhr aufgestanden und etwas gearbeitet. Ging mittags mit Reisiger bei schwachem Frost nach Zollikon und fuhr dann mit K., die nachkam, zum Hotel Baur au lac, wo wir mit Wassermanns frühstückten. W., von seiner holländischen Reise zurück, sieht sehr schlecht aus und injiziert dreimal täglich Insulin. Seine Angelegenheiten stehen desolat. Er macht den Eindruck eines ruinierten Mannes.

Kaffee in der Halle. Kaufte später noch Cigaretten und ruhte nach der Heimkehr.

Zum Thee der junge Keilpflug, der Grüße von dem im 3. Reich Journalistendienst tuenden W. Süskind überbrachte. –

Wassermanns Erzählung von Plank, der in Sachen der antisemitischen Professoren-Entlassungen bei Hitler persönlich vorstellig geworden und von diesem eine ¾ stündige Erwiderung hat anhören müssen, von der er völlig gebrochen nach Hause gegangen. Es sei etwa das Gerede einer alten Bauersfrau über Mathematik gewesen, als Niveau, Viertelsbildung mit Zwangsideen, so trostlos wie nichts was der berühmte Denker u. Forscher in seinem Leben je gehört. Zwei Welten, die kraft des Machtaufstiegs der einen in Berührung kommen: Wissen, Hochgelehrtheit, diszipliniertes Denkertum lauscht den hochgemut belehrenden Expektorationen eines scheußlichen Dilettantismus und verbeugt sich scheidend.

Ein chemischer Industrieller hat Wassermann erklärt, im »Ernstfall« würden innerhalb 6 Stunden 16 Millionen Menschen tot sein – etwa die Gesammt-Totenzahl der 4 Jahre in 6 Stunden.

Etwas korrespondiert und ausgegangen. Nach dem Abendessen Zeitungen gelesen. Der Sumpf des Leipziger Prozesses beschäftigte u. erregte mich wieder. Es ist kaum anzunehmen, daß Torgler verurteilt wird, so bedenklich die Freisprechung für Goering wäre. Aber ich dachte wieder, daß seine Verurteilung wohl für mich das Zeichen zu offener und ausdrucksvoller Abkehr u. entschiedenem Bruch sein müßte.

Donnerstag den 21. XII. 33.
Zeitig auf und gearbeitet. Mittagsspaziergang mit Reisiger. Auf die Première des »Zerbr. Krug« im Schauspielhaus verzichteten wir. Las nach Tische Zeitungen und den scheußlichen nationalsozialistischen Clischee-Artikel des Hinkel in Rohans »Europ. Revue«. Grauenhaft.

Nach dem Thee an die »Königsberger H. Zeitung« geschrieben und eine Reihe weiterer Briefe diktiert.

Nach dem Abendessen ausgedehnte Unterhaltung mit Reisiger im Arbeitszimmer über politische und philosophische Gegenstände. Es wurde gegen 1 Uhr, und ich hatte dann noch im Bette den Aufsatz über mich von Marcuse im eingetroffenen »Blauen Heft« zu lesen, – eine Äußerung, gut geschrieben und mir wohlmeinend, aber ohne viel Verständnis [für] das Buch, eine anständige Ermahnung. Das Erfreulichste daran ist die Zusammenstellung mit George.

Freitag den 2[2]. XII. 33.

Bei Zeiten auf, nach 6 stündiger Nacht. K. recht leidend und nervös, klimakterische Verfassung zusammen mit augenblicklichem Unwohlsein. Es ist Zartheit und Duldsamkeit vorzusetzen.

Mehreres am Manuskript gebessert. Mittags viel Post, darunter vom »Reichsverband« nun dennoch die Formulare mit der Erklärung, sie müßten jedenfalls unterschrieben werden. Das werde ich nicht tun, und also ist es wohl der Bruch und das Ende. Wir werden nächstens Bermann hören. – Ausführliche Briefe ferner von Schickele, Bernstein-Dresden, Meyer-Graefe, vorwiegend vom »Jaakob« handelnd. Die »Frankfurter Zeitung« hat über einem Flaubert-Aufsatz von Meyer-Graefe die Widmung an mich gestrichen und zwar ohne zu fragen. –

Mittags in der Stadt. Mit Erika Weihnachtsbesorgungen für K. gemacht.

Zu wenig geschlafen, angegriffen, auch wohl von dem Berliner Streich, der jetzt, nach Bermanns Versicherungen, unerwartet kam. Auch ist die Tilgung der Zueignung durch die Zeitung eine Schamlosigkeit, die ich mir zu Herzen nehme.

Die N.Z.Z. schreibt in einem Leitartikel, es sei zu hoffen, daß das Reichsgericht durch die Freisprechung Torglers beweisen werde, daß Deutschland ein Rechtsstaat geblieben sei.!

Plagte mich nachmittags mit einer Antwort an die »K. Hart. Z.«. Ging spazieren.

Zum Abendessen Erika und Lanzhoff aus Amsterdam. In

meinem Zimmer nachher Vorlesung der Ankunftssuite, der jede Langweiligkeit abgesprochen wurde.

Sonnabend den 23. XII. 33.

Schrieb vormittags den Brief an die »K. Hart. Zeitung« zu Ende; ferner an Bermann und Meier-Graefe.

Ging mit Reisiger spazieren, der nach Tische nach Zürich übersiedelte.

Golo aus Paris und Moni aus Sanary trafen ein. Auch der Sohn des Mädchens Maria.

Torgler ist freigesprochen worden, ebenso die Bulgaren. Van der Lubbe zum Tode verurteilt. Die Begründung ist ebenso verlogen wie der ganze Sumpf von Prozeß. Die Freigesprochenen wurden in »Schutzhaft« genommen. Der Nazi-Staat hat sich als Rechtsstaat erwiesen. Das Propaganda-Ministerium hat Wert darauf gelegt.

Außerordentlich müde.

Sonntag den 24. XII. 33

Weihnachtsabend also, altes Kinderwort und Kinderglück, das auch dieses Jahr seinen stillen Zauber bewährt. Ein Bäumchen ist in der Halle aufgestellt; Tische und gedeckte Kisten für die Bescherung vorbereitet. Katja in den letzten Tagen viel Arbeit gehabt. Sie konnte sie heute der Sonntagsruhe wegen nicht fortsetzen, aber die Vorbereitungen zur Feier beschäftigen sie heiter, während ich müde und nerventraurig bin. – Weißer Nebel. –

Schrieb nur wenig und machte mittags mit K. einen kleinen Spaziergang. Las nach Tisch in der N. Fr. Pr. von der antinationalsozialistischen Kundgebung der österreichischen Geistlichkeit und dann in dem 1924 erschienenen Buch von Everth über C. F. Meyer.

Vergaß gestern den Antwortbrief Bluncks zu notieren, der kurz und amtlich »mit kollegialem Gruß« die Notwendigkeit der Ausfertigung der Papiere bestätigt. Es liegt viel Unverschämtheit darin.

Müde und ruhelos. Hörte, während ich meinen Thee trank,

altitalienische Musik aus dem Radio und die Violin-Romanze von Beethoven.

Am Mittagstisch heute waren 5 Kinder, die 3 Söhne und zwei Töchter. Zur Bescherung und zum Abendessen erwarten wir Erika, Reisiger, die Giese und ihre Schwester.

Schrieb an Fiedler.

Montag den 25. XII. 33.

Die Gäste kamen, Erika brachte die Dinge, die sie noch in meinem Auftrage für K. besorgt hatte, und es gab dann eine heitere Bescherung in dem dafür sehr geeigneten Dielenraum, zu welcher Reisiger, der ebenfalls mit nützlichen Dingen beschenkt wurde, mit rührender Freigebigkeit beitrug. K. und ich tauschten gute Kleidungsstücke, Toilettendinge und Genußmittel, die jüngsten Kinder führten Grammophon-Plättchen vor, die sie mit Stücken aus der »Buddenbrooks-Suite« von N. und mit einer komischen Szene bespielt hatten. Bei Tisch, der weihnachtlich geschmückt und zur Hälfte mit den sechs Kindern in einer Reihe besetzt war, war ich guter Dinge. Es gab Champagner, und nachher zog sich der Abend in der Halle und in meinem Zimmer unter Musik, Telephonaten mit Lugano und München und Gesprächen bis ½1 Uhr hin. Der Giese und dem Mädchen Maria schenkte ich den »Jaakob« mit Widmungen. Der Sohn der Letzteren, der pfiffige Alexander, Münchener Volkstyp, führte den »Deutschen Gruß« vor, wie er ihn in seiner Anstalt exekutieren muß und sang das »Horst-Wessel-Lied«. Es gab, ohne daß ich es bemerkt hätte, eine Spannung zwischen Klaus und Erika. Diese, durch Arbeit überreizt, erträgt schlecht die Liebeswerbungen des melancholischen Lanzoff, des Freundes und Amsterdamer Verlagskollegen des Klaus, von dessen Schwerblütigkeit das Schlimmste zu befürchten ist. Das hindert Erika nicht, ihn hart zu behandeln, u. ihr Bruder, der für den Freund fürchtet u. für den dessen Selbstmord auch eine berufliche Katastrophe bedeuten würde, macht ihr Vorwürfe deswegen. –

Stand ½9 Uhr auf. Dichter weißer Nebel. Frühstück, an dem ausgezogenen Familientisch, mit Kaviar und Stollen.

Die Kinder, noch gestern Abend spät befragt, was von Weihnachten das Schönste gewesen sei, erklärten: »Als Herr Papale bei Tisch einen Juden nachmachte!«

Ich arbeitete heute Vormittag etwas und ging mit Reisiger, der um ½1 Uhr kam in Schnee und weißem Nebel übers Feld spazieren.

Zum Essen waren die sechs Kinder und Dr. Landshoff da, dem ich ebenfalls den Roman schenkte. Es wurde musiziert, und später las Klaus in meinem Zimmer eine hübsche, nur im Motiv etwas arme Emigranten-Novelle vor.

Ich ruhte dann. Erika war noch zum Thee da. Am Klavier üben die Giese und der junge Pianist für die »Pfeffermühle«.

Dienstag den 26. XII. 33

Korrespondierte gestern Nachmittag und ging aus. Hörte abends mit Genuß und Bewunderung das Klavierkonzert von Tschaikowski. Las im Dekamerone.

Heute wieder kalt und neblig.

Recht träge gearbeitet. Ich schiebe meine derzeitige Schlaffheit auf den Föhn, der den Frost abgelöst hat und zuviel gesellige Anstrengung.

Ging allein spazieren. Rehe, wenig scheu, im Schnee-Wald. Neigung zum Verlust der Nerven in noch unbegangener Einsamkeit.

Briefe von Bermann, der Stillverhalten empfiehlt, Annette Kolb (konfus), Rechtsanw. Heins, Vikko.

Zu Tische Erika und Reisiger.

In Frankreich furchtbares Eisenbahnunglück mit mehr als 200 Toten.

Mit Reisiger Gespräch über den Gram, der an einem zehrt. Die Friedseligkeit in dem kasernierten und überorganisierten Deutschland, zur Weihnachtszeit besonders sentimental sich hervortuend – ist es nicht das unbewußte Bestreben, sich für

den Not-Krieg ein moralisches Alibi zu verschaffen, seine Unschuld vorzubereiten? – Die Freisprechung Torglers, diese billig gerissene Befehlsausführung, wird von den Zeitungen als
Tat eines königlichen Richters gepriesen, zu schweigen von
der nationalsozialistischen Presse, die sie als volksfremd beschimpft. Und das Ausland ist großen Teils höchlichst beeindruckt von soviel Rechtlichkeit, die gewiß eine Friedensgaran-
tie bedeutet. »Recht ist, was Deutschland nützt«. Dem
Propaganda-Ministerium hat geschienen, daß die Freisprechung
Deutschland mehr nütze.

Das französische Unglück ist furchtbar, – zahllose kleine
Kinder waren das Opfer.

Nachmittags Briefe diktiert und korrespondiert. Zum
Abendessen Reisiger. Wir hörten vorher aus dem Radio was
Schauerliches aus Deutschland, eine Verherrlichung des patrio-
tischen Schriftstellers Dietrich Eckart.

Nach dem Essen das Konzert Tschaikowski's noch einmal
gehört, 2 Sätze Trio von Beethoven und etwas Parsifal.

Mittwoch den 27. XII. 33
Einige Arbeit. Schöner Brief von Heinrich über den Roman.
Mittags in der Stadt, Haarschneiden und Besorgungen. Kaufte
die deutsche Übersetzung von Célines Roman und begann
nach Tisch, sie zu lesen. Zum Thee Dr. K., der ehemalige
Direktor des Berliner Carl Marx-Gymnasiums. Gründet in Paris eine internationale Schule, in deren Ehren-Patronat er mich
aufzunehmen wünscht. Abends mit K. und Klaus zu Faesis,
wo wir mit Reisiger geladen waren. – Frost.

Donnerstag den 28. XII. 33
Am Manuskript nur gebessert, dann Brief an Heinrich begonnen. Spaziergang mit Reisiger, der nebst Erika zum Essen
da war. Außerordentlich müde und deprimiert. Gram über
den unverschämten Irrsinn in München, gegen den es keine
Instanz gibt: das unter Beschlag bleiben von Haus und In-

ventar trotz Zahlung der Reichsfluchtsteuer. Es ist elend. – Ging zu Bette nachmittags und schlief etwas ein. Schrieb nach dem Thee den Brief an Heinrich zu Ende. Für morgen wird Bermann erwartet.

Kam das Januarheft der Neuen Rundschau mit den Kapiteln »Jaakob trägt Leid um Joseph«. Las es abends wieder und auch Berichte des Lawrence über Kulttänze der Indianer, wobei ich an mein »letztes Werk«, die Faust-Novelle dachte, von der ich schon mittags wieder zu Reisiger gesprochen.

Freitag den 29. XII. 33
Zeitig auf und nach dem Frühstück mit dem besten Willen gearbeitet. Doch sind die Widerstände zur Zeit sehr groß. Ich las gestern mit Befriedigung, daß Conrad 30 Zeilen als einen guten Tagesdurchschnitt betrachtet habe. Ich habe es aber heute nicht auf 30 Zeilen gebracht.

Mittags kamen Bermanns mit Reisiger, von K. geholt. Man ging noch einige Schritte ins Freie, wobei schon die Frage der Berliner Organisation erörtert wurde. Vorschlag des Beitritts zum Schweizer Schriftstellerverband. Nach Tische in meinem Zimmer Erörterungen geschäftlicher und politischer Art. Der Essayband.

Sehr abgespannt, ruhte nachmittags.

Betrachtete nach dem Thee den Band mit gesammelten Kritiken, den Bermann mir freundlich gemeinter Weise nebst der Halbleder-Ausgabe des »Jaakob« als Weihnachtsgeschenk überbracht. Der Inhalt ist aber an sehr wenigen Punkten der schönen Ausstattung wert. –

Die Architektin war da. Frage des Verbleibens im Hause über April. Notwendige Erhöhung der Miete, höchstens auf einige Monate erträglich, weshalb doch wohl ein Wechsel zum Definitiven (Provisorisch-Definitiven) zum April sich empfiehlt.

Längerer Brief von Alfr. Neumann über den Jaakob und seine Lage. Wassermann teilt seinen Scheidebrief an den Ver-

lag S. Fischer mit. Brief von Pfeiffer-Belli: Daß meine Äußerung zum Verschwinden der »K.H.Z.« nur auszugsweise erscheinen kann. –

Bermanns und Reisiger kamen abends mit dem Omnibus
wieder. Unterhaltung nach dem Essen in meinem Zimmer über
den Erscheinungstermin des Romans, den Essayband und anderes. Für den II. Band ist der April in Aussicht genommen.
In die Pause zwischen diesem u. dem III. soll der Essayband
fallen, auf dessen Veröffentlichung Bermann im Sinn seines
Kulturkampfes Gewicht legt. – Spannung zwischen ihm und
K. in Honorierungsfragen. (15 % vom gebundenen Exemplar).

Sehr müde abends. Las im Bette das »Tage-Buch«.

Sonnabend den 30. XII. 33

Ein neuer Tag. Leichter Schneefall. Golo und die Jüngsten
brechen früh zu einem Ausflug auf.

Etwas gearbeitet. Zum Spaziergang und Mittagessen Dr.
Helbling aus Zuoz. Begann Brief an A. M. Frey. Ging abends
etwas mit K.. Schnee, sehr glatt. Ketten für die Wagen.

Brief an A. Neumann diktiert. Abendessen allein mit K..

Sonntag den 31. XII. 33

Arbeitend wenig zustande gebracht, wie jetzt gewöhnlich. Spaziergang mit K.. Konnte nachmittags nicht ruhen. Überaus
müde. Dr. Bloch und Herzog zum Thee, dann Erika. Erwarten
Reisiger zum Abendessen, und man wird eine noch vorhan-
dene Flasche Champagner leeren.

Der Zustand meiner Nerven, meines Gemütes, in dem ich
das Jahr beschließe, ist wenig hoffnungsvoll. Es ist ein Zustand von Müdigkeit, geistiger Mattigkeit, Überdruß, der,
könnte er von außen gesehen werden, wohl sein Bedenkliches
hätte. –

Abendessen mit Erika und Reisiger. Ich hatte guten Appetit
und trank zwei Gläser Sekt. Man zündete nachher den Weih-

nachtsbaum wieder an und trank Punch. Man lachte sehr über einen imbecilen Brief meiner Cousine Anne-Marie an K. . Nach E.'s und R.'s Weggang hörte ich das von Menuhin gespielte Konzert von Mozart.

Es ist halb 12. Die Glocken läuten. Ich habe, was mir immer ein bedeutender Moment ist, den neuen Kalenderblock eingespannt, und es freut mich, daß diesmal die Festtage rot sind.

Es kamen heute Briefe von Born, der Herz und Kiefer. Ich gehe schlafen. Welches Jahr seit Februar. Mein Heimweh nach dem alten Zustande ist übrigens gering. Ich empfinde fast mehr davon für Sanary, das mir im Rückblick als die »glücklichste« Etappe dieser 10 Monate erscheint, und nach meiner kleinen Stein-Terrasse am Abend, wenn ich darauf im Korbstuhl saß und die Sterne betrachtete.

1934

Montag den 1. I. 34. Küsnacht b/Zürich.

Nahm nachts Phanodorm und schlief dann gut.

Verbrachte den Vormittag, indem ich an A. M. Frey schrieb und eine Reihe von Widmungen des »Jaakob«, an Vossler, Croce, Du Bos, Jeremias etc., ausfertigte.

Ausgedehnter Schneespaziergang mit K.. Zu Tische der junge Podbielski aus Cernowitz.

Zum Thee Dr. Hanhart und Frau, die lange blieben.

¾8 Uhr mit K. und den größeren Söhnen zur Wiedereröffnung der »Pfeffermühle«. Überfüllter Saal, zahlreiche Bekannte. Reiches, zum Teil vorzügliches Programm, das bei dem sympathisch voreingenommenen Publikum den herzlichsten Erfolg gewann. Große Nummern: Die »Volkslieder«, die Giese als Tirolerin, Krankenschwester, »Dummheit«. Erika, in der Conférence weniger glücklich, sehr rührend in dem Schlußlied von der »Kälte«. Sie und die Ihren wurden sehr gefeiert, und der Erfolg scheint dem Unternehmen treu zu bleiben.

Es wurde spät. Die Heimfahrt war angenehm nach der beklemmenden Luft des Saales. Imbiß zu Hause. Die Kinder sind von ihrer Ski-Tour nach Flums heimgekehrt.

Eine beruhigende Wirkung übt auf mich unser Beschluß, die Miete des Hauses, trotz Erhöhung auf 700 Franken, um 3 Monate zu verlängern, sodaß wir bis Ende Juni geborgen sind und Frist für weitere Beschlüsse gewonnen ist.

Dienstag den 2. I. 34.

Spät auf und unzulänglich, einige Zeilen, gearbeitet. Wie soll das weiter gehen? – – Ich ging mittags die Straße nach Zollikon, um den Wagen zu treffen, mit dem K., die Söhne und Reisiger aus der Stadt kamen. Er fuhr vorüber, ohne daß ich mich bemerkbar machen konnte. Da Zeit zu einem Spaziergang blieb, schlug ich eine der zum Walde aufwärts führenden Straßen ein und kehrte auf den oberen Wegen nach Küsnacht zurück. Unterwegs, z. T. infolge der Anstrengung des Aufstiegs, befiel mich in der fremden Einsamkeit, der bekannte Angst- und Erregungszustand, ein Versagen der Nerven, das sich auf Muskeln und Herz schlägt und die Besinnung bedroht. Es ging auf vertrauten Wegen vorüber. Ich traf Erika und Reisiger in der Halle. Letzterer teilte mir den – gestern erfolgten – *Tod Jakob Wassermanns* mit. Unser Eindruck, daß sein Ende bevorstehe, hat sich bestätigt. Der Choc ist schwer. Die Witwe telegraphierte nachmittags aus Altaussee. Wir antworteten. – Diktierte Briefe nach dem Thee. – Klaus und Golo reisen morgen ab. Moni wird ihn[en] nächstens folgen. Auch Reisiger will fort. Es wird sehr einsam werden, vergleichsweise. Das Leben zu Vieren, mit den beiden jüngsten Kindern, wird wieder aufgenommen. – Warum hinschreiben, daß der Tod des Generationsgenossen und guten Freundes die Frage, wie lange ich selbst noch leben werde, recht lebhaft wachruft?

Mittwoch den 3. I. 34.
Verzichtete auf die Arbeit. Schrieb einen Brief an Hesse.

Mittags von heftigem Unwohlsein, Übelkeit, Zittern, Erbleichen, Erregung und Angst befallen. Eine Nervenkrise infolge der Anstrengung durch den vorgestrigen Abend und des Chocs durch die Todesnachricht. K., die die Söhne zum Bahnhof fahren wollte, blieb bei mir, u. Moni übernahm die Fahrt. Im Liegen, mit Hülfe von Compressen u. Luminaletten beruhigte sich der Zustand. Ich stand zum Essen auf, an dem Reisiger teilnahm. Er wird morgen wieder vorläufig bei uns einziehen.

Klaus und Golo abgereist. – Erika's zweiter Abend ist wieder ausverkauft und der Beifall stürmisch gewesen. Dies ist eine Freude.

Nahm den Thee im Bett und beendete dann den Brief an Hesse. – Insipider Brief der A. Gerhart, nachdem ich schon drei ebensolche unbeantwortet gelassen.

Sehr angegriffen. Darm und Magen gebieten Schonung.

Donnerstag den 4. I. 3[4]
Bettlägrig. Phanodorm zum Kamillenthee verhalf zu einer schlafreichen Nacht. Aber die Nerven, der Magen noch schwach, der Darm schmerzhaft. Thee, Zwieback, Suppe, Orangensaft, einige Cigaretten.
[. . .]
Kaum Post. Steiner schickte die »Corona«. Las in »*Herr und Hund*«, um für die Radio-Vorlesung in Bern zu wählen.

Freitag den 5. 1. 3[4]
Den Vormittag und einen Teil des Nachmittags im Bette verbracht. Sehr schwach und erschüttert. Leichteste Kost.
Gestern Korrekturen des »Jungen Joseph«, zu denen ich die Kapitel-Einteilung brauche.
Sammle Dokumente zur Fascisierung Europa's. Schlumberger über »Bedrohte Geistesfreiheit«. Gram und Erbitterung über die Behandlung des Todes Wassermanns in der deutschen Schreckenspresse. »Einer der angesehensten Schriftsteller November-Deutschlands. Mit der deutschen Literatur hatte er fast nichts zu tun.« – Ist das auch mein Nekrolog? Wo ist die »dem willigen Leser nach seinem innersten Wesen zuwiderlaufende Literatur«, deren sich Deutschland, nach Schlumberger, entledigt hat? – –

Sonnabend den 6. I. 34
Gestern noch weitere Korrekturen. Ich schrieb wegen der Kapitel-Übersicht und begann die Verbesserung.
Besuch in Reisigers oberer Wohnung und Gespräch über seine Maria Stuart-Arbeit.
Nachmittags einige Korrespondenz erledigt. – Abends hörten wir den »Liebestrank« von Donizetti durchs Radio – fuhr vorm Einschlafen in dem Roman von Céline fort. –
Heute schönstes Winterwetter. Schnee und lange nicht erschaute Bläue. Noch sehr magen- und nervenschwach. Thee im Bett. Nachher aufgestanden, um in Form von Brief-Erledigungen einige Aktivität zu prästieren. Immer wieder ein-

setzende, schädliche Erregung im Gedanken an Bertrams und des dummen Frauenzimmers Gerhard Briefe. –

Ging mittags mit Reisiger in den Ort hinunter, zum Bahnhof und zum See, dann langsam wieder hinauf. Sonnenschein und Frische taten mir wohl. Die Nerven waren gefestigter u. ich aß mit gutem Appetit.

Las das »Tage-Buch«.

Schrieb nach dem Thee ablehnend an die Gerhard.

K. mit Moni zum Vortragsabend von L. Hardt. Aß mit Reisiger und den Jüngsten zu Abend. Nachher hörten wir lange Zeit Tristan-Platten. Nahm Luminaletten vorm Schlafengehen und las noch bis nach Mitternacht in dem Céline. K. kehrte zurück mit dem Bericht, daß Hardt die Begegnung mit Rahel am Brunnen nicht sehr gut gelesen habe. –

Sonntag den 7. I. 34.

Nebelig und kalt. Frühstückte im Schlafzimmer. Wollte auf Anraten K.s und Reisigers einen Brief an Bertram schreiben, um ihn für seinen Erguß vom November nicht unbedankt zu lassen, kämpfte aber vergebens mit meinem Widerwillen gegen eine uferlose Polemik und fand auch keine Möglichkeit mich irgendwie heiter zu beschränken.

Ein sonderbarer Brief von Hülsen überraschte mich gestern Abend. Von dem Sohne H. Stehrs, der im preuß. Kultusministerium arbeitet, habe er erfahren, man beabsichtige dort, mich nächstens offiziell vor die Frage zu stellen, ob ich nach Deutschland zurückkehren oder als Emigrant betrachtet sein und »die Consequenzen« tragen wolle. Die Nachricht scheint mir abenteuerlich und unwahrscheinlich. Man hat uns die Reichsfluchtsteuer zahlen lassen, ich bin in Deutschland abgemeldet und regulärer Auslandsdeutscher. Es ist nicht abzusehen, wie man mich zur Rückkehr zwingen oder mich wegen ihrer Verweigerung maßregeln will. – Etwas anderes ist die Frage der »Schrifttumskammer«, deren »Consequenzen« freilich weit führen. –

Zum Mittagessen Franks, vor ihrer Abreise nach Paris und London.

Zum Thee L. Hardt.

Sehr angegriffener Kopf.

Spielten abends den II. Akt Aida. Las Céline.

Montag den 8. I. 34.

Noch im Bett gefrühstückt. Versuchte es wieder mit einem Brief an Bertram und brach wieder ab. Las Korrekturen.

Eine Reihe von Briefen kamen, gleichgültig. Die »Welt im Wort« mit meinen Zeilen über »Witiko«; ferner einem Citat über Bunin aus der »Par. Rechensch.«, das heute prophetisch wirkt.

Kurzer Ausgang mit Reisiger.

Die Kinder haben ihre Studien in der Stadt wieder aufgenommen.

Schrieb nach dem Thee an Schickele über Wassermann. Aus Altaussee kam das letzte Exposee des Verstorbenen an seinen Berliner Anwalt, ein tragisches Dokument, über das K., Reisiger und ich abends lange sprachen.

In der Frankf. Zeitung ein anständiger Nekrolog.

Dienstag den 9. 1. 34

Schrieb endlich vormittags und nachmittags den Brief an Bertram, was ich als Zeichen wiederkehrender Nervenkraft betrachte. – Das Frühstücken im Schlafzimmer gefällt mir. – Hartnäckige Konstipation. – Der Intransigeant bringt meinen Brief aus Sanary in bös verballhornter Übersetzung. Vorsatz, den Originaltext hier zu publizieren.

Brief von Annette Kolb über den Jaakob. Brief von Kiefer, der den Besuch Cramer-Kletts, eines Freundes Faulhabers meldet.

Äußerste Verschärfung des protest. Kirchenkonfliktes in Deutschland.

Van der Lubbe hingerichtet! Schweine.

Mittwoch den 10. 1. 34

Telephon-Gespräch mit Korrodi wegen des Intransigeant-Briefes. Beschluß der Veröffentlichung.

Ausgedehnter, sehr schöner Schnee-Spaziergang mit Reisiger durch das Bach-Thal nach Küsnacht zurück.

Einladung, nächsten Montag im Schauspielhaus den Wagner-Vortrag zu halten.

Brief von Suhrkamp in Sachen des »Reichsverbandes«. Bericht über seine Zusammenkunft mit Blunck. Bruch soll auf jeden Fall vermieden werden.

Reisiger übermittelt die Sorgen Korrodi's wegen des Artikels, die übertrieben sind. Aber ich selbst stehe lieber von der Veröffentlichung ab, in der Hoffnung, daß überhaupt die Sache stillschweigend vorübergeht.

Bermann rief aus Chantarella an, um nach meiner Gesundheit zu fragen und uns die Reise dorthin anzuraten, die aber für den Augenblick nicht mehr lohnt.

Brief an den »Intransigeant« und weitere Diktate.

Donnerstag den 11. 1. 34

Frühstückte wieder unten.

Abschluß mit dem Schauspielhaus für 500 Franken.

Verzicht auf die Veröffentlichung des Briefes in der N. Z. Z., da 6 Tage seit der franz. Publikation vergangen, ohne daß etwas erfolgt.

Schrieb an Suhrkamp über den Fall Reichsverband. Las den ganzen Tag die Korrekturen fast des ganzen »Jungen Joseph«. – Spaziergang im Schnee und dichtem weißem Nebel mit R.

Korrodi schickt den gesetzten Brief, aber ich will ihn zurückhalten.

Schrieb an die Herz und fertigte Weiteres aus.

Reisiger im Theater. K. verlas langen, komischen Brief von Hans Schickele.

Emil Lind schickt Besprechung des »Jaakob« aus dem Wiener »Tag«.

Ein Schüler Bertrams, Langen, Köln, schickt eine Dissertation.

Freitag den 12. I. 34.
Gestern offenbar mit den Korrekturen überanstrengt. Heute schlechter Kopf- und Nervenzustand.

Frühstückte im Schlafzimmer und war vormittags mit Kürzungen u. Verbesserungen am Anfange des Bandes beschäftigt.

Spaziergang mit Reisiger, K. und Moni. Schöne Bilder in dem mit Schnee und Rauhreif bedeckten Walde.

Zu Tische Erika.

Ging zu Bette und schlief bis Medi mir, ½ 6 Uhr, den Thee brachte. Stand dann auf und schrieb an die Druckerei wegen Fortsetzung des Satzes. Es handelt sich um die Teile, die ich zur Vortragsreise brauche.

Schrieb an Heinrich. Neue Korrekturen der ersten Hälfte kamen.

Brief von Vossler für den »Jaakob«. Das Dasein des deutschen Gelehrten sei »katakombal«.

Reisiger, der mit Leuten in der Stadt gesprochen, Emigranten u. a., berichtet von einem Manne der Firma Creuzot, der erklärt, die Rüstungsarbeit könne in diesem Tempo und Ausmaß nicht lange fortgesetzt werden – man leiste das nur unter Visierung eines nahen Ziels und Termins.

Wir hörten Bachmusik, die die Kinder vorführten, und plauderten dann. Kopfschmerzen.

Sonnabend den 13. I. 34.
Wetterumschlag seit gestern. Regen und heftiger Föhnsturm zur Nacht. Öfteres Erwachen.

Zeitig auf und unten gefrühstückt. Ein politisches Gespräch mit K., im Anschluß an Heinrichs vorzüglichen Aufsatz in der »Sammlung«, brachte mir gleich wieder die Nerven zum Zittern.

Beschäftigung mit den Korrekturen des Anfangs, die ich Reisiger zu lesen gab.

Spaziergang mit ihm bei Schneebrei und Glatteis.

Zeitungen nach Tisch. Die Reichsreform.

Zum Thee Reisigers Gastfreund, der sympathische *Dr. Lohser* aus Kilchberg.

Schrieb an E. Lind.

Nach dem Abendessen Musik: Missa und Parsifal.

Vossler schickte sein Buch über Lope mit melancholischer Widmung.

Wirklich unnütz und belastend scheint mir das Kapitel über Henoch, das ich wohl morgen beseitigen werde.

Sonntag den 14. I. 34.

In diesen Tagen beschäftigt sich Musikdirektor *Andreä*, ein guter Mann, mit der Frage meiner Einbürgerung in der Schweiz. Er berichtete gestern telephonisch über einen Besuch beim Stadtpräsidenten, dem er meinen Fall zusammen mit dem von Fritz Busch vorgetragen. Vorderhand besteht nur Aussicht, das Bürgerrecht binnen 2 Jahren zu erwerben.

Frühstückte heute im Schlafzimmer und war dann mit der Korrektur der Anfangskapitel beschäftigt. Das Henoch-Kapitel ist beseitigt, der »Himmelstraum« mit dem Anfang davon zusammengezogen. Das bedeutet eine Reinigung.

Spaziergang bei etwas frischerem Wetter mit K. und Reisiger.

Herzunruhe nachmittags. Korrespondierte nach dem Thee. Dazwischen Besuch von *S. Trebitsch*, mit dem wir die Aussichten in Österreich und die Möglichkeit unserer Niederlassung in Wien besprachen.

Dienstag den 16. I. 34.

Föhnsturm seit gestern, stumpfes und nahes Licht. Beim Spaziergang mit R. mittags war kaum Unterhaltung möglich. Vorher hatte ich den Wagner-Vortrag durchgesehen und am neuen Manuskript gebessert. Dann mit R. die Korrektur der Anfangskapitel des »Jungen Joseph« durchgegangen und übersehene Fehler korrigiert. Beruhigung über diesen Band, der doch ebenfalls mehrere starke Pfeiler und Stützen besitzt, die das Ganze tragen, zumal dies durch die Kürzungen leichter und klarer geworden. Zu den Stützpunkten gehört das Gotteskapitel, von dem R. wieder sehr angetan war.

Erika war zum Essen da. Ich excerpierte nachmittags Einiges Hethitische aus neuen Mitteilungen der Orient. Gesellschaft über [?].

Um ½ 8 Uhr nahmen wir einen Imbiß und fuhren dann zu Dritt zum *Schauspielhaus* zu meinem *Vortrag*. Wir trafen Medi dort. Der Dramaturg Hirschfeld empfing mich und führte mich zur Bühne. Lichtprobe. Briefe und hübsche Blumen von Erika. Das Theater war stark besucht, die Akustik sehr gut, die Anstrengung dennoch groß. Ich fürchtete zeitweise zu versagen und plante eine Pause, hielt dann aber durch und bewahrte Lebhaftigkeit. Las fast 1½ Stunden. Starker Beifall, dreimaliges Wiedererscheinen. Ich freute mich über meine 500 Franken.

Begrüßung durch Frau Rieser und Hartung. Auf der Straße Begegnung mit Neumanns aus Florenz. Wir fuhren mit ihnen ins Hotel St. Peter, wohin auch ihr Freund, der schweiz. Schriftsteller Heer kam. Wir trafen Herzog. Später kam Trebitsch aus der »Pfeffermühle«. Ich war anfangs sehr erschöpft, erholte mich aber durch die Mahlzeit und einige Gläser gutes Bier. Man sprach viel über Österreich, dessen Verlust an den Nationalsozialismus Trebitsch aus inneren u. äußeren Gründen für ausgeschlossen erklärte. Auch dort aber ist die Rolle der Sozialdemokratie jedenfalls ausgespielt.

Man blieb bis nach 12 Uhr. Wir fanden, wie öfters, Gefallen an der Heimfahrt im Fiat, dessen Motor-Plombe nun gelöst werden kann, da er eingefahren ist.

Las im Bette noch Céline, schlief leicht ein und ruhte befriedigend.

Heute Frühstück mit K. und Reisiger. Dunkel, Schneetreiben.

Schrieb etwas weiter an »Huy und Tuy«.

Spaziergang mit Reisiger in nassem Schnee.

Zum Mittagessen *Neumanns* und Dr. *Heer.*

K. bei Erika zum Thee, der Vickihalder über den gestrigen Abend genau berichtet hatte. Das Publikum sei auffallend »ergriffen« gewesen.

Schrieb an Carossa, Dr. Langen in Köln, an Vossler.

Schöner Brief von Kokoschka. Eine verlockende Einladung zu Vorträgen in Argentinien, Chile, Brasilien. Nachrichten von Bermann, Brüll und der Herz, die übermorgen kommen will, was aber K. nicht zuläßt u. auch ich nicht wünsche.

Abends Musik aus dem Ring. Reisiger bedrückt von dem offenbar bevorstehenden Ableben seiner Stiefmutter in Breslau und dem Wiedereintreffen seiner Freundin Maria aus England.

Mittwoch den 17. I. 34.

Frühstückte bei mir. Der Herz wurde abtelegraphiert, und ich schrieb ihr. Schrieb auch an Vossler zu Ende u. Weiteres.

Schöner Brief von E. Kahler über den Wagner-Vortrag, dem er beigewohnt. Besprechung von Schuh in der N.Z.Z.. Anzeige des Jaakob von Gabr. Reuter in den New York Times: »The most powerful book ever written by T. M.«

Zum Mittagessen bei Frau Guyer und ihrem Mann. Die Schwester fuhr uns nach Haus. – Die Herz rief an, ich sprach mit ihr.

Zum Thee Regisseur *Hartung.* Dann Briefdiktat: an die Lowe, Knopf u. Weiteres.

Nach dem Abendessen Violinkonzert von Beethoven und zahlreiche Platten aus der »Götterdämmerung«.

Donnerstag den 18. I. 34.

Zeitig auf, unten gefrühstückt und eine Seite weitergeschrieben.

Spaziergang mit Reisiger bei milder, nebliger Feuchte mit leichtem Regen.

Nach Tische zum Kaffee Ullmann aus Paris, Verabredung mit ihm wegen einer italienischen Ausgabe des »Wagner«. Pessimistische Nachrichten über Frankreich, eine bevorstehende Rechtsdiktatur etc., wenig ernst.

Nach dem Thee zum Friseur in den Ort.

Korrekturen gelesen. Zum Abendessen E. von *Kahler* und Frau. Gespräch über Deutschland, auf dem wohltuenden Niveau geführt, das jede Unterhaltung mit ihm hat.

Moni reist morgen früh nach Florenz ab. K. fährt sie schon um 7 Uhr zum Bahnhof, was ich nicht gern sehe.

Freitag den 19. I. 34
Unruhig geschlafen. 8 Uhr auf. Schönes Perlmutter-Morgenlicht über See und Bergen.

Unten allein gefrühstückt. Dann Beschäftigung mit den Korrekturen der 1. Hälfte des II. Bandes. Es gibt Längen.

Hanhart schickt ein Buch über Nierenkrankheiten (Montkaw). Enthusiastischer Brief eines jungen Schweizers aus Frauenfeld über den Wagner-Vortrag.

Kurzer Ausgang, allein.

Aß allein mit K. zu Mittag.

Schlief nachmittags im Bette.

Zum Thee Dr. Pinkus, aus Deutschland kommend. Seine Berichte gut zu hören. Zersetzung und Depression seien fortschreitend, der Verfall des auf Lüge und Gewalt gegründeten Systems sicher.

Machte einen Abendspaziergang und studierte abends den Verlauf der Nierenkrankheit an Bright'schen Beispielen.

Pinkus hatte Auftrag von deutschen Schriftstellern (Max Tau), mir zu sagen, daß meine Haltung als Wohltat und Stütze empfunden werde.

Sonnabend den 20. I. 34.

Schrieb etwas weiter. Schadete mir mit einer größeren Cigarre, die ich morgens in Ermangelung einer kleinen rauchte.

Kurzer Spaziergang mit Reisiger bei sehr nassem Grunde. Zu Tische Erika.

Keine Ruhe nachmittags, nervös gequält. Schrieb an Oskar Kokoschka.

Zum Abendessen Bermanns, von Chantarella zurück. Überbrachte Artikel der »Deutschen Freiheit«, der das Intrang.-Interview behandelt. Suhrkamp telephoniert, daß dieses jetzt in Berlin »Beunruhigung« hervorrufe. Händigte Bermann den deutschen Text und den Brief an die Zeitung ein.

Für Deutschland sieht man Reaktionen der Arbeiter und Verschärfung der Lage (zunächst) voraus.

Sonntag den 21. 1. 34

Konnte gestern nach der Lektüre aus nervöser Irritation nicht einschlafen, nahm ½1 Uhr Phanodorm und schlief dann erquickend und ausgiebig. Eine Seite weiter geschrieben; belebter.

½1 Uhr Bermanns. Mit ihnen und Reisiger Spaziergang in den Wald. Auf dem Rückweg besprach ich mit B. Geschäftliches, Honorierungsfragen. Die Möglichkeit, es möchte mit der Fortführung des Verlages in Deutschland nicht gehen, schien er stärker in Betracht zu ziehen. Auch der Essay-Band wurde neuerdings besprochen. B.'s Geistesverfassung durch den Auslandsaufenthalt sichtlich modifiziert. Auch die deutsche Dosis aber braucht er wieder und wird häufig wechseln.

Mittagessen mit B.s und Kaffee in meinem Zimmer. Reisiger wird in Zürich den Abend mit ihnen verbringen. Wir verabschiedeten uns für diesmal von ihnen.

Nachmittags versch. Korrespondenzen erledigt. Diarrhoe in Folge des Mittels Agarol. Abends Zeitschriften-Lektüre.

Montag den 22. I. 34.

[...]

Es kamen viele Exemplare des italienischen »Giacobbe«.

Schrieb eine Seite weiter.

Der Darm noch schmerzhaft. Dazu von München die Nachricht, daß das Haus von der »Pol. Polizei« an Private vermietet worden, da ich nicht mehr darüber zu verfügen hätte. Die Behörde macht mit meinem niemals offen konfiszierten Eigentum Privatgeschäfte für die eigene Tasche. Sie unterschlägt es, nachdem sie zugelassen, daß ich die Reichsfluchtsteuer zahlte. Es ist völlige Willkür und nackter Raub und zwar im Stillen, ohne daß die Banditen auch nur den Mut zur öffentlichen Mitteilung ihres »revolutionären« Tuns fänden. Ekel und Empörung setzen meinen Nerven aufs neue heftig zu.

Zum Essen Frl. A. Bernstein mit Erika. Gereizt und deprimiert, auch unwohl und müde zog ich mich bald zurück. Blieb zum Thee im Bett.

Zweimal im Lauf des Abends telephonische Verbindung mit Bermann wegen der Münchener Rammelei. Heins hat Schritte »beim Ministerium« unternommen, die binnen 8 Tagen zur Entscheidung führen sollen. Man dringt in mich, unterdessen mich still zu verhalten und nicht den Protest zu erheben, der mir grundsätzlich nötig schien, um meine Eigentumsrechte zu wahren. Gut. –

Wir hörten nach dem Abendessen mit Genuß das Violin-Konzert von Brahms. Dann las ich K. und Reisiger in meinem Zimmer eine ganze Suite Neugeschriebenes vor bis in das Gespräch zwischen Huy und Tuy hinein, das sehr sonderbar anmutete.

Spät schlafen, Céline gelesen, ein wildes Produkt.

Dienstag den 23. I. 34.

Räumte gestern den Handkoffer aus, der mir soviel Sorge gemacht, und den ich auf die bevorstehende Reise mitnehmen will und verstaute die Tagebücher und Materialien im Schreibtisch.

Heute etwas weiter am Gespräch Huy und Tuy.

Ausgedehnter Spaziergang mit Reisiger, durch die Schlucht, bei Frost, der mir den Kopf benahm.

Nachmittags geschlummert. Nach dem Thee Besuch des Herrn Hennig aus Dresden, Sozialist, Emigrant, ehem. Lehrer, den ich mit der Abschrift des III. Bandes beauftrage. Er nahm eine Anzahl Blätter mit. – Briefdiktate.

Reisiger in der Stadt, die Kinder im Konzert. Aß allein mit K. zu Abend, u. wir hörten nachher allerlei Musik, darunter die alte, einst sehr geliebte Platte »Sterne im Meere« von Reger. –

Las Céline. Eine bemerkenswerte Lektüre war gestern und heute die eines übersandten Aufsatzes des ungarischen Gelehrten Kerényi »Unsterblichkeit und Apollonreligion«, sehr anziehend durch die darin hergestellten Beziehungen von Geist und Tod, überhaupt durch die Idee des dunklen Apollon. Der Verfasser nennt den Empfänger übrigens in der Widmung »einen der tiefsten Religionshistoriker«.

Mittwoch den 24. I. 34.

Gestern Abend wurde es spät durch die Lektüre des alten Tagebuchbandes 1927/28, geführt in der Zeit des Aufenthaltes von K. H. in unserm Hause und meiner Besuche in Düsseldorf. Ich war tief aufgewühlt, gerührt und ergriffen von dem Rückblick auf dieses Erlebnis, das mir heute einer anderen, stärkeren Lebensepoche anzugehören scheint, und das ich mit Stolz und Dankbarkeit bewahre, weil es die unverhoffte Erfüllung einer Lebenssehnsucht war, das »Glück«, wie es im Buche des Menschen, wenn auch nicht der Gewöhnlichkeit, steht, und weil die Erinnerung daran bedeutet: »Auch ich«. Es machte mir hauptsächlich Eindruck, zu sehen, wie ich im Besitz dieser Erfüllung an das Früheste, an A. M. und ihm folgende zurückdachte und alle diese Fälle als mit aufgenommen in die späte und erstaunliche Erfüllung empfand, erfüllt, versöhnt und gut gemacht durch sie. –

Heute 8 Uhr auf. Das abendliche Lebenserinnerungs-Erlebnis wirkt ernst und bedeutend nach.

Beim Frühstück besprach ich mit K. Erikas dringendes Verlangen nach einem neuen Fordwagen und ihre Bitte an die Großeltern, die wahrscheinlich aus gesetzlichen Gründen nicht wird erfüllt werden können. Ich schlug für diesen Fall vor, für die Kosten, wenigstens teilweise, unsererseits aufzukommen.

K. berichtete von dem wunderlichen Stimmungsbrief, den Moni kurz vor ihrer Abreise Reisiger hat zukommen lassen: ein charakteristisches Produkt einer künstlerischen Oberflächenbegabung und halb mystifikatorischer Art, verwandt dem geschickt maskierten Jung-Mädchen-Brief an den Großvater, an dessen Echtheit dieser noch heute glaubt.

Weiter geschrieben. Spaziergang mit K. und Reisiger. Erika zu Tisch. Wir sprachen von Masken, und ich kopierte Friedrich den Großen, worauf E.: »Ich lasse dich doch noch auftreten.«

Früher Thee getrunken und mit K., Reisiger und Bibi ins Cinema gefahren, wo wir mit Geringschätzung und heiterem Genuß einen gut gespielten Film »Viktoria« (Mädchen als Damen-Imitator) mit Renate Müller u. H. Thimig, sahen. Die Fabel, mit drolligen Einzelheiten durchsetzt, reizte mich trotz ihrer Lächerlichkeit durch das Motiv der verwirrenden Geschlechtsverkleidung, das seine gefühlsphilosophische Bedeutung auch in der albernen Behandlung nicht verleugnete.

Der Musik-Apparat in Reparatur. Las abends K. und Reisiger »Stromfahrt« und »Joseph zieht durch Wêse« vor und plauderte danach noch des Längeren mit R.

Donnerstag den 25. I. 34
8 Uhr auf und am Huy und Tuy-Gespräch weiter. Mittags mit K. zur Stadt zu Einkäufen.

Nach dem Thee Brief an Dr. Heins wegen des notwendigen Protestes gegen die Münchener Schamlosigkeit. Die Mieter-

Familie (Defregger) ist, 9 Köpfe hoch, heute in das Haus eingezogen. – Nach weiteren Schreibereien sehr ermüdet.

Reisiger in der »Pfeffermühle«. Den Abend allein mit der
Lektüre des Büchleins über Bright und seine Krankheit ver-
bracht, wobei ich wieder meine große Anteilnahme für alles
Medizinisch-Pathologische bemerkte.

K. telephonierte mit Dr. Richter, Arosa, der aber Zimmer
für Februar kaum in Aussicht stellen konnte. Beschluß, nach
Chantarella zu gehen, wenn wir in A. nicht unterkommen.

Besprechung mit K. über ihr Kommen nach Bern.

Freitag den 26. I. 34.
Seit einigen Tagen hat der Frost sich wieder hergestellt, es
liegt wenig Schnee dabei, u. die Landstraßen sind staubig.
Beim Aufenthalt im unteren Teil der Halle, wo wir mit Gästen
Thee trinken, leidet man unter der Kälte, besonders bei meiner
Neigung zur Verfrorenheit.

Stand heute vor 8 Uhr auf und schrieb eine Seite weiter
an dem Gespräch, das schwer zu führen ist, weil es schwierig
ist, Geistiges zu naivisieren und auf primitiven Ton zu
bringen.

Spaziergang durch den Wald mit Reisiger.

Zum Essen Erika und Th. Giese. Verabschiedete mich von
ihnen bis zum 10. Februar.

Zum Thee *Dr. Heyse* aus Lübeck, der von seinen Erlebnissen
seiner Entlassung als Museumsdirektor erzählte.

Briefe von A. M. Frey und Prof. Fr. Böök in Lund.

Schrieb an Frankl (Prag) wegen einer Reise dorthin.

Zum Abendessen Direktor *Rieser* und Frau, die ihren Gast
einen recht angenehmen Dr. Ernst *Pollack* mitbrachten. Dazu
Reisiger. Die Kinder im Konzert. Unterhaltung in meinem
Zimmer.

Don Quijote-Lektüre, da mit Céline fertig.

Sonnabend den 27. 1. 34
8 Uhr auf. Regen und große Dunkelheit. Frage, ob Arosa-Waldhotel, wo erst vom 26. Februar Platz, oder Chantarella, noch unentschieden.

Anderthalb Seiten weitergeschrieben, überraschend enthemmt.

½1 mit K. zur Stadt, wo wir im Kaufhaus Einkäufe machten. Es freut mich ein neuer feiner Schwamm, den ich mit auf die Reise nehmen werde.

Frühstück bei *Reiffs*, zusammen mit dem Romanschriftsteller Ernst *Zahn*, einem recht würdig-freundlichen alten Herrn.

Zum Thee der junge *Borel* aus Neuchâtel, niedlicher Junge mit dunklen Franzosenaugen.

Schrieb an Kerényi, Budapest, über seine Apollostudie und Weiteres.

Heute Briefe von Heinrich und Bermann, der über den Münchener Unfug wenig Tröstliches zu sagen weiß und auch im Geschäftlichen unerfreulich sich äußert. – Nachrichten über akademische Vorträge in Aix en Provence über meine Arbeiten.

In dem Nürnberger »Stürmer« ein idiotischer Angriff auf mich, laut »Tagebuch«. Die Fortdauer der Wut im vollen Siege ist das Merkwürdige. Warum hassen und schimpfen diese Leute noch immer weiter? Fühlen sie sich unsicher? Glauben sie nicht an ihren Sieg?

Zum Abendessen Neumanns. Verabredung nach Florenz fürs Frühjahr. – Sturm und Regen.

Sonntag den 28. I. 34.
Noch einmal eine Seite weiter geschrieben. Bedauere die nun notwendige Unterbrechung sehr lebhaft.

Kopfwäsche mit nachfolgender Anwendung zu starken französischen Haarwassers. Der Reiz und die Austrocknung bewirken für den ganzen Tag ein unangenehmes Gefühl.

Spaziergang mit K. und Reisiger bei mildem, nassem Wetter. Las nach Tisch in den »Unterhaltungen deutscher Ausgewanderter«.

Erregt und beklommen wegen der bevorstehenden Abreise und längeren Abwesenheit. Besorgt wegen meiner Nerven.

Um die Theezeit *Dr. Bumann*, der Sozius Dr. H.'s, der unter Vorlage der Akten Bericht über die Lage erstattete und bis 7 Uhr blieb. Der Ausbürgerungsantrag, in München beschlossen, obgleich er auch dort Gegner hat, wird in Berlin ohne Zweifel abgelehnt werden, worüber man sich auch in M. gewissermaßen klar ist. Die Gefahr besteht, daß der Antrag von München endlos verschleppt und die Beschlagnahme, auch unter Verzicht auf die Konfiskation, beliebig aufrecht erhalten wird. Eine Entscheidung ist nicht nach unserem Willen herbeizuführen. Die passionierte Tätigkeit des Heins geht aus den Akten rührend hervor.

Müde, nervös. Wir hörten abends Musik: Die 1. Symphonie von Brahms und Parsifal.

Ich nehme ein neues Heft auf die Reise, die nun bestanden sein will.

Montag den 29. I. 34. Neuchâtel, Hotel Terminus.
(Nachmittags) Um 3 Uhr hier eingetroffen. Stand in Küsnacht um 8 Uhr auf, badete u. frühstückte mit K. und Reisiger. Es kam Post dabei: Die Zeitungen und ein paar Briefe, darunter einer von Schickele, dessen Umstände nicht die glücklichsten. Er siedelt nach Nizza über. Seine Frau leidet an Nervenentzündung im Arm. Jedoch reist sie nach Badenweiler, um das Haus zu vermieten.

Ich packte dann, las noch die Zeitungen (das Cabinet Chautemps ist zurückgetreten; man erwartet Herriot), und um 11 Uhr fuhren wir mit Reisiger nach Zürich zum Bahnhof. Wir hatten Zeit, im Restaurant etwas Warmes zu trinken. Es lag viel nasser Schnee.

Gegen 12 Uhr reiste ich ab. Halb und halb ist beschlossen,

daß K. in Bern zu mir stößt, vielleicht auch Reisiger, der aber doch wohl übermorgen nach Seefeld reisen wird. Bis Olten hatte ich ein Vis-à-vis, dem ich mich aber durch das Studium des franz. Vortrags für heute Abend schicklich entzog. Seiner ledig verzehrte ich um 1 Uhr mein Ei-Frühstück mit Orangen als Getränk. 2 Uhr in Bern in den Pariser Zug umgestiegen.

Abgeholt von den jungen Herren Borel, Attinger und ihren Freunden, die mich in das Hotel gegenüber dem Bahnhof geleiteten. Das Zimmer, dreifenstrig, hat Vorzimmer und großes Bad. Die Aussicht geht über eine baumbestandene Terrasse und die Stadt auf den See. Das Wetter hat sich schon in einiger Entfernung von Zürich aufgehellt.

Ich packte etwas aus und legte mich dann zu Bett, da ich nervös und angegriffen war. Jetzt, 5 Uhr, habe ich Thee getrunken u. schreibe dies in dem hellgrauen Seiden-Schlafrock, den ich oft in Sanary morgens zur Arbeit trug. –

K. hat nach meiner Abreise dem Dr. Bumann die Akten ins Hotel gebracht u. ihn mit Dank und Grüßen für Heins beauftragt. Aus den Akten las K. mir noch gestern Abend vom Bette aus. Erinnerungen davon haften und beschäftigen mich: Eine Art von Ministerrat zwischen Esser, Frick und Goebbels in Berlin, wobei meine Ausbürgerung als außenpolitisch gänzlich untragbar verworfen worden. Das haßvolle Verlangen danach bei gewissen Münchener Stellen, die mit dem Vertreter »eines Th. M.« nicht verhandeln. Zugleich die Angst, der Ausbürgerungsplan möchte in die Öffentlichkeit kommen und »eine Pressecampagne sondergleichen entfesseln«. Der Ober-Inspektor Meisinger von der Pol. Polizei, gewonnen durch einen geschickten und warmen Brief des Heins, versichert, daß 5 Minuten nach Ablehnung des Antrages in Berlin alles freigegeben werde. Aber eben auf diese Ablehnung scheint man es nicht ankommen lassen zu wollen. –

– (Abends 11 Uhr.) Ich machte Toilette und wurde vor 7 Uhr von den jungen Leuten abgeholt. Man ging, französisch und deutsch sprechend, auf meinen Vorschlag zu Fuß, in ein Restaurant der inneren Stadt, wo ein Professor der Universität, Lehrer des Deutschen, dem Kreise ein Abendessen gab. Um ½ 9 fuhr man zum Saal-Gebäude, man war spät daran, und der Vortrag begann fast sofort. Ein großer, gut gebauter [Saal], ausgezeichnet akustisch, voll besetzt von einem außerordentlich entgegenkommenden Publikum, das mich herzlich begrüßte, in angespannter Aufmerksamkeit verharrte und am Schluß mit Ausdauer applaudierte. Die Veranstalter schienen entzückt. Man fuhr zum Studentenklub, wo ein Empfang mit Neuchâteler Wein und Sandwiches gehalten wurde. Unterhaltung am Kamin mit dem Deutsch-Professor, jungen Damen und Studenten. Ich brach nach ½ 11 Uhr auf mit der Entschuldigung, daß noch ein großes Programm, ein Kalvarienberg, meiner wartet. Ein Autobesitzer fuhr mich zu meinem Hotel. Der Anfang war gut und freundlich. Ich habe das erste Honorar, 260 Frs. empfangen. Ich werde den morgigen Tag in Neuchâtel verbringen. Einladung des Rektors Niedermann zum Frühstück.

Neuchâtel, Dienstag den 30. I. 34.
[...]
Schrieb nach dem Frühstück im Schlafrock an den Verlag Athenäum, Budapest und kleidete mich dann an.

Die jungen Leute, eine ganze Schar holten mich um 11 Uhr ab zur Besichtigung der Stadt, die recht erfrischend und nicht ohne erfreuliche Eindrücke verlief. Schönes Barock, malerische Veduten durch das bergige Terrain, die kleine Klosterkirche in reizvoll diffusem Licht; das Schloß, Promenade am See. Mit Borel und Attinger fuhr ich schließlich per Taxi zum hochgelegenen Hause des Rektors Niedermann, wo der Deutsch-Professor Schoop schon anwesend. Franz.-Schweizerische Frau u. 2 Töchter. Angenehmer Mittag. Hatte Hunger nach der Bewegung und aß mit starkem Appetit, dazu weißer und roter Wein von hier. Kaffee nachher u. eine gute Cigarre. Ich ging um 3, begleitet zum Hotel von Borel und Attinger, die ich zu Abendessen und Cinémabesuch einlud.

Bettruhe, dann Thee. Schrieb einen Brief nach Aix-en-Provence über den Zbg. und begann an Heinrich zu schreiben. Fühlte mich erkältet und fieberhaft u. fürchtete krank zu werden. Die beiden jungen Leute kamen, und ich aß mit ihnen im Speisesaal zu Abend, wozu wir roten Neuchâteler tranken. Ich fühlte mich besser danach, verzichtete aber lieber auf den Cinéma-Plan, um den Abend ruhig für mich zu haben, meine Sachen für morgen bereit zu machen und mich zeitig zu legen. Mein Zug nach Solothurn geht ¾10 Uhr. Der junge Borel wird eine Strecke mitfahren.

Solothurn, Mittwoch den 31. I. 34. Hotel z. Krone.
(11½ Uhr vormittags.) Ich müßte mich sehr täuschen, wenn ich gestern Abend nicht etwas Fieber gehabt hätte. Ich war sehr unruhig, nahm Pyramidon und ging, nachdem ich die Sachen bereit gemacht, zeitig zu Bette, las noch etwas Don Quijote und fand schließlich Schlaf, der gegen Morgen öfters unterbrochen wurde.

Stand vor 8 Uhr auf, badete, frühstückte dann, rasierte mich danach und erledigte bei Zeiten meine ziemlich hohe Rechnung. Am Bahnhof Borel, später auch Attinger u. ein paar andere junge Leute. Abfahrt mit Borel, der eine halbe Stunde mitfuhr, und mit dem ich über Peeperkorn sprach, den er für meine größte Figur hält.

Ankunft hier um ½11 Uhr. Ging zu Fuß zu dem durch wiederholte Aufenthalte auf Auto-Reisen bekannten Hotel. Installierte mich in dem diesmal bescheidenen Zimmer und frühstückte Bouillon und Schinkenbrot.

(5 Uhr nachm.) Setzte bis mittags den Brief an Heinrich fort und ging dann aus zur Buchhandlung Petri, wo ich dem freundlichen jungen Inhaber eine größere Anzahl Bücher signierte, die zum großen Teil schon in festen Händen waren.

Zurückgekehrt ins Hotel, das seinen ursprünglich ländlichgasthofmäßigen Charakter nicht verleugnet, aber sehr würdig modernisiert ist, aß ich im Speisesaal Minestra, ein gutes Ragout mit Reisrand und eine Süßspeise, trank Schweizer Rotwein dazu und saß dann rauchend in der Halle, wobei ich in einem Magazin Bekenntnisse eines Morphinisten las.

Hielt dann Bettruhe. Um ½5 rief ich im Bureau K. in Küsnacht an, hörte und berichtete. Wir kamen überein, daß sie zu ihrer Schonung auf den Besuch in Bern verzichtet. Von Reisigers Abreise scheint nicht die Rede. Der »30. Januar« scheint klaterig verlaufen: Die »Reichsreform« durchaus mißlungen, ein Kompromiß in dem Grade, daß eigentlich alles beim Alten bleibt. – K. war im Begriff, zum Jour bei Reiffs zu fahren. War gestern in der »Pfeffermühle«, die in voller Blüte steht.

Erhielt einige Post. Trank Thee.

Schrieb den Brief an Heinrich zu Ende u. besorgte ihn auf einem kleinen Spaziergang. Kaufte Zeitungen. Machte Toilette und wurde gegen 8 Uhr von Dr. Enz abgeholt. Rathaus, Sitzungssaal mit Vorzimmer, wo ich wartete. Unaufhörlicher Zudrang, der Saal überfüllt, wie es seit Jahren nicht mehr der Fall gewesen. Ich sprach den Wagner-Vortrag mit großer Lebhaftigkeit. Tiefste Aufmerksamkeit des Saales und starker Beifall.

Nachher das »Totengericht« der Töpfergesellschaft in einem Gasthaussaal. Ansprachen und Diskussionsvorträge zum Thema, später auch Gespräch über Politisches. Das angenehmste und ernstest zu nehmende Milieu dieser Art, das mir vorgekommen. Die Reden überzeugten mich von dem außerordentlichen Eindruck, den der Vortrag gemacht; die Äußerungen darüber hatten etwas tief und intelligent Bewegtes.

Aß zwischendurch eine Schinken-Omelette u. trank Rotwein. Fühlte mich erschöpft, aber der empfundene Zuspruch und ein Glas Thee besserten es, und ich dankte in kurzer Rede für den wohltuenden Abend. Dr. Enz begleitete mich um 11 Uhr zum Hotel.

Solothurn, Donnerstag den 1. II. 34. Hotel Krone.
Leidlich geschlafen. Gegen 9 gefrühstückt und danach ins Bett zurückgekehrt, da Nerven und Magen doch in recht zweifelhaftem Zustande. Ich denke, um 12 Uhr nach Bern zu reisen.

Bern, Hotel Bellevue-Palace.
(Nachm.) War in Solothurn nach Bereinigung meiner Rechnung noch einmal beim Buchhändler und signierte weitere Bücher. Er hat für 200 Franken verkauft und beschenkte mich zu der gestrigen Bildersendung mit Ansichtskarten.

Ging dann zum Bahnhof und fuhr gegen ½1 mit dem elektrischen Zuge, allein im Coupé, hierher. Der Zug fährt als Tram in die Stadt hinein zum Bahnhof, wo zwei Mitglieder der freien Studentenschaft mich empfingen und per Taxi zu dem mir von früher bekannten, sehr guten Hotel brachten. Ich freue mich der schönen und bequemen Wohnung mit Bad, die ich bezogen, und wo ich mich für mehrere Tage installieren kann.

Aß um 2 ein sehr gutes Lunch im Speisesaal, packte dann aus und präparierte noch das Bauschan-Kapitel für die Radio-Vorlesung. Hielt dann Bettruhe, las etwas Don Quijote, nahm ½6 Uhr Thee und Toast. Telephongespräch wegen eines Vortrags in Genf.

Bern, Hotel Bellevue, Freitag den 2. II. 34.
Der gestrige Abend verlief ehrenvoll. Ich wurde von Dr. Ryffel, dem Vorsitzenden des Unternehmer-Bundes, abgeholt und mit Taxi zum Rathaus gebracht, das mir mit seinem wohlgestalteten und akustischen Saal von früher her bekannt war. Im Wartezimmer Besuch von Strich und Singer. Gewaltiger Zudrang, Geschlepp von Stühlen. Las den »Wagner« im Sitzen mit großer Intensität unter angespannter Aufmerksamkeit. Dichter Beifall am Schluß, der aber nicht vorhielt, um mich nach dem Abgang in den Saal zurückzurufen, was mich jedesmal kindischer Weise verstimmt. – Fahrt zum Hotel mit den Studenten. Geselligkeit in einem Privatsaal an langen

Tischen, zu der später auch Prof. Fehr sich einfand. Aß zu
Abend und konversierte mit zum Teil halb unangenehmen
Leuten. Sympathisch der alte Singer. Verabredungen mit Strich
und Fehr.

Ging um Mitternacht hinauf und habe recht gut geschlafen.
Viel Schnee seit gestern; es treibt auch heute, bei ziemlich
hellem Himmel, noch weiter. Mein Zimmer hat einen schönen
Blick auf den Fluß, Brücken, Berge.

Badete um ½ 9 und frühstückte. Brief von K., mit der [ich]
dann auch Telephongespräch hatte.

Erledigte Korrespondenzen.

Ging aus bei scharfer Bise u. kaufte Chokolade und
Tabackwaaren.

Gegen 1 Uhr holte Strich mich ab zum Essen in einem angenehmen I. Stock-Restaurant in der Nähe. Professor Jaburg,
der Romanist, und seine Frau, sympathische Leute, fanden
sich dazu ein. Ich hörte viel Schönes über den Wagner-Vortrag.
Zum Kaffee in einem anderen Lokal. Strich begleitete mich
vors Hotel zurück.

Ich telephonierte mit Thun, ging dann zur Ruhe u. habe
jetzt Toilette gemacht, um die Kurzreise anzutreten u. abends
zurückzukehren. –

(Abends 11 Uhr) Kehre zurück von *Thun*. Fahrt dorthin
mit Pariser Schnellzug, während der ich die intelligente Besprechung des »Bund« über den gestrigen Vortrag las. Am
Bahnhof Dr. Saurer, der mich in seinem Adler-Wagen in seine
Häuslichkeit brachte. War wenig wohl, machte aber mit der
reichsdeutschen Frau u. ihm tapfer Konversation. Abendessen
mit Burgunder. Nachher Cigarre. Das Progymnasium, dessen
Aula der Vortragssaal, in der Nachbarschaft. Sehr nervös.
Zahlreiches, aber törichtes Publikum. Erwärmte mich beim Lesen und wurde besserer Laune dabei. Nachher rasch von Saurer zum Bahnhof gebracht, mit einem internationalen Zug
voller Amerikaner nach Bern u. mit Taxi ins Hotel zurückgekehrt.

Ließ mir noch Thee geben. Briefe, darunter ein außerordentlich hübscher von einem Manne in Princeton, Lindley, dem ich schon früher einmal auf einen Brief geantwortet und ihm einen seelischen Dienst damit erwiesen. Er schreibt jetzt in großer Erfülltheit über den Jaakob. K. berichtet dazu, daß Reisiger diesen Brief durchaus in Deutschland veröffentlichen wolle. (?) Auch, daß die Herz verlange, Knappertsbusch solle in Sachen unseres Hauses intervenieren, da er jetzt gegen jedermann seine Reue über den Streich von damals bekunde.

Bern, Sonnabend den 3. [II.] 34. Hotel Bellevue.
Ging recht erschöpft schlafen und hatte eine ruhige Nacht. Frühstückte um 9 Uhr. Es ist heiteres Wetter, Frost.

K. schickte den Brief von Andreä, worin er mitteilt, daß die Schweizer Einbürgerung nach dem Gesetz nicht beschleunigt werden kann. Meinetwegen. Es ist nun ein neuer Versuch zur Verlängerung meines Passes zu machen.

Schrieb an K. und hatte Telephongespräch mit ihr. Schrieb an Andreae und nach Burgdorf. Werde Toilette machen und in die Stadt gehen, um Besorgungen zu machen und zu essen. –

Ich ging ein Stündchen durch die würdig schöne alte Stadt, kaufte in Arkaden-Geschäften Mundwasser und Füllfedertinte und fand dann dasselbe Restaurant über der Konditorei, wo wir gestern speisten. Ich erhielt wieder ein sehr gutes Frühstück, trank roten Neuenhauser dazu und ließ mir auch Kaffee-Crème geben. Las in der N.Z.Z. Reisigers Rigi-Feuilleton. Kehrte dann ins nahe Hotel zurück und las zur Cigarre Don Quijote, der mich für das Kommende im »Joseph« anregte: das Verhältnis Josephs zu Potiphar und zu Mont-kaw. Die Verehrung Sancho Pansa's für die âme candide seines Herrn berührte mich dieser Art.

Bettruhe bis 5 Uhr. Dann Thee mit Toast. Es ist ein außerordentlich klarer Nachmittag geworden.

Schrieb eine mystifikatorische Karte aus dem Publikum an

Reisiger über sein Feuilleton und dankte für die jüngst empfangene jüdische Anthologie.

Ging gegen 7 fort, nahm unterwegs ein Taxi und fuhr zum Radio. Photographische Aufnahme mit dem Ansager. Dann Vorlesung am Mikrophon aus »Herr und Hund«. Kam mit der Zeit nicht aus und mußte mitten in der Begegnungsszene entschuldigend abbrechen. Empfing meine 150 Franken und ließ mich von dem Manager u. Redakteur der Radio-Zeitschrift zur Tram-Haltestelle begleiten. Fuhr bis zum »Zitglocken« und ging ins »Kapitol«, den Film »Abel mit der Mundharmonika« zu sehen (nach Hausmanns Erzählung). Sah die zweite Hälfte zuerst, dann Bilder aus aller Welt, amüsierte mich sehr über zwei Wiener Sänger-Komiker, von denen der eine sehr begabt und drollig war, und verfolgte dann noch bis nach 10 Uhr die früheren Teile des Filmes, der vorzüglich aufgenommene, lebensvolle Bilder und anziehende junge Menschen (darunter Ballhaus, auch Brausewetter) zeigt.

Ging von da, befriedigt, ja beglückt vom Schauen natürlichen Lebens und prächtiger Fluß- und Meeresbilder, »schöner« junger Körper in das dem Hotel nahe gelegene Café, wo Musik war, und nahm an einem Tischchen Thee und Ham and eggs. Kehrte gegen 11 Uhr ins Hotel zurück.

Bern, Sonntag den 4. II. 34. Hotel Bellevue.
Gestern Abend nach Schlafengehen arger Erregungs- und Erschöpfungszustand, den ich mit einer Tablette Phanodorm allmählich besänftigte. Wahrscheinlich war das Filmsehen daran schuld, das erfahrungsgemäß anstrengend ist und sich unter den gegenwärtigen Umständen nicht empfehlen mag. Ich bereue es dennoch nicht; es ist ein großes, eindrucksreiches Vergnügen, nicht sehr geistig, – weil das Wort fehlt, oder, soweit es knapp und sparsam vorhanden, nur durch halb erheiternde, halb peinliche Durchschnittsmenschenechtheit wirkt – aber seelisch-sinnlich. Wobei mir wieder auffiel, daß die deutschen Filme mir etwas entgegenbringen, was die anderer Nationalität

kaum aufweisen: die Freude an jugendlichen Körpern, namentlich männlichen in ihrer Nacktheit. Das hängt mit der deutschen »Homosexualität« zusammen und fehlt unter den Reizen französischer und auch amerikanischer Produkte: das Zeigen jungmännlicher Nacktheit in kleidsamer, ja liebevoller photographischer Beleuchtung, sobald sich Gelegenheit dazu bietet. Ballhaus (sich den Oberkörper waschend) ist hier besonders ergiebig. Aber auch sein brünetter Partner (der Capt'n) wurde so oft wie möglich mit bloßem Oberkörper gezeigt, was dieser durchaus verdiente. Die Deutschen, oder die deutschen Juden, die das stellen, haben sehr Recht: es gibt im Grunde nichts »Schöneres«, und der Gedanke, daß dies »Schönste« das allergewöhnlichste ist und »alle Tage vorkommt«, den ich im »Joseph« ausdrückte, ließ mich wieder lächeln.

Auch die Komiker beschäftigen mich noch. Das von den Sinnen und der Sehnsucht freie Lachen, erregt von virtuos reproduzierter Beobachtung, ist doch wohl noch glücklicher, als der Anblick des wunscherregend Schönen. Eine schwerere Freude hier – dort ein geistigeres Amüsement, das ich unendlich dankbar empfinde. Wo Wort ist, ist sofort auch Geist, Melancholie, Kritik, Schärfe. So, wenn der »Dumme« von den beiden, als der andere ihm »Ubi bene« mit »Wo es einem gut geht, ist die Heimat« übersetzt, zur Antwort gibt: »Dann sind wir ja heimatlos«; oder wenn er das Publikum »Edle Masse!« anredet. –

Heute wieder ein klarer Frosttag. Ich stand gegen 9 Uhr auf, badete, frühstückte, kleidete mich an und schrieb diese Zeilen.

Schrieb danach einen längeren Brief an Prof. Böök in Lund, worin ich wieder Hesse herzlich für den Nobel-Preis empfahl, und stellte neuerdings fest, daß eine Nacht unter Phanodormwirkung für den folgenden Vormittag besondere Leistungsfähigkeit gibt. Offenbar ist es der erzeugte Tiefschlaf, der stärkt.

Ging nach 12 Uhr aus, stellte beim Portier die Züge nach Glarus für morgen fest und machte bei dem schönen Frostwetter einen Spaziergang auf die andere Seite des Flusses und dann die Laubenstraße hinauf, in der das »Kapitol« und auch das gute, durch die Freunde bekannte Restaurant liegt. Hatte dort wieder ein vorzügliches Lunch mit weißem Neuenburger und Kaffee bei bestem Appetit, und las die Blätter. Erstaunte über das unverschämte Leugnen und die europäische Ahnungslosigkeit der deutschen Antwort an Österreich. – Werde auch abends dies Lokal wieder besuchen, da Singer mich mit Strich dorthin eingeladen.

Ins Hotel zurückgekehrt, freute ich mich noch etwas der Sonne auf meinem Balkon und las Don Quijote. – Bettruhe bis nach 5. Telephonierte dann mit Dr. Tschudi in Glarus, bei dem ich absteigen will. Es ist die weiteste Strecke dieser Reise: ich fahre von hier gegen ½ 12, treffe in Zürich gegen ½ 2 ein und bin um 3 in Glarus. – Nahm Thee. Schrieb Karte an Frey und gab Nachricht an Bettellini in Locarno. Rasierte mich dann und ging gegen ½ 8 Uhr fort.

Abendessen mit Prof. Singer, Strich und einigen Freunden von ihnen. Gingen 9 Uhr auf meinen Vorschlag ins »Kapitol«, wo ich mit Vergnügen den ganzen Film von gestern noch einmal sah. Leider kamen wir erst gegen Ende der Szene der Komiker.

Die Gesellschaft begleitete mich vors Hotel.

Bern, Montag den 5. II. 34, Hotel Bellevue.
Etwas unruhig geschlafen; die Filmbilder vermischten sich mit dem Bewußtsein bevorstehender Abreise. Nahm noch um 3 Uhr, da ich wieder erwachte, Luminaletten. Es ging dann besser.

Stand vor 9 Uhr auf. Das klare Frostwetter, leicht morgendunstig, hält an. Ich badete, frühstückte und habe das Gepäck fertig gemacht. Es erfolgt nun die Heimreise, die noch keine ist. Werde mich nun aber in der Zürcher Sphäre herumbewegen.

Glarus am selben Tage ½6 Uhr.

Abreise von Bern heute vormittag, Mittagessen nach 12 Uhr im Sp eisewagen, Zugwechsel in Zürich, dann noch einmal Umsteigen – mit dem unhandlichen Handkoffer – an der Station Ziegenegge Ankunft hier um 3 Uhr, am Zuge empfangen von meinem Gastgeber, dem Leiter der Musik- u. Vortragsgesellschaft *Tschudi.* Im Wagen zu seinem Junggesellenheim, einem soignierten Erbhaus aus dem 18. Jahrhundert, worin mir zwei saubere Zimmer angewiesen sind, die nur den Nachteil haben, sehr kalt zu sein, obgleich schon seit gestern geheizt. Glarus, Ort von 5000 Einwohnern, schön in Bergen gelegen, ist ein sehr kalter Aufenthalt, da die Wintersonne gleich nach Mittag hinter eine der schroffen Wände geht.

Ich ruhte etwas auf dem Bett, trank dann Thee mit dem Hausherrn, der literarisch wohl orientiert ist und mir Essays des Schweizer Schriftstellers Fritz Ernst zum Geschenk machte.

Rief Küsnacht an, aber K. war mit Reisiger ausgefahren. Besprach mit Tschudi meine morgige Reise nach Burgdorf, die mich wieder ungeschickt weit zurückführen und ungefähr so langwierig wie die heutige sein wird. Ich werde sie um 2 Uhr antreten und erst um ½6 in Burgdorf sein, nach dreimaligem Umsteigen in Ziegenegge, Zürich und Olten. Unter diesen Umständen werde ich meinen Handkoffer aufgeben.

Beschloß ein neues Lese-Programm, zusammengesetzt aus dem Bunten Kleid und Abschnitten aus »Herr und Hund«.

Schreibe dies im Mantel und habe wieder einmal im privaten Wohnen ein Haar gefunden, obgleich das Milieu originell ist und vor dem Hotelwesen auch wieder seine Vorzüge hat.

Werde um 7 mit dem Hausherrn zu Abend essen. Nach der Vorlesung soll noch ein geselliges Zusammensein statthaben.

Glarus, Dienstag den 6. II. 34.

Der stark besuchte Saal hatte bequeme Akustik, die Anstrengung war nicht groß. Ich las das vorgesetzte Programm recht lebhaft nach vorausgegangenem Souper im Tête à Tête mit

Tschudi, und die Leute schienen befriedigt. Während des Essens hatte K. angerufen und, als sie hörte, daß ich heute Zürich berührte, erklärt, sie werde an den Bahnhof kommen.

Nach der Vorlesung Geselligkeit in vermögendem Hause mit den Honoratioren des Ortes. Recht lebhafte Unterhaltung bei Baisertorte, Rotwein und Cigaretten. Um ½ 12 Verabschiedung und Heimfahrt.

Recht leidlich geschlafen. Das Frostwetter anhaltend. Leben und Bequemlichkeit im Hause erinnern etwa an Polling oder Ettal. Die Sonne ist jetzt, halb 11 Uhr, noch nicht hinter dem Berge hervor. Ich habe Milchkaffee gefrühstückt, dann den Katalog der Hausbibliothek aus dem 18. Jahrhundert studiert, dann mein Honorar in Empfang genommen, dann mein Gepäck wieder in Bereitschaft gebracht und dies geschrieben. Es soll die Bibliothek besichtigt, dann eine Autofahrt, geboten von dem Wirte des gestrigen Abends, einem höheren Funktionär, unternommen werden. Dann wird das Mittagessen mit meinem Gastgeber und danach die Abreise folgen.

Olten, Mittwoch den 7. II. 34. Hotel Aarhof.
Kam gestern in *Burgdorf* nicht dazu, Aufzeichnungen zu machen.

Die Autofahrt von Glarus in die Berge, bei wärmender Sonne durch die tief verschneite Landschaft, war schön. Eindruck von Hochgebirge. Danach Mittagessen bei Tschudi mit dem »Landeshauptmann« und seiner malenden Frau. Die Drei begleiteten mich zum Bahnhof, und die abscheulich umständliche Reise, mit dreimaligem Umsteigen in Ziegelegge, Zürich und Olten begann. In Zürich Empfang durch K., Reisiger und Erika. K. brachte Post, Zeitschriften, Pralinees, Reisiger überreichte Pfefferminzplätzchen. Erika hatte mich als Verfasser der Karte aus Bern erkannt. Ich hatte 7 Minuten bis zur Weiterfahrt in dem vollen Zuge.

Ankunft in Burgdorf ½ 6 Uhr, empfangen von Frau Howald, Frl. Sernau (Sekretärin Feuchtwangers), Dr. Girardin und dem Howald'schen Chauffeur, der mein Gepäck besorgte. Mit Adler-Kabriolett zur hochgelegenen, hübschen Villa der H.'s. Der Mann – Inhaber eines Damen-Konfektionsgeschäfts, auf einer Orientreise. Nettes Zimmer im Obergeschoß mit Bad. Umkleiden und Abendessen. Fahrt zum Vortrag im Gemeinde-saal: Beste Akustik, ca 200 Menschen, ich sprach gut, größte Aufmerksamkeit und starker Beifall. Nachher Zusammensein bei Thee und Bier im Kasino-Café mit Girardin, den Damen und Vorstandsmitgliedern, darunter ein Sohn des Widmann vom »Bund«, Journalist am Burgdorfer Blatt.

Hatte gutes Bett und elektrisches Öfchen, erwachte aber zu früh, da keine Vorhänge an den Fenstern.

Heute ein weiterer schöner Wintertag. Ich frühstückte bei mir nach dem Bad, rasierte mich dann und brachte mein Ge-päck wieder in Ordnung. Machte dann mit den Damen einen Spaziergang in den Ort hinunter, wo ich zunächst bei dem Buchhändler Langlois, der in einem merkwürdigen Hause aus dem 16. Jahrhundert wohnt, Bücher signierte. Dann Besuch auf der Burg.

Nach Hause zurückgekehrt, Mittagessen mit den Damen und Kaffee, worüber die Zeit sehr knapp wurde. Etwas über-stürzte Abreise kurz nach 2 Uhr, begleitet von den Damen, mit Hülfe des schweizerisch-amerikanischen Chauffeurs.

Ankunft hier gegen 3. Hotel-Diener, zugleich Portier. Schlimmes Provinzhotel, Zimmer zunächst ungeheizt. Schickte Nachricht an den Vorsitzenden Dr. Burckardt. Rosenstrauß von der Schweizerischen Bücherzentrale. Bettruhe, gestört durch ein verstimmtes Klavier, dessen Handhabung nach Tanz-stunde klingt. Kopfschmerzen. Nahm Thee und notierte dies. Der Hausdiener meldete sehr komisch von Dr. Burckardt, ich möchte »den bunten Rock‹ vorlesen«.

Verbrachte den Nachmittag mit Lesen, Umkleiden und in-dem ich mit Aarau telephonierte, dann im Restaurant Suppe, Schinken und Rotwein soupierte. Gegen 8 holte der Lehrer Dr. Burkardt mich ab, und wir gingen zu der Schule, in deren leicht amphitheatralischer Aula – nach dem üblichen Warten in einem Klassenzimmer – die Vorlesung stattfand. Starker Besuch auch hier. Ich war müde, erwärmte mich aber dann im Lesen. Das Bunte Kleid ging still vorüber; mit »Bauschan« erregte ich Heiterkeit und zum Schluße dankten die Leute einmütig.

Zusammensein mit Burkardt und zwei seiner Kollegen, von denen der Eine Redakteur des liberalen Lokalblattes, im Restaurant des Hotels. Ich trank Thee und aß eine Omelette. Man sprach über die deutschen Verhältnisse. Um ½ 11 sagte ich Gute Nacht.

Olten, Donnerstag den 8. II. 34, Hotel Aarhof.
Übermüdung und nachbarliche Unruhe gestern Nacht. Nahm wieder einmal Phanodorm und schlief darauf recht gut.

Schellte nach ½ 9 nach dem Frühstück und nahm es im Schlafrock. Leichte Leibschmerzen durch Gas verloren sich danach. Die Heizung ist eine Schande; nur der oberste Teil der Röhren wird warm. Will froh sein, hier wegzukommen.

Freue mich an dem Datum. Der 8te schon; die Reise wird morgen abgedient, die Zeit überwunden sein.

Ich packte wieder zusammen und machte dann einen Gang durch den reizlosen Ort, um Taback zu besorgen. Das Wetter hat sich verschlechtert, es ist neblig, windig, Schneeflocken treiben. –

Aarau, Hotel Aarauerhof, am selben Tage. Ich reiste ab, ging zum Bahnhof vor 12, und dorthin kam der gute Dr. Burkardt, um Abschied zu nehmen. Kälte, Verfrorenheit. Machte die kurze Fahrt hierher in leerem II. Klasse-Coupé. Der Hotel-Diener trug meine Sachen herüber. Dr. Günther, der Vorsitzende, fand sich zur Begrüßung ein. Ich bekam ein im Vergleich zu Olten wohltuend komfortables Zimmer mit Telephon, packte aus und nahm im Restaurant ein gutes Mittagessen mit Kaffee. Nachher, während ich meine Cigarre rauchte, telephonierte ich mit dem Vorsitzenden in Baden, u. nachdem ich mit ihm verabredet, daß ich morgen Abend dorthin kommen und nach der Vorlesung sogleich nach Zürich weiterfahren werde, rief ich K. an, die mich mit dem Wagen vom Bahnhof abholen wird.

Sie war erregt über die Vorgänge in Paris, von denen ich heute Vormittag in dem Olten'schen Blatte las, das der Chefredakteur von gestern Abend mir mit einem Artikel über mich ins Hotel gesandt hatte. Offenbar setzt der politische Bergrutsch sich in Frankreich fort, in Bewegung gesetzt durch Korruptionsskandale. Es ist auch dort der Überdruß an der ermatteten und fruchtlosen parlamentarischen Parteien-Geschäftemacherei, der république des camarades. Es hat blutige Unruhen gegeben, die aber mehr von kommunistischer als von fascistischer Seite ausgegangen zu sein scheinen. Das Ministerium Daladier ist zurückgetreten. Der frühere Präsident Doumergue hat die Regierung übernommen, wie es scheint nach Verständigung mit Tardieu sowohl wie Herriot, und es sieht aus, als ob die Kammer ausgeschaltet u. ein Direktorium eingesetzt werden sollte. Ich zweifle nicht, daß die notwendigen Anpassungen an die Zeit sich dort mit leidlicher Vernunftklarheit und ohne mystischen Schmutz vollziehen werden. Aber eine Art von Gleichschaltung mit Deutschland steht offenbar bevor, die dem »3. Reiche« nützliche Folgen haben kann.

Aarau, Freitag den 9. II. 34. Hotel Aarauerhof.
Schreibe im Bett, nach dem Frühstück. Draußen dichter weißer Nebel.

Wurde gestern von zwei Autographen-Gänsen inkommodiert, die geradeswegs ins Zimmer kommen wollten, und die ich unsanft davonsandte. Ging dann zu ihnen hinunter u. erfüllte ihre Wünsche. Die eine war sehr hübsch.

Nach der Toilette aß ich im Restaurant Suppe und Fleischpasteten, trank ein Glas Bier dazu und wurde dann von Dr. Günther, Gymnasiallehrer abgeholt und zum Vortragslokal geführt, einem Theater, aus dessen Hinterbühne ich meinen Augenblick erwartete. Ein großes Publikum, 3 bis 400 Menschen, die Anstrengung war also größer und außerdem blendete die Leselampe. Las das gestrige Programm und fand starken, anhaltenden Beifall. Nachher, im Hotel-Restaurant, Sitzung mit Günther und seiner Frau, einer weiteren Dame, einem älteren Gymnasialkollegen von ihm, Germanisten, der mit seinen Primanern die Gespräche Naphta's und Settembrini's liest, was sie ungeheuer interessieren soll, und zwei jüngeren Männern. Trank ein Glas Thee und zeigte mich lebhaft gesprächig trotz oder vermöge meiner Übermüdung. Viel von Deutschland, den politischen Weltveränderungen, dem Wagner-Protest, Hauptmann und Kerr, Wedekind etc. Vor 11 ging ich hinauf, mochte nicht mehr lesen, nahm Luminaletten und schlief nicht ganz schlecht.

Heute leichte Neigung zu Kopfschmerzen und etwas beklommene Nerven. Ich werde nun gleich die Strapaze hinter mir haben, muß aber zu Hause acht geben, daß keine Reaktion folgt und nicht mit einer Krankheit bezahlt werden muß. –

Blieb bis gegen 12 Uhr im Bette, stand dann auf und ging aus. Ließ mir das Haar schneiden und machte bei mildem und wieder blau und sonnig gewordenen Wetter einen Spaziergang durch die Stadt. Aß im Hotel-Restaurant mit Appetit zu Mittag, trank Bier dazu und gönnte mir wieder einen Kaffee-Crême.

Küsnacht-Zürich den 10. II. 34.

Sitze wieder an meinem geretteten, schönen Mahagoni-Schreibtisch in meinem Küsnachter Arbeitszimmer, nachdem ich die Nacht gut und beruhigt unter meiner geliebten purpurnen Seiden-Steppdecke, die so leicht und warm ist, geschlafen.

In Aarau las ich gestern Nachmittag in der Neuen Rundschau den englischen Bericht über die Überfliegung des Mount Everest mit Bewegung. Auch das bemühte geistige Testament des armen Wassermann las ich von Anfang bis zu Ende. Hielt dann Bettruhe, schlummerte ein dabei, nahm Thee nachher, packte, machte Abendtoilette und beglich meine Rechnung. War zeitig auf dem Bahnhof und fuhr ¾7 Uhr in vollem Zuge nach *Baden*, abgeholt von dem Ingenieur Liechti, der mich, nach versorgtem Gepäck, in ein Gasthaus zum Abendessen führte. Mir war recht schlecht, ja elend. Von der gebratenen Leber mit Erbsen konnte ich kaum etwas essen, aber der Rotwein stärkte mich etwas, und ich wanderte an der Seite des Führers, dem ein nervöses Räuspern eigen war, in Gottes Namen zu dem hochgelegenen, sehr modernen und luxuriösen, weitläufigen Schul- und Turnhallen-Gebäude, in dessen ausgemaltem Festsaal der Vortrag stattfand. Warten in einem Schulzimmer. Dann wiederum Entrée – etwa 200 Personen und so gute Akustik, daß ich meinen Kopf schonen und gedämpft sprechen, mühelos die geübten und feststehenden Akzente des Wagner-Vortrags walten lassen konnte. Er wurde wieder mit gespannter Aufmerksamkeit angehört und nachdrücklich applaudiert. Man zeigte mir nachher noch Teile des imposanten Gebäudes, und man kehrte in das Gasthaus zurück, wo ich im Kreise von Lehrern und Ingenieuren ein Glas Thee trank. Aufbruch nach 10 Uhr. Mit Liechti und seiner Frau zum Bahnhof, Gepäck abgeholt, Aufenthalt im Warteraum, Schnellzug nach Zürich und kurze Fahrt in beruhigter Abgespanntheit.

Ankunft gegen 11, K. und die Kleinen am Bahnhof. Fahrt im Fiat. Begrüßung mit Reisiger. Souper mit Thee, Kaviar, Süßigkeiten. Sichtung der lagernden Post. Die umbrochenen Bogen des »Jungen Joseph«. Installierung im Schlaf- und Badezimmer und um 1 Uhr ins Bett, ohne Lektüre. –

Heute ½9 Uhr auf, ausgepackt und gebadet. Frühstück mit K. und Reisiger. Aufräumen des Schreibtisches, Organisation der Post, Eintragung in das Gästebuch der Zürcher Studentenschaft.

Ging mittags mit K. und Reisiger bei schmeichelnd schönem, milden, sonnigen Wetter spazieren, zeitweise ohne Mantel.

Zu Tische Erika und Lantzoff. Ich erzählte von der Reise.

Las später Zeitungen und das »Tage-Buch«. Schlummerte auf dem Bett.

Schöne Briefe von Johann Rabener und dem jungen Otto Basler in Burg. Ersterer schreibt über den »Jaakob«, dieser über die Aarauer Vorlesung, der er beigewohnt. Schrieb nach dem Thee an Rabener.

Unterhaltung mit Reisiger in seinem Zimmer über seine Lebensfragen. – Nach dem Abendessen Musik.

Sonntag den 11. II. 34.

Der 11. Februar erscheint als Sonntag, mit rotem Kalenderblatt. Es ist nicht nur unser *Hochzeitstag*, sondern auch der *Jahrestag* unserer ahnungslosen *Abreise von München* zu den Wagner-Vorträgen: es kam Haag-Amsterdam, Brüssel und Paris, die Schlafwagenfahrt nach Chur und Arosa, die Nachricht des Reichstagsbrandes, die »deutsche Revolution«, die Verbarrikadierung des Heimweges ... Dann Lenzerheide, Lugano-Montagnola, die Fahrt an die Grenze zur Begegnung mit Heins, Basel, Le Lavandou, Bandol und Sanary, der Sommer dort, dann Zürich und dieses Heim ... Alles dieselbe Reise ohne Wiederkehr, ein Jahresrundlauf, der K. und mich um mehr als zwölf Monate älter gemacht und uns tiefer zugesetzt hat, als man den dummen und rohen Mächten zugestehen möchte, durch die er es tat. Ich habe viele Briefe geschrieben in der Zeit, das liegengebliebene Nachwort zum Wagner-Aufsatz und andere Versuche jenen Mächten zu antworten, was sich aber, nicht zu ihrer Ehre, als unmöglich erwies (die Briefe an Bertram rechne ich dazu); habe den 3. Band des Joseph gefördert, so gut ich konnte, den Essayband organisiert, die französische Ausgabe des »Wagner« und die Jaakobsgeschichten in mehreren Sprachen erscheinen sehen, nachdem ich in Sanary die Korrekturen gelesen. Nun ist, in diesem Hause, diese Beschäftigung wieder an der Tagesordnung, und wie im Sommer habe ich die rot markierten Fragepunkte in den umbrochenen Bogen des II. Bandes zu verfolgen und zu entscheiden.

Diese Tagebuchaufzeichnungen, wieder aufgenommen in Arosa, in Tagen der Krankheit durch seelische Erregung und durch den Verlust der gewohnten Lebensbasis, waren mir ein Trost und eine Hülfe seither, und gewiß werde ich sie fortführen. Ich liebe es, den fliegenden Tag nach seinem sinnlichen und andeutungsweise auch nach seinem geistigen Leben und Inhalt fest zu halten, weniger zur Erinnerung und zum Wiederlesen als im Sinn der Rechenschaft, Rekapitulation, Bewußthaltung und bindenden Überwachung ...

Die Wiedergewinnung der einzelnen Möbel, der Bücher, des Musikapparats und der Garderobe bildete ebenfalls Epoche in diesem Jahr der Abenteuer. Zum Schluß habe ich [auf] der eben zurückgelegten Reise, wenn auch oft unter Zagen, meinen Mann gestanden.

Gestern Abend stellte, nach der Musik, worunter der Schluß der »Götterdämmerung« das wirksamst Erregende war, hitzige Übermüdung sich ein. Ich las etwas Don Quijote im Bette, schlief dann, träumte quälend und sinnlich, erwachte, fühlte mich fieberhaft und erkältet, nahm Phanodorm und schlief bei Licht bis zum Morgen. Bin nicht, wie ich dachte, krank geworden.

Reisiger war schon bei der Arbeit, ich frühstückte mit K. und Bibi, der jetzt unten übt. Ich rauchte bei diesen Zeilen wieder meine kleine Cigarre.

Eine dumme »Rede« des H. Johst beschäftigt mich dieser Tage, die er in der national-deutschen Abteilung des P. E. N.-Clubs an den Schweizer Stickelberger gerichtet und worin er die offizielle deutsche Literatur, die jetzt das »deutsche Wort führe«, wehleidig gegen die »Feuchtwanger und verschiedenen Männer« verteidigt, deren Ausscheiden durchaus nicht bedeute, daß das Land von allen guten Geistern verlassen sei, wenn auch die »deutschen« Dichter nicht über die Propaganda-Mittel verfügten, wie jene, und also im internationalen Ansehen zurückständen. Das Hinnehmen und Verdauen der deutschlandüblichen brutalen und larmoyanten Verdrehungen und ekelhaften Lügen dieser Art – und jede Äußerung des herrschenden Deutschland hat diesen Charakter – war die strapaziöseste Zumutung, die dieses ganze Jahr an die Nerven gestellt hat. Der nationalsozialistische Hof-Literat redet von Propaganda – er weiß es nicht anders, Erfolge, Wirkung, Anteilnahme der Welt kommen durch Propaganda zustande. Meine Erfolge habe ich dieser geschickten Propaganda zu verdanken. Sie zeitigt Briefe wie den des jungen Menschen in Princeton. Der Mangel an Liebe und Ehre in der Welt aber, über den die Herrschenden, hochbezahlten und gehätschelten Mittelmäßigkeiten der deutschen Akademie sich zu beklagen haben, rührt her von ihrem edlen Mangel an propagandistischer Geschicklichkeit. Was für ein erbärmlicher Gedankendreck! Aber niemand antwortet, niemand weist die stupide Fälschung der Situation zurück. Warum nicht? Weil es erstens nicht möglich und zweitens nicht der Mühe wert ist. Wirklich nicht? Aber auf solchem Lügenmist haben diese tiefstehenden Geschöpfe ihr Schreckensreich errichtet. –

Schönes, heiteres Wetter wiederum.

Arbeitete die Bogen-Korrekturen durch. Ging mittags mit K. und Reisiger durch den Ort an den See, wo wir verweilten und uns der Sonne, des schon südlich weißen Lichtes freuten.

Nach Tische geplaudert und gelesen. Nahm den Thee bei mir und diktierte nachher eine größere Anzahl Briefe. Machte einen Abendspaziergang bei leichtem Frost.

Nach dem Abendessen etwas übel und sehr müde. Trank aber eine Tasse von dem Punsch, der zur Feier des Hochzeits- und Jahrestages gereicht wurde. Im Radio hörten wir Berliner Karnevals Lustigkeit: Spottlieder auf die »Deutsche Republik« und diejenigen, die »den Mißton darin angegeben« hätten. Gespräch mit Reisiger über die lähmenden Hemmungen, die einer literarischen Auseinandersetzung mit den deutschen Verbrechen entgegenstehen, u. unter denen Grauen und Verachtung eine große Rolle spielen. Es widersteht mir ja schon, den Namen des »historisch« gewordenen, erfolgverklärten Popanzes überhaupt in den Mund zu nehmen. Und wie sich auseinandersetzen mit den steinernen Stehsärgen des Konzentrationslagers Oranienburg, von denen Seghers in seinem Buch berichtet? (Auszug daraus im Tage-Buch.) Wenn der Roman nicht wäre und das Verlangen nach künstlerischer Freiheit, nach Distanz, nach Zeitgewinn. Schließlich auch die Neigung, eine Welt, die zu beurteilen man vielleicht seinen Jahren nach nicht mehr berufen ist, ihren Gang gehen zu lassen.

Auf dem Abendspaziergang dachte ich wieder an die Faust-Novelle und sprach auch zu R. davon. Ein solches freies Symbol für die Verfassung und das Schicksal Europa's wäre vielleicht nicht nur glücklicher, sondern auch richtiger u. angemessener als ein redend-richtendes Bekenntnis.

Sehr müde und schlafbedürftig.

Montag den 12. II. 34.
8 Uhr auf, nach ausreichendem Schlaf, u. mit K. und Reisiger gefrühstückt.

Es kamen Exemplare der schwedischen Ausgabe des »Wagner« – vorgestern jährte sich der Tag, an dem ich den Vortrag in München zum ersten Male hielt.

Interessanter Brief des Budapester Mythologen Kerényi über seine Beziehungen zum »Zauberberg« und »Jaakob«. Schickt weitere Arbeiten.

Hübsche Besprechung des Burgdorfer Wagner-Vortrags von Widmann.

Nebel, die wieder wichen. Bläue.

Beschäftigte mich weiter mit den Bogen-Korrekturen, zog die Änderungen für die Übersetzer aus und schrieb einen Dankesbrief an Lindley in Princeton. Da Reisiger in Sachen seiner Aufenthaltserlaubnis in der Stadt war, ging ich allein bei schöner Sonne spazieren. Frühling in den Lüften.

Zu Tische Erika mit der hübschen Eva Hermann, die Er-

321

innerungen an Sanary brachte. Ich schrieb auf E.'s Wunsch ein lobendes Gutachten über die Tänzerin Trudi Schoop.

Las später Zeitungen u. in der Lit. Beilage der N.Z.Z. einen Artikel über den englischen Schriftsteller Powys, Verfasser einer Rechtfertigung der Sinnlichkeit, dessen Namen mir eben Kerényi in seinem Brief in mythologischem Zusammenhang genannt hatte. (Faust-Novelle)

Nach dem Thee kam der holländisch-amerikanische Agent Fles, mit [dem] Reisiger und ich über Bücher-Placierungen verhandelten. Auch von einer amerikanischen Tournee. Während von einer schwedischen Ausgabe des »Jaakob« u. dem Zögern Bonniers die Rede war, wurde ein Brief von diesem hereingebracht, worin er sich zur Herausgabe des Buches bereit erklärt. Er wünscht jedoch einige Kürzungen und die Weglassung der »Höllenfahrt«, worüber mit ihm zu reden sein wird. Die Anzahlung von 1000 Schwedenkronen ist erfreulich.

Beim Abendessen Heiterkeit über Schauspieler und Theater. Radio-Nachrichten nachher. Der Pariser Generalstreik scheint ruhig zu verlaufen. In Österreich geht es drunter und drüber. Streik und offenbar verzweifelt-aussichtsloses Aufbegehren der Sozialisten, Verhaftung der sozialdemokratischen Führer, darunter Seitz und Renner. Unabsehbarer Trubel.

Wir spielten Parsifal dann, mit großer Bewunderung, und stellten dabei fest, daß K. und ich genau heute vor einem Jahr den Parsifal in Amsterdam in Gesellschaft des Gesandten Zech u. seiner Frau hörten, am Vorabend meiner Rede im Conzert-Gebouw. Diese Jahresrundungen beschäftigen mich sehr. Auch der bevorstehende Aufenthalt in Arosa wird genau den Kreis schließen, und es wird recht sonderbar sein, an die Stätte zurückzukehren, wo vor 12 Monaten unser Exil begann, das Abreißen des bisherigen Lebensfadens sich vollzog.

Dienstag den 13. II. 34
Las gestern Abend noch bis Mitternacht in den Bogen des »Jungen Joseph« und mußte mehrfach lachen.

Las vorm Einschlafen mit Bewunderung das Löwen-Kapitel im Don Quijote.

Föhn heute, stumpfes Licht. Nicht sehr gut im Magen.

Aus Bern schickte ein Prof. de Boor eine Abhandlung über germanische und christliche Religiosität.

Kam eine Besprechung von »Past Masters« aus den New York Times. Der Wagner-Aufsatz nicht erwähnt. Er scheint sehr schlecht übersetzt zu sein.

Schrieb etwas weiter am Huy und Tuy-Kapitel. Ging bei Föhnwind mit Reisiger spazieren. Las nach Tische die »Sammlung«.

Zum Thee waren Herr Hennig, der neues Manuskript des III. Bandes erhielt, und Herr Gubner, ehemaliger Redakteur der Frankf. und Voss. Zeitung da. Politisches Gespräch.

Telephonische Anmeldungen beim Zahnarzt Asper und beim deutschen Generalkonsulat. –

Erschütternde Erzählung des Redakteurs von dem vernichteten Zustande aus dem Konzentrationslager Entlassener. Stumm, verglast, eine Hornhaut über den Augen, keiner Mitteilung fähig, sich irr entschuldigend unablässig. Besucher bei dem Pazifisten von Ossietzki: der Zurede, allen Fragen unzugänglich geht er im Stechschritt herum; salutiert und stößt »Jawohl!« hervor. – Die Welt weiß es, aber ihre moralische Stumpfheit und Ratlosigkeit erlaubt ihr keine Empörung, und gegen jeden Appell würde sie sich kühl ablehnend verhalten.

Presse-Empfang bei »General« Goering. Hochelegant gekleidet, englisch, grau in grau, Perle, tritt er an den Tisch und spricht, mit einem langen Bleistift spielend, über Theater. Nach einiger Zeit rafft er mit der Hand, die er in die Hosentasche schiebt, den Sacco mit seidenem Futter, und ein goldener Dolch kommt zum Vorschein. Sein Haar ist kunstvoll onduliert. –

Briefe ausgefertigt. Den schwedischen Wagner mit Pressestimmen über die Reise an die Herz.

Einladung nach Zofingen.

Mit Reisiger über das neu Vernommene vom deutschen Grauen. In Wien dauern die Kämpfe fort. Die Arbeiter wehren sich tapfer. Aber die Partei ist schon verboten, die Führer verhaftet. Dollfuß will durch Niederschlagung des Marxismus »die Arme freihaben für die Bekämpfung des Nationalsozialismus«. Die bürgerliche Presse feiert den Sieg der Staatsautorität, der mit allen militärischen Mitteln erkämpft wird. Es scheint Wahnsinn, daß eine dem Nazitum gegnerische Regierung ihren natürlichen Verbündeten vernichtet, und die Haltung des Bürgertums ist idiotisch, wie sie es in Deutschland war. Aber wenn es nur gelingt, Österreich von der Einverleibung zu retten, so kann es auch unter einem katholischen Fascismus eine deutsche Hoffnung bleiben.

Wir hörten die 5. Symphonie von Tschaikowski.

Mittwoch den 14. II. 34.

Zeitig auf und eine Seite weiter.

Mittags mit Reisiger spazieren bei heiterem Wetter. Aber mein Kopf war sehr müde und eingenommen.

Zu Tische Martha Wassermann mit Erika, die gestern unter Ovationen die 50. Aufführung ihres Programms begangen hat und sich morgen vom Zürcher Publikum verabschiedet, um ins Engadin, nach Basel und später nach Prag zu gehen.

Mit Fr. Wassermann über ihren Mann und Hofmannsthal. Der Anfall von Angina pectoris, den er in Wien überstanden, war bedeutend schwerer und schmerzhafter, als der, nach dem der Tod eintrat. Damals lag er unter Morphium, auf das er sehr glücklich reagierte, war mit offenen Augen bei klarer Erkenntnis, zwischendurch aber in lächelnder Euphorie. So frug er heiter suchend: »Wo ist denn der Hugo?« – Offenbar begierig auf das »Wiedersehen« mit dem Geliebten und Verehrten in Bereichen, aus denen er dann vorübergehend noch einmal zurückkehrte. –

In Wien dauern die Kämpfe an. Die Arbeiter behaupten sich. Die schon abgekämpften Regierungstruppen sind vielfach gewichen oder kommen nur langsam vorwärts. Dieser zähe und starke Widerstand in schließlich doch verzweifelter Lage ist ein großes und eindrucksvolles moralisches Faktum – beschämend für den deutschen Sozialismus und erhebend für den in aller Welt.

Diktierte längeren Brief an Bonnier und Bermann. Erledigte selbst ein paar weitere Korrespondenzen.

K. meinte heute, wenn der neue Band einiges abwürfe, sollten wir das Haus auch über den Sommer hinaus noch behalten, etwa ein Jahr noch, bis wenigstens die Schule absolviert.

In Wien scheint der Widerstand der Sozialisten allmählich zusammenzubrechen. Der Haß der deutschen Presse richtet sich, auf Parole, nicht gegen sie, sondern ausschließlich gegen die Regierung Dollfuß. Man rechnet auf das Übergehen der Arbeiter zum Nationalsozialismus, wahrscheinlich richtiger Weise, denn der Haß dieser Menschen gegen die Heimwehr und die Regierung ist natürlich jetzt vorwiegend. –

Abends allerlei Musik.

Schmerzen im rechten Ohr.

Donnerstag den 15. II. 34.

Vor acht auf, gleich rasiert und nach dem Frühstück ein Stück weitergeschrieben. Gegen Mittag mit K. zur Stadt, zum Zahnarzt Dr. Asper, Bahnhofstraße, um endlich die Brücken und Wurzeln kontrollieren zu lassen. Leidlich befriedigendes Ergebnis. Nach der Rückkehr von Arosa erst, muß eines Wurzelschadens wegen ein Teil der unteren Brücke erneuert werden.

Legte einen Teil des Rückweges zu Fuß zurück. Zu Tische Erika und Frau Giese, die Abschied nahmen. Wir werden E. und die »Pfeffermühle« in Basel besuchen. K. wird heute Abend mit Bibi die Wiener Sängerknaben hören und danach dem Schluß von E.'s Abschiedsvorstellung beiwohnen.

Nach dem Thee mit K. und Reisiger wieder zur Stadt gefahren. Zum deutschen Generalkonsul in Sachen meines Passes. Es stellte sich heraus, daß seinerzeit ein Rundschreiben an alle Konsulate mit dem Verbot der Verlängerung ergangen ist! Im Übrigen ist immer noch die Münchener Behörde zuständig, und der Versuch ist zu machen, ob dort nach Befriedigung des Finanzamtes jetzt etwa Geneigtheit. Im Gegenfalle wäre noch das Reichsinnenministerium anzurufen. – Der Consul nahm mich dann aus Dummheit Erikas und ihrer »Unvorsichtigkeit« wegen ins Gebet. Ich hatte Mühe, nicht deutlicher zu werden als ich wurde ... »Deutscher Gruß« des Unterbeamten. Unheimliche Sphäre.

Wir fuhren nach Hause. Überraschend warme und bewunderungsvolle Presse-Äußerungen aus Olten, Aarau, Zofingen kamen. Es handelt sich um Blätter liberaler, sozialistischer und auch katholischer Richtung. Das kritische Niveau der Äußerungen über meine Vorlesungen (»Joseph« und »Bauschan«) ist bemerkenswert, Haltung und Ton gegenüber meiner Existenz von einem Anstande, der den an die mesquine Respektlosigkeit der Heimat Gewöhnten schlechthin ergreift.

Schöne Karte von Rabener, von ähnlichem Geist erfüllt wie jene Berichte.

Ein Ehepaar namens Mann in Thüringen bittet mich bei ihrem ersten Söhnchen zu Gevatter. Auch ein deutsches Phänomen.

Aß mit Medi allein zu Abend. Las in den religionsgeschichtlichen Schriften, die Kerényi und de Boor sandten.

Freitag den 16. II. 34.
8 Uhr auf und nach Bad und Frühstück weitergeschrieben. Ich sollte die kleine Cigarre, die ich zu Beginn der Arbeit rauche, und die mich angreift, doch wieder weglassen.

Waldrundgang mit K. und Reisiger bei neblig-heiterem Wetter und Wind. Sehr vereiste Waldwege. Rehe dort.

Ein paar Platten zur Unterhaltung nach dem Essen.

Der unschöne Sieg der Wiener Regierung über die Arbeiter ist vollendet. Der aufrichtige Verbündete im Kampf gegen das Nazitum ist zu Boden geschlagen und sein Übergang zu diesem ist psychologisch wahrscheinlich. Die »Heimwehren« sind weniger verläßlich, das Ausland in dieser Hinsicht sehr pessimistisch. Man fürchtet, in Dollfuß den Wegbereiter Hitlers sehen zu müssen. Frankreich zieht die internationale Besetzung des Landes in Betracht, aber es ist nicht glaubhaft, daß irgendjemand sich aufrafft. Der Augenblick zum Appell an den Völkerbund scheint verpaßt wie der zu einer Präventiv-Aktion gegen Deutschland. Man wird die Früchte den deutschen Banditen entgegenreifen lassen wie bisher. –

Nach dem Thee mit K. an die ›Haager Post‹ geschrieben: »In einem kürzlich erschienenen, übrigens sehr freundlichen Bericht Ihres Blattes über mein Buch ›Die Geschichten Jaakobs‹ war die Bemerkung gemacht, ich lebte längst wieder unangefochten in meinem Hause zu München. Nur zur Steuer der tatsächlichen Wahrheit möchte ich feststellen, und bitte Sie, Ihren Lesern Mitteilung davon zu machen, daß ich nicht in Deutschland, sondern in der Schweiz lebe, und daß mein Münchener Haus mir unzugänglich ist.« (Nachricht durch Klaus.)

Ferner an Pios og Jespersen, die die Ankündigung des »Jungen Joseph« für März überrascht hat. Erklärungen und Beruhigungen.

Endlich an die Polizeidirektion München nach dem Rat des Konsuls.

Sagte dem Elternpaar in Thüringen meine Patenschaft zu. Schrieb an Oskar Bie zu seinem 70. Geburtstag. Telephonierte mit St. Gallen wegen meiner Ankunft. –

Die Lage in Österreich scheint für Hitler-Deutschland doch nicht so besonders günstig. Es scheint, daß die Niederschlagung des Sozialismus im Einvernehmen mit Rom und Budapest geschah, und daß ein italienisches Protektorat über das fascisierte Land bevorsteht. Andererseits soll Bewaffnung der österr. Sozialisten durch die Tschechoslowakei festgestellt sein, was auf eine Mächte-Gruppierung Italien-Donauländer gegen Frankreich und seine Verbündeten schließen läßt. Die natürliche Sympathie gehört der letzteren Gruppe. Aber der Wunsch, daß die deutschen Pläne durchkreuzt werden, geht allem vor, und es ist ein Glück, daß Mussolini die Deutschen nicht am Brenner kann haben wollen. Das deutsch-italienische Verhältnis verschlechtert sich zusehends, das deutsch-französische bessert sich nicht. Deutschland scheint ausgeschaltet. Kann denn auch irgend jemand ihm Erfolge wünschen? Die Hoffnung wächst, daß die Absorption Österreichs verhindert werden wird, was eine entscheidende Niederlage bedeuten würde.

Im »Burgdorfer Tageblatt« ein sehr hübsches Résumee meines Lebenswerkes von Marga Bauer in Bern.

Las in Nietzsche's Briefen und stellte wieder seine Sympathie für den liberalen Kaiser Friedrich III. fest.

Sonnabend den 17. II. 34

Weitergeschrieben. Gewöhnlicher Tagesverlauf. Nach dem Thee mit K. und Reisiger ins Palace-Kino, wo wir einen gut gespielten französischen Kriminalfilm sahen.

Guter Brief von einer Christel Francillon in Bad Kreuznach über die Jaakobsgeschichten und die Berner Vorlesung, die in Deutschland viel gehört worden zu sein scheint. Abends Platten-Musik. Nachher zufällig Auffang einer deutschen Radiosendung: Kriegsrede gegen die Wiener Regierung, abstoßend zu hören, schon durch den Tonfall. Peinlich angeweht aus Feindesland.

Sonntag den 18. II. 34.

Weiter, bis nahe zum Schluß des Kapitels geschrieben.

Zum Thee die Familie *Rascher*. Neue Erörterung des Planes, den Essayband hier herauszubringen.

Schrieb an R. Kayser.

Abends angegriffen. Man hörte Radio-Musik und Nachrichten, deutsche Propaganda. Der König der Belgier gestorben.

Montag den 19. II. 34.

Da gestern zeitig schlafen gegangen, stand [ich] heute schon ½8 Uhr auf und schrieb nach dem Frühstück das Huy- und Tuy-Kapitel zu Ende.

Briefe: von dem französischen Übersetzer der »Jaakobs-geschichten«, der die Beendigung seiner Arbeit meldet und einige Fragen stellt. Ferner von Bermann, zunächst ebenfalls in Übersetzungsangelegenheiten, dann mit der Nachricht, daß in der Münchener Angelegenheit in den Tagen voraussichtlich die Entscheidung, und zwar eine günstige, fallen werde. Heins sei in Berlin. Wahrhaftig, meine Genugtuung, meine *Sachen*, den Hermes im Garten, die Lüster, die schönen Stühle an mich ziehen zu können, wäre groß – und groß auch die, daß der Münchener albernen Dummheit ein Schnippchen geschlagen würde.

Mit Reisiger noch einmal den Waldrundgang gemacht. Er wird übermorgen nach Celerina abreisen und der Kurz sein Zimmer räumen.

Nach dem Thee mit K. die beiden Briefe von heute beant-wortet.

St. Gallen, Dienstag den 20. II. 34. Hotel Hecht.

Gestern Abend nach dem Essen spielten wir zunächst einige Platten. Dann las ich K. und Reisiger in meinem Zimmer das Huy- und Tuy-Kapitel, einiges wiederholend, bis zu Ende vor. Es ist eine skurrile, besondere Sache, und ich selbst war von dem Amüsement über Mondnonne und Sonnenkämmerer nicht ausgeschlossen. Ich plauderte später noch eine Weile mit R., dem ich zu seiner Mary Stuart-Novelle Mut zu machen suchte. – Las vorm Einschlafen Don Quijote.

Heute stand ich um 8 Uhr auf, badete und frühstückte mit K., wobei wir über Reisigers seltsame Untüchtigkeit, Unfähig-keit und Unentschlossenheit, sein gelegentliches Abgleiten ins Krippenreitermäßige und Schmarotzerhafte sprachen. Er reist morgen früh, und zweifellos werde ich ihn vermissen, bei

Tische sowohl wie als Mit-Spaziergänger. Er weiß zur Stunde noch nicht, ob er nach Seefeld oder Celerina fahren wird. Freilich sind seine Umstände schwierig, und immer muß man ihm seine Heiterkeit hoch anrechnen.

Den Vormittag benutzte ich zu einem längeren Brief an Prof. Kerényi über meine Beziehungen zum Mythischen, die er schon im »Zauberberg« erkannt hat, über die eigentümliche Figur des Telesphoros, Begleiters des Asklepios mit Kapuzenmantel und Buchrolle etc.. Ich distanzierte mich vom modischen Irrationalismus.

Nach Beendigung des Briefes packte ich meine Handtasche und kleidete mich vortragsmäßig an, um keinen Handkoffer zu brauchen. Nahm mit Reisiger eine Brühe mit Ei, und nach 1 Uhr fuhren wir zu dritt zur Stadt und zum Bahnhof, wo R. bereits für morgen seinen Koffer deponierte. Wir trafen Medi am Perron. Verabschiedung bis morgen, von R. bis zum April, der die Vorträge in Locarno bringen wird.

Anderthalbstündige Fahrt hierher. Frühstückte Ei, Butterbrot und Orange unterwegs. Am Bahnhof empfangen von einer Abgesandten des Vereins »Museum«, die mich zum Hotel führte. Es ist in demselben Gebäude ein Cinéma, das ich zuerst zu besuchen beabsichtigte; werde es aber wohl unterlassen.

Das Zimmer einfach aber sauber. Ich hielt Bettruhe bis 5 Uhr, trank dann Thee und schrieb im seidenen Schlafrock diese Zeilen. – St. Gallen, Stadt von ca 60 000 Einwohnern, liegt 1 – 200 m höher als Zürich und hat ein kälteres Klima. Sie ist im Rückgange, da die Stickerei-Industrie darniederliegt.

St. Gallen, Mittwoch den 21. II. 34. Hotel Hecht.
Gestern Abend ging ich noch ein wenig aus, kaufte Cigaretten und traf dabei Dr. Hartmann vom »Museum«, mit dem ich mich für den Abend verabredete. Aß im Restaurant des Hotels zu Abend, wobei ich mich mit dem Kellner unterhielt. Gegen 8 von Hartmann abgeholt, der, Rechtsanwalt, mit V. Heins bekannt und verwandt.

Zu Fuß zum Vortrag, Aula der Handelshochschule. Wartezimmer mit Schweizer Plakat-Propaganda. Der Saal angenehm,
ca 300 Menschen, darunter viel Jugend. Freundlicher Empfang,
große Aufmerksamkeit. Las das Bunte Kleid und Bauschan.
Dichter und anhaltender Beifall am Schluß.

Brief von der Witwe des ermordeten Fechenbach, die gern
einen Freiplatz gehabt hätte. Zu spät erhalten.

Nach dem Vortrag zu Fuß zum Hotel zurück, wo im Restaurant Mitglieder des Vorstandes sich zusammenfanden. Unterhaltung, ich sprach lebhaft, bei Thee, Sandwiches und Bier.
Mein Vorgänger hier war Sieburg, der von Deutschland gesprochen und erklärt hat, der Deutsche brauche die meta-
physische Legitimation der Führung, Hitler fühle sich als von
Gott eingesetzt.

Ging nach 11 hinauf und schlief leidlich.

Heute um 8 Uhr auf. Das Mädchen brachte Kaffee statt
Thee. Ich ließ es mir gefallen, hatte aber sofort mit zittriger
Exzitation zu kämpfen. – Reise gegen 10 Uhr. –

Zurück im Küsnachter Hause, mittags.

Ging in St. Gallen nach Erledigung der Rechnung zu Fuß
zum Bahnhof, wohin der Hausdiener meine Tasche brachte
und fand ungenierten Platz. Las Zeitungen: das deutsch-
italienische Verhältnis könnte kaum schlechter und unfreund-
licher sein, von beiden Seiten. Es macht mir Spaß, als Illu-
stration zum »fascistisch geeinigten Europa.«

K. am Bahnhof, der Fiat frisch gewaschen und sehr schmuck.
Eingetroffen in meiner Abwesenheit ein Brief von Heins, der
von einem »Riesenfortschritt«, in den Berliner Ministerien erzielt, berichtet. Ein neuer Schriftsatz sei einzureichen, und in
einigen Wochen werde die Entscheidung fallen . . .

Heimfahrt. Wermuth und Eclair mit K. Umgekleidet und
Ordnung gemacht.

Allerlei Post, darunter, von Pios gesandt, zahlreiche dänische Pressestimmen über die Jaakobsgeschichten. Ferner gut
gemeinter und etwas dämlicher Brief des »Paten Herzfeld«.

Fayard schickt angenehmer Weise 4000 franz. Francs für »Buddenbrooks«.

Reisiger ist heute Morgen in der Tat nach Celerina abgereist. Er telephonierte von dort, recht hülflos, wegen seiner »Maria« und versetzte K., der er Zumutungen in dieser Sache stellte, in große Ungeduld.

Mit gutem Appetit zu Mittag gegessen. Später Bettruhe und Schlummer.

Zum Thee Pinkus aus Berlin. Schilderungen der allgemeinen Angst vor der Willkür, der Verödung und des Ruins des kulturellen Lebens. Überzeugung, daß das Regime an seiner schamlosen Verlogenheit zu Grunde gehen müsse. Möge es so sein!

Brief von Bermann: 5000 Vorbestellungen auf den »Jungen Joseph«, der am 15. März erscheinen soll. Die Umschlagszeichnung von Walser soll die erste noch übertreffen. – Neue Versicherung, daß die Affaire Heins dicht vor dem günstigen Abschluß steht.

Schrieb mehrere Brief- und Ansichtskarten.

Die ›Times‹ sehr scharf gegen Deutschland wegen der immer weiteren Festhaltung Dimitroffs. Auch die »N.Z.Z.« nimmt in einem Leitartikel über »Gleichschaltung«, die nur Ertüchtigung zum Kriege bedeuten könne, kein Blatt vor den Mund.

Wir hörten Tschaikowskys Quartett. Es gehört zu solchem Kammerwerk nicht weniger als zu einer Symphonie.

Neue Lektüre vorgenommen: Unvertrautes von Ljeskow und die Essays von Fritz Ernst, die Tschudi in Glarus mir schenkte.

Donnerstag den 22. II. 34.
Zeitig auf. An dem neuen Kapitel studiert. Mit K. bei blauem, stark sonnigem Wetter über die »Johannisburg« spazieren gegangen. Zu Tische Erika, von Chur kommend und Davos, im Begriffe, nach Aarau und Olten, meinen Spuren folgend, weiterzureisen.

Zum Thee Dr. Steiner und der Berliner jüdische Theaterkritiker X., jetzt Paris Soir. Deutschland: das kalte Grauen. Steiners »skeptische Weisheit« von der Bosheit aller Macht. Ich erwiderte ihm, daß davon jene Banditen leben.

Diktierte dann bis 8 Uhr Briefe an Dr. Heins, Holnstein (wegen Baumfällungen), Herzfeld-München etc.

Nach dem Abendessen Lektüre in Ernsts sehr angenehmen Essays.

Schrieb noch an Stickelberger in Basel, der neuerdings zu einer Vorlesung dort einlud. Proponierte Termin 2. Hälfte März, um welche wir ohnehin Erika dort besuchen wollten.

Abrechnung von Fischer über den Verkauf der älteren Bücher im letzten halben Jahr – null und nichtig.

Freitag den 23. II. [3]4
Vor 8 Uhr aufgestanden. Das neue Kapitel zu schreiben begonnen. Mittags mit K. zur Stadt, wo wir in der Universität die spät-ägyptische Sammlung besichtigten, die Dr. Brauer verwaltet. Horus-Knaben, Totenbräute, Lampen mit Tierbildern und Firmenstempel. Römischer Stil. Die Statuenhalle der Universität sehr schön. Kopie meines Hermes von Lysippos.

Gleich nach Tische im Wagen zum Architekten Leuzinger, in Zollikon, der uns mit seiner Frau, in Gegenwart von Raschers, sein schön gelegenes und hübsch gebautes, aber zu teures Haus zeigte. Man trank Kaffee dort.

Spät Thee getrunken und etwas Korrespondenz erledigt.

Zum Abendessen zu Tennenbaums, wo wir in Gesellschaft seines Bruders und dessen Frau, ferner des Ehepaars Dr. Rieser den Abend verbrachten. Nachricht, daß Theod. Wolfs Vermögen freigegeben worden. – Müde.

Sonnabend den 24. II. 34.
Eine Serie herrscht gegenwärtig von schönen, sonnigen, um Mittag warmen und frühlingsmäßigen Spät-Wintertagen. Dies ist ein neuer Tag davon.

Mein Schlaf läßt zu wünschen übrig in letzter Zeit. Ich bin wieder öfters aufgewacht und erwarte gegen Morgen ungeduldig die Stunde des Aufstehens: ½8 Uhr oder etwas später. Dabei leichte Neigung zu Kopfschmerz.

Ich kann zufrieden sein mit meinem Lebensstandard nach der »Wende«. Ich habe mein Bad, mein Automobil, ein schönes Arbeitszimmer, gute Mahlzeiten. Das Haus werden wir wohl für absehbare Zeit behalten, sodaß in dieser Beziehung der Zustand ruhige Dauer verheißt und die Beängstigung neuen Wechsels und Wandels vermieden werden wird. Die Freigabe des Vermögens von Th. Wolf verbessert, wie mir scheint, die Aussicht auch auf die Wiedererlangung meiner Habe. Die vollständige Ausstattung des Hauses hier mit der Münchener Habe würde eine weitere entschiedene Etappe in der Richtung auf Konsolidierung und Beruhigung bedeuten. Nach Bermann, der gestern schrieb, machen die Berliner Amtsstellen kein Hehl aus ihrem Achselzucken über die Münchener Rammelei gegen mich. Der »außenpolitische« Gesichtspunkt spielt dabei die entscheidende Rolle.

Schrieb nur wenig weiter. War mit K. in der Stadt, bei Zahnarzt Guldner, der mir eine herausgefallene Fazette wiedereinsetzen mußte. Weitere Besorgungen.

Ich aß mit K. allein, die später zum Bahnhof fuhr, um die Kurz abzuholen. Diese kam gegen 4, mit den Kindern und dem Hündchen Mouche, aufgeregt, in Tränen. Berichte von dem von 15 Personen bevölkerten Haus; von der Unzufriedenheit der Menschen, dem ziemlich ungezügelten Schimpfen auch bei denen, die dazugehören. Heins ist aus Berlin mit der Versicherung wiedergekehrt, mir werde kein Haar gekrümmt werden; die Freigabe sei eine Frage von 4 bis 6 Wochen.

Die Kurz, in deren Gesellschaft wir Thee tranken, brachte mir einige Cigarren aus meinem Wandschränkchen, eine Flasche Ratswein aus Frankfurt, Lotion-Wasser von meiner Kommode, die Theater-Lorgnette. Sie hat teilweise tolles Zeug

mitgebracht, alte Krawatten und kleinen Plunder. Am Bahnhof gleich, bei K.s Anblick hat sie zu weinen begonnen. Ihr
niemals starker Verstand scheint im Trubel gelitten zu haben.

Es ist der Beamte Meisinger von der Pol. Polizei gewesen
(derselbe, der durch einen klug-bewegten Brief des Dr. Heins
gewissermaßen für meine Sache gewonnen worden), der den
Anwalt davon verständigt hat, daß mein Akt in Berlin sei.
Es geschah daraufhin, daß H. nach Berlin fuhr, Vorträge hielt
und Versicherungen empfing.

Sonntag den 25. II. 34

Schöner, sonniger Vorfrühlingstag, der morgens stumpfe
Föhnbeleuchtung zeigte, dann aber sich dunstig-frischer und
zarter färbte. Ich hatte gestern Abend zum Thee wieder einmal Phanodorm genommen und offenbar tiefer geschlafen,
denn ich spürte gute und ruhige Arbeitsverfassung vormittags
und kostete tagüber ein glückliches und hoffnungsvolles Gefühl, das wohl auch in Luft und Licht des sich erneuernden
Jahres seinen Grund hat.

Schrieb an dem neuen Kapitel weiter und machte Studien über
das Geschlecht der Bäume. Das mystische Motiv der Zwie-
geschlechtigkeit, als göttlich verstanden, ließ mich an das so
geheimnisvolle und sehr tief gedachte Ghasel von Platen denken.

2 »Ich bin wie Weib dem Mann, wie Mann dem Weibe
Dir.

1 Ich bin wie Leib dem Geist, wie Geist dem Leibe Dir.

Wen darfst Du lieben sonst, da von der Lippe weg

Mit ewigen Küssen ich den Tod vertreibe Dir?«

Diese Verse haben große vergeistigte Inbrunst und sind weit
tiefer mythisch empfunden, als ich früher verstand. – Dachte
an Ergänzungen zum Platen-Essay für die Buchausgabe. Jenes
Gedicht ist nächst dem »Tristan« überschriebenen das schönste.
Wie seine spiritualisierte und über-erotische Leidenschaft mir
ins Blut ging, als ich liebte! –

Dr. Brauer erzählte mir neulich, als wir von der Universität fuhren, ein deutscher Herr von D., des neuen Geistes voll, habe ihm meinetwegen geantwortet: »Ach nein, er gehört nicht zu uns! Sehen sie doch die ungesunde Erotik des ›Zauberbergs‹. Da war neulich Hans Pfitzner bei uns, – das ist etwas anderes!« Nun, ja. –

Ging mit K. über die Johannisburg. Es war sehr warm, ich zog den Mantel aus.

Las nach Tische mit Vergnügen weiter in den Ernst'schen Essays über Hamann, Moritz, Goethe. – Kam dann noch, bevor ich mich legte, auf neue Dinge, Joseph betreffend, die Gärtnerei, die Palmenwartung und die mythische Beziehung Ischtar-Ischallanu. Das entscheidende Gespräch Potiphar-Joseph ging mir besser auf.

Hörten nach dem Thee im Radio Oltener Schüler hübsche Volkslieder aus dem 15. Jahrhundert singen.

Die Kurz sehr entzückt von dem Hause. Sie hatte sich offenbar unsere Existenz viel degradierter und bedrückter, exilmäßiger gedacht, und das wird wohl in Deutschland vielfach der Fall sein. –

Beschloß gestern Abend, die Tagebücher dieses Jahres morgen nach Arosa mitzunehmen, um die Wiederkehr der Zeit durch Nachlesen zu begehen.

Erledigte ein paar Korrespondenzen und ging vorm Abendbrot noch ein wenig aus.

Nach dem Essen hörte man Musik. Ich las dann wieder in Ernsts Essays.

Montag den 26. II. 34
Der Reisetag ist gekommen, heiter-vorfrühlingsmäßig von Charakter. Ich stand schon ½8 Uhr auf und frühstückte mit K. und der Kurz in Gegenwart des Hündchens, das auf der Schiedhaldenstraße herumlaufen zu sehen mich wunderlich anmutet. Es war von dem Hause die Rede, der »Belegung«, den Doppel-Schlafzimmern. Von dem betrügerischen Unsinn,

den die Aufrechterhaltung der Beschlagnahme nach Zahlung der Steuer bedeutet. Zum ersten Mal hörte ich die Erklärung, mein Vermögen werde meines Bruders und Sohnes wegen einbehalten. Der Gedanke an den Münchener Raub erregt mich immer aufs Neue. –

Das Haus ist in Unruhe. Ich werde mich noch ein wenig mit dem Kapitel beschäftigen und dann packen. Das Mitzunehmende an Büchern ist genau zu bedenken und einzuschränken, ohne daß Entbehrung erwächst.

Arosa, Neues Waldhotel, am Abend desselben Tages. Der Kreis ist also geschlossen, wir sind, um 5 Uhr, wieder hier angelangt, wo ich voriges Jahr, ein wenig später schon, am 15. März, diese neuen Aufzeichnungen begann. Alles ist unverändert, mit erstaunten Augen sahen wir wieder, wie das zu gehen pflegt, die Zwischenzeit versinken, das Wieder und Immer noch verschwimmen. Ich war recht nervös gewesen vor der Abreise, die eine rechte Münchener Abreise war: mit dem Küsnachter Chauffeur, unter Assistenz der Kurz, der Mädchen, der Kinder. Das Mädchen Maria, nach München reisend, fuhr mit zum Bahnhof. Unser Zug fuhr 1 Uhr 40; es war viel Platz darin. Wir waren in zwei Stunden in dem vertrauten Chur, wo voriges Jahr der traurige Abschied von Medi sich vollzog. Wir vesperten im Bahnhofsrestaurant. Der Arosa-Zug sehr besetzt, was die Nervosität steigerte, mit der ich dem Aufstieg in die Sphäre entgegensah, die am Ausgang des vorigen Winters meine Erregung so sehr gesteigert hatte. Beängstigung wollte mich überkommen, doch ging sie vorüber, und die Ankunft geschah in ruhiger Müdigkeit. Wir fuhren im Schlitten, das Gepäck auf angehängtem Fahrzeug, die bekannte Straße hinauf zum Waldhotel. Begrüßung durch Dr. Richter, der uns in die Zimmer im III. Stock geleitete. Ich bewohne das meine provisorisch für einige Tage, da das eigentliche, an das K.'s stoßende noch nicht frei. Wir packten aus, installierten uns, ich rasierte mich und kleidete mich um. Wir nahmen das Diner im Separatzimmer allein. Da das Frühstück unterwegs nur leicht gewesen, aß ich mit starkem Appetit. Wir hielten uns nachher in dem Salon auf, wo wir voriges [Jahr] mit Nikischs die Abende verbrachten, und später im Lese-Zimmer, wo ich zur Cigarre die Essays von Ernst beendete, eine kultivierte Lektüre von weitem und interessantem Bildungsausblick.

Bei Zeiten zu Bette.

Arosa den 27. II. 34.

Ich schlief gestern nach einigen Seiten Don Quijote unschwer ein, erwachte aber schon um ½ 5 und schlummerte von da an nur noch leicht. Stand ½ 8 Uhr auf, machte in der Loggia die gewohnten Tiefatmungen und frühstückte auf eigene Hand.

Gestern empfing uns Tauwetter, trüb. Auch heute ist es bedeckt, einzelne Schneeflocken fallen.

Ich habe den Sönneken-Abreißkalender mitgenommen, um in diesen Wochen das eigentümliche Vergnügen, das ich täglich, mehr oder weniger bewußt und stark beim Abreißen des Tagesblattes empfinde, nicht zu entbehren. Es bewährt sich darin, kurz gesagt, mein grauen- und liebevolles Verhältnis zur Zeit, dem Element, das, sehr unabhängig von Proust und erkenntnistheoretischen Gedanken, in meinen Büchern eine so hervorragende Rolle spielt.

K. berichtete gestern, der Küsnachter Doktor habe neulich bei der Untersuchung ihrer weiblichen Organe, mit Bezug auf die zu lange dauernde Regel geäußert: es sei Zeit für sie, daß es mit dem »Frühlingszauber« ein Ende habe. Das rührte und ergriff mich unbeschreiblich. Gefühle dieser Art, wie der Ablauf des Lebens, meines eigenen und der mir Verbundenen sie mir erregt, umfassen die ganze Skala von leichter und weicher Rührung bis zum tiefsten Todesgrauen und panischem Entsetzen.

Auf der anderen Seite verstärkt sich die Freude am bewußten Genuß der kleinen und alltäglichen sinnlichen Annehmlichkeiten des Lebens, wie sie in der Faust-Novelle thematisch werden soll. Mein Zimmer hier ist außerordentlich bequem und praktisch, es freut mich der geräumige Waschtisch mit beliebig viel heißem Wasser und dem kleineren Becken mit rotierender Spühlung. Das Frühstück war genußreich, das große und frische Ei zum Thee, der schmackhafte Honig, das schaumige Brot. Es ist zu bemerken und in Acht zu halten, daß das Lob des Behagens und der Sinne leicht eine widerliche Wirkung hervorbringt. Dennoch wird es in der geplanten oder geahnten Arbeit takterfordernd am Platze sein. –

K. besuchte mich. Ihr Schlaf ist besser als in Zürich gewesen. – Der Schneefall hat sich verstärkt. – Ich muß mit körperlichen Anforderungen in diesen Tagen sehr vorsichtig sein, die Nerven und den Herzmuskel schonen. Ich möchte aber jetzt in den Ort hinuntergehen. –

Ich tat das, ließ mir das Haar schneiden, besorgte Briefcouverts, Tinte, Ansichtskarten, Cigarren und Orangen. Empfing Post bei der Rückkehr, nichts von Bedeutung. Schrieb einige Karten an der Hand einer vorbereiteten Liste. K. ist Skilaufen gegangen. Erika rief aus Basel an, wohin sie, nachdem das Gastspiel in Baden fehlgeschlagen, gefahren ist, um dort am 1. ihr Spiel zu beginnen.

Lag vor Tische eine Stunde auf dem Balkon. Es gab ein gutes Frühstück, aber mein Magen war etwas widerspenstig. Nachmittags ging ich zu Bett. Zum Thee mit K. in das altgewohnte Old India, wo wir die Zeitungen lasen. Das, wie alles, reklamehafte und scheinmoderne Kurpfuscher-Gesetz, über das der unselige Rychner einen lobredenden Aufsatz schreibt. C. G. Jung als Herausgeber der gleichgeschalteten Zeitschrift des Psychologen Kretschmer. Er sucht im Vorwort persönlich Niveau zu wahren, seine Mitarbeiter geben dann die geradere Erläuterung.

Korrespondenz mit Stickelberger wegen Basel.

Wir saßen nach dem Diner in der Halle. Mein Magen war unbehaglich. Ich trank Kamillenthee und begann bei leidlich diskreter Jazzmusik die mir noch unbekannten »Charaktere und Sonderlinge« von Ljeskow zu lesen.

Arosa den 28. II. 34.

Gestern Abend heißer Kopf [...]. Phanodorm um 1 Uhr, dann ruhiger Schlaf.

Das Wetter ist weiter schneebedeckt. Ich benutzte nach 8 Uhr das schöne neue und bequeme Bad und frühstückte mit Genuß. Rauche Ariston-Muratti-Cigaretten.

Der letzte Februar... Wir treten nun eigentlich in den Monat des Entgleitens der bisherigen Lebensform. Mein Bestreben ging im Grunde dahin, sie möglichst wiederherzustellen. Hier ist sie es äußerlich absolut; man würde nichts merken. In Zürich ist sie es weitgehend. Die friedliche Loslösung von Deutschland, die Rückgabe des Meinen, die Überführung des Inventars in das Zürcher Haus würde meiner Beruhigung großen Vorschub leisten. K. will nicht daran glauben und sucht mich auf die Notwendigkeit der Resignation vorzubereiten. Der Fall Th. Wolf spricht gegen ihre Meinung. Für sie spricht die freche Weiter-Gefangenhaltung der drei Bulgaren, obgleich Dimitrow nicht nur russischer Staatsbürger, sondern auch Titular-Oberst eines roten Regiments geworden ist u. die Sowjet-Regierung schon mehrfach diplomatisch interveniert hat. Man antwortet ihr nicht und nimmt die außenpolitische Belastung in den Kauf.

Wir sprachen gestern beim Thee über die medizinische Gesetzgebung der Nazi-Regierung, die ich geneigt war, flott zu finden. K. erkannte klarer das Widersinnige und Bluffhafte daran. Welchen Sinn hat es, einen Ärztestand zweiter Klasse zu schaffen? Für wen? Man sollte sich einig darüber sein, was zum Heilberuf nötig ist. Wenn es das bisherige medizinische Studium von 5 Jahren ist, – wie sollen auf einmal auch 2 oder 3 Jahre genügen. Was man in der Hand behält, ist etwas Negatives, vielleicht nicht unbedingt Begrüßenswertes: Die Ausschaltung des naturärztlichen Freiwuchses, des

»Kurpfuschertums«, seine Regulierung und Entgenialisierung durch einen staatlich approbierten Lehrgang. Hinzu kommt, daß das »Ethische«, das heißt: die politische Gesinnung, wie schon bei der Zulassung von Abiturienten zum Universitätsstudium, die entscheidende Rolle spielen wird, d. h.: approbierte, nicht-akademische Heilmänner dürfen nur Nationalsozialisten werden. Bei Lichte besehen ist es Schwindel und Theater wie alles Übrige, ein billiger Scheindemokratismus, wie das Sammeln der »hohen« Führerschaft auf der Straße für die Winterhilfe, falsche Großzügigkeit, Lügen- und Reklame-Genialität und -Schmissigkeit, kurz Propaganda um ihrerselbst willen wie alles, was diese Fälscher und Verhunzer sich ausdenken.

Die »gigantische« Massenvereidigung der »Führer« (einer Million »Führer«!) auf unbedingte Hitler-Gefolgschaft ist nichts anderes. Der »Völk. Beobachter« nennt sie ein Ereignis »von welthistorischem Ausmaß«. Wie lange wird dies Volk die Überfütterung mit bombastischer Geschichtsvortäuschung ertragen? Das billige heroische Klischee zum Massengebrauch. Der scheinrevolutionäre Schmiß, aus menschlich-geistiger Minderwertigkeit kommend, die nichts Echt-Förderliches und Menschheitsfreudiges zeitigen *kann*. Wie ist es möglich, daß denkende, daß irgendwie höhere Menschen, Schreibende, Fühlende, Sehende das »Gedankengut«, das »Weltanschauliche« dieser Sphäre ernst nehmen und es kultivieren helfen: die Nation, die Rasse etc, – wo es sich doch, sogar halb eingestandenermaßen, um nichts handelt, als, bestenfalls, um eine zur Menschenregierung notwendig gewordene Technik der Massenbehandlung, deren Mittel außer und unter aller moralischen und geistigen Bewertung sind, und zu deren Ausbildung die »rechten« Individuen sich finden mußten, hysterische Charlatane und »Feuerköpfe« der revolutionären Knechtung ...

Fertigte wieder ein paar Ansichtskarten aus. Ging dann bei aufgehelltem Wetter langsam spazieren. Reizend die zahmen Eichhörnchen an dem nach ihnen benannten Weg. Eins kam auf mein Locken und kratzte mir den Handschuh. Traf K., die von der Ski-Wiese zurückkehrte und setzte mit ihr den Spaziergang fort. Nervosität über einen unbequemen Pfad.

Sehr gutes Frühstück, mit Appetit eingenommen. Nachher auf dem Balkon. Wir weihten die gestern gekauften hübschen silbernen Liqueurbecherchen ein. Ich las Zeitungen. Die drei Bulgaren überraschend per Flugzeug nach Rußland befördert, sinniger Weise am Jahrestage des Reichstagsbrandes. Goering hat nachgeben müssen. Sie sind in Moskau festlich empfangen worden. – Hitler kündigt in einer Münchener Rede eine alljährliche Volksbefragung an. Lautet sie unbefriedigend für die Regierung, so erfolgt – ein neuer Propagandafeldzug.

Ich ruhte draußen, die Sonne schien. Gegen ½5 gingen wir auf meinem Umwege zum Thee ins Old India und machten nachher einige Besorgungen.

Zu Hause ein paar Briefe diktiert.

Das Wetter scheint kälter und scheint besser werden zu wollen. Schöne Gipfelbeleuchtung heute Nachmittag auf dem Heimweg. Weiße Wolken in halber Höhe des Berges. Wir gingen in ihrer Feuchtigkeit. –

In der Münchener Rede sagte Hitler ferner: Die Aufgabe sei für den Anfang die Gewinnung der Massen gewesen; jetzt gelte es die Gewinnung des deutschen Menschen überhaupt für die Macht dieses Staates. Die »Wahlen« haben also nicht bewiesen, daß er schon gewonnen ist? –

Beim Diner trafen wir den eben angekommenen *F. Lion* und plauderten während des Essens mit ihm. Er verhält sich gegen die deutschen Dinge sehr reserviert, erklärt man dürfe sich noch nicht engagieren. Die Intelligenz habe vor den neuen politischen Notwendigkeiten versagt. Mit Parolen wie der Alfred Webers: »Nicht-egalitäre Demokratie« gewinne man die Massen nicht. – Nun ja.

Ich las etwas Ljeskow im Schreibzimmer und Damensalon. Wir nahmen später die neu-eingerichteten unteren Räume in Augenschein, einen Salon, ein Spielzimmer, den Radio-Raum.

Arosa, den 1. III. 34.

Der Monat der Heimsuchung und des Beginns der Abenteuer ist also an Ort und Stelle angebrochen. Mit einer gewissen Feierlichkeit habe ich das Kalenderblatt abgerissen.

Es ist kalt und schneit.

Die klimatische Erregung sitzt mir halb freudig, halb beklemmend in den Gliedern und vereinigt sich mit den besonderen Empfindungen der Situation. Ich nahm gestern Abend Luminaletten, schlief auch bald ein, ohne zu lesen, erwachte aber um 1 Uhr wieder mit Herzklopfen und Magenbeklemmung, die sich aber als unecht und nervös erwies. Ich fand bald wieder Schlaf, der sich gegen Morgen wiederholt löste. Stand nach 8 Uhr auf, habe K. besucht, auf dem Balkon Tiefatmungen gemacht, Orangensaft getrunken, gefrühstückt und zu den ersten Cigaretten einige weitere Ansichtskarten geschrieben: an Reiffs, Heins, Heinrich, Vikko, Voßler. Diese Grüße sind eine Sache der Humanität und freundlicher Menschenbindung. Man läßt es vielfach und nach allen Seiten fehlen, und so ein Zeichen des Gedenkens macht manches gut. –

Beschäftigte mich mit dem Joseph-Manuskript und schrieb etwas weiter. Ging halb 12 Uhr aus, an K.'s Übungsplatz vorbei, den Weg nach Maran. Viel Schnee, die Landschaft verschönt, ich ging gern trotz der Menschen, von denen einer oder der andere erfreulich war. Zurück mit K. .

Post und Zeitungen. Stickelberger akzeptiert für Basel den 20sten, Wagnervortrag, 200 Franken, freies Hotel. Diner nachher. Ich freue mich auf den Ausflug.

Sehr höflicher Brief des Grafen Holnstein wegen der Baumfällungen in unserem Garten, die wir bewilligen.

Las Zeitungen nach dem Lunch. Der österreichische Rundfunk-Agitator Habicht abgesetzt, was wohl ein Erfolg der italienischen Presse ist.

Im Bette etwas geschlummert. Mädchen und Hausdiener begannen dann den Umtransport meiner Sachen in das K.

benachbarte Zimmer, das geräumiger ist, einen besseren Arbeitstisch und bessere Veranda-Einrichtung hat.

Auf Umwegen zum Old India. Ich spürte die von vorigem Jahr bekannte Angegriffenheit.

Ein Mitglied des »Totengerichtes« in Solothurn schickte eine Photographie der Pressebesprechung der dortigen Tannhäuser-Aufführung vom Jahre 57.

Ging heute des Schnees wegen wieder in kurzen Hosen und Doppelstrümpfen.

Fühlte mich wohl wenn auch angegriffen und finde das Leben hier angenehm. Vielleicht spielt dabei der Vergleich mit dem gespannten und erschütterten Zustand des vorigen Aufenthaltes eine Rolle. –

Telephonischer Anruf des Dr. Heins: Bermann habe ihm gemeldet, daß bei den Berlinern die Entscheidung im günstigen Sinne gefallen sei. Offenbar handelt es sich um die Ablehnung des Münchener Antrages auf Ausbürgerung und Enteignung, welche nach der Versicherung der dortigen Pol. Polizei auch für die Aufhebung der Beschlagnahme entscheidend [sein] sollte. Noch handelt es sich um keine offizielle Mitteilung, und wie München Wort halten wird, ist die Frage. Heins kündigt endgültige Nachrichten für nahe Frist an. Ich lud ihn nach Zürich ein, eine Flasche Champagner mit uns zu trinken. –

Nach dem Diner im neuen Salon. Lion fand sich dort ein, und wir plauderten zu dritt. Er vertritt die Meinung, daß eine Aussöhnung des Systems mit dem älteren, höheren Deutschland in einigen Jahren kommen werde, und daß dies meine Stunde sein werde. Mein Schweigen sei im Interesse der Zukunft vollkommen richtig.

Arosa den 2. III. 34.

Gestern Abend keine Rede von Einschlafen; ich nahm nach 1 Uhr Phanodorm, das bald seine Wirkung tat, aber auch nicht mit der gewohnten Nachhaltigkeit.

Heute an dem Zwischenkapitel vor der Begegnung mit Peteprê con amore weitergeschrieben. Holte um ½ 12 K. vom Ski-Platze ab, und wir gingen bei sehr mildem Wetter nach Maran, wo wir einen Vermuth tranken.

Karte Korrodi's wegen eines Vorabdrucks aus dem »Jungen Joseph«. Telegramm an Fischer, ihm die Bogen zu schicken.

Nach dem Lunch auf der Veranda Zeitungen gelesen und draußen geruht.

Begegnung am Lift mit dem jüdischen jungen Mädchen, das den »Jaakob« in der Hand hielt, und das K. scherzend ansprach. Nachmittags Brief von ihr. Studentin, emigriert nach Paris. Sie spricht hoch und feierlich von mir.

Thee im Old India. Las dabei einen recht hölzernen Dankesbrief des Prof. Jeremias für den »Jaakob«.

Bei der Heimkehr Begegnung mit Lion, der das Buch liest und nach hundert Seiten erklärt, die Nouvelles Littéraires hätten zweifellos recht, und er komme nicht los davon. Ich freue mich darüber, auch weil es mir ein gutes Vorzeichen für die Aufnahme in Frankreich scheint.

Abmachung mit Stickelberger-Basel für den 21. III.

Korrespondenz mit Holnstein wegen der Bäume.

»Prager Presse« berichtet von einem Erlaß der »Union nationaler Schriftsteller«, unterfertigt H. Johst: *Sie* seien das deutsche Schrifttum und Träger der deutschen Tradition, nicht das zum Absterben verurteilte Emigrantentum. Dummköpfe. Ponten hat es Lion brieflich zum Vorwurf gemacht, daß er in seinem Kunst-Buch auf Döblin und mich exemplifiziert, statt auf das heute führende Schrifttum. Aber genug. – Erkältet.

Arosa, Sonnabend den 3. III. 34

Gestern Abend K.'s doppeltes Schlafmittel, Pastille und Tropfen, genommen und trotz des Katarrhs, der mich beunruhigte, eine gute Nacht verbracht.

Schrieb nach dem Frühstück meine Seite weiter, fühlte mich aber ausnehmend und auffallend müde, und das hielt, wohl in Nachwirkung des gestern genommenen Mittels, den ganzen Tag an.

Schneewetter, alles in Wolken, bei einigen Wärmegraden.

K. kam schon nach Hause, als ich gehen wollte, und wir spazierten dann etwas vorm Lunch.

Nachrichten von und über Moni, die mit einem Mandelabszeß in einer Privatklinik liegt. K. sehr beansprucht von dem Zwischenfall, trotz ihrer Antipathie.

Auf dem Spaziergang Begegnung mit Moeschlin und seiner Frau. Gespräch über die politischen Dinge im Stehen.

Nach dem Lunch auf dem Balkon, das »Tage-Buch« gelesen. Schnee-Nirwana.

Thee im Old India, immer bei großer Schläfrigkeit des Kopfes, die aber das immer sich andeutende Wohlgefühl nicht hindert, das das Leben hier mir bereitet.

Von Fischer kam der lyrische Nachlaß Hofmannsthals. Es sind im Grunde seltene Augenblicke, in denen Verse mir etwas zu sagen [haben], auch nur meine Aufmerksamkeit erwecken, während jede geformte Prosa jeder Zeit meiner Bemühung um sie sicher ist. –

Morgen ist der Jahrestag der entscheidenden Wahlen in Deutschland. K. sagte beim Thee, sie habe die Nacht danach nicht geschlafen, da ihr sofort klar gewesen sei, daß wir nicht zurück könnten. Bei mir war das keineswegs der Fall. K. erinnerte mich daran, daß unser damaliger, bald aufgegebener Beschluß, abzureisen, auf mein Drängen zurückzuführen gewesen sei. Daß es mit der Münchener Existenzform zu Ende sei, habe ich erst Tage später unter schweren Krisen erfaßt. – Ich bin dankbar dafür, wie sehr viel besser es heute ist als voriges Jahr. –

Erika hat, wie wir gestern telephonisch von ihr erfuhren, ihr Baseler Gastspiel mit Erfolg begonnen. –

Nach dem Diner im neuen Salon mit Lion, der mir voller Bewunderung vom »Jaakob« sprach. Er wünscht, für die N.Z.Z. eine Nachkritik darüber zu schreiben. Das Novelli-

stische darin empfindet er als Erholung, aber als Senkung. –
Die Neue Rundschau kam mit einer Anzeige des »Jungen
Joseph« und dekorativer Anführung der Titel.

Frau Fischer telephonierte mit K. wegen ihres Besuches in
Zürich. Bermann hat seinem in die Schweiz reisenden Bruder
einen Brief an uns mitgegeben.

Arosa, Sonntag den [4]. III. 34
Schneewetter mit leichtem Frost, schön, phantastisch und angenehm.

Gestern Abend ärgerlicher Weise wieder Erregung und bis
2 Uhr ausbleibender Schlaf. Phanodorm brachte Ruhe.

Heute Glückwünsche an Loerke zum 50. und Gabriele Reuter zum 75. Geburtstag geschrieben. An Strich wegen einer
Schrift über Nietzsche und Wagner.

Zum Ski-Platz im Gespräch mit Dr. Richter, der meinte,
die übernächste Generation werde intellektuell sein und ihre
Väter, die Barbaren grenzenlos verachten.

Mit K. nach Maran spaziert und in der Stube den Aperitif-
Vermouth getrunken, den ich gern habe. Las dabei äußerst
warme Besprechungen von Erika's Première in Basel, in Ausschnitten, die E. geschickt.

Brief von Moni, deren Abszeß geöffnet worden, und deren
Leiden uns leid tun. Es muß Geld geschickt werden für Klinik
und Ärzte.

Anruf des Rechtsanwalts Bermann aus Zürich wegen des
Standes der Berliner und Münchener Dinge. Der Münchener
Ausbürgerungsantrag, eine Stupidität, in Berlin abgelehnt.
Große Zuversicht. Die Rückzahlung von 27 000 M durch das
Finanzamt wahrscheinlich. Weiterverfolgung der Paßangele-
genheit nun ebenfalls angezeigt.

Der entsprechende Brief von G. Bermann kam ebenfalls.

Vorzügliches Lunch. Nachher draußen gelegen. Thee in einem Tea-Room in Inner-Arosa; Grammophon gespielt.

Nach dem Diner Gesellschaft bei Dr. Richter und seinen

schwedischen Damen: außer uns Dr. Moeschlin mit Frau und
Sohn und Prof. Faesi. Die Unterhaltung strengte mich außerordentlich an.

Arosa, Montag den 5. III. 34.

Ohne Mittel recht gut geschlafen. Aber das Zwischenkapitel
nur mit Anstrengung zu Ende geschrieben.

Es fährt fort zu schneien.

Mit K. über das Prätschli-Hotel nach Maran gegangen, was
zuviel war. Klimatische Überanstrengung und die psychische
Einwirkung der blendend verschwimmenden Schneewüste
führten zu einer Furcht-Erregung und dem Verlust der Nerven, den ich auch von Nidden her kenne. Unterstand in Maran.
Später in beruhigtem Zustande ungestörter Heimweg. Verspätetes Lunch.

Langer und interessanter Brief von Kerényi. Ferner Briefe
von Schickele, Reisiger, der Herz, Fontana und Knopf, der
500 Dollars für Buddenbrooks bewilligt.

Nachmittags im Pelz auf der Veranda. Erregender Bericht
über die kirchlich-religiöse Krise in Deutschland. Nachricht
des Figaro von einer Spur, die vom Prince-Morde zum Reichstagsbrande führt. Zusammenkunft Mussolini-Gömbös-Dollfuß. Dekontenanciertheit des österr. National-Sozialismus.
Entlarvung des Habicht als ehemaliger Kommunist, zu Zuchthaus verurteilt. Viel auf einmal.

Beim Thee im Old India Zeitungen und Briefe gelesen.
Einkauf von Cigarren und anderem.

Zu Hause Briefe an Knopf und Schickele diktiert.

Beruhigende Nachrichten von Neumann-Florenz über Moni.

Telephonat mit Erika, die im Glücke Unglück hat: die Giese
muß operiert werden und bleibt 4 Wochen der Bühne entzogen. Der große Saal ist anstrengend, sodaß auch Erika nicht
wohl. – K. rief auch die Kinder und Frl. Kurz in Küsnacht an.
Es geht dort alles seinen ordentlichen Gang.

Diner in Gesellschaft Lions. Mit ihm im Salon später.

Arosa, Dienstag den 6. III. 34

Eine bezaubernd zarte Gipfelverklärung zeigte gestern Nachmittag den Wandel des Wetters an, und heute war ein vollendet reiner, prunkend weiß-blauer, überschöner Tag.

Ich schrieb ein Stückchen zur Einleitung des neuen Kapitels, war mit K. wieder zum Apéritiv in Maran und hielt Nachmittagsruhe in der Loggia. Las hübsche Dinge in der Rundschau. Schrieb vorm Diner an Reisiger, nachdem ich an Bermann und andere Briefe diktiert.

Viel Post kam: ein sehr charakteristischer und ausführlicher Brief von Heinrich darunter.

Im Old India beim Thee deutsche Touristen, von denen einer an unseren Tisch kam: man habe an ihrem gestritten, ob ich es sei?

Abends allein im Salon. Widerwärtiger Eindruck von einem Schriftstück des Weißenburger Fremdenvereins gegen Erika.

Arosa, Mittwoch den 7. III. 34.

Föhn, Wärme, Lawinendonner.

Vor 8 Uhr Pediküre.

Vormittag der Korrespondenz gewidmet, mit der ich ins Gedränge gekommen war. Den Brief an Reisiger beendet. Ferner an die Gerhard und andere geschrieben.

Mit K. nach Maran. Schwere Sonne; Regendrohung.

Nach dem Lunch in der Loggia eine schöne Geschichte von Ljeskow: »Der Pygmäe« gelesen.

Außerordentlich spannend ist der Fortgang der Untersuchung der Stavisky-Affaire in Paris und das, was man [von] den Spuren meldet, die man im Mordfalle Prince verfolgt. Ein Betäubungsmittel ist festgestellt. Der Stil des Falles ist ganz gewiß nicht derjenige »republikanischer Korruption«, sondern *moderner* politischer Verbrecherstil, das heißt faschistisch. Welch ein verehrungswürdiges Wunder wäre es, wenn Dank der Gründlichkeit, mit der die französische Republik ihre Korruption auszurotten sucht, die Urheber des Reichstagsbrandes, der deutschen Erhebung also entlarvt würden! –

Dankesbrief eines Dr. Fuchs in Shanghai für den Jaakob. Ein ebensolcher kam von einem Dr. Welti in Thun. Verzagter Leidensbrief von Kayser in Haarlem.

Neuer Wandel des Wetters binnen weniger Stunden: die Luft etwas erfrischt, die nüchterne und häßlich stumpfe Föhnbeleuchtung dem alten Schneegedünst wieder gewichen, das sich in leichte Flocken löst.

In den Blättern neue Kuriositäten über den deutschen Antisemitismus, Goebbels-Erlaß gegen wieder tätige jüdische Schauspieler, Gerichtsurteile über die Widernatürlichkeit der Mischehen, alberne Rede des Germanen-Professors Günther gegen das Christentum. Stupide – man wirbt um die Welt, Hitler läßt die französische Ausgabe seines »Buches« verbieten, aber man fährt fort, sich nebenher den abstoßendsten Aberwitz zu leisten, und den Pakt mit Polen z. B. darf die deutsche Presse als rein taktische Maßnahme bezeichnen. Es ist gut so. Die Schlauheit reicht nicht weit, die Dummheit schlägt durch und macht die Lüge offenbar.

Abends hörten wir durchs Radio Teile eines Wagner-Konzerts aus Leipzig. Der Apparat sehr gut und trennscharf.

Arosa den 8. III. (Donnerstag) 34
Unlustig und fast ergebnislos gearbeitet, herabgestimmt und müde. Es handelt sich wohl um einen Rückschlag gegen die Erregung der ersten Tage.

Mittags nach Maran, wie gewöhnlich. Die Schneenebel wurden von der Sonne durchbrochen, Bläue und Glanz der Berge erschienen; es war kälter, und der Nachmittag wurde sehr schön und leicht.

In der N. Z. Z. begann »Das bunte Kleid« zu erscheinen.

Wir tranken den Thee in einer anderen Konditorei, nachdem wir in der Spätsonne um den See gegangen.

Lion hat den »Jaakob« beendet und bei Rahels Tod geweint, auch er. Er hat Furcht für mich, – daß ich diesen Band nie übertreffen werde. Ein junger Nationalsozialist, dem er davon gesprochen, weigerte sich, es zu lesen, weil ich »Deutschland in der Not verlassen hätte«. Eine kleine Entstellung: Im Rausch hat es mich ausgetrieben. – Lion gab mir den Anfang seines Buches über Geschichte zu lesen.

Großer Maschinen-Brief von Lesser-Wien über den Joseph-Roman, eine enthusiastische Abhandlung.

Verbrachten den Abend im Salon mit Lion und seinem Freunde Ley, einem reichen jungen Argentinier-Deutschen, Besitzer des hübschen, löwenähnlichen Hundes von der Art, die wir in Lenzerheide kennen lernten.

Diktierte Brief an Bonnier, in Sachen der schwedischen Übersetzung, und Weiteres.

Arosa, Freitag den 9. III. 34.
Mit etwas mehr Behagen gearbeitet. (»Glutbauch«)
Föhnwind neuerdings, zu warm, nicht schön.
In Maran, wie täglich.

Las nachmittags im Liegestuhl die Bruchstücke aus Lions Buch, die sehr anziehend sind.

Im Roman-Feuilleton der N.Z.Z. läuft das »Bunte Kleid« weiter und wird ein hübsches Honorar bringen.

Der große Brief des Lesser beschäftigt mich nachhaltig und freut mich als Faktum, das im geistigen Leben sein Gewicht hat, wenn auch die Umstände es im Privaten halten. K. schlägt vor, eine Abschrift an Knopf zu schicken.

Im Old India Einblick in eine »Berliner Illustrierte« – schauerlich.

Ski-Genossen auf dem Übungsfeld, ein Journalist, mit dem ich gelegentlich korrespondiert, sprechen K. von der Notwendigkeit meiner Rückkehr nach Deutschland, das immer Deutschland bleibe und zu dem ich gehöre. Die Münchener Angelegenheit sei gewiß falsch angefaßt worden; man hätte stärker und, in Hinsicht auf meine Person, selbstbewußter auftrumpfen müssen. – Man kennt die Münchener Dummheit nicht. –

Nach dem Diner im Salon Zusammensein mit Lion und dem Ehepaar Stückerath und langes Gespräch über die deutschen Dinge und meinen persönlichen Fall. Zarte, sympathische Frau.

Arosa, Sonnabend den 10. III. 34.
Föhn, warm. Träge gearbeitet, wie überhaupt eine große Abneigung gegen Anstrengung und peinliche Ermüdbarkeit sich eingestellt. Ich schlief fest in der Loggia nach Tische, nachdem ich Weiteres aus Lions Manuskript mit Vergnügen gelesen.

Warmer Dankesbrief von Looser. Fiedler berichtet über sein Häuschen in Dettingen am Main. Hermann Hesse berichtet von dem plötzlichen Tode des Flüchtlings Wiegand, der meine Karte von hier nicht mehr zu Gesichte bekommen hat. Die Witwe, in Montagnola zu Gast, schreibt ergänzend: Die Ärzte wissen die Krankheit, an der er nach einem einzigen Tage gestorben, nicht zu bestimmen. Sein früher starkes Herz hat sofort versagt. Gram und Sorge haben da eine rasch untergrabende Arbeit getan.

Dank an Lesser mit Mühe diktiert.

Der Vorabdruck in der N. Z. Z. schließt ab.

Man schickt mir eine in Freiburg i. B. erscheinende katholische Zeitschrift »Stimmen der Zeit« mit dem Aufsatz eines Jesuitenpaters H. Becher über den Jaakob, ablehnend in seltsam hoch gegriffenen Ausdrücken.

Nach dem Diner mit Lion: über sein Buch, das meine und über Politisches.

Reisiger schreibt bewegt vom Tode seiner Mutter.

Arosa, Sonntag den 11. III. 34.
Gestern Abend im Bette nach der Lektüre recht böser Erregungszustand mit Herzfliegen, Zittern und großer Beängstigung. Es war wohl mehreres zusammengekommen ihn zu erzeugen: Der Tod Wiegands und der Mutter Reisigers, die

Kritik des Jesuiten, der beständige Föhn, der diesem Aufenthalt so großen Abbruch tut. Ich rief Katja, die eine Weile bei mir blieb, und mit Hilfe von Stirnkompressen und Phanodorm kam ich allmählich zur Ruhe.

Es schneit heute. Ich habe im Bett gefrühstückt.

Schrieb Brief nach dem Aufstehen.

Die Sonne erschien und es wurde föhnig warm auf dem Wege nach Maran, wo wir Stückeraths trafen. Wir gingen mit ihnen zurück. Er erzählte, eine Verordnung sei erschienen, nach der das Duell entfeudalisiert sei: jeder Deutsche, auch der kleine Mann solle fortan seine Ehre mit der Waffe in der Hand wahren! –

Taufbrief des Mannes in Neuhaus, bei deren Söhnchen ich die Patenschaft übernommen habe.

Nach dem Diner in der Loggia das »Tagebuch« gelesen, dann geschlafen.

Wir stiegen zum Prätschli hinauf, wo wir es so überfüllt fanden, daß wir nach Hause zurückkehrten und hier in der Halle zur Musik unsern Thee tranken.

Fragebrief der französischen Übersetzerin des »Jaakob«, Mme Servicen, den ich diktatweise beantwortete.

Diner mit Lion. Nachher allein in dem hübschen neuen Salon, der jetzt ganz frei für mich ist und in dem ich bei der Leselampe im bequemen Stuhl wie zu Hause sitze. Ich las in »Nietzsche und Wagner« von Dippel, einer nicht einmal hervorragenden Schrift, die mich aber wieder spüren ließ, wie ungeheuer der – übrigens in den Faust-Plan einschlägige – Gegenstand mich lebenslang interessiert.

Brief an Hesse und andere gingen ab.

Arosa, Montag den 12. III. 34.

Schweres Einschlafen gestern Abend, nachdem ich Ljeskows ungeheuer starke Erzählung »Die Lady Macbeth von Mzensk« zu Ende gelesen.

Rüttelnder, lärmender Sturm die ganze Nacht. Unruhiger

Schlaf. Grau, dunkel. Wir haben mit dem Wetter so wenig Glück wie möglich. Der beständige Föhn schlägt die Geistesmunterkeit nieder, die Aktivität ist gelähmt, und die Arbeit ruht fast ganz.

Schickte gestern den »Jaakob« und »Past Masters«, wovon kürzlich Exemplare kamen, an Dr. Richter und erhielt sogleich erfreuten Dankesbrief. –

Mit Lion war beim gestrigen Diner die Rede von der häßlichen Tatsache, daß nicht drei, vier deutsche Schriftsteller, von der »Akademie« zu schweigen, sich dazu aufraffen, Verwahrung gegen die Behandlung einzulegen, die mir amtlich zuteil wird, und die Freigabe meines Eigentums zu verlangen. –

Schrieb an Wiegands Witwe und führte eine Antwort auf Seeligs Film-Rundfrage für die N. Z. Z. zu Ende.

Schneefall, wachsend zum Schneesturm. Ruhte nachmittags im Bett, da ich mich wieder sehr nervös und wenig wohl fühlte.

Mit der Post: Antwort der Münchener Polizeidirektion: Abweisung, bündigst, ohne Begründung. Erbitterung und Depression.

Wir hatten Faesi's zum Thee in der Halle. Sie blieben bis ½ 7. Nachher Brief an Bermann in Sachen der Münchener Weigerung.

Die umbrochenen Bogen des J. J. kamen und wurden für Kopenhagen verpackt.

Der Schneefall war heftig, und man kündigt gutes Wetter an. Aber es ist zu warm, alles trieft.

Beschluß, Ende der Woche zu reisen.

Arosa, Dienstag den 13. III. 34

Gewaltiger nasser Schneefall, immer noch andauernd. Geisterhaftes und exzessives Bild. Schweres, erschöpfendes Gehen.

Ich arbeite vormittags eine Seite.

Wir tranken wie gestern unseren Apéritiv in der Bar.

Nach Tische in der Loggia.

Thee mit dem Paare Prof. Schulze-Gävernitz aus Freiburg im Old India. Gespräch über die deutschen Dinge, erregend wie jedes dieser Art, unangenehm besonders durch das Gefühl, aus der Nachbarschaft behorcht zu werden.

Brief von A. M. Frey aus Salzburg.

Wieder einmal eine Vorhaltung aus dem Publikum wegen des »Pesach-Festes«.

Arosa, Mittwoch den 14. III. 34.

Wir haben unsere Abreise auf übermorgen gegen Mittag festgesetzt. Das Wetter bleibt wärmlich und bedeckt. Der nasse Schneefall hat aufgehört.

Die Ungunst der Witterung mag viel beigetragen haben, den anfangs hoffnungsvoll gehobenen Charakter dieses Aufenthaltes mehr und mehr verfallen zu lassen. Meine Stimmung ist trübe geworden, die Nerven haben sich den Einflüssen der Höhenluft, zusammen mit der Bemühung um Arbeitsleistung wenig gewachsen gezeigt. Die Neigung zur Panik, zur Angst und nervösen Verzweiflungszuständen hat zugenommen. Daß die Berliner Nachrichten, die in die ersten animierten Tage fielen, sich nicht auswirken wollten (Heins schrieb neulich wieder recht kleinlaut negativ) und die widrig brüske Antwort aus München haben das Ihre getan, mich herabzustimmen.

Gestern Abend sprach ich im Salon mit Lion, dessen kluge, wenn auch moralisch etwas schwächliche Anteilnahme ich schätze, über meine Lage und kam auf ihre Falschheit mit denselben Worten zurück, die sich mir schon vor einem Jahre, von Anfang an, dafür aufdrängten. Die innere Ablehnung des Märtyrertums, die Empfindung seiner persönlichen Unzukömmlichkeit kehrt immer wieder, erneuert sich gerade jetzt und wurde bestätigt und verstärkt durch Lions Wiedergabe einer Äußerung G. Benns von früher: »Kennen Sie Thomas Manns Haus in München? Es hat wirklich etwas Goethisches.«

– Daß ich aus dieser Existenz hinausgedrängt worden, ist ein schwerer Stil- und Schicksalsfehler meines Lebens, mit dem ich, wie es scheint, umsonst fertig zu werden suche, und die Unmöglichkeit seiner Berichtigung und Wiederherstellung, die sich immer wieder aufdrängt, das Ergebnis jeder Prüfung ist, frißt mir am Herzen.

Übrigens gab ich Lion die Bogen des Jungen Joseph zu lesen. Ich verhehle nicht meine Furcht vor dem Mißerfolg des Bandes und hoffe auf den Zuspruch des gescheiten und bis zu einem gewissen Grade zuverlässigen Kritikers. –

Ich erwachte schon vor der Dämmerung und nachher noch mehrmals, habe ungenügend geschlafen. –

Unsere Gedanken sind viel bei Erika, deren Freundin und künstlerische Hauptgenossin, die Giese, morgen an einem übergroßen Myom operiert werden soll – eine bedenkliche Sache.

Die Zeitung brachte gestern Abend die Nachricht von einem schweren Unfall Stickelbergers im Baseler Theater, wo er bei seiner Première ins Orchester gestürzt ist und mehrere Rippen gebrochen hat. Ich rechne mit der Möglichkeit, daß dies Vorkommnis meinen Baseler Abend in Frage stellt. –

Ein neuer Roman von Fallada wird in der N.Z.Z. besprochen. Er hat ein Sträflingsschicksal zum Thema und scheint es altruistisch-sozial zu behandeln. In einem Geleitwort aber sagt der Verfasser, daß seine Schilderung des Strafvollzuges der deutschen Wirklichkeit nicht mehr entspreche und verhöhnt und verwirft die Humanität, die in der vergangenen Epoche den Strafvollzug zu regulieren versucht hatte, als grotesk und lächerlich. Wozu der feige Eselsfußtritt nach dem Besiegten, Gefallenen? Das Buch tritt ein für den Schutz des besserungsfähigen Verbrechers nach der Strafverbüßung. Es hat selber eine humane Tendenz. Mit ihr mußte wohl eine Staatsmacht versöhnt werden, nach deren Willen einem einmal Bestraften überhaupt keine Hoffnung auf Leben und auf Versöhnung mit der Gesellschaft bleibt. – Um in Deutschland möglich zu sein, muß ein Buch seine menschenfreundliche

Gesinnung in einer Einleitung verleugnen und in den Boden treten.

– Die Herz schreibt eine in Censur-Sprache abgefaßte Karte, worin sie die – in Nürnberg besonders krasse – Verstärkung des Antisemitismus andeutet und zu verstehen gibt, daß ihre Reise in die Schweiz gefährdet ist.

Brief von Reisiger.

Buchsendung von Bertram: »Griecheneiland«, mit Widmung und Citat von Carossa, Motti von Goethe, Hölderlin und George, heroisch-philologisch und edel. –

Ging wie zu Anfang des Aufenthalts vormittags in den Ort hinunter zum Haarschneiden. Besuchte danach K. am Übungsplatz und ging allein nach Maran, wo ich eine Weile beim Vermouth saß. Starke Sonne, Frühlingswärme, die keines Rückfalls ins Winterliche mehr fähig schien.

C. G. Jungs Verteidigungsartikel in der N.Z.Z. recht unangenehm und schielend, sogar schlecht geschrieben und unwitzig, in falscher Pose. Er sollte offen seine »Zugehörigkeit« erklären.

Der »Arier-Paragraph« bei der Reichswehr durchgesetzt in voller Rigorosität. Die Zukunft gehört der praktisch wiederhergestellten allgemeinen Wehrpflicht (450000 Rekruten jährlich) mit Ausschluß des »Gastvolkes« der Juden und Nicht-Arier. Denn eine halbjüdische Großmutter macht einen Mann zum »Gastvolk« gehörig und schließt von der deutschen Volksgemeinschaft aus. –

Nachmittags in der Loggia die Schrift über Wagner und Nietzsche zu Ende gelesen, die wirklich recht schülerhaft ist.

Spaziergang mit K., auf Umwegen zum Old India, recht anstrengend wieder für mich, – nach einer halben Stunde sind hier immer meine Nerven überbeansprucht. – Himmelsklarheit, leichter Frost und schöne Gipfelbeleuchtung. Danach sind weitere Niederschläge angekündigt.

Die Bogen des J. J. für Melantrich und Athenäum verpackt.

Schrieb Dankeszeilen an Prof. Frei, Zürich, der mir einen

Aufsatz über »Mensch und Tier« geschickt. »In einer Zeit, wo Menschenquäler durch Anti-Vivisektionsgesetze der Humanität glauben einen Lügentribut darbringen zu sollen, wirkt Ihre menschen- und tierfreundliche Männlichkeit besonders wohltuend.« –

Nach dem Diner mit Lion im Salon. Er hat den J. J. schon bis zum Bunten Kleide gelesen. Die Anfänge, auch das Gotteskapitel haben ihn kalt gelassen. Er findet dieses glänzend aber allzu gedanklich und hintergrundlos. Dagegen ist er entzückt vom Adonishain, dem Aufklingen der großen religiösen Motive und des Feststunden-Motivs in der Plauderei der Jungen. Ich hatte für dies Kapitel gefürchtet. Mit mehr Recht habe ich es, wie es scheint, für den Himmelstraum getan, den L. ebenfalls skeptisch behandelt. Er stimmt mit mir in dem Wunsche überein, aus dem 1. und 2. Bande ein Ganzes zu machen.

K. und ich hörten später durchs Radio einige moderne italienische Musik, eklektisch und wirksam, aus Hamburg. Vom deutschen Sender fing man auf, daß der Reichskanzler beim Verlassen einer Ausstellung das Volksauto als eine brennende Notwendigkeit bezeichnet habe.

Arosa, Donnerstag den 15. III. 34.
Heute vor einem Jahre begann ich dies neue Tagebuch zu führen.

Schreibe dies im Bett, das ich bald nach Tische aufsuchte, weil schon beim Essen nervöses Unwohlsein mich befiel. Ich arbeitete vormittags, was mich sehr anstrengte, und war danach bei sonnig-föhnigem Wetter in Maran.

Nach dem Lunch zogen Stückeraths, die heute abreisen, uns in ein Abschiedsgespräch, worin der Mann wieder auf meine Rückkehr nach Deutschland, meine »Kinder« dort etc. wohlmeinend zu sprechen kam. Ich mußte meines Schlechtbefindens wegen abbrechen. Er gab uns die Adresse eines Nazi-Anwalts, mit dessen Hülfe unsere Münchener Angelegenheit zu ordnen sei.

Viel Post, darunter Briefe von Reisiger, Lindley-Princeton, Schlamm, der die »Weltbühne« verläßt, und Kerényi, der seine Gedanken von Mythos und Roman entwickelt.

Schneefall. Der letzte Tag dieses Aufenthaltes, der hoffentlich meinen Nerven nicht durch Überbeanspruchung dauernd geschadet hat.

Ich diktierte im Liegen kurzen Brief an Bertram, am Schluß den Vers umspielend, der mir neulich im Halbschlafe wieder einfiel, als ich mit Lion über die fehlgeschlagene sozialistisch-bürgerliche Lösung in Deutschland, die die humane und europäische gewesen wäre, gesprochen hatte: »Victrix causa diis placuit sed victa Catoni.«

Abschiedsbesuch bei Richters.

Abends ruhiger. Aß mit leidlichem Appetit. Diner mit Lion und nachher mit ihm im Salon. Er sprach entzückt über den »Mann auf dem Felde« und die Individualisierung der Brüder, namentlich Rubens und Juda's. Kluge Bemerkungen über die Stilveränderung gegen die Epik des ersten Bandes: Das Novellistische emanzipiere sich. Ich wünsche sehr und schlug es ihm vor, daß er über die beiden Bände schriebe.

Nahm ein Adalin zum Kamillenthee. Der Koffer steht im Zimmer.

Arosa, Freitag den 16. III. 34.

Früh erwacht, aber bis dahin ruhig geschlafen, nach einigen Seiten Don Quijote.

Schneenebel, Schneefall. Ich habe gebadet und gefrühstückt und es geht nun ans Packen und an den Abschied von diesem physisch erregenden und auch seelisch, dank den Erinnerungen, bewegenden Aufenthalt. Ein Brief an das »Reichs-Innenministerium« beschäftigt mich zuweilen, worin ich Lust hätte, die Geschichte meines Exils darzulegen und meine Entfernung von Deutschland auf noch etwa 2 Jahre zu bemessen. Eine Art von Urlaubsgesuch, dessen Bewilligung meinem Außensein den Fluchtcharakter nehmen und zwischen der Heimat und mir ein würdig-friedliches Verhältnis herstellen würde, wie ich es im Grunde brauche. Dieser Plan ist wichtig. –

Lion fand gestern den Brief an Bertram zu grausam. Ich zögere, ihn abzusenden.

Abschiedsbrief von Lion wurde überbracht. Er berichtet über seine weiteren Lese-Eindrücke. Von der Verprügelungsszene an hat ihn wieder das mythische Sich selbst verwechseln Josephs interessiert. Er verhält sich umgekehrt wie Publikum und Kritik, empfindet alles Novellistische als banal und nicht auf der Höhe. Ich selbst empfinde ähnlich. Was von dem Buche bleibt und seinen Wert, jedenfalls sein Bestes ausmacht, sind einige Seiten mythisch-musikalisch-gedanklichen Spiels. –

Küsnacht – Zürich, am selben Tage.

Wir gingen in Arosa, nach den obligaten Verabschiedungen zu Fuß zum Bahnhof und trafen unterwegs das Ehepaar Schulze-Gävernitz sowie Lion, der rührender Weise ungeachtet seines Briefes noch zum Bahnhofsabschied mit Kuchen-Zehrung gekommen war. Er sprach vom J. J., worin ihm beim Weiterlesen pünktlich die Wiederbegegnung mit dem »Manne« am Brunnen am besten gefallen hat. Ferner der Zug der Ismaeliter. Alle nur romanhafte Erzählung darin schätzt er gering, meint aber, daß gerade ihretwegen der Band gut aufgenommen werden wird. Wir erwarten seinen Besuch.

Wir reisten bis Chur mit den Sch.-G., was das Erlebnis des Abschiedes, der Rückkehr aus der extremen Sphäre ins Gemäßere beeinträchtigte. Der Zug war sehr voll. In dem nach Zürich war dann Bequemlichkeit, wir verzehrten unser mitgenommenes Lunch, und ich las etwas Ljeskow.

Ankunft Zürich ½ 4 Uhr. Unser Gelegenheits-Chauffeur aus Küsnacht zur Stelle. Mildes, sonniges Wetter. Fahrt mit dem Gepäck hierher, Begrüßung durch die Mädchen, Frl. Kurz und das Hündchen, das sehr zutunlich zu mir ist und sich gern in meinem Zimmer aufhält. – Maria, seit gestern aus München zurück, berichtet, daß »viel geschimpft« wird; ferner von V. Heins, daß es nichts Neues gebe, daß man in Berlin sehr willig sei, er aber in M. nicht vorwärts komme. – Selbstmord des Ehepaars Camerloher, Delikatessenhandlung in München. Schweigen der M'er Presse darüber.

Vor und nach dem Thee ausgepackt und mich wieder installiert.

Begrüßung mit den Kindern, die zu ihrem Wohlgefallen gelebt haben.

Kerényi's Buch über den griechischen Roman, offenbar lesenswert.

Motive des Joseph wurden mir wieder lebendiger.

Sonderbar, wie gerade jetzt wieder der Gedanke an Rückkehr nach Deutschland, die vorläufig schon wegen des Eigenlebens der Kinder, der »Sammlung« etc. ganz ausgeschlossen erscheint – vor allem aber der an ein friedliches Arrangement mit dem Lande mich fort und fort beschäftigt und der Plan des Briefes mir weiter im Sinn liegt. –

In unserer Abwesenheit war M. Oppenheim hier. Mein Portrait ist vom Wiener Museum angekauft. –

Erika telephoniert aus Basel, daß die Operation an der Giese gut und mit humanstem Comfort verlaufen. Bereits konnte sie sie sehen. Im Hotel 3 Könige die alten Fischers, die an der Grenze wegen Verdachts der Devisen-Schiebung, der auf eine Denunziation zurückzuführen, früh 6 Uhr aus dem Schlafwagen geholt und peinlich bis aufs Letzte untersucht worden waren.

Telephon-Gespräch mit den alten Fischers. Bermann läßt uns neuerdings ermahnen, »nichts zu unternehmen«, da »die Sache sicher in Ordnung kommen« werde. –

Ich schärfte der Kurz ein, der Behörde in München auf Befragen von meinem zurückgezogenen Leben zu berichten.

Las nach dem Abendessen in Kerényis Buch. Interessant!

Sonnabend den 17. III. 34.
Der Organismus quittiert den Luftwechsel mit Kopfschmerzen, erhöhtem Appetit und Neigung zum Schlafen.

Vormittags schneite es. Aber doch scheint die Luft uns sehr milde. Stand gegen 8 Uhr auf und arbeitete nach dem Frühstück eine Kleinigkeit.

Empfing 11 Uhr den Besuch eines Herrn van de Water, der mir Vorschläge wegen einiger Vorträge in Holland machte.

Brief von M. Platzer über seine Lektüre des »J. J.«.

Kurzer Spaziergang mit K.

Nach Tische das »Tagebuch« gelesen. Dann geschlafen.

Man findet mein Aussehen gebessert, mein Gesicht voller geworden.

Heute vor einem Jahr reisten wir von Arosa nach Lenzerheide ab, und es ereignete sich der Abschied von Medi am Bahnhof in Chur. –

Diktierte Briefe nach dem Thee und begann einen an Heinrich zu schreiben. Ging vorm Abendessen eine halbe Stunde aus.

Antwort von Bonnier, den mein Brief bestimmt hat, die »Höllenfahrt« in die schwedische Ausgabe mit aufzunehmen. Er sucht noch nach einem Übersetzer.

Überraschendes Ersuchen der Firma Reclam, »Gedanken im Kriege« in den Sammelband »Politische Dichtung« aufnehmen zu dürfen.

Erika berichtet unbefriedigt und besorgt über das Befinden der Giese, die von Husten gequält wird. Die Lunge war im Voraus durch das Myom affiziert. Hustenmittel sind kontraindiziert wegen der Wirkung auf den Darm.

Las abends in dem Buche Kerényi's, von dem allgemeine Anregung ausgeht. Las auch noch im J. J., nicht mit Gefallen. Spät zu Bett.

Sonntag den 18. III. 34.

Heulender Föhnsturm. Schrieb an der Begegnung mit Potiphar weiter. Wurde mit K. auf dem Spaziergang über die »Johannisburg« von einem Hagel- und Graupelwetter überrumpelt, das mit großer Heftigkeit und Phantastik von den Bergen über den See herüber uns ins Gesicht fiel.

Nach Tische Kerényi gelesen, wobei leider die wieder griechischen Citate mir entgehen. Dann geschlafen. Fühle mich
recht gut und glaube nun doch, daß Arosa erholend gewirkt
hat. –

Zum Thee Frau M. Wassermann.

Ich schrieb den 4 Seiten langen Brief an Heinrich zu Ende
und hörte nach dem Abendessen Einiges aus dem Klavierkonzert von Tschaikowski.

Es machte mich besorgt, daß die Kinder auch den ganzen
Sonntag-Nachmittag hindurch geübt hatten. Diese Musikver-
sessenheit hat namentlich bei Medi etwas Starrsinniges, und
Bibi entbehrt jeder anderen Bildung, was mich, bei allem Glauben an die Ratsamkeit der Konzentration, etwas beunruhigt.

Las Hauptmanns Lebenserinnerungen in der N.R., die
schlecht geschrieben sind und nachgiebig gegen die offiziell-
populären Forderungen wirken.

Las in einer lange liegen gebliebenen Münchener Rektorats-
rede des Biologen Escherich. Er nennt Kolbenheyer unseren
großen deutschen Dichter-Philosophen und zitiert seinen Ausspruch, daß Deutschland zur Führung Europas berufen sei,
weil es mehr »undifferenziertes Plasma« habe als andere, grei-
senhafte Völker. »Immer eingedenk des Wortes unseres Führers –«, sagt er. – Ich dachte viel und niedergeschlagen nach
über diese widerstandslose Mitrederei, diese banal-ungesunde
Geistesverfassung eines Gelehrten, diese Art, sich zum eigenen
Volk und zu anderen zu verhalten. Mir war wieder, als müsse
ich noch einmal »Betrachtungen« schreiben. War das alles
nicht 1914 schon einmal da? Der Augenblick von damals,
nachher so bitter gebüßt, war zu genußreich. Die ganze »Revolution« galt dem Zwecke, ihn wiederherzustellen.

Montag den 19. III. 34.

Sonniger Tag. Vormittags Gespräch zwischen Joseph und Potiphar. Wielands »Agathon« fiel mir wieder ein, der irgendwie
von ferne Pate steht bei diesem 3. Bande – wie auch wieder

die »Götterdämmerung«. Geheimnisvolle Verwandtschaften mit dem griechischen Roman, von dem Wieland gewiß ein Kenner war, scheinen mir bei der Lektüre des ungarischen Buches ebenfalls vorhanden. –

Es kamen Bücher, der neue Roman von Fallada u. eine Sendung von Cassirer über Fischer. Dazu Karte von Lion, angetan von dem Schluß des J.J., weitere Unterhaltung in Aussicht stellend. Briefe von Bermann und Loerke. Ersterer verheißt Vorgehen gegen die Münchener Lokalbehörden in Sachen des Passes und teilt mit, daß der J.J. morgen erscheint und in etwas mehr als 7000 Exemplaren ausgeliefert wird. Letzterer dankt für den Glückwunsch und schreibt schlecht leserlich bewegt und in großen Worten über den Joseph. –

Schon nach beendetem Frühstück verabschiedete ich mich von Fräulein Kurz, die um 11 Uhr in Tränen uns verlassen hat, in der Stadt noch mit den Kindern eingekehrt und nach München zurückgekehrt ist. Sie hofft, von der P. P. weiter mit der Betreuung des Hauses beauftragt zu werden. –

Ging mit K. spazieren den 1 ½ stündigen Rundgang durch den Wald.

Las nach dem Essen, das ich mit K. allein einnahm, Zeitungen und fand in der N. Fr. Presse schon eine Besprechung von F. Horch, im Geist seiner ersten.

Schlief nachmittags und schrieb nach dem Thee an Bertram und Horch.

Wir telephonierten mit Erika, die befriedigt über den Zustand der Giese berichtete. Sie hat uns für übermorgen ein Zimmer im Hotel 3 Könige belegt.

Abends »Der griech. Roman«.

Dienstag den 20. III. 34.
Schrieb weiter an dem Gespräch.

Warmer dunstiger Tag. Ging allein spazieren und dachte abwechselnd an den Joseph und den Brief an das Reichsinnenministerium.

Mittagessen zu dreien mit Medi. Es stürmte dann und begann zu regnen.

Brief von Herman Hesse: Gegen Wagner. Wenn es nach ihm ginge, »würde Frankreich über den Rhein marschieren und Deutschland einen Krieg verlieren lassen, den es in ein paar Jahren vielleicht gewinnt«.

In der N.Z.Z. einer von Rychners nazifreundlichen Artikeln: über die vertrauen- und hoffnungserfüllte Atmosphäre in Deutschland und daß seine Isoliertheit die der revolutionären Nationen sei. Im Bunde mit der Zukunft etc.. Es wirkt nachgerade bezahlt, und R. wird heute ebenso schon ein Agent des Propaganda-Ministeriums sein, wie Sieburg es deklarierter Weise ist.

Was soll man übrigens denken von der hirnlichen Widerstandskraft der Intellektuellen? Ponten schreibt an Lion: »Hitler verhält sich zu Stein, wie Luther zu Hus«. Hitlers Ähnlichkeit mit Luther wird überhaupt viel empfunden. Seine Verwandtschaft mit Wagner, die er selbst hervorhebt, ist aber größer. Keller nannte diesen »Friseur und Charlatan«. Das *Widerliche* Wagners, aber freilich nur dies, ist bei H. genau wiederzufinden.

Jacob Burckhardt als Prophet: »O wie vieles, das den Gebildeten lieb gewesen, werden sie als geistigen ›Luxus‹ über Bord werfen müssen! und wie eigentümlich anders, als wir sind, wird das neue Geschlecht emporwachsen. Es kann geschehen, daß wir den Jüngeren vorkommen wie die auf lauter Wohlleben eingerichteten französischen Emigrés den Leuten erschienen, zu denen sie geflüchtet waren.«

Wahr und gut! Ich für meine Person stehe, wenigstens mit einem Teil von ihr, schon ganz so zu der neuen Welt und sie zu mir. Mein Joseph-Werk ist nicht nur persönliches Alterswerk, es ist in jedem Sinne ein Spätwerk, schon verspätet, luxuriös und künstlich wirkend, Alexandrinismus und wird das wahrscheinlich noch ausgeprägter vermöge des Bewußtseins von sich selbst. Man ist zu jeder geschichtlichen Einsicht bereit.

Wenn nur der kränkende und erbärmliche, zu jedem Eselsfußtritt, jeder Verleugnung und Beschimpfung des Vergangenen immer überbereite Byzantinismus der Anderen nicht wäre! Etwa das Vorwort Fallada's zu seinem neuen Gefängnisroman: »Der *sogenannte* humane Strafvollzug, dessen lächerliche, wie groteske, wie beklagenswerte Folgen auf diesen Seiten dargestellt werden, ist nicht mehr.« Sogenannt? Für die Gesinnung, die den Strafvollzug der Republik beeinflußte hat man das Wort »human«, kein anderes. Es ist also diese Gesinnung, der heute die Bezeichnungen »lächerlich, grotesk und beklagenswert« zukommen. Aber Fallada selbst will ja das Humane. Er wünscht Arbeit für Strafentlassene. Die versuchte ihnen die Republik zu verschaffen. Er will »keine öde berufsmäßige Betreuung, sondern Verständnis«. Aber Verständnis gerade ist man entschlossen, dem Verbrecher *nicht* mehr entgegenzubringen, und die berufsmäßige Betreuung kann man nur öde nennen, wenn man es allzu eilig hat, ihre Abschaffung zu billigen und überhaupt Kotau zu machen.

Handelt es sich einfach um einen deutschen Umschreibungs-Jargon, der sich die Miene gibt, das Humane zu beschimpfen, um hinten herum dafür eintreten zu können, – wie es schließlich auch nach einer antihumanen Revolution die Aufgabe und der natürliche Beruf des Schriftstellers bleibt? –

Heute ist der Erscheinungstag des »Jungen Joseph«. Ich hätte das Buch mit dem Bilde von Walser auch ein wenig früher zu sehen bekommen können, als alle Welt. –

Machte bei angenehmer, vom Regen erfrischter Frühlingsluft einen Abendspaziergang. Aß zu reichlich bei der Mahlzeit und fühlte mich nicht gut bei dem hübschen und interessanten Konzert alt-italienischen Programms, das wir aus Bern hörten.

Alfred Weber, Heidelberg, in Verlagsangelegenheiten hier, rief an. Da er nur 2 Tage bleibt, ist eine Begegnung unserer morgigen Reise wegen leider unmöglich. Die Aussprache wäre interessant gewesen, es ist sehr schade.

Aufsatz von A. Suarès über den Mordfall Prince in dem

Pariser Magazin 1934. »Das Verbrechen trägt das Signum von Moskau und Berlin.« Aber Moskau schaltet bestimmt aus.

Die Finanzierung des wochenlangen Pariser Chauffeur-Streiks, der viel Unruhe u. Verwirrung brachte, ist ein Geheimnis, das dasselbe »Signum« zu tragen scheint. Es ist wohl »Deutschland«, das viele Millionen dafür übrig hatte, während es durch Schacht in London seine Zahlungsunfähigkeit erklären läßt. Zugleich erklärt Goering einem Journalisten vom »Jour«, zwischen Frankreich und »Deutschland« stehe nichts als ein »psychologisches Mißverständnis«, das keinen Krieg wert sei. Aber über die Verbrecher-Psychologie dieses »hoffnungsvollen« Deutschland mit dem undifferenzierten Plasma gibt es kein Mißverständnis. –

Las Kerényi's »Griechischen Roman« zu Ende, vage und beziehungsvoll angeregt.

Mittwoch den 21. III. 34.
Es wird wieder einmal eine Reise angetreten, und die Vorzüge eines privaten Départ, im Wagen, für die Nerven bewähren sich. Es ist ein gelassenes Packen, und auf die Minute kommt es nicht an.

Der Morgen ist angenehm, milchig-dunstig, windstill, u. es kann sein, daß der Tag sonnig wird. Wir frühstückten gegen 9, nachdem ich mich gleich rasiert und angekleidet, und rüsteten dann das kleine Gepäck. Die literarische Ausrüstung besteht im Wagner Vortrag, dem Don Quijote und einem Bande Ljeskow. –

Basel, Hotel 3 Könige, am selben Tage.
Fuhren ½ 11 Uhr von Küsnacht ab und hatten bald Regen. Über Baden und Stein a. Rhein, wo wir kurzen Aufenthalt machten, erreichten wir 1 Uhr Basel und dies Haus, wo wir das gleiche Zimmer bezogen haben wie auf der Reise nach Frankreich. Die Vertrautheit mit dem Raum überm Rhein ist außerordentlich und läßt auf die erregte Intensität des damaligen Erlebens schließen.

Erika kam von der Frauenklinik, wo es gut steht, uns zu begrüßen. Lunch mit ihr im Speisesaal und Kaffee nachher im Salon, unter Erzählungen von Fischers u. a.. Später geruht. Zum Thee fanden Dr. Schwabe vom Pen Club, Frl. Waldstätter u. der junge Stickelberger sich ein. Dann Smoking-Toilette und erstes Eintauchen in die Gesellschaft, die unten sich zu versammeln begann. Revision des Saales und Änderung von Podium und Pult. Besuch zwischendurch bei Erika im Speisesaal, die mit ihrem weißen Pianisten soupierte. Großer Zudrang, Auto-Anfahrt, stärker, nach Eris Aussage als bei Weingartner. Der kleine Saal überfüllt. Einführende Ansprache Dr. Klaibers von der Nationalzeitung. Dann der Vortrag, den ich lebhaft las, u. der mit großer Spannung angehört und andauernd applaudiert wurde.

Im anstoßenden Saal war für 127 Personen gedeckt. Souper zwischen Ruth Waldstätter und Fr. Dr. Schultes, gegenüber der Nietzscheschriftsteller Podach. Erstaunlich unbeholfene Tischrede des Germanisten Professor Hoffmann. Ich erwiderte nach dem zweiten Gang, wobei ich den Austritt der deutschen Gruppe aus dem P-C. kritisierte. Die Unterhaltung überaus laut, die eigene Konversation anstrengend.

Später in den vorderen Salons. Kaffee und Bier. Auch Erika kam nach 11 Uhr von ihrer Arbeit. Es zeigte sich, daß der Wagner-Vortrag wieder ein außerordentlicher Erfolg gewesen. Das Willkommenste darüber hörte ich von dem Anglisten der Universität, der den Vortrag als solchen rühmte und erklärte, daß sich ihm dabei erwiesen, was er bei meiner Prosa, die er von Kindesbeinen kenne, von jeher empfunden habe, nämlich, daß sie vor allem sprechbar, mundgerecht sei.

Lang hingezogenes Beisammensein, mehr oder weniger interessierter Austausch mit vielen Menschen, wobei die Erholung von Arosa u. eine gebesserte, beruhigtere seelische Verfassung sich bewährten. Erika begleitete uns noch auf unser Zimmer und im Plaudern mit ihr rauchte ich meine Cigarre zu Ende.

Basel, Donnerstag den 22. III. 34. Hotel 3 Könige.

Es ging mit dem Einschlafen gestern Nacht natürlich schwer. Ich nahm um ½2 Phanodorm, was seine Wirkung tat und mir bis ½9 Uhr ruhigen Schlaf verschaffte.

Ich freute mich an Bad und Frühstück, an dem Rhein- und Stadtblick aus unseren Fenstern. Das Wetter ist bedeckt und feucht.

Vor 11 kam Dr. Klaiber, mit dem ich mich längere Zeit im Salon unterhielt und der mir mein Honorar einhändigte. Dann verabredungsgemäß der junge Stickelberger, der mich mit seinem Pacquart zu dem eleganten Haus seiner Eltern in der St. Albanvorstadt führte. Empfang am Krankenbett des Hausherrn, der, eine Cigarre rauchend im seidenen Pyjama, den Eindruck gepflegten Wohlseins machte. Ich blieb in Gesprächen, namentlich über die Geschichte des Austritts der Deutschen aus dem Pen-Club, bei Wermuth und Cigaretten, wohl eine Stunde u. hatte mich dann noch ins Gästebuch und ein Exemplar des »Jaakob« einzutragen.

Der Sohn führte mich ½1 Uhr zur Frauenklinik, wo ich im Krankenzimmer der Giese K. und Erika fand. Einiges Verweilen bei der in rascher Genesung Begriffenen. Dann mit E.'s Wagen zum Mittagessen bei Spitzer am Rhein, ebenfalls vertrautes Lokal. K. u. E. gingen nachher auf Besorgungen, ich kehrte ins Hotel zurück u. las in der unterwegs gekauften N.Z. eine Besprechung des gestrigen Abends.

Hielt dann Bettruhe, machte 4 Uhr Toilette und fuhr 5 Uhr mit K. zu Hechts, wo wir, zusammen mit einem Redakteur der N.Z. den Thee nahmen. Letzterer übernahm die Caruso-Anekdote aus dem »Stürmer« für sein Blatt. Ich fühlte mich schlecht, trug aber zu der Unterhaltung über Deutschland und den Zustand Europas das Meine bei.

Wir fuhren ½7 Uhr (mit dem Redakteur) zum Hotel zurück. Aßen ½8 Uhr im Speisesaal zu Abend (ich hatte keinen Appetit) und gingen dann zu Fuß zu dem nicht fernen Lokal der »Pfeffermühle«, dem »Gambrinus«, wo man uns, ohne Kartenausfolge, Plätze anwies. Der Saal stark besetzt, fast ausverkauft. Aber das Publikum erwies sich als recht stumpf, wenn es auch mit gläubigem Beifall nicht kargte und namentlich bei politischen Gelegenheiten Überzeugung bekundete. Ein dummer junger Mensch, Flüchtling aus Deutschland, setzte sich uns lästig auf die Haut. Ich gab ihm die Zürcher Telephonnummer. Es war sehr warm, aber das Programm, worin die Geräusch-Imitationen des Son-Rethel uns neu waren, unterhielt mich, zuweilen interessierte mich Hennings Musik, und Erikas Produktion flößte mir wieder die väterlich-befangene Ergriffenheit ein, die ich kenne. Die Giese fehlte empfindlich.

Nach Schluß in der Garderobe, wo E., die Schloß u. die Tänzerin sich abschminkten. Begrüßung mit anderen Mitgliedern. Dann mit E. ins Hotel, wo wir bis ½1 Uhr bei einer Flasche Champagner, die die Giese gestiftet, und Caviar-Toast, im Beisein des weißen Magnus Henning, beisammensaßen. – Befriedigung über den Aufenthalt. Müde.

Basel, Freitag den 23. III. 34. Hotel 3 Könige.
¾9 Uhr auf, nach gut verbrachter Nacht. Trüber, kühler Tag. Zögern des Frühlings. Wir haben gefrühstückt, wollen nun unsere Sachen wieder zusammenpacken und um ½11 die Rückfahrt antreten.

Wieder in Küsnacht, am selben Tage.
Nach der Verabschiedung von Erika, die uns zu Ostern besuchen wird, und dem Hotelpersonal, fuhren wir ungefähr zur angesetzten Zeit von den 3 Königen ab und waren genau 2 Stunden später in Zürich. Die Fahrt war vom Wetter begünstigter als die Hinreise; die Nebel wurden durchsichtiger, mehrmals erschien die Sonne. In weicher Beleuchtung die Kurve des Rheines bei Stein mit dem gegenüberliegenden Säckingen. Später schlängelte sich das silberne Band der Aare ins Land hinein wie die Schelde im Lohengrin. Wir fuhren ohne Aufenthalt und waren um 1 Uhr zu Hause.

Allerlei Post, auch ein Brief Bermanns, der die Überweisung von 13 000 Mark anzeigt. Ich öffnete gleich das unterdessen eingetroffene Bücherpacket von Fischer mit den Exemplaren des »Jungen Joseph«. Das Umschlagbild ist sehr schön, in dem eigentümlichen Monumentalstil des ersten, fein im Ton. Die Gestalt des Joseph im Kopftuch, mit bloßem Oberkörper, erregt meine Freude.

Mittagessen zu Dritt mit Bibi.

Telephon-Anruf der Herz, die morgen eintrifft. Dieser Besuch, einigermaßen beschwerlich muß einmal absolviert werden.

Nach Tische die Zeitungen durchgesehen. Dann geruht.

Zum Thee Hans Bernstein aus München, dessen Gespräch, bis ½7 Uhr fortgeführt, nicht gerade als förderlich empfunden wurde.

Anruf des jungen Perl. –

Dem zurückgelegten Ausflug werde ich eine freundliche Erinnerung bewahren. Er war wohl gelungen nach seinen Etappen, und der Verkehr zwischen den unfern von einander gelegenen Städten dieses Landes auf guten Straßen mit privatem Reisemittel hat etwas Behagliches und Angenehmes. Auch war es nachdenklich-reizvoll, dasselbe Hotelzimmer unter bedeutend fortgeschrittneren und beruhigteren Umständen, den eigenen Wagen vor der Tür, wieder zu bewohnen, in dem wir voriges Frühjahr so verwirrte und leidende Tage verbrachten. –

Abendessen allein mit K., da die Kinder das Konzert von Casals besuchten.

Es kam Münchener Post, darunter eine griechische Programmsendung des »wider Erwarten zum ernsthaften Musiker entwickelten« Bibi Saccellaphilaccas, der sich als P. Kahn zeichnet.

Sah Zeitschriften durch. Das »Tage-Buch« über die Coopération-Rede des Grafen Keyserling über die neue »tellurische« Menschheit. Welche Geschmeidigkeit! Sie hindert nicht, daß die Regierung ihm das Reisen verbietet, wie sie einen Vortrag des Kolbenheyer verboten hat, in welchem irgend etwas gegen die Organisation des Geistes erinnert war. Nichts, was, wie unsympathisch und zeitgerecht es sei, überhaupt nach Geist schmeckt, ist möglich in diesem Lande. –

Bernstein erzählt, die Münchner P. P. behaupte bei den Akten zu haben, ich hätte Deutschland in französischen Blättern ein Tollhaus genannt. Es existiert keine Äußerung, die so auch nur hätte mißverstanden [werden] können. Der Obersekretär und Referent hat diese angebliche Meinungsäußerung eine »Unklugheit« genannt, die meinen – wie es scheint, sonst hoffnungsvollen – Fall »erschwere«.

Sonnabend den 24. III. 34.

[...]

Besuch des überflüssigen Herrn Perl, den ich bald ausführte, um wegen Nebelreißens bald nach Hause zurückzukehren.

Mit der Post zahlreiche Exemplare der ungarischen Ausgabe des J. J.. Zu meiner Verstimmung mußte ich feststellen, daß in ihr die vorgenommenen Änderungen nicht mehr berücksichtigt, auch das gestrichene Kapitel mit aufgenommen worden.

Zu Tische *Lion,* zu willkommener Unterhaltung. Er fuhr 3 Uhr mit K., die die *I. Herz* vom Bahnhof abholte und 4 Uhr hier einlieferte. Ging zum Empfang ans Auto hinunter und führte die hochrot Erregte in Haus und Zimmer ein. Ruhte dann etwas aus.

Thee mit der Herz und nachfolgendes ausgedehntes Gespräch über ihre Lage und unsere Angelegenheiten. Die Erledigung der sehr angehäuften Korrespondenz muß zu meiner Belastung weiter verschoben werden.

Sonntag den 25. III. 34

Der Vormittag war der Korrespondenz gewidmet. Ich diktierte K. eine Reihe von Briefen: an Dr. Heins, Bermann, Bab, Platzer, Reclam u.a.m. und schrieb dann selbst an Kerényi, dem ich auch den J.J. zueignete.

Mittags Spaziergang mit der Herz, die u. a. erzählte, daß in Nürnberg 120 Kinder von der Firmung wegen Schwangerschaft zurückgewiesen werden mußten, die vom nationalistischen Parteifest datiert, bei welchem Hitler seine Kulturrede hielt.

Das Buch von Otto über die griechischen Götter zu lesen begonnen.

Golo kam an zu den Osterferien.

Zum Thee Hermann *Broch*.

Abends mit K., der Herz und den Kindern in den Frauendom, wo Adolf Busch mit seinem Quartett Haydns Worte Christi spielte. Großer und zarter Wohlklang. Viel naive Floskel, aber auch viel Interessantes und Kühnes. Buschs Kantilene ernst und nobel.

Nach der Heimfahrt im frisch gewaschenen Wagen Abendessen mit Thee.

Die Herz, ziemlich belastend wie immer, genießt das Draußensein, die seelischen Ferien von dem entsetzlichen Nürnberg, einem der schlimmsten Orte Deutschlands, bis zu häufigen Tränen.

Ihre erregten Erzählungen von dem gräßlichen Geschrei des polnischen Juden, der auf der Straße vor den Augen vieler Fenster-Zuschauer von S.A.-Leuten verprügelt wurde. Von der Haussuchung bei ihr und den in zwei Staffeln vor der Wohnungstür aufgestellten braunen Rowdys, die dem öffnenden Mädchen sieben Revolver entgegenhielten.

Montag den 26. III. 34

Schöner, zarter Frühlingstag. Ich schrieb etwas weiter an dem Peteprê-Joseph Gespräch. Eine Menge Post kam, darunter eine Besprechung des J.J. von Diebold in der Frankf. Zeitung – auf einmal ist alles wundervoll, tadelfrei, menschlich zugänglich und tief symbolisch, – ein »Monumentalwerk tiefster Seelenergründung, eine staunenswerte Ausdeutung...« Die Kritik ist mehr ein Ausdruck schlechten Gewissens von wegen der ersten.

Lion kam zum Spaziergang und blieb zum Essen. Man trank den Kaffee in meinem Zimmer.

Viel Oster-Unruhe jetzt: Käthe Rosenberg kommt Ende der Woche, auch Erika. Ich wünsche die beklagenswerte Herz fort. Sie wird wohl erst Freitag reisen.

Nach dem Thee Briefe diktiert; auch einen an Vikko, der recht schwach und charakterlos aus Österreich zu schreiben riskierte.

Wollte noch ausgehen, wurde aber von neuer Post zurück-gehalten, die Lektüre verlangte: Zarek schreibt im Pester Lloyd höchst feierlich über die beiden Bände, die »zum Wunderbar-sten gehören, was in epischer Form je geschaffen wurde«. Korrodi beginnt in der N.Z.Z. eine Besprechung des J. J., die wieder die eigentümliche Verwaschenheit der ersten aufweist. Brief von Reisiger ferner, und Dr. Kober von der National-Zeitung schickt die Caruso-Geschichte des »Stürmer«, die er lustig aufgemacht hat.

Ich ging nur zum Kasten. Die Herz beim Abendessen und nachher schwer erträglich, hochrot-geschwollen und hysterisch. Wir hörten Musik: Tschaikowski und Wagner, dessen Tann-häuser-Bachanale denn doch ein unanständiges Maß von Bruta-lität und Wollust bietet.

K. stark verschnupft. Sorge, daß sie zu Ostern bettlägrig wird.

Donnerstag den 27. III. 34.

Ein Stückchen weiter im Gespräch, das sich aber in der Zer-streutheit ziemlich verdunkelt hat.

Spaziergang mit der Herz, der ich auf gute Art zu verste-hen gab, daß sie Donnerstag reisen müsse.

Wir fuhren nachmittags mit ihr ins Bellevue-Cinéma, auch zur Feier von Golos Geburtstag. Man sah viel Bei-Programm und einen französischen Film »L'amour guide« mit dem schon etwas alten, aber auf das Sympathische sich verstehenden Chevalier. Der mitwirkende Hund vorzüglich. Es gab zu lachen.

Auch Heinrich hat Geburtstag, und wir telegraphierten.

Ebenso an Joel, z. Z. Lugano, der seinen 70. begeht. Golo bekam hübsche Dinge, und ich legte den J. J. auf seinen Tisch.
Zum Abendessen, nach dem Kino-Besuch, gab es Champagner,
und später las ich in meinem Zimmer, auf Wunsch der Herz
und um ihr das Mögliche zu bieten, ein Stück aus dem
3. Bande vor, die »Feste Zel«.

Mittwoch den 28. III. 34
Wunderschöner, weißlich-blau-dunstiger Frühlingstag. Südli-
ches Licht über See und Bergen.

Die Mädchen bestellen den Garten, legen Blumenbeete an.
Wir hielten uns ebenfalls mehrfach dort in der Sonne auf. Die
Herz machte Aufnahmen von uns und den Tieren.

Ich schrieb um und weiter, aber ohne recht weiter zu wissen.
Machte mit der Herz den schönen Schluchtspaziergang. Erle-
digte nachmittags handschriftliche Korrespondenzen. Dankte
Zarek.

In der N.Z.Z. Schluß der Besprechung Korrodi's, referat-
artig und kritisch unbedeutend, aber mit schönem Schluß: »Der
Schwanengesang der deutschen Bildungsdichtung«. Das kommt
bei ihm aus historischer Empfindung. – Warmer Artikel von
Bab in der jüdischen Central-Verein-Zeitung. Weitere Artikel
schickte Bermann, außer dem bekannten von Diebold einen
der Köln. Zeitung von Sarnetzki, von niedriger Unverschämtheit und Stumpfheit.

K. zum musikalischen Thee bei Reiffs. Die Brüder Busch und
Serkin hatten dort gespielt. K. holte mich dann mit dem Wagen. Es gab nach dem Essen einen recht hübschen Abend: Die
Künstler trieben Allotria, Buschs machten die Tannhäuser-
Ouvertüre mit der Bürste wie Dohnanyi und Bartok in Budapest, und spielten Stücke, mit denen sie als Wunderkinder ge-
glänzt. Später las Ebert aus Fritzens Jugenderinnerungen vor.
Ich schenkte Serkin den »Jaakob« zum Geburtstag. Die Kinder
waren anwesend und genossen das alles sehr. Busch gab mir
die Memoiren zur Lektüre mit.

Donnerstag den 29. III. 34.

Lichter, blauer Frühlingstag mit frischer Luft. Mit der Arbeit wieder nicht recht weitergekommen. Mittag mit K. das »gelbe Haus« besichtigt, das uns aber doch wenig einleuchtete. Anschließend Spaziergang. Der Kaffee nach Tische wurde im Freien getrunken. Die Herz, für die ich noch allerlei Bücher signieren mußte, und der ich einige Drucksachen für ihr »Archiv« sowie die ungarische Ausgabe des J. J. überließ, machte Aufnahmen dabei. Sie war in Tränen beim Abschiedsdank. Golo fuhr sie halb 6 Uhr zur Bahn, während *Roda Roda* zum Thee bei uns war. Er »arbeitet« z.Z. zwar in einem Cabaret, ein nicht unebener Mann, stark östlich anmutend, aber von einer gewissen Zartheit des Wesens. Ich schrieb nach seinem Weggang einen Brief an Korrodi über seine Besprechung. Abends las ich einiges in der Rundschau, die Memoiren Fritz Buschs und in den »Göttern Griechenlands«.

Charfreitag den 30. III. 34.

Dasselbe köstliche Frühlingswetter. Schrieb belebter und machte mit K. den schönen, 1½ stündigen Schlucht-Spaziergang. Sorge macht mir dauernd der Zustand meines Kopfes, der angegriffen und müde, zum Schwindel und zu dumpfer Benommenheit geneigt.

Las nach Tische angeregt in den »Göttern Griechenlands«.

Zum Thee traf Erika ein und hat ihr Zimmer bezogen. Man verweilte sich länger am Familientisch. Diktierte nachher einige Briefe, darunter an Diebold und Penzoldt und schrieb Widmungen in Joseph-Exemplare.

Zum Abendessen Lion, der den Auftrag bekommen hat, für die N.Z.Z. über den Roman zu schreiben. Er berichtete von Weltereignissen, der Verhaftung der Mörder des Prince, der wirtschaftlichen Durchdringung afrikanischer Gebiete durch die Japaner, deren Schiffe demnächst im Mittelmeer erscheinen werden, einem Abendessen bei François Poncet mit Goering und Blomberg und der bevorstehenden Devalorisation der Mark, die sehr folgenschwer für mich werden könnte.

Die Giehse so gut wie vollkommen wieder hergestellt. Ihre Begeisterung von den Jaakobsgeschichten. E. hat sie nach der Lektüre von Rahels Tod in Tränen gefunden.

Lion ging früh. Ich schenkte Eri den »J. J.«.

Sonnabend den 31. III. 34.

Andauer des prächtigen Frühlingswetters. Trotzdem unergiebiges und ratloses Arbeiten. Depression.

Trug zum ersten Mal wieder einen Sommeranzug. Ging mittags in den Ort zum Haarschneiden. Zum Essen traf Käthe Rosenberg ein, und es freute mich, wieder jemandem das Haus zu zeigen. Man saß nach Tische im Garten bei schon allzu starker Sonne.

Las später in der »Weltbühne« über die noch umkämpfte aber wohl unausbleibliche deutsche Inflation.

Schlief etwas. Zum Thee war Lion da. Der Paris Soir schreibt, ich würde den Baron X., einen der Prince-Mörder eine Persönlichkeit von Format nennen. (Anspielung auf Peeperkorn).

Schrieb an Reisiger, Bab u. a.. Trug die Briefe noch in Begleitung Medi's zum Kasten.

Von den Münchener Dingen war mehrfach die Rede. Heins gibt wieder einmal (durch die Kurz) zu verstehen, daß die Freigabe meines Besitzes unmittelbar bevorstehe. Die neue Liste der Ausgebürgerten (Einstein an der Spitze) ist jetzt veröffentlicht. So oder so muß, nach der offiziellen Ablehnung des mich betreffenden Münchener Antrages, den dortigen Flegeln meine Habe entwunden werden können. Erika verlangt die Drohung mit einer Klage beim Reichsgericht wegen Diebstahls. Aber ich meine, es wird schließlich auch auf dem Heins'schen Wege gehen.

Wir hörten abends Parsifal-Platten.

Ostersonntag den 1. IV. 34.

Wundervoller frisch-sommerlicher Frühlingstag, wolkenlos und osterfestlich. Der Frühstückstisch, vergrößert, war mit

Blumen, einer Laubguirlande und gefärbten Eiern geschmückt. Erika und Käthe R. beim Thee zugegen, während Golo Eri's Auto nach Basel fuhr.

Vormittags gearbeitet, belebter. Dann Spaziergang mit K., Erika, Käthe R. und den Kleinen. Wir machten den 1½ stündigen Waldrundgang, von dem Erika, die Golo vom Bahnhof abholen wollte, früher umkehrte. Glückliche Temperatur, warm ohne jede Lästigkeit. Ohne Mantel, im Sommeranzug.

Festliche Mahlzeit, nach welcher ich, während die Kinder in der Halle ihre Osterhasen und Süßigkeiten bekamen, noch einige Zeit nachdenklich am Tische sitzen blieb.

Telephon-Gespräch mit Herzog, während des Kaffees, der kommen will, um über sein Broschüren-Unternehmen zu sprechen.

Las in den »Göttern Griechenlands«.

Bedauern, daß Erika schon morgen wieder auf Reisen gehen muß: nach Wien, wo sie ein Engagement zu tätigen hat. Sie geht nach Bern von da mit ihrer Truppe u. dann nach Holland. Plan, ein dortiges Seebad im Sommer zu besuchen, falls sie dort weiterspielt. –

Quälend und neuen Abscheu erweckend die Nachricht vom Selbstmord des sozial. Abgeordneten Marum im Konzentrationslager: Die Pol. Polizei teilt mit, daß er sich »in einem Anfall« von Schwermut erhängt habe, weil man ihm Entlassung oder Beurlaubung nicht habe in Aussicht stellen »können«. Elende, idiotische Infamie. –

Versah eine große Anzahl von Exemplaren des J. J. mit Widmungen. Ging noch einige Schritte.

Festliches Abendessen mit Champagner. Man hörte nachher von Bern das Mendelssohn'sche Violinkonzert, und später las ich vor K., Erika, Käthe R. und Golo das Huy- und Tuy-Kapitel. Man trennte sich gegen Mitternacht.

Ostermontag den 2. IV. 34.
Sommerlich warm. Flanellanzug. War zerstreut und müde und besserte und notierte nur ein wenig. Ging mit K. und ihrer Cousine spazieren u. wir tranken Wermut im Garten der »Johannisburg«.

Zum Essen Frau M. Wassermann mit Tochter und Söhnchen. Nachher mit ihr und K. in meinem Zimmer: Besprechung über ihr Nachwort zu W.'s nachgelassenem Roman und ihre Wassermann-Biographie bei Rascher.

Erika reiste nach Wien ab. K. brachte sie nach Zürich. Traurig bewegt.

Gewitter, das erste, nachmittags und Regen, der wünschenswert geworden war.

Schrieb ein paar Seiten an Schickele, gab's aber aus Ungenüge und Widerwille gegen die Kompliziertheit der Dinge auf.

Dienstag den 3. IV. 34.
Wiederherstellung des schönen, noch frischen Sommerwetters. Ausgeruhter. Schrieb etwas weiter. Ging mit Lion spazieren, der zum Mittagessen blieb. Schauerlicher Eindruck durch die Nachricht, daß Severing seine Bekehrung zu Hitler in einer Broschüre bekunde. »Temps« und »Prager Presse« bringen jedoch Dementis.

In letzterem Blatt Besprechung des J. J. von P. Eisner, der, klüger als Diebold, die tiefere Ebene dieses Bandes gegen die des ersten andeutet, ohne darum von dem Ganzen geringer zu reden.

Mittwoch den 4. IV. 34.
Der Frühling ist wunderbar, ein herrlich frischer und blauer Tag reiht sich an den anderen. Aber meine Arbeitsverdrossenheit, dieses sich Sträuben meines Kopfes ist arg. Mechanisch und lustlos brachte ich ein paar Gesprächszeilen zustande und blieb tagüber nervös gequält und verstimmt. Vielleicht wird der Ausflug ins Tessin gut sein, obgleich ich ihn verwünsche.

Ging mit K. und Käthe R. spazieren.

Herzog sollte zum Essen kommen, doch mißlang es ihm.

Las nach Tische in Einsteins »Weltbild«. Schlief dann. Golo hatte einen elsässischen Freund und Schüler zum Thee mitgebracht.

Diktierte K. die Beantwortung einiger Fragen der französischen Übersetzerin und schrieb den Brief an Schickele zu Ende.

Eine Frau Dr. Meißner aus Breslau sandte unter polnischen Marken das Manuskript eines warmherzigen Vortrags, den sie verschiedentlich vor jüdischem Publikum gehalten.

Den ganzen Nachmittag und Abend unwohl. Zum Abendessen, an dem ich mich wegen Appetitlosigkeit wenig beteiligte, *Annette Kolb*, ein lieber Gast, dazu Golo's Freund. Annette machte uns durch ihr Aussehen, ihre Augen, die Magerkeit ihrer hervortretenden Backenknochen, die eigentümliche Weichheit, mit der sie Abschied von uns nahm (»Behaltet mich in gutem Andenken!« Umarmung) einen wehmütig-sorgenvollen Eindruck. Es steht gerade wieder schlecht mit ihrem Herzen, und sie muß Mitte Sechzig sein. K. hatte sie mit dem Wagen geholt, Golo brachte sie um 10 Uhr zurück. Ich las noch ein wenig in den »Göttern Griechenlands« und ging um 11 Uhr schlafen.

Donnerstag den 5. IV. 34

Gut geschlafen. Das Befinden gebessert. Die Blähung und Übelkeit durch den wiederholten Genuß von Hefe-Stollen erklärt.

Fortdauer, erstaunlich, des klar-blauen Wetters, dessen Temperatur aber fast schon wieder winterlichen Charakter angenommen hat.

Verließ um 8 Uhr das Bett, badete und frühstückte mit K. und ihrer Cousine. Ich werde den Vormittag noch zur Beschäftigung mit dem Manuskript benutzen, um ¾1 Uhr werden wir essen, und ich werde danach mit dem Zuge 1 Uhr 50 Min. die Reise nach Locarno antreten.

Locarno, Hotel Belvedere, Freitag den 6. IV. 34.

Lästige Reise gestern in dicht besetztem Zuge bis Bellinzona.
Las dabei einiges in den »Göttern Griechenlands«.

Jenseits des Tunnels, den man kaum noch beachtet, grauer
Himmel und viel kälteres Wetter als in Zürich. Freilich blühen
die Bäume. Reisiger mit Prof. Frey und Gattin am Bahnsteig.
Mit ihrem Auto in das hoch gelegene, recht mäßig geführte
Hotel. Um 7 Uhr aß man im Speisesaal zu Abend: Die Familie Frey, Bettelini, Prof. Verneuil aus Straßburg, Reisiger und
ich. Danach zu Reisigers Vortrag in schönem, aber weniger als
schlecht besetztem Saal. Der Vortrag mit seinem reinen und
männlichen Gegenstande, gefiel wieder sehr. Später Zusammensein in der Café-Conditorei, zu den Übrigen Hudchinsons.
Unterhaltung hauptsächlich mit Verneuil. Müde und nervös.
Verzögerte unnütz den Aufbruch. Erst gegen Mitternacht
Rückkehr ins Hotel, wo sich das Fehlen eines Glases herausstellte, sodaß ich nicht wußte wie einnehmen und spülen, ferner die Defektheit des Klosets. Trank aus der Seifenkapsel.

Auch das Frühstück heute Morgen zu ziemlich gut verbrachter Nacht gab Grund zur Unzufriedenheit. Salz und Eierbecher
mußten reklamiert werden.

Gegen 10 Uhr mit Reisiger in den Ort hinunter, Tabackwaaren eingekauft, dann in den Vortragssaal, wo man zunächst
eine Conférence des Prof. Verneuil anhörte. Nach kurzer
Pause erhielt ich von Bettellini das Wort und sprach vor einem
Auditorium, das während der Rede Verneuils sehr angeschwol-
len war und sich wegen der späten Stunde allmählich verwun-
derte, den Wagner-Vortrag. Beifall und Glückwünsche waren
lebhaft. Allerlei Menschen, die persönlich vorsprachen. Der
junge Pfarrer, der ein Gedicht und ein frisches selbstgebacke-
nes Brot, noch heiß, überreichte.

Mittagessen im Hotel in dem gestrigen Kreise. Danach Bettruhe. ½4 mit Reisiger in den Ort, wo wir Kaffee tranken und
von Hudchinsons abgeholt wurden. Fahrt in ihrem kleinen
englischen Wagen nach Ascona und Monte [Verità], wo wir in

dem behaglichen hinteren Salon einen Thee mit Toast hatten. Die Unterhaltung mit dem intelligenten und welterfahrenen, internationalen Engländer angenehm und vieles berührend. Rückfahrt auf Umwegen durch das leider sonnenlose, aber malerisch-großartige südliche Bergland.

7 Uhr Abendessen wie gestern in Gegenwart des italienischen Professors, Politikers und ehem. Deputierten Labriola. Man lobte meine akzentfreie Aussprache des Französischen. Nachher in der Halle mit Prof. Frey, seiner Frau und Tochter, während Reisiger mit Bettellini über die geplante »Universität« verhandelte, worüber er mir nachher referierte. Einhändigung von 200 Franken Vergütung.

Beschluß, morgen 2 Uhr die Heimreise anzutreten und Verabredung mit R. für morgen Vormittag.

Locarno, Hotel Belvedere – Sonnabend den 7. IV. 34.
[. . .] Phanodorm, dann recht gut geschlafen. Gebadet, rasiert und gepackt. Das Wetter ist sonnig geworden. Ich will mit K. telephonieren und den Vormittag mit Reisiger im Freien verbringen.

Der Don Quijote ist ein großes Beispiel für die vom Autor ungeahnte Steigerung, Erhöhung, Veredelung eines Werkes im Lauf der Entstehung.

Im Zuge nach Zürich, nach Passierung des Tunnels hinter Göschenen.

Fuhr vormittags mit Reisiger per Taxi nach Ascona. Wechselnder Sonnenschein. Wir saßen vor dem Café bei Wermuth und Kaffee und suchten dann Ephraim *Frisch* in seinem schön in der Höhe gelegenen Domizil auf, einem offenen Chalet, neben der Villa Bernardo-Meyer. Grundstück mit reizvollen Aufenthaltsplätzen über dem See. Auch die Frau kam von Einkäufen hinzu. Das Gespräch ging über Deutschland. Wir versäumten uns und kehrten erst 1 Uhr zum Lunch zurück, das in der Gesellschaft von gestern Abend vonstatten ging.

Aufbruch danach. Zu Fuß mit Prof. Frey zum Bahnhof.

Dort fanden sich auch Hudchinson und Reisiger ein. Blumen in Kartons. Man photographierte und sprach, u. unversehens setzte der Zug sich in Bewegung, sodaß die Verabschiedung sich abrupt gestaltete.

Umsteigen in Bellinzona. Der Zug wieder stark besetzt. Entschloß mich, Zuschlag für die I. Klasse zu nehmen, wo ich allein bin und eine Stunde ausgestreckt ruhen konnte.

In der N. Z. Z. Nachricht von dem Übertritt von 600 deutschen Pfarrern zum Katholizismus. (?)

Zurück in Küsnacht, Sonntag den 8. IV. 34.
Gestern Abend punkt 7 Uhr Ankunft in Zürich, von K. empfangen, mit der ich auf der Heimfahrt Bericht und Erzählung tauschte. Die Kinder auf einem Rad-Ausflug in Basel. Im Hause, außer Kaethe Rosenberg, Erika mit der Giehse und Golos Schüler.

Viel Post, die ich vor und nach dem Abendessen sichtete und las. Mehreres über den Joseph, Briefe und Artikel im »Berner Bund« und im »Pester Lloyd«, wo Hofrat Weiß noch einmal über den J. J. besonders schreibt, in preisenden Wendungen. Langes Schreiben von Lesser über denselben Gegenstand und von Unbekannten. Briefe von Heinrich, der Herz, Dr. Heins etc.

Hitzige Müdigkeit. Nach dem geselligen Abendessen, bei dem das gute Pfarrerbrot gekostet wurde, hörte ich mit den Gästen noch etwas Radio und ging dann hinauf. Las vorm Einschlafen Post und das Tage-Buch und schlief leidlich, wenn auch mit Unterbrechungen.

Heute mit einem Teil der Gäste gefrühstückt, ohne die lange schlafenden Theaterdamen. Das Wetter ist freundlich und frisch.

Verbrachte den Vormittag mit Korrespondenzen. Ging mit K. u. ihrer Cousine spazieren. Die Sonne war schwer und warm, ich zog den Rock aus.

Nach Tische saß man beim Kaffee im Garten, im Schatten

eines neu erworbenen Standschirmes. Die Kinder kamen guter Dinge von ihrem Radausflug zurück. Sie waren früh 6 Uhr von Basel abgefahren.

Ich las Heinrichs Aufsatz über die deutsche Emigration. Schlummerte etwas und diktierte nach dem Thee eine Reihe von Briefen.

Äußerte gegen K. neuerdings die Absicht, an das Reichs-Innenministerium zu schreiben.

Abends gab es Theepunch, und ich las vor der kleinen Gesellschaft, einschl. Erikas und der Giehse noch einmal die Ankunft bei Potiphar.

Montag den 9. IV. 34.
Regenwetter, das nachmittag zum Unwetter ausartete.

Ich begann, den geplanten Brief an das Ministerium in Berlin zu schreiben. Ging, da Toiletten-Umständlichkeiten mich aufhielten, nur einige Schritte spazieren.

Nervös. Zuviel Musik, auch überflüssige, im Hause.

Las Zeitungen. Schwere Propaganda. Strafen für die Mißhandlung von Häftlingen für Gefängnisbeamte und S.A.-Leute. Wird einen erwünscht vorzüglichen Eindruck in England machen. – Die Spannung zwischen der kath. Kirche und Berlin verschärft, namentlich wegen der Jugendorganisationen. Auch die protestantische, die anfängt, ihre Lebensgefahr zu erkennen, in dauernder Opposition.

Einige Briefe. Vom Verlage die Benachrichtigung, daß weitere 5000 Stück vom J. J. gedruckt werden.

Käthe R. sprach beim Thee mit ersichtlich lebendiger Empfindung von der Einmaligkeit und Inkommensurabilität des Werkes, das sich den Maßstäben der üblichen Kritik entziehe. Dies ist im Grunde auch mein Gefühl und ich finde Beurteilungen wie die Diebolds oder anderer in Lob und Tadel einfach unstatthaft und ridikül.

Karten und Briefe geschrieben. Widmung des J. J. an Käthe R..

Nach dem Abendessen das Ehepaar Dr. Katzenstein. Mit ihnen und den Hausgenossen in der Halle. Bewirtung mit Thee, Brötchen und Süßigkeiten. Verlesung unglaubwürdiger nationalsozialistischer Richtlinien für den Unterricht an einer deutschen Handelsschule, durch einen Dozenten in die Außenwelt gebracht. Die miserabel überreizte Halbbildung und pseudomystische Versumpfung dieser Gehirne wäre komisch genug, wenn sie nicht so grauenhaft und hemmungslos bedrohlich wäre. Was soll aus diesem Volke werden? Katzenstein glaubt an die unvermeidliche Entwicklung ins Bolschewistische unter Wahrung der nationalistisch-kleinbürgerlich-gemüthaften Elemente. Einen Krieg schließt er aus und behauptet die weitgehende Einstellung der Rüstungen aus Geldmangel u. weil Schacht mit seiner Anti-Inflationspolitik gesiegt habe. Ein rascher weiterer Verfall der Wirtschaft sei unvermeidlich, doch werde das Regime durch eine den Massen Genüge tuende Politik sich halten. Erörtert wurde eine katholische Rebellion des Südens und sein Zusammenschluß mit Österreich bei preußisch-sächsischem Bolschewismus. So zweifelhaft diese Entwicklung erscheint, steht mir längst fest, daß der Zerfall des Reiches die für die Deutschen selbst und für die Welt glücklichste Lösung wäre. Das »Reich« eine Verirrung und ein Leiden – für die Deutschen zuerst und dann für Europa – ich denke und sage es seit Langem.

Erörterung der Möglichkeit einer Zurückführung des lutherischen Christentums in den Katholizismus unter Beiseitesetzung der dogmatischen Differenzen, worüber zwischen deutschen protest. Theologen und dem Vatikan eine Korrespondenz gepflogen sein soll. Ich wandte die kulturellen Ergebnisse des Protestantismus ein, aus dem die idealistische Philosophie, Goethe, Nietzsche, kurzum die deutsche Bildung, die nicht katholisch sei, hervorgegangen. Mit dieser Bildungswelt aber ist es ohnedies zu Ende, und der kulturelle Verfall gerade könnte die Vereinigung der Bekenntnisse erleichtern und damit das Christentum retten.

Große Erheiterung über den vor einem Jahr erhaltenen »Weiland Granit«-Brief, den ich im Anschluß an den national-sozialistischen Gallimathias wieder einmal vorlas.

Dienstag den 10. IV. 34.

Wiederherstellung des heiteren Wetters. Ich setzte den Brief an das Ministerium fort. Spaziergang allein, auf neuen Wegen.

Tag der Abreisen. Mittags nahm Käthe Rosenberg Abschied, nach dem Thee gingen Erika und die Giehse, die wir wohl in Bern besuchen werden.

Las im Lauf des Tages die »Götter Griechenlands« zu Ende, nicht ohne Gleichgültiges zu überschlagen.

Rührender Brief der alten Frau Fischer über den »J. J.«, den sie beendet. Sie teilt auch mit, daß Carossa von den Jaakobs-geschichten zu diesem Bande übergeht.

Abschluß mit dem jungen Stickelberger wegen eines Goethe-Vortrags Ende des Monats in Basel. Erika rekonstruiert die Kürzung.

Ruhiger Abend. Etwas Musik gehört und gelesen. Nachmittags schrieb ich Briefe, darunter einen an den Zürcher jüdischen Kaufmann Levi über Wahrheitsliebe, und fertigte Widmungen des J. J. aus.

Mittwoch den 11. IV. 34.

Schöner, sonniger Tag. Flanell-Anzug. Schrieb vormittags und nachmittags an dem Briefe weiter.

Spaziergang mit K.

Es kam die spanische Ausgabe des »Zbg.«. Ferner eine Schrift aus der Berner Reihe »Sprache und Dichtung«: »Das Leitmotiv bei Th. M.« von Dr. Peacock in Leeds, England. Ich las nach Tische und abends lange darin. Die Erinnerung an den Komplex meines Lebens weckend und darum ergreifend.

Zum Abendessen der kleine Tennenbaum mit seiner ungarischen Mutter.

Zeitungsnachrichten über die deutsche Arbeiter-Politik und

die bolschewistischen Strömungen in der Arbeiterschaft, denen man vorläufig nicht gerade praktisch, aber mit symbolisch-ideologischen Tröstungen entgegenkommt. Millionenfache Ausgabe einer Medaille zum ersten Mai, welche Goethe, den Reichsadler, das Hakenkreuz und das Moskauer Emblem *Sichel und Hammer* zeigt. Der ganze betrügerische Wirrwarr des Nazitums drückt sich in diesem Symbolgemengsel aus.

Weitere Nachrichten über den Skandal des Stettiner sadistischen Privatinstituts, in dem deutsch-nationale Honoratioren als »Staatsfeinde« geschunden wurden, und über schüchterne Vereinigungsbestrebungen von protestantischer Seite mit der römischen Kirche. Besuch süddeutscher Pastoren beim Kardinal Faulhaber. –

Vertrag über den »Jaakob« von Bonnier und 1000 Kronen.

Verabschiedung von Golo, der dankbar für empfangene Geschenke und Pflege in sein bescheidenes französisches Dozentenleben zurückkehrt.

Donnerstag den 12. IV. 34

Warmer Frühlingstag. K. fuhr in aller Frühe Golo zur Bahn nach Zürich, frühstückte aber noch einmal mit mir.

Schrieb an dem Brief weiter.

Törichter Brief von Frau Fischer, offenbar im Auftrage Bermanns: mit Rücksicht auf mein Buch und auf mein Haus Erika zu größerer »Vorsicht« zu veranlassen. Kann nur zurückweisend beantwortet werden.

In einem Düsseldorfer Blatt Artikel: »Die Irrwege T. M.'s«. Wurde mir übrigens von Schweizerischer Seite zugesandt.

Wir aßen schon 1 Uhr. K. mußte zur Chauffier-Prüfung und zu anschließenden Besorgungen vor 2 nach Zürich. Sie kehrte erst zum Thee zurück; die Fahrprüfung war sehr chikanös und anstrengend gewesen.

Bermann schreibt über den J. J. und erwartet, in ebenso kurzer Zeit wie beim Jaakob dieselbe Auflage zu erreichen. – Sympathisch begeisterter Brief des jungen Rabener über das

Buch. Er und seine Freunde verlangen nach dem dritten Band »wie Joseph nach dem bunten Kleid«.

Las nach Tische und abends in Fallada's Ganovenroman, dessen Vorwort der reine devote Schwindel ist. Dennoch wird der Schwindel ehrlich, denn nun zeigt F. einen Blut- und Boden-Roman an. Einer mit dem stilvollen Namen Thor Grote schreibt über »Kleiner Mann – was nun?«: »Auch heute, wo der Führer erfolgreich gegen die Arbeitslosigkeit ankämpft, sollte dieser Roman noch viel gelesen werden.« Dieser läppische Byzantinismus vor dem Aberglauben ist die Äußerung eines modernen deutschen Schriftstellers.

Freitag den 13. IV. 34.

Schrieb an dem Briefe weiter. Fuhr mittags mit K. zur Stadt, wo wir eine Flanellhose für mich kauften. Dann bei Dr. Asper, der eine Röntgen-Aufnahme der schadhaften Wurzel machte und den Termin (24. u. 25. acht Uhr früh) für die Operationen verabredete. Nachher mit K. in einem Café, Wermut zu trinken.

Nach Tische in dem Buche »1848« gelesen, das der Verfasser Kersten schickte. Das Versagen des deutschen Bürgertums, wie immer.

Zum Thee der kleine Perl, aus Deutschland zurück, aber uninteressant. Saß fast bis sieben und verdarb die Zeit. Gab mir eine Seminar-Arbeit von sich über C. F. Meyer und mich zu lesen.

A. Ehrenstein schickte seine Besprechung der Joseph-Bände aus der Berner Tagwacht. Bermann Photographien Berliner Buchhändler-Schaufenster mit Auslagen der beiden Bände in großer Anzahl.

Korrodi berichtet über eine neue, von Mechow und Alverdes herausgegebenen Münchner Zeitschrift »Das innere Reich«. Das Vorwort polemisch gegen die »geistigen Auswanderer«, als habe der Nationalsozialismus zu kämpfen – und je zu kämpfen gehabt.

Ging noch etwas spazieren bei pastellhaft grau-blau-regnerischem Abendlicht.

Hörten nach dem Abendessen aus Rom eine Symphonie von Haydn.

Sonnabend den 14. IV. 34.

Frühling im Garten. Die gelben »Forzytien« beherrschen noch das Bild (und schmücken auch die Halle), aber es wird auch schon grün, und der Fruchtbaum vorm Hause, der Schatten geben soll, treibt Knospen. Es ist milder als in München um diese Zeit. Man lebt schon bei offenen Fenstern und Türen.

Schrieb an dem Briefe weiter, auf das Ende zu.

Ging mit K. (ohne Weste) spazieren.

Briefe von Fiedler und Klaus über den J. J.

Las tagüber nur Zeitungen und Zeitschriften.

Im Fortschreiben an dem Brief unterbrach mich gegen Abend der Besuch Dr. Helblings. Er erzählt von einer Reife-Prüfung in Zuoz, der ein deutscher Kommissar (aus Sachsen) mit Hakenkreuz beigewohnt. Ein Abiturient nennt als Privatlektüre meine Bücher, insbes. den »T. i. V.«, über den dann der Kommissar ihm einen kleinen Vortrag hält. Er äußert nachher seine Verwunderung gegen Helbling über den »literarischen« Charakter der Prüfung. In Deutschland läsen die jungen Leute nicht mich, und auch nicht Goethe oder Romantiker oder irgend etwas, es sei denn befohlene nationale Produkte. Die Scham über das ruinierte deutsche Niveau geht aus seinen Worten deutlich hervor. – Übrigens haben ausländische deutsche Abiturienten die »Gesinnungsprüfung« nicht abzulegen. –

Dr. Heins ennuyiert K. mit Fragen, die Auseinandersetzung mit dem Münchener Finanzamt betreffend. Es wäre arg, wenn es dort noch zu Entdeckungen und Konflikten käme.

Wir hörten von »Beromünster« die 7. Symphonie Beethovens unter Weingartner, der hier z. Z. unmögliche Faust-Matineen, musikalisch untermalt, veranstaltet. Problematik des 2. Satzes der Siebenten, der, trauermarschartig, merkwürdigerweise »Allegretto« heißt und für eine Trauermusik in der Tat zu geistreich ist.

Energischer Brief des Freiherrn v. Pechmann in München an den Reichsbischof, mit dem er seinen Austritt aus der protestantischen Kirche anzeigt. Er tadelt das Schweigen der Kirche angesichts allen Unglücks, das über nicht-arische und jüdische Menschen gekommen sei. Es ist nicht alle Anständigkeit erstorben. Eine unverschämte Rede des Göbbels im Radio steht dagegen. Die Unifizierung von Partei und Staat in Bayern läßt die glückliche Erledigung meiner Angelegenheit wieder recht zweifelhaft erscheinen.

Besprechung des J. J. im »Morgen«. Religiosität und gar jüdische Religiosität möge man in dem trefflichen Erzählwerk nicht suchen.

Sonntag den 15. IV. 34.

Idealer, schon sommerwarmer Frühlingstag. Schrieb den 12 Seiten langen Brief an das Ministerium zu Ende u. las ihn noch gegen Mittag K. vor. Ihre Bedenken waren nicht erheblich.

Wir fuhren mit dem Wagen ein Stück über Zumikon hinaus und gingen von dort aus etwas spazieren.

Las nach Tische in dem Roman Falladas.

Zum Thee der schweizerisch-jüdische Jurist und Geschäftsmann, der bei Ks Eltern gewesen und den Betrag für Erikas neues Auto übernommen. Der sympathische Mann, in Basel ansässig, sprach interessant über Deutschland, dessen Wirtschaft ihm in rapidem Verfalle erscheint. Der Ruin könne keine zwei Jahre auf sich warten lassen. Er glaubt an Krieg und die Aufteilung des Reiches. Dabei sympathisiert er durchaus mit einigen Prinzipien des Nationalsozialismus. Aber der Wirrwarr sei verheerend. In unserer Angelegenheit empfiehlt er die Zuziehung eines Schweizer Anwalts mit politischen Verbindungen. – Wir werden ihn in Basel besuchen.

Schrieb an Ehrenstein und Rabener.

Zum Abendessen der junge Hans Rascher mit seinen braunen Augen, die ich gern sehe. Wir hörten wohlklingende Musik aus Zürich.

Montag den 16. IV. 34.

Tag von Hochsommer-Charakter, Sonnenglut. Gewaltiges Sprießen von Blüten und Blättern. Selbst die Buchenhecke, die bis zuletzt das vorjährige Laub hielt, wird nun grün.

Schrieb an dem Gespräch zwischen Joseph und Potiphar weiter.

Es kamen der nachgelassene Roman von Wassermann und ein interessantes Buch von A. Zweig über Deutschland und die Juden.

Ging nur wenig in der heißen Sonne aus.

Stellte angesichts der beim Bau der Nachbarvilla beschäftigten Arbeiter fest, wie gut Meunier die proletarische Körperlichkeit wiedergegeben: das zwar muskulöse, aber schlaffe und knotige der nackten Oberkörper.

Wir aßen um 1 und fuhren 4 Uhr zu Raschers am Limmatquai, wo andere Gäste zum Thee waren, und wo man von Fenstern und Balcons den historischen Festzug des »Sechs Uhr-Läutens«, der der »Verbrennung des Winters« auf dem Bellevue-Platz vorangeht, vorüberziehen sah. Hübsche Trachten der Zünfte. Populäre Humoristik der Schneider. Die »Verbrennung« schenkte ich mir.

Dienstag den 17. IV. 34.

Schwere Juli-Wärme, unnatürlich. Schreibe in Hemd und Flanellhose.

Fuhr im Gespräch fort.

Mit K. per Wagen zum Wald, wo wir hübsche neue Wege gingen.

Las im Goldenen Esel.

Schickte endlich den Brief an die »Arb. Zeitung« an Schikkele.

Gestern abend las ich lange in A. Zweigs Buch über die Juden, mit vieler Genugtuung.

Diktierte Briefe nach dem Thee, u. a. an Bermann wegen des Schreibens ans Ministerium. Fertigte Widmungen des J. J. aus.

Brief von Heins: Er habe morgen in acht Tagen eine neue Audienz beim Referenten. Es ist lächerlich.

Vor 8 fuhren wir zur Stadt ins Theater, wo Ebert sich in dem französischen Lustspiel »Kameraden« (Großfürsten im Exil) vor seiner Argentinienreise verabschiedete. Er und die Holsten spielten angenehm. Das Stück mäßig. Nachher im Garten des Peter-Hotels Souper, mit Hartung, Faesi und Sohn, Ebert, Dramaturg Hirschfeld und einem jungen jüdischen Kapellmeister. Mit Hirschfeld über die Einladung des Theaters an Heinrich. Interessant. Ebert ein angenehmer, natürlicher Mensch. Es wurde spät.

Mittwoch den 18. IV. 34.

Gestern waren 31° im Schatten; man erklärt es für nie dagewesen. Heute vertreibt ein Sturmwind den Spuk. Es ist schon sehr kühl.

Schrieb, müde, etwas weiter am Gespräch.

Ging K. entgegen und fuhr mit ihr zum Wald, wo wir spazieren gingen.

Las nach Tische in Wassermanns Ehebeichte, worüber ich nachmittags an Klaus nach Amsterdam schrieb.

Korrigierte die Abschrift des Briefes nach Berlin, der zunächst an Bermann geht.

Bertrams Bücher gehen an ihn zurück.

Hörten abends die erste Beethoven-Symphonie in unserer guten Aufnahme und dann moderne Schweizer Musik (Maurice) aus Zürich.

Donnerstag den 19. IV. 34.
Schrieb an der Szene im Palmgarten weiter.

Telephon-Anruf Hirschfelds vom Schauspielhaus: Heinrich hat abgesagt, ich soll Montag mit ›Goethe als R. d. b. Z.‹ eintreten. Sagte nach längerem Zögern zu, obgleich die Notwendigkeit neuer Kürzung beschwerlich, am Vorabend Walters Konzert und in den folgenden Tagen Zahnarzt.

Nervös belastet, erregter und müder Kopf.

War mittags mit K. in der Stadt, wo ich Schuhe und Cigarren kaufte.

Nachmittags Eintreffen Ilse Dernburgs von Paris, wo äußerst pessimistische Auffassung der deutschen Wirtschaftslage herrsche.

Diktierte Briefe: an die Guyer wegen der Verlängerung des Mietkontrakts und an Dr. Heins. Ging dann den Aufsatz mit dem Bleistift durch.

Zum Abendessen, außer Ilse D., Dr. Schieffer, der mit K. Steuerangelegenheiten besprach.

Freitag den 20. IV. 34.
Wenig vorwärts gekommen. – Regnerisch. – Ging allein spazieren. – Viele Briefe: von Loewenstein, Yale University, Korrodi, Rabener (über Wassermann), der Herz, Heinrich, Reisiger, Einladung nach Basel zu Schubert-Weber-Festspielen.

Buch des verstorb. Schweizer Kritikers Roffler »Bildnisse aus der neueren deutschen Literatur« mit einem in meinen Augen nicht guten, wenn auch sympathischen Aufsatz über mich, – wahrscheinlich übrigens dem besten u. angelegentlichsten des Buches.

Nachmittags etwas korrespondiert. Müde.

Sonnabend den 21. IV. 34.
Heiteres Wetter. Ich war gereizt durch Musik der Kinder am Morgen u. vergaß dabei, daß sie ihren Geburtstag begingen.

Wenig gearbeitet, verdrossen.

Nur ein paar Schritte gemacht und dem Wagen entgegengegangen, in dem K. Mrs. Knopf brachte. Diese kam zum Mittagessen und veränderte die ganze Perspektive durch Mitteilung einer Depesche, die sie in Paris von ihrem Mann erhalten.
Die englischen »Jaakobsgeschichten« sollen in New York am
6. Juni, meinem 59. Geburtstag erscheinen, und in meiner u.
K.'s Anwesenheit soll der Dies mit einem public dinner und anderen Veranstaltungen begangen werden. Der Verlag trägt die
Kosten, zur Hälfte auch für K.'s Reise. Wir sagten zu, obgleich
die Paßfrage zum mindesten Umständlichkeiten bereiten und
das Unternehmen natürlich auch sonst K.'s Zeit, Kräfte, Gedanken erfordern wird. Der Aufenthalt ist auf eine Woche
berechnet, die Reise wird 3 Wochen dauern.

Bermann telegraphierte, daß er den Brief ans Ministerium
richtig, würdig und wirksam findet.

K. fuhr Frau Knopf ins Hotel zurück, und Ilse D. führte die
Kinder zu Sprüngli.

Schrieb an Fiedler. Diktierte P. S. zum Brief an das Ministerium wegen Amerika.

Zum Abendessen Asti und Delikatessen. Las nachher Ljeskows schöne Erzählung »Der Pygmäe« vor. Wir hörten später
aus dem Stadttheater die letzten Szenen von Verdis »Don
Carlos«.

Sonntag den 2[2]. IV. 34.
Leicht regnerisch. Schrieb weiter, etwas flüssiger.

Zahnschmerzen, Jod-Pinselungen.

Schrieb an Frank. – Spaziergang mit den Damen.

Abends das Bruno Walter-Konzert in der Tonhalle. Wir hatten gute Rang-Plätze, und der Genuß war [?]. Das Wiener phil-
harmonische Orchester spielte bewundernswert, und Walter ist
ein faszinierender Dirigent. Man hörte die Oberon-Ouvertüre,
eine kurze Mozart-Symphonie, Vorspiel und Liebestod und die
Siebente von Beethoven, deren Finale außerordentlich dargestellt wurde. Frenetischer Beifall.

Im Künstlerzimmer nachher, Wiederbegrüßung mit Walters nach langer Zeit. Begegnung mit Konzertmeister Buxbaum.

Dann ins Baur au lac, wo wir zu viert mit Walters soupierten. Lebhafte und vertrauliche Unterhaltung bis spät. Erst gegen 2 Uhr zu Bett.

Montag den 23. IV. 34.

Gestern vor Abfahrt zum Konzert rief Dr. Heins an, um seine Begeisterung über meinen Brief an das Ministerium kundzugeben. Er will ihn vervielfältigen und auch seinerseits an verschiedenen Stellen, namentlich beim Ausw. Amt in Berlin Gebrauch davon machen.

Spät auf. K. hatte schon das Vortragsmanuskript von der Abschreiberin geholt. Es ist auf zu großen Bogen zu klein geschrieben.

Arbeitete vormittags den Vortrag durch, machte Kürzungen und Akzent-Vermerke.

Ging zum Haarschneiden in den Ort hinunter und auf Umwegen nach Hause.

Der Brief an das Ministerium ist abgegangen.

K. auf dem amerikanischen Konsulat, das sich in Sachen des Passes sehr entgegenkommend gezeigt hat.

Müde den ganzen Tag von dem gestrigen Exzeß, nervöses Herz. Trotzdem gedenke ich abends meine Sache gut zu machen. Übrigens habe ich die Absicht, in Basel den von Annette Kolb und anderen so sehr empfohlenen Dr. Gigon aufzusuchen und ihn über meine Gesundheit zu befragen. –

Ich schrieb den Brief an Frank fertig, und machte dann Smoking-Toilette. Wir nahmen halb 8 Uhr eine kleine Mahlzeit und fuhren zum Theater, wo Hans Rascher mich empfing, an dem ich, wie K. meint, eine Eroberung gemacht zu haben scheine. Da es regnete, brachte er mich unter seinem Schirm ins Vestibule, wo Hirschfeld wartete, durch den ich den Jungen mit einer Eintrittskarte belohnen ließ. Der Saal, wie kaum anders zu erwarten bei diesem vierten Zürcher Vortrag und der vorgeschrittenen Saison, war schwach besetzt, d. h. fast nur 2- und 1 Franken-Plätze waren verkauft worden. Ich war jedoch gut aufgelegt und las lebhaft und ohne zu ermüden 1 Stunde und 20 Minuten lang. Ich wurde zweimal wieder herausapplaudiert.

Mit Hirschfeld, der sich sehr angetan zeigte, namentlich von dem kommunistischen Schluß, eine Cigarette im Konversationszimmer, wo mir auch, löblicher Weise, 400 Franken Honorar eingehändigt wurden. Der kleine Rascher fand sich wieder ein, und man verabredete ein improvisiertes Abendende bei ihm zu Hause. Wir fuhren dorthin mit Frau Rascher, während die jungen Leute zu Fuße gingen. Bei Thee, Bier, Butterbrot und Kuchen saß man noch ein Stündchen bei einander. Vom alten Rascher gab es Nachrichten aus Rom und Neapel. Hans schenkte mir einen Band von Mussolinis Schriften und schöne Postkarten nach Hodler. Er steht vor dem Abitur, ist aber durch nächtliches Lesen und namentlich die Beschäftigung mit meinen Schriften wissenschaftlich etwas gefährdet. Sein recht fein geschnittenes Gesicht ist durch Brandnarben entstellt, Reste einer schweren Verbrennung, die er sich als Kind durch einen Feuer fangenden Wattebart zugezogen. Aber seine Augen sind schön oder sympathisch geblieben. Dabei spricht er ein drollig-halb unverständliches Schweizer Deutsch.

Dienstag den 24. IV. 34.

Halb regnerische, frische Tage. Schrieb eine Seite weiter am Roman und begann an Heinrich zu schreiben.

Ging mit K. spazieren.

Bibi soll in ein Quartett eintreten und Bratsche erlernen; er braucht das Instrument. Erörterung der Frage, ob es in München von K.'s Eltern gekauft werden soll oder von uns. Sie erledigt sich dadurch, daß jene ohnedies Geld zurückgelassen haben und nächstens wieder zurücklassen werden.

Las nach Tische in dem gut geschriebenen und gescheiten Buch von Schwarzschild »Ende der Illusionen«, das mir aber von zuviel Angst vor der Unterjochung der Welt durch Deutschland eingegeben scheint.

Nach dem Thee eine Reihe von Briefen diktiert.

Käthe R. schreibt, daß im Hause Fischer große Begeisterung über den Brief an das Ministerium herrscht.

Zuschrift eines Zürcher Rechtsanwalts über den gestrigen Vortrag. Anruf Tennenbaums in demselben Sinn. Gut gemeinter Bericht in der N.Z.Z.

Schrieb den Brief an Heinrich zu Ende.

Hörten durchs Radio Bruchstücke von Walters Konzert in Straßburg.

Kopfschmerzen, müde. Für morgen früh steht der saure Gang zum Zahnarzt bevor. Es ist zu befürchten, daß jetzt eine Zeit der Unruhe in dieser Beziehung fällig ist.

Mittwoch den 25. IV. 34.

Heute nahm ich schon ¾7 Uhr mein Bad, trank eine Tasse Thee und fuhr mit K. zur Stadt, wo ich beim Dr. Asper (der im Vortrag gewesen war) eine 1½ stündige Sitzung zur Reparatur der links-oberen Wurzeln unter Kronen und Zahnfleisch. [?] Die diffizilen und langwierigen Arbeiten, wurden unter Anaesthesie ausgeführt, der nachher empfindliche, aber ziemlich rasch abklingende Zahnfleisch- und Wurzelhaut-Schmerzen folgten. Ich fuhr gegen 10 mit K. wieder nach Hause, wo ich frühstückte und den Vormittag mit Korrespondenzen (Pinkus, Rabener, die Herz etc.) verbrachte.

Das Wetter ist kühl und öfters sonnig. Ich ging mittags allein über das Rest. Johannisburg spazieren und sah mit großer Freude und Ergriffenheit in der Gärtnerei einen jungen Burschen, brünett, eine kleine Mütze auf dem Kopf, sehr hübsch, bis zum Gürtel nackt, bei der Arbeit. Die Begeisterung, die ich beim Anblick dieser so billigen, so alltäglichen und natürlichen »Schönheit«, der Brust, der Bicepsschwellung empfand, machte mir nachher wieder Gedanken über das Irreale, Illusionäre und Aesthetische solcher Neigung, deren Ziel, wie es scheint, im

Anschauen und »Bewundern« beruht und, obgleich erotisch, von irgendwelchen Realisierungen weder mit der Vernunft noch auch nur mit den Sinnen etwas wissen will. Es ist dies wohl der Einfluß des Wirklichkeitssinnes auf die Phantasie, der das Entzücken erlaubt, aber es am Bilde festhält.

– Ilse Dernburg reiste mittags unter Danksagungen ab, die ihr sichtlich von Herzen kamen.

Nach Tische las ich Zeitungen und in dem Buch Schwarzschilds.

Der junge Perl meldete telephonisch die Eruierung, daß das von Hofmannsthal mir gewidmete Exemplar des »Turmes«, das in den Handel gekommen, im Dezember durch den Münchner Antiquar Wolf von Frau Litzmann erworben worden ist. Offenbar hatte ich es ihr geliehen. Nicht übel.

Schrieb einen Glückwunsch an Max Brod, für den Almanach, der zu seinem 50. Geburtstag erscheinen soll.

Abends waren wir mit den Kindern im Schauspielhaus, wo man »Alpenkönig und Menschenfeind« spielte, dies freundliche und originelle Volksstück, das in seiner gütigen Feinheit die ganze Gesunkenheit und Verkommenheit des heutigen Geschmacks erkennen läßt.

Donnerstag den 26. IV. 34.

Wieder um 7 Uhr auf (nach einer gegen Morgen durch Geschwulst und Knochenhautreizung beeinträchtigten Nacht) und nach provisorischem Frühstück zu Asper, wo wohl die peinlichste Zahnarzt-Sitzung meines Lebens stattfand: Wegen des Geschwulstes war Anaesthesierung unmöglich und so mußte die langwierige Flickarbeit unterm Zahnfleisch bei voller Empfindlichkeit getan werden. Der junge Doktor machte mir schließlich sein Compliment wegen meiner Geduld. Die Nachwehen sind übrigens weniger stark als gestern.

Zu Hause Vervollständigung des Frühstücks.

Es ist kalt. Auf den Bergen Neuschnee. Die Bäume in voller weißer Blüte.

Gestern Telephongespräch mit Erika. Sie läßt den gekürzten Vortrag in Bern abschreiben, wo ich ihn in Empfang nehmen werde.

– Schrieb nachmittags etwas weiter am Roman. Ging mit K. spazieren. Beim Essen sehr behindert durch das Geschwulst.

Las nach Tische im »Goldenen Esel«. Sehr müde. Geruht und das Rasieren für morgen vorweggenommen, da [wir] schon um ½ 12 zum amerik. Konsul müssen.

Die Guyer nimmt unseren Vorschlag, das Haus zu dem ursprünglichen, noch nicht erhöhten Preis weiter zu behalten und die Miete für ¾ Jahre vorauszubezahlen, zu unserer Genugtuung an.

Schrieb Korrespondenzen.

Bermann erklärt seine Absicht, den Essay-Band im Herbst herauszubringen. Es ist ein Titel dafür zu finden.

Lion schickt auf Wunsch seine Studie über den Joseph, die ich unverzüglich las. Sie ist fragmentarisch, geistreich und ergänzungsbedürftig, soll übrigens auch ergänzt werden.

Schmerzen; mit Kamillen gespült.

Schrieb an Bermann, um die Frage des Essaybandes noch einmal zur Überlegung anheimzugeben.

Freundlich-rührende Briefe von dem jungen Borel und einem dänischen Studenten, der englisch schreibt.

Freitag den 27. IV. 34.
Heiterer Frühlingstag. Ich schlief schlecht, weil die dumpf reißende Geschwulst mich störte. Stand gegen Morgen auf, um mit Kamillen zu spülen.

Schrieb die Szene im Baumgarten zu Ende. Es muß nun ein rapides Fortschreiten einsetzen, und Jahre müssen im Lauf genommen werden, was auch der aesthetischen Abwechslung im Tempo zugute kommen wird.

Brief von dem Komponisten Wetzler aus Ascona über den Baseler Wagner-Vortrag. Schickt die Manuskripte eigener Vorträge.

Die Kamillenspülungen wirken heilsam auf die Geschwulst, die an Umfang zugenommen hat, aber weniger schmerzhaft ist. –

War mittags mit K. in Zürich, auf dem amer. Konsulat, wo man mich zahlreiche »Buddenbrooks« und »K. H.'s« zu signieren nötigte. Bestes Entgegenkommen in Sachen des Passes.

Ich kaufte einen Filzhut und einen Strohhut sodann. Wir fuhren nach Zollikon zurück, von wo aus wir, bei wartendem Wagen, einen schönen Spaziergang in den von jungem Grün illuminierten Wald machten. Diese Kombination von Stadt- und Naturgenuß gefiel mir sehr. Ich sprach auch von meinem Vergnügen an der Unfähigkeit der Münchener zu verhindern, daß wir in der Freiheit in einem schönen Hause leben, daß wir nach Amerika fahren, auch ohne Paß etc.

Nach Tische wurde mir übel. Wahrscheinlich reagierte der Magen auf die Zahnstrapazen der letzten Tage und das Geschwulst. Ich schlief etwas und aß nichts zum Thee. Schrieb an Wetzler und Schuh und diktierte zahlreiche Briefe, auch an Heins und die Guyer. Das gestrichene Kapitel »Der Knabe Henoch« soll im »Morgen« erscheinen. Eine Beschwerung ist die Frage, ob [ich], der Aufforderung der »Eur. Blätter« gemäß, öffentlich, etwa in den »Times« für den unglücklichen Ossietzky eintreten soll, der im Konzentrationslager verkommt. Trotz Ekel, Schweigewillen, Hoffnungslosigkeit müßte ich es wohl tun.

Nahm nur etwas Suppe und Rotwein mit Biskuit zum Abend.

Bern, Sonnabend den 28. IV. 34, Hotel Bellevue.
Abfahrt von Küsnacht heute Morgen gegen ½10 Uhr, in ziemlich flauem Zustande. Die Zahnarzt-Sitzungen haben den Nerven, dem Magen übel zugesetzt. – Fahrt über Lenzburg mit einer kurzen Wermutpause in ländlichem Gasthause. Ankunft hier gegen 1 Uhr. Verbindung mit Erika, die sich bald

von der Probe zu herzlicher Begrüßung einfand. Mit ihr aßen [wir] nahe dem Hotel zu Mittag, in dem Restaurant, das zu dem Café gehört, wo ich das vorige Mal einmal allein einen abendlichen Imbiß nahm.

Bettruhe nachher. Um 5 kam Erika, die mit A. M. Schwarzenbach und der Giehse sehr hübsch im selben (4.) Stockwerk wohnt, herüber zur Besprechung der Kürzungen des Göthe-Schriftsteller-Vortrags, und wir tranken Thee. Erika ging dann zur Probe, und ich machte mit K. einen Spaziergang durch die schöne Laubenstraße und über die Brücke.

Wir stellten fest, daß wir wieder wie vor einem Jahr den ersten Mai in Basel verbringen werden, – eine Korrespondenz und Wiederkehr wie die Tage von Arosa. Für die seit dem damaligen Baseler Aufenthalt gemachten Fortschritte und erreichten Befestigungen ist es symbolisch, daß wir diesmal mit dem eigenen Wagen dorthin kommen. –

Erika berichtet von dem großen Erfolg, den in ihren Kreisen und nach ihrem Hörensagen der »J. J.« gefunden, sehr hinausgehend über den des »Jaakob«. – Sie erzählt ferner von einem Schüler Bertrams, der hier bei Strich promoviert mit einer Arbeit über Nebenerscheinungen u. Abarten des Theaters, die B. zurückgewiesen hat, weil »Marxisten und Juden« lobend darin erwähnt werden, was er schließlich als Grund zugestand, nachdem er zunächst stilistische Schwächen vorgewendet. Es wird versichert, daß B. der verrannteste und bigotteste aller Nazi-Professoren sein soll, unleidlich und unmöglich.

Unsere Reise ist vom Wetter weniger begünstigt als wir hoffen durften, aber es ist heute nicht zum Regnen gekommen. Unterwegs erschien ein paar mal die Sonne. Wir nahmen die direkteste Strecke, unter Vermeidung von Aarau und Luzern, und die Fahrt bot nicht viel landschaftlichen Reiz; erst gegen Bern hin erfreute schönes Wald- und Parkgelände. –

Mit K. um ½ 8 im Speisesaal. K. nahm Diner und ich aß nur eine Suppe.

Dann zu Fuß in das nah gelegene Theater, das sich als

sonnabendlich überfüllt erwies und zwar von einem nicht dummen, sympathisch entgegenkommenden und empfänglichen Publikum. Viele waren offenbar darunter, die die Darbietungen schon kannten, Habitués. Ich war zwar anfangs recht hinfällig, gab mich aber von Herzen der Sache hin, trank ein Glas Thee, rauchte einige Cigaretten und war, obgleich wir mit fremden Leuten am Tische im Gedränge saßen, guter Dinge. Das Programm bewährte sich wieder als ausgezeichnet, farbig, empfunden und unterhaltend. Die politischen Dinge erregten Enthusiasmus. Erika, bei jedem Auftreten distinguiert und reizvoll wirkend, sah vorzüglich aus in der Narrenrolle des neuen Sketch und wurde gefeiert. Ich war herzlich beeindruckt und erfreut. Wir begrüßten nachher die Mitglieder und beglückwünschten sie. Ins Hotel kehrten wir zurück mit Erika, der Giehse, Anne M. Schwarzenbach und Edith Littmann. E. gab ein Zusammensein in ihrem Zimmer mit trockenem Champagner und einem Imbiß. Ich las nach einer Weile die Szene im Baumgarten vor, die schönen Eindruck machte und zu allerlei Gespräch Anlaß gab. Es wurde nach 2 Uhr ehe man sich trennte. – Charakteristische Begegnung auf dem Heimwege ins Hotel mit der jungen Telegraphistin. Bekanntschaft mit dem einfältigen Wiener Impresario, der ein gewaltiges Geschäft mit dem Unternehmen macht und amerikanische Pläne hegt. Mit Recht, meiner Meinung nach.

Bern, Sonntag den 29. IV. 34, Bellevue.
Schlief mit Phanodorm sehr rasch ein und hatte bis ½ 8 einige Stunden tiefen Schlafs, schlummerte auch noch länger. Wir haben gefrühstückt u. packen unsere Sachen zur Weiterfahrt nach Basel. Erika hat hier heute ihre Abschiedsvorstellung und morgen sehr früh reist die Truppe nach Holland.
Basel, Hotel 3 Könige am selben Tage.
Wir nahmen heute Vormittag liebevollen Abschied von Erika, die wir nun längere Zeit nicht sehen werden, und nahmen etwa ½ 11 Uhr in unserem guten Wägelchen die Reise wieder

auf. Bei heiterstem Frühlingswetter war die Fahrt durch das schmucke, wohlgepflegte Land ein Vergnügen und eine Augenweide. Wir nahmen den Weg über Solothurn, wo wir Station machten und den Dom betraten; und weiter, Olten liegen lassend, über Liesthal. Sehr anmutig die Fahrt durch den Jura, dessen Felsen wie Theater-Versatzstücke wirkten. Wir nahmen Mittagsaufenthalt auf der Kammhöhe im Kurhause *Langenbruck*, wo wir auf der Terrasse zu Mittag aßen. Die Sonne schien warm. Dann folgte der Abstieg ins Rheintal. Wir trafen etwa ½4 Uhr vor diesem vertrauten Hotel ein, erhielten unser gewohntes Zimmer und hielten nach der Installisierung etwas Bettruhe. ½5 Uhr kam der junge Stickelberger mit einem Kameraden. Man trank Thee in der Halle und für morgen wurde das Nötige verabredet. Der Verkauf läßt sich nicht sonderlich an. Die vorgerückte Saison und das schöne Wetter werden dem Besuch wohl Abbruch tun.

Basel, 3 Könige, Montag den 30. IV. 34.
Gestern machten wir [uns] nach 7 Uhr zu *Joels* auf, die uns zum Abendessen eingeladen hatten. Sonntägliches Menschengetriebe in den zu schwülen Straßen. Wir fanden das Haus in der Altstadt, wo »Tuy« uns schon vorm Hausthor erwartete. Das alte Geschwisterpaar hatte sich trotz dem Sonntag große Mühe mit unserer Bewirtung gegeben, und nach dem Essen stellte im Wohnzimmer nach Sitzverteilung und Gespräch die Situation von vor einem Jahre sich bis zur Täuschung genau wieder her. K. war starr und in Erregung über ihr ungeahntes Wiedererkennen des ägyptischen Ehe-Geschwisterpaares, der Dunkelmaus und des heiseren Sumpfbibers. Sie versicherte nachher wiederholt, die ganze Zeit habe sie an sich halten müssen, und ich selbst war überrascht von der Ähnlichkeit.

Wir gingen bei Zeiten, sehr müde, und hatten recht guten Schlaf. Heute ist sonnig-halb dunstiges, sehr mildes und warmes Wetter.

Abends: Ich arbeitete vormittags den Vortrag durch. Gegen

½ [?] Uhr holte der junge Stickelberger uns mit seinem Wagen ab und fuhr mich zu Professor *Gigon*. Ich fand einen schlichten und sympathischen Mann, der mich mit Ruhe und Verständnis anhörte, meine Gewohnheiten im Ganzen gut hieß und mir zur Einschränkung des Rauchens riet. Er konstatierte organische Gesundheit, hatte nichts gegen Amerika einzuwenden und verschrieb Eisen-Pillen als Kräftigungs- und Beruhigungsmittel. Der Besuch wirkte günstig auf mich.

K. holte mich mit dem Fiat, wir waren noch einen Augenblick im Hotel u. fuhren dann nach Riehen, wo wir nicht ohne Schwierigkeiten das Haus von Adolf *Busch* und Serkin fanden, das in schöner Ländlichkeit gelegen. Mittagessen an großem rundem Tisch mit dem Ehepaar, Serkin, der Tochter des Hauses und einer Freundin. Kaffee in der Bibliothek, die das Verbindungsstück zwischen den beiden Häusern ausmacht.

Zu Hause Bettruhe. Dann Thee und Lektüre heute eingetroffener Briefe: Von Schickele, Bertaux, der Hamburger etc. Diese letzteren schreiben über den J. J. Ich fertigte eigene Briefe, die K. heute geschrieben.

Wir gingen dann aus, machten einige Einkäufe, ließen die Pillen herstellen und aßen um 7 Uhr in der Weinstube, wo wir mit Erika gewesen, eine Omelette mit einem Glase Rotwein.

Dann ins Hotel zur Toilette. Um 8 Uhr von Stickelberger abgeholt, Fahrt zum Vortragslokal, schöner, mittelgroßer Saal im ehem. erzbischöfl. Palais. Überraschend starker Zudrang, der Saal überfüllt, überaus herzliche Begrüßung und große Anteilnahme des Publikums. Die akustischen Verhältnisse günstig; ich war bis in den Hintergrund verständlich und sprach lebendig. Der Vortrag hatte großen Erfolg.

Buschs und Serkin kamen ins Wartezimmer; sie waren sehr angetan. Redakteur X. von den Baseler Nachrichten erbat sich das Manuskript zum Abdruck gelegentlich der Schriftstellertagung.

Man fuhr zu einem Zunfthause zum abschließenden Zusammensein mit den Studenten und Studentinnen. Der menschliche Gewinn war der junge *Burkhardt*, der schon mit Stickelberger ins Hotel gekommen war und rechts von mir saß, ein bildhübscher, feiner und freundlicher Junge, romanischer Typus, vornehm und höchst ansprechend.

Es ist nicht später als ½ 12 Uhr geworden. Wir konstatierten einen durchaus befriedigenden Verlauf des Aufenthaltes und der ganzen kleinen Reise.

Küsnacht, Dienstag den 1. V. 34.

Wir frühstückten und packten heute Morgen nach gut verbrachter Nacht und hielten Abfahrt vom Hotel 3 Könige gegen 10 Uhr. Es war und ist heiteres, warmes Wetter. Die Fahrt war angenehm und glücklich, von wohltuenden landschaftlichen Eindrücken begleitet. Wir pausierten in Baden, wo wir ein wenig umhergingen und auf einer kleinen Hotel-Terrasse einen Wermut nahmen. Die Eindrücke der Reise klangen nach auf der Fahrt, wir hatten das angenehme Gefühl, rebus bene gestis heimzukehren, denn von dem Abend in der »Pfeffermühle« bis zu meinem eigenen Auftreten haben sich in der That alle Etappen und Stadien des Unternehmens so glücklich abgespielt, daß wir Grund zur Dankbarkeit haben. Wir gedachten der aufmerksamen Intelligenz des Baseler Publikums und seiner Heiterkeit an humoristischen Stellen der Rede. Das Bild der bezaubernd feinen Züge des jungen Burkhardt in seiner weißen Mütze ist auch ein stiller Gewinn.

Wir trafen hier etwa ½ 1 Uhr wieder ein und fanden viel Post vor, obgleich wir in Basel Briefe empfingen. Bermann erklärt seine Genugtuung über die amerikanische Reise, die auch zugunsten meiner Münchener Angelegenheit ausgewertet werden könne. Fiedler schreibt diskret höchst Kritisch-Pessimistisches über die wirtschaftliche Lage Deutschlands, wo übrigens der Kulturkampf in vollem Gange ist.

Kabel von Knopf: Wir werden schon am 19. dieses Monats mit einem holländischen Schiff von 15 000 Tonnen, das 9 Tage bis New York geht, fahren. Für die Rückfahrt haben wir, am 8. Juni, ein doppelt so großes Schiff der selben Linie, das nur 6 oder 7 Tage fährt. Sparsamkeitsgründe werden bei der Wahl wohl mitgespielt haben; aber wir beschlossen nach einem Telephongespräch mit dem Bureau der Linie keine Umstände zu machen und zuzustimmen. Die erste Klasse auch des kleineren Schiffes soll gut sein. –

Wir fanden die Kinder gesund und zufrieden in ihrem gewohnten Lebensgang. Sie sind entzückt über unser Zusammensein mit Busch und Serkin und über eine Einladung des Letzteren an sie.

Golo berichtet nach der Erzählung einer Freundin: Prof. A. Scharf, der Ägyptologe, befragt den Schriftsteller Rud. Stratz wegen meiner »Verbannung« oder Rückkehr. Stratz antwortet: »Das Propaganda-Ministerium wünscht seine Rückkehr, aber wir (die Schriftsteller) werden sie zu verhindern wissen.« – Was für ein Tropf! –

Nach Tische sah ich Zeitungen durch, ruhte und packte aus. K. holte mit dem Wagen die *alten Fischers*, die heute von Rapallo eingetroffen, vom Baur au lac. Ging zur Begrüßung zur Garage hinunter: Der Alte sehr taub. Man saß einige Zeit auf der Terrasse, dann musizierten die Kinder. Nach dem Abendessen politisches Gespräch in der Halle und Verabredung für morgen.

Die Holland-Amerika Linie schickte Vertrauen erweckende Prospekte. Plan, auf der Rückreise in Rotterdam auszusteigen und die Kinder zu besuchen.

Mittwoch den 2. V. 34.

Wieder ein warmer Blütentag. Ich war müde und beschäftigte mich vormittags mit Korrespondenzen, schrieb an Budzislawski wegen Ossietzky, an Lion, machte das kleine Henoch-Kapitel druckfertig, das aus dem Roman weggelassen, und das der »Morgen« mitteilen will.

Wir fuhren früh aus, da wir schon um ½ 1 bei Fischers im

Baur au lac lunchen sollen. Es geschah in Gesellschaft des ehem. Staatssekretärs Maier und seiner Frau, recht umgängliche Leute. Man saß elegant in der großen Veranda, das Essen war gut. Nach dem Essen hielt man sich noch im Garten auf. Der alte Fischer sehr wunderlich und rührend in seiner Verkalktheit, kombiniert mit Taubheit, sodaß oft völlige Abseitigkeit und Unklarheit des Geredes zustande kommt. Ein gewisser Humor ist geblieben und im Grunde viel Scharfblick und Scharfgefühl für die Zweitrangigkeit derer, die ihm die Dinge aus der Hand nehmen. Von Suhrkamp sagte er gestern, an seine Verlässigkeit im Menschlichen glaube er gerade nicht. Er sei »kein Europäer«, von großen humanen Ideen verstehe er nichts. Da sprach eine Generation, die größer und besser war als die neue. Er hat im Grunde dasselbe Mißtrauen gegen seinen Bermann. Plötzlich fragte er mich, wie ich ihn gefunden hätte. »Es ist gut, daß Sie ihm vorgearbeitet haben«, sagte ich. Heute erklärte er, daß alle seine Autoren aus Deutschland hinausgehen sollten. Aber freilich müßten alle es tun. – Dazwischen viel Verwirrtes und Gedächtnisloses. – Ich nahm Abschied von ihm in dem Gefühl, es vielleicht oder wahrscheinlich zum letzten Mal zu tun. Als ich ihm im Weggehen schon, noch einmal zuwinkte und er freundlich zurücknickte, war mir weh ums Herz, und so ist mir auch jetzt. –

Den J. J. zu lesen, sagte seine Frau, fehle es ihm an »Konzentration«. Ausdrücklich hatte er sich vorgenommen, mir nichts über das Buch zu sagen. Dagegen soll Hauptmann wiederholt aus den Jaakobsgeschichten vorgelesen haben. –

K. hatte auf der Rückfahrt noch Besorgungen. Zu Hause hielt ich Ruhe auf dem Bett und trank mit K. und Bibi Thee.

Neue Anmeldung beim Zahnarzt.

Längerer Brief von Kerényi über die »Hermetik« des J. J., von dem er sehr erfüllt scheint.

Die Herz schickte eine Ritualmord-Nummer des Nürnberger »Stürmer«, die an verbrecherischem Schwachsinn das Äußerste darstellt. Wie steht es um ein Land, wo dies möglich ist? Man spricht wohl richtiger von der *Zeit*, die dies zuläßt. Man hätte im 19. Jahrhundert die Wahrsagung eines solchen Rückfalls ungläubig belächelt.

Ging gegen Abend mit K. in den Ort hinunter und versorgte Post.

Begann gestern Abend Hesses neue Erzählung in der Rundschau zu lesen und will damit fortfahren.

Kerényi bestätigt meine Beobachtungen über Beziehungen des »Don Quijote« zum griechischen Roman, namentlich zum »Esel«.

Wir hörten aus dem Stadttheater einen Teil der Aufführung der »Salome«, der wir in der Reiff'schen Loge mit Strauss hätten beiwohnen sollen. Ich empfand stark die Oberflächlichkeit, Überholtheit und törichte Kälte des Schmißwerkes und seines bürgerlichen Ästhetizismus von vor dem Kriege. Ist nicht dieser Strauss, dies naive Gewächs des Kaiserreichs, viel unzeitgemäßer geworden als ich? Müßte er nicht als Künstler nicht viel unmöglicher im »3. Reiche« sein als ich? Er ist dumm und elend genug ihm seinen Ruhm zur Verfügung zu stellen, und es macht ebenso dumm und elend Gebrauch davon. Der Jude Hofmannsthal schrieb ihm Texte. Jetzt komponiert er ein Libretto des Juden Zweig.

Donnerstag den 3. V. 34.

Fuhr schon um 10 Uhr, nachdem ich nur rasch dem jungen Borel gedankt, der mir einen hingebungsvollen Brief geschrieben, und den monströsen »Stürmer« an Dr. Kober von der National-Zeitung geschickt hatte, – mit K. zur Stadt, wo Geschäfte zu erledigen waren. Wir ließen im Waarenhause Paß-Aufnahmen machen, auf die wir im Restaurant bei einer Erfrischung warteten. Dann zum amerikanischen Konsulat, wo wir von dem sympathischen jungen Konsul empfangen wurden und bei ihm im Gespräch die Herstellung unseres Ausweises abwarteten. Vollkommene Konzilianz. Die jungen amerikanischen Gesichter im Bureau gefielen mir gut. Ich hatte wieder Bücher zu signieren. Wir fuhren dann zum französischen Konsulat, wo wir den Staatssekr. Maier von gestern trafen. Auch dort ging alles am Schnürchen. Der junge Beamte, mit dem wir verhandelten, war ein Elsässer, dem ich einmal in Straßburg nach dem Vortrag ein Autogramm gegeben. Der Weg nach New York ist also amtlich frei – die Münchener mögen sich wundern und ärgern.

Nach ein paar weiteren Besorgungen Heimfahrt.

Brief von Meyer-Graefe über den J. J. und sein Gespräch mit Hauptmann darüber in Rapallo. H.'s Äußerungen sollen dumm und rankünös gewesen sein. Der alte Thor kommt über Peeperkorn nicht hinweg.

Gewittriger Nachmittag. Es war nach Tische zum Kaffee ein Herr Aermi aus Aarburg bei uns, ein für meinen Geschmack etwas zu spiritualistischer Typ, der von Steiner und Krischna-Murti sprach und sich mit Recht um die Welt und ihre Zukunft sorgt. Er möchte vermitteln, ausgleichen, innerlich befreien, die Gegensätze versöhnen, den Geist konsolidieren und das Diffuse seiner Wirkungen aufheben. Im »Joseph« sieht er eine Hülfe. Man schied freundlich, im Gefühl der Ergebnislosigkeit.

Viel Post, viele Geschäfte. Diktierte ausführlich an Knopf und Bermann und mehreres Weitere. Holländische Ausgabe der Josephs-Trilogie. Amerikanische Vorabdrucke durch Brand & Brand. Die Basler Nachrichten drucken den Goethe-Vortrag nach.

Schrieb noch längeren Brief an Meyer-Graefe.

Freitag den 4. V. 34

Regen. Zu müde und zerstreut, daß selbst das Briefschreiben mir schwer wurde. Schrieb an die Hamburger und an Arnold Zweig. Sollte zum Zahnarzt, wurde aber abbestellt. Ging mittags etwas mit K. spazieren. Schlief nachmittags. Nach dem Thee kam, angemeldet, der junge Jude Ehrenfeld, Photograph und Dichter, arbeitslos, vagabundierend, ein hübscher angenehm jungenhaft redender Bursche, augenblicklich von einer

jüdischen Hilfsorganisation unterstützt. Er ließ mir ein Roman-Manuskript da, das auch bei Querido liegt und das ich
lesen will. Ich hätte dem Jungen wohl Geld schenken sollen.
Werde es noch tun.

Sonnabend den 5. V. 34.
Tagüber nur Briefe geschrieben.
Auf den Tischen schöne Fliedersträuße aus dem Garten.
Zum Abendessen Raschers mit ihren Söhnen. Rascher kam
wieder auf die Neuausgabe der »Memoiren einer Idealistin«
zurück und trug mir die Bearbeitung und das Vorwort an. Ich
versprach, das Buch versuchsweise mit aufs Schiff zu nehmen.
Gespräche über Deutschland und die dortige Verwirklichung
des Sozialismus auf niedrigstem Niveau und unter kulturellen
Opfern sondergleichen. Der Kampf gegen den »Marxismus«
in der Schweiz, blind und unbelehrt. Das hiesige Bürgertum
lernt nichts aus dem Schicksal des deutschen. Es gab eine de-
mokratische Partei, die wie in Deutschland die Brücke zwischen
Bürgertum und Arbeiterschaft hätte schlagen können. Auch
hier ist sie im Schwinden begriffen.

Sonntag den 6. Mai.
Es schien regnerisch werden zu wollen, aber nachmittags er-
heiterte sich der hier schon etwas junimäßige Frühling wieder,
das Licht über dem See und dem eigentümlich dicht bebauten
jenseitigen Ufer ist hell und fein und die weißen und rosa
Blüten der Sträucher und Obstbäume haben wieder Sonne.
Ich schlief unruhig, weil die jetzt zu behandelnde Zahnwurzel
links unten erkrankt ist; pinselte gegen Morgen mit Jod.
Fing vormittags an, die Tischrede für New York zu schrei-
ben. Ging mit K. spazieren durch den noch feuchten Wald, dessen Grund teppichartig mit einer sehr grünen, kleeartigen
Pflanze bedeckt ist.
Fuhr nach Tische fort, in dem Roman-Manuskript des jungen
Ehrenfeld zu lesen und schlief vor Müdigkeit fast im Stuhle

ein. Legte mich und fand bei zur Ruhe gekommenem Zahnschmerz guten Schlaf.

Abends habe ich in den letzten Tagen die Novelle von Hesse in der Rundschau, »Der Regenmacher«, gelesen, die aus jenem großen, von ihm mehrfach erörterten Zusammenhange stammt. Sie ist schön gearbeitet und betreut das Primitive auf eine humane Art, ohne es zu verherrlichen.

Wollte nachmittags an der Rede weiterschreiben, suchte in alten Notizbüchern nach Versen der Barret-Browning und vertiefte mich in Aufzeichnungen, die ich damals über meine Beziehungen zu P.E. im Zusammenhang mit der Roman-Idee der »Geliebten« gemacht. Die Leidenschaft und das melancholisch psychologisierende Gefühl jener verklungenen Zeit sprach mich vertraut und lebenstraurig an. Dreißig Jahre und mehr sind darüber vergangen. Nun ja, ich habe gelebt und geliebt, ich habe auf meine Art »das Menschliche ausgebadet«. Ich bin, auch damals schon, aber 20 Jahre später in höherem Maße, sogar glücklich gewesen und durfte wirklich in die Arme schließen, was ich ersehnte. – Ich hatte mich nach den Leidenschaftsnotizen jener Zeit im Stillen schon umgesehen in Hinsicht auf die Passion der Mut-em-enet, für deren ratlose Heimgesuchtheit ich zum Teil werde darauf zurückgreifen können. Auch stieß ich wieder auf die erste Notiz zu dem Plan, der hinter dem »Joseph« steht, der Faust-Novelle.

Das K.H.-Erlebnis war reifer, überlegener, glücklicher. Aber ein Überwältigtsein wie es aus bestimmten Lauten der Aufzeichnungen aus der P.E.-Zeit spricht, dieses »Ich liebe dichmein Gott, – ich liebe dich!«, – einen Rausch, wie er angedeutet ist in dem Gedicht-Fragment: »O horch, Musik! An meinem Ohr weht wonnevoll ein Schauer hin von Klang –« hat es doch nur einmal – wie es sich wohl gehört – in meinem Leben gegeben. Die frühen A.M.- und W.T.-Erlebnisse treten weit dagegen ins Kindliche zurück, und das mit K.H. war ein spätes Glück mit dem Charakter lebensgütiger Erfüllung, aber doch schon ohne die jugendliche Intensität des Gefühls, das Himmelhochjauchzende und tief Erschütterte jener zentralen Herzenserfahrung meiner 25 Jahre. So ist es wohl menschlich regelrecht, und kraft dieser Normalität kann ich mein Leben stärker ins Kanonische eingeordnet empfinden, als durch Ehe und Kinder. –

Zahnschmerzen. Muß wieder Jod und Veramon brauchen.

Wir hörten aus Basel den Oberon. Die Ozean-Arie ist schön.

Montag den 7. V. 34.

Mangelhafte Nacht durch Zahnschmerzen. Vormittags an der Rede weitergeschrieben. 11¼ Uhr in der Stadt zu Asper, der unter erheblichen Qualen den Brückenteil aufschnitt und abhob. Doch brachte die Befreiung davon und das Eindringen in den Wurzelkanal bald spürbare Erleichterung.

Brachte danach meinen Smoking zur Erneuerung der Revers in die Schneiderei des Konfektionshauses und besorgte Verschiedenes in der Apotheke. Das Kamillosan ist ein schätzbares Linderungsmittel, wie ich überhaupt die heilsame Eigenschaft der Kamille, innerlich und äußerlich, sehr hoch schätze.

Nach dem Thee brachte Hans Rascher die beiden Bände Meysenbug, vor denen ich mich ein wenig fürchte.

Gewitterregen.

Schrieb ein paar Briefe: an Stilling in Straßburg und nach Engelberg wegen einer Vorlesung. Es kamen Briefe von der Herz und von Reisiger aus Solduno, der aufs neue erfüllt ist vom J. J.. Er hat für das Juniheft der N. R. darüber geschrieben. – Die Basler Nachrichten schickten ihre Besprechung des Goethe-Vortrags.

Zum Abendessen Dr. Schieffer, der mit K. Steuer-Angelegenheiten bespricht.

Es ist empfindlich kalt im Hause, da die Heizung unpraktikabel ist und raucht.

Dienstag den 8. Mai 34.

Müde, offenbar angegriffen von gestern. War vormittags und nachmittags mit der Rede beschäftigt. Schlief am Nachmittag. Bekam einen Brief von Frank, auch vom Joseph handelnd. Da vorher gerade in Goethes u. Schillers Briefwechsel gelesen, empfand ich, wie viel literarische Tradition von diesem ausgeht. Trug mich in das Buch des Basler Pen-Clubs ein. Las in dem Roman des jungen Ehrenfeld weiter, der mir nicht schlecht gefällt. Der Zahn ruhiger und freier. – Ging mittags allein spazieren: von Itschnach hinauf den Waldweg in umgekehrter Richtung.

Mittwoch den 9. Mai 34.

Kräftiger von Verfassung. Schloß die New Yorker Rede ab. – Aufsätze aus jüdisch-deutschen Blättern über den J. J. – Brief von Bermann, der sich freut, den Essay-Band herausbringen zu können. Er soll an 1500 M Auslagen an Heins zahlen, die ich ungern von dem Honorar-Devisen-Kontingent genommen sehe. – Ging mittags K. nach Zollikon entgegen und fuhr mit ihr nach Hause.

Las nach Tische abschließend in dem Manuskript des jungen Ehrenfeld. Es hat entschiedene Reize, ist aber doch künstlerisch recht unsicher und unreif. Nach dem Aussehen des Autors hätte ich mich gewundert, wenn ich [nicht] schließlich noch auf die Geschichte seiner Hingabe an einen Mann gestoßen wäre, die übrigens in der Folge wenig wahrscheinlich gemacht ist.

Las nach dem Thee K. die Rede vor, die ihren vollen Beifall fand.

Abends fuhren wir ins Theater, wo wir ein Wiener Stück »Straßenmusikanten« sahen, einen gut gespielten [?]. Bassermanns saßen in der gegenüberliegenden Loge, und wir besuchten sie. Er spielt am 17. hier den Richard III. Er ist noch im Zustande des ersten Chocs, empfindet seine Lage als traumhaft.

Wir sprachen vor der Abfahrt den Direktor Rieser.

Ich fertigte Dedikationsexemplare aus.

Die Holland-Amerika-Linie meldet die Belegung der Kabinen. Auf dem »Volendam« ist eine mit Bad und auf dem »Statendam« sogar eine Luxuskabine. Knopf scheint also gut gesorgt zu haben. Übrigens ist noch ein umständlicher Fragebogen auszufüllen.

Donnerstag den 10. Mai 34 (Himmelfahrt)
Ging gestern sehr spät schlafen und blieb heute in Erinnerung an Gigons Weisung länger liegen. Es ist ein etwas dunstiges, mildes und fruchtbares Wetter, schon eher von Juni-Charakter, aber das Haus ist schattig und kühl, sodaß zu begrüßen ist, daß man [nach] Behebung einer Störung, nachmittags wieder heizen kann.

Beschäftigung mit dem Roman am Vormittag.

Schöner Brief von der alten Gabriele Reuter.

Ging mit K. spazieren.

Las nach Tische einiges in Lukian.

Bettruhe. Zum Thee die Herren Trebitsch, Dr. Schieffer und M. Tau. Letzterer ist überzeugt, daß sich das Regime in Deutschland nicht mehr lange wird halten können. Der Zustand sei ganz streng genommen dem vom Sommer 1917 gleichzusetzen. Er erzählt viel von der Anhängerschaft, die ich bis in die nationalkonservativen Kreise hinein besitze. Er »freut sich auf den Tag, wo ich unter dem Applaus der Studentenschaft wieder meinen Einzug halte«. – Glückliche Überraschungen mit einzelnen Menschen: W. Schaefer, Possekel. Dagegen Stehr! Dagegen Hauptmann und Strauss!

Freitag den 11. Mai 34.
Gestern Abend wieder ins Theater, wo man zwei Stücke von Shaw spielte. »Ländliche Werbung« gefiel mir gut. Die »religiöse« Erweckung Blanco Posnets fand ich teils kalt, teils opernhaft und es mutete mich albern an, daß Frau Rieser Thränen darüber vergossen haben wollte. Trebitsch besuchte uns in der Loge, auch der Rechtsanwalt F., den wir zu Heins geschickt

hatten, und der sich erbot, in Berlin persönliche Schritte in unserer Sache zu tun. Es war gemeinsames Abendessen nach Schluß im Theater-Restaurant mit Riesers als Wirte, Kalser, Essler und anderen Schauspielern. Ich war übermüdet und fühlte mich wenig wohl.

Nahm Phanodorm und schlief heute lange. Um 11 Uhr zum Zahnarzt zu einer Behandlung von fast 1½ Stunden, äußerst quälend und strapaziös. Meine Erschöpfung und Überreizung war groß nachher, ein Weinkrampf war abzuwehren. Ich aß nur eine Tasse Suppe in meinem Zimmer. Nahm Veramon und Luminaletten. Der Zahn ist gereizt und schmerzhaft, scheint aber die Stiftfüllung der Wurzel zu ertragen.

Schlummerte etwas. Zum Thee der junge Ehrenfeld, der mit seinen mageren semitischen Schultern und seinem hübschen Gesicht oft recht Joseph-mäßig aussieht, – aber es hätte genügt, ihn eine Weile anzuschauen. Statt dessen las er uns mit kindlicher Versessenheit ein ganzes Stück in zehn Bildern vor, das er soeben geschrieben. Ich wußte nicht viel damit anzufangen. Wir empfahlen ihn telephonisch dem Dramaturgen Hirschfeld. K. fährt ihn zur Stadt, da er sonst zum Abendessen hätte bleiben müssen.

Es war ein wundervoller Tag wieder heute. Kein Mensch erinnert sich eines solchen Frühlings. Der Garten-Flieder, den wir in den Nasen haben, ist herrlich.

K. berichtet in Gegenwart Ehrenfelds, Nachricht von Dr. Heins sei da: er werde morgen von Berlin hier eintreffen. Das ist überraschend und sonderbar. Von München aus war es ihm verwehrt, zu uns zu reisen. Er muß von Berliner Stellen dazu in den Stand gesetzt sein. Es ist zu vermuten, daß er die Aufforderung zur Rückkehr bringt, über die kaum zu diskutieren ist.

Sonntag den 13. V. 34
Prachtvolle Frühsommertage, deren produktive Unergiebigkeit und Zerstreutheit mich jedoch unruhig und unzufrieden

macht. Schrieb gestern Morgen, ut aliquid fieri videatur, längeren Brief an Reisiger. Ging nur ein wenig aus, da mir die Sonne zu stark war und saß dann auf der Terrasse im Liegestuhl. Las die »Sammlung«, worin Klaus einen hübschen Aufsatz über de Quincey hat. Auch die Besprechung eines neuen Buches von Huxley ist anziehend.

Wir erwarteten Anruf und Eintreffen des Dr. Heins, das sich aber bis nach Tische verzögerte. Mit Asper hatte ich eine vorläufige Schonung verabredet.

K. holte Heins um ½ 5 Uhr. Ich begrüßte ihn in der Halle, nachdem ich etwas geschlafen. Ich erkannte ihn nicht, da ich ihn seit der Begegnung in Rorschach nicht gesehen und mir ein fehlgehendes Bild in der Erinnerung von ihm gemacht hatte. Er berichtete beim Thee über seine persönlichen Verhandlungen in den Berliner Ministerien mit offenbar wohlwollenden Beamten. Tatsächlich ist die Ablehnung des Ausbürgerungsantrages noch nicht amtlich erfolgt. Heins' Überzeugung, daß die Angelegenheit geregelt werden wird, bleibt aber unerschütterlich und ist im Gegenteil durch die Berliner Gespräche gefestigt. Sein Kommen galt vorwiegend Steuer-Unstimmigkeiten, die die Jahre 29 und 30 betreffen und die uns unverständlich sind, weil die Höhe der Fehlangaben ganz unseren vorsichtigen Gesinnungen von damals widerspricht. Die genauen Buch-Auszüge von Fischer sind einzuholen.

Wir gingen mit Heins in den Ort hinunter, wo ich Cigaretten kaufte. Nachher zog ich mich um, denn wir erwarteten Gäste. Es aßen bei uns am schön dekorierten Tisch: Frau Guyer und ihr Mann, Dr. Schuh und Frau, Dr. Fleischmann und Heins. Nachher Unterhaltung in der Halle über die politischen Aussichten, auch über Musik, R. Strauss und anderes. Es ergab die geteilten, halb angeregten, halb gequälten Empfindungen eines Gesellschaftsabends. Heins ging als Erster; er ist heute Morgen nach München zurückgefahren.

K. sorgt sich wegen der Steuersache, auf deren Aufklärung oder Beilegung ich jedoch vertraue. Zu Unrecht hatte ich die

Aufforderung zur Rückkehr erwartet. Man hat in Berlin ausdrücklich davon Abstand genommen, da man dies Druckmittel als schädlich ansieht. Dagegen scheint man die Ergebnisse der New Yorker Reise abwarten zu wollen, von der man durch Suhrkamp und Bermann erfahren. Bei Interviews zurückhaltend zu sein, war ohnehin meine Absicht. An der Tischrede werde ich aber nichts ändern.

Trug einen Goethe-Vers in das Buch des jungen Chinesen Ti Fung ein.

Fuhr mit K. zum Wald, wo es sommerlich schön war, und wo wir eine Stunde spazieren gingen. Es ist sehr angenehm, den Rückweg in der Sonne, wenn man schon müde ist, nicht zu Fuß machen zu müssen, sondern zu fahren.

Nach Tische hörten wir das Violin-Konzert von Tschaikowski, gespielt von Hubermann, Columbia-Platten, die K. mir zum Geburtstag geschenkt: sehr schöne Aufnahmen des äußerst virtuosen Stückes, das den mir lieben Styl Tschaikowskis zeigt.

Las dann sehr anregende Geschichten von Lukian: Die Novelle von Kombabos und der Königin, faszinierend und sehr »einschlägig«.

Außerordentlich müde. Schlief auf dem Bette. Thee getrunken im Freien auf der Terrasse. Ein heftiger Gewitterregen war gegen 4 Uhr niedergegangen.

Erledigte mit K. Korrespondenzen und las noch etwas Lukian. Abends hörten wir durchs Radio allerlei virtuose Musik und, vom Autor gelesen, eine etwas schief verlaufende Novelle von H. Kesser.

Montag den 14. V. 34.

Gewittrig bedeckter Tag. Schrieb an Olden in London in Sachen des Emigranten-Pen-Clubs, der mich als ersten Delegierten nach Schottland schicken wollte. Begründe ausführlich meine Ablehnung. Schöne Beschäftigung.

Fuhr mittags mit K. zur Stadt: Besuch bei der Holland-

Amerika-Linie. Der große »Statendam« fährt nicht am 8. Juni; statt seiner die »Rotterdam«, ein älteres, weniger elegantes Schiff. – Besorgte Weiteres, Kragen, eine Segelmütze.

Nachmittags vor 5 Uhr wieder zur Stadt: 1½stündige qualvolle Sitzung bei Asper, in deren Verlauf ich beinahe die Nerven verlor. Es dauerte entsetzlich lange, bis aus dem lockeren und empfindlichen Zahn der neulich einzementierte Silberstift entfernt werden konnte. Dann die Behandlung, mit Gummi-Einspannung, der Wurzel, die merkwürdiger Weise trotz Sekret Ruhe gehalten hatte. Überreizter und erschöpfter Zustand am Schluß. Ging zum Café Odeon am Bellevue, wo ich Rendezvous mit K. hatte. In Gesellschaft Korrodis, den wir trafen, trank ich ein Glas Thee. – Der Zahn sehr empfindlich, beim Sprechen hinderlich. –

In Deutschland der Goebbels'sche Propaganda-Feldzug gegen die Kritik, der immerhin verbreitete Unzufriedenheit beweist. Die Drohung gegen die innerdeutschen Juden, als Geiseln gegen den Welt-Boykott, macht einen hinlänglich widerwärtigen Eindruck. Das neue, natürlich rückwirkende, Hochverratsgesetz wird praktiziert. Eine elegante Dame, Frau Kitty von X. wegen Verrats militärischer Geheimnisse an Polen zum Tode verurteilt. Dasselbe droht dem Kommunisten Thälmann, dessen Prozeß man bis jetzt verzögert hat. Diese Prozesse gehören zum Propaganda-Feldzug, aber sie werden die moralische Isolierung des Landes fördern, deren Bewußtsein die Quelle der Unzufriedenheit ist.

Dienstag den 15. V. 34.

Morgens um 9 Uhr zum Zahnarzt. Wieder schlimme einstündige Sitzung mit Gummi-Maske, die etwas Grauenhaftes für mich hat. Antiseptische Behandlung der Wurzel, an deren Grund ein aktiver Abszeß. A. scheint mir ein zwar gewissenhafter, aber langsamer und wenig geschickter Schweizer, dessen Art für mich nicht gerade die richtige ist. Ich zweifle, ob die Einzementierung des Silberdrahtes, dessen Wiederentfernung mit soviel Schinderei verbunden war, überhaupt einen Sinn und Nutzen hatte. Warum konnte nicht, wie heute geschah, die Wurzel gleich behandelt und provisorisch gefüllt werden? Es fragt sich nun, ob sie die Füllung ertragen wird. A. hat mir informatorische Angaben für einen New Yorker Zahnarzt mitgegeben, den ich gegebenen Falles aufsuchen muß. Es ist zu hoffen, daß ich nicht auf dem Schiff Schmerzen bekomme.

Den ganzen Tag angegriffen und mit Neigung zu dem nervösen Krampf, die die Anspannung während der Behandlung zurückläßt.

Zu Hause frühstückte ich etwas und schrieb mit einem gewissen Vergnügen den Brief an Olden zu Ende. Versorgte ihn dann und ging K. entgegen, um mit ihr nach Hause zu fahren. Der Morgen war trübe, aber der Tag hat sich wieder heiter erhellt, und die Seelandschaft nimmt sich in dem schon italienisierenden Licht bekränzt und reizend aus.

Schöner Brief, schon zum Geburtstag, von Heinrich. Ein anderer hübscher über den Joseph von einer Lotte Baerwald in Berlin. Die Hamburger schreibt zum Abschied.

Nach dem Thee spielte ich mir das schöne Violinkonzert von Tschaikowski. Warum liegt bei Violinkonzerten regelmäßig fast das ganze musikalische Gewicht auf dem 1. Satz?

Mittwoch den 16. V. 34
Nahm gestern Abend wieder Phanodorm zum Kamillenthee, um der Überreizung zu wehren, die die Müdigkeit störte. Schlief recht gut danach, neigte aber heute zur Übelkeit.

Vollkommen schöner, frischer und sonniger Tag. Vormittags Beschäftigung mit dem Roman; schrieb einige Zeilen weiter.

Ging allein ausgiebig spazieren.

Las nach Tisch in Lukians Göttergesprächen.

Schrieb nach dem Thee eine Karte an Hesse. Dann einen Brief an Schickele.

Zum Abendessen kamen Korrodi, Beidler aus Paris und A. M. Schwarzenbach. Man saß nachher in meinem Zimmer, dessen Teppiche, wie auch die der übrigen Räume, heute ausgewechselt wurden. Der Abend verlief nicht unbehaglich. Korrodi erzählte drollig von den Unzuträglichkeiten eines Zürcher Pen-Club-Abends mit W. Schäfer als Gast.

Donnerstag den 17. V. 34.
Letzter Tag vor der Abreise ins Weite auf die andere Seite der Erdkugel. Grau, kühl und regnerisch.

Gestern kam noch allerlei Post: ein kläglicher Brief von Hirschfeld, einer von Frau Fischer, ein Manuskript-Fragment von Lion, hübsche Photographien von dem Zusammensein mit Fischers. Außerdem trafen die Buch-Auszüge von Fischer ein, die K. noch abends studierte. Die beanstandete Diskrepanz ist geringer als Heins angab, aber sie besteht.

Heute Morgen Brief von Heins, der außer den für Auslagen erhaltenen 1500 Mark um eine Honorar-a conto-Zahlung von 5000 M bittet. Peinlich. Das Geld ist zunächst von Bermann zu erlegen, später wohl von K.s Eltern zu bestreiten. – K. schrieb an H. in der Steuersache, die mißlich ist, aber wohl zu regeln sein wird.

Langer Brief von Reisiger in Sachen seines – sehr gelobten Rundschau-Aufsatzes über den Joseph und seiner sonstigen Arbeiten und Geld-Kalamitäten.

Anfangs-Korrekturen des Essay-Bandes, den der Verlag resolut »Deutsche Meister« betitelt. –

Ich sah diese durch und schrieb an Bermann. Ging mittags nicht aus, sondern packte den großen Koffer und nahm auch Manuskript und Material mit, in der Hoffnung, auf dem Schiff etwas anzufügen.

Recht erregt. Nachmittags, während ich ruhte, traf die Kurz von München ein, von dem Hündchen leidenschaftlich begrüßt. Beim Thee berichtet sie von der Stimmung in München, wo man uns freudigst empfangen würde, von der allgemeinen Un-

zufriedenheit, den drakonischen Maßregeln gegen die »Kritikaster«, den volkstümlichen Prophezeiungen eines baldigen
Endes, der Hinrichtung (!) Hitlers, einer Militärdiktatur, der
Monarchie etc. Die Pol. Polizei soll höflich sein und ihr Verhalten merklich geändert haben.

Schrieb an Lion über sein Manuskript.

Die Kurz brachte viele Kleinigkeiten, photogr. Apparate, die
Bleistiftspitzmaschine, das chinesische Kissen etc.

Exposee von Herzog über seine »Politische Enzyklopädie«.

Packte weiter. Hörte nach dem Abendessen Einiges aus
»Amico Fritz« von Mascagni. – Nervös und übel. Schmerzen
in einem anderen Zahn, als dem behandelten.

Las Einiges in Plutarch. Phanodorm zum Thee.

Es kamen Exemplare der englisch-amerikanischen Ausgabe
der Jaakobsgeschichten. Sie hat den anstößigen Fehler, einfach
den Titel »Joseph u. s. Br.« zu tragen, ohne als erster Band
kenntlich zu sein; scheint aber gut übersetzt. Rahels Tod ergriff mich auf englisch ebenso wie im Original.

Freitag den 18. V. 34. Im Zuge Basel-Paris.
Heute im Küsnachter Haus um ½7 Uhr auf, rasiert, gefrühstückt und zu Ende gepackt. Es gab bis zum letzten Augenblick
Post fertig zu machen, auch eine Widmung des J. J. an Bruno
Walter auszufertigen. 8 Uhr kam der Chauffeur, der Hinab-
transport des Gepäcks und die Verabschiedung. (Medi hatte ich
schon gestern Abend Lebewohl gesagt)

Gegen 9 Uhr Abfahrt nach Basel, die vertraute Strecke, bei
deren Zurücklegung wir auf unsere Autostraße blickten u. fest-
stellten, daß das Reisen im Wagen, privat, unterhaltender sei.

Ärgerliche Entdeckung, daß in meiner Handtasche die Flasche guten Lotion-Haarwassers ausgelaufen. Der Pyjama hatte
die Flüssigkeit größten Teils aufgesogen und hängt jetzt duf-
tend zum Trocknen in dem Coupé, in dem wir allein sind.

In Basel, auf französischer Seite, Gepäck- und Paßrevision
ohne Schwierigkeiten. Nach der Installierung im Zuge noch-

maliger Wagenwechsel, da sich herausstellte, daß der gewählte Wagen später in Paris eintrifft (er hat Aufenthalt in Langres).

Ich trank ein Glas Thee im Warteraum und wir beauftragten per Karte die Kurz, mir den Inhalt meiner Aktenmappe (Vorträge, für alle Fälle) nachzuschicken.

Der Zug ist wenig besetzt, wir sind ungestört. 12 Uhr werden wir das Déjeuner im Speisewagen nehmen. –

Nach dem Essen, das mir durch die widerspenstigen Zähne sauer gemacht wurde, waren wir in Belfort, und haben, 5 Uhr, Troyes passiert, das ebenfalls auf unserer Route lag, als wir von St. Raphael gegen Basel heimwärts fuhren. Ich habe etwas geschlummert und im Don Quijote gelesen. Die Landschaft ist vorwiegend reizlos, und die Stunden vergehen recht langsam.

Samstag den 19. Mai 34. Auf dem Dampfer Volendam.

Gestern Abend ½7 Uhr Ankunft in Paris, Gare de l'Est. Am Bahnhof Golo und der Beamte der Linie. Fahrt zur Gare du Nord, wo das große Gepäck versorgt wurde. Dann zum Hotel Mirabeau. Begrüßung mit Walters in ihrem Appartement. Der Gedanke den Don Juan zu hören, zu dessen Leitung W. in Toilette war, wurde aufgegeben. Mit Golo zu Fuß zu unserem bekannten Restaurant beim Louvre, wo wir angenehm zu Abend aßen. Ich war sehr erschöpft, nach dem Essen wurde mir besser. Wir gingen durch den Tuilerieengarten bei klarem Himmel und Mondlicht, tranken Thee vor dem Café Maxime u. plauderten mit Golo, dessen sympathischer, biederer Charakter sich wieder bewährte. Mit einem Taxi ins Hotel zurück, wo wir uns von G. verabschiedeten und schlafen gingen.

K. hörte von Fr. Reiff: R. Strauss habe sich sogleich nach uns erkundigt und geäußert, es sei doch schade – ich könne doch sehr gut in Deutschland leben – es habe doch niemand etwas gegen mich – – Aber der »Protest?« – Nun ja, das sei eine etwas übereilte Sache gewesen – Hausegger habe ihn bearbeitet – und in dem geistreichen Aufsatz ständen ja immerhin zurückzuweisende Dinge – –

Heute in Paris ½7 Uhr auf nach leidlicher Nacht. Der Mann der Linie kam ½8 Uhr uns zu holen. Schöner Morgen, aber ich war bei der Abreise und die ersten Stunden nachher äußerst nervös und übel. – Langes Warten im Zuge nach dem Pfingstreisetrubel am Bahnhof. Dann Fahrt nach Boulogne ohne Aufenthalt, in Gesellschaft eines englischen Ehepaars und eines weiteren Beauftragten der Linie. Ich schlummerte etwas.

Ankunft in Boulogne-Marine ½12 Uhr. Ausweisformalitäten und Einschiffung auf dem kl. Dampfer, der uns zum »Volendam« brachte. Nachträgliche Bedenklichkeiten eines Angestellten wegen meines Passes.

Übertritt in dies Schiff, Aufsuchen unserer Kabine. Erinnerung an frühere Schiffsreisen. Während wir im Rauchzimmer Wermut und Porto tranken, fuhr man ab.

Es ist sehr kühl. K. verstimmt über die Mitnahme falscher Kleidung.

Telegramme: Einladungen zu Vorträgen an der Yale-Universität u. von Prof. Geiger, Frauen-College Vassar. Gruß von den Kindern in Amsterdam.

Lunch an einem Tisch mit Schiffsoffizieren und einer Amerikanerin. Dann Bettruhe. Ich schlief etwas.

Später packte K. aus und erhielt Erlaubnis, den Schrank einer anderen Kabine zu benutzen. Ich rasierte mich. Wir tranken Thee im roten Salon.

Das Schiff ist sehr leer. Wir waren unserer 4 Passagiere, die in Boulogne an Bord gingen.

Das Meer ist ruhig. Trotzdem sind sofort Kopf und Magen affiziert. Bewegung tut nicht gut. *Schräge* Haltung, viel Liegen.

Sonntag den 20. V. 34. D. Volendam. Im Schreibzimmer. Pfingstsonntag.

Wir nahmen gestern auch das Diner, zu dem wir uns nicht umzogen, an dem Offizierstisch mit der freundlichen Amerikanerin. Man lag eine Stunde oder zwei vor Southhampton vor Anker. Wir gingen nach dem Essen etwas an Deck, aber es war nicht viel zu sehen. Nachher saßen wir im Salon, wo diskrete Musik gemacht wurde und lasen. Ich stieß im Don Quijote auf die Episode von dem vertriebenen Maurisken und seiner Vaterlandsliebe, seiner Niederlassung in Deutschland, wo man in voller Gewissensfreiheit leben kann. Loyale Zugeständnisse des Autors, der die Befehle Sr. Majestät gegen Mauren u. Juden gut heißt.

4 weitere Passagiere I. Klasse sind in Southhampton an Bord gekommen.

Gegen 11 gingen wir schlafen und lasen noch etwas. Die Kabine ist stark ventiliert, die elektr. Heizung spielt. Die Nacht war ruhig. Ich erwachte ein paar mal, schlief aber ausreichend.

Heute stand ich vor K. auf, ½8 Uhr, und ging auf sie wartend auf Deck spazieren. Es ist sehr kühl geblieben, auf der Vorderseite des Schiffes ist der Wind sehr stark. Leichter Regen, leichte Bewegung, leichtes Schwanken, das in den oberen Räumen bemerkbar, aber noch nicht peinlich.

Wir frühstückten Eier und Speck und guten Jam zum Thee. Feines Brot und gesalzene Butter.

K. hat mit ihrem Plaid einen Stuhl auf dem oberen verglasten Deck bezogen.

Montag den 21. V. 34, Pfingstmontag, Dampfer Volendam.
Schreibe im Liegestuhl, auf dem verglasten Oberdeck. Schrieb gestern außer den Tagebuch-Notizen ein paar Karten und den größeren Teil eines Briefes an Hirschfeld, schadete mir aber damit, weil die Tätigkeit bei der wogenden Bewegung des Schiffes für den Kopf sehr anstrengend, und war, in die Kabine zurückgekehrt, recht unwohl. Nahm zwei Vasano-Dragées und blieb bis zum Lunch, zum Teil schlummernd liegen. Die Schaukelbewegung ist für den Kopf eigentümlich benehmend und auf betäubende Weise ermüdend, Schläfrigkeit erzeugend. Es ist offenbar die Wirkung des Einwiegens der Kinder, das sie auf künstliche Weise zum Schlafen bringen soll, eine Ammen- u. Kindermädchen-Erfindung nicht sehr gewissenhaf-

ter Art, wie auch Gaben von Mohn. Sehr eigentümlich auch der Eindruck des behinderten Gehens, das Schwindeln des Kopfes auf die sich hebenden und sinkenden Treppen, das scheinbar gelähmte Angehaltenwerden und Vorwärtsfallen beim Gehen auf Deck.

Das Lunch verlief erträglich, ich hatte im Grunde sogar Luftwechsel-Hunger. Nachher ruhte man wieder und wieder schlief ich ein. Wir tranken Thee bei der Musik im Salon, lagen nachher lesend in den Stühlen. Für die Smoking-Toilette, die sich dann als unnötig erwies, nahm ich mir eine Stunde. Nach dem Diner, bei dem ein neuer Tischgenosse, freundlicher Amerikaner, zugegen, saß man lesend im Salon. Phanodorm zum Kamillenthee. Man stellte die Uhr eine halbe Stunde zurück. Ich las im Bette nicht lange mehr und schlief, ungestört durch die Bewegung und das Nebelhorn, ausgezeichnet.

Heute Morgen 8 Uhr Wannenbad in warmem Meerwasser. Das Wetter hat den gestrigen Charakter behalten: grau, neblig, windig, leicht regnerisch, das Meer mäßig bewegt, aber blickt man nach vorn, so sieht man das lebhaft schaukelnde Sich heben und senken des Horizonts. Ich ging vor K. an Deck u. machte etwas Motion. Wir frühstückten dann Thee, Hafermus, Eier und Orange-Marmelade in Gesellschaft der gutmütigen Dame, die ihre Verwandten in Holland besucht hat, und bezogen dann die Stühle.

Dienstag den 22. V. 34. Dampfer Volendam.
Ohne daß die Maschine je ruhte, geht es Tag und Nacht in gleichmäßigem Vorwärtsstreben durch den mäßig bewegten Ozean nach Westen. Wir fahren nicht genau der untergehenden Sonne entgegen, sondern südlicher. Das Wetter hellte sich gestern Nachmittag auf, die Sonne schien, Himmel und Meer wurden blau. Doch hat die anfängliche Trübheit sich heute wieder hergestellt.

Gestern hatte man sich um 11 Uhr an seinen Bootsplätzen einzufinden zur Information für den Notfall. Der joviale Obersteward zeigte uns den unsrigen, an dem wir uns mit unseren Marken u. Schwimmgürteln einzufinden hätten. Dann käme das Boot vom Bootsdeck herunter, und er, der Joviale, bringe uns »nach Haus«. – –

Der Tag verging mit Schlafen und Essen in dem üblichen benommenen und beklommenen Halbübelkeitszustand, der den Hunger nicht ausschließt. Kurze Spaziergänge auf den Decks, anstrengend fürs Gehirn, – gelähmt-betrunken. Zum Thee und wiederum nach dem Diner im roten Salon bei der Musik. Ich las den Don Quijote zu Ende, die letzten Seiten abends vorm Einschlafen. Welch ein eigentümliches Monument! Seiner Zeit unterworfen im Geschmack, in der oft nichts als unterwürfigen und loyalen Gesinnung und im Dichterisch-Empfindungsmäßigen doch frei und kritisch über sie hinausragend. Das Humoristische als Wesenselement des Epischen. Das menschliche Mehrschichtige der beiden Hauptcharaktere, dessen er sich angesichts der verhaßten minderwertigen Fortsetzung mit Stolz bewußt wird. Diese sieht D. Q. als reinen Narren, Sancho als bloßen Fresser. Sein verachtungsvoller und eifersüchtiger Protest dagegen. Die intangible sittliche und geistige Würde des grotesken Helden und Sanchos aufrichtige, bewundernde Knappentreue. Epischer Witz, die Abenteuer des 2. Teils aus D. Q.'s *literarischem* Ruhm, dem Buch über ihn, erwachsen zu lassen, auch zuletzt noch eine Figur der falschen Fortsetzung einzubeziehen und sie sich von der Falschheit des falschen D. Q. überzeugen zu lassen. Beschränktheiten und Loyalismen: Das Devot-Christkatholische, die Untertänigkeit vor dem großen Philipp III und seinen Ausweisungsedikten. Der Schluß des Romans eher matt, nicht ergreifend genug, ich denke es mit Jaakob besser zu machen. Der Tod einer so vertraut und bedeutend gewordenen Gestalt wäre rührender Ausgestaltung würdig gewesen. Er wirkt hier vor allem als Sicherstellung der Figur vor weiterer unbefugter literarischer Ausschlachtung. Auch ist die mit dem Sterben verbundene Bekehrung von der Narrheit und den Ritterbüchern wenig erhe-

bend. Ein Buch, dessen dichterische Idee die anmuts- und wür-
devolle idealistische Narrheit ist, die jeder Entwürdigung trotzt,
verkleinert sich selbst, wenn es als sein Ziel die Versöhnung
der Rittergeschichten deklariert. Wäre nicht der Tod des von
seiner Narrheit bekehrten D. Q. ein Verzweiflungstod?

Heute wieder Bad in warmem, klebrigen etwas faulig rie-
chendem Meerwasser. Nachher auf Deck. Zum Frühstück Por-
ridge mit Crème. Nachher etwas übel. Rauche an Bord gekaufte
ägyptische Cigaretten. Die Luft ist wärmer geworden. Die Bewegung scheint etwas vermindert. Um 11 Uhr wurde Bouillon
mit Cakes gereicht.

Ich begann wieder, wie schon vor Jahren einmal den »Agathon« zu lesen, von dem ich mir trotz einer gewissen Weich-
lichkeit der Erzählung, Anregung verspreche.

Das Déjeuner war ausgezeichnet. Etwas noch auf Deck nachher, dann Bettruhe wieder mit festem Schlaf.

Um ½5 Uhr Thee im Salon. Dann Spaziergang auf dem
obersten (Boots-)Deck und Übungen mit Deckspiel, bei dem
man Holzscheiben auf Zahlen stößt. Aufklärung des Wetters,
Bläue. Das Meer ruhiger, wenn auch das Schwanken keineswegs aufgehört hat. Doch geht man leichter. Ein junger Holländer, der mich, als Einziger an Bord, zu kennen scheint,
stellte sich vor und spielte mit uns das Schiebespiel.

Wir fahren heute genauer als gestern der untergehenden
Sonne zu. Längere Zeit standen wir auf dem vorderen Ober-
deck, unsere Fahrt durch die Kreisrundheit des Ozeans gen
Westen betrachtend.

Mittwoch den 23. V. 34. Dampfer Volendam.
Der Doktor äußerte sich gestern beim Diner pessimistisch über
die Dauerhaftigkeit des schönen Wetters und scheint recht zu
behalten. Der Wind hat sich verstärkt, und obgleich das Meer
noch nicht hoch geht, hat es sich mit Schaum bedeckt. Übrigens
ist die Luft wärmer geworden, und man merkt wohl, daß man
in andere Zonen hineinfährt. Die Sonne scheint noch.

Vorm Umkleiden schrieb ich gestern den begonnenen Brief an Hirschfeld zu Ende; doch gibt es unter den gegenwärtigen Umständen nichts Schädlicheres als gebückt sitzen und schreiben. Mir war recht schlecht danach.

Unser Tischgenosse, der amerik. Geschäftsmann, ein gutmütiger Esser und Trinker, gab beim Diner ohne besondere Veranlassung Champagner und Omelette en surprise zum Besten. Man saß länger bei Tisch. Ich war gelangweilt und nervös.

Ging nach dem Essen eine Weile mit der Lady von unserem Tisch, englisch radebrechend, auf Deck spazieren.

Im Salon Wieland-Lektüre, ohne Vergnügen, und Thee. Unruhige Nacht. [. . .]

Heute wie gewöhnlich vor K. auf und auf Deck promeniert. Copiös gefrühstückt: Grapefruit, Creame of Wheat mit Rahm, ein Ei, Pumpernickel, Honig.

Kehre mit der Lektüre zum Eselsroman zurück, den Agathon verschiebend.

Der Tischnachbar sagte, die Hafenbehörden seien bei der Ankunft ziemlich streng. Nach dem Zwischenfall in Boulogne erwarte ich auch in New York Weiterungen, über die ich mich ärgern würde, namentlich wenn sie sich im Beisein der Mitreisenden vollziehen würden. An ernste Hindernisse glaube ich nicht.

Donnerstag den 24. V. 34. Dampfer Volendam.
Gestern Unterhaltungen mit dem Holländer, der gleich uns nur auf 10 Tage hinüberfährt und mit der »Rotterdam« zurückkehren wird. Die Tischgenossen weisen auf ihn als auf denjenigen hin, der meine Bücher gelesen hat. Der freundliche Geschäftsmann erkundigte sich nach ihren Titeln. Mrs. King ließ sie sich nach dem Diner im Salon sogar von mir aufschreiben. Das alles ist etwas albern und beschämend.

Der Salon war als Zuschauerraum verstellt. Es gab »moovings«, – einen amerikanischen Tonfilm einfachen Inhalts: ein nach Kunst, Schönheit, Leben sehnsüchtiger Geschäftsmann, der kein Talent dazu hat und heimkehrt. Die angenehme Grundtatsache ist großer Reichtum. Das Ablaufen geschah mit geräuschvollen Hindernissen. Die Situation filmartig elegant und abenteuerlich an sich selbst: in einem Sammetfauteuil zurückgelehnt, am Theetisch, im vergoldeten Dampfersalon, bei ziemlich starker Schwankung, mitten auf dem Ozean Cinema zu betrachten. –

Jeden Abend Zurückstellen der Uhren um 39 Minuten.

Wind und Bewegung wuchsen stark am Abend. Lebhaftes Schlingern und Rollen des Schiffes, aber ohne Vergleich mit den Unannehmlichkeiten des ägyptischen »Heluan«. Ich schlief trotz der unruhigen Lage bald ein, war aber nachts wach und auf, sprach mit K., deren Erkältung mich quält, über die Problematik ihrer Atmungsorgane, ihren Kehlkopf, ihre Halsdrüsen, die mir Kummer machen und über die ich offener möchte mit ihr reden können. Wir teilten uns eine Phanodormpastille. Die kleine Dosis brachte mir guten Schlaf bis zum Morgen.

Heute das schönste Wetter: Himmelsbläue, warme Luft, Sonne, die Bewegung sehr vermindert. Die weitaus größere Hälfte der Fahrt ist zurückgelegt; es erübrigen 4 Tage oder auch nur 3, denn man hört, daß die Ankunft vielleicht schon am Sonntag erfolgen wird. Ich schreibe im Stuhl auf dem oberen Sonnendeck und habe sogleich den Schatten aufsuchen müssen. K. kehrte in die Kabine zurück, um ein Sommerkleid anzulegen.

Die blaue Reinheit von Himmel und Meer haben etwas Beglückendes. Schön und als Bewegungsart würdig ist das *Dahinziehen* so eines Schiffes durch das Element im Vergleich mit dem Um die Kurven Rasen eines Schnellzuges. Auffallend die absolute Leere des Gesichtskreises auf einer »Strecke«, die von den Schiffen aller Länder befahren ist. Nicht die Rauchfahne eines Dampfers haben wir in all diesen Tagen gesehen. Der Deck-Stewart, der K. nach dem 2. Bande des Joseph fragte, dessen ersten er gelesen habe, erklärt diese Öde mit der allzu großen Geräumigkeit der Bahn. Sie hat in der Tat etwas Kosmisches: die vielen Schiffe verlieren sich darin wie die Sterne im Raum, sodaß es (offenbar) ein seltener Zufall ist, daß eines des anderen ansichtig wird.

Meine Constipation ist außerordentlich. 3 M.-P.-Tabletten am Abend reichen nicht aus.

Ich lese den Eselsroman, trotz der Rokoko-Stilisierung der Übersetzung mit großem Vergnügen und stehe wieder in dem Märchen von Amor und Psyche. Entschieden störend und unbefriedigend ist dabei die aufgenötigte Vorstellung des göttlichen Gatten als eines Kindes, – während doch der Begriff des Knaben größeren Spielraum bis hin zum Jünglingshaften bietet.

Freitag den 25. V. 34. Dampfer Volendam.
Der gestrige Tag verlief sehr angenehm, da das Wetter schön und sommerlich geworden und die Fahrt so ruhig und gleichmäßig, daß nach der Gewöhnung der schon in labilem Zustande verbrachten Tage kein Unbehagen mehr aufkommen kann. Man sagt, daß bei andauernd günstiger Strömung und ruhigem Wetter die Ankunft am Montag den 28. nachmittags erfolgen wird. Länger als bis zum 29. vormittags wird sie sich nicht verzögern. Durch diese Unbestimmtheit der Stunde und selbst des Tages der Ankunft unterscheidet die Seereise sich ebenfalls von der per Eisenbahn; sie hat, trotz vollendetem Komfort, etwas Primitiveres, dem Element Überlasseneres, Unexakteres, auf den Zufall Gestellteres behalten, sympathische Besonderheit.

Wir verbrachten den größten Teil des Tages auf dem Oberdeck, das jetzt den schönsten Aufenthalt bietet. Bis zum Abend bin ich genötigt, meinen Stuhl in den Schatten zu stellen, so stark ist die Sonne. Nach dem Thee spielte ich mit K. eine Partie des amüsanten Schub-Deck-Spiels, dessen englischen Namen ich mir noch nicht gemerkt habe.

Öde der Salons bei dem schönen Wetter. Die Musiker warten mit ihren Stückchen bis irgend jemand sich einfindet. Herumstehen des Personals, dessen Zahl die der Passagiere so sehr überwiegt. Das Schiff wird stärker besetzt sein, doch mit ein paar hundert Menschen, wenn es von New York aus eine Mittelmeer- und Nordlandfahrt antritt. Auch ist anzunehmen, daß die »Rotterdam« etwas mehr Passagiere führen wird, da im Juni für Amerika die Saison der Europafahrten (St. Moritz, Salzburg etc.) beginnt. Auch sie gehört übrigens nicht zu den schnell fahrenden Schiffen, die 6 oder gar 4 Tage gehen. Die Bewegung dieser durch die Wellen rasenden Kolosse soll sehr unangenehm sein. Das Reisen auf einem langsam fahrenden Schiff ist bei Weitem vorzuziehen. Auch gelten die kleineren, wie dieses, für die gemütlichsten.

Wunsch, daß das schöne Sommerwetter für die Rückfahrt andauern möge. Wir werden auf dieser eine Luxuskabine mit eigenem Salon haben, und es ist zu hoffen, daß ich mein Manuskript etwas fördern könne. Dieser Wunsch läßt mich 35 Jahre zurückdenken, als ich in München, Barerstraße, in den möblierten Zimmern zu 60 M, in mein Tagebuch schrieb, hoffentlich werde es gelingen, Buddenbrocks hier rasch »weiter verfallen zu lassen«. Einheit des Lebens. »Es war das ewige Wälzen eines Steines, der immer wieder gehoben sein wollte.«

Auch heute leichter und warmer Morgen. Stand früher, ½ 8 Uhr, auf, war auf dem Deck und frühstückte Schinken-Omelette. Es war, bevor K. kam, nur der junge Doktor am Tisch, der K. einen Saft gegen ihren Husten gegeben hat. Kummer, daß sie sich diese Fahrt – und vielleicht die Reise – wieder mit diesem Katarrh verderben mußte, der doch Bronchialcharakter angenommen hat.

(Das Spiel heißt Shuffel-board.)

Mit dem »Goldenen Esel« komme ich erfreulich schnell vorwärts. –

Vormittags mit dem jungen Holländer und dem Tisch-Amerikaner Shuffel board gespielt und gelesen. Vorm Lunch rasiert. Nach demselben auf Deck meine Cigarre geraucht. Blieb lange oben und ruhte in der Kabine nur kurze Zeit. Spielte nach dem Thee mit K. eine Partie Deck-Golf, das feiner zu handhaben.

Der Bar-Stewart zeigte uns eine Schaar Vögel, Möwen auf dem Wasser, die anzeigten, daß wir dem Land nicht mehr fern. Doch wird nach des Kapitäns Erklärung die Ankunft erst Dienstag früh erfolgen. Wir haben die ersten Tage zu viel Nebel gehabt und sind nur langsam vorwärts gekommen. – Ein großer Fisch, delphinartig, zeigte sich an der Oberfläche des Wassers. Daß wir irgendwann einen Walfisch überfuhren, scheint ein falsches Gerücht.

Im Lauf des Nachmittags hat die Sonne sich verschleiert. Schon vormittags während des Spiels beobachteten wir ruhig über der Flut liegende Nebelbänke, und der Kapitän ist der Ansicht, daß wir mehr Nebel haben werden. Die Luft ist sehr abgefrischt. Ich mußte den Mantel aus der Kabine holen.

Die Lektüre des Apulejus ist beendet. Sie war trotz ihrer primitiven Abenteuerlichkeit, ja Roheit, anregend in manchen Stücken. Besonders Tempel- und Prozessionsszenen gingen mich an.

Sonnabend den 26. V. 34. Dampfer Volendam.
Gestern Abend im Salon schrieb ich an einem der Schreibtische rasch und leicht einen Brief an die Herz und trank meinen Kamillenthee dazu. K. war sehr müde; sie zog sich noch vor mir zurück. Sie hatte, wie auch ich, eine leidliche Nacht.

Leichte Bewegung setzte noch gestern Abend wieder ein und hielt die Nacht über an. Heute hielt ich an der Aufsteh-Stunde ½8 Uhr fest. Es ist regnerisch bedeckt, die Luft fast unheimlich schwül, dunstig, feucht und weich. Das Personal nimmt die Waschung des Schiffes zu spät vor; um 9 Uhr sind die Decks noch völlig naß.

An einem Einzeltischchen (offenbar auf Verlangen) speist ein fischmäuliger Amerikaner, der es offenbar in sich hat und der übrigen Reisegesellschaft überlegen scheint. Eigentümlich sondert er sich nicht nur durch das Alleinessen, ab, indem er große Teile des Tages mit Passagieren der II. Klasse, deutsch-jüdischen Auswanderern, Deck-Polo und Shuffel-Board spielt und im Übrigen sich abseits mit Lektüre unterhält. Er las ein Buch über Joyce und liest eines von diesem Autor selbst. Heute beim Frühstück sah ich ihn Notizen machen. Der Mann interessiert uns. Wir zweifeln nicht, daß er der geistig Höchststehende unter den Fahrgästen ist.

Ich habe heute leicht gefrühstückt: nur eine halbe Grapefruit, (diese Erfrischung ist vorzüglich hier; das Fleisch wird in der Küche mit einem besonderen Messer zwischen den Häuten losgelöst, u. man kann es fast ganz verzehren) Thee, Toast, Butter und ein weiches Ei.

Es kommt noch nicht zum Regnen. Ein wenig blasses Blau scheint manchmal durch die feuchte Dunsthülle, und die Sonne, sehr warm, dringt durch.

Es wurde blau, Wind kam auf, die Luft erfrischte sich. Ich las Plutarchs »Über Isis u. Osiris« und nahm zwischendurch die Frühstücks-Bouillon.

Sonntag den 27. V. 34. Dampfer Volendam.
Die Schwüle gestern Abend war überaus beschwerlich, der Smoking-Anzug dabei sehr lästig. Namentlich nach dem Kamillenthee vergoß ich reichlichen Schweiß. Die Wärme hatte etwas Beängstigendes, und halb und halb erwartete ich eine Wetterkrise. Die Nacht verlief aber ruhig.

Heute ein trüber, regnerischer Vormittag. Ich schrieb im grünen Salon einen längeren Brief an Heinrich und nahm auch dort die Bouillon. Das Schreiben schadet mir nicht mehr wie in den ersten Tagen, und auf der Rückfahrt hoffe ich ernstlich, zu arbeiten, sei es am Manuskript oder an einem Feuilleton für die N.Z.Z..

Spielte mit K. Shuffel-Board und begann »Jean le bleu« von Giono zu lesen. Trank nach dem starken Lunch Kaffee und bereute es, da ich es mit einem unangenehmen Erregungszustand zu bezahlen hatte. Es fiel Nebel ein, das Dampferhorn tutete. Mit einer Luminalette und Stirnkompresse kam ich zur Ruhe. Vielleicht hatte ich mich auch mit Schreiben übernommen.

Eine gewisse Ankunftserregung spukt vor. Nach einigen sollen wir um 7 Uhr früh am Dienstag einlaufen, nach anderen ½9 Uhr. Jedenfalls wird man früh aufstehen müssen. Es wäre gut, wenn Knopf am Quai sich einfände. Die Paßproblematik fährt fort, mich nervös zu machen.

Das Wetter ist heiterer geworden. Der Nebel ist fort. Es ist so ungleich kühler als gestern Abend, daß für den Aufenthalt im Deckstuhl Mantel und Plaid erforderlich ist.

Montag den 28. V. 34. Dampfer Volendam.
Der letzte Tag an Bord für diesmal. Gestern Nachmittag Begegnung mit einem dänischen Dampfer von der Größe des unsrigen, dem ersten Schiff, dessen wir ansichtig geworden.

Ich war gestern nicht wohl den ganzen Nachmittag: Magen- und Nervenverstimmung, Verstockung des Unterleibs, Müdigkeit und Mißlaune. Ich aß mit Zurückhaltung. Wir waren allein bei dem Farewell-Dinner, da die Tischgesellschaft, offenbar auf Verabredung erst kam, nachdem wir gegangen. Das Verhältnis zu ihr etwas ärgerlich. Mr. Morazzi bewirtet sie mit Wein, was auch wir uns einmal gefallen ließen, das nächste Mal aber ablehnten. Dies, sowie die Sprache, zeitigt eine Sonderung, die beiderseits halb peinlich empfunden wird, und so ist man wohl übereingekommen, sein Abschiedsessen mit Champagner ohne uns zu feiern. Das wirkt aber auch wieder nicht angenehm. Schuld an dem Unbehagen ist vor allem das besonders niedrige geistige Niveau unserer Tischgenossenschaft. Ich kann mich gewisser Empfindungen der Beschämung angesichts der herrschenden völligen Unbekanntschaft mit meiner Existenz nicht entschlagen. Es fehlt an jeder orientierten Aufmerksamkeit auch vonseiten des Kapitäns.

Gingen frühzeitig schlafen, nach der täglichen Zurückstellung der Uhr schon um 9 Uhr. Nahm nach einigem Liegen

Phanodorm und schlief recht gut, ohne daß die Unterleibs-
beschwerden und der Nerven-Tiefstand sich schon gebessert
hätten. Stand um 7 Uhr auf und ging auf Deck spazieren. Es
ist ein heiterer, sonniger Morgen mit nur leicht gekräuseltem
Meer; aber der Temperaturunterschied gegen den tropischen
Abend von vorgestern ist erstaunlich: die Nacht war sehr kalt,
der Morgen ist mehr als frisch, und ich sitze mit Plaid und
Paletot in der Sonne.

Lese den Giono noch weiter, obgleich seine lyrisch-rhetorische
Übertriebenheit, die selten wahres Leben hat, mir mißfällt.
Starke Momente laufen unleugbar unter, und die Modernität
ist, nach längerer klassischer Lektüre, ein Reiz an [und] für
sich. Aber die allzu bewußte, selbstgefällige und tendenziöse
»Sinnlichkeit« macht mich nervös. Was ist sie? Eine *geistige*
Richtung aufs Sinnliche, die Tendenz zu seiner direkten und
indirekten Glorifizierung.

Verbrachte den ganzen Vormittag im Liegestuhl in der
Sonne und zog mir eine entzündliche Hitzröte der Backenhaut
dabei zu. Ging nicht zum Essen hinunter, sondern ließ mir
eine Suppe und Zwieback aufs Deck kommen. Ruhte später im
Bett. Nach dem Thee machten K. und ich uns ans Packen, was
ohne Böcke ein beschwerliches Stück Arbeit. K. ist noch nicht
fertig; sie füllt ihren Koffer in der Kabine, die man ihr als
Kleiderkammer eingeräumt.

Es ist nach 6 Uhr nachmittags. Ankunftsstimmung verbreitet
sich auf dem Schiff. Man sieht die Mannschaft Vorbereitungen
treffen, die Taue in Bereitschaft setzen. K. beobachtet, daß die
Amerikaner sich auf ihr Land, die Heimkehr freuen.

Das Wetter ist schön und frisch geblieben. Das Schiff geht
sehr ruhig, nur mit den langsamen Schwankungen nach rechts
und links, die offenbar durch die Steuerung hervorgerufen
werden. Wir sollen schon abends vor New York ankommen,
werden aber erst morgen früh einlaufen.

New York, Dienstag den 29. V. 34, Hotel Savoy Plaza.
Gestern Abend die langgestreckte Lichterreihe von Long Island.
Früh schlafen. Ruhelage des Schiffes. ½6 Uhr auf und langsame Weiterfahrt. Frühstück und letzte Trinkgelder. An Deck.
Einfahrt. Die Freiheitsstatue, nüchtern, und die Hochbauten
als Silhouetten im Nebel. Plötzlich Knopf und ein Rudel Journalisten, die per Boot herangekommen. Begrüßung und Diktate im Stehen an Deck, zur Verwunderung von Morazzi und
der King, die sich impressioniert verabschiedeten. Die Paß-
Revision im Trubel ohne Anstand erledigt. Ausschiffung und
Gepäck-Kontrolle, wobei der Inspektor mein Joseph-Manuskript untersuchte, da man auf staatsgefährliche Schriften
fahndet.

Manager des Hotels. Fahrt mit Knopf im Auto durch New
Jersey und Villenkolonien ins Grüne. Wir verfehlten den
Polizei-Radfahrer, der uns auf Anordnung des Bürgermeisters
eskortieren sollte und fanden ihn erst im Hotel.

Ankunft dort, elegante Zimmer im 24. Stock, erreicht mit
schnellgehendem Lift. Druck in den Ohren beim Hinabfahren.
Etwas ausgepackt. Dann Knopf mit seinem etwas Deutsch sprechenden Lektor, der die übersetzte Rede brachte (schwierig) und
eine größere Anzahl Journalisten. Anstrengendes Frage- und
Antwortspiel.

½2 Lunch mit Knopf und Frau im unteren Speisesaal, der
an den eines großen Dampfers erinnert. Musik. Damen-Tisch-
runde. Eiswasser, unzuträglich.

Nachher oben wieder Journalisten bis ½5 Uhr. Bettruhe.
Thee. Gehetzte Toilette. Mit Knopf in seinem Ford zum
Souper auf der Dachhöhe eines französischen Restaurants.
Die Stadt in Lichtern. Mencken. Der Herausgeber der Saturday-
Review. Die angesehene Schriftstellerin – links von mir, Mrs.
[?]. Kleine Tischrunde. Vorzügliche Küche und Weine. Spä-
ter in die hübsche Stadtwohnung der Knopfs. Angestrengt,
müde, nervös. Mit dem Wagen des Herausgebers nach Hau-
se. Phanodorm. Phantastischer Blick aus unseren Fenstern

auf die cyklopischen Bauten in rot glühendem Nebel mit
Licht-Reklamen.

New York, Mittwoch den 30. V. 34
¾9 Uhr auf. Sonniger Sommertag. Viele Blumen in hohen
Vasen. Bad und Frühstück mit Omelette. Entschuldigungsbrief an Prof. Geiger vom Vassar-College.
   Münchener Waiter und ebenf. deutsches Zimmermädchen – –

– –

Dienstag den 12. VI. 34. Dampfer »Rotterdam«.
Am 8ten gegen Mitternacht nach einem letzten Interview mit
dem Ausfrager der New York Times und einem letzten Dinner mit Knopfs in einem der eleganten Restaurants, in das sie
uns führten, haben wir uns auf diesem Dampfer eingeschifft,
in unseren, leider nach dem Deck gelegenen, Luxuskabinen, die
voller Blumen und Geschenke waren: Kirschen, Bücher, Cigarren. Ich bewundere dankbar Knopfs Organisation und splen-
dide Ausgestaltung meines Aufenthaltes, seine Freigebigkeit
und Ergebenheit. Denke gern an die Symphonie von Sibelius,
die er mir am 6ten schenkte.
   Aufzeichnungen zu machen, war völlig unmöglich. Ich
schrieb seit der Abfahrt ein paar Briefe, an die Herz und Reisiger, worin ich in großen Zügen von den 10 Tagen und ihren
Eindrücken berichtete, unseren schönen Zimmern im 24. Stock
des Savoy Plaza, den Blumen-Schachteln und Briefen, den
Club-Feiern (P.E.N., Authors, Dutch-Treat mit dem Pianisten
Petri), dem Wochenende bei Knopfs (Warburgs, Pforzheimi-
scher Park), der Naval-Parade, dem großen Bankett im Plaza
am 6ten in Gegenwart des Mayors, mit den 59 Lichtern auf
dem Kuchen, die ich ausblies, den Reden, der zufriedenen,
beifällig-festlichen Stimmung der 250, der Broadcast-Rede. Ich
zähle auf wie in Begeisterung. Das ist lächerlich. Gut, es war
dieses Abenteuer, diese Lebensleistung. Ein bitterer oder übel-
fader Geschmack nach Reue und Peinlichkeit bleibt wie von

allem Leben davon zurück. Es ist geleistet worden. Ich habe, so gut es ging, oft demütigend behindert von der fremden Sprache, meinen Mann gestanden, und Tatsache ist, daß Knopf eine ungeheuchelte Zufriedenheit über den Verlauf des Besuches an den Tag legte. Eine Reihe von Tagen, auch an dem des Testimonial-Dinners war es tropisch feucht-heiß.

Heute herrscht große Frische nach ein paar Tagen windiger Golf-Strom-Schwüle. Angepaßtheit an den labilen Zustand. Das Leben zur See ist kaum unterbrochen, die Hinreise noch nicht »vergessen«. Keine Neigung zu Seekrankheit.

Gestern Nachmittag sichtete ich mit K. in unserm kleinen Salon New Yorker Zeitungen und Briefe. Mich freut am meisten Portrait und Artikel in der Zeitschrift »Times«. Abends Souper mit den holländischen Amerikanern, deren Bekanntschaft der junge de Rede vermittelte. Nachher Ball mit schwebendem Ballon in der Social Hall. Heute unwohl, angegriffener Magen. Standen, wie bisher auf der Rückfahrt immer, sehr spät auf.

Im Lauf des Tages Begrüßungen mit Stokowski, der mit uns reist. Polo und Shuffle-Board mit K. Nach dem Dinner zum zweiten Male Mooving-Pictures, die mich aber langweilten. Trank, durstig, mit K. ein Glas Bier und ging, während sie weiter zusah, auf Deck spazieren.

Eine Dame, die im Auftrage der Linie nach Europa reisende Yale- und Vassar-Studenten chaperoniert, bat mich, Donnerstag zu einer Ansprache an die jungen Leute in die Touring-Class zu kommen.

Diktierte K. ein paar notwendige Briefe rückwärts, vor allem an Sinclair Lewis, der zum Geburtstag telegraphierte und dessen Frau, Dor. Thomson sehr hübsch über die Jaakobsgeschichten u. über mich persönlich schrieb.

Mittwoch den 13. VI. 34. Dampfer »Rotterdam«.
Stand heute schon früher auf, ½9 Uhr, und nahm mein warmes Seebad. K. ist nicht wohl. Wir hoffen, daß es sich nur um

Magenverstimmung handelt. Auch ging das Schiff in der Nacht ziemlich unruhig.

Ich war vorm Frühstück auf Deck und traf die kleine Schwätzerin von der holländisch-amerikanischen Gesellschaft, plauderte deutsch-englisch mit ihr auf dem Oberdeck. Die Luft ist milder und wärmer heute, das Meer nicht unfreundlich. Aber es sieht nach Regen aus.

Das Schiff, bedeutend größer als die »Volendam«, ist 25 Jahre alt und hat Kohlenfeuerung, was, namentlich auf dem Boots-deck viel Schmutz mit sich bringt. Die »Volendam«, überhaupt moderner, hatte den großen Vorzug der Ölheizung.

Die engl. Redensart »To bring coals to Newcastle« entspricht dem »Eulen nach Athen bringen«.

Schrieb einen Brief an Klaus Heuser, von dem ich in New York eine Karte hatte.

Donnerstag den 14. Juni 34. Dampfer »Rotterdam«.
K. gottlob wiederhergestellt. Ich noch ziemlich unwohl und zu großer Zurückhaltung im Essen gezwungen. Sehr spät auf und, wie gewöhnlich, privat gefrühstückt. Schrieb an Fiedler. Nach-mittags ½5 Uhr die Ansprache in der Social-Hall der Tourist-Class. Großes Auditorium, der Kapitän, der uns vormittags zu sich lud, in der ersten Reihe. Ich sprach kurz und zur Zufrieden-heit, machte auch beim nachfolgenden Frage- und Antwortspiel noch längere Ausführungen. Man schien befriedigt. Nachher Shuffle-Board mit K., de Reede und dem anderen jungen Hol-länder. Der Himmel war klar, aber es war feucht und windig.

Freitag den 15. VI. 34. Dampfer »Rotterdam«.
Gestern Abend nach dem Diner in der Social Hall. Es wurde Pferde-Rennen gespielt und ich las dabei den schönen Jugend-Roman Iwan Bunins, ein Buch, das mich durch seine poesie-volle Gesundheit und sein klassisches Russentum sehr anzieht. Bunins Exilantentum gleicht dem meinen. Vorausgesagt in der »P.R.«

Wir sprechen gelegentlich mit vielen Leuten an Bord, Amerikanern und Holländern. Eine Lieblingsfigur ist der »Rabine«, der tanzt u. sich am Glücksspiel beteiligt. Da ich in meiner Ansprache von Geist und Körper gesprochen hatte, sagte er gestern Abend es gäbe im Hebräischen einen Dual: »Chaim«, der Geist und Körper zugleich bezeichne und »Leben« bedeute. »Griechisch«, fügte er hinzu, heiße es »Mens sana in corpore sano«. K. verbesserte, das sei lateinisch, und ich ergänzte, es sei von Juvenal. Es entstand Verlegenheit. Diese Verwechslung ist amerikanisch. Übrigens nannte das deutsche 18. Jahrhundert alles Antike »griechisch«. »Was kümmern uns die Griechen«.

– Heute ½ 10 Uhr auf. Der Magen noch recht schwach. Vorsichtig gefrühstückt. Nebel, leichter Regen, Nebelhorn. In der Bordzeitung Nachrichten über separatistische Revolte in Catalanien.

Sonnabend den 16. VI. 34. Dampfer »Rotterdam«.
Thee und Kaffee sind zu stark auf dem Schiff, sie schaffen Erregung und Schwindel.

Gestern Abend ein enorm dummer und unverständlicher Film, »Murder on the black board« in schlechter Vorführung. Allgemeine Ablehnung. Wir tranken nachher noch Orangeade in der Bar mit einem deutsch-amerikanischen Juden namens Klein, der sich nachmittags im Salon zu uns gesetzt und sich über die Wirkung meines amerikanischen Aufenthalts sehr ermunternd geäußert hatte. Die Unterhaltung mit uns tat dem vom Antisemitismus niedergeschlagenen Menschen sichtlich wohl. Er plädierte lebhaft für eine stellungnehmende Schrift von mir über die deutschen Dinge, die die Aufmerksamkeit der Welt haben werde. Nur hat K. starke Befürchtungen wegen der Steuer-Affaire, deren Ausnützung durch die Pol. Polizei meine Stellung ärgerlich beeinträchtigen könnte. – In der Gesellschaft des Mannes abends eine englische Jüdin, Tochter des Herausgebers eines großen jüdischen Organs, recht sympathisch, aber mir unleidlich durch die zinnoberrot lackierten Fingernägel, die ich verabscheue.

Nach dem Film Gespräch mit Stokowski, der sich für die Technik des Films und seine musikalische Veredelung interessiert. Er sprach verheißungsvoll von dem Grammophon-Film, der die Platten ersetzen wird u. eigentlich schon erfunden ist, aber noch zurückgehalten wird.

Auch auf dieser Fahrt ist, gleich zu Anfang, ein Matrose gestorben, 19jährig, an einem bösartigen Rheumatismus.

Heute früher auf und vor dem Frühstück auf Deck. Nebelig trübe, stumpf, ruhiges, aber schwarzes und unschönes Meer. Wir nähern uns der englischen Küste. Heute Abend wird Plymouth erreicht sein, wo wir Post erwarten und unsere Briefe aufgeben werden. Eine Anzahl Passagiere wird [dort] aussteigen.

Seit der »Lecture« vom Donnerstag glaubt jedermann mich ansprechen zu können. Heute Morgen tat es ein kleiner Mann mit Cigarre aus Cincinati, der seinen 92jährigen Vater in Oldenburg besuchen will. Er hat den Seinen das ganze Jahr amerikan. Zeitungen geschickt, damit sie etwas über Deutschland erführen.

K. hat gestern Abend den J.J. zu Ende gelesen und sprach sehr entzückt, erheitert und bewunderungsvoll von dem Buch. Ihre Einwände betreffen psychoanalytische Belastungen in dem Brunnen-Kapitel und bei der Rückkehr der Brüder gegen Ende. –

Vormittags eine ganze Reihe von Briefen und Karten geschrieben. Las einen englischen Aufsatz von Nathan Weinberg über die J. G. im Manuskript, der für eine amerik.-jüdische Revue bestimmt ist. Da er mir interessant schien, gab ich ihn dem Rabbine zu lesen, mit dem wir nach dem Lunch in den Liegestühlen ein Gespräch über das Judentum und Christentum hatten. Er las den Artikel, während wir Shuffle-Board spielten. Der Nach-[mittag] war sehr schön geworden, heiter und sonnig, mit blauem, stillem Meer. Es ist selten so schön im Kanal. Möven begleiten wieder das Schiff. Durch mein Opernglas beobachten wir einen schönen Segler, Schulschiff oder Privat-Yacht, der alle Leinwand aufgezogen hatte.

Nach dem Thee verabschiedete sich Stokowski mit seinem Töchterchen von uns, nachdem er den Musikern die Hand gedrückt. Wir gaben unsere 15 Briefe und 6 Karten für Plymouth auf. Koffer der in England an Land gehenden Gäste werden geschleppt.

Ich lese wieder den »Agathon«.

Wäre lieber in Boulogne ausgestiegen, besonders da wir das französische Visum haben. Wir meldeten aber um Klaus' willen unsere Weiterfahrt bis Rotterdam beim Zahlmeister an. –

Ich schrieb noch an Weinberg, den Verfasser des Aufsatzes, und versorgte den Brief im Postsack.

Der dicke Assistent des Ober-Stewarts, der das Rennspiel geleitet, bewirtete uns mit einem Expreß-Diner, das er nach unseren Wünschen nach dem Grundsatz »wenig aber fein« gestaltet hatte.

Nach dem Essen wurde der Leuchtturm von Eddystone sichtbar. Man hielt sich auf Deck bei wachsender Erregung der Fahrgesellschaft. Die Küste links steil, rechts flach, mit den Lichtern von Plymouth erschien. Einfallende Dunkelheit und dünne Mondsichel. Friedliches Hafenbild. Anlangen des Lotsen und des Tenders, der die sich Ausschiffenden und ihr Gepäck übernehmen sollte. Vor Anker. Gespräche und Verabschiedungen. Wir sahen lange dem Hinübertransport des Gepäcks und dem Umladen von Automobilen zu. Es wurde Mitternacht bis die landenden Passagiere das Schiff verlassen konnten. Der Tender war kein ganz kleines Boot, aber wir sahen vom Promenadedeck unseres großen Amerika-Fahrers wie von Turmeshöhe auf ihn hinab. Wir gingen schlafen, als es zum Übergang der Passagiere läutete und hörten wieder die Kindertrompeten der Studenten wie in New York.

Sonntag den 17. VI. 34. Dampfer Rotterdam.
Sonderbarer Weise war es mir lieb, als gestern Nacht die Maschine nach langem Tuten der Dampfpfeife sich wieder in Bewegung setzte. Die »Ordnung«, der »Alltag« war nach dem
Trubel der Ankunft wieder hergestellt, man fuhr wieder. Nicht
lange mehr. Wir werden morgen früh in Rotterdam sein, und
heute ist Packtag.

Wir hatten Nachrichten von den Kindern gestern Abend. Sonst
keine Post. Diese scheint nach Boulogne divergiert oder in Küsnacht geblieben. Aus den im Hafen gekauften Londoner Times
las K. mir im Bette Nachrichten über die Zusammenkunft des Hitler mit Mussolini vor. Es scheint, daß das politische Ergebnis gleich
Null ist. Die Unterredung unter vier Augen ist offenbar ziemlich
streitbar verlaufen, und die Volksrede Mussolinis auf San Marco
ist eine Drohung mit Maschinengewehren, wenn gutes Zureden
nichts nütze. Er sprach von Südtirol und meinte Österreich. Die
Unabhängigkeit desselben soll als Basis des Friedens beiderseits
anerkannt worden sein. Ist das der deutsche Verzicht?

Widerstand von Heidelberger und Bonner Studenten-Corps
gegen den radikalen Antisemitismus und die Hitler-Jugend.
Verbot des Farbentragens. – Todesurteile im Horst Wessel
Prozeß. Ekelhaft.

Die Ankunftserregung ließ uns lange nicht einschlafen, und
da wir in der Vorstellung lebten, wir würden schon um 10 in
Boulogne sein, stand ich um ½9, recht unausgeschlafen, auf
und nahm das letzte Seewasser-Wannenbad. Auf Deck, vor
dem Frühstück, zeigte sich kein Land, und vom Zimmer-
Steward erfuhren wir, daß die Ankunft in Boulogne nachmittags 3 Uhr erfolgen wird. Wir hätten ausschlafen sollen. –

Gegen Abend. Boulogne liegt seit einigen Stunden zurück.
Nach dem Lunch sahen wir der Ausschiffung der Passagiere
auf den Tender hinüber an derselben Stelle der Hafenbrücke
zu, wo wir vor einem Monat abgefahren. Ich scherzte mit dem
»Onkelchen aus Amerika«, der schon 40 Jahre in Cincinnati ist
u. nach Oldenburg fährt.

Ruhte etwas und begann schon vor dem Thee zu packen. Im Salon bei Schuberts »Leise flehen« setzte sich de Reede zu uns, bat um Handschriftliches, schenkte K. eine Holländische Nadel und erbot sich, uns in Rotterdam behilflich zu sein. Er machte auf Deck Aufnahmen von uns.

Ich packte dann meinen großen Koffer fertig und ordnete Weiteres. K. noch tätig.

Die französischen Zeitungen ironisieren den triumphierenden Ton der deutschen Presse in ihren Berichten über die Entrevue in Venedig, bei der nichts herausgekommen.

Rotterdam, Montag den 18. VI. 34. Hotel Atlanta

Die Ankunft des Schiffes war nachts erfolgt. Wir lagen am Quai früh morgens, und vom Deck aus war das Bild des Hafens hübsch. Die »Statendam« lag vor uns.

Frühstück im Speisesaal um 7 Uhr. Verabschiedungen und letzte Trinkgelder. Ich hatte tief geschlafen und ging wohlgemut zur Paßrevision in den Salon. Es gab aber diesmal Schwierigkeiten. Wir waren gezwungen, eine Stunde auf die Rückgabe des Passes zu warten, bis alle Passagiere das Schiff verlassen hatten und endlich der Beamte uns die zweitägige Aufenthaltserlaubnis brachte. Es war enervierend und beschämend, und bei der Labilität meiner Stimmung verdarb es mir den ganzen Tag.

Klaus wartete ebenfalls seit einer Stunde. Die Gepäckrevision wickelte sich leicht ab, unter Assistenz eines jüdischen Freundes vom Schiff. Wir luden auf und fuhren in dies Hotel, wo auch Klaus schon übernachtet hatte.

Beschluß heute Abend im Schlafwagen nach Straßburg weiter zu fahren, wo wir Erika zu treffen gedachten. Sie erwies sich aber als telegraphisch nicht erreichbar wegen Adressenwechsel, und so werden wir bis Basel durchreisen.

Besuche auf der Bank, dem Reise-Bureau und dem belgischen Konsulat wegen Durchgangsvisum. Fahrt an den Hafen zum Bureau der Linie wegen einer Rückzahlung an Knopf. Dann im Hotel gebadet.

Zu dritt mit Klaus im Oberstock einer Konditorei geluncht: »Balletjes«, Omelette au confiture, Erdbeeren, Koffei.
Zurückgekehrt im Pyjama auf dem Bett geruht.

Küsnacht, Mittwoch den 20. Juni 34.
Vorgestern in Rotterdam nahmen wir Eis-Schokolade mit Klaus vor einem Kaffee und machten dann, bei etwas abgeschwächter Schwüle einen Straßenspaziergang, der hübsche, z. T. an Lübeck erinnernde Bilder bot. Wir kehrten dann ins Hotel zurück und hielten Abreise, zusammen mit Klaus, der nach Amsterdam zurückkehren und von da ans Meer gehen wollte. Verfehlung des richtigen Bahnhofs. Dann, an dem rechten, von wo der Zug Belgien-Luxemburg-Elsaß-Basel abging, unser Gepäck aufgegeben und, noch zu dritt, im Bahnhofsrestaurant zu Abend gegessen. Nachher Verabschiedung von Klaus, der sich als freundlicher Mensch wie immer erwies, dessen Verfassung aber nicht die beste ist, da er unter dem Eindruck des Todes seines Freundes W. Hellmert steht, der an Morphium zu Grunde gegangen. Durchgehender Schlafwagen nach Basel. Erhielten Coupé zum Sitzen und blieben auf bis Brüssel um Mitternacht, wo Peter Pr. sich, nach einem Telegramm K.'s, eingefunden hatte. Tranken helles Bier »Perle« mit ihm im Restaurant und unterhielten uns über die allgemeine und persönliche Lage.

Legten uns nieder nach der Verabschiedung von ihm und schliefen lange, sodaß wir gestern Morgen das Frühstück im Speisewagen verfehlten. Gegen 11 waren wir in Basel. Wiederum ergaben sich Schwierigkeiten bei der Paß-Revision. Es fehlte das Wieder-Einreise-Visum. Ich wurde zu einem höheren Beamten geführt und erst durch Vorweisung meiner französischen Empfehlung und der Völkerbundsbescheinigung entschied sich die Situation zu meinen Gunsten. Der Fall wurde für »Ausnahme« erklärt, und ich hatte 5 Franken zu zahlen.

Die Gepäck-Revision leicht. Platten und Cigarren gingen durch. Wir frühstückten im Restaurant und fuhren dann die bekannte Strecke nach Zürich. Am Bahnhof die Kleinen und Erika, die unterdessen von Straßburg hier eingetroffen, mit Blumen. Erfreute Begrüßung. Das St.er Gastspiel ist wegen der dortigen gespannten Atmosphäre aufgegeben. Schießereien, Krawall. Kriegerischer Zustand im Saargebiet. Straßenkämpfe in Toulouse zwischen Nationalisten und Sozialisten. Beängstigendes Europa.

Ich fuhr mit Erika, deren Erfolg in Holland groß war, in ihrem hübschen neuen Wagen in die Schiedhaldenstraße. Begrüßung mit der Kurz und den Mädchen. K. und Medi trafen mit dem Gepäck in Dolls Wagen gleichzeitig hier ein. Vergnügen an dem sommerlichen Haus. Mittagessen ohne Bibi, der in der Stadt geblieben war. Kaffee auf der Terrasse an dem neuen Gartentisch.

Durchsicht der vielen Briefe und Bücher, die hier gewartet hatten. Etwas Ruhe auf dem Bett. Zum Thee holte Erika die Giese, die in Küsnacht wohnt. Wir spielten später die von Knopf geschenkte Platte des Pariser Komikers Bethove und lachten sehr über die deutsche Imitation.

Auspacken, Wieder-Installierung und Organisierung des Einlaufs bis zum Abendessen, an dem die Giese teilnahm. Nachher weiteres Musizieren und Unterhaltung. Um 11 Uhr ging man schlafen. –

Heute ¾9 Uhr auf und gebadet. K. war fort, um die wieder scheidende und in die Poschingerstraße zurückkehrende Kurz zum Bahnhof zu bringen. Allein gefrühstückt.

Von Heins sind keine Nachrichten da. Wie mit Klaus in Rotterdam, so besprachen wir auch gestern Abend die Gefahren einer europäischen Explosion, die uns in der Schweiz beträfe. Sie ist eine Mausefalle. Größere Sicherheit Süd-Frankreichs, nahe Spanien und dem Meer. Übersiedelung nach Nizza nach Medi's Abitur wieder ins Auge gefaßt.

Erika schenkte uns ein schönes Bild von ihr in dem weißen Pierrot-Kostüm, das ich unter Glas stellte und an dem ich meine Freude habe.

Der ganze Rest der Korrekturen der »Deutschen Meister« ist eingetroffen. Erika warnte vor Aufnahme der Hauptmann-Rede. Ich setze den historischen und dokumentären Charakter der Sammlung dagegen.

Die gestrige Schwüle löste sich schon nachmittags in Regensturm und Gewitter. Es regnet heute fort.

Bibi, der uns allen gut gefällt, hat während unserer Abwesenheit die große Geduldsarbeit der Ordnung und Katalogisierung aller Platten geleistet.

Intelligente Besprechung des »Joseph« von W. Haas in der jüdischen »Selbstwehr«.

Exemplare der Secker'schen Ausgabe der »Tales of Jacob«.

Zu Tische Frau Giehse. Nachher Beschäftigung mit den Korrekturen, den Briefen und Zeitungen. Freche Rede des Papen, um nicht mutig zu sagen. Beifallstelegramm Hindenburgs. Hitler erklärt sich mit der Rede einverstanden, verbietet sie aber. Übrigens mancherlei weitere Zersetzungs- und Krisen-Symptome.

Zum Thee Bruno Walter und Frau. Er war vom Joseph voll. Gespräch über Bibi und über die deutschen Verhältnisse. Freundschaftlich. Weitere Verabredungen.

Symptom für die kopflose Nervosität in Deutschland: Anne Marie Schwarzenbach war dort und hat Frau Thyssen besucht. Diese ist verhaftet und stundenlang peinlich verhört worden, unter dem Verdacht, die Schw. sei von Erika als Spionin geschickt worden. Welche Kleinleute-Angst und welcher Stumpfsinn!

Donnerstag den 21. VI. 34.

Nachts schwer und im Kampfe mit arger Erregung, mit Hülfe von Phanodorm eingeschlafen, auf das ich sehr glücklich reagiere. Der Vormittag verging mit Briefschreiben. Ich war mit K. in der Stadt, wo ich außer Postwertzeichen den Druck von Briefpapier und einen Spazierstock besorgte, da ich den vorigen, langjährigen in New York eingebüßt. Der neue ist aus Malakka-Holz, einfach und gut und kostet 18 Franken. Auch schenkte K. mir einen guten, lackierten Papierkorb. Ich kaufte auch ein schmukkes Futteral für die Füllfeder-Tintenflasche. Ferner Cigaretten, da ich heute die letzte amerikanische rauchte.

Die Zeitungen reden von der Oppositionsrede Papens. Dieser agile kleine Reaktionär hat sich zwar allerlei erlaubt; von den Juden aber und den elenden Rache-Prozessen und den fortwährend en Kommunisten-Hinrichtungen hat er kein Wort gesagt.

Erfreulicher Brief eines protestantischen Theologen, Opfer des Regimes, aus Breslau.

Nach Tische Lektüre von Briefen und Zeitungen.

Nach dem Thee Brief-Diktat. Glückwunsch an die Saturday-Review.

Abends mit K. noch einmal zur Stadt, um, mit Erika, die sich einfand, K.'s Eltern vom Bahnhof abzuholen, die zu 14tägigem Besuch eintrafen. Heimfahrt und Abendessen mit nachfolgendem Beisammensein in der Halle.

Freitag den 22. VI. 34

Zeitig auf. Problem des Essaybandes. Weglassung der Hauptmann-Rede. Brief darüber an Bermann.

Kurzer Spaziergang nach dem Rasieren bei Sonne und Wind.

Golo's Aufsatz in der »Sammlung« über Wallenstein und die deutsche Politik, obgleich widerhaarig geschrieben, gefällt mir sehr, weil er das Gefühl des Humbughaften des heutigen deutschen Geschichte-Machens zum erstenmal ausdrückt und erklärt.

Nach dem Thee, müde und nervös, Briefe diktiert.

Die 7. Symphonie von Sibelius, von Knopf geschenkt, einsätzig, ist ein sehr eigenwilliges, interessantes und spannendes Werk.

Von Böök kam seine Joseph-Kritik im Svenska Dagbladet, die mir dunkel blieb.

Für Venedig zugesagt.

Sonnabend den 23. VI. 34.

Außerordentlich schöner Sommertag. Arbeit am Essayband: Einrichtung, Streichung von Doubletten, Hinzufügungen, vormittags und nachmittags.

Erika fuhr mich in den Wald, und ich ging von da über Itschnach spazieren, was mir gut tat. Starke Sonne, ägyptischer Anzug.

Zum Essen die Giehse und A. M. Schwarzenbach.

Zum Abendessen Bruno Walter und Frau, mit denen man später auf der Gartenterrasse saß. Sie erhielten vegetarisches Essen und Lindenblütenthee. Sie rühmten die Wohltaten der Bircher-Kur, ohne eben sehr blühend auszusehen. Sie fahren morgen mit ihrem Cadillac nach dem Tessin ab, von da nach Sils Maria, wo wir sie vielleicht besuchen werden.

Sonntag den 24. VI. 34

Sehr warmer Sommertag, seidener Anzug. Ich schloß die Durcharbeitung der beiden Goethe-Vorträge ab und wende mich nun zunächst dem Joseph wieder [zu]. Las zurück und sann.

Fuhr mittags mit K. und ihren Eltern in den Wald, wo wir spazieren gingen. Erika auf einem Engagementsausflug mit ihrem Wagen auswärts. Ich schlief nachmittags wohltuend auf dem Bette.

Lion schickte gestern seinen Aufsatz in der N.Z.Z., der mich seiner besonderen, von der gewöhnlichen Kritik sich abhebenden, essayistischen Art wegen freut. Besonders amüsierte mich die Untersuchung über meine persönlichen Beziehungen zu Jaakob und Joseph und die Idee, daß »Buddenbrooks« Jaakobswerk, dagegen meine europäisierende Essayistik Josephswerk seien.

In der »Rundschau« las ich Aufzeichnungen Tolstois von seiner Schweizer Reise. Energisch antimilitaristische Passage, die redaktionell dadurch abgeschwächt wird, daß man am Fuße verbessert, Tolstoi sei damals nicht 3, sondern 2 Monate in der Schweiz gewesen!

Medi glücklich über einen ihr auf Walters Rat gemieteten Bechstein-Flügel, der sehr gut sein soll.

Walter sprach gestern wieder viel vom Joseph und befragte mich danach. Ich kann darüber nie ohne Nervosität Rede stehen.

Viele Briefe diktiert und geschrieben. Noch immer ist ein Wust aufzuarbeiten.

Zum Abendessen mit Erika die Giese, die wütend über ihren Besuch bei dem reichen und krankhaft-stupiden Geschlecht der Schwarzenbachs erzählte. Diese entartete und bösartige Bürgerei ist imstande, einen von der Zukunft des Kommunismus zu überzeugen. Es verdient ein schreckliches Ende.

Montag den 25. VI. 34.

Warmer, z. T. regnerischer Tag. Schrieb weiter an dem vor der Amerika-Reise begonnenen Kapitel. Ging mittags zum Haarschneiden hinunter nach Küsnacht.

Nachmittags geschlafen. K. mit ihrer Mutter im Lyceumklub. Ich trank mit dem Alten allein Thee. Wir sprachen von Musik.

Schrieb nachher an Brüll und den Theologen Moering in Schlesien.

Zum Abendessen die Giehse, mit der Erika ins Theater fuhr. Die Renitenz und der sprungbereite zerstörende Negativismus von K.'s Mutter im Gespräch sind äußerst widerwärtig.

Bibi spielte das Doppelkonzert von Bach zusammen mit dem Grammophon sehr lobenswert. Nachher hörten wir von Menuhin das Konzert von Mozart.

Dienstag den 26. VI. 34.

Schrieb ein Blatt weiter. Platzregen und Gewitter. Konnte nur wenig ausgehen. Zum Essen Prof. Zimmer aus Heidelberg, der bei Jung wohnt und viel über den »Joseph« sprach, auch über das Interesse, das das Buch bei Deutschen erregt. Auch über die Lage in Deutschland sprachen wir viel. Ich las ihm einen heute empfangenen Brief von Fiedler vor, der die arg zerrüttete Stimmung, welcher aber noch ein längeres Durchhalten folgen wird, gut kennzeichnet. Golo schickte einen Zeitungsausschnitt, nach dem Bertram nach einer Festaufführung des »Tell« in Weimar (dezimierte Goethe-Gesellschaft) eine Rede gehalten hat, worin er Schiller als »dorisch-germanisch-friederizianischen« Geist kennzeichnet. Diese betrunkenen Menschen verstehen nicht, wie sich das alles in wenigen Jahren ausnehmen wird.

Erika fuhr mit ihren Freundinnen ab, zu meinem Leidwesen.

Schrieb nach dem Thee an Alfred Neumann und an die Luchaire-Vallentin, die ihr Heinebuch schickte. Ferner an Fiedler.

Abends hörten wir das Violin-Konzert von Tschaikowski, gespielt von Hubermann.

Mittwoch den 27. VI. 34.

Schöner Sommertag, von den gestrigen Gewittern erfrischt. Schrieb weiter. Während K. ihre Eltern spazieren fuhr, machte ich den Waldweg, um endlich Bewegung zu haben.

Es kam ein »Journal« von Gide, ein Brief des Yale-Professors Weigand, bewegt vom »Joseph«, ein etwas verspäteter Gruß des Gedenkens von G. Kölwel, ein Buch »Dämmerung« – über Deutschland – von einem Unbekannten. Knopf schickte die zurückgelassenen Bücher; darunter ist die stattliche einbändige Ausgabe des in Amerika außerordentlich angesehenen und bewunderten Magic Mountain.

Zeitungsmeldung vom Tode Pallenbergs, herbeigeführt durch ein Flugzeug-Unglück. Ein schaurig-kraus-genialisches Virtuosengewächs ist dahin und fehlt dem Weltbild. Telegramm an Franks in Sanary.

Nachmittags Briefe diktiert.

Briefe von Schickele und Dr. Gigon – Basel.

Bermann teilt mit, daß er Hauptmann, zu dessen Freude, von der Aufnahme der Festrede Mitteilung gemacht habe. Das bestärkt mich in dem Entschluß, den Band zurückzustellen, womit B. einverstanden.

B. macht Mitteilung von »Angriffen« deutscher Blätter wegen meiner New Yorker Äußerung, i. B. wegen meines Briefes an das Jüd. Hülfswerk, und schickt die Ausschnitte mit, von deren Kloakengeruch ich mich recht »angeheimelt« fühlte. Beschämend genug, daß ich Rede stehen muß, wenigstens B. gegenüber, denn eine öffentliche Richtigstellung gibt es ja nicht.

Man fuhr zu Reiffs, wo in kleinerem Kreise im Garten bei Papierlaternen zu Abend gegessen wurde. Else Heims weckte Erinnerungen an die ersten Reinhardt-Spiele im Münchener Künstlertheater.

Donnerstag den 28. VI. 34.
Spät auf nach mangelhafter Nacht. Schöner, frischer Sommermorgen. Man frühstückte im Garten. Nachher diktierte ich K. den Brief an Bermann in Sachen der deutschen Schimpfereien und schrieb dann am Roman weiter.

Ging 1½ Stunden bei starker Sonne spazieren. Las nach Tische Zeitungen. Vor 5 fuhren wir zu Hitschens ins Hotel Dolder, wo wir mit dem Engländer und Knittel in der großen Halle Thee tranken. Knittel erzählte von Berlin, wo er 3 Wochen verbracht. Gewitter und starker Regen.

Nach dem Abendessen wurden Briefe von Klaus Pr. und seinem Sohn aus Tokio verlesen. Dann allerlei Musik.

Brief von Heinrich, der den Wunsch übermittelt, daß Ossietzky den Friedens-Nobelpreis erhalte. Auch soll ich verhindern, daß Kolbenheyer den für Literatur bekomme, was zu drohen scheint. Nehme mir vor, deswegen an Böök zu schreiben.

Freitag den 29. VI. 34.
Regentag. Früher auf und weiter geschrieben. Nur wenige Schritte ausgegangen. Nachmittags allein korrespondiert. Worringer kondoliert zum Verlust seiner Tochter. Nach früherem Abendessen fuhr ich mit den Damen zur Stadt in den Lyceum-

Club, wo Frau M. Wassermann recht angenehm aus Arbeiten des Verstorbenen vortrug. Nachher Thee und Leute, u. a. der sympathische Dr. Bally. Wir aßen, heimgekehrt, sehr gute und frische Himbeeren.

Briefe von Reisiger, der wieder in Seefeld, und Lion in Sachen seiner Geschichtsbücher.

Gestern Abend en passant Controverse mit den beiden Alten, die es nicht als komischen Fehler anerkennen wollten, daß man citiert: »Einsam bin ich, nicht alleine –«. Es heißt natürlich: »Einsam, (wenn ich einsam bin) bin ich nicht alleine«.

Sonnabend den 30. VI. 34

½9 Uhr auf, mit Phanodorm gut geschlafen.

Eilbrief von Heins, der Material gegen die Presse-Angriffe einfordert und damit nach Berlin fahren will.

Arbeitete erst ein Stück weiter und schrieb dann an den Rechtsanwalt ähnlich wie an Bermann. Fügte hinzu: »Wenn an meinem Besuch in Amerika die Rückgabe meines Eigentums scheitert, so warne ich Sie dringend zu glauben, daß sie nicht ohne ihn an etwas anderem gescheitert wäre.«

Ging eine Stunde spazieren.

Zu Tische Frau M. Wassermann mit Tochter. Nervös und gereizt durch die alten Leute, die mir wie eh' und je widerstehen.

Nach dem Thee an Lion, Heinrich und andere geschrieben.

Beim Abendessen wurde ein Zürcher Extrablatt, gebracht vom Chauffeur Doll, übergeben, das ich vorlas. Drunter und drüber in Deutschland: Meuterei der S.A. und Röhms, der von Hitler ausgestoßen und abgesetzt, Braune Häuser von Reichswehr besetzt, große Menschenmassen in Berlin und München auf den Beinen, Verhaftungen und Erschießungen, Feuerkampf Unter den Linden. General von Schleicher ermordet. – Unglückseliges, thorheitsvolles Land, das sich diesen schändlichen Mist, diesen Sumpf von Lüge, Roheit und Verbrechen hat aufreden lassen und noch lange nicht Frieden finden wird.

Tiefer Eindruck. Den alten Leuten ist zu gönnen, daß sie gerade hier draußen sind.

Medi und Bibi spielten vor den Großeltern und uns zwei Sätze aus einem Konzert von Mozart und eines von Spohr, wobei Bibi durch Energie und Beherrschung imponierte und auch Medi gute Fortschritte zeigte. Ich war erfreut.

Anruf bei der N. Z. Z. wegen neuer Nachrichten. Der elende Hitler nach München geflogen, um verhaften und erschießen zu lassen. »General« Göhring leitet die Niederschlagung der »Zweiten Revolution« in Berlin. Der Tod Schleichers bestätigt sich; er ist von den S.A.-Bestien noch rasch erschlagen worden, weil er vielleicht der Mann gewesen wäre, das Land aus dem schmutzigen Irrwitz herauszuführen. Für 11 kommunistische Arbeiter ist gerade wieder die Hinrichtung beantragt worden, weil sie an der Ermordung eines S.A.-Rammels beteiligt gewesen sein sollen. Jetzt wird die S.A. niedergeschossen, und die Spott- und Schandgeburt von »Revolution« beginnt sich selbst mit Blut zu besudeln. Es wird weitergehen. Möge die Flut bald diese ganze Lügen- und Dummheitsgeburt von »nationaler Erhebung« verschlingen mitsamt den menschheitswidrigen Gestalten, die sich ihre Helden nannten!

Sonntag den 1. VII. 34.

Schöner, warmer, etwas dunstiger Sommertag. Stand 8 Uhr auf und schrieb das kleine Bundeskapitel Joseph-Mont-kaw zu Ende.

K. brachte Extrablätter aus der Stadt. Die zugleich gegen das bolschewistische S.A. Lager und die Berliner Rechts-Opposition gerichtete Aktion Goering-Hitler ist siegreich, bedeutet aber doch in erster Linie einen Erfolg der kapitalistisch-preußisch-konservativen Ordnungselemente. Immerhin ist Papen inhaftiert, sein Bureau beschlagnahmt, sein Sekretär erschossen. Die Ermordung Schleichers von Goering der Auslandspresse mitgeteilt. Zahlreiche Füsilierungen von S.A.-Führern. Hitlers Unternehmen gegen die Villa Roehms in Wiessee, wo Heines mit einem jungen Mann im Bett überrascht und erschossen wurde. Albernes Hervorkehren der längst bekannten »sittlichen Verfehlungen«.

Ging mit den Alten und K. in den Wald zum Spaziergang und las nach Tische die üblen Berichte.

Zum Thee John Knittel und Haas-Heye, ein alberner Mensch. Knittel blieb länger und wirkte sympathisch. Von dem Chauffeur des Omnibus, der ihn zurückbrachte, neues Extrablatt, ergänzt durch die abendlichen Radio-Mitteilungen. Röhm erschossen, nachdem er keinen Gebrauch von der ihm gegebenen »Gelegenheit« gemacht, seine »Verbrechen« (aber das Ganze ist ein Sumpf von Verbrechen) selbst zu »sühnen«. Hitler und Goering für den Augenblick Herren der elenden Lage, Göbbels, trotz vieler Brandreden von Zweiter Revolution, mit ihnen »gleichgeschaltet« und schon wieder als Radio-Redner »über alle deutschen Sender« verwendet. Großer moralischer Säuberungs- und Schlichtheitserlaß des Hitler. Die Hinrichtungen sollen in die Hunderte gehen, und besonders wird das Murren gegen sie unter strenge Strafe gestellt. Das Ganze wird nach dem Gesetze weitergehen, nach dem es angetreten und in schimpflicher Ernüchterung enden.

Medi erregt Besorgnis. Sie gesteht Schluckbeschwerden und Atembeklemmung ein. Es ist klar, daß sie überanstrengt ist durch die Kombination von versessenem Klavier-Üben und Schulpflichten, denen sie nach zu kurzem Schlaf oft von 5 Uhr früh an genügt. Es muß eingeschritten werden.

Auch K.'s Frauenleiden scheint wieder im Zunehmen. Der Arzt wurde bestellt.

Zu besorgen ist, daß wegen der Zustände in München der Aufenthalt der beschwerlichen Greise sich hinausziehen könnte.

Habe begonnen, den »Tristram Shandy« zu lesen.

Montag den 2.VII. 34.

Außerordentlich schöner Sommertag. Stand 8 Uhr auf, besserte an Früherem, fügte Überschriften ein und schrieb etwas weiter.

Las Zeitungen nach Tisch. Die Auffassung des Auslandes ist einhellig, daß das deutsche Regime einen Stoß erlitten hat, von dem es sich nie ganz wieder erholen wird.

Vor allem ist die Fiktion der »Totalität« und der einigen Volksgemeinschaft in die Brüche gegangen, das Regime vom Blute des Bürgerkriegs bespritzt: Morde, Selbstmorde und Hinrichtungen in großer Zahl, gröbste Enthüllungen über Korruption und Unzucht, – der Führer der »Arbeitsfront«, Ley, nennt das den »größten Tag der deutschen Geschichte«. Das Maß an dummer Schamlosigkeit ist unerträumbar, es hat nie so etwas gegeben. Ebenso enorm ist die Albernheit, das ganze auf eine moralische Säuberungsaktion hinauszuspielen und von einem »reinigenden Gewitter« zu sprechen, nach welchem nun alles in schönster Ordnung ist und das Regime nie fester stand. Den pornographischen Sadisten Streicher in Nürnberg läßt die Säuberung übrigens in Amt und Würden. Und wen nicht sonst noch!

K. brachte die von einer Schwester der Herz eingegangene Nachricht, diese sei wegen einer gegen einen Fremden getanen unvorsichtigen Äußerung verhaftet worden und könne nicht schreiben.

Wir fuhren 3 Uhr mit den Alten *nach Luzern,* über Zug und durch das [?]-Thal. Ich war zeitweise recht nervös und bedrückt, hatte aber doch meine Freude an den schönen sommerlichen Bildern. Luzern in seiner Eleganz, bürgerlichen Wohlerhaltenheit und zum Weltruhm geeigneten Schönheit macht immer noch den Eindruck eines europäischen Friedens- und Genußwinkels. Wir tranken Thee in einem Hotel-Garten, promenierten und fuhren 6 Uhr über Küssnacht a. Vierwaldstädter See zurück.

Heimkehr zum Abendessen. Für 9 Uhr hatte *Meyer-Graefe,* auf der Durchreise, sich angemeldet. Man saß im Freien und trank Thee. Er war schnodderig und komisch dramatisch wie gewohnt. Seine Berichte über Hauptmann – trostlos. Auch er rät entschieden von der Wiedergabe der Festrede in diesem Augenblick ab. – Man hielt sich noch in meinem Zimmer auf. Ich brachte M.-G. nach 11½ zum Omnibus.

Mittwoch den 4. VII. 34.

Es sind schöne Sommertage, die sich ohne schwerere Krisen von selbst wieder erfrischen. Seit dem frühen Frühjahr schon ist das Wetter dieses Jahr ungewöhnlich freundlich, – vom Standpunkt des Nicht-Landmannes aus gesehen.

Gestern Abend kam Golo in die Ferien; K. holte ihn noch um 11 Uhr mit dem Wagen von Zürich, und wir plauderten, ohne die Alten noch bis Mitternacht im Eßzimmer, einig im Abscheu vor den deutschen Dingen und im Urteil über ihre Verworfenheit und finsteren Auspizien.

Ich las noch einige Seiten im »Shandy« und stand heute zeitig auf. Schrieb, nach dem Frühstück im Freien, an dem neuen Kapitel weiter, das von Josephs erhöhtem Dienst im Hause Potiphars erzählt.

Mittags ging man, furchtbar langsam, bei einer Sonne, die anfangs angenehm schien, auf die Dauer aber doch anstrengte, 5 Viertelstunden zu Fünft spazieren.

Meine Gereiztheit und nervöse Belastung durch die Alten, namentlich den albernen und dürren Widerspruchsgeist von K.'s Mutter, eine Objektivität, die geistige Überlegenheit vorstellen soll, aber nichts als Unwissenheit und dünkelhafter Selbstschutz ist, ist sehr groß. Sie erfordert Selbstbeherrschung, und mir bangt vor einer Verlängerung des Aufenthaltes aus Gründen der Besorgnis. Es ist natürlich nicht angenehm, zuzugeben, daß man in einer Räuberhöhle lebt, aber das Abstreiten und »Nicht glauben« der Dinge, weil sie ja nur in der Zeitung stehen, ist enervierend für den, der unter ihnen mit seinem ganzen Geist und Gefühl leidet. – Auch irritiert mich das senile und schon recht hemmungslose Gejökel des Dreiundachtzigjährigen mit dem hübschen Stubenmädchen.

Das »Komplott« gegen den deutschen Staat, das blutig niedergeschlagen werden mußte, stellt sich immer mehr als Ver-
brecherschwindel von der Art des Reichstagsbrandes und der
kommunistischen Gefahr vom vorigen Jahr heraus. Daß in der
S.A. Unzufriedenheit herrschte, war am Tage, aber der Verlauf
der Aktion zeugt wenig dafür, daß die Kommandanten das
vorhatten, was man ihnen zuschreibt. Auch ihre Weigerung
sich selbst zu richten zeugt nicht dafür, noch der Ruf »Heil Hitler«, mit dem mehrere gestorben sein sollen. Es handelt sich um
eine »staatsmännische« Scheusäligkeit im Stil dieser verdorbe-
nen Hirne, ein Präventiv-Blutbad rechts und links, wobei das
rechte das politische Alibi für das linke ergibt und umgekehrt,
und das als große moralische Reinigungstat aufgemacht wird
für Wiederherstellung der schon völlig zerrütteten Stimmung.
Es ist möglich und scheint so, daß die Kleinbürgermassen
wieder auf die mit dreckiger Seelenkunde auf sie zugeschnit-
tene Moralität hineinfallen und in Hitler aufs neue den Retter
sehen. Aber wird das bei steigendem Wirtschaftsruin und politischer wie moralischer Isolierung noch einmal 14 Monate vor-
halten?

Die Zahl der Getöteten liegt im Dunkel. Sie ist sicher sehr
groß. E. Jung ist erschossen – Bertram bewunderte sehr sein
Buch »Die Herrschaft des Minderwertigen« und wollte es mir
aufreden. Wie mag er sich stellen zu seiner Ermordung? General von Bredow, der Katholik Klausener, zehn, zwölf weitere
konservative Patrioten ermordet. Die Szene der Beseitigung
Schleichers nebst seiner Frau stand genauer im »Temps«. Der
»Herrenklub«, nationalistisch und reaktionär genug, ist aufgelöst, von Gleichen und andere ins Ausland entkommen. Ich
bemitleide diese Schrittmacher des Elends nicht, so wenig wie
die Rowdy-Abenteurer Heines und Röhm, und doch wird auch
ihr Blut eines Tages auf das »Haupt« dieses schmutzigen
Schwindlers und Mordcharlatans kommen, eines Helden der
Geschichte wie die Welt ihn noch nicht sah, denn Robbespierre
erscheint verehrungswürdig neben ihm. –

Gestern diktierte ich zahlreiche Briefe und begann des längeren an Schickele zu schreiben. Beendete heute den Brief.

Abends blieb ich bei den Alten in der Halle. Man spielte Brahms und Tschaikowsky.

Donnerstag den 5. VII. 34.

8 Uhr und weitergeschrieben, aber recht zerstreut und träge.

Frisches, sonniges Wetter. Da um 1¼ gegessen wurde und ich fürchtete, zu spät zu kommen, ging ich nur kurze Zeit spazieren.

Die Alten reisten ab um 2 Uhr. Ich verabschiedete mich von ihnen unten am Auto. Zum Schluß Weichheit und Freundlichkeit. Aber es bleibt eine Erleichterung. Sie fahren nach Stuttgart, um die dort aufgestellten Thoma-Bilder ihres Saales von früher zu sehen. –

Die z. Z. in Deutschland verbotene N.Z.Z. bringt einen scharfen und pessimistischen Leitartikel über die Blutsaat, aus der für jedes Gefühl nichts Gutes kommen kann. Das Urteil der Auslandspresse ist im Ganzen vernichtend. Die »Times« erklärt, Deutschland sei vorderhand kein europäisches Land mehr.

Von den Morden und Hinrichtungen geht nur der Schleichers und seiner Frau mir eigentlich nahe – unbeschadet der erschütternden Scheußlichkeit ihrer aller. Aber am kennzeichnendsten ist vielleicht die Ermordung des alten Kahr in München, die einen politisch völlig unnötigen, persönlichen Racheakt Hitlers für Verjährtes darstellt. Es zeigt sich da, was für ein Kujon dieser Mensch ist, – was man über anderem oft vergißt, – was für ein Vieh mit seinen Hysterikerpfoten, die er für Künstlerhände hält. Übrigens ist auch General v. Bredow nur dafür gefallen, daß er einmal Schleichers Mitarbeiter war, nicht wegen irgend einer aktuellen »Schuld«. – Auch Starhemberg in Salzburg hat das Unwesen mit einfach-richtigen Worten getroffen. Ich dachte, Bertram den Ausschnitt zu schikken. –

Vossler schickte eine neue Ausgabe von »Gracians Handorakel« in Schopenhauers Übersetzung, von V. eingeleitet.

Plauderte nach dem Thee mit K. und Golo im Garten und
verbrachte die Zeit bis zum Abendessen mit einem Brief an
Heinrich.

Nachher Beratung über Moni, die den verfehlten Wunsch zu
haben scheint, zu uns zu kommen. K. will es ihr freistellen,
nicht gerade gern.

Aus Bulgarien und Rumänien kommt die Nachricht, daß in
letzter Zeit verstümmelte Leichen in der Donau angespült werden... Die Leiche Klauseners ist den Angehörigen nicht aus-
gefolgt worden. Man hat sie benachrichtigt, sie sei verbrannt, und
die Asche stände zur Verfügung... K. war frommer Katholik.

Für morgen früh steht mir der Zahnarzt bevor.

Freitag den 6.VII. 34.
Heute ist schon ein Monat vergangen seit dem »Testimonial
Dinner« im Plaza-Hotel.

7 Uhr auf, nach einer Tasse Thee mit K. zur Stadt gefahren
und die »Trockenbehandlung« bei Asper gut bestanden. Nach
Hause zurückgekehrt, regulär gefrühstückt und fließend gearbeitet.

Strahlendes Sommerwetter. Machte allein den Waldspaziergang. Zu Tische W. Herzog, mit dem man natürlich von den
deutschen Dingen sprach. Der Berner »Bund« weiß von dem
Wutanfall Hitlers in Wiessee zu berichten, wobei er einen
Stuhl in der Hand gehabt und alles Erreichbare zerschlagen
habe – Hysterie des Dégénéré inférieur. Übrigens soll der
Elende gealtert, niedergeschlagen und mager aussehen. Man
darf hoffen, daß er verspielt hat.

Las nach Tische das »Tagebuch« über die Geschehnisse und
erhielt auch einen Brief von Lion darüber. Der neuste Schlag
gegen die S.A., ein niederträchtiger Verrat, menschlich gesehen, ist offenbar unter außenpolitischem Druck – wenigstens
teilweise – geführt worden. Auch sind viele Mitwisser über

den Reichstagsbrand dabei beseitigt worden. Die Rechts-Morde galten dem politischen Alibi nach innen, der Sicherung und der Rache. Die »Times« waren im ersten Augenblick zufrieden und lobten den Willen, das Regime zu »normalisieren«. Aber sie haben der öffentlichen Meinung rasch nachgegeben, und das Ausland im Ganzen verhält sich so angewidert, daß in Deutschland darüber »Enttäuschung« herrscht. – Die wirkliche Macht hat heute schon die Reichswehr, die den Massenpopanz H. noch als Aushängeschild braucht. Dennoch ist das Gerücht bezeichnend (nämlich daß es als Gerücht möglich ist) H. sei verhaftet worden. Daß die Stellung des Goebbels erschüttert ist, ist wohl mehr als Gerücht, von Papen nicht zu reden.

General v. Schleicher und seine Frau sind in Gegenwart der jungen Tochter erschossen worden, die einen Nervenchoc erlitt. Die Leichen des alten Kahr und des Leutnants Scheringer hat man in einem Moor gefunden. – Eine Liste der Exekutierten soll nicht veröffentlicht werden. An das Komplott glaubt niemand in der Welt. Mit dem Lügengeschwätz von einer »fremden Macht« hat man einige diplomatische Schwierigkeit. Der elende Neurath (alle sind elend in irgend einem Sinn, die dort leben) hat gewiß auch nur die Wahl zwischen Weitermachen und Konzentrationslager. –

Nach dem Thee fuhren wir mit Golo als Chauffeur nach Rapperswil, wo wir von dem hohen Platz bei der Kirche an dem klaren Nachmittag einen schönen Blick über See und Landschaft hatten, und dann über die »Forch«. Eine hübsche Spazierfahrt, erfreulich fürs Auge. Wieder dankte man dabei dem Schicksal, das einen davor bewahrt hat, jetzt in dem schrecklichen, heillos verirrten Lande dort drüben zu stecken. Lion schreibt, ich wäre nicht mehr am Leben, und das war mir gleich wahrscheinlich. Er hat sympathisierende Stellen eiligst aus seinem Geschichtsmanuskript gestrichen und bittet gewissermaßen um Verzeihung. Er ist ein Jude. Bertram ist noch nicht so weit – soviel ich weiß. »Wir werden sehen«, schrieb ich ihm, und er antwortete: »Gewiß, das werden wir.« –

Las in der N. Rundschau schöne Briefe von F. Busoni, in denen auch von seinem späteren Schüler Egon Petri die Rede, den wir im Dutsch-Treat-Club in New York so glänzend spielen hörten.

Sonnabend den 7. VII. 34

Das trockene, blaue Sommerwetter hält an. Schmerzen in der gestern provisorisch gefüllten Wurzel. Beschwerlicher dumpfer Druck.

Stand 8 Uhr auf und schrieb an dem Kapitel von Josephs Dienst bei Potiphar weiter.

Ging K. nach Zollikon entgegen, und wir fuhren noch in den Wald, um auf einer Bank Post und Zeitungen durchzusehen.

Zu Tische der Architekt *Schneider*, der uns Pläne zu dem Wohnhaus vorlegte, das er uns dringend gern hier bauen möchte.

Nach dem Thee diktierte ich die Antworten auf einen langen Fragebogen Sacerdotes. Schrieb nachher kondolierend an die Massary. Ferner an Prof. Weigand.

Die abendlichen Radio-Nachrichten, die ich abhörte, brachten nichts Bemerkenswertes aus Deutschland. Golo gab die Nachricht wieder, Hitler habe dem von Goering ermordeten Gregor Strasser dessen Stellung angeboten. Str. ist also von Goering dem Hitler weggemordet worden. Er hätte zweifellos gegebenen Falles den Goering ermorden lassen. Mit der Berliner Aktion gegen rechts hat dieser gewartet, bis der »Erfolg« Hitlers im Süden feststand. Hätte Roehm die Überhand gewonnen, so hätte Goering gemeinsame Sache mit ihm gemacht. Es sind Gangster unterster Sorte.

Sonntag den 8. VII. 34.

Blauer, warmer, leicht windbewegter Tag. Seidener Anzug.

Andauernd Zahnschmerzen. Die Nacht, trotz Phanodorm, beeinträchtigt davon. Reflexschmerz nach oben, Rheuma-artig. Asper unerreichbar.

Stand ½8 Uhr auf, müde. Einiges vorbereitet und geschrieben.

Mit K. in den Wald. Beim Essen behindert. Nach Tische in einem neuen orientalisch-balkanischen Schnurrenbuch von Roda-Roda gelesen. Dann geruht und mit Hülfe von Veramon, das den Schmerz zurückdrängt geschlafen.

K. bekannte ich heute das Gefühl der Befriedigung, Hoffnung, Erleichterung, Genugtuung, das mich angesichts der deutschen Vorgänge erfüllt. Man stand all die Zeit unter dem Druck des begeisterten Glaubens der Thoren. Man konnte innerlich zuweilen wanken. Nun, immerhin, nach wenig mehr als einem Jahr, beginnt sich der Hitlerismus als das zu erweisen, als was man ihn von jeher sah, erkannte, durchdringend empfand: als *das Letzte* an Niedrigkeit, entarteter Dummheit und blutiger Schmach – es wird klar, daß er sicher und unfehlbar fortfahren wird, sich so zu bewähren, – und man schämt sich der wenigen schwachen Augenblicke, wo man an seinem Gefühle zweifeln wollte.

Schrieb Briefe nachmittags und brachte sie zum Kasten.

Schmerzen, Schmerzen, Druck und Qual. Asper unerreichbar. Man ist auf dem Gotthard und mit dem Abendzug kehrte man nicht zurück. Erklärte, morgen früh kommen zu wollen.

Montag den 9. VII. 34.

Schwierige, unruhige Nacht, mit Phanodorm und Veramon bis 7 Uhr recht mühselig hingebracht. Dann auf. Leuchtend heller, frischer Tag. Nach einer Tasse Thee zur Stadt, zu Asper, wo wir im Wartezimmer Hitschens trafen. Ich wurde bald eingelassen, der Zahn geöffnet, einiger Eiter fand Austritt. Die Geschwulst dauert an, aber eine gewisse Erleichterung ist festzustellen. Gefahr, daß sich beim Essen der Kanal verstopft.

Beim Garten-Frühstück kam allerlei Post. Moni bleibt bis August in Florenz. Prof. Reinhardt in Frankfurt schickt sein Buch über Sophokles. Brief der franz. Übersetzerin, die engl. Ausgabe betreffend. Die Kurz schickt die Perrault-Doré-

Märchen und allerlei Bildkarten. Der Völkerbund informiert über Venedig. Die italienische Regierung wünscht Résumé des über »Kunst und Staat« zu Sagenden, was meine Zweifel, ob ich die Reise machen werde verstärkt.

Der Pressekonflikt zwischen Deutschland u. der Schweiz verschärft. Deutschland verbietet die Schw. Blätter auf 6 Monate angeblich wegen unsinniger Falschmeldungen. Daß diese Regierung sich nach dem, was geschehen, über Gerüchte und im Einzelnen fehlgehende Nachrichten aufhält, ist so idiotisch wie alles Übrige. Dem erholungsbedürftigen Hitler ist von den Ärzten eine Seereise verordnet. Treviranus ist also nicht ermordet. Die Regierung macht sich über die Nachricht lustig. Dagegen ist meines Wissens der National-Held Ehrhard (»Das Hakenkreuz am Sturmhelm«) erschossen worden. Als Hochverräter. Zu Papen soll, laut Prager Presse, das Mordkommando unterwegs gewesen und an der Ausführung ihres Befehls nur durch die Reichswehr gehindert worden sein. Wenn es nicht wahr ist, so ist es doch so wahrscheinlich, daß zum Spott kein Anlaß ist. Die Zahl der »gerichteten Hochverräter« soll der Regierung zufolge noch nicht einmal 50 betragen. Es ist also lächerlich, »phantastische Ziffern« zu nennen. –

Weiter geschrieben (Joseph als Vorleser). Mittags mit K. im Wald, wo wir bei Brunnen und Hütte auf einer Bank saßen. Müde.

Nach Tische Zeitungen.

Sehr warm. Die Schmerzen ziemlich behoben, noch Geschwulstspannung.

Die Informationen über Venedig zeigen, daß nur von bildender Kunst und Architektur die Rede sein wird – von den eigentlichen Problemen überhaupt nicht. Auf italienischem Boden kann es ja auch nicht anders sein. Die Reise dorthin hätte keinen Sinn.

Das Schweigen Fiedlers macht mich seinetwegen bedenklich. Ebenso mache ich mir über das arme Wurm I. Herz Gedanken, die wegen aufsässiger Reden im Gefängnis sitzt. Da sie nicht schreiben darf, wird sie auch keine Briefe empfangen dürfen. Wenn sie zugrunde geht, so bin ich gewissermaßen schuld daran, bzw. ihre »Freundschaft« mit mir ist es, durch welche sie überdreht und über ihre Verhältnisse verpflichtet worden ist. Ihr nicht schweigen können hängt zweifellos mit ihrem Stolz auf diese »Freundschaft« zusammen. –

Schrieb einige Briefe, besonders einen an den Bürgermeister Seitz im Landesgerichtsgefängnis Wien.

½8 fuhren wir mit Golo zu Faesi's, wo im Garten zu Abend gegessen wurde. Außer den Söhnen waren ein Zürcher Professorsehepaar und Wolfskehl zugegen. Dieser machte mir lebhafte Elogen über den Wagner-Aufsatz, den zu lesen ihn der Protest bestimmte. Die Unterhaltung war recht angenehm. Man saß nach Tische in wachsendem Dunkel bei Kaffee und Bier auf der Gartenterrasse überm See. Von Deutschland war natürlich viel die Rede, von den Intellektuellen, die in Hitler Georges »Retter« sehen, wie Bertram, etc. Wolfskehl sagte, das Zerreißen des Vorhanges werde unfehlbar kommen, aber es werde noch lange währen, und gerade die Geistigen würden sich nur schwer und widerstrebend zum Eingeständnis ihrer Torheit bequemen. Auch von Spengler sprach W., mit dem er in Briefwechsel steht, und dessen Haltung er preist. Er stehe ganz allein und beschimpft in Deutschland da. Seine Teilhaberschaft an der philosophischen Verrohung vergißt er darüber.

Dienstag den 10. VII. 34.

Gestern Abend machte ich den von Asper vorgeschriebenen Umschlag, eine unangenehme Schmiererei, von der ich keinen merklichen Nutzen, sondern nur Störung der Nachtruhe hatte.

8 Uhr auf und etwas weitergeschrieben. Schmerzfrei so ziemlich.

Ein wiederum blauer, sehr warmer Tag.

Annette Kolb kam; ich ging zum Wald, und K. holte mich mit ihr im Wagen ein. Wir saßen auf der Bank am Weg und sprachen über die deutschen Wirrnisse. Hitler von wegen seiner nicht unbedrohten Sicherheit zum Spazierenfahren auf einem Kriegsschiff. Absurde Friedensrede des Hess in Königsberg mit Complimenten an Barthou. Seine Äußerungen über das Geschehene verrucht und albern. – Annette aß mit uns, und ich widmete ihr den J. J. Sie ruhte in Erikas Zimmer, und Golo fuhr sie um 4 Uhr nach Zürich.

Brief von Breitbach in Sachen seines deplacierten franz. Artikels über die »wirkliche« deutsche Literatur.

Nach dem Thee diktiert: Absage für Venedig. Abwehr einer amerikan. Beanspruchung und weiteres Private.

Besuch vom Schwager der Herz, einem recht stumpfen jüdischen Kleinbürger. Die arme, aufgeregte Person befindet sich in Untersuchungshaft wegen hemmungsloser Redereien gegenüber einem Geschäftsreisenden, dem sie zu Unrecht vertraute. Ihr Rechtsanwalt hat Hoffnung, sie ohne Verhandlung, die von den Machthabern gewissermaßen gescheut wird, freizubekommen, doch wird gerade ohne Verhandlung die Haft sich in die Länge ziehen.

Unglückselige Manier Bibi's auf irgendwelche Vorhaltungen zu reagieren. Er kennt keinen Versuch, ruhige und erklärende Worte, was in Heiterkeit geschehen könnte, sondern wird sofort bockig, frech und grob. Traurig und fremd.

Nach dem Abendessen Besuch des jungen Juristen Dr. Schieffer in Steuerangelegenheiten.

Die Rede des Hess scheint in England und Frankreich begreiflicher Weise geringen Eindruck gemacht zu haben. Goebbels spricht wieder im Radio und zwar über die Ereignisse des 30. Juni »im Spiegel des Auslandes«. Die Deutschen über die Gefühle des Auslandes aufzuklären, wäre allerdings am Platze; denn sie sind vollkommen abgesperrt; nicht nur alle Schweizer Zeitungen, sondern auch fast die ganze fremdsprachige Presse ist verboten; die Deutschen wissen nichts, und nur dunkel ahnen sie, daß sie nichts wissen. Übrigens hat in München schon wieder ein militärisches Fest mit reichem Fahnenschmuck und vielem »Heil Hitler« stattgefunden.

Mittwoch den 11. VII. 34.

Schwer heißer Tag. – 7 Uhr auf und vor dem Frühstück zu
Asper, der die kranke Wurzel weiter behandelte, mit einer anti-
septischen Einlage versah, die sie gerade zu ertragen scheint,
und vorläufig verschloß.

Nach Heimkehr und Frühstück an dem Vorlesekapitel weitergeschrieben und mittags nur wenige Schritte ausgegangen,
da die Hitze zu groß war. Schulausfall für Medi. Bübchen,
wohl ebenfalls schulfrei, gingen mit mir den Schiedhalden-
steig hinauf, einer redet mich an: wohin ich ginge? – Spazieren. – »Sieht man, daß ich schwitze?« – »Ja, heiß siehst
du aus, etwas rot«. – »Aber auch Schweißtropfen sind da,
Tropfen«. Ich gab es zu, und er schien sehr ernst und nachdenklich beeindruckt von seinen Schweißtropfen.

Hörte nach Tisch wieder den ersten Satz des Viol.-Konzerts
von Tschaikowski und las danach, korrigierend, in meinem
Wagner-Aufsatz, der ein rechtes Stück aus dem Zauberberg ist.
Alle guten Dinge zeichnen sich durch *Reichtum* aus.

Keine Ruhe gefunden wegen der Hitze. Leichtes Gewitter,
leichter Regen, der zwar guten Duft, aber wenig Kühlung
brachte.

Der »Manchester Guardian« bestätigt die Gedanken, daß unter den zur Linken Getöteten in Deutschland sich viele Mitwisser um das Geheimnis des Reichstagsbrandes befanden.
Überhaupt habe diese Mitwisserschaft immer eine viel größere
Rolle in der Partei gespielt als man wisse.

In der »Prager Presse« die packende Wiedergabe des Berichts eines Engländers über sein Gespräch mit Schleicher nach
dessen Sturz, den Papen verräterisch herbeiführte. Schleichers
»Marxismus« d. h. seine guten und hoffnungsvollen Ideen
eines sozialen Reiches nach kurzer Militär-Herrschaft. Es wird
zutreffen, daß er Ende Juni den Augenblick für gekommen gehalten hat, zu diesen Ideen, die Deutschland mit Europa versöhnt hätten, zurückzukehren: einen civilisierten Sozialismus.
Man hat ihn umgebracht. Um besserer Ideen willen? Waren

die drei, durch ihre Verbrechen an einander geketteten Schurken Hitler, Goering und Goebbels im höheren, übermoralischen Sinn zu den Bluttaten berechtigt? Handeln sie im Namen
einer Idee, die es verdiente, daß man um ihretwillen das Volk
abschlösse und in Unwissenheit hielte, sodaß es noch heute
nur vom Tode Schleichers und einiger S.A. Führer weiß? Nein,
sie verstehen unter Politik vollkommenen Cynismus gegenüber
dem Ideellen. Das sozialistische Programm des »National-
Sozialismus« haben sie hingeworfen. Sie sind in Blut gewatet,
um sich oben zu halten, auf den auf ihren Lügen und Verbrechen errichteten Stühlen. Die Rechts-Morde sind ihnen erlaubt
worden, wenn sie vor allem dem S.A.-Bolschewismus ein Ende
machten. Heißt das für eine Idee stehen, heißt es geschichtliches Heldentum? Es ist Gaunertum, nichts weiter.

Wolfskehl antwortete auf meine Frage, was denn das
20. Jahrhundert gegen das unterschätzte 19. aufzuweisen habe:
es sei das neue und allerwichtigste Leben in der theoretischen
Physik, das kosmische Weltbild, bei dessen Neu-Konzipierung
ein eigenartiges Souveränwerden des Menschen hervortrete.
Was eigentlich vorgehe könne man nur von jungen Physikern
erfahren. Ich verstand sofort, daß man dies mit der neuen Anthropologie, allem neuen Wissen vom Menschen zusammensehen müsse, denn damit zusammen werde es die Grundlage
und das Pathos des neuen Humanismus bilden, der hinter aller
Verwilderung sich in den Besten vorbereite. W. stimmte dem
lebhaft, ja bewegt aus eigener Überzeugung zu. Nur hält er
die Gefahr des »Verlorengehens«, wie Ortega es in seinem Buche andeutet, für sehr groß. –

Wohltuender Nachmittags-Spaziergang vom Wagen aus mit
K., Golo und Medi.

Abends Musik: Tschaikowsky und Sibelius. – Guter Aufsatz von Heinrich in den »Europ. Blättern« über Propaganda.

Donnerstag den 12. VII. 34

Ein weiterer sehr warmer, aber teilweise schon bedeckter Tag. Es regnete vormittags, unausgiebig.

Schrieb nach Bad und Frühstück weiter an dem Vorlesungs-Kapitel und nahm Unvorhergesehenes in Aussicht, nämlich ein für Potiphar beruhigendes Gespräch über Josephs Keuschheit.

In Deutschland haben sich zwei Schriftsteller fast gleichzeitig das Leben genommen: Mühsam und Aram. Unausdenkbare Seelenzustände hat dies Volk in seiner Mitte gezeigt.

Mittags kam *Lion* und blieb zum Essen. Über seine weiteren essayistischen Pläne, den Joseph betreffend, und sein Geschichtsbuch, das wir versuchen wollen, bei Fischer zu placieren. Über die deutschen Dinge. Sein Mitleid mit dem Volk, das alle seine großen Hoffnungen zerschellen sieht: das Kaiserreich, die Weltmacht, die Republik, und jetzt das Zuschandenwerden seines äußersten Glaubenseinsatzes erlebt. Der Mitleidsgedanke ist mir nicht fremd; ich habe ihn ausgesprochen schon in der ersten, unserer Luganeser Zeit. »Was soll, binnen kurzem, aus den Menschen werden, die diese Masse falschen Glaubens darangesetzt haben?« – Nun, es mag das Bewußtsein mitsprechen, daß ich wahrscheinlich um dieses »Glaubens« willen getötet worden wäre – aber dies Mitleid steht bei mir doch einigermaßen an zweiter Stelle, und ich zweifele, ob es erlaubt ist angesichts eines Maßes von Verblendung, von Mangel an Sinn für das Schlechte wie dies Volk ihn mit seinem »Glauben« bewiesen hat.

Der sich erneuernde Gedanke, über das Ganze doch noch in größerem Stil zu sprechen, läßt mich bereuen, nicht mehr Dokumente der Dummheit, Verwilderung und niederträchtigen Albernheit gesammelt [zu haben]. Einiges legte ich in diesen Tagen bei Seite: z. B. den Bericht über eine neuheidnische Trauung, zelebriert von einem »Weihwart«. – Das »Volkhafte«, das sich ins niedrig Massenordinäre verwandelt. Die Verhunzung, die den Grundzug von allem bildet. Auch die Verhunzung der »Anständigkeit«. Die Alleinherrschaft der Propaganda-Lüge, ohne die leiseste Möglichkeit eines Widerspruchs. Sie korrumpiert die Gehirne bis zum Grad einer höllischen und krankhaften Schamlosigkeit. Goebbels, der erklärt, die Regierung habe das Volk über die Ereignisse des 30. Juni mit beispielloser Offenheit und Redlichkeit aufgeklärt. – Die Anständigkeits-, Schlichtheits-, Tugend-Propaganda für die kleinen Leute. Man wirft ihnen die Homosexualität als moralischen Köder hin – alsob sie nicht wesentlich zur Bewegung, zum Kriegertum, ja zum Deutschtum gehörte. Eine besondere Niedrigkeit.

Schrieb an Prof. Reinhardt in Frankfurt.

Mehrere Gewitter, Abkühlung.

Wir fuhren mit Golo und Medi gegen Abend nach der Solitude, gingen etwas spazieren. Fühlte mich schlecht, nach dem Essen besser, aber sehr schläfrig. Las Geschichten von Roda Roda.

Freitag den 13. VII. 34.

Nachts schwere Regen, heute Gewölk und Gewitter. War gestern abend so müde, daß ich fast im Sessel eingeschlafen wäre. Die Müdigkeit hielt auch heute an, sodaß ich mit der Arbeit nicht vorwärts kam. Die Stelle ist heikel. – Ging mittags eine Stunde spazieren. Las nach Tische das »Tagebuch«, dessen Herausgeber den 30. Juni für den Anfang vom Ende, den Beginn der Zersetzung erklärt. – Schlief nachmittags fest und träumte wunderlich Anschauliches von einem – wiedergewonnenen – sehr schönen Mahagoni-Möbel, das eine Kombination von Bett und Eßtisch darstellte.

Verfehlter, weil zu langer, Brief an Breitbach. Ging mit K. noch etwas spazieren. 8 Uhr schalteten wir den Berliner Reichstag ein und hörten beim Essen und nachher Bruchstücke der bellenden Rede des Hitler, der die Wahnsinnspläne der Verschwörer enthüllte und seine Rettertat als geschehen für den inneren und äußeren Frieden rechtfertigte, oft von dem Beifall der Mannen unterbrochen und zum Schluß mit Heilrufen bedankt. Schauerlich.

Der Völkerbund rief wieder an, wegen nach Bern zu schicken-
der Paß-Photographien. Die Situation ist mir lästig, denn ich
mag nicht reisen. Wir erwogen immerhin die Flug-Reise nach
Mailand.

Anruf von Liesl Frank aus Bissone.

Sonnabend den 14. VII. 34.
Schwül und regnerisch. Brachte das Gespräch über J.'s Keuschheit besser auf den Weg.

Anruf des italienischen Generalkonsuls, der von Rom Weisung hat, mir in jeder Weise entgegenzukommen. Es scheint,
daß es sein soll.

Ging bei leichtem Regen mit K. spazieren.

Die Zeitungen über die gestrige Rede. Allgemeine Kälte. Die
äußere Isolierung des Landes bekräftigt die moralische. Der Erfolg der französischen Diplomatie in England bewirkt, daß
auch Italien auf diese Seite tritt, und der Anschluß Rußlands
an den Völkerbund steht bevor. Es ist ja selbstverständlich, daß
die Kunst Frankreichs der hysterischen Knotigkeit eines Hitler
den Rang abläuft. Dieser spricht von »innerem und äußerem
Frieden« für Deutschland. Der äußere wird bald dem inneren
gleichen.

Dem Telegramm polnischer Intellektueller wegen Freilassung der deutschen Pazifisten ist ein englisches gefolgt, das als
Erster der Erzbischof von Birmingham unterzeichnet hat. Die
deutsche Staatsphilosophie, das neue Regiment weiß sich er-
haben kraft des neuen Zeitalters über solche Zumutungen. Es
ist friedliebend, obgleich es rechts und links zu morden genötigt ist. Aus dieser tragischen Antinomie ergibt sich die Unterscheidung von Friedlichkeit und Pazifismus. –

Diktierte Briefe nach dem Thee: an Breitbach, nach Bern,
Rom etc.

Empfing schöne Briefe aus Amerika von Hart (Equinox) und
dem deutschlandliebenden Juden Weinberg.

Zum Abendessen kam Lion, mit dem ich vorher etwas spazieren ging. Manches über den »Joseph« und den 3. Band. Vorsatz, wegen seines Geschichtsbuches an Fischer zu schreiben, bei dem er im Anschluß daran auch das geplante Büchlein über den Joseph zu placieren hofft. Dies ist für mich von entschiedenem Interesse.

Über Deutschland und seine verspielten oder aus heroischen Gründen abgelehnten Chancen, auf friedlichem Wege die Vormacht Europas zu werden. Ob es der überlegenen Kunst Barthous gelingen wird, es mit sanfter Gewalt in ein europäisches System einzuspannen und es zu pazifizieren. Aber würde das nicht schon Neutralisierung, »Verschweizerung«, Verwirtschaftlichung, nach angelsächsischem Wunsch, bedeuten und würde die deutsche Geschichtsversessenheit, der deutsche Leidenswille sich damit abfinden? Die große deutsche Wirtschaftsmacht unter Verzicht auf die Politik. Aber der Deutsche will nicht wirtschaftlich denken. Politisch denkt er allerdings auch nicht, sondern tragisch, mythisch, heroisch. Was soll daraus werden? Die Zerstückelung und gewaltsame Entpolitisierung würde eine große seelische Entlastung für dies Volk bedeuten. Aber könnte es dabei sein Bewenden haben?

Frankreich, fand Lion, sei immer besser daran gewesen, auch in der Niederlage. Wie hübsch waren die Trauerschleier an den Statuen verlorener Städte. Wenn Deutschland das macht, mit »Mahnmalen«, »Herr mach uns frei« etc., so ist es lächerlich. Ich fügte hinzu: Und sie fühlen heimlich, daß es lächerlich ist; daher ihr giftiger Totschlagehaß auf den, der die Lächerlichkeit andeutet.

Nach dem Kriege stand Deutschland groß da. Es hatte alle Sympathien für sich, alles wollte ihm helfen. Rathenau und Stresemann wollten es auf friedlichem Wege zu größerer Macht zurückführen, als es vorher gehabt hatte. Man hat sie getötet und verketzert, weil man den friedlichen Weg nicht wollte. Bewundernswert oder nicht, aber wie können diejenigen, die ihn nie wollten, heute auch nur einigermaßen glaubwürdiger Weise das Wort »Friede« in den Mund nehmen.

Wer wirklich den Frieden will, ist Frankreich, darüber kann kein Streit sein. Es will ehrlich nicht »Hegemonie«, woran die Deutschen immer denken, und wenn es sie hat, so weiß es nichts davon. Es will tatsächlich Sicherheit und Ruhe. Aber dieser etwas »ungeschichtliche« Wunsch wird veredelt durch den Willen zu Europa. Dort *ist* heute Europa und sonst nirgends. Dort sind die feinsten Überlieferungen und obendrein die *vitalen Reserven* Europa's, trotz aller Verfeinerung und Überfeinerung, die überall sonst gefährlich wäre. Die diplomatischen Erfolge zeigen es, diese Frucht einer kühnen und klaren Konzeption der Organisation Europa's.

Ohne Hitlers Verwirtschaftung aller Sympathien freilich wären diese Erfolge nicht erreicht worden. Vielleicht kommt mit seiner unfreiwilligen Hilfe Europa zustande, und vielleicht finden sich notgedrungen sogar die Deutschen schließlich damit ab.

Sonntag den 15. VII. 34.
Regen und zunehmende Abkühlung. Die Kinder kamen spät nachts nach Hause von einer Jugendgesellschaft, bei der es sehr sympathisch zugegangen sein soll und fast ausschließlich musiziert wurde.

Schrieb an dem Gespräch weiter und kam auf den Sündenbegriff.

Dachte an den Widersinn, daß ja die Juden, die man in Deutschland entrechtet und austreibt, an den geistigen Dingen, die sich in dem politischen System gewissermaßen, sehr fratzenhaft natürlich, ausdrücken, starken Anteil haben und zum guten Teil als Wegbereiter der antiliberalen Wendung zu betrachten: nicht nur Angehörige des Georgekreises wie Wolfskehl, der, wenn man ihn ließe, sich sehr wohl in das heutige Deutschland einfügen könnte. Wie sehr gehört Goldberg mit seinem Buch »Die Wirklichkeit der Hebräer« dem herrschenden, dem Zeitgeist an: anti-humanistisch, anti-universalistisch, nationalistisch, religiös-technicistisch – David und Salomo sind

für ihn liberale Entartung. Das innere Verhalten dieses Schriftstellers z. B. zum neuen Staat muß recht schwierig [sein]. Er
muß theoretisch billigen, daß er ihn mit Füßen tritt. Überhaupt glaube ich, daß viele Juden mit ihrer neuen Rolle als ge-
duldete Gäste, die an nichts teilhaben, bis auf die Steuern freilich, in tiefster Seele einverstanden sind. – Der – übrigens
recht widerwärtige Lessing, der stumpfsinniger Weise ermordet wurde, hatte ein Buch gegen den Geist geschrieben – warum mußte man den ermorden. Er hatte zwar allerlei weichliche
und pseudo-lyrische Taktlosigkeiten begangen und nannte sich
einen Sozialisten. In der Hauptsache aber war er einer Gesinnung mit seinen Mördern. –

Ging mit K. eine Stunde spazieren. Schlief nachmittags.

Das Hotel des Bains am Lido hat schon telegraphisch zugesagt – der Schauplatz des »T. i. V.« Es wird das zweite Mal
sein, daß ich ihn nach jenem Aufenthalt wiedersehe.

Erledigte einige handschr. Korrespondenz.

Las abends in M. Pulvers Buch »Trieb und Verbrechen in
der Handschrift«.

Die Kinder verabschiedeten sich [vor] ihrer Radreise ins Engadin für ca 14 Tage. Wir werden sie erst nach unserer Rückkehr von Venedig wiedersehen.

Mittwoch den 16. VII. 34.

Aufklärung und Wiedererwärmung des Wetters. Sonne. Die
Kinder waren in aller Frühe mit ihren Rädern zur Reise aufgebrochen, zunächst nach Landquart.

Stand vor 8 auf und fuhr fort zu schreiben, geriet aber
wieder in Schwierigkeiten. Eine Art von Traumdialektik, zu der
man nur am Morgen den Mut hat, muß darüber hinweghelfen,
nur bedarf sie eben doch des logischen Gefüges, mit dem es
nicht immer stimmen will.

Machte mittags den Waldspaziergang. Dachte an etwas etwa
in Venedig zu Sagendes.

Zeitungen nach Tisch. Die Rede des Hitler hat eine schlechte

Presse. Die deutsche Presse in Wut und Verlegenheit wegen des Barthou'schen Ostpaktes. Deutschland ist sehr in die Enge getrieben. Es ist klar, daß die letzten Greuel dort es der englischen Regierung sehr erleichtert haben, die Wendung zu Frankreich zu vollziehen.

Geschlafen. Nach dem Thee Briefe diktiert: An Bermann in Sachen des Lion'schen Buches und an Vicco, der wieder einmal in Österreich ist.

Brief von Heins, der über eine neue Audienz im Berliner Außenministerium sehr hoffnungsvoll berichtet.

Ging von 7 bis 8 mit K. bei klarstem Wetter spazieren.

Wir aßen wieder im Freien zu Abend. Die Kinder riefen an aus Chur.

Hörte mit Bewunderung Szenen aus dem I. Akt »Tristan«. Schrieb noch an Rechtsanw. Heins.

Dienstag den 17. VII. 34.

Schönes Wetter, warm. ½8 Uhr auf. Schrieb weiter an dem zweiten Gespräch P.-J.. War mittags mit K. in der Stadt, kaufte eine blaue Jacke und Cigarren. Besorgten auch einen Bademantel für den Lido.

Telegramm aus Rom, daß freie Eisenbahnkarten ab Chiasso für uns beide unterwegs.

4 Uhr fuhren wir, von Golo chauffiert, durch das Sihltal zum Zuger See, wo wir in einem Wirtsgarten des Örtchens Walchwil Thee tranken und einen Spaziergang bergauf machten. Auf der Heimfahrt holten wir *Lion* ab, der mit uns im Garten zu Abend aß. Ich las dann im Arbeitszimmer ihm, Golo und K. das Huy und Tuy-Kapitel. Er war höchst angetan, lobte die Großartigkeit, die Erscheinung Ägyptens und versicherte, daß nach der zarteren Novellistik des II. Bandes die Höhe des I. hier wieder erreicht, wenn nicht übertroffen sei.

Schnitt aus der N. Z. Z. einen charakteristischen Artikel über die Staatstotalität, eigentlich die Totalität des *Politischen* bei Schmitt und Jünger aus.

In der theoretischen Einleitung von Pulvers Buch finden sich überraschende Anklänge an die Ideen meines Romans: Das Kapitel über Identifikation und Vorbild.

Mittwoch den 18. VII. 34

Warmer Sommertag. Weiter geschrieben. Spaziergang mit K. vom Wagen aus. Die Papiere aus Rom kamen. Nachmittags Diktate an K., u. a. an Böök in Sachen der Familie Wassermann und des Nobelpreises. – ½8 Uhr mit K. zum Dolderhotel gefahren zu Knittel, der uns bewirtete. Er war alkoholisiert schon als wir kamen. Absinth-Aperitivs in der Bar, dann Souper in der schönen Speisehalle bei offenem Fenster. Der Gastgeber erzählte verlockend von seinem Leben in Ägypten. Pfefferminz-Liqueur in Eis zum Nachtisch. Die Heimfahrt war sehr wohltuend. Duftende und frische Nachtluft strich durch die offene Vorderscheibe herein. Nachmittags herrschte große Schwüle und Gewitter drohte. Dann hat sich der Abend erfrischt und ist sternenklar.

Donnerstag den 19. VII. 34

Ein weiterer warmer Sommertag. Schrieb an dem P.-J.-Kapitel weiter. Ging zur Haar-Toilette in den Ort hinunter. K. holte mich um 1 Uhr von dort mit dem Wagen. Las nach Tische in Pulvers Buch. Schlief auf dem Bette und träumte sonderbar von einem an einem Baume hängenden Esel, vor dem ich mich fürchtete. Es drohte Gewitter dabei und blitzte schon. Ich war unterwegs, wie mittags zum Haarschneiden, in der Hauptstraße eines kleinen Ortes, mit dem Gefühl eines verfehlten Unternehmens, da mir einfiel, daß mein Haar ja schon geschnitten sei.

Nach dem Thee beendete ich schriftlich einen gestern diktatweise begonnenen Brief an Böök und begann an Pulver zu schreiben. Machte mit K. und Golo noch einen Gang um den Weiher. Man erwartete Erika, die nach dem Abendessen von Luxemburg hier eintraf in Begleitung der Giehse. Man saß lange bei zunehmender Kühle im Freien im Gespräch über die aktuellen persönlichen und öffentlichen Dinge, – Pallenberg, die Schrecknisse bei seiner Bestattung, die deutsche Elendsgroteske, Heinrich – Sinsheimer etc. Der Tod der Mutter der Giehse wurde besprochen, ferner der Selbstmord der alten Röhm. Ein besonders krasses Beispiel idiotischer Schamlosigkeit der Nazi's ist die Behandlung des Falles Uhl, – jenes Killers, der angeblich bestimmt war, den Hitler umzubringen, und von dem der »Angriff« nun schaudernd berichtet, er sei ein Unmensch gewesen und habe sich photographieren lassen, den Fuß auf der Brust eines Ermordeten, den Revolver in der Hand und mit teuflischem Lächeln! Er war einer ihrer Helden, so gut wie die Kehlkopfzertreter von Potempa, die Hitler seine Kameraden nannte, denen er ewig Treue halten werde. Es ist garzu stupide, auch die Deutschen müssen es merken.

Freitag den 20. VII. 34.

Der amerik. General Johnson ist ein guter Mann. Er hat den Arbeitern von San Francisco erklärt, das Recht auf Streik sei unveräußerlich und von keinem Staate anzutasten. Aber der Generalstreik führe zum Bürgerkrieg und sei zu verwerfen. Ähnliches hätte Schleicher auch sagen können. Es scheint, daß die Weltstunde dem »gebildeten Soldaten« günstig ist.

Johnson hat wissen lassen, die deutschen Ereignisse vom 30. Juni hätten ihn gezwungen, sich, vor Ekel krank, ins Bett zu legen. Er hat sich geweigert, das zurückzunehmen. Was sagt dagegen ein deutscher protestantischer Bischof namens Dietrich? »Gott hat am 30. Juni die Größe unseres Führers überwältigend offenbart«. – Geisteskrankheit macht nicht bettlägrig wie jener übergroße Ekel, der aus geistiger und moralischer Gesundheit kommt. –

Prachtvoller Sommertag. ½8 Uhr auf. Habe wieder begonnen, morgens nackt ein wenig zu turnen.

Von Bern kam der Personal-Ausweis, der ein Jahr gültig ist. Wir sind nun also wieder mit einem gültigen Reisepaß ver-

sehen, was ein angenehmes, beruhigendes Bewußtsein ist.
– Geschrieben und vorbereitet. Spaziergang mit K. vom
Wagen aus. Erika war noch zu Tische da, fuhr bald danach ab.
Las das »Tage-Buch«. Schlief nachmittags. Schrieb nach dem
Thee den Brief an Pulver zu Ende und begann einen an Lion
nach Flims, zum Dank für seine vormittags gekommenen,
schwer leserlichen Äußerungen über das gelesene Kapitel.

Zum Abendessen kam Prof. Löwenstein-Yale, mit dem wir
vor der Mahlzeit noch einen Spaziergang machten. Man aß im
Freien und blieb dort unter politischen und philosophischen
Gesprächen (mit Golo), bis wir den Gast ½11 Uhr zum Omnibus begleiteten.

Schrieb noch den Brief an Lion zu Ende und fertigte Dik-
tiertes aus.

Sonnabend den 21. VII. 34.

Nachts Gewitter und Unruhe. Zu wenig geschlafen, müder
Kopf. Wenig gearbeitet. Sehr schwül. Schon ¾11 Uhr mit K.
zur Stadt, zum italienischen Generalkonsul, der uns das Visum
ausstellen ließ. Im Anschluß daran eine Reihe von Besorgungen. Auch Bücher kaufte ich: den Roman von Malraux auf
deutsch und ein Buch über altgriechisches Leben von Bethe. Re-
staurierte Sommeranzüge wurden geholt, ägypt. Cigaretten zu
12 ctms gekauft, ein Badetrikot, leinene Unterhosen.

Zu Hause Zeitungen und Post durchgesehen zu einem Gläschen Wermuth wie ich es vor Tische liebe. Consul Schwarz
schickte wieder amerik. Blätter, in denen aus verschiedenen
Städten der »Jaakob« als ein best seller aufgeführt ist. Ein
ziemlich starkes Interview ist darunter, das wieder Schwierigkeiten machen kann.

Nachmittags während der Ruhezeit gewaltiger Sturm mit an-
schließendem Gewitter und Regen, der anhält, u. unter dem
das Turner- und Schützenfest von Küsnacht zu leiden hat.

In Venedig handelt es sich um einen Intern. Kunstkongreß,
unter dem Vorsitz von Senator Rocco, zu dem 19 europäische

u. 6 latein-amerikanische Staaten und die U.S.A. ihre Beteiligung zusagten. Verhandelt wird im Dogenpalast über die Entfremdung der modernen Kunst vom Volk und über »Kunst und Staat«. Freundliche Nutzlosigkeit solcher Zusammenkünfte! Die Tendenz schimmert durch die Problemstellung. –
Nachmittägliche Beschäftigung mit dem Manuskript, Studien und Einfügungen.
Abkühlung nach den Gewittern; einige Schritte noch mit K. spazieren.
Die Kinder telephonierten beglückt aus dem Engadin, haben zwei Gletscher-Touren gemacht und bei Walters gegessen, die jetzt nach Salzburg fahren.
Meldung der N.Z.Z., daß F. Thyssen aus der nat.-soz. Partei ausgetreten, – eine Demonstration, die die verzweifelte Verworrenheit der Lage erkennen läßt. – »Lu« gibt ein Bild aus dem »Simplizissimus« wieder, vermutlich von Arnold: Es stellt Frankreichs und Deutschlands Rüstungen dar als einen Krieger mit Gasmaske auf der Höhe eines Kanonenrohrs – und als ein Männchen, an hohem Pulte *Goethe* lesend! – Es gibt keine Erbärmlichkeit, zu dem das deutsche Talent sich nicht hergibt.

Sonntag den 22. VII. 34.
Der Tag begann, nach einer Nacht, deren Ruhe durch den Lärm des Küsnachter Volksfestes beeinträchtigt war, mit heiterem Wetter, das nach dem gestrigen überraschte. Ich arbeitete bis gegen 11 Uhr, dann kam Besuch aus Deutschland: Penzoldt und Heimeran, die fast eine Stunde mit uns im Arbeitszimmer saßen und über die Zustände sprachen. Für das Leben dort drinnen gebrauchten sie ein Wort, das mir von Anfang an nahe lag: Besetztes Gebiet. Die innere Not und Gebrochenheit gut nationaler Leute wie etwa des Verlegers Oldenbourg soll unbeschreiblich sein. Über den 30. Juni hat Suhrkamp in einem Brief geschrieben, es sei mehr als ein Menschenherz ertragen könne. Auch das ist symptomatisch.

Golo fuhr uns später spazieren: am See hin, dann hinauf nach Erlenbach, von wo wir den »Pfannenstiel« ein Stück hinaufstiegen. Angenehme Bilder.

Zu Tische kamen Knittel und Frau, sympathisches aber langweiliges Zusammensein.

Vorm Ruhen las ich ein hübsches Kapitel über Alexandria im 3. Jahrhundert in dem Buch von Bethe.

Gegen 5 Uhr setzte wieder plötzlich heftiger Regensturm und ein unangenehm sich hinziehendes Gewitter ein.

Reisevorbereitungen, Auswahl des Mitzunehmenden.

Abends die Giehse, mit der wir in K.'s Zimmer plauderten und die mit uns zu Abend aß. Durchs Radio wurde der Austritt Thyssens aus der Partei deutscherseits dementiert. Zum Ersatz wurde die Abfangung einer deutschen Sprengstoffsendung nach Österreich in der Schweiz gemeldet.

Gepackt. – Las in Pulvers Buch.

Montag den 23. VII. 34.
Die Nacht wieder viel Volkslärm und Musik. Der Morgen windig, kriselig bedeckt. Die Hitzeperiode scheint in Zersetzung begriffen.

Stand nach 8 Uhr [auf] und machte nach dem Frühstück mein Gepäck fertig. Golo wird uns um ½10 nach Zürich fahren. Meine Nervosität ist ziemlich groß, die Verdauung in Rückstand. Das Bewußtsein, daß wir erster Klasse fahren werden, hat etwas Beruhigendes.

Im Zuge nach Chiasso und Mailand, jenseits des Gotthard.
– Verbrachte den Vormittag in recht nervösem, beängstigtem Zustande, jener Erregung, die mir seit den Umsturz-Tagen in Arosa vom vorigen Jahr bekannt sind. Die Lektüre der mitgenommenen Zeitungen war auch nicht eben heilsam: nähere Nachrichten über die Martyrien Mühsams, Gerlichs und des noch lebenden Ossietzky u. dergl. mehr. Der Korrespondent der N.Z.Z. hält seine Nachricht über Thyssen aufrecht. Die italien. Presse droht Deutschland wegen Österreich.

Eine Reihe von Briefen war noch mit der Morgenpost gekommen, darunter Gratulationen für K. zum morgigen Tage. Meine Post war gleichgültig; ein Brief der Gerhardt, noch zum 6. Juni, zeichnet sich durch schwächlich-thörichte Bemerkungen über die deutschen Zustände aus. – Rabener meldet, daß er auf seine Schweizer Reise verzichten muß, da seine Staatenlosigkeit Schwierigkeiten bereitet.

Wir aßen um 1 Uhr im Speisewagen recht annehmbar zu Mittag; die Nahrung tat meinen Nerven gut.

Das Wetter war kühl auf der anderen Seite des Gotthart, jetzt im Tessin ist es sommerheiß und sonnig geworden.

Wir werden Lugano wieder berühren, zum erstenmal seit jenen Tagen mit Fuldas und Franks und dem Umgang mit Hesses.

Lido-Venedig, Dienstag den 24. VII. 34, Hotel des Bains.
Die Reise wurde sehr heiß gestern, aber wir waren so gut wie ungestört in den I. Kl. Coupés. Es kam Lugano mit vertrauten Bildern, Chiasso, wo der die Beamten befremdende, aber unanfechtbare Paß und die Etiketten unseres Gepäcks funktionierten; dann, ½5 Uhr, Mailand, wo wir im luftigen Bahnhofsrestaurant Thee [tranken], wobei sich herausstellte, daß K. ihre neue Brille im Zuge vergessen u. verloren hatte (sie fand sich nicht wieder). Wir reisten nach 6 Uhr weiter. Ich war recht müde, aber die Ankunft, ½10 Uhr, war schön: die Fahrt in der Mondnacht mit dem bekannten Motorboot des Hotels durch die bekannte und ur-geliebte Eigentümlichkeit der heimatlichen Stadt, die namentlich bei Nacht ihr Eigenstes doch bewahrt hat. Es war wieder die Fahrt durch den Großen Kanal, die Piazzetta, der Palast, die Lagune, dann der Kanal zum Excelsior und der Omnibus hierher. Man führte uns in ein geräumiges und hell ausgestattetes Doppelzimmer, das aber sehr dumpfig war, da es der Mücken wegen bei Licht geschlossen bleiben mußte. Wir packten in großer Schwüle aus, badeten, da der Kohlenruß arg gewesen, blickten noch vom kleinen Löwenbal-

kon aufs leise rauschende Meer und gingen zur Ruhe, nachdem wir reichlich Pellegrino getrunken.

Manches hat sich verändert seit 23 und auch seit 9 Jahren. So
geht die Tram jetzt vorbei, bis zum Excelsior durchgeführt. Das
braune Kirschholz der Möbel ist dasselbe, das im »T. i. V.«
beschrieben.

Mit einem halben Phanodorm schlief ich gut. Wir standen
½ 8 Uhr auf und fuhren mit dem Lift ins Souterrain, von wo
wir in Bademänteln durch den neuen Tunnel zum Kapannen-
strand gelangten. Wir badeten von einer Hütte aus, die wir für
diese Tage mieten wollen, und erst wieder oben im Zimmer,
nach eingenommenem Frühstück, fiel mir zu meiner Beschämung K.'s Geburtstag ein, der mir im Drüber und Drunter aus
dem Sinn gekommen. Wir wollen nachmittags in der Merceria
etwas einkaufen. –

Das Seebad war schön, flach und friedlich. Ich hatte Freude
daran. Die Hitze ist groß, sie scheint die von Sanary zu übertreffen, die übrigens nicht unvermittelt kam. –

Unser Zimmer ist schön, im 4. Stock, mit weitem Blick über
das Grün der Bäume aufs Meer. Wir haben halbe Pension genommen und am Strand eine Capanna für 30 Lire pro Tag gemietet, unter deren Schattendach, wie es im Buche steht, wir
mehrere Vormittags- und die Mittagsstunde verbrachten. Ich
las in der »Condition humaine« von Malraux, die ich auf der
Reise begonnen, und erprobte zwischendurch nach alter Art
das Vergnügen an den Bildern eines soignierten Strandes. Dieser ist nicht übermäßig bevölkert; wir sind angenehm überrascht. Das Gebiet des Hotels jedenfalls ist nicht überlastet. In
der Nähe unterhielten sich jüdische junge Leute, nicht unangenehm, mit italienischen Nachbarn, die deutsch können: ty-
pische »Bei uns«, die von deutschen Seebädern nicht genug
Rühmens machen können, obgleich sie dort nicht sein dürfen.
– Zu der italienischen Familie gehören 14jährige Knaben-
Zwillinge, der eine vom Typus Bibi's, die mich durch ihre an-
mutige Gleichmäßigkeit interessieren. Der eine photographierte

den anderen. Sie badeten zusammen und lagen neben einander mit weißen Mützen im Sande.

Wir lunchten im Strandrestaurant des Hotels mit einer halben Flasche Capri. K. kehrte vom Zimmer bald an den Strand zurück, und auch ich will mich nach etwas Ruhe dort wieder einfinden. Wir wollen im Stabilimento Thee trinken und später nach Venedig fahren, um dort den Abend zu verbringen.

Sonnabend den 28. VII. 34. Lido-Venedig, H. d. Bains.
Der Aufenthalt geht zu Ende, wir werden heute Abend den Nachtzug nehmen, der in Mailand an den Rapido von Venedig anschließt. Der Gewinn der Reise beschränkt sich auf das Wiederansichtig werden des Lido, der selbst in dieser Hochsaison keineswegs so überfüllt und unmöglich ist, wie man ihn uns schilderte und im Frühjahr durchaus glückliche Bedingungen, wie nur je, bieten muß. Das Meer ist das schönste zum Baden, und die Nähe dieser Stadt etwas Einziges. Wir sind entschlossen, zurückzukehren.

Im Übrigen ist das Unternehmen, das mir von Anfang an widerstand, verfehlt zu nennen über das gewöhnliche und zu erwartende Maß hinaus. Das Niveau und die Ergebnisse der Sitzungen im Dogenpalast waren ein Spott und eine Schande, für mich besonders unannehmbar gemacht durch das hemmende Ärgernis der Fremdsprachigkeit. Ich habe nicht gesprochen, obgleich ich mich dazu gemeldet hatte und zwei Vormittage in entnervender Bereitschaft verbrachte.

Die gesellschaftlichen Veranstaltungen, an denen wir teilnahmen, das große Diner auf der Terrasse des Excelsior, das gestrige Frühstück im Hotel Danieli, hatten den Mischcharakter von Situationsreiz und quälender Albernheit, der durch oft wiederholte Erfahrung nicht gewinnt. Am Schlusse des Diners erfuhren wir durch Oprescu die Wiener blutigen Narreteien, die Ermordung Dollfuß' nebst Zubehör. Erschütterung und Beunruhigung waren groß. Von Erika hatten wir Nachricht, daß sie sich in der Schweiz in Sicherheit befinde. Das Telegramm

Mussolini's mit der Wendung von den »entfernteren Schuldigen« u. die italienische Teil-Mobilisierung akzentuierten den Ernst der Situation. Unterdessen sucht die deutsche Regierung sich zu distanzieren, hat Rieth abberufen u. läßt sich von der französischen Presse ihr »korrektes Verhalten« bescheinigen.

Dies alles, zusammen mit der Hitze, deren Charakter zwischen Grellheit und Verdecktheit wechselte, und den entnervenden Wirkungen der Sitzungen, setzte mir zu. Vorgestern Abend war die nächtliche Aufführung des Mercante di Venezia unter Reinhardts Regie, gut und nicht gut, ein Festspiel zu Ehren der Stadt, opernhaft, Stimmung erzwingend, outriert, zur Bewunderung auffordernd, die man halb unaufrichtig zollte. Die Rückfahrt mit dem Spezialdampfer geschah um 1 Uhr nachts, ich trank auf dieser Seite der Lagune noch eine Chokolade, um ½ 3 Uhr etwa kam man zur Ruhe, eine schlechte Vorbereitung auf den gestrigen Tag, der nach der Sitzung, dem Frühstück überhaupt keine Möglichkeit zum Ausruhen mehr bot. Nachdem wir auf der Piazza die Stunde des Wiederbeginns der Sitzung, 4 Uhr, abgewartet, war ich am Ende meiner Nervenkraft, einem Weinkrampf nahe, warf alles hin und veranlaßte unsere Rückfahrt ins Hotel, nachdem K. Oprescu und Focillon ersucht hatte, dem Vorsitzenden meinen Zustand zu schildern u. mich zu entschuldigen.

Zu Hause lag ich eine Weile zerquält auf dem Bett. Später dinierten wir im Speisesaal, wobei ich mehr Appetit entwickelte, als während der quälend gespannten Tage vorher, und während K. einen Brief an Schickele schrieb, saß ich übermüdet mit meinem Buch auf der Terrasse. Wir gingen bei Zeiten schlafen. Ich schlief ausgiebig, und heute Morgen haben wir vor dem Frühstück gebadet. Die Hitze ist stark.

Küsnacht, Sonntag den 29. VII. 34.

Den gestrigen Vormittag verbrachten wir noch am Strande, und ich schrieb am Capannentisch einige Karten, auch eine an Bertram. Wir aßen zu Mittag im Strandrestaurant, ich ging dann hinauf, um zu ruhen und packte ½4 Uhr meinen Koffer. Bei der nachfolgenden Rasur verletzte ich mich so unglücklich an der Nase, daß ich eine halbe Stunde und länger mit der Blutung zu tun hatte. Wir tranken Thee auf der Terrasse des Hotels, die nachmittags ein sehr angenehmer Aufenthalt ist, und nach einer Dedikation an den Triestiner Manager, Sigslowac, reisten wir ½7 Uhr mit dem Hotel-Omnibus ab: zum Excelsior und mit dem Motor-Boot noch einmal über die Lagune, noch einmal an S. Marco vorbei zum Bahnhof. Halb-Coupé eines bulgarischen Wagens nach Mailand. Abendessen im Speisewagen. Dort Zug-Wechsel, Schweizer Abteil I. Klasse, wo wir uns für die Nacht installierten. Vor und in Chiasso *neun*malige Störung durch die Kontrolle von Paß, Gepäck, Billet. Absurd. Einige Stunden Schlaf auf gemieteten Kopfkissen mit den Bademänteln als Decken.

Ankunft in Zürich nach 7 Uhr. Golo mit dem Wagen. Heimfahrt unter Gesprächen über die österreichischen Vorgänge, die alles in allem, und wie es in dem Lande nun auch stehe, einen großen Schritt weiter zur Liquidation des Nazitums bedeuten.

Begrüßung mit den Kindern. Das Wetter klar und blau, aber gegen Venedig sehr kühl, sodaß ich nach dem Frühstück, das man gemeinsam im Garten nahm, mich beeilte, wärmere Kleidung anzulegen.

Bücher- und Briefpost. Amerikanische Äußerungen über den Joseph, eine von Lewisohn. Bertram schickt seine »Deutschen Gestalten«, aus deren Dedikationszitaten hervorgeht, daß sein Freund Glöckner im Juni gestorben.

Las vor Tische die Schweizer Zeitungen und das Tage-Buch, worin eine erregend glaubwürdige Darstellung der Ereignisse des 30. Juni durch einen Berliner auswärtigen Diplomaten.

Nach Tische, zum Kaffee, Besuch einer Schwester der I. Herz, Frau Loeb aus Kempten, die über den Zustand der törichten Unglücklichen berichtete. Über die Adresse der Frau L. soll K. ihr schreiben. Wir schenkten Photographien.

Nachmittags kam Erika an. Begrüßte sie beim Thee, nach kurzer Ruhe, und wir hatten zu viert, mit K. und Golo, ein längeres Gespräch, wie jetzt immer wieder die Zeit es den Herzen abpreßt, über die Lage, die Aussichten in Deutschland, die Hoffnung auf Zusammenbruch und selbst auf einen hoffnungslosen Zusammenbruch. Erwägungen über ein finis Germaniae, den möglichen politischen Bankerott, die Auflösung. Wäre er seelisch zu ertragen, vielleicht gar eine Erlösung? Nach der Geschichte der Einigung? Nach dem, was Berlin unter Bismarck gewesen? »Verging, wie Dunst —« Aber ist Rückkehr zur Unwirklichkeit, zum Geistesvolk möglich? Das Ausgehen des Geschichtsrausches von 1933 in einem schlimmeren Katzenjammer, als der war, in den der von 1914 ausging. Das Deutschtum wollte die Republik nicht, weil ihr ideologischer Gehalt, die Einordnung in die Civilisation, ihm zu dünn war. Das Deutsche, das Protestantische, das Ewig-Volkhafte wurde eingesetzt zu neuer erhebender Geschichtsschöpfung, aber eingesetzt als etwas Heruntergekommenes, Verhunztes, mit Mitteln der Lüge, der Brutalität und roher, hysterischer Besoffenheit, und die Geschichtsschöpfung ist im Begriffe sich als der miserabelste Fehlschlag zu erweisen, in den je das Unternehmen eines Hauptvolkes ausging. Welch ein Bankerott! Wie sollen die Deutschen leben, wenn sie wirklich nur noch werden als das Volk zweiten Ranges leben können, für das sie sich nach dem Kriege ganz zu Unrecht hielten und das sie bei glücklicheren Anlagen keineswegs hätten zu sein brauchen! Tatsächlich hat vielleicht die Geschichte ihnen die Rolle der Juden zugedacht, die übrigens auch Goethe ihnen für angemessen hielt: zerstreut zu werden in einer zukünftigen Welt und eine geistesstolze Selbstironie zu ihrem Lebensgefühl zu machen ...

Die Ehre der Sprache, des Denkens, des Schreibens ist geschändet. Der Gedanke selbst wird einem verekelt durch die, die heute laut denken und noch dazu handeln dürfen.

Ich las in Zweigs Erasmus-Buch. Die historische Anspielung und Parallele ist schon unerträglich, weil sie der Gegenwart zuviel schwächliche Ehre erweist. »Luther, der Revolutionär, der dämonisch Getriebene dumpfer deutscher Volksgewalten«. Wer erkennt nicht Hitler? Aber das ist es ja gerade – daß die ekle Travestie, die niedrige, hysterische Äfferei für mythische Wiederkehr genommen wird. Das ist schon die Unterwerfung.

Zum Abendessen auch Frau Giehse.

Die Ur-Aufführung der neuen Oper von R. Strauss in Deutschland begegnet großen Schwierigkeiten, weil der Text von Zweig ist und St. eine jüdische Schwiegertochter hat.

Erika las nach dem Essen in der Halle hübsche Chansons aus ihrem neuen Programm vor.

Montag den 30. VII. 34.
½7 Uhr auf und nach dem üblichen Vorfrühstück mit K. und Medi zur Stadt, wo ich bei Asper eine fast 1½ stündige Sitzung mit dem Gummiknebel hatte. Dieser beunruhigt mich nicht mehr in demselben Grade wie anfangs, aber der umständlich in die Länge gezogene Prozeß war anstrengend genug, zumal ich hätte ausschlafen müssen.

Schöner, sehr warmer Tag. Nach dem Frühstück mit Erika und der Giehse machte ich mich an einen Brief an Bertram als Rückäußerung auf seine Buchsendung, aus deren Zueignung mir der Tod Glöckners bekannt geworden war. Ich fügte dem Ausdruck meines Mitgefühls einiges über das deutsche Grauen und B.'s Verblendung hinzu. Er wird nichts als Emigrantenwahn darin sehen wollen, und wird doch vielleicht nachgerade so weit sein, sich nachdenklich davon stimmen zu lassen.

Der Brief beschäftigte mich bis ½1 Uhr, und ich fuhr dann noch, um einen Augenblick hinauszukommen, mit K. in den Wald.

Zum Mittagessen traf Klaus ein, von Erika abgeholt. Viel über die Lage. Ein wie großer Schritt vorwärts, gegen das Ecraser l'infâme, durch den Tod Dollfuss' getan ist, wird immer deutlicher. Das irreparable Zerwürfnis Italiens mit der Berliner Canaille vollendet deren moralische Isolierung. Diese

Elenden können nach dem ihnen eingeborenen Gesetz garnichts tun, was nicht zu ihrem schändlichen Ende beitrüge.
Auch die Entsendung Papens nach Wien wird übel aufgenommen. Es scheint, daß Forderungen an Deutschland gestellt
werden sollen, deren Bewilligung den endgültigen Verzicht auf
Österreich und damit eine klägliche Niederlage für die Nazi-
Politik bedeuten würde. Der Wille, zum mindesten mit dem
Reichstagsbrand- und Mörder-Regime Hitler-Goering-Goebbels ein Ende zu machen scheint sich draußen nun denn doch
zu massieren. Gott festige ihn!

Erika gab Bericht über die Erlebnisse eines ihr bekannten jungen Kommunisten in einem Konzentrationslager wieder. Sie
zeigen – es ist wenig gesagt – aufs neue, daß der Geist des
sogen. National-Sozialismus Bestialismus ist *und nichts weiter*.

Erledigte nachmittags etwas Korrespondenz und ging vorm
Essen eine halbe Stunde spazieren.

Beim Abendessen Gespräch mit den Kindern über Nietzsche,
wobei ich seine Wagner-Polemik als das geistesgeschichtlich
Wichtigste und Repräsentativste in seinem Werk bezeichnete.

Radio nachher. Eine deutsche Singspiel-Sendung: »Wir wollen siegen, daß sich die Balken biegen«. – Das Violin-Konzert
von Tschaikowski.

Dienstag den 31. VII. 34.
Um 8 Uhr auf. Es war wieder sehr warm und wurde gewitter-
dunstig-schwül im Lauf des Vormittags.

Ich versuchte, weiterzuschreiben am Joseph, kam aber nicht
über wenige Zeilen hinaus, – Müdigkeit, Zerstreutheit, Erregung bildeten das Hindernis. Zu sehr liegt mir anderes im
Sinn. Der Gedanke, über Deutschland zu schreiben, meine
Seele zu retten in einem gründlichen offenen Brief an die
»Times«, worin ich die Welt und namentlich das zurückhal-
tende England beschwören will, ein Ende zu machen mit dem
Schand-Regime in Berlin, – dieser Gedanke, wach geworden
oder wieder erwacht in den letzten Tagen, läßt mich nicht los,

beschäftigt mich tief. Vielleicht ist es wirklich die rechte Stunde dafür, vielleicht kann gerade ich zur notwendigen Wende und zur Wiedereinführung Deutschlands in die Gemeinschaft gesitteter Völker mit verhelfen?

Ich ging bei großer Schwüle eine Stunde spazieren.

Bei Tisch sprach ich andeutungsweise von dem Vorhaben. – Medi hat von einer Freundin: In München hat ein Literatur-Professor von seinen Studenten abstimmen lassen, von welchem modernen Schriftsteller die Rede sein solle. Drei Viertel haben meinen Namen genannt. Die Vorlesung ist verboten worden.

Klaus berichtete von einer Moskauer Kritik des Joseph, die das Buch als in die Klages'sche irrationalistische Kerbe hauend heruntergemacht haben soll. Klaus hat protestierend an den Redakteur geschrieben, der die Kritik weitgehend preisgab.

Nach Tische las ich eine Sendung Faesis: Notizen zu seinem Kolleg über den »Joseph«, die ich mit Anmerkungen versah, und ein Aufsatz über George und Stifter, den ich ehrlich und richtig fand, und bei dem mir packende Gedanken über die Rolle des Geistes auf Erden kamen.

Nachmittags eine Reihe von Briefen diktiert: an den italienischen Consul, Wolfskehl, Frau Brockdorff-Noder, Kiefer etc.

Die Zeitung meldet das bevorstehende Ende Hindenburgs. Was wird das geben?

Die N.Z.Z. berichtet über den Geisteszustand des deutschen Publikums, sein bedrücktes Erstaunen über die Isolierung des Landes aus Unwissenheit. Die drastischsten ausländischen Angriffe auf das Gangster-Regime sind ein paar Tage durchgelassen, um die ehrliche Entrüstung zu erwecken, auf die bei sonstiger Unwissenheit zu rechnen ist. Es ist wie im Kriege: Deutschland vertritt die Wahrheit gegen die Lüge. Die Welt schwelgt in Gemeinheit, Deutschland leidet edel.

Ich bat Erika, mir ein Gespräch mit dem jungen Kommunisten zu vermitteln, der im Konzentrationslager war. –

Zum Abendessen Frau Giehse. Man erwartete durchs Radio

die Nachricht vom Tode Hindenburgs zu hören, die aber aus-
blieb. Die Mörder des Dollfuß sind heute Nachmittag hingerichtet worden. Einer der Anwälte hat sich für den Anschluß
an Nazi-Deutschland erklärt.

Die Kinder musizierten zur Nachfeier von K.'s Geburtstag.
Alex, der Sohn Maria's, in den Ferien hier, sang zu unserer
Erheiterung. Nachher in der Halle bei etwas Burgunder; Ge-
spräche über verschiedene Personen, u. a. die alte Lasker-
Schüler.

Mittwoch den 1. VIII. 34.

Beiseitelassung des Roman-Manuskripts. Schriftliche Auszüge
aus den Tagebüchern vorigen Jahres, um Material für den geplanten Aufsatz zusammenzubringen. Gründlichkeit erfor-
derte eine wirkliche Abrechnung, ein Aufarbeiten der ganzen
Erlebnisse, persönlich und allgemein. Da aber das Unternehmen als Aktion gedacht ist, die vielleicht behilflich sein könnte,
als ein Bekenntnis- und Beschwörungsbrief an das englische
Blatt, so ist Beschränkung geboten und die große Erörterung
auf eine gedrängte Äußerung zu reduzieren.

Dies besprach ich mit K. mittags auf dem Waldspaziergang,
den das aufklärende Wetter nach Regengüssen des Vormittags ermöglichte. Daß die Ereignisse, die zur Überstürzung
neigen, mir einen Strich durch den Plan machen, ist leicht möglich. Was mir Sorge macht, ist die Möglichkeit der Inthronisie-
rung jenes ekelhaften Menschen als Reichspräsident, nach der
er offenbar strebt. Ein Blatt, das die Sukzessionsfrage nur berührt hat, ist verboten u. bestraft worden. Die Erhöhung des
Geschöpfes auf das monumentalisierende Piedestal des Staats-
oberhauptes ist die Gefahr. Er würde dadurch seine Person und
Sache in unglückselige Sicherheit bringen. Die Frage ist, ob
die Generäle ihn akzeptieren und ob nach den Schändlichkei-
ten des 30. Juni und 25. Juli solche monumentale und väter-
liche Befriedigung seiner »Gestalt« noch denkbar. Georg V.
von England hat erklärt, er würde ihm niemals gratulieren.

Aber wer von den europäischen Staatsoberhäuptern würde das tun?

Erika's Kommunist wird sich morgen einfinden.

Heute war zum Thee ein junger jüdischer Korrespondent, Aaronson, aus Berlin, Student, bei uns, dem ich eine gute Stunde widmete, weil sich gut mit ihm sprechen ließ. Er wußte auch manches von der veränderten Stimmung in der Studentenschaft zu berichten.

Schrieb an Faesi und ein paar weitere Personen.

Schweizerischer Nationalfeiertag, abendliche Festbeleuchtung und Feuerwerk-Geknatter.

Im Radio Nachrichten über Hindenburgs Agonie. Nach Sauerbruch nimmt die Schwäche zu und Benommenheit beginnt. Es scheint, daß der Alte, dem die internationalen Folgen der Ermordung Dollfuß' schwer zugesetzt haben sollen, die Nacht nicht überleben wird. Der »Reichskanzler Hitler« hat ihm »einen Besuch gemacht«. Der alte Soldat stürbe besser, leichter und ehrenvoller, wenn er den Burschen nie zu sehen bekommen hätte.

Donnerstag den 2. VIII. 34.

Erst gegen 9 Uhr auf. Exzerpierte und schrieb bis ½1 Uhr in Erregung Einiges für die Äußerung im Unreinen zusammen. Hörte dann im Radio die Mitteilung von Hindenburgs heute Vormittag erfolgtem Tode, der dem deutschen Publikum um ½10 Uhr durch das Lügenmaul des Goebbels verkündet worden ist, und von dem Reichsgesetz, das vorbereitet gewesen, und nach dem die Ämter des Reichspräsidenten u. Reichskanzlers vereinigt werden, sodaß jener Mensch nun beides ist und seinen Vertreter ernennt. Damit untersteht ihm die Reichswehr, die, wie es scheint, auf ihn vereidigt werden wird, und man versteht nun erst recht den Sinn des Mordputsches vom 30. Juni, durch den nicht zuletzt der Weg zu diesem Ziel frei gemacht wurde. Vollzieht sich die neue Erhöhung zum »Reichsführer« und Staatsoberhaupt reibungslos, wie es den Anschein hat, so ist durch den Tod des Alten, auf den man wie auf eine mögliche Wendung zum Guten, Kritischen, blicken konnte, ein Mehltau auf die Hoffnungen der letzten Tage gefallen.

Ich war und bin halb krank vor Trauer und Entmutigung, zumal die Föhn-Schwüle unleidlich war. Mit K. eine halbe Stunde mühsam und gequält spazieren.

Nach Tische Zeitungen. Alte Schwierigkeiten bleiben natürlich für das Regime bestehen, und wie sich das Ausland zu der Selbsternennung verhalten wird, ist die Frage. Die Volksbefragung, immerhin, konnte wohl nicht gewagt werden. Von einer verfassungsmäßigen Übernahme der Präsidentenschaft kann nicht die Rede sein. Die Einigung mit General Blomberg ist offenbar auf Grund und unter der Bedingung des Opfers der S.A. zustande gekommen. Nicht umsonst hat Roehm dem Helden ins Gesicht geschrien: »Hier gibt es nur einen Verräter, und das bist du, du Lump, du Schwindler!« – Mich grämt der neue Nimbus, der den Elenden umgeben wird. Und hat die Fortsetzung meiner gegenwärtigen Arbeit vorderhand einen Sinn? Es wird auf jeden Fall gut sein, in Bereitschaft zu sein.

Nachmittags keine Ruhe gefunden.

Rohrbruch. In Küsnacht den ganzen Nachmittag kein Wasser.

Zum Thee Erikas Freund X, der junge Schauspieler und Kommunist, mit den ausgeschlagenen Zähnen. Erzählte von seinen Erlebnissen, aus denen überzeugend hervorgeht, daß der Nationalsozialismus Bestialismus ist *und nichts weiter*. Seine überzeugten Hoffnungen auf die eines Tages kommende rettende und reinigende Aktion der Arbeiterklasse. Seine Versicherung, daß alles, was ausländische und Emigrantenblätter über die Wirtschaft in den Konz. Lagern zu melden wissen, nicht im Entferntesten an die Wahrheit heranreicht. –

Abends wohnten wir der Eröffnung des neuen Corso-Theaters in Zürich bei. Erika und die Giehse setzten sich zu uns in die Loge. Frau Vickihalder, die Tänzerin war auch darin. Ich konnte über Einiges herzlich lachen: den mir schon bekannten Amerikaner in der Loge, den reitenden Clown. Nachher Empfang und Bewirtung in der Bar. Begrüßung mit dem Stadtpräsidenten Klöti, Dr. Fleischmann, Frau Hesterberg, die bravourös gesungen hatte, Dr. Bierbaum von der N.Z.Z. u. anderen. Man aß Forellen u. kleine Kuchen und trank Weißwein. Im Gespräch mit dem Sozialisten Klöti und Dr. Fleischmann hatte ich den Eindruck, daß man hier die Situation durch die neuesten Ereignisse nicht als wesentlich verändert empfindet. Man glaubt nach wie vor, daß das Regime so oder so seinem Ende entgegengeht. – Es wurde sehr spät. Erst ½3 Uhr kamen wir ins Bett. Noch vorm Einschlafen las ich die letzten Zeitungen.

Freitag den 3. August 34.
Später auf. Regen. Schrieb freihändig weiter an meinen Entwürfen zu der Kundgebung.

Die Zeitung meldet die Ausschreibung einer Volksbefragung durch Hitler für den 19. August, die in der Überzeugung geschehe, daß alle Gewalt vom Volke ausgehe. Vom Volke, – nachdem er sich zum Staatsoberhaupt gemacht und das Heer schon, mit unanständiger Eile, auf seine Person hat vereidigen lassen. Das Volk wird vor vollendete Tatsachen gestellt, es wird »schlagartig« und »mit fanatischer Brutalität« überrumpelt, und dann aufgefordert, sich dazu zu äußern. Wenn es sich nun mißbilligend äußert, werden dann die vollendeten Tatsachen rückgängig gemacht? Es bestätigt sich nun wieder, daß jedes Wort, das aus dem Munde dieses Individuums kommt, eine Lüge ist.

Was mich verdüstert ist, daß man über ein »Staatsoberhaupt« auch in der Auslandspresse, auch in den Times, nicht mehr frei wird sprechen und das Subjekt nicht mehr bei den Namen wird nennen können, die es treffen. Ich weiß nicht recht, wozu ich schreibe, habe aber heute Vormittag eine gewisse Lust und zornige Begeisterung beim Schreiben gewonnen.

Ein Brief kam von Kiefer aus Wien mit düsteren Äußerungen

über die dort nach wie vor herrschende Verwirrung und gefährliche Aussichtslosigkeit.

Zu Tische Annette Kolb, rührend, drollig und sympathisch wie immer. Später kam auch A. M. Schwarzenbach, die wieder erfreulicher aussah als letzthin. Ihr ist der Aufenthalt in Deutschland verboten worden, wegen einer einzigen Mitarbeit an der »Sammlung«.

Diktierte K. einen Brief an Bonnet und schrieb Danksagungen. Signierte Bogen für »Equinox«.

Es kamen die »Sammlung« und das »Tagebuch«. Ich las dieses und war zufrieden mit Schwarzschilds Artikel über Dollfuß.

Zum Abendessen die Giehse.

Ich las abends in Zweigs Erasmusbuch weiter. Es gefällt mir wenig. Der Stil ist flau und banal, und vor allem ist die Antithetik des Buches irreführend und schädlich. Erasmus und Luther, das ist so wenig ein notwendiger Gegensatz wie, nach Nietzsche, Sinnlichkeit und Keuschheit. Es gibt auch die gesittete Vollkraft, da es Goethe gibt. Aber von dem ist nicht die Rede.

Den ganzen Tag nicht aus dem Hause gekommen.

Sonnabend den 4. Aug. 1934.
Tief hängender Himmel, Regen und Wind den ganzen Tag.

Schrieb noch einmal an den politischen Aufzeichnungen weiter, werde aber im Gefühl der Zwecklosigkeit und in tiefer Niedergeschlagenheit vom elenden Unsinn der Ereignisse, vom Gelingen des Hitlerschen Staatsstreichs und dem Eindruck, den dies Gelingen und »tadellose Klappen« macht, kaum damit fortfahren. Es ist alles garzu lach- und ekelhaft, und ich tue wohl unrecht, es mir so nahe gehen zu lassen. Man braucht nur zu bedenken, daß Rossbach, Heydebreck und Ehrhardt, die Kriegshelden und Volkslieblinge, die Romanen und Liedern ihren Namen gegeben haben, teils erschossen worden sind, teils außer Landes fliehen mußten, um den Verrat in seiner ganzen Albernheit zu fühlen. Was bleibt von dem ganzen »Nationalsozialismus«, diesem angeblichen Produkt herrlich dunkler Volkskräfte übrig? Marterungen von Pazifisten und entlassenen Verbrechern und ein bischen bedeutungslose Reichsreform. Der »Führer« tut die Partei ab und geht zum Reiche, zur Armee, zu den Generälen und Industriellen über. Manche sehen die Gefahr in einer nun hemmungslosen Verwirklichung national-sozialistischer Ideen. Im Gegenteil, der Großlaffe wird garnichts verwirklichen und kann es auch garnicht. Aber er und das System werden bleiben, und die »Macht« wird sein bleiben, die Macht um ihrer selbst willen, – die inhalts- und zwecklose Macht. Die abgeschüttelte und entehrte S.A. beweist durch die Art wie sie ihre Behandlung hinnimmt, daß sie aus zusammengelaufenem Gesindel bestand.

Machte mittags mit K. in strömendem Regen einen ausgedehnten Schirm- und Mantel-Spaziergang, um doch wieder Bewegung zu haben. Übrigens habe ich seit kurzem einige Freiübungen am Morgen wieder eingeführt.

Nach Tische Zeitungen – ich sollte sie mehr verachten, auch die, die Wohltuendes sagen. Es steht kein Gefühl dahinter, sie könnten auch anders und werden morgen anders können.

Ruhelos nachmittags. Den ganzen Tag äußerst deprimiert.

Ausführlicher Brief von Reisiger über seine Entschlüsse in der Berliner Organisationsfrage, die darauf hinauslaufen, daß er seine Maria Stuart-Novelle nicht weiter schreibt. Armer Kerl. Aber bin ich viel besser dran? Ich komme auch nicht weiter, und Glauben und Mut sind gering. –

Briefe von Dr. Pulver und einer Dr. Martha Wertheimer, die sich als langjährige Jüngerin bekennt.

Las weiter in Zweigs Erasmus-Buch und habe es, des Gegenstandes wegen nun wohl ganz gelesen.

Zum Abendessen die Giehse und A. M. Schwarzenbach. Blieb noch einige Zeit im Familien- und Gästekreise.

Rückkehr Golo's von Flims.

Empfindliche Kühle, durch den unaufhörlichen Regen herbeigeführt.

Stellte meinen Schreibtisch um, um das Tageslicht von der linken Seite zu haben. Freilich präsentiert er sich weniger gut.

Sonntag den 5. VIII. 34.

Erika brachte, dem Berl. Tagebl. entnommen, einen unwahrscheinlich albernen, konfusen und impotenten »Grabspruch« Hauptmanns auf Hindenburg. Er ist aufzubewahren. Par nobile fratrum. Ramponierte Mythen, defekte deutsche Säulen.

Der deutsche Wille zur Legende und zum Mythus, der ein Wille gegen die Wahrheit, gegen die geistige Redlichkeit ist, tritt in dieser Zeit wieder besonders auffällig hervor. Er hat sich von Hauptmann einigermaßen zurückgezogen, obgleich er ein gutes Objekt für ihn ist. Aber H. hat es mit der Republik, mit Ebert gehalten und dadurch das deutsche Gemüt verstimmt, sodaß es, obgleich er sich große Mühe gibt, wieder in Gnaden aufgenommen zu werden, nur halbe Arbeit an ihm tut. Hindenburg hat sich auch mit der Republik eingelassen, aber das hatte fühlbar einen entgegengesetzten Sinn und tut seiner deutschen Monumentalität und seiner Eignung zum mythischen Objekt keinen Abbruch. An seiner Legende ist kein wahres Wort. Er ist nicht der Autor von Tannenberg (wo er nun mit erschütternden Heldenbräuchen begraben werden soll). Ein General Hoffmann hat ihm die Pläne vorgelegt, u. er hat sie gebilligt. Das Verdienst an dem geordneten Rückzug der Millionen-Armee gebührt in erster Linie den Arbeiter- und Soldatenräten; das seine beschränkt sich darauf, daß er nicht floh. (Er hatte es wegen seiner Volkstümlichkeit nicht nötig). Heroisch dachte er nicht. Er riet dem Kaiser ab, mit den noch nicht aufgelösten Truppen nach Deutschland zu ziehen, um die Revolution niederzuschlagen. Daß [er] sich später als Präsident an seine Stelle setzte, war eine problematische Handlungsweise. Die Liquidation des Osthilfe-Skandals hat er aus Kasteninteresse verhindert, Schleicher geopfert und Deutschland dem Hitlerschen Elend preisgegeben. Aber er ist und bleibt der getreue Eckehart, riesenhaft aufgepflanzt, voll monumentaler Treue.

Der Jude Einstein hat ihn einen »alten Halunken« genannt. Die Juden haben eben mehr Wahrheitssinn, ihr Gehirn ist unverkleistert vom Mythus.

Die ganze national-sozialistische »Bewegung« einschließlich ihres Erweckers, ist ein wahres Sich sielen des deutschen Gemütes in der mythischen Jauche. Der ganze falsche und zeitverhunzte »Wiederkehr«-Charakter dieses Rummels ist ein wahres Fressen für ihren Wahrheitshaß, ihre Gier nach Qualm und Dunst – – –

Der »Erasmus« von Zweig hat mir doch manches gegeben. Der Reichstag von Augsburg, wo nach dem Wunsche Karls V. die Aussöhnung zwischen Protestanten und Kirche zustande kommen sollte, und wo gute Chancen für den Frieden u. die menschliche Vermeidung des nachfolgenden Elends vorhanden, verlief wie nach dem innersten Willen der Menschheit solche Versuche immer verlaufen. Die »Wiederkehr« ist insofern anzuerkennen, als der antirationale und antihumane, auf Blut und Tragödie versessene Nationalsozialismus, dessen Friedensliebe ebenso lügenhaft ist wie sein Verleugnen einer anderen seiner Wesentlichkeiten, der Homosexualität, die tumultuöse und blutige Rolle des Luthertums wieder spielen wird. »Wenn du furchtbare Wirrnisse in der Welt wirst entstehen sehen, dann denke daran, daß Erasmus sie vorausgesagt hat«. An den furchtbaren Wirrnissen wird es nicht fehlen, denn der gemütsstarke und bildgewaltige Grobian zu Wittenberg will sie, und im Grunde will sie die Menschheit, der mit vernünftig-gütlicher Ordnung oder Beilegung durchaus nicht gedient ist, die das »Glück« garnicht will sondern regelmäßig die Tragödie und das wilde, zerstörende Abenteuer. Habeat. Der zynische Egoismus, die gleichgültigste Beschränkung auf die Sorge auf das eigenpersönlichste Wohlergehen und leidliche Durchkommen durch den willentlichen und genußvollen Irrsinn der »Geschichte« ist vollauf gerechtfertigt. Ein Dummkopf, wer die Politik ernst nimmt, sie sich zu Herzen nimmt, ihr das Opfer seiner moralischen Geisteskräfte bringt. Durchkommen und seine persönliche Freiheit und Würde wahren, ist alles. – –

Ich versuchte nach diesen Notizen am Manuskript ein wenig weiterzukommen, aber die Abneigung verhinderte es fast ganz, und es wäre dazu auch der entschiedene Entschluß nötig, mich ihm ganz wieder zuzuwenden, der eben nicht oder noch nicht vorhanden ist. Dieser Zustand ist ein schweres Leiden.

Venedig war strapaziös und ich empfinde es als psychischen Fehlschlag, da der Verlauf mein Selbstgefühl nicht befriedigt hat. Das Erlebnis des »Versagens«, auch in ganz unbedeutender Form, ist für mich das psychisch ärgste und gefährlichste. Die Enttäuschungen der letzten Tage kamen hinzu, mich niederzudrücken, und das Arbeitsdilemma bringt die Verstimmung auf die Spitze.

Ich ging eine Stunde mit K. spazieren und sprach mit ihr über dies letztere Thema. Sie lehnt die Selbstverdächtigung, der Übergang zu einer politisch-konfessionellen Arbeit sei eine Desertion von der künstlerischen Aufgabe, deren ich überdrüssig oder die mir zu schwer, entschieden ab und bestreitet ebenso lebhaft die Nutzlosigkeit und Müßigkeit dieser Aufgabe. Ihre Wünsche gehen aber in der Richtung einer befreienden Äußerung von mir gegen die deutschen Greuel, das der Halbheit meiner Stellung, meiner Abhängigkeit von dem Lande, dem unwürdigen An der Nase herum geführt werden in Sachen meines Besitzes ein Ende macht. Sie hat weitgehend recht, auch wenn sie fürchtet, ich könnte meine äußere Passivität bereuen, wenn der Tag des Zusammenbruchs da ist. Ich bin augenblicklich zu müde und zweiflerisch-glaubenslos, um diesen Tag nicht für sehr fern, ja für unwahrscheinlich zu erachten. Dennoch drängt mich vieles dazu, eine solche Abhandlung zu schreiben, obgleich ich dadurch mit dem sowieso verschleppten Roman in unabsehbaren Rückstand geraten würde. Aber auch die Form für die Schrift wäre schwer zu finden – sie als Kapitel Autobiographie, gewissermaßen, anzugreifen liegt mir noch am nächsten.

Das Wetter hat sich aufgehellt; es ist heute Nachmittag draußen wärmer als im Hause.

Nach Tische in der Halle ließ ich mich gegen die erwachsenen Kinder über die Hoffnungslosigkeit und Verächtlichkeit des »geschichtlichen Lebens« nicht glücklich aus und bereute es.

Im neuen Heft der »Sammlung« las ich einiges Gute.

Montag den 6. VIII. 34.

Sei es gut oder schlimm, ich habe mich wieder der politischen Schrift zugewandt, geschrieben und Material gesammelt. Ich sehe die Form noch nicht deutlich, werde sie aber bei entschlossener Konzentration auf die Aufgabe zweifellos finden.

Mittags kam *Stefan Zweig*, auf der Durchreise hier. Ich ging mit ihm vor Tische bei sonnigem Wetter spazieren, sprach ihm nicht ohne meine Zweifel anzudeuten über seinen Erasmus und hörte ihn über Österreich, dessen Zustand als italienische Kolonie ihm unleidlich und unhaltbar scheint. Im Lauf der späteren Gespräche erwies sich, daß er den Augenblick für eine entscheidende und gesammelte Äußerung, wie ich sie vorhabe, genau jetzt für gekommen hält, denn bis jetzt wäre es zu früh gewesen, ist es aber nicht mehr. Dies bestätigt meinen Instinkt, sowohl was mein Warten als was mein Unternehmen betrifft.

Zum Thee Dr. Lohser, mit dem von Reisiger, dann natürlich wiederum von den deutschen Dingen die Rede war.

Diktierte Brief an Bohnenblust, Genf, zugunsten von Hellmund.

Gestern Abend hatten wir ein hübsches Beisammensein in der Halle mit Erika und der Giehse, einem bunten Platten-Programm und zwei Flaschen Neuenburger Sekt. Ich nahm danach ein halbes Phanodorm zum Kamillenthee und schlief erquickend. –

Wittkowsky in Genf schickte ein reizendes, mit Kupferstichen geschmücktes kleines Buch, französisch, aus dem Jahre 1833, die Geschichte Josephs, romanhaft für die Jugend erzählt. Ist das eine Mahnung?

Ich schrieb einen gestern begonnenen längeren Brief an Kerényi in Budapest zu Ende und ging vorm Abendessen mit
K. und Eri noch einige Schritte spazieren.

Abends las ich Zeitungen. Ein Leitartikel der »Prager Presse«
war das Interessanteste: über den völligen und man kann wohl
sagen schmählichen Abbau des »Nationalsozialismus«, der im
Gange ist. Es bleibt nichts davon übrig. Hitler scheint nichts
mehr zu wollen – wenn er je etwas gewollt hat – als mit
Hilfe der Reichswehr an der »Macht« zu bleiben. Blomberg soll
dem »charismatischen Führer« das Plebiszit zur Bedingung
gemacht haben. – Die Zweifel, ob es Sinn hat, sich in dies
ganze lächerliche Unwesen arbeitsmäßig zu vertiefen, sich ihm
kritisch und produktiv auf lange hinzugeben – diese Zweifel
erneuern sich.

Dienstag den 7. VIII. 34.

Stand später auf, die großen Kinder waren schon beim Frühstück. Papen, fand man, sei nur noch des Anspuckens wert.
Nach allem, was ihm geschehen, hat er Hitler für den einzig
würdigen Nachfolger Hindenburgs erklärt und ihm tief gehul-
digt. Es ist wohl Todesangst. Auch kann er nicht zurück.

Die französische Linke kann sich nicht entschließen, ihr Au-
genmerk vor allem und allein auf die deutsche Gefahr zu richten. Ihr Haß auf Leute wie Barthou und Tardieu, ihre innerpolitischen Feinde, ist stärker. Es mag schwer sein, über das
Vorrecht der inneren und der äußeren Politik zu entscheiden.
Aber die Linke hat regiert, und was hat sie getan? Warum hat
sie nicht die Rüstungsindustrie verstaatlicht, wie jeder Anstand
es forderte. Schneider-Creuzot hat Hitler finanziert. Die Frage
ist, ob die Welt es wert ist, daß man sie schützt und verteidigt
gegen den deutschen Basilisken.

Englische und französische Zeitungen wollen wissen, das
Testament Hindenburgs sei verschwunden; der Oberst-Sohn
suche krampfhaft danach. Was man weiß, ist, daß darin steht,
H. wolle in Neudeck begraben werden. Das ohnedies verlogene

Theater von Tannenberg wird dadurch noch lügnerischer, daß es gegen den strikten Willen des wehrlosen Toten veranstaltet wird. Was steht sonst in dem Testament? Man sagt, der Alte habe seinen Papen als Nachfolger gewollt. Auch das muß man natürlich unterschlagen. Das Testament ist verschwunden. Gibt es einen ordinäreren Schundroman als die Geschichte des Nationalsozialismus? Einen lächerlicheren Abgrund von Lüge als Hitlers Huldigungen vor seinem »väterlichen Freunde«?

An den Aufzeichnungen fortgefahren.

Begeisterter Brief des Chawkin, Jerusalem, über den Joseph. – Brief von Hesse, der zugleich ein Bändchen Gedichte aus der Insel-Bücherei schickt. – Brief von Wittkowski zu dem Joseph-Buch. Er drängt auf eine Sammlung meiner neuen Aufsätze.

Fuhr mit K. nach Meilen, wo wir *Wolfskehl* bei seinem Gastfreund, Dr. Decker (reizend gelegenes Chalet) abholten, mit ihm etwas spazieren gingen. Er kam mit uns zum Essen, und das Zusammensein mit dem klugen und gemütvollen Menschen war angenehm.

Schrieb an Hesse und Reisiger.

Hörte abends im Radio (schlecht) Wagnersche Musik und las Nietzsche.

Berichte über den Pompe funèbre in Tannenberg. Was für ein Schwindel wieder! Wie hat Hitler zur Zeit des Wahlkampfes den Hindenburg heruntergezogen. Er selbst gab damals die Weisung, nun gegen den Charakter des Alten zu schreiben.

Mit dem Lügen ist er augenblicklich in vollem Zuge. Seine Antworten an einen Rothermere-Journalisten: »Wünscht Deutschland seine Grenzen zu erweitern?« – »Durchaus nicht! Deutschland wünscht nichts als die Erhaltung seiner Grenzen!« Das sagt der Verfasser von »Mein Kampf«. In seinen Hindenburg-Reden spricht er wieder von dem »Glück des Friedens«, das er dem Volk erhalten, dem »Unglück des Krieges«, vor dem er es bewahren will. Und der Heroismus? Und »Mein Kampf« wird nicht eingezogen? – Man darf neugierig sein, wie weit die schmutzige Verleugnung der »Ideen« der Revolution noch gehen wird. Der »Stürmer« ist für 14 Tage verboten worden. Man möchte fein, möchte europafähig werden. Der Grund ist angeblich eine Beleidigung Masaryks, in Wirklichkeit ein Studentenbrief, der die oppositionelle Stimmung in der Münchener Universität plump verrät. (Siehe die Forderung nach einem Kolleg über mich).

Mittwoch den 8. VIII. 34
Exzerpiert und gesammelt für das Bekenntnis.
Ging mittags allein spazieren.
Abends Dr. Beidler und Frau.

Donnerstag den 9. VIII. 34
Den ganzen Tag Gewitter und Regen, sodaß Bewegung unmöglich.
Exzerpiert und gesammelt für das Politikum.
Schrieb an die Hamburger und an Chawkin.
Las abends in den Tagebüchern und markierte Politisches.
Den ganzen Tag sehr deprimiert und müde, nicht zuletzt durch die Nachricht, daß das Münchener Haus neuerdings von der Pol. Polizei vermietet werden soll und zwar an die amerikanische Familie, mit der wir schon so schlechte Erfahrungen gemacht haben. Wir beschlossen, falls das nicht verhindert wird, den ganzen skandalösen Fall durch die Nationalzeitung in die Öffentlichkeit zu bringen.
K. und die Kinder hörten im Radio die durch Gewitter gestörte Übertragung der »Götterdämmerung« aus Bayreuth. Mir widerstand es; ich mag nichts aus Deutschland hören. Allem, was von dort kommt, fehlt die Unschuld; Kulturpropaganda liegt allem zugrunde.
Zahnschmerzen an neuer Stelle. Besorgnis deswegen.

Freitag den 10. VIII. 34

Weiteres ausgezogen für das Politikum. Die Lage nicht geklärt. Waldspaziergang mit K. in Gesprächen über das Arbeitsproblem. Meine Verfassung, ohne besonderen Grund, besser als gestern.

Ausgezeichneter Artikel in der N. Z. Z. über den »deutschen Machtkampf«, die Auflösung des Staates in verschiedene Macht-Egoismen, die um ihrer Selbsterhaltung willen garnicht zu positiven Leistungen für das Ganze kommen können.

Auflösung der österreichischen Organisationen in Deutschland, offenbar als erfüllte Bedingung für Papens Agrément. Welche Niederlage der Reichspolitik. Aber sie wird im Lande wohl garnicht bewußt.

Zum Thee Max Hermann-Neisse und Frau.

Zwischenein Anruf Raschers wegen meines Essaybandes. Neubelebung des Gedankens, ihn hier herauszugeben, vielleicht mit dem Lebensabriß und der Wagner-Replik.

Anruf der Giehse, die vom Hörensagen über die grauenhafte Stimmung in Deutschland berichtet.

Brief mit K. an die London-Film-Compagnie, die sich auf Anregung Biro's für eine Verfilmung des »Joseph« interessiert und eine Optionssumme zu zahlen bereit ist. – Weitere Diktate. Dann handschr. Brief an Schickele.

Hörten nach dem Abendessen ein schönes Trio von Beethoven.

Klaus folgt der Einladung zum Schriftsteller-Kongreß nach Moskau u. reist Montag dorthin ab.

Sonnabend den 11. VIII. 34.

Gestern Abend bezeichnete ich noch bis spät politische Stellen in den Tagebüchern, stand heute früh auf und fuhr mit dem Ausziehen und Notieren fort. Meine Gedankenrichtung ist jedoch wieder geändert worden durch einen Brief der Kurz, der neueste Nachrichten des Dr. Heins bestätigt: Die Familie Taylor hat das Haus neuerdings besichtigt und erklärt, sie werde am 1. Oktober für ein Jahr einziehen. Empörung und Depression deswegen. Erneuerung der Absicht, die ganze Angelegenheit durch die Schweizer vor die Öffentlichkeit zu bringen. Ferner ist das Verhalten des Taylor in Amerika bekannt zu machen. Mit der Schweizer Veröffentlichung ist vielleicht die Mitteilung meines Briefes an das Reichsinnenamt zu verbinden.

Machte Waldspaziergang mit K. vom Wagen aus.

Erika kehrte von Engelberg zurück.

Diktierte nach dem Thee neuen Brief an Heins und einen weiteren an Sulzberger von den »New York Times«. Erkundigte mich ferner bei St. Zweig wegen der Film-Preise.

Zum Abendessen Annette Kolb, in Abwesenheit der ältesten Kinder, die in der Stadt. Man hörte Musik nach der Mahlzeit: Schubert und Tschaikowski.

In mein Zimmer zurückgekehrt, habe ich das Material zum »Politikum« beiseite geräumt. Ich werde diese Arbeit jetzt nicht ausführen, sondern die weiteren Ereignisse abwarten und vielleicht in einem neuen leidenschaftlichen Augenblick mit einer knappen und schlagenden Äußerung hervortreten. Dabei behalte ich mir die Aktion in der National-Zeitung für die nächste Zeit vor. Literarisch liegt mir vorerst ein Feuilleton für die N.Z.Z. im Sinn, dessen Stoff die Ozeanfahrt wäre.

Sonntag den 12. VIII. 34.

Begann, mich [mit] dem Feuilleton zu beschäftigen, das eine Betrachtung über den Don Quijote mit der Schilderung einer Meerfahrt vereinigen soll.

Um 12 kam Lion, der mich zum Spaziergang abholte. Wir gingen bei bedecktem Wetter über Johannisburg und sprachen über meine Arbeitssituation und die deutschen Dinge.

Lion blieb zum Mittagessen, dazu kam Tennenbaum.

Auch zum Thee war Lion noch da, und schon früher waren der Münchener Schauspieler Revy mit seiner Frau gekommen. Aus seinen Äußerungen ergab sich die große Unzufriedenheit im Lande, aber kein Glaube an einen Zusammenbruch. Seine Vorwürfe galten dem Auslande und zwar wegen dessen Verhalten vor dem März 33 wie nachher. Das Positive sei die festere Bindung jedes Einzelnen an das Gemeinschaftsleben. Aber der Umschlag in der Stimmung der Studentenschaft seit 6 Wochen manifest. Das bayerische Eigenleben und das Gefühl dafür geht von der Kirche aus. Kardinal Faulhaber, der Meistgehaßte: »Ich warte nur darauf, nach Dachau gebracht zu werden. Aber ich gehe zu Fuß in vollem Ornat durch die ganze Stadt, und rührt mich auch nur einer an, so wird das Interdikt über München verhängt.«

Schrieb einen Kondolenzbrief an die hinterbliebene Schwester Carl Joëls.

Nach dem Abendessen hörte man im Radio Bach'sche Musik, Suite in C dur, auffallend Herkunft und Maske der »Meistersinger« verratend.

Klaus ist nachmittags nach Rußland abgereist.

Montag den 13. VIII. 34
Vormittags Exzerpte und Notizen für »Meerfahrt mit Don Quijote«.

Mittags mit K. über Itschnach.

Nach Tische Zeitungen. Starker Protest des oppositionellen Teils der protestant. Kirche gegen die Beschlüsse der Generalsynode unter dem »Reichsbischof«. Interessanter Artikel der Prager Presse über die Wirtschaftslage in Deutschland und die Wirkung auf Europa, die beginnende Genesung störend.

Schrieb nach dem Thee an Liefmann-Frankfurt, dem ich den J. J. schickte und ging noch eine Stunde mit K. und Medi spazieren.

Zum Abendessen Lion. Eine Vorlesung aus dem Roman war beabsichtigt, aber die Absicht wurde durch ein – übrigens von mir herbeigeführtes – Gespräch über die Frage meines politischen Eingreifens gestört, wobei K. im herausfordernden Eifer zu weit ging, sodaß ich es bereute, die Erörterung eingeleitet zu haben. Zum Lesen fehlte mir dann die seelische Freiheit. Was geht mich der Roman auch an, wenn es ganz anderes gilt. –

Brief von der Herz, die dank der Amnestie wieder auf freiem Fuß. Sie bittet um einen Aufenthalt bei uns, den ich aber werde abschlagen müssen. – Karte von Revy, der von der großen Josephsfigur der Bildhauerin Attenhofer in Zürich schreibt.

Dienstag, den 14. VIII. 34.
Befaßte mich wieder mit dem »Feuilleton«, das recht gut werden und eine willkommene Ergänzung zu dem Essayband abgeben könnte. Dennoch geschah die Beschäftigung damit nur zur vorläufigen Unterhaltung. Mittags kam ein langer, sehr guter und richtiger Brief Reisigers, der meine Gedanken wieder in andere Richtung lenkte. Er plädiert klug gegen ausladende »Betrachtungen« für ein knappes Hervortreten in Broschürenform, für das allerdings vieles spreche . . .

Regen und Hagel. Ging nur ½ Stunde allein spazieren.

Zum Tische die Giehse.

Las nachher in E. Rohde's »Griechischem Roman«.

Zum Thee Manfred Sturmann, wenig interessant.

Diktierte später Briefe an die Herz und an Klaus Pr..

Nachricht, daß der Schriftsteller Rohde, Verfasser von »Deutschland ist Caliban« und Mitarbeiter mehrerer Emigrantenblätter, an einem Schlaganfall gestorben ist, wie es heißt infolge politischer Erregung. Er soll auf dem Wege zu Heinrich gewesen sein.

Es kam die 2bändige Bratislawa'er Ausgabe von »Königliche Hoheit«.

Nach dem Abendessen las Erika, zum Thee- und Rotweinpunsch, der mir nicht bekam, hübsche neue Chansons für ihr neues Programm. Sie reist morgen.

Montag den 15. VIII. 34

Las gestern Abend im Taine und nahm heute Vormittag das Politikum wieder vor.

Mittags mit K. über Itschnach. Das Wetter ist sehr herbstlich geworden.

Zum Thee fuhren wir nach Meilen zu Dr. Decker und Frau. Reizend gelegenes und wohlgebautes Holzhaus. Mit Wolfskehl über den Don Quixote und über die Pflicht zur politischen Stellungnahme. Wir fuhren ihn und die Schwester Deckers zum Bahnhof Küsnacht, da sie einen zionistischen Vortrag in Zürich besuchen wollten.

Vor dem Abendessen mit K. Brief an die Londoner Film-Produktion, geschäftlich.

Taine-Lektüre. Ankunft Moni's.

Donnerstag den 16. VIII. 34

Gestern Abend Unwohlsein. Eine Stirnkompresse beruhigte.

Heute Exzerpte fürs Politikum.

Schönes, frisches Wetter. Lion holte mich 12 Uhr zum Spaziergang ab, und wir gingen in Gesprächen über mein Verhältnis zur »Deutschen Revolution« durch den Wald.

Zum Essen außer Lion und Moni, deren Äußeres sich ihren 24 Jahren nun durchaus angepaßt hat, – das Ehepaar *Neumann*. Man saß vor und nach Tisch wieder im Garten.

Nach dem Thee schrieb ich an Reisiger.

Guter Brief von Kerényi über das geistige Elend in Deutschland, das er besuchte.

Vor dem Abendessen Ausgang mit K. bei klarer Frische.

Hörten abends aus Bern Beethovens Kakadu-Variationen vom Budapester Trio. Ich las dann Taine. Der Spartanismus und Militarismus, der bolschewistische Staatssozialismus der franz. Revolution.

Freitag den 17. VIII. 34.
Exzerpiert und skizziert für das Politikum.

Es kam ein begeisterter Brief über den Joseph von der Tänzerin Wallerstein, einer von der Hamburger und einer von Bermann, der wünscht, daß ich für Hesse in Stockholm eintrete, was ich längst getan habe.

Ferner sandte Erika einen Eilbrief aus Ascona, in dem sie mich um Klausens willen dringend bittet, zu Querido zu gehen, wenn ich den Verleger wechsele, und mir ein Angebot Landshoffs ankündigt. Eine Schwierigkeit ist das pers. Verhältnis zu Rascher, den ich morgen spreche. Übrigens ist alles ungewiß und im Dunkel.

Ging nach Küsnacht zum Haarschneiden.

Habe hier, wie ich sehe, nichts von Hindenburgs »Testament« notiert, um das [es] in den letzten Tagen geht. Neunzehn Tage nach des Alten Tod wurde es plötzlich von Papen in Berchtesgaden überreicht und veröffentlicht. Daß es zum Wahlmanöver mißbraucht wird, ist das Mindeste, das feststeht. Aber ist es denn, nach allem Vorausgegangenen wahrscheinlich, daß es *nicht* gefälscht ist? Ein Testament – die Auslandspresse fragte danach, wollte wissen, daß man danach suche. Es schien keines da zu sein, es war nicht die Rede davon, Goebbels ließ etwas wissen von einem Vermächtnis, das aus überholter parlamentarischer Zeit stamme. Jetzt plötzlich, dicht vor dem 19., ist dieses da, großenteils in sehr unwahrscheinlichen Wendungen abgefaßt, sonderbar-unnatürlich, aber äußerst geeignet, den Ausgang des Plebiscits zu verbessern, zu dessen Ehren schon ganz Deutschland beflaggt ist. Der Reichstagsbrand, die Kommunistenverschwörung, die Roehm-Verschwörung, die hundert sumpfigen Lügen und Gaunereien alle, der Kolportage- und Verbrecherroman des Ganzen – und gerade dies Testament wäre echt? – Er soll verordnet haben, daß er keine Lobrede wolle, sondern man solle ihn der Gnade Gottes empfehlen. Wo steht das? Wo steht, daß er in Neudeck begraben sein wolle? Hier nicht. Gibt es noch ein anderes, privates Testament, von dem man aus Staatsraison nicht spricht? –

Nach dem Thee einige Korrespondenz und weitere Exzerpte. Ging danach mit K. und Medi über Johannisburg spazieren. Der Tag war sehr schön und warm.

Abends hörten wir eigenwillige Musik von Sibelius. Setze die Taine-Lektüre fort.

Sonnabend den 18. VIII. 34.

Exzerpte u. Skizzen für das Politikum. – Mittags mit K. zur Stadt, beim Optiker, zur Bestellung neuer Brillen, dann bei der Bildhauerin Attenhofer, wo wir die Josephsstatue in Augenschein nahmen. Sehr merkwürdiger Eindruck. –

Zu Tische Dr. Fiedler und sein Freund Dr. Bonde aus Altenburg.

Nach dem Thee Brief an die Attenhofer und Weiteres.

Abendspaziergang mit K., an dem wir Raschers trafen, die den Abend bei uns verbrachten. Ich hatte mit R. in meinem Zimmer das vorgesehene Gespräch über meine Lage, den politischen Plan, die Ungewißheit, ob ich bei Fischer bleibe, Querido, Klaus etc. Das Interessanteste war, daß er für den gegebenen Fall die Schaffung einer entsprechenden Stellung für Klaus in der Schweiz in Aussicht stellte.

Sonntag den 19. VIII. 34.

Für das Politikum gesammelt, vormittags und nachmittags.

Schöner, wieder sehr warmer Tag. Ging mittags mit Fiedler spazieren in Gesprächen über seine Aphorismen und meine Pläne. Er blieb zum Essen.

Abends fuhren wir zum Baur au lac zum Rendezvous mit den Brüdern Simon, der amerikanischen Frau des einen und ihrem Freunde, einem Berliner Rechtsanwalt. Abendessen zu Sechsen in der alten Weinstube »Reblaube«, wo Lavater verkehrte. Kalte Ente zum Rebhuhn und sehr gute ägyptische Cigaretten. Vieles über die deutschen Dinge und lebhafte Diskussion über das Für und Wider meines Hervortretens. Heinz Simon erwies sich als Gegner. »Dem Verbannten geziemt es zu schweigen.« – Selbstverständlich ist das einzige Kriterium der innere Zwang.

Wir fanden bei der Heimkehr Golo noch auf, der vorläufige Ergebnisse des Plebiscits gehört hatte. 80 Prozent Wahlbeteiligung, wovon die Rede gewesen, würden eine Niederlage gewesen, denn dann waren es sechzig.

Montag den 20. VIII. 34
Völlige Wiederkehr des warmen Sommerwetters. Beendete die Tagebuch-Auszüge fürs Politikum und werde fortan zugehörige Notizen dort eintragen.

Fuhr mittags mit K. in den Wald, wo wir Briefe lasen. Querido macht mir ein Angebot auf den Essayband: 10 000 Schw. Franken bei 20 % Beteiligung. – Der Vertreter des Heins schreibt über das noch zögernde Verhalten der P. P. in Sachen des Hauses. Über die Vermietung ist nicht entschieden. Sie würde geschehen, um die Heizung in Betrieb zu halten und Reparatur-Mittel zu gewinnen.

Nach Tische Zeitungen. Das Resultat des Plebiszits übertrifft die Erwartungen. 5 Millionen Nein-Stimmen plus 2 Millionen Enthaltungen sind unter den gegebenen [Umständen] eine achtungswerte nationale Leistung.

Nachmittags Briefe diktiert an Bermann und Querido und an Knoche geschrieben, der sich in St. Moritz aufhält.

Abends ins Baur au lac, wo Dr. Bonde uns ein Souper mit kostbaren Weinen gab. Außer ihm sein Sekretär und Verhältnis und Dr. Fiedler. Kaffee und Likör im Garten. Harmlose Gespräche. Der Gastgeber, sächsisch redend, ein guter, reicher Kerl, dessen liberale Verfeinerung Sache seiner Homosexualität ist.

Dienstag den 21. VIII. 34.

Sehr warmer Tag. Organisation des Politikums. Mit K. in der Stadt, beim Optiker. Nahmen dann Lion mit, der bei uns aß. Gute Unterhaltung mit ihm vorm Essen, die mich an Gespräche mit Bertram zur Zeit der »Betrachtungen« erinnerte. Diesmal muß es ein Jude sein. Er äußerte, ein Augenblick komme, wo es müßig werde, kulturelle Einzel-Untersuchungen anzustellen, während die Kultur selbst in Frage gestellt sei.

Das Ergebnis des Plebiszits wird in der Auslandspresse nicht eben in überwältigtem Ton besprochen u. Erstaunen geäußert über die Unverfrorenheit, mit der die Göbbelspresse eine tiefe Beeindrucktheit des Auslandes fingiert.

Fuhren 5 Uhr wiederum zur Stadt, ins Baur au lac, zum Thee mit dem Film-Magnaten Lemmle und seinem Stabe von amerikanisch-deutschen Mitarbeitern. Photogr. Aufnahmen im Garten, Interview über den amerikanischen Film, Passepartout fürs »Kapitol«, Erörterung über den Joseph-Film, in den man, wie L. meinte, eine Million Dollars stecken müsse.

Geschichte von Gründgens' Ernennung zum Intendanten auf höchsten Wunsch. Der Beschluß auf einer Gesellschaft bei Hitler 4 Uhr morgens gefaßt. Direktor B., der protestiert und, da nichts zu machen ist, sich auf Reisen schicken läßt mit einem Gehalt von 40000 M, während Gründgens 60000 bezieht. Hitlers Faible für ihn wird erotisch gedeutet. Anstößiger ist die Verschwendung. –

Ging vorm Abendessen in Dämmerung eine halbe Stunde spazieren.

Golo's St. Cloud-Schüler aus Straßburg beim Essen. Man hörte nachher etwas Musik, und ich las dann Taine.

Winnifred Wagner als Wahlpropagandistin: »Die Republik hat R. Wagner mit Haß und Hohn überschüttet. Durch Adolf Hitler ist das Wunder seines Wiedererstehens geschehen.« Enorm. – Minister Neurath: »Die Welt hat sich gegen Deutschland verschworen wie 1914. – Wählt Hitler!« Eine bittere Wahl, zwischen einem Übel, sozusagen.

Mittwoch den 22. VIII. 34

Sehr heißer Tag. Die wiedergekehrte Sommerwärme machte sich gestern Nacht sehr lästig bemerkbar. Muß die Daunendecke wieder gegen die leichtere vertauschen.

Vormittags mit eilender Feder Entwürfe für das Politikum.

Mittags mit dem Wagen im Wald. Lasen Briefe der alten Fischer aus dem Schwarzwald. Der des Alten ist verworren und rührend. – Fucig (Melantrich) berichtet über das Erscheinen des tschechischen »Jaakob« im Oktober. Die Übersetzung soll außerordentlich sein. Eine Lieferungsausgabe der tschechischen »Buddenbrooks« ist geplant. – Einladung des Zürcher Rundfunks.

Zu Tische Golo's Freund Adolphe. Die beiden sind nachmittags zu einer Fußtour ins Österreichische aufgebrochen.

Allerlei Aufmerksamkeit Forderndes und Auszuschneidendes in den Zeitungen.

Nach dem Thee ein paar Briefe diktiert, dann wieder am Politikum. Kleiner Abendgang mit K.. Abends wieder einmal den I. Satz des Tschaikowski-Violin-Konzertes gehört.

Wie schlecht hält sich England! Es hat nach dem 25. Juli jede Aktion gegen Deutschland verhindert, aber die Mussolinis begrüßt. Jetzt beginnt seine Presse sich gegen italienische Herrschaftsgelüste im Donaubecken zu wenden. Allenfalls mit Recht. Aber England, das bei der »Säuberungsaktion« des 30. Juni im Spiele war, unterstützt das deutsche Regime. Es gibt Deutschland Waren-Kredite, es wirbt in Amerika für eine Anleihe an Hitlers Deutschland. Dies alles aus der Eifersucht seiner alten Kontinental-Politik, die sich heute gegen Frankreich richtet und sich von moralischem Ekel nicht tangieren läßt.

Neue Anmeldung bei Asper für Sonnabend.

Donnerstag den 23. VIII. 34.

Sehr warmer Tag. Skizzierte vormittags für das Politikum. Fuhr mittags mit K. etwas über Land, ging mit ihr im entlegeneren Wald spazieren; Rückkehr über Zumikon.

Las nach Tische Zeitungen und schnitt Manches aus. Guter Artikel in der N. Z. Z. über das Röm. Recht.

Fuhr nach dem Thee mit den Notizen fort. Gewitter und starker Regen.

Abends nahm ich das Buch von Th. Haecker wieder vor und las aufmerksam darin; unterbrach mich in der Lektüre, um aus Salzburg unter Toscanini die Brahms'schen Haydn-Variationen und die 7. Symphonie zu hören. Haecker ist ein katholischer Denker und starker Schriftsteller von etwas zelotischen Manieren. Aber obgleich er mich mehrmals hart (und mißverständlich) angreift, empfinde ich für seine christliche Humanität tiefe Sympathie (»Was ist der Mensch?«) und war bewegt von seiner mutigen Apologie des Geistes. Das Bewußtsein meines Kultur-Christentums, das freilich ansteht, »gläubig« zu werden und sich der Offenbarung zu unterwerfen, ist in letzter Zeit sehr erstarkt.

Freitag den 24. VIII. 34
Beschäftigung mit dem Politikum. Mittags zur Stadt, wo man im »Kapitol« eine Separataufführung des neuen Films »Frühjahrsparade« gab. Wohlgefallen. Erhielten unseren Passepartout.

Nachher Mittagessen im Baur au lac mit dem alten Lemmle und seinem Bruder, dem Münchener Antiquar.

Legte mich noch spät etwas zur Ruhe und schrieb nach dem Thee an Erika und Klaus Pinkus. – Brief von Fiedler, der wieder zu Hause.

Zum Abendessen das Ehepaar Beidler. Man saß nachher im Garten. Er plant eine Cosima-Biographie. Manches über die Verhunzung Wagners.

Sonnabend den 25. VIII. 34.
Las gestern Abend vorm Einschlafen mit Grimm und Heiterkeit die scharfsinnigen und amüsanten Ausführungen Schwarzschilds über das gefälschte Testament.

Heute 7 Uhr auf und nach einer Tasse [?] mit K. zur Stadt: Sitzung bei Asper, der die Wiederherstellung der Brücke, zum Teil schmerzhaft, technisch vorbereitete. Es ist mir peinlich, daß die beiden Wurzeln merklich mit Fäulnisstoffen imprägniert sind, trotz ihrer inneren Desinfiziertheit. – In der Bahnhofstraße Volksspalier in Erwartung der »Tour de Suisse« Bicyklisten. Die Sport-Narrheit der Menge ist überall dieselbe.

Zu Hause zweites Frühstück und Beschäftigung mit dem Politikum durch Nachlesungen und Notizen. Dann Spaziergang mit K. über Johannisburg.

Nach Tische Lektüre der Zeitungen bis ½5 Uhr. Vieles regt mich jetzt an und liefert mir Stützen für mein Denken wie zur Zeit der Betrachtungen. – Sehr guter Artikel von d'Ormesson im »Temps«.

Brief von Pinkus wegen Musil. Weitere Post, u. a. von Zweig, der mir in Sachen der London Film Produktion »zuzugreifen« rät, da ein jüdisch-erzväterlicher Monstre-Film von Werfel-Reinhardt unterwegs sei. Eben dadurch scheint aber das Londoner Projekt auch schon verschüttet, da ich ohne Antwort bin. – Ferner von dem jungen Hart, »Equinox«, sehr sympathisch.

Diktierte Briefe nach dem Thee: an die Herz, Equinox, Pinkus, Landshoff-Querido, Zweig, London-Film.

Sonntag den 26. VIII. 34.

Spät auf. Beschäftigung mit dem Politikum. Mit K. über Johannisburg. Nach dem Essen, wie schon gestern Abend, Beschäftigung mit dem gedruckten und handschr. Material zum P., eigenen Aufsätzen etc. – Nachmittags trafen Peter Pr. nebst Tochter Germaine ein, die einige Tage bleiben werden. Nach dem Abendessen mit ihnen in der Halle. – Erledigte nachmittags handschr. Korrespondenzen.

Montag den 27. VIII. 34

7 Uhr auf und ¾ 8 Uhr zur Sitzung bei Asper. ½ 10 Uhr [?] und mit K. und ihren Verwandten gefrühstückt. Danach nur einige Bogen für Equinox signiert und 11¼ Uhr wieder zu Asper, wo, wie morgens, schmerzhaft die neuen Kronen aufgepaßt wurden und dann der verwünschte und ängstigende Total-Gipsabguß überstanden werden mußte. Er verlief übrigens glatt.

Zu Hause über die Saar-Demonstration in Koblenz gelesen. Hitlers Ehrfriedensverlogenheit – scheußlich.

Nach Tische in Goethes Gesprächen Stellen über die Deutschen aufgesucht.

Zum Thee Herr Griesebach, ein junger Schüler Peter Prs. Er erzählte, in einer deutschen pädagogischen Zeitschrift habe gestanden: Deutschland sei Dornröschen; dieses sei die »schlafende Volksseele«; Hitler aber sei der Prinz, der durch die Dornen gedrungen sei und die Seele erweckt habe mit seinem Kusse. – Brr. – Beidler erzählte neulich, ein Siegfried Wagner-Sproß, enfant terrible, habe auf die Frage, ob seine Mutter und Hitler nicht bald heiraten würden, geantwortet: »Meine Mutter möchte schon, aber er will nicht.«

Schrieb an Heinz Simon und Dr. Andreae, kondolierend zum Tod seiner Mutter.

Guter Brief von Eloesser über den Joseph.

London Film telegraphiert, daß die Option eingezahlt und der Kontrakt abgegangen.

Nach dem Abendessen mit K. und den Ihren in der Halle; Musik. – Daß Deutschland an der Entwicklung der theoretischen Physik seit einem Jahr einfach keinen Anteil mehr hat und seine Zeitschriften die leersten u. langweiligsten der Welt sind. Es hielt früher die Spitze. Jetzt führen Amerika und Frankreich, das früher sehr zurückstand.

Dienstag den 28. VIII. 34.

Das warme Sommerwetter wiederhergestellt.

Beschäftigung mit dem Politikum.

Spaziergang mit K., ihrem Bruder u. ihrer Nichte durch den Wald.

Nach Tische Zeitungen und Goethe-Gespräche. Saar-Demonstration in Koblenz. Hitler-Rede im Stile Stresemanns.

Nach dem Thee an den alten Fischer und mehreres Weitere geschrieben. Dämmerungsgang.

Nach dem Abendessen Vorlesung in meinem Zimmer: »Joseph kommt vor Potiphars Haus«. Anschließend Unterhaltung, auch politisch: Über die geschichtliche Ahnungslosigkeit der deutschen Machthaber: länger als 100 Jahre hat keine Epoche der deutschen Geschichte gedauert, und immer gab es ein paar Leute darin, die was anderes waren als Hitler. Das französische Königtum bestand durch knapp ein halbes Jahrtausend – eine außergewöhnlich lange Frist. Wer hätte gedacht, daß das deutsche Kaisertum von 1870 nur vierzig Jahre währen würde? Und diese Dummköpfe schwatzen von tausend, von dreißigtausend Jahren. Wenn sie es 30 Jahre trieben – für Deutschland wäre es viel zu lange.

Mittwoch den 29. VIII. 34

Nach dem Frühstück, 9 Uhr, zu Asper, wo in einstündiger Sitzung der erneuerte Brückenteil eingepaßt und einzementiert wurde. Noch einige Schmerzen.

Zurückgekehrt benützte ich den Rest des Vormittags zu einem Dankesbrief an Eloesser.

London Film schickte seinen Options-Check und den Kontrakt, der noch nicht ganz in Ordnung ist.

Dr. Brock sendet politische Aufsätze, von denen ich einen nach Tische mit Vorteil las.

Papierproben von Papyrus-Basel, zur Ergänzung meines Manuskript-Papiers.

Zum Thee Prof. *Venable*, Vassar-College, mit Frau. Fran-

zösische Konversation. Überreichung eines englischen Manuskripts über die Technik des T.i.V. – Einladung für Freitag.

Bögen für Equinox signiert. Sonderbarer Irrtum des Übersetzers von »Schwere Stunde«: »Einen Brief des Julius« –
»One of Caesar's letters«.

Abends Ring-Musik.

Donnerstag den 30. VIII. 34.

Schönes Wetter. Ziemlich spät auf und mit der Familie gefrühstückt. Nachher Beschäftigung mit »Meerfahrt«: Verteilung
des Stoffes. Der Gedanke ist mir jetzt angenehm, mir Bedenk-
zeit für das Politikum zu schaffen, indem ich erst das Feuilleton schreibe und dadurch den Novellenband komplettiere.

Mittags ausgedehnter und schöner Spaziergang mit K. nebst
Bruder u. Tochter durch das Bachthal nach Johannisburg.

Nach Tische Goethe-Gespräche und Zeitungen.

Zum Thee im Garten kam Dr. Brock, der eindrucksvoll von
seiner in Deutschland teils durch Christian science, teils durch
Nationalsozialismus demoralisierten Tochter erzählte. Ich ging
nachher mit ihm durch den Wald spazieren in Gesprächen
über Deutschland und meine Arbeitsprobleme. Er sprach vom
»Joseph« als einem in die Zukunft weisenden Werk, welche
Eigenschaft in der Vereinigung von Mythus und Vernunft
beruhe.

Kam erst kurz vor dem Abendessen nach Hause und las
nach diesem den englischen Essay von Venable über die Symbolik des »T. i. V.«, eine sehr feine, etwas zu mathematische
Analyse, die im »Criterion« erscheinen soll. Auch sie mündet
in den Gedanken der Union des »sens du mystère« mit dem
»sens de l'intelligibilité«, die ich für das junge und zukünf-
tige Element meiner Dichtung erachte.

Freitag den 31. VIII. 34

Frühstück mit Peter Pr. und seiner Tochter, die bald darauf
mit ihrem Mercedes nach dem Tessin abfuhren.

Begann »Meerfahrt« zu schreiben.

Regen. Ging eine Stunde mit K.

Nach dem Essen Zeitungen.

Zum Thee Prof. Perron aus München und Prof. Venable mit Frau. Letztere blieben bis gegen 7, indeß man über seinen Aufsatz und viel über den Zbg. und den »Joseph« sprach. – Perron bestätigte den Stimmungsumschlag in der Münchener Studentenschaft.

Anruf einer Wiener Redaktion: Befragung wegen des Joseph-Films, über dessen Regie und Besetzung Nachrichten in Wiener Blättern. – Telegramm der Gesellschaft, daß alle Bedingungen akzeptiert.

Briefe von Lesser, dem tschechischen Übersetzer u.a. Lion schreibt über unheimliche Eindrücke beim Lesen deutscher Zeitungen. Karte von Frau Fischer mit schlechten Nachrichten über die Gesundheit des Alten. – Dr. Alexander Mette überreicht eine Schrift.

Sonnabend den 1. IX. 34.

Gestern Abend spielte die Heizung. Heute war das Wetter milder, aber ein kleiner elektrischer Wärme-Reflektor ist erworben und in Gebrauch genommen.

Fuhr fort, an dem »Feuilleton« zu schreiben, das eine assoziationsreiche Arbeit ist.

Machte nach dem Rasieren mit K. den Wald-Spaziergang. Briefe von Reisiger, der 100 Franken braucht, Faber du Faurs, die sich anmelden, Haas, der das Drehbuch des »Jaakob« schreiben möchte.

In den Zeitungen internationale Aufregung über eine neue Rede Schachts, deren Ankündigungen, verwirklicht, dem deutschen Staatsbankerott gleichkämen.

Zum Thee *Dr. Knoche* von München und Frau. Interessante Unterhaltung über die Lage in Deutschland. Es machte mir Eindruck, daß O. Spengler, der gewiß nicht dumm ist und Verbindungen zur Großindustrie besitzt, den Zusammenbruch des

Regimes im Laufe dieses Winters voraussagt. Spengler war vor einiger Zeit ad audiendum verbum bei Hitler. Er war auch bei Mussolini gewesen und verglich. Der Italiener empfängt, sagt im Stehen ein paar freundliche Worte, lädt dann zum Sitzen ein und sagt: »Bitte, äußern Sie sich! Sie können deutsch sprechen!« (Er ist Triestiner.) Hitler läßt den Besucher, einen Mann immerhin wie Sp., überhaupt nicht zu Worte kommen, sondern redet selbst eine Stunde lang ununterbrochen. Dabei hat man das Gefühl, sagen zu müssen: »Gehen Sie jetzt, junger Mann, und holen Sie Ihren Chef!« – Spengler erzählt: Hitler übt Einfluß auf die Seinen hauptsächlich durch Selbstmord-Drohungen: »Ich bringe mich um!« (Z. B. wegen des Gesetzes über Vereinigung der höchsten Ämter.) Er schreit und wälzt sich am Boden. Am 30. Juni ist er in desolatem Zustand gewesen; um ihn für Wiessee in Stand zu setzen, hat man (im Braunen Hause) mit Alkohol und anderen Stimulantien stark nachhelfen müssen. Kurz, ein schwer hysterisches Weib, von subalternster Rachsucht (siehe den Fall Dorothy Thompson) und zum Morde sehr aufgelegt. –

Nach Knoches Weggang mehrere Briefe diktiert: London Film, Saturday-Revue u. a.

Abends Anruf Bermanns aus Freudenstadt, nicht, wie fast schon erwartet, den Tod des alten Fischer, sondern seinen Besuch für Dienstag zu melden. Dem Alten geht es ein wenig besser, Gelbsucht und Bronchialkatarrh sind zurückgegangen, aber psychisch herrscht Depression und Verwirrung, und Frau Fischer äußerte sich, an den Apparat kommend, in gefaßtem Sinne. Er habe sich übrigens über meinen Brief gefreut und ihn den halben Tag bei sich gehabt. Bermann kommt »aus keinem besonderen Anlaß«. Natürlich will er nach dem Rechten sehen und mich bei der Stange halten. Ich werde ihn in seinen Befürchtungen schon bestärken.

Abends strömender Regen und Gewitterschlag.

Begann, nach der Beschäftigung mit Mettes Schrift, die Italienische Reise zu lesen.

Sonntag den 2. IX. 34

Zeitig auf und an »Meerfahrt« weitergeschrieben.

Waldspaziergang mit K. bei kühlem, halb sonnigem Wetter.

Nach Tische Lektüre von Mettes »Tiefenpsychol. Grundlagen des Tragischen«.

Zum Thee Frau *Hallgarten*. Über ihre und unsere Erlebnisse und die Aussichten. Meine Zweifel, wie, sollte in einigen Monaten der wirtschaftliche Zusammenbruch erfolgen, der Übergang zu etwas noch ganz unbestimmt Anderem gefunden werden und das »Geschaffene« rückgängig gemacht werden soll. Die Reichswehr kann zunächst das Chaos abfangen und Ordnung auf der Straße halten; aber sie kann nicht regieren und den neuen Staat organisieren. – Die Hallgarten erzählte von ihrer Reisegesellschaft, einem Serben, einem Ungarn, einer Saarländerin und ihrem einstimmigen Abscheu vor der deutschen Wirtschaft; es sei kein zivilisiertes Land. Das zeigt, welche Kluft zwischen dem deutschen Geist und auch selbst den politischen Haltungen und Gesinnungen liegt, die man faschistisch nennt, der serbischen, ungarischen, italienischen. Der Nationalsozialismus ist etwas durchaus aus dem Europäischen und Gesittungsmäßigen Herausfallendes, er steht nicht nur zu ›Liberalismus‹ und »westlicher Demokratie« im Gegensatz, sondern zur Civilisation schlechthin, dies Wort in einem Sinn genommen, über den auch deutsche Kulturtiefe sich nicht hinwegsetzen kann. – Ich schäme mich zuweilen, daß ich Allotria treibe und damit der Pflicht ausweiche, dies und das Zugehörige der Welt zu sagen. – Die geheime Tätigkeit des internationalen Kommunismus soll sehr rege sein; die Agitation ist in Deutschland lebhaft. – Merkwürdig zuversichtliche Äußerung einer Saarländerin, daß [. . .] eine Option für Deutschland nächstes Jahr ausgeschlossen sei. Ich zweifle; allerdings muß man die abschreckenden Wirkungen des kommenden Wirtschaftswinters in Betracht ziehen.

Die Kinder spielten Mozart vor.

Geheizt von morgens an.

Nachmittags Beschäftigung mit dem Politikum.

Zum Abendessen Alfred Neumann und Frau. Nachher in meinem Zimmer Vorlesung des Huy und Tuy-Kapitels. Besichtigung ihres neuen Wagens.

Bermann sagte sein Kommen ab, da das Befinden des Alten ihn festhält. Der 75jährige schläft viel und nimmt kaum Nahrung zu sich.

Montag den 3. IX. 34.
Glänzend schöner Herbsttag. Schrieb weiter an »Meerfahrt«. Ging allein spazieren.

Zum Thee Herr u. Frau Faber du Faur, fade.

Früher gegessen u. mit K. und Moni ins »Corso«, wo die erste Hälfte des Programms genußreich und sehr komisch war. Ich lachte Tränen über Curt Bois, der gastierte, und freute mich an japanischen Equilibristen. Die zweite Hälfte hatte öden Jazz- und Nigger-Charakter und langweilte mich. Große Angegriffenheit und Müdigkeit nachher.

Dienstag den 4. IX. 34
Der Kamillenthee mit Phanodorm gestern Abend brachte guten Schlaf. Heute der Sommer wiederhergestellt, warm und blau.

Schrieb an der »Meerfahrt«. Ging nur kurz spazieren.

Zum Mittagessen Annette *Kolb* und W. *Kiefer,* aus Österreich zurück, mit Frau. Recht angeregte Unterhaltung.

Zum Thee Emil *Preetorius,* der sich gestern angemeldet. Gealtert, ernst. Viel über Deutschland. Ich stellte ihn offen wegen seines Nicht-Austritts aus dem Rotary-Club zur Rede. Seine eigene Gefährdung in jener Zeit, nun ja. Er hat, persönlich, von Hitler den Eindruck eines ordinären und schlechtrassigen, aber »guten« Menschen, der »aus dem Gefühle« lebt. Ich danke.

Begleiteten P. zum Bahnhof hinunter, wo er zu Wolfskehl in den Zug nach Meilen stieg, und gingen mit Umweg nach Hause.

Las nach dem Abendessen allerlei in »Corona« und »Neuer Rundschau«: Suhrkamp über Hamsun ist hübsch. Hesse über Bücher imponierte mir durch seine gelehrte Belesenheit auf vielen Gebieten, seine ruhige Würde und Festigkeit. C. G. Jungs zweifelhafter Charakter. Man hört, daß er sich jetzt als Antisemit deklariert hat.

Von Hesse heute längerer Brief. Für eine von Scholz herausgegebene »Deutsche Biographie« will er nur schreiben, wenn auch ich aufgefordert bin.

Mittwoch den 5. IX. 34

Warmer Tag. Fuhr mit »Meerfahrt« fort. Ging mit K. spazieren. Schrieb an Herm. Hesse. Breitbach sandte langen Brief über seine Affaire. Ein Heft der »Literatur« kam mit einer Besprechung des »Joseph« von Süskind. Ich quälte mich mit der Lektüre von viel Schaurigem in der deutschen Zeitschrift. – Hörte abends mit Freude Aida-Platten.

Habe Klaus' »Flucht in den Norden« zu lesen begonnen. Anmutig.

Donnerstag den 6. IX. 34.

Schönes Wetter nach langwierigem nächtlichen Gewitter, das mir nicht um ½ 2 Uhr erlaubte, mich zur Ruhe zu wenden.

Fuhr an »Meerfahrt« zu schreiben fort. War mit K. in der Stadt, wo ich dem Verleger Opprecht Fiedlers Manuskript einhändigte und einen Winteranzug bestellte.

Die Post uninteressant bis auf einen Brief von Reisiger an K., dankbar für 100 Franken und Bezug nehmend auf die offenbar pompös aufgemachten Nachrichten in der österr. Presse über die Verfilmung der Jaakobsgeschichten. »Ein Böller gegen das 3. Reich«.

Moni krank, hohes Fieber. Der junge Arzt hat Verdacht auf Pneumonie.

In den Zeitungen der Nürnberger Parteitag. Der unbescheidene Anstreicher verfügt mehrmals über die nächsten tausend Jahre.

Zum Thee *C. Zuckmaier*, dessen »Knie« hier gespielt wird, mit Frau und Mutter. Herzliches über den Joseph, der in London ein großer Erfolg sein soll, wo die Bergner ihn in zahlreichen Exemplaren verschenkt haben und englisch und deutsch daraus zitieren soll.

Las von Golo, der gerade abends zurückkehrte, gescheite Aufsätze in der »Sammlung«. Er hat Reisiger in Seefeld besucht. Auch ein eindrucksvolles Essay von Heinrich in der Zeitschrift.

Freitag den 7. IX. 34.
Schönes, herbstlich getöntes Spätsommerwetter. Fuhr nach der Arbeit an »Meerfahrt« mit K. in den Wald.

Moni andauernd hohes Fieber. Der junge Doktor erweist sich als Tölpel; man vertauscht ihn gegen einen erfahreneren aus Zürich, und K.'s Diagnose, daß es sich nur um eine Stauung im Darm handele bestätigt. Umschläge, Kamilleneinläufe, starker Schweiß. Der Weg zur Besserung wurde im Lauf des Tages beschritten.

Eine Rede des Goebbels wird bekannt, worin er die deutsche Propaganda und ihre Absage an die *Lüge* feiert und es energisch leugnet, daß das Volk die Wahrheit nicht ertragen könne! Da heißt es schlucken.

Fuhr nach dem Thee mit Golo zum »Kapitol«, wo wir einen recht albernen Film »Früchtchen« sahen.

Nach dem Abendessen Aida-Platten.

Briefe von Anna Jakobsen und der Hamburger (zusammen) und von Schickele, der mir rät, das Kampfbuch zu schreiben und erst dann über die Veröffentlichung zu entscheiden. Er spricht von einem Schlag, nach welchem die Emigration ganz anders aussehen würde.

Sonnabend den 8. IX. 34
Sehr warmer und schöner Spätsommertag. Waren nach der Arbeit mit dem Wagen im Wald. Moni gebessert. Briefe von

Heins, nachdem es das Ausw. Amt ist, das die Entscheidung verzögert; von der Herz, die operiert wurde und im Krankenhaus liegt; von Erika und Loerke, der Lions Geschichtsbuch in schmeichelhafter Form ablehnt. Außerdem müßige Amerika[?].

Nach dem Thee Besuch vom Direktor des Zürcher Rundfunks, mit dem ein, schlecht bezahlter, »Gruß an die Schweiz« für Ende Oktober verabredet wurde.

Meine Gesundheit läßt zu wünschen übrig. Belegte Zunge, Stauungsgefühle im Leib und Neigung zu Kopfschmerzen.

Sonntag den 9. IX. 34.

An »Meerfahrt« gearbeitet. Nicht ausgegangen und schon 1 Uhr gegessen. Dann etwas geruht und ½3 Uhr mit K. zu Reiffs, mit denen wir eine Autofahrt nach Ernst Zahns Besitzung am Vierwaldstädter See [?]. Unterwegs Panne, Aufenthalt, Kaffee im Wirtsgarten am Wege. Telephonische Bestellung eines anderen Wagens; mit diesem ans Ziel, bei drohendem Gewitter, das dann niederging. In Zahns Familienkreis, Besichtigung des schönen Seegartens, dann Thee an langem Tisch im Eßzimmer, mit Gefrorenem, dann Cigaretten und Unterhaltung im Wohnzimmer. ½7 Uhr Ab- und Rückfahrt bei Nacht und strömendem Regen über Luzern. Überschwemmungen vom Wolkenbruch. Passierten Motorrad-Unglück. Trafen nach 8 in der Mythenstraße ein und fuhren bei andauerndem Regen und Blitzen mit unserem Fiat nach Hause.

Las gestern und heute Abend in den »Briefen eines Unbekannten«. Lese vorm Einschlafen mit Wohlgefallen Klaus' Roman weiter.

Montag den 10. IX. 34.

»Meerfahrt« vormittags. Regenspaziergang, allein. Das gestrige Unwetter hat in der Mittelschweiz große Überschwemmungen hervorgerufen.

Mittags *Bermann*, der den ganzen Rest des Tages blieb und

abends 10 nach Basel weiterreiste. Berichte über den alten Fischer, dessen geistiger und körperlicher Zustand recht kläglich ist. Der Bücherverkauf soll, nachdem er auf Null gesunken, neuestens eine Belebung erfahren haben. Ich machte B. gegenüber kein Hehl aus meiner Neigung zum Ausspringen und bereitete ihn auf die Möglichkeit des Bruches vor.

Zum Thee außer B. Frau Dr. *Wendriner,* recht angenehm.

Später bis zum Abendessen mit B. in meinem Zimmer. Nachher bis zu B.'s Abreise einige Musik. Irgend ein positives Ergebnis konnten die Besprechungen nicht haben. Die beiden Gäste stimmten überein in ihren Schilderungen des rapiden Stimmungsverfalls und -Umschlags in Deutschland. Das Regime sei von innen her angefault und mürb, die Opposition so verbreitet, daß bei freien Wahlen kaum noch eine Mehrheit für das Bestehende sich ergeben würde.

Donnerstag den 13. IX. 34

Vorgestern gute Briefe: von Lion, der wieder sehr fein über den »Joseph« schreibt, und von K. Pinkus aus Capri über den Roman und das Verhältnis meiner anderen Pläne zu ihm. Er legt auch einen Brief des guten Max Tau an ihn bei, worin dieser mich »seinen größten Lehrmeister« nennt, »zu dem er am meisten dankbar aufblicke«. – Es tat mir wohl in leidendem Zustande.

Korrodi schickte mit einem angenehmen Brief sein Buch »Deutsch-Schweizerische Freundschaft«. Auch kam eine Schrift über Medizingeschichtliches bei Novalis vom Verfasser Dr. K. T. Bluth in London.

An »Meerfahrt« schrieb ich weiter. Die Arbeit daran erinnert mich an die Herstellung von »Mario«.

Las in den »Briefen eines Unbekannten« und Klaus' Roman, heute auch allerlei Goethe-Lavater'sches in dem Schweizer Buch.

Ließ mir heute Mittag das Haar schneiden.

Grämte mich unvernünftiger Weise über die Gratulationskur

bei Hitler, die dem Menschen wieder Gelegenheit zu einer Friedensrede gegeben hat. Berechtigter schon ist mein Ärger darüber, daß die Schweizer Blätter den Renegaten Hellpach und seine »Volks«-Philosophie, die er vor dem Prager Philosophenkongreß entwickelt hat, gegen die Empörung des Kongresses verteidigt – weil er schon immer »Demokrat« gewesen sei! Was soll man zu solcher Torheit sagen? Alsob es heute »Demokratie« bedeutete, mit dem verlogenen Begriff »Volk« zu arbeiten – und nicht elende Unterworfenheit. Hat je im Centrum irgend eines großen Denkens das »Volk« gestanden, Gestalt der Wahrheit, der Erkenntnis, dem Lebensrätsel? Es ist empörend und widerwärtig. –

Brief von Vikko heute aus Capri, auf den allerlei zu antworten wäre.

K. ist enerviert durch die Renitenz, Undankbarkeit und Hypochondrie der Patientin Moni, deren Krankheit sich als Gelbsucht deklariert hat. Der Arzt, Dr. v. Schultheß, kommt täglich. Es wäre besser, das Kind hätte das in Florenz abgemacht. –

Schrieb gestern und heute längere Briefe an Heinrich und Lion.

Freitag den 14. IX. 34
Weiter an »Meerfahrt«, harmlos.

Mittags mit K. Waldspaziergang.

Moni gebessert und für K. erträglicher.

Nach Tische Lektüre des »Tagebuch«. Schwarzschilds imaginäre Note der Mächte an Deutschland hat etwas Erquickliches. Der Aufsatz des »Miles« über den deutschen Rüstungsstand zusammen mit der unheimlichen Bänglichkeit der Saarfrage macht mir Gedanken, ob man nicht vor der Abstimmung sich nach Südfrankreich oder eine andere Gegend weiter vom Schuß begeben sollte.

Zum Thee Prof. Claparède aus Genf, der vom Prager Philosophenkongreß kommt. Über Hellpach. –

Schrieb an Vikko.

Abends mit K. ins Schauspielhaus: Richard III. mit Bassermann. Der Abend war eindrucksvoll besonders durch die
Aktualität des Stückes, ein Wiedererkennen des verbrecherisch
»Geschichtlichen« von heute im Alten, dessen Wiederkehr man
nicht mehr für möglich gehalten. – In der Pause sahen wir
Riesers und Hartung, der sich nach Schluß noch zu uns gesellte
u. uns zum Wagen brachte. Er meinte, in Deutschland berei-
teten sich neue Katastrophen vor. Die Schweizer Banken rechneten mit dem baldigen Ende des Regimes.

Sonnabend den 15. IX. 34.

Herbstnebel, dann Sonne und schöner Tag.

Nach der Arbeit K. entgegengegangen und mit ihr [?] den
Wald gefahren, von dem wir entzückt waren.

Nach dem Thee an Korrodi geschrieben: über sein Buch und
wegen »Meerfahrt«; dann noch etwas gegangen.

Abendgesellschaft: *Faesi* mit Stiefsohn und *Beidler* mit Frau.
Müde.

Sonntag den 16. IX. 34.

Mittags nach der Arbeit mit K. zum Dolder, wo wir Lunch
mit *Hidchens* hatten. Kaffee auf der Terrasse, aufgeräumte
Geschichten des freundlichen Britten.

Zum Thee G. *Kölwel,* der bis 7 Uhr blieb und gutmütig
redete.

Las gestern über die Medizin bei Novalis im Hinblick auf
»Dr. Faust«. Die Beziehungen des Zbg. zu Novalis und meine
Beziehungen zur Romantik überhaupt. Neigung zum Polaren.

Brief von Witkowski wegen Ric. Huch und der Zuerkennung des Nobel-Preises an sie. Kleines Manuskript von ihm
über den Joseph.

[. . .]

Montag den 17. IX. 34.

Schrieb eine gute Seite über die epische Illusion und ging mit K. durchs Bachthal spazieren. Schöner, warmer Herbsttag.

Seit gestern wieder ein junger französischer Schüler Golos bei den Mahlzeiten zugegen.

Briefe von Fiedler (eines seiner Joh. Baptista gezeichneten deutschen Stimmungsbilder), Arnold Zweig aus Haifa, Klaus (über den Tod Feists), Hartung (über den Antrag, Ossietzky den Friedens-Nobelpreis zu verleihen), einer Wiener jüdischen Vereinigung, der ich denn doch absagen werde, und Korrodi, der erklärt, sich das Manuskript von »Meerfahrt« selber holen zu wollen!

Nachmittags nervöses Übelbefinden, Herzklopfen.

Nach dem Garten-Thee mit K. ins Cinema Bellevue, wo wir ein hübsches französisches Lustspiel und einen recht schlecht gemachten franz. Bagno-Film sahen. Gingen vor Schluß, und ich legte das letzte Stück Wegs zu Fuß zurück.

Dienstag den 18. IX. 34.

Darm-Affektion durch Abführmittel, das Monis Arzt empfohlen. Schlechtes Befinden.

Nach der Arbeit mit K. zur Stadt bei prachtvollem Herbstwetter. Anprobe beim Schneider und Besorgungen.

Nachmittags Herzklopfen, nicht geruht.

Schrieb an Wittkowski in Sachen der Huch.

Erwartete K. und ihre Eltern, die sie vom Bahnhof geholt hatte, vorm Hause auf und ab gehend. Sehr verspätet kamen sie mit einem Taxi, da K. am Bahnhof die Autoschlüssel verloren hatte. Nach dem Abendessen mit den Greisen in der Halle. Sie erzählten Einiges von dem römischen Treiben, wovon das deutsche ein Abklatsch. Von der faszistischen Ausstellung, die unglaubwürdig sein soll. Das blutige Taschentuch, mit dem Mussolini sich nach dem Attentat die Nase gewischt. Zeitungsausschnitte und Köpfe des Duce in Riesenformat. Meine Überzeugung, daß auch in Deutschland das

Regime bleiben wird, befestigt sich. Es ist das Zeitgemäße und stellt ein »geistiges« System dar, das im deutschen Denken Wurzel geschlagen hat.

Moni hat K.'s Schlafzimmer bezogen, mit dem sie unzufrieden ist, während K. oben in der Kammer schläft.

Mittwoch den 19. IX. 34.

Bedeckt, Regen. Schrieb über das Zurückstellen der Uhren auf der Fahrt nach Westen. Ging allein über Johannisburg spazieren.

Erste Rede Litwinows in Genf. Der Erfolg der Oppositionsrede Motta's war größer. Leitartikel der National-Zeitung über die Rüstungen Deutschlands. Kriegswirtschaft, Streckung und Ersatzmittel bei Anhäufung von Rohstoffen, deren Einfuhrmenge zu den Armutsbehauptungen in krassem Gegensatz steht. Man will die Welt betrügen, und es ist zu hoffen, daß diese nur so tut, als merkte sie nichts.

Abends Tschaikowski-Musik.

Donnerstag den 20. IX. 34.

Schöner Föhntag. Schrieb emsig an »Meerfahrt« und machte allein den Waldrundgang.

Nach dem Thee mit K. und den Alten ins »Kapitol«, wo [wir] den London-Film »Katharina die Große« mit der Bergner sahen. Schlechtes Buch, aber interessant zu sehen. – Dr. Mannheimer kam in die Loge.

Klaus rief aus Holland an, wobei sich herausstellte, daß die Nachricht von Feists Tod auf Mißverständnis beruhte.

Aus Moskau Zeitungsblatt mit einer in ihrer Art sehr guten Kongreß-Rede Joh. R. Bechers.

Brief der *Frau Brauer* aus Cattolica. Ein weiterer von einem jungen Leser, Brehmer, in Berlin.

Sonnabend den 22. IX. 34

Schreibe an dem Feuilleton mit Eifer, komme nur nicht rasch genug vorwärts.

Schönes Herbstwetter. Ging gestern und heute allein spazieren.

Brief von Heinrich. Er zitiert, in Bezug auf Hitler, Rochefort nach Napoléons III. Sturz: »Cet imbécile de qui personne ne parle plus.«

Zuspruch eines Unbekannten, jung wohl, in Deutschland.

K. fuhr nachmittags mit ihren Eltern und Bibi nach Luzern zum Besuch Erikas, die dort große Erfolge hat. Sie schickte mir eine warme Besprechung des Luzerner Tagblatts, die mich rührte.

Schrieb eingehend an Klaus über seinen Roman.

Montag den 24. IX. 34

Goethe nennt die *Ironie* »Das unentbehrliche Salz, welches das Aufgetischte erst genießbar macht.«

Carlyle meinte, »es sei töricht, Revolutionen zu segnen oder ihnen zu fluchen, aber wichtig, sie zu studieren; es sei verdrießlich, ihnen durch Schlamm und Kot zu folgen, gefährlich, ihnen zu dienen, erfolglos, gegen sie anzukämpfen, rühmlich aber, mitten in die Trümmer für den Wiederaufbau Keime des Glaubens und sittliche Ideen auszustreuen.«

– Es kam die dänische Ausgabe des »Jungen Joseph«.

Zuneigungsbrief einer Frau in Chikago und Gedichtsendung des jungen Schütz, Berlin.

Las mit Vergnügen und Achtung in Zuckmayers neuem Stück »Der Schelm von Bergen«.

Lese die »Italienische Reise« weiter.

Stehe in der Arbeit bei den antiken Beziehungen.

Das Wetter ist sommerlich.

Schwierig ist ein Brief Lions über seine Arbeitsprobleme und die Finanzierung seines Buches über den »Joseph« zu beantworten.

Schrieb den größten Teil dieses langen Briefes.

Abends Gäste: *Beidlers* und Heinz *Simon*. Gespräch der Alten mit Beidler über Wagneriana.

Dienstag den 25. IX. 34.

Sehr emsige Arbeit an dem Feuilleton. Wenige Schritte spazieren. Warmes Wetter.

Moni, noch blaß, wieder bei den Mahlzeiten.

Begann Annettens Roman zu lesen.

Besuch des Dr. *Eichhorn* aus Freudenstadt.

Bruno Frank, einige Tage hier, rief an.

Briefe diktiert: an Hartung in Sachen Ossietzky, an Frau Brauer in Cattolica wegen ihres Manuskripts, an Suhrkamp wegen desselben und verschiedene andere. Beendete dann den Brief an Lion.

Mittwoch den 26. IX. 34.

Eifrige Weiterarbeit. Schöner Spätsommertag. Verabschiedete mich mittags von den alten Herrschaften, während sie lunchten, und ging über Johannisburg in der Sonne spazieren. Unterdessen fuhr K. ihre Eltern zum Bahnhof, wieder einmal, vielleicht zum letzten Mal, wie sich in ihren Mienen angedeutet habe.

Zum Essen Erika, zwischen Luzern und Basel. Ermüdet, aber wie immer lebensvoll. Schweizer politische Schwierigkeiten mit ihrem Kabaret. Man steht z. Z. gut mit Deutschland und weniger gut mit Frankreich, das verdirbt den Charakter.

Durchsicht der Zeitungen nach Tische beim Kaffee auf der Terrasse.

Ich bekam von der Schneiderei einen neuen grauen Anzug, den ersten von Schweizer Herstellung.

Bibi brachte zum Anhören und Kaufen Plattenalben, Tschaikowski-Symphonien, die ersten auf dieser »Reise«.

Brief von Dr. Heins mit neuen gläubigen Verfristungen die Freigabe betreffend, obgleich die Familie Taylor im Begriffe ist, das Haus zu beziehen.

Brief an Prof. Frankl, Prag, wegen Vortrag dort und in Brünn nach Mitte Oktober für 6000 Kč. Zu bedenken.

Schrieb Briefe an Zuckmayer, Zarek u. a..

Zum Abend Bruno *Frank*. Mit ihm nachher Unterhaltung in meinem Zimmer. Müde.

Donnerstag den 27. IX. 34.

Eifrig weitergeschrieben. Mittags Spaziergang mit K. bei warmem, sonnigem Wetter. Nach Tische Beschäftigung mit dem graziösen Roman der Kolb. Zum Thee der junge Zeitungsmann Pfeiffer-Belli, aus Nidden bekannt. Ziemlich unergiebig. Brief an Frankl-Prag diktiert. Abendspaziergang. Abends neue Tschaikowsky-Musik.

Telephon-Anruf des alten Carl Rößner; Einladung zu seiner Operetten-Première am Samstag.

Unsere Abfahrt nach Lugano, wo ich das Feuilleton zu Ende schreiben will, für Montag oder Dienstag ins Auge gefaßt. K. telephonierte mit Frau Hesse wegen unseres Besuches.

Brief von Suhrkamp über den Stand meiner Angelegenheit. Die beschleunigte Freigabe meiner Habe von den Ministerien in Berlin befürwortet, mit dem verfänglichen Hinzufügen, daß mir damit die Rückkehr zu erleichtern sei.

Freitag den 28. IX. 34.

An »Meerfahrt« weiter. Ein Abschnitt über das Christentum. Es trifft sich, daß gleichzeitig im »Tagebuch« mein New Yorker Interview über Christentum und Judentum als meine »erste Äußerung« wiedergegeben ist.

Mittags mit K. zu Wagen in den Wald. Wundervolle Frühherbsttage, starker Nebel am Morgen, dann Bläue und Wärme.

Zum Essen B. Frank; mit ihm nachher auf der Terrasse. Dann journal. Lektüre.

Brief von Klaus zum Dank für den meinen über sein Buch. Es sei, meint er, ein Dokument »für später«.

Schrieb an Annette Kolb über ihren Roman.

Fuhren mit den Kindern zum Schauspielhaus, wo wir eine recht gute und eindringliche Aufführung des »Tell« mit

Bassermann in der Titelrolle sahen. Ich war wiederholt ergriffen von den Beziehungen des Stückes zur Gegenwart und
den neuen Möglichkeiten, die sein Freiheitspathos wieder gewonnen hat. Man hat das Gefühl, daß es wegen einer ganzen
Reihe von schlagenden, das Gegenwärtige bei Namen nennen-
den Worten in Deutschland heute einfach nicht aufführbar ist.
Wie denn tatsächlich der »Don Carlos« in Hamburg wegen
demonstrativen Applauses bei dem »Geben Sie Gedankenfrei-
heit!« hat abgesetzt werden müssen. Freilich mag sein, daß es
für das Bewußtsein des Volkes einen Unterschied macht, daß
die Knechtschaft von innen und nicht von außen kommt, und
daß es sich darum nicht getroffen fühlt.

Sonnabend den 29. IX. 34
Weiterarbeit, etwas müde, da zu spät ins Bett gekommen.

Mittagsspaziergang allein. Herrlicher Herbsttag.

Zum Essen *Frank* und *Erika,* die später Kostüme für ihr
neues Programm anprobierte, die Maria ihr anfertigt.

Nervös reduziert. Nach dem Thee längerer Besuch des
»Amtsvormunds« *Muntwyler* aus Zürich. Unterhaltung über
Deutschland und die Schweiz. Schließlich Verabredung wegen
eines Vortrags vor den Zürcher Arbeitern im März.

Zum Abendessen Dr. *Heins* aus München. Erörterung unserer Angelegenheit und Erzählungen über seinen Verkehr mit
den Amtspersonen. Erich von Kahler als »kommunistischer
Hetzer«.

Sonntag den 30. IX. 34
Rasch weiter gearbeitet im Aufsatz, das Vorbereitete verwend-
end. Es stehen fast 50 Seiten, und ich werde in Lugano
nur wenig noch daran zu tun haben, weshalb doch vielleicht
Joseph-Manuskript mitzunehmen.

Fortsetzung des herrlichen Herbstwetters. Mit K. per Wagen
in den Wald.

Nach Tische las ich in der N. Rundschau einen gut ge-

schriebenen und interessanten Artikel über die Saxen-Unterwerfung Carls, nebst Charakteristik Widukinds: ein für
Deutschland jetzt sehr aktuelles Thema. Es ist mit historischer
Objektivität, aber doch merklicher Sympathie für das heidni-
sche Bauernvolk gegen das europäische Christentum Carls
behandelt, und der Aufsatz wirkt im Grunde eben doch gleichgeschaltet, zum deutschen Widerstand aufstachelnd gegen Europa, obgleich das Heidentum historisch so schlecht abschnei-
det und ausgetilgt wird durch Gewalt. Was Geschichte ist,
wie kalt als Resultat der Gewalt bei aller Leidenschaft mit
der sie erlebt und erlitten wird, zeigen diese Vorgänge recht
deutlich. Widukind läßt sich schließlich taufen und wird ein
überzeugter Christ und heilig gesprochen; seine Nachkommen
sind lauter Musterchristen, seine Enkelin wird Gattin des
ersten Saxenkaisers Heinrich vom Vogelherd. Das alles ist
Resultat der zuerst als unerträglich empfundenen Gewalt, die
nicht gerächt, gesühnt, bestraft wird, sondern auf deren em-
pörenden, alles Rechtsgefühl niederschlagenden Erfolgen das
Leben wohl oder übel – denn es muß gelebt werden – weiter
geht und zum Vergessen, zur völligen Versöhnung führt. –
Übrigens wird der Verfasser in seinem Gefühl fürs Völkische
der kulturellen Überlegenheit des Christentums und seiner
Weltsendung nicht gerecht. –
Medi trat heute ihre Schul-Reise nach Rom, Pompeji, Capri an.

Montag den 1. X. 34
Der Oktober ist wieder herangekommen, die Zeit vergeht.
In wenigen Tagen wird ein Jahr vergangen sein, seit wir dies
Haus bezogen. Es wird hohe Zeit, daß ich die leichte Zwischen-
arbeit beende, mit der ich einen Zustand der Unentschlossen-
heit ausgefüllt habe, und wieder zum »Joseph« gelange, der
unbedingt beendet werden muß. Übrigens brauche ich mit der
Improvisation von »Meerfahrt« nicht unzufrieden zu sein.
Gestern Abend waren Bruno Frank und der kleine Tennen-
baum zum Abendessen bei uns, und ich las nachher in mei-

nem Zimmer die späteren Teile der Composition vor. Man war sehr unterhalten. Frank äußerte sich entzückt über die Buntheit des Stückes und fand nur die Aufzeichnungen über die griechischen Parallelen zu ausführlich. Erwägungen über den Vorabdruck, vielleicht in zwei Blättern. Die Neue Rundschau kommt kaum in Betracht.

Heute schrieb ich weiter und ging allein spazieren, da K. wegen unserer morgigen Abreise in der Stadt beschäftigt war.

Las nach Tische Zeitungen: im »Temps« einen guten und deutlichen Artikel d'Ormessons über die »Duplicité« des Hitlerismus, offen und frei den Reichstagsbrand, den 30. Juni, den 24. Juli, das Testament erörternd und auch die unheimliche Gläubigkeit, mit der das arme und gefährliche deutsche Volk jede cynische Lüge und Fälschung hinnimmt. Man kann nicht offener und zutreffender sprechen. Die Dinge sind erkannt und durchschaut. Mein Antrieb, darüber zu schreiben, hat sehr nachgelassen, und meine eigenen dringlichen Angelegenheiten sind mir näher.

Meine Nerven sind nicht im besten Zustande. Die Neigung zu Erregungs- und Angstzuständen besteht immerfort, und besonders nach irgendwelchen Exzessen wie der gestrigen Abendgesellschaft und Vorlesung ist ein Erschütterungsgefühl des vegetativen Systems, das schwer definierbare Gefühl von Furcht und Unwohlsein in der Herzgrube, auch im Gehirn, oft sehr beunruhigend und steigert sich auf psychischem Wege selbst. Es mag sein, daß mir unter den jetzigen Umständen die Cigarren nicht mehr bekommen. Der Aufenthalt in Lugano wird eine Einschränkung des Rauchens mit sich bringen.

Nach dem Thee Herunterschaffen der Koffer und Packen.

Wir fuhren mit Golo und Bibi zur Tonhalle, wo A. Busch, aus Anlaß seines 25jährigen Künstler-Jubiläums besonders gefeiert, das Beethoven Violin-Concert spielte. Wir saßen auf unseren gewohnten Balconplätzen, die akustisch höchst günstig sind, und hatten großen Genuß an der Leonoren-Ouvertüre wie an dem Konzert. Auf dem Wege zum Künstlerzimmer

Begegnung mit Frau von der Leyen, die »zur Erholung« hier ist, da man solche in Deutschland nicht finde. K. hat die Frau sehr kalt behandelt, während ich mir nichts dachte und mich freundlich erkundigte, auch nach dem Esel von Mann, der ein »Wegbereiter«, heute aber auch wahrscheinlich nicht froh ist. – Begrüßung mit Busch, seiner Frau und Andreae. Die Pastorale schenkten wir uns und fuhren zum Abendessen nach Hause, da wir morgen früh aufstehen müssen.

Lugano, Mittwoch den 3. X, Villa Castagnola
Gestern Morgen fuhren wir, lässig verspätet, um 9 Uhr, nach Verabschiedung von den Hausgenossen, von denen wir Golo und Moni bei der Rückkehr nicht mehr vorfinden werden, von Küsnacht ab. Die Tiere wohnten nach ihrer Art, Monstre und Mouche, mit Spannung der Abreise bei.

Das schöne Föhnwetter hielt an. Wir fuhren die vertraute Strecke durchs Sihlthal, am Zuger See hin, der sich im Dunst sehr schön ausnahm, und zum Vierwaldstädter See, wo mir die Lage des schönen Kurortes Brunnen, die mir schon wiederholt in die Augen gestochen, wieder erfreulich und verlockend auffiel. Die berühmte Axenstraße mit ihren Tunneln, Felsgalerien und See-Aussichten, machte uns großen Eindruck. Mittags kamen wir an den nördlichen Eingang des Gotthardtunnels, wo wir den Wagen zur Durchfahrt verfrachten ließen und selbst mit einem voranlaufenden Zuge nach Airolo durchfuhren. Ich war recht nervös und verfroren den ganzen Vormittag, und obgleich K. nicht übel Lust hatte, über den Paß zu fahren, zog ich, wie übrigens auch ein anderer, holländischer Auto-Reisender, die Bahnfahrt vor. In Airolo aßen wir im Garten des Hotels des Alpes recht mäßig zu Mittag. Nachdem wir vom Wagen wieder Besitz ergriffen, stellte sich ein Defekt am Wasserreservoir des Motors heraus (Rotlauf zu bannen, Verrostung und Undichtigkeit durch Schuld eines winterlichen Anti-Gefrier-Mittels), der in der Garage durch Verlötung behoben werden mußte. Einiger Zeitverlust. Dann

Weiterfahrt abwärts, in zwei großen Serpentin-Abstiegen nach [?], wo wir um 5 Uhr anlangten und Thee tranken. Man sprach französisch im Hotel. Die Weiterfahrt in der Ebene sehr angenehm, vertraut die letzte Strecke über der Ebene des Sees von Locarno. Ankunft, schon im Dunkeln, vor diesem Hotel mit der vertrauten Garten-Auffahrt, gegen 7 Uhr. Begrüßung mit dem Wirt, In-Besitznahme der Zimmer, die in der Nähe der vorjährigen gelegen; das meine größer. Auspacken und Umkleiden. 8 Uhr verspätetes Diner unten. Das Hotel wegen eines Tennistourniers ziemlich besetzt. Stark gegessen. Nachher in der Halle in der »Ital. Reise« gelesen, geraucht und ein Glas Bier getrunken. Zeitig zur Ruhe.

Heute 8 Uhr auf nach recht gut verbrachter Nacht. *Regen.* ½9 Uhr mit K. gefrühstückt.

Eine wie andere Rolle der Aufenthalt diesmal spielt, als im Frühjahr 33. Er ist eine Rückversetzung durch die in den 6 Wochen von damals gewöhnte Landschaft, die bekannten Gesichter, wird aber ganz anders, und zwar gelassener, empfunden. Damals, im ersten Choc, kamen wir von dem zu erregenden Arosa und den primitiven 8 Tagen in Lenzerheide hierher ins Milde, und der Besuch in Montagnola erhöhte noch mein dankbares Behagen an der hiesigen Existenz. Hier, mit Franks, Hesses etc. war gut abwarten. Es kamen dann noch die schlimmen Tage von Rohrschach und Basel, die Wochen in Le Lavandou und Bandol; aber von dem Augenblick an, wo wir in der »Tranquille« zu wirtschaften begannen und namentlich seit unserer Installierung in Küsnacht, wo wir eine Daseinsform gefunden, die der Münchener so verwandt u. ihr in vielen Stücken vorzuziehen ist, hat sich die innere Situation wesentlich geändert, und das Verhältnis zu diesem Refugium von damals ist weniger dankbar.

Dennoch freut mich das Wiedersehen, ich denke von den guten Geschäften zu profitieren, und die auffrischende Abwechslung ist für uns beide gut, namentlich für K. die Freiheit vom Hausstande. –

Vormittags mit K. per Wagen in der Stadt, was etwas Neues war. Ich ließ mir das Haar in Ordnung bringen, während K. Besorgungen machte, und kaufte später ein Paar schmaler seidener Hosenträger von der Art derer, die ich voriges Jahr hier fand.

Guter Appetit beim Lunch; danach aber Übelkeit und nervöse Attaque, die sich dann beruhigte. Ich schlief etwas, und um 4 Uhr fuhren wir bei sehr schlechtem Wetter hinauf nach Montagnola zu *Hesses*, die uns freundschaftlich empfingen. Eine Schweizer Dame, Hausbesuch, war beim Thee zugegen. H. macht [?] mehr und mehr den Eindruck eines alten schwäbischen Bauern, behaglich, einfach und angenehm. Er leidet sehr an den Augen. Nach Verabredung für Freitag fuhren wir bei strömendem Regen zurück.

Nach dem Diner Lektüre mit Cigarre, dann Kamillenthee in der großen Halle.

Lugano, Donnerstag den 4. X. 34

Gestern schon zeitig zur Ruhe und recht gut geschlafen, dennoch heute noch den ganzen Tag müde, angegriffen und ängstlich.

Tag und Nacht Regen, der von Zeit zu Zeit in trommelnden Wolkenbruch überging. Stand ½8 Uhr auf, frühstückte um 8 mit K. und schrieb an »Meerfahrt« weiter bis 11 Uhr. Wir gingen trotz exzessivem Regen, der uns die Kleider verdarb, bis nahe zum Lunch am See hin spazieren.

Wenig Appetit zum Lunch. Nachher in der Halle Zeitungen: In den katholischen Zürcher Nachrichten ein guter Artikel zum deutschen Kirchenkonflikt und die völlige religiöse Ahnungslosigkeit der Machthaber. »Das Volk will nichts wissen von dem Pastorengezänk« ist der Ausdruck ihrer eigenen Dummheit. Immer setzen sie sich mit dem Volke gleich.

Bettruhe. Dann fuhren wir zu Huguenin, wo wir Prof. *Daniel* trafen, der eine Zeit lang bei uns saß. Mußte mich ins Gästebuch eintragen. Nachher im Papiergeschäft.

Abends in der großen Halle, wo Holzscheite im Kamin brannten.

Anruf Erikas: Première gut verlaufen.

Lugano, Freitag den 5. X. 34
Frühmorgens Wüterich, Fußbehandlung. Nach dem Frühstück Arbeit. Etwas aufgehellteres Wetter. Mittags nach Montagnola zu Hesses, wo wir den Rest des Tages angenehm verbrachten: Mittagessen, Kaffee, Ruhe, Aufenthalt im Garten, Boccia-Partie. Las dann die neulich schon mitgeteilten Teile aus »Meerfahrt« vor. Hesse schenkte mir ein Exemplar seiner »Nürnberger Reise« und gab mir die Korrektur seines »Glasperlenspiels« zu lesen, die ich abends in der Halle mit Vergnügen und sympathischer Verwunderung las.

Das gebesserte Wetter brachte neuerdings Gewitter. Es ging mir gestern recht schlecht, heute besser. Wir beschlossen, die Rückfahrt in zwei Tagen zu machen.

Lugano, Sonnabend den 6. X. 34
Gestern Abend sehr müde und zeitig zur Ruhe. Heute ½8 Uhr auf und nach dem Frühstück gegen das Ende von »Meerfahrt« hin weiter geschrieben. Danach Spaziergang mit K. bergauf. Schönes Föhnwetter. Wir lasen auf einer sonnigen Bank Besprechungen der Baseler Première der »Pfeffermühle«, die Erika geschickt hatte, und einen Brief der Annette aus Paris. K. hatte im Lauf des Tages Nachricht von ihrer Mutter, daß sie die Mieterin unseres Hauses, Taylor, die sie besuchen wollte, hinausgewiesen hat.

Nach dem Lunch im Hotelgarten Zeitungen gelesen. Schwere politische Unruhe in Spanien. Belagerungszustand in Madrid. Mehrere rheinische Bischöfe wirken leider im Saargebiet pro-hitlerisch.

Sehr angegriffen, ging zu Bette und schlief ein. Später mit K. zum Belvedere, wo wir den Thee nahmen. Th. Wolff hat dort, wie der Wirt berichtete, ein halbes Jahr gewohnt und sein Buch geschrieben. Wir gingen noch ein Stück überm See spazieren, aber ich gab bald das Zeichen zum Umkehren, weil alles mich belästigte. Der Aufenthalt, voriges Jahr als wohltuend empfunden, enttäuscht mich und langweilt mich. Es steht recht schlecht mit meinen Nerven und meiner Stimmung.

An Lion, der in Nöten ist, wie Klaus schreibt, schicken wir 120 Frs.

Die Menschen, die Leute! Gruppe auf dem Treppen-Podest. Ein staatsanwaltartiger Herr spricht von einem Spaziergang aufwärts, den er mit seiner Frau gemacht. Auf sie deutend: »Ich habe meinen Drachen steigen lassen.« – Großes Gelächter. Ob er nur in Gegenwart anderer solchen Mut habe. Andauerndes Gelächter. – Schauerlich.

Vorm Diner war mir so schlecht zu Mut, daß ich nicht glaubte, einen Bissen zu mir nehmen zu können. Während der Mahlzeit aber besserte sich der Zustand. Wir lasen nachgesandte Post, darunter den Brief eines Saarländers, der mir naiver Weise zumutet, »um des Friedens willen« dort für die Rückkehr zu Deutschland Propaganda zu machen. – Liefmanns haben uns in Zürich verfehlt.

Wir saßen in dem Zimmer, wo wir voriges Jahr die Abende mit Fuldas verbrachten. Ich las etwas in dem Buch von Bethe über altgriechisches Leben.

Teleph. Verabredungen mit E. Ludwig und Dr. Bauer.

Sonntag den 7. X. 34, Lugano
Gestern Abend, nach ruhigem Wohlbefinden, Krankheitsanfall: Frost, Herzklopfen, Neigung zum Schüttelkrampf wie vor Ausbruch von Fieber, das dann auch, wenn mich nicht alles täuscht, in gelinden Graden einsetzte. Lange Unmöglichkeit, einzuschlafen. Ursache der Sensationen: Erkältung, Schnupfen und etwas Bronchialkatarrh. ½ 3 Uhr nahm ich eine halbe Tablette Phanodorm und schlief allmählich ein. Zu meiner Beruhigung dichtete ich mir die Verse:

»Dir fehlt nur Ruhe, weiter nichts!
Im Schweiße deines Angesichts
ringst du mit Schatten, die nicht sind,
und quälst dich unnütz, armes Kind.«
Frühstückte heute im Bett. Nachher war das Waschen des
Gesichtes, mit Anthee im Wasser, sehr angenehm. Es ist
föhnig bedeckt. Nachts war der Wind sehr stark. Ich glaube
nicht, daß ich Fieber habe und will etwas arbeiten. –

Nachdem ich etwas geschrieben, gingen wir am See hin spazieren, die »schöne Straße« und tranken einen Wermut in
einem Wirtsgarten mit schöner Aussicht. Das Wetter ist präch-
tig geworden, der Himmel rein, die Luft erfrischt, das Licht
klar, ohne die föhnige unheimliche Nüchternheit und Indiskretion. Mit einigen Kleidungsstücken aus Zürich kamen
Briefe von Golo, Moni und Bibi und verschiedene interessante
Drucksachen: die Sammlung, das Tagebuch, Schickeles Arbeit
über Lawrence. Auch schickte Frank sein Cervantes-Buch.

Nach dem Lunch beschäftigte ich mich mit diesen Dingen
und schlief dann. Zum Thee besuchte uns Dr. *Bauer*, wir
saßen mit ihm auf der Terrasse vorm Hotel; der Blick in den
Garten war farbig und heiter. Auch meine Stimmung hat sich
aufgehellt; es ging mir besser heute, als ich erwarten konnte.
Vielleicht ist die nervöse Verstörung durch den Aufenthalts-
wechsel überwunden.

Wir gingen zum Ersatz eines Spazierganges einige Male um
den Garten, wo Tennistourniere ausgefochten wurden. Die
Plätze sind mit den Fahnen der teilnehmenden Nationen geschmückt, auch eine schwarz-weiß-rote fehlt nicht. Es ist Ball
heute Abend im Hotel. Ich will zum Diner den Smoking an-
ziehen, der Abwechslung wegen und zu Ehren meines erleich-
terten Zustandes.

Schrieb an Bermann und Liefmanns.

Las nach dem Diner in der »Sammlung« Klaus' hübsche Notizen über den Moskauer Schriftsteller-Kongreß.

Musik und Ball, große Menschenfülle. Zog mich vor dem

Zudrang aus der großen Halle ins leere Musikzimmer zurück, wo ich noch Pêche Melba und Torte serviert bekam.

K. ist mit der Abschrift von »Meerfahrt« beschäftigt; macht mich aufmerksam auf sachliche Flüchtigkeiten.

Montag den 8. X. 34, Lugano

Schönstes Wetter. Nach der Arbeit mit K. spazieren. Nach dem Lunch Korrekturen am Manuskript. Geschlafen, und um 4 mit dem Wagen hinauf zu Hesses. Nach dem Thee Boccia-Partie, dann wieder Vorlesung aus »Meerfahrt«, zum Wohlgefallen Hesses, mit dem ich manches über sein »Glasperlenspiel« sprach. Abends Lesung von Schickeles Korrekturen, sehr gefesselt.

Dienstag den 9. X. 34. Lugano

Nach der Arbeit anderthalbstündige Wagen-Fahrt nach Ascona zu Emil *Ludwigs* schöner Besitzung, wo wir mit ihm, seinen Damen und *Remarque* ein Champagner-Frühstück hatten. Zum türk. Kaffee mit dem Hausherrn allein in seinem Arbeitszimmer. Später ruhte ich oben, recht erschöpft. Wir blieben zum Thee. Ludwig zeigte sich sehr amüsant, erfahren und unterhaltsam. Vor der Abfahrt sprach Remarque mir, Hemmungen durchbrechend, mit inniger Begeisterung von den Josephsromanen, die er immer wieder liest. – Wir aßen sehr verspätet zu Abend.

Mittwoch den 10. X. 34. Lugano.

Die Arbeit geht zu Ende. Um 11 Uhr kam ein von Ludwig eingeführter Deutscher, Dr. *Fischer,* der vom Auslande aus organisatorisch gegen das deutsche Regime arbeitet und, zum Teile neu und interessant berichtete. Klagen über die Uneinigkeit und Geschäftsmachesucht des Auslandes, namentlich Englands. Die Hoffnung im Inneren Gener. v. Fritzsch, der erklärt Hitler-gegnerisch. Aber auch Blomberg soll abgerückt sein u. zwar dank der Kriegstreibereien durch die Partei. Die

Reichswehr will nicht den Krieg mit Frankreich. Mit Zwischen-
fällen anläßlich der Saarwahlen und nachher wird in Frankreich ernstlich gerechnet. Attentate auf Hitler, Goering, Goebbels nicht erwünscht, weil vorher der Wahnglaube wirklich
niedergebrannt sein muß. Ebenso denkt man auf kommunistischer Seite, mit der die Fischer-Organisation in Fühlung
steht. Doch lehnt sie den Glauben ab, einem kommunistischen
Aufstand könne Erfolg beschieden sein. Die Frage Was nachher? zweiter Ordnung. Die menschheitlich entscheidende Angelegenheit der Sturz der Infamen. 300 Stellen innerhalb
Deutschlands, durch die hektographierte Schriften verteilt,
Kettenbriefe geschrieben werden.

In das Anfangsgespräch platzte K., die mit Erika telephoniert hatte, mit der Nachricht von der *Ermordung Barthous*
und des Königs von Serbien in Marseille hinein. Erschütterung.
Eilfertige Kondolation des Berliner A. A.. Nun, Dollfuß' Tod
hat auch eher genutzt.

Wir luden Fischer zum Lunch und tranken mit ihm auf der
Terrasse in der Sonne Kaffee.

Dankesbrief von Lion.

Zum Thee bei Dr. *Bauer* und seinem Vetter. Er erzählte
hörenswert von genialen Einzelheiten im Spiel Mitterwurzers,
der ein Tiroler Bauernjunge von Herkunft war, immer fromm
blieb und vor der Vorstellung in die Kirche ging, um zu beten,
daß er gut spielen möge. – Über das Reaktionäre im deutschen
Genie.

Ging zu Fuß nach Haus. Im Städtchen war es hübsch bei
Abend.

Erledigte ein paar Korrespondenzen.

Las abends beifällig Schickeles Essay zu Ende.

Donnerstag den 11. X. 34, Lugano
Begann gestern Abend mit dem »Neuen Cäsar« von Neumann
und fand die Lektüre recht angenehm.

Beendete heute Vormittag »Meerfahrt mit Don Quixote« –

nun damit ist nicht viel getan, aber es ist wieder einmal etwas fertig, und vielleicht wurde das bunte Ding nur geschrieben, damit wieder einmal etwas fertig wurde.

Fuhr bei schönstem Herbstwetter mit K. gegen Tesserete. Auf dem Rückweg nahmen wir eine Zürcher Familie mit, die sich verspätet hatte. Nahmen dann einen Wermut vor einem Café am See.

Las Zeitungen nach Tische. Die »Tribune« über die Katastrophe von Marseille. Der »Völk. Beobachter« hat wieder einmal einen Comble erreicht, indem er schreibt, angesichts solcher Untaten müsse sich das seiner selbst bewußte Europa zu einer Front der Abwehr zusammenschließen, dann würden die Opfer dieses Tages zu Märtyrern einer neuen Gesittung werden! Die Veranstalter des 30. Juni sagen das. Sie sind völlig unempfindlich für das Unmögliche; sie reden von »Gesindel« – sie; sie reden von Gesittung – sie. Es ist ein verrückter Cynismus, tatsächlich nie dagewesen, eine idiotische Frechheit. Bereuen sie denn, was sie früher gesagt haben, vom Mord, zu dem sie sich anders verhielten, als die bürgerliche Welt, wenn es die Erreichung politischer Zwecke gelte? Keineswegs. Aber sie wollen neuerdings in die Front der europäischen Gesittung aufgenommen sein, da sie wegen allzu schamloser Barbarei isoliert sind. Italien ist von ihnen weg in diese Front eingetreten, jetzt wollen sie nach, damit womöglich Mussolini es wieder mit ihnen hält, statt mit Frankreich. So spielen sie die Würdigen und bringen Schmerz zum Ausdruck über den Verfall der europäischen Gesittung, sie, die [die] eigentlichen Vertreter des neuen europäischen Mord- und Gangster-Stils in der Politik sind. Wird man es sehen und sagen oder wird man ihre ekelhafte Anbiederei akzeptieren? –

Wir gingen zum Thee zum Kurhaus am Monte Bré hinauf und saßen bis Sonnenuntergang hinter die Berge, auf dem Rückweg sehr irritiert von dem Staub, den die Automobile erregten. Wenn mir nicht immer so schlecht ums Herz, so bedrückt, bedroht und ängstlich erregt zu Mute wäre –

vom Magen her, vom Sonnengeflecht, was weiß ich. K. findet, daß ich erholt aussehe. Aber mit meinen Nerven steht es, glaube ich, ernstlich schlecht. –

Schrieb an Korrodi wegen »Meerfahrt«.

Nach dem Diner fuhren wir zum Kurhaus, wo wir von einer italienischen Truppe zwei Akte der »Tosca« hörten, – einige schöne Musik anläßlich einer recht rohen und dummen Sache. In der Pause Thee. Wir sahen beim Glücksspiel zu, und K. verlor 7 Franken. Wir gingen um elf.

Freitag den 12. X. 34, Lugano

[...] Heute im Bette gefrühstückt. Dann Brief an Schickele über seinen Essay geschrieben. 11 Uhr mit K. über Paradiso nach Morcote gefahren, wo wir etwas gingen und auf einer Terrasse einen Wermut tranken. Lasen dabei einen längeren Brief von Reisiger. – Nach Tische in Neumanns Roman. Geschlafen. Zum Thee mit K. zu Huguenin, dann am Quai promeniert. Zu Hause an Reisiger geschrieben und ihn nach Küsnacht eingeladen. Weitere Korrespondenz.

Wir denken, am Montag zu reisen.

K. hat die Abschrift von »Meerfahrt« fertig gestellt. Sie ist morgen zu korrigieren; ferner ist an diesem Orte noch ein Brief an Neumann über seinen Napoleon zu schreiben und, womöglich, einiges für den Zürcher Rundfunk vorzubereiten.

Saßen nach dem Diner in der großen Halle mit Zeitungen. Ich las auch in Neumanns Buch, das der Emigration nicht zur Unehre gereicht.

Lugano, Sonnabend den 13. X. 34

Korrektur des Maschinen-Manuskripts, eine mühselige und unerfreuliche Arbeit, da mir das Zeug nicht gefiel.

Schlechter Nervenzustand, verfroren und übel. Wir fuhren bei dem fortherrschenden prächtigsten Herbstwetter nach Morcote und stiegen die Straße nach Agra hinauf. Sonne und Bewegung taten wohl.

Nach dem Lunch setzte ich im Stuhl die Korrektur fort und beendete sie. Schlief dann.

Fuhren zum Thee zu Huguenin und promenierten dann wieder am Quai.

Las das »Tagebuch« mit einem klugen Artikel von Schwarzschild über Barthou als schwer ersetzlichen Vertreter einer älteren Bildungswelt.

Einladung nach Budapest durch eine Agentur. – Suhrkamp wünscht ein Kapitel aus dem III. Band für die N. Rundschau. – Weitere Briefe.

Seit heute Vormittag will eine leichte Übelkeit mich nicht verlassen. Ich gehe früh schlafen.

Lugano, Sonntag den 14. X. 34

Nach guter Nacht Befinden besser. Frühstückte im Bett, schickte dann das Manuskript an Korrodi und schrieb an Neumann über sein Werk. Hielt mich vorm Essen nur etwas im Garten auf. Las nachher dort über Sparta, das, abgesehen von der Päderastie, sogar »Mordkommandos« gegen die Heloten gekannt haben soll.

Nachmittags fuhren wir zu Hesse, dessen Frau in Italien reist. Ein junger Verehrer und Zeichner leistet ihm Gesellschaft und bereitete den Thee. Wir baten H., uns in Küsnacht zu besuchen, wenn er im November nach Baden kommt.

Heimgekehrt packten wir. Las nach dem Diner über Milet. Es muß jetzt fertig gepackt sein.

Das Wetter war herbstneblig heute.

Lugano, Montag den 15. X. 34

K. weckte mich um 7¼ Uhr, ich erwachte heiter und nahm Abschied von dem Bett dieser 14 Tage. Wir werden diesen Aufenthalt wahrscheinlich nicht wieder aufnehmen, sondern haben fürs nächste Mal den Monte Verità bei Locarno ins Auge gefaßt. Es ist ein etwas dunstig bläulicher Herbstmorgen. Wir haben gefrühstückt und legen die letzte Hand an das

Gepäck. Immerhin habe ich hier etwas abgetan, die Zwischen-
arbeit fertig gemacht und Briefe erledigt.

Luzern, abends. Fuhren 9 Uhr von Castagnola ab. Nebel-
reißen begann, der bald in Regen überging. Dennoch mißfiel
die Fahrt mir nicht. Das Gebirge in Wolken, mit dem geröl-
ligen Ticino, den Gießbächen, den Gipfeln im Schneedunst war
schön, und in der Limusine fühlte man sich geborgen. Wieder
ließen wir das Auto durch den Tunnel expedieren und fuhren
mit der Bahn. Im Bahnhofsrestaurant von Goeschenen ließen
wir uns zu dem mitgenommenen kalten Lunch Suppe, Wein
und Kaffee geben. Im Weiterfahren rauchte ich meine Cigarre.
Wir beschlossen, Brunnen des Wetters wegen aufzugeben und
gleich hierher zu fahren. Trafen hier vor 5 Uhr bei strömendem Regen ein und verfielen auf dies, halb geschlossene und
sehr teure Hotel, was vorübergehend Verstimmung schuf.
Immerhin haben wir ein elegantes Zimmer. Wir ließen Thee
kommen. K. verfehlte Erika telephonisch in Basel und meldete
mich bei Prof. Gigon an. Wir gingen aus, um ein Kino zu
besuchen, aber es war nicht Spielzeit. Unterdessen hatte
Erika angerufen und die nach Küsnacht telegraphierte und ihr
von den Kindern überbrachte Nachricht vom *Tode des alten
Fischer* gemeldet. Ergriffenheit. Telegramm an Frau Fischer.
Ein Stück meines Lebens und ein gutes Stück deutschen Lebens
geht mit dem kleinen Juden, der ein Glückskind und eine Art
von Genie war, ins Grab. K. dringt in mich, für die N.Z.Z.
über ihn zu schreiben. – Aßen im Restaurant Flora und verbrachten den Abend im gleichnamigen Cinema vor gleichgül-
tigen Filmen. – Die Trauer um den alten Freund liegt mir in
den Gliedern, im Kopf; im Herzen.

Basel, Dienstag den 16. X. 34, 3 Könige.
Heute Morgen badete ich in Luzern, und wir fuhren nach dem
Frühstück ohne Übereilung nach Fertigstellung unseres Ge-
päckes ab. Das Wetter andauernd schlecht. Regen und nasses
Schneetreiben. Doch war die Fahrt auf der vorzüglichen Straße,

die über den Jura führt, behaglich. Hier eingetroffen um ½1 Uhr. Ich trank in der Halle einen Wermut und sah Zeitungen an. Auch Poincaré gestorben. Begrüßung mit *Erika* und Installierung in dem gewohnten Eckzimmer, diesmal im III. Stock. Mittagessen mit Erika und der Giehse im Restaurant des Hotels. Später geschlafen. Nach dem Thee, den wir aufs Zimmer kommen ließen, u. zu dem Erika sich einfand, mit K. zu *Prof. Gigon*, dem ich von meinen Kopf- und Erregungserscheinungen berichtete, und der wieder eine genaue Untersuchung vornahm. Er verordnete ein leichtes Herzmittel, das den Umlaufsstörungen begegnen soll, und äußerte sich übrigens beruhigend.

Basel, Mittwoch den 17. X. 34, 3 Könige.
Gestern Nachmittag begann ich den Nachruf auf Fischer zu schreiben, mußte mich aber frühzeitig umkleiden, da wir vor ½8 Uhr mit Erika u. der Giehse in den beiden Wagen zum Lokal der »Pfeffermühle«, einem modernen Etablissement mit Schwimmbad und Restaurant-Betrieb, fuhren. Abendessen dort. Dann nahmen wir unsern Tisch in dem großen und luftigen Saal, der immer noch stark besetzt war bis in die Hintergründe. Rührende Eindrücke wie immer. Die Giehse vorzüglich als des Fischers Fru. Das Publikum voller Sympathie und beifallsfreudig bei den politischen Steigerungen. In der Pause mit Van der Mühlen-Burckardts, die zu spät kamen und störten. Nachher in der Garderobe, Begrüßung der Mitglieder, auch des sympathischen neuen, des kleinen Sklenka. Fahrt mit Erika ins Hotel und das traditionelle kleine Champagner-Fest in ihrem Zimmer, wobei ich einiges aus »Meerfahrt« vorlas. ½2 Uhr oder später ins Bett.

Heute das Wetter eher ein wenig heller. Wir haben ½10 gefrühstückt und packen unsere Sachen zur Heimfahrt. –

Abends, zurück in *Küsnacht.*

Wir fuhren nach Verabschiedung von Erika erst etwa 11 Uhr von Basel ab und hatten regnerisch-trübe, aber bequeme Fahrt auf der guten Straße. Wir trafen 1¼ Uhr hier ein, begrüßt von den Kleinen und Klaus, der seinen Freund Landshoff nach Davos gebracht hat. Ein Telegramm von Fischer, die Weltverfilmungsrechte auf den T. i. V. betreffend, war telephoniert worden. Es handelt sich um die Option, die ich zusage.

Nach Tische Durchsicht der lagernden Post. Zahlreiche Bücher von Fischer, Rowohlt und Cassirer. Unter den Briefen hervorzuheben eine eifrige Danksagung Korrodis, der »Meerfahrt« in 7 Fortsetzungen ab 1. November im Roman-Feuilleton bringen will. Es macht mir Vergnügen. Ferner schreibt Frankl über die östliche Vortragsreise, die im Dezember stattfinden soll.

Ich sah dann noch Zeitungen durch und besorgte auch gleich, bevor ich ruhte, das Auspacken vollständig, sodaß ich installiert und zur Aktivität bereit bin.

Ein wichtiges Buch, die »Israeliten« von Meyer, ein Geschenk des Antiquars Hakon in Berlin, ist gekommen.

Klaus händigte uns die Gegenstände ein, die er in Moskau für mein russisches Honorar gekauft, eine Theedecke, ein schönes eingelegtes Lackkästchen.

Es ist sehr kühl, windig und novemberlich dunkel. Schnee bis tief hinunter auf den Bergen. Winterkleidung.

Versuchte etwas weiter an dem Nachruf für Fischer.

Las in einem Buch über den Arzt Hahnemann.

Hörte nach dem Abendessen etwas Tschaikowsky.

Donnerstag den 18. X. 34, Küsnacht
Frühstückte nach dem Bade auf Gigons Rat im Bett, was nun Sitte werden soll. Schrieb am Nekrolog weiter. Telephonierte mit Korrodi und lud ihn für morgen zum Essen. Ging nur einige Schritte bei wieder scheinender Sonne spazieren.

Radbruch schickte ein Buch über Feuerbach, Knittel einen Roman »Via Mala«.

Nach Tische Zeitungen. Der Henker und Mörder Goering,

General, geht als Hitlers Vertreter zu den Beisetzungsfeier-
lichkeiten für den ermordeten Alexander. Wird es als die
freche Herausforderung an die Gesittung empfunden werden,
die es ist? Die Spuren des Verbrechens führen nach Ungarn, –
nun von da ist es nicht weit.

Nach dem Thee mit K. ins »Skala«-Kino, wo die Wochenschau Bilder von den Attentatsszenen in Marseille brachten,
die ich mit Entsetzen und Übelkeit ansah. Die Ungeschütztheit
der Opfer schreit zum Himmel. – Rede Mussolinis in Mailand.
Die Physiognomie keineswegs unsympathisch und im Vergleich mit der Spottvisage des anderen halbgöttlich. Die kalte
und metierhafte Technik des Volksredners so sichtbar (er lacht
selbst, wenn auf die gegebene Schlußgeste der Beifall los-
bricht), daß man sich wundert, daß die Massen sie nicht empfinden. Ihre wilde Sehnsucht nach dem »starken« Führer. Sie
schreien »Duce! Duce!« – Es folgte ein ungewöhnlich hübscher und gut gemachter Film namens »Maskerade«, Wiener
Herkunft, mit der Wessely in einer Hauptrolle, die mich stark
an Agnes Sorma erinnerte.

Bibi unpäßlich, Fieber.

Klaus teilte einen charakteristischen Brief Heinrichs über
seinen Roman mit.

Moni reist spät abends nach Florenz ab, von K. zum Bahnhof
nach Zürich gebracht.

Freitag den 19. X. 34.

Vormittags und nachmittags an dem Fischer-Nachruf weiter.

Zum Mittagessen *Korrodi* mit dem ich die Modalitäten der
Publikation von »Meerfahrt« besprach. Das Honorar wird ca
800 Franken betragen.

Bibi bettlägrig, Halsentzündung, Fieber.

Lese mit Interesse in dem Buch über den Homöopathen
Hahnemann weiter. Las ferner das neue ausgezeichnete Heft
des »Tage-Buch«. Überzeugender Artikel Schwarzschilds über
den Rüstungsindustrie-Rummel, mit dem man nur Hitlers Po-

litik macht. Bewundernswert instinktsicherer Brief von Lawrence aus dem Jahre 28 über Deutschland und seine Rück-
wendung zur Barbarei – als von Hitler noch kaum die Rede
war.

Ging vormittags und abends spazieren.

Fühlte mich erholt oder erfrischt.

Sonnabend den 20. X. 34.

K. bestand auf Milderungen charakteristischer Einzelheiten im
Fischer-Nachruf im Interesse wohltuender Wirkung. Ich nahm
sie in Gottes Namen vor, schrieb weiter und schloß den kleinen
Aufsatz nachmittags ab.

Mildes, heiteres Herbstwetter; ich kam aber mittags nur zu
kurzem Ausgang.

Zum Essen Ludwig *Bauer*, unappetitlich, aber unterhaltend.
Sein Buch über Leopold von Belgien kam nebst anderen Herbst-
neuigkeiten, die in diesen Tagen zahlreich einlaufen.

Bibi in der Besserung.

Unter der Briefpost langer, manuskriptartiger Brief von
einer jüdischen Frau in Valldemosa, Balearen, über den
Joseph.

Machte einen Abendspaziergang.

Korrigierte das Maschinenmanuskript des Nachrufs und
machte es für die »Basler Nachrichten« fertig.

Las in der Nationalzeitung neue biogr. Mitteilungen Podachs über Nietzsche und Wagner, besonders Liebesbriefe
Wagners an Judith Gautier.

Muß jetzt in Eile etwas für die Radio-Ansprache am Montag herstellen.

Sonntag den 21. X. 34

Aus Nebeln sonnig schönster Herbsttag. Schrieb vormittags
und nachmittags eilig an dem Radiovortrag. Zum Lunch waren
wir bei Dr. Fleischmann in größerer Gesellschaft. Nach Tische
rauchte ich die beste Cigarre meines Lebens, eine große,

leichte Brasil-Importe. Ging erst abends etwas spazieren. Las
mit Interesse in E. Ludwigs »Führern Europas« über Motta
und Rathenau.

Montag den 22. X. 34.

Sonniger Herbsttag. Diktierte vormittags K. den Radio-Vortrag zu Ende. – Spaziergang allein.

Nach Tische Zeitungen. Das Schisma in der protestantischen
Kirche Deutschlands scheint vollzogen. Nun, das ist doch
etwas.

Arbeitete nachmittags die Ansprache durch, die genau 25
Minuten dauert, und schrieb dann an die Herz, der ich Über-
setzungsbände und anderes fürs »Archiv« schicke.

Nahmen ½8 Uhr einen Imbiß und fuhren dann nach Zürich und hinaus in die Brunnenhofstraße zum Radio, wo wir
zuerst vom Direktor Job empfangen wurden. Dann las ich
vorm Mikrophon meine Rede, deren Reiz in ihrer Hälfte [?]
liegt. Zu Hause hatten die Kinder, auch der noch halskranke
Bibi und die Mädchen zugehört.

Abendessen nachher. Ich las dann in Ludwigs Aufsätzen diejenigen über Briand und Lloyd George. Ich verstehe den Reiz,
den dieser Schriftsteller auf die Welt ausübt. Ich überschätze
ihn nicht, indem er mich fesselt; aber der deutsche Haß auf
ihn zeugt ebenso von falscher Seele wie alles andere.

Dienstag den 23. X. 34.

Schrieb vormittags Briefe, besonders an Suhrkamp wegen des
Trauerheftes der Rundschau.

Annahme des Nachrufs durch die »Basler Nachrichten«.
Schrieb auch an diese wegen einer Korrektur.

Zwei Sympathie-Karten und ein frontistischer Schmähbrief,
den gestrigen Vortrag betreffend. Der »Schweizer Spiegel« ersucht um das Nachdrucksrecht.

Mittags mit K. spazieren. Nebel, leichte Herbstsonne, angenehm. Im Garten sehr schöne, glühende Farben.

Sehr hübscher Brief von Käthe Rosenberg: Bericht über Fischers Bestattung und wohltuende Äußerungen über den »Joseph«.

Rembrandt-Karte von Bab mit dem Jakobssegen und der Benachrichtigung, daß er eben im Jüd. Kulturbund über das Buch gesprochen.

Nachmittags Interview mit einem jungen Journalisten von der Schweizer Illustrierten Presse, der auch eine Zeichnung machte und am Schluß zu persönlichen Confessionen überging. Auch lud er mich zu einem Abendessen in seinem Freundeskreise ein.

Schrieb danach einen Glückwunsch an Carl Ebert zu seinem 25jähr. Bühnenjubiläum.

Ging noch etwas aus.

Hörte abends die 7. Symphonie von Sibelius und las in dem über Fischer gekommenen neuen Heft der Zeitschrift des Grafen Keyserling. Es hat etwas Schauriges, wie alles, was jetzt aus Deutschland kommt, zeugt aber auch von viel mutig leidender Geistigkeit.

Mittwoch den 24. X. 34
Wiederaufnahme der Beschäftigung mit dem »Joseph«.

Zahlreiche, z. T. sehr erfreuliche Zuschriften aus der Schweiz über den Radio-Vortrag, darunter solche von jungen Baslern und einem Musiker David in Zürich, auch über den »Wagner«.

11 Uhr mit K. u. Klaus zur Stadt, den wir zum Bahnhof brachten. Er besucht Erika in Bern, von wo sie freundliche Pressestimmen über ihr Auftreten schickte. – Beim Schneider. Dann mit K. im City-Hotel, wo wir den alten Geheimr. M. *Hahn* besuchten und im Café eine halbe Stunde mit ihm plauderten.

In Küsnacht zum Haarschneiden und zu Fuß nach Hause. Heiteres Herbstwetter.

Dankesbrief von A. Neumann, Florenz.

Begann gestern Abend einiges in Franks »Cervantes« zu lesen, eine saubere, aber nicht gerade bedeutende Arbeit. Die Philipp-Figur eine Übertragung und ein Versuch, sie so zu machen, wie ich sie gemacht hätte. Aber das bischen »Spanien« im »Zauberberg« ist schon mehr. –

Diktierte Briefe nach dem Thee: an Kestenberg in Prag, Antworten auf einen Fragebogen des tschechischen Übersetzers etc..

Bibi, der sehr angegriffen aussieht, ist heute fieberfrei. Ein Bronchialkatarrh hat sich aus der Halsentzündung entwickelt.

Abendspaziergang. K. mit Medi im Konzert. Aß allein zu Abend und hörte dann aus dem Stadttheater einen Akt »Zar und Zimmermann«.

Donnerstag den 25. X. 34.

Wiederaufnahme der Arbeit am »Joseph«; eine Seite weitergeschrieben.

Etwas allein gegangen. Schönes Herbstwetter, aus Nebel entwickelt.

Weitere Zuschriften aus Anlaß des Radio-Spruches.

Bibi fieberfrei, aber noch bettlägrig.

Nach dem Thee Briefe geschrieben. Das kl. Manuskript an den »Schweizer Spiegel« befördert. Manches andere erledigt, u. a. die Danksagung an Radbruch.

Abendspaziergang. Nach dem Abendessen hörte man die 1. Symphonie von Beethoven und, von Basel, das Mailänder Trio, das alte u. moderne italienische Musik produzierte.

In M. Brods Buch über Heine ist die entscheidende Verurteilung des Pamphlets gegen Platen zu loben. Auch die kritische Charakteristik der jüdischen Salons von damals.

Freitag den 26. X. 34.

Am Wirtschaftskapitel weiter.

Mit K. den Waldspaziergang bei wunderschönem Licht.

Brief von Suhrkamp in Sachen des Fischer-Heftes der Rundschau. Doppelte Schwierigkeit, was einen erneuten Nachruf und was die Auswahl des Romankapitels betrifft.

Zeitschriften und Zeitungen nach Tisch.

Zum Thee Buchhändler *Silomon*, der mir die Zeit stahl.

Die Korrektur von der N.Z.Z. kam. Ich besorgte sie nach dem Abendessen und schrieb dann noch an Strich in Basel, der von Singer und Erika auf sein mangelhaftes Benehmen aufmerksam gemacht worden war und einen bestürzten Brief geschickt hatte. – Schrieb auch an den Komponisten in Zürich.

»Meerfahrt« bekommt 8 Fortsetzungen und erzielt 850 Franken.

½ Phanodorm.

Sonnabend den 27. X. 34

Schwankend zwischen dem Ankunftskapitel, Huy und Tuy und dem Gespräch im Baumgarten. K. schreibt nun die Ankunft bei Potiphar für die Rundschau ab.

Ich expedierte die Korrektur mit Brief an Korrodi.

Am Wirtschaftskapitel weiter.

Brief aus Deutschland nach dem Radio-Spruch, anonym, mit verstellter Handschrift von Einem, der »durch Gefängnisse geschleift wurde, schweigt und inbrünstig hofft«.

Etwas konfuser englischer Brief eines ungarischen Amerikaners, der in Deutschland über mich doktorieren wollte (was ihm offenbar nicht erlaubt wurde) und allerlei Fragen über den Joseph, Lula und Wälsungenblut stellt.

Mittags allein in der Sonne spazieren.

In der Nation. Zeitung Fortsetzung der Wagner-Nietzsche-Veröffentlichung Podachs. Das Ariadne-Thema.

Nach dem Thee Korrespondenzen erledigt.

Klaus von Bern zurück, wo Erikas Erfolg groß ist.

Der Fischer-Nachruf in den Basler Nachrichten erschienen.

Bibi in der Besserung.

Sonntag den 28. X. 34.

Problem des Fischer-Nachrufs für die Rundschau. Plagte mich und verdarb den Vormittag damit, zugleich auch meine Nerven mit einer Cigarre, die ich, wie es scheint, am Morgen nun einmal nicht mehr vertrage.

Fuhr mittags bei erstaunlich schönem, farbig warmem Herbstwetter nach Meilen spazieren, wo wir den Wagen verließen und zur Wirtschaft Pfannenstiel hinaufstiegen.

Beschloß, den Nachruf auf wenige Sätze zu reduzieren.

Las nach Tische beim Kaffee auf der sonnigen Terrasse und bei mir in A. Kerrs Emigrationsbuch »Die Diktatur des Hausknechts«. Nun, der größere Sprachförderer hat nicht gewonnen im Exil, vielleicht weil es schon genug mit ihm war. Auch jetzt noch bringt er etwas gegen mich an, nämlich gegen die Übersetzung des »Zauberberg« ins Französische. Unveredelt vom Unglück.

Zum Thee *Raschers* und die russ. Schriftstellerin *Rachmanow* mit ihrem Mann, der Gymnasiallehrer in Salzburg ist. Sie sprachen mir von meiner großen Leserschaft in Rußland.

Erledigte nachher noch Korrespondenzen und las [in] Brods Heinebuch, das mir durch seine Anführungen wieder eine bewundernde Vorstellung von dem Genie Heines, der eigentümlichen Seligkeit seines Talentes gab.

Nach dem Abendessen Tschaikowsky-Konzert durchs Radio. Entzückende Erfindungen im 1. und 2. Satz des Klavierkonzerts.

Sorge um Bibi, bei dem noch eine starke Dämpfung vorhanden, u. der angegriffen aussieht und schwitzt. Es ist anzunehmen, daß der Krankheit durch angestrengtes Üben der Boden bereitet war, und zu hoffen, daß nichts Chronisches sich einhängt. Die Arbeitsunterbrechung und -Einschränkung wird jedenfalls langwierig sein.

Montag den 29. X. 34

Heute war ich fleißig und schrieb vormittags etwa 2 Seiten am laufenden Kapitel weiter und nach dem Thee

noch zwei Seiten für die Neue Rundschau zu Fischers Andenken und als Begleitworte zu dem beizusteuernden Kapitel.

Ging mittags allein bei feuchtem Nebel spazieren. Das Wetter wurde im Lauf des Tages vollends regnerisch.

Brief von der Lowe-Porter, die auf der »Aquitania« nach
Amerika unterwegs, um Knopf den »Young Joseph« zu überbringen.

Schöner Brief von einem Magdeburger Ehepaar, das dort
oben meinen Radio-Spruch gehört.

Die Saturday Review mit meinem Glückwunsch zum 10-
jährigen Bestehen.

Zum Abendessen *Beidlers*. Nach einiger Unterhaltung in
der Halle ging man hinauf, und ich las das Huy und Tuy-
Kapitel vor, das auch Klaus noch nicht kannte, und das viel
Verwunderung erregte.

Mittwoch den 31. X. 34.
Gestern war ich müde von der Arbeit und Lese-Anstrengung
des Vortages, konnte nur Geringfügiges arbeiten und war unwohl bis zum Abend.

Heute schrieb ich weiter und fuhr dann mit K. zur Stadt,
wo eine neue Behandlung bei Asper begann: Rechts oben regen sich Schmerzen. Es gab weitere Besorgungen. Ich kaufte
eine lange Pluderhose für Regenwetter.

Regen und Sturm. Zwischen Thee und Abendessen schrieb
ich einen langen Brief an Frank über seinen »Cervantes«.
Unterdessen war K. bei Beidler, dem sie den zweiten Teil des
für die Rundschau bestimmten Ankunftskapitels in die Maschine diktierte. Nach dem Essen korrigierte ich das Manuskript, worüber es Mitternacht geworden.

Brief von Frank aus London, der sich das Optionsrecht auf
die Verfilmung von K. H. erbat, wozu er eventuell das Drehbuch schreiben soll.

Reisiger kündigte gestern sein Kommen an.

Vorsatz, die Veröffentlichung des Essay-Bandes wieder zu betreiben und mich zunächst an Bermann zu wenden.

Donnerstag den 1. XI. 34 Allerheiligen.
Sturm, Regen, Hagel, Schnee.
Weiter geschrieben am Kapitel von Josephs Aufstieg bei Peteprê.
Zum Mittagessen mit K. bei Reiffs, in Gesellschaft von Faesi's, Korrodi, und der Infantin von Bourbon.
Ankunft Erika's, die hier Lokal-Schwierigkeiten hat.
Künstlerisches Buchgeschenk aus Altdorf für den Radio-Spruch.
Brief von Bermann in Sachen der Verfilmung des T. i. V.
Nachmittags schrieb ich ihm ausführlich über das Problem des Essay-Bandes und schickte ihm »Meerfahrt«.

Freitag den 2. XI. 34, Allerseelen
Blau und kalt. Morgens vor 8 zu Asper, kurze Behandlung.
Nach dem Frühstück gearbeitet, wobei neue Perspektiven, die Fabel betreffend sich ergaben.
Spaziergang, sonnig bei kaltem Wind, mit K. .
Zum Mittagessen Klaus' Freund X. aus dem Saargebiet, der meinte, die Entscheidung für den Status quo sei trotz schlechter Propaganda in den letzten Wochen wahrscheinlicher geworden. Die Unzulänglichkeit der Vertreter des Anti-Nationalsozialismus, der Linksparteien also, übel. Das Phänomen in seiner Neuheit, seiner Unabhängigkeit von jeder Gesittung, von Wahrheit, Anstand, Logik, Vernunft, überhaupt nicht erkannt und daher notwendig mit falschen Mitteln, die einer früheren Begriffswelt und Moralität angehören, bekämpft. Beispiel für den Typ: der nat. soz. Beklagte im Baseler Prozeß um das »Protokoll der Weisen von Zion«. Dagegen gibt es nur Niederschlagen.
Wut in Deutschland über die Bereitstellung französischer Truppen für den Fall eines Gewaltstreichs im Saargebiet.

Frank schreibt ausführlich über die Verfilmung von K. H., die starke Chancen habe und ca 12 000 Franken eintragen würde.

Aufforderung aus Basel, für die Europa-Union zu sprechen.

Schrieb nachmittags an Frank, London, dem ich Vollmacht erteilte und einen längeren Brief an Frau Fischer.

Fuhren abends ins Theater, wo wir ein Stück von Somerset Maugham, Südseemilieu, sahen, das mich erst gegen Ende stärker fesselte. In der Pause mit Erika und Klaus, der Giehse und Hartung.

Abschiedsbrief von Max Mohr, der Deutschland verläßt und als Arzt ins Innere China's fährt.

Es kamen von »Equinox«, New York, Exemplare der illustrierten »Nocturnes«.

Sonnabend den 3. XI. 34.

Im Bett gefrühstückt. Nachher am Roman weiter (Jagd mit Potiphar.) Nur um den Weiher gegangen. Zu Tische Frau *Mazzucchetti*. Zum Thee die Kommunisten *Becher* und *Kläber*. Über Rußland und eine Reise dorthin, zu der eine Einladung von der Regierung an mich ergehen soll.

Erledigte ein paar Korrespondenzen, ½ 8 nahmen wir einen Imbiß und fuhren dann zur Première der »Pfeffermühle« im Kursaal, die großen Erfolg hatte. Liebevoll erschüttert von Erika, besonders von ihrem »Lügenprinzen«. Merkwürdig, dies außer einem Wirken eines Kindes, Geist und Fleisch vom eigenen, selbsttätig geworden. – Begrüßungen mit L. Frank, Beidlers, der Mazzucchetti, Prof. Medicus.

Nachtmahl zu Hause.

Entschluß, der Baseler Einladung zu folgen.

Sonntag den 4. XI. 34

Im Bett gefrühstückt. Müde; Geschriebenes umgestoßen und anderen Weg eingeschlagen.

Schönes, kaltes Wetter. Spaziergang allein über Johannisburg.

Mittags Ankunft *Reisigers*. Mittagessen mit ihm, Erika, der

Giehse und dem Steuer-Juristen [?], mit dem K. nachher konferierte und der auch zum Thee blieb.

Erika hatte Nachmittags- und Abendvorstellung. Ich schrieb nach dem Thee an Heins in Beantwortung seines letzten Berichts, nachdem neue Meldungen über mich aus dem Auslande eingegangen, denen nachgegangen werden muß. Es ist zu albern. Übrigens berichtete Klaus von seiner Ausbürgerung, die auch durch das Schweizer Radio mitgeteilt worden sein soll und wohl zusammen mit derjenigen anderer erfolgt ist, auf Grund des Saar-Aufrufs.

Ging noch einige Schritte.

Nach dem Abendessen in der Halle mit Reisiger. Gespräche mit ihm über Deutschland und sein hoffnungsloses Abenteuer.

Montag den 5. XI. 34
Mit K. und Reisiger gefrühstückt. Arbeit am neuen Kapitelschluß. Mit Reisiger spazieren in den Ort hinunter.

Im Mittagsblatt der N. Z. Z. beginnt »Meerfahrt« zu erscheinen.

Suhrkamp nimmt das Joseph-Kapitel und die Widmungsseiten freudig an.

Brief von A. M. Frey über den »Joseph«.

Briefe von Fiedler und Knopf.

Mittagessen mit Reisiger und Erika. In den Zeitungen Kritiken über die »Pfeffermühle«; diejenige in dem katholischen Blatt extrem komisch.

Zum Thee der kleine Sklenka, in den Klaus leidenschaftlich verliebt ist.

Nachher eine Reihe Briefe diktiert und danach an M. Mohr geschrieben.

Nach dem Abendessen las Reisiger im Arbeitszimmer ein schönes Kapitel aus seinem Mary-Stuart-Roman vor. Gespräche über seine und meine verlegerische Zukunft. Für mich hängt von dem Entschluß Bermanns, den Essayband betreffend, viel ab.

Dienstag den 6. XI. 34

Schloß das Kapitel ab. Ging bei milchigem Nebel allein spazieren. Zu Tische Erika, die Giehse, Reisiger; Plauderei, heitere Briefverlesungen nachher in der Halle.

Recht rührender Brief von Frau Fischer.

Nach dem Thee an Frey u. a. geschrieben. Dann noch Bewegung gemacht und an die Baseler Rede gedacht.

Abends mit Reisiger Tschaikowsky-Musik.

Sturm und Regen.

Mittwoch den 7. XI. 34.

Beschäftigung mit der Baseler Rede.

Spaziergang mit Reisiger bei angenehmem Herbstwetter.

Erika äußerte sich unlustig über das reiche und steife Publikum, das hier ihren Saal füllt.

Brief von Bermann, der den Essayband bringen will und nur unwesentliche Retouchen in »Meerfahrt« verlangt, die ich nicht verweigere. Doch ist eine der Beanstandungen in der N.Z.Z. schon heraus.

Brief von Suhrkamp aus Berlin, nach einer Unterredung im Ministerium. Er behauptet, dicht am Ziel zu sein und rät »Meerfahrt« zurückzustellen – das aber läuft.

Schrieb an Bermann und Korrodi und beförderte einen Stapel Briefe.

Abends mit Reisiger und den Kindern Radiomusik.

Donnerstag den 8. XI. 34.

Mit K. und Reisiger gefrühstückt. Nachher Beschäftigung mit der Rede für Basel; einiges aufgeschrieben bei wachsendem Widerwillen gegen dies Unternehmen. Lähmendes Gefühl der Schiefheit einer Lage, in der eine abstrakt pazifistische Predigt keineswegs der inneren Überzeugung entspricht, und die es verwehrt, die moralischen Bedingungen auszusprechen, unter denen »Verständigung« zu empfehlen ist. Die »Verständigung« zwischen Frankreich und »Deutschland«, die Verständigung Europas mit dem Nazitum ist nicht zu wünschen. Schon »Pan-Europa« krankte an seiner innerpolitischen Indifferenz. Eine ähnliche Gleichgültigkeit wohnt jeder allgemeinen Friedensparole inne, und wenn die Wölfe Pazifismus treiben, so verliert man den Geschmack daran. »Verständigungsbereitschaft« um des bloßen lieben Friedens willen, gibt es nur zuviel. Es ist widerwärtig ins Horn des »Völk. Beobachters« zu stoßen u. sich mit ihm in die Parole »gegen die Rüstungsindustrie« zu teilen. Spricht man aber davon – man kann es garnicht – so trägt man Verwirrung in eine wohlmeinende Versammlung. Mein Kopf gibt die Redensarten nicht her, die zu machen wären. – Absage-Telegramm wegen Überarbeitung.

Mit Reisiger bei Regen u. Schnee über Johannisburg spazieren in neuen, langen, praktischen Knicker-Bockers.

Korrektur der Radio-Ansprache für den »Spiegel«.

Keine Ruhe. ½ 5 Uhr mit K. zum Steueramt Küsnacht, gemäß einer Vorladung. Sympathischer und entgegenkommender Kommissar. Vorläufige Festsetzung unserer jährl. Steuer auf zusammen 3000 Franken.

Zu Hause Korrespondenz.

½ 8 Abendessen und mit K. ins Schauspielhaus zur Première von Wolfs »Prof. Mannheim«, Sittenbild aus Nazi-Deutschland, quälend für mich und das Publikum in begeisterte Empörung versetzend. Vorzügliche Aufführung: Horwitz als Chirurg sehr würdig, der junge Kommunist, der jüdische Krankenwärter (Steckel) – ausgezeichnet. Merkwürdig, wie die agitatorische Primitivität eines Stückes auch das Publikum auf eine primitive Stufe herabsetzt, sodaß es imstande ist, den Schauspieler zu verhöhnen und auszupfeifen, der den Bösewicht spielt und sympathische Figuren mit Beifall zu überschütten. – Großer Erfolg.

Nachtessen zu Hause. Später kam Reisiger, der in der »Pfeffermühle« gewesen war, und wir unterhielten uns über unsere Eindrücke, seine Angelegenheiten und das Baseler Problem bis ½2. Als ich dann im Badezimmer war, kehrte Erika erkältet, heim, und auch mit ihr gab es, an K.'s Bett, noch eine längere Plauderei, sodaß ich mich erst gegen ½3 Uhr niederlegte. Ich las dann noch einige Seiten in dem bei Fischer erschienenen Wiener Offiziersroman von Heydenau, der mich unterhält.

Freitag den 9. XI. 34
Schon nach 8 Uhr auf. Erikas Geburtstag. K. zu Einkäufen in Zürich. Allein gefrühstückt. Klares Wetter.

Etwas am »Joseph« weiter.

Erika beglückwünscht und ihre Geschenke besichtigt.

Mit Reisiger spazieren; auf dem Heimweg Begegnung mit K., Eri, der Giehse und Klaus.

Mittagessen mit Neuchâteler Wein. Nachher in der Halle.

Im Lauf des Nachmittags bearbeitende Anrufe aus Basel, wie fast erwartet, von Kiefer und Bauer. Der Saal ausverkauft, Verzweiflung. Halbe Zusage nun dennoch, die mich belastet, die [ich] aber wohl halten werde.

Nach dem Geburtstagsthee Besuch von einem jungen Vertreter der Studentenschaft wegen einer Vorlesung diesen Monat im Auditorium Maximum.

Besorgung der Korrektur des Romankapitels für das Fischer-Heft der Rundschau bis zum Abendessen.

Nachher Platten-Musik, Aufnahmen des erstaunlichen Menuhin.

Sonnabend den 10. XI. 34
Vormittags hemmungsvoller Diktat-Versuch an K., an dessen Stelle eine Besprechung des Gedankenganges und der Auftrag seiner vorläufigen Fixierung gesetzt wurde. – Zermürbt.

Mit Reisiger in den Ort, wo ich mir das Haar schneiden ließ. Anschließender Spaziergang, der wohltat.

Neuer Anruf aus Basel und Zusage.

Zahlreiche Büchersendungen.

Nach dem Thee bis gegen 8 den Vortrag an der Hand des Entwurfs, ziemlich unabhängig davon, herunterdiktiert. Gottlob. Während ich nach dem Abendessen mit Reisiger Musik hörte, schrieb K. ihn ab, und ich las ihn am späten Abend R. vor, der ihn für richtig erachtete.

Später Heimkunft Erikas, der Giehse u. der Kinder, die in der »Pfeffermühle« gewesen waren. Erika, schwer erkältet, erzählt von dem zarten Verhalten des vollen Saales zu ihr und ihrer stimmlichen Behinderung.

Spät ins Bett, 1 Uhr. Halbe Tablette. Einige Seiten in dem Wiener Roman.

Sonntag den 11. XI. 34

Bis ½ 8 Uhr durchgeschlafen. Gebadet, mit K. und Reisiger gefrühstückt und den Vortrag durchkorrigiert.

Mädchen Maria seit gestern bettlägrig, Angina, die sehr verbreitet. –

11 Uhr mit K. zum Bahnhof Zürich: Abreise nach *Basel*, am Bahnhof empfangen von Kiefer, Dr. Bauer u. anderen. Fahrt ins Hotel Terminus und Mittagessen in größerer Gesellschaft (Rioux, Herzog etc.) Von da, nach dem Kaffee, zur Mustermesse, Saal, von 2000 Personen gefüllt, Beethoven-Musik, die Reden eines sympathisch-sozialen Nationalrats und Rioux von der Pariser radikal-sozialistischen Partei. Nach einer Pause meine Ansprache. Verbindende Reden Bauers. Eindrucksvoller und der Bewegung nützlicher Verlauf. Applaus nach meiner Kennzeichnung des Ideenleugners. – Gesellige Thee-Mahlzeit nachher und eilige Fahrt zum Bahnhof. Rückreise um ½ 7 und Ankunft hier um 8 Uhr. Mit dem Wagen, der uns erwartet hatte, nach Hause. Abendessen mit Reisiger und den Kindern. Diese hatten einem Konzert beigewohnt, das Busch, Serkin und Frau Reiff im Altersheim gegeben. Erika hat den Tag im Bette verbracht, Reisiger mit der Giehse geluncht. Erika hat sich in gebessertem Zustand zu ihrer Abendvorstellung begeben.

Daß ich die Baseler Unternehmer nicht im Stich gelassen, ist wohl gut.

Las unterwegs in der »Sammlung« eine eigentümlich sinnlose Geschichte von Hemingway: »Die Veränderung«.

Montag den 12. XI. 34.

Gestern Nacht kehrte Erika heim, als ich bei der Abendtoilette war, und es wiederholte sich die Unterhaltung an K.'s Bett. E. berichtete, die hiesigen Nationalsozialisten hätten ein Flugblatt verteilt, »Nationalrat Schneider und die Pfeffermühle«, worin der Politiker (der die Aktion gegen General Wille entrierte) intimer Beziehungen zu E. bezichtigt wird und von dieser außerdem als »Kinderschänderin« die Rede ist. Nach E's Überzeugung steht im Hintergrund die alte Schwarzenbach, ihre Hysterie und ihr kapitalistischer Angsthaß. E. hat Schneider nie gesehen. – Der Fall hat schaurigen Zeitstil und kennzeichnet auch die Verhältnisse in der Schweiz, leider wohl besser als die gestrige Versammlung.

Ich schlief gut bis 8 Uhr und frühstückte mit K. u. Reisiger, wobei wir über jene Geschichte sprachen.

Wiederaufnahme des Romans. 11 Uhr Zahnarzt. Nachher mit K. und Reisiger bei Sprüngli.

Zum Thee *Leonhard Frank* und Dr. Fischer, der Anti-Hitler-Agitator. Pol. Unterhaltung.

Abendspaziergang.

Anregung der Studentenschaft zu einem Vortrag über den Roman.

Sorge und Kummer Medi's wegen und ihres Konfliktes zwischen Schule und Musik. Sehe mit bitterer Enttäuschung die Entwicklung des Kindes sich ins Unselige verlieren.

Lektüre in Tschuppiks »Maria Theresia«. Reisiger auswärts.

Dienstag den 13. XI. 34

Zeitig auf. Arbeit am Roman. Ausged. Spaziergang mit Reisiger. 8. Fortsetzung von »Meerfahrt« in der N.Z.Z.. Bericht über die Baseler Veranstaltung in der »Nation. Zeitung«.

Nach dem Thee Briefe diktiert. (An Droemer wegen des Storm-Essays).

½8 gegessen und nach 8 von Wyler mit Wagen abgeholt zur Soiree im Hause Schütz-Massogné, eigentümliche Veranstaltung. Violinspiel der Pfennigheim.

Zu Hause ½12 Uhr Heimkehr Erikas von der Vorstellung, bei der von der Schwarzenbach bezahlte Rowdys Skandal gemacht hatten. Erzählung und Beratung.

Donnerstag den 15. XI. 34.

Gestern arbeitete ich vormittags am Roman weiter und ging mittags mit Reisiger und *Herzog*, der zum Mittagessen blieb, spazieren. H. produzierte seinen Plan einer populären Romanzeitung, »Die Weltliteratur«.

Zum Thee Hermann *Hesse* und Frau, auf der Durchreise nach Baden, mit denen ich mich etwas langweilte.

Schrieb vorm Abendessen an Fiedler.

Sagte telephonisch den Studenten vorläufig ab.

Abends für K. und Reisiger Vorlesung des Gesprächs im Palmgarten, das R. in großes Entzücken versetzte. Auch gegen die nach 11 Uhr mit der Giehse heimkehrende Erika äußerte er es. Die Vorstellung war ungestört verlaufen.

Wir assistierten noch dem Abendimbiß der Damen, wobei von dem niederträchtigen Fall Köppen in Berlin die Rede war. Dieses Opfer einer elenden Demagogie hat sich in der Schutzhaft erhängt. Den von »Staatsraison« verhärteten Gewissen macht das nichts. Aber ob ihre Schandtaten nicht doch allmählich ihnen zum Verhängnis auflaufen?

Im Bette las ich noch einige Seiten im »Leutnant Lugger« weiter. Es wurde spät.

Heute vor 8 Uhr auf, rasiert und gebadet. Büchersendung von Piper in München. Bemerkenswert eine Äußerung von mir auf der Umschlagschleife einer Erzählung von Durych.

Kurze Beschäftigung mit dem Roman. ¾11 zur Stadt, wo bei Asper abscheuliche Anästhesierungs-Sitzung, Lähmung des Schlundes, Beängstigung. Wir trafen uns wieder mit Reisiger bei Sprüngli, während das Mißgefühl noch anhielt.

Brief von Frau Fischer über das Rundschau-Kapitel und »Meerfahrt«, treuherzig. Brief von Lion ebenfalls über das Feuilleton und den Roman.

Im Mittagsblatt letzte, (10te) Fortsetzung von »Meerfahrt«.

Reisiger nachhaltig beglückt von der gestrigen Vorlesung.

Von Prag wird um Unterstützung für Frau Mühsam und Kurt Hiller ersucht. Wir schicken 100 Franken.

Abgespannt von der Zahnarzt-Sitzung. Herzklopfen beim Ruhen oder statt der Ruhe.

Das Wetter kühl, neblig, feucht.

Schrieb Briefe nachmittags und ging abends mit Reisiger, den ich aus dem Omnibus klopfte, ein Stündchen spazieren.

Nach dem Abendessen hörten wir durchs Radio Ibsens »Gespenster«. Tief und erinnerungsvoll bewegt.

Freitag den 16. XI. 34.
8 Uhr auf und gearbeitet.

Viel Post, Bücher, Briefe: Frank berichtet über den Stand der Affaire »K. H.« in London. Korrodi schreibt anläßlich des Abschlusses von »Meerfahrt« und überweist 1000 Franken. Einladung aus der Westschweiz – abzulehnen. Einladung von Prof. Medicus zum 1. XII.

Spaziergang mit Reisiger bei milderem und sehr schönem Herbstwetter, das sich aus dichten Morgennebeln entwickelt.

Zu Tische die Giehse. Die gestrige Aufführung rein sympathisch verlaufen. Für heute neue Störungen in Aussicht.

Nach Tische Lektüre des Tage-Buchs.

Zahnschmerzen, entzündlicher Ober-Kiefer rechts.

Rührender Brief der Herz über die Baseler Veranstaltung, von der sie gelesen, und über die Dankbarkeit ihrer Welt gegen mich.

Schrieb nachmittags eine Reihe von Briefen und Karten. »Meerfahrt« in Ausschnitten an die Herz.

Abends las Reisiger aus seinem Mary-Roman. Zwischendurch telephonische Nachricht von dem Impresario Kayser aus
der »Pfeffermühle« über die schweren Unruhen, die es im
Saal und auf der Straße gegeben. Später, während ich mich
mit R. über sein Werk unterhielt, Anruf des nachts von Davos
zurückgekehrten Klaus, daß Erika und er im Hotel über-
nachten. –

Sonnabend den 17. XI. 34.
Früh sechs Uhr erwacht, erregt von den Erika betreffenden
Vorgängen und beängstigt von dem gegen den Rachen hin
geschwollenen und schmerzhaften Zahnfleisch, einer Folge der
Injektion. War einige Zeit außer Bett und fand mit Hülfe
einer Luminalette wieder Ruhe.

Spät auf. Beim Frühstück mit K. und Reisiger Erörterung
des Tumults von gestern: Sturm der Frontisten auf das Kurhaus, Schüsse der Polizei, Verhaftungen (darunter der junge
Schwarzenbach), unsinnige Wut der Ruhestörer, Ovationen
des Publikums für Erika, Stellungnahme der Polizei entschieden zu ihren Gunsten. Dennoch sind die Folgen für das Unternehmen vielleicht verhängnisvoll, wenn auch nähere Nachforschungen der alten Schwarzenbach recht unangenehm
werden könnten.

In der Mittagspresse Berichte über den Tumult, an dem sich
auch Kommunisten beteiligt haben sollen, in großer Aufmachung, mit den obligaten Entstellungen und Unzuverlässig-
keiten der Haltung. Ein Artikel in der Abendausgabe der
N.Z.Z. desselben Charakters. – Tatsächlich bildet die alte
Schwarzenbach sich ein, daß Erika die Bewegung gegen ihren
Bruder Wille inspiriert habe. – Die Geschehnisse gehen mir sehr
nahe. Das Spiel der »Pf.« soll unter polizeilicher Bewachung
während der noch ausstehenden Tage fortgesetzt werden.

Arbeitete wie gewöhnlich und ging mit Reisiger spazieren.
Mildes, frühlingsartiges Wetter. Wir tranken Wermut auf der
Terrasse des Restaurants »Johannisburg«.

Mittags mit Erika. Ihr Rechtsanwalt rät ihr, wegen des verleumderischen Flugblattes zu klagen. Der Wirt des Kurhauses wird seinerseits wegen Hausfriedensbruchs und Sachbeschädigung Klage erheben, wobei Erika als Zeugin den Sachverhalt aufklären kann.

Schrieb an die Herz. Ging noch etwas aus. Abends Radio-Amüsement, bei dem man aus Trägheit verweilte.

Sonntag den 18. XI. 34

Nachts ½ 12 telephon. Benachrichtigung von Erika, daß die Vorstellung ungestört verlaufen, aber auf der Straße wieder Zusammenrottungen stattgefunden hätten und Verhaftungen vorgenommen wären.

Heute eine Seite weiter. Mit K. und Reisiger mittags bei dünnem Nebel, durch den die Sonne drang, spazieren.

Mittags Erika, Klaus, die Giehse. Die Polizei ist den familiären Ursprüngen des Unwesens auf der Spur.

Las in einem begabten Prager Novellen-Manuskript, das Kestenberg übersandt.

Zum Thee W. *Herzfelde,* angenehmer Mann. Über Kommunismus und Nationalsozialismus.

7 Uhr eilige Toilette. Zur Stadt, große Abendgesellschaft bei Reiffs. Souper und Darbietungen: Musik, Gesang, Rezitation. Der Bariton des Stadttheaters, Balte, sang russische Lieder, erwies sich als großer Liebhaber der Joseph-Bücher. Der Direktor lud zur Oper ein. Hartung über das Attentat der Stieftochter Schleichers auf Hitler. (Wie es ihr ergangen sein mag!) Über Hauptmann in Lugano, der auf die hysterischen Emigranten schimpft. Begrüßung mit Ebert. Nachricht von einem üblen Artikel der N.Z.Z. gegen »Prof. Mannheim«.

Zu Hause Reisiger und Nachricht, daß die heutigen Vorstellungen wie gestern verlaufen. Der Besuch scheint nachgelassen zu haben. Ich spüre den Eindruck dieser Dinge an meinen Nerven.

In der Gesellschaft war viel von »Meerfahrt« die Rede.

Vielfach rheumatische Zahnschmerzen und Gaumen-Emp-
findlichkeit infolge der Injektion.

Montag den 19. XI. 34.

Mit ½ Phanodorm erfreulich gut geschlafen. Eine Seite geschrieben. Gegen Mittag zum Zahnarzt: harmlose Sitzung.
Rendez-vous mit Reisiger und K. bei Sprüngli. Zu Tische Erika
und Klaus, der sich dann zur Rückreise nach Amsterdam verabschiedet.

Erikas Affaire läuft weiter. Vorzügliche Haltung der städt.
Polizei, der die desto elendere der N.Z.Z. gegenübersteht.
Reisiger hat nachmittags im Café eine Zusammenkunft mit
Korrodi, wobei er diesem auf offenbare eindrucksvolle Weise
die Leviten liest.

Nach dem Thee Briefe diktiert.

Zum Abendessen *Beidlers*, denen ich die Joseph-Bände
schenkte.

Dienstag den 20. XI. 34

Vormittags weitergeschrieben. Zahnschmerzen unten rechts,
Reißen, Entzündung, Drüsenschwellung. Begann schon nachts.

Mittags mit K. und Reisiger auf den »Pfannenstiel«. Nebe-
liges Herbstwetter.

Zu Tische Erika. Polizeiliche Erklärung, vernünftig, in der
N.Z.Z. Außerordentliche Sitzung des Stadtrats, positiv für
das Unternehmen. Erikas Dementi ihrer Zugehörigkeit zur
K.P.D.. Die Polizei sehr scharf gegen die alte Schwarzenbach.

Schmerzensplage, Anruf Aspers.

Brief an Kestenberg über das Ms. von H. Grab.

In dem Bande der »Neuen Deutschen Blätter«, den Herzfelde überbrachte, eine Besprechung der Jaakobsgeschichten
unter kommunistischem Gesichtspunkt, also einigermaßen
negativ.

Gegen Abend Besuch eines Herrn Schmitt, von Dr. Bauer
empfohlen, in Sachen eines Europa-Propaganda-Films.

Abends, nach einiger Musik, Vorlesung des »Leib- und Lese-dienstes« für K. und Reisiger, der sich wieder schwärmerisch erfüllt von dem Gehörten zeigte. Er nennt das Werk kurzweg die »Rechtfertigung der Epoche«. Ich sprach nachdenklich da-von, daß, wenn er auch nur bis zu einem gewissen Grade recht hat, mein »tägliches Selbstbewußtsein« der Größe der Leistung keineswegs entspricht. Ich brauchte die Worte »Füh-rung« und »Werkzeug«.

Mittwoch den 21. XI. 34
Erika rief wie gewöhnlich noch an gestern spät. Ihre Vor-stellung ist ungestört verlaufen. Der größere Teil der Wach-mannschaft wurde schleunigst ins Schauspielhaus abberufen, wo schwerer Skandal um »Professor Mannheim« ausgebrochen war. Dies ist die alleinige Schuld der denunziatorischen Ar-tikel der N.Z.Z..

Machte, bei starken Schmerzen, Antiphlogestin-Umschlag und nahm ein zweites Veramon. Las längere Zeit in dem österr. Offiziersroman. Die Nacht war ziemlich ruhig danach.

Heute Morgen nach einer Tasse Thee zu Asper, der etwas Eiter entleerte und mit einer Mischung aus Kamillen und Sauerstoff die Wurzel spülte. Besserung in Aussicht, aber noch dauern Geschwulst und Reißen an.

Ging zu Sprüngli danach und frühstückte Thee mit Ei. K. kam dazu, und wir fuhren nach Hause. Es ist ein heiterer Morgen mit rauhem Wind.

Einige Beschäftigung mit dem Manuskript.

Spaziergang mit Reisiger.

Zu Tische Erika und die Giehse.

Begann die Korrekturen des Essaybandes zu lesen.

Zum Thee *Hartung* und v. *Brentano*.

Brief und Drucksachensendung von M. Kessel, Berlin.

Eifrige Arbeit an den Essay-Korrekturen, nachmittags und den ganzen Abend. Reisiger zu einer Benefiz-Vorlesung in Kilchberg. Erika's Vorstellung glatt und rasch beendet, da in der Stadthalle Versammlung der Frontisten, die nachher die Stadt beunruhigten.

Donnerstag den 22. XI. 34

Recht unruhig, mit Antiphlogestin-Umschlag, geschlafen. Geschwulst, aber ziemlich schmerzfrei. Ging nicht aus. Arbeitete und empfing Dr. Stahel, der Tabletten verordnete.

Zum Essen mit Erika Herr u. Frau Dr. *Opprecht,* rechts angenehme Leute. Ich las einen heute eingegangenen Brief Fiedlers über die Zustände in Deutschland vor, das langsame Abbröckeln, die Zersetzung. Erika teilte einen guten Brief von ihr an die Schw. Presse mit.

Las die Korrekturen weiter, auch nachmittags.

Abends Vorlesung des Wirtschaftskapitels an K. und Reisiger.

Freitag den 23. XI. 34

Am Roman eine Seite weiter. Mit K. bei kaltem, heiterem Wetter spazieren (das Geschwulst eingehüllt).

Zu Tische Erika, die, vom Christlichen Hospiz »ausgewiesen«, wieder zu uns zieht. Der Polizeibericht kündigt als Ergebnis der Nachforschungen nach den eigentlichen Urhebern der Vorkommnisse »Überraschungen« an und wünscht, daß die Kosten, die der Stadt daraus erwachsen, den Urhebern zur Last fallen möchten. – Große Ratlosigkeit bei der Redaktion der N.Z.Z. wegen eines Briefes zugunsten Erikas, den Maria Waser dorthin gerichtet.

Diktierte nach Tisch in der Halle einen Brief, mit dem ich den Erikas an Korrodi senden will.

Weitere Beschäftigung mit den Korrekturen von »Leiden u. Größe«.

Notierte ein schönes Citat von Goethe über Klarheit und Tiefe.

Schrieb mit Reisiger mehrere Novellenstoffe auf.

Vossler schickte seine Arbeit über symbolisches Denken und Dichten.

Ein Brief von mir an die Herz über die Baseler Aktion ist nicht angekommen und scheint unterschlagen.

Bonnet reklamiert einen Beitrag für das Protokoll von Venedig.

Abends mit K. und Reisiger im Schauspielhaus: »Heinrich IV«, beide Teile, gekürzt. In der Pause mit Genuß Kaffee getrunken. Trafen Hartung und Riesers.

Zu Hause Souper mit Erika und der Giehse. Ermahnungen E.'s an K. wegen ihres leichtsinnigen Fahrens, das leicht zu einer Katastrophe führen kann.

Sonnabend den 24. XI. 34.

Nachts, den Kopf eingebunden, schlief ich – nach einer halben Tablette Phanodorm – das Buch in der Hand und den Zwicker auf der Nase ein. Es war wunderlich, so zu erwachen.

Am Roman heute eine Seite weiter (Beknechons). Empfing Dr. Stahel. Drüsengeschwulst dauert an.

Ging bei mildem, nebelblauem Wetter mit Reisiger spazieren.

Mittags mit Erika über ihre Angelegenheiten.

Nachmittags schlief ich ein und träumte, daß ich Erika küßte und zu ihr sagte: »Gott segne dich!«

In der Abend-Z.Z. der Brief Maria Wasers, nicht sehr wesentlich gekürzt, der eine entschiedene Genugtuung für Erika bedeutet. Trotzdem geht auch mein Brief an Korrodi mit dem Erikas ab, womit ich nicht ganz einverstanden bin, da die Zeitung, ohne sichtbar umzuschwenken, beides kaum bringen kann.

Reisiger bekam von befreundeten Frauen nützliche Sachen geschenkt.

Ich erhielt von einem Rudolf Stroun[?], der unterwegs nach Palästina, eine schöne Ausgabe von Fabeln Lessings mit Stichen von Chodowiecki zum Geschenk.

Gab Reisiger den Platen-Aufsatz zu lesen, den er noch nicht kannte. Es ist ein guter Band.

Besprach gestern mit R. wieder einmal die Faust-Novelle.

Abends las Reisiger ein Kapitel aus seiner Mary Stuart.

Erika und die Giehse kehrten von ihrer Vorstellung zurück, die gut besucht gewesen und gut verlaufen war.

Sonntag den 25. XI. 34

Spät auf. Mißgelaunt und gelangweilt. Wenig gearbeitet. Mit K. bei scharfem Wind spazieren.

Zu Tische Erika, die Giehse, Frl. Hirsch.

Beendete nach Tische die Korrektur.

Nachmittags Besuch von dem Schauspieler *Langhoff*, der uns aus seinen Erinnerungen an das Konzentrationslager, teilweise Erschütterndes, vorlas.

Schrieb an Bermann wegen der Korrekturen.

Nach dem Abendessen hörten wir Missa solemnis.

Erika telephonierte, sie komme nicht nach Hause, da sie von der Polizei vor einem Überfall gewarnt worden. Später stellt ein Beamter der Küsnachter Polizei sich ein, der das Haus zu bewachen beabsichtigt und noch Zuzug von Zürich erwartet. Man besetzt die Garage. Sonderbare Zustände.

Montag den 26. XI. 34

Der Polizei-Beamte versicherte gestern, es sei ernst, eine Entführung Erikas (nach Deutschland) sei geplant. Schauderhafte Vorstellung. Es geschah jedoch nichts, und der Beamte mit den vier weiteren aus Zürich, die auf der Straße Wache gehalten, entfernten sich um Mitternacht. Heute Abend wird E, die im Carlton übernachtete, unter Bedeckung heimkehren.

Etwas weiter gearbeitet, ziemlich unlustig.

Mit Reisiger ausgiebig spazieren. Kalt und neblig.

Zahlreiche Briefe, darunter von Schickele und Meier-Graefe. Des Budapester Agenten wegen der Januarreise.

Schickte die Drucksache aus den Schweizer Blättern an Schickele.

Auch er ist der Erwartung, daß nach der Saar-Abstimmung

ein großes Friedens- u. Verständigungsangebot Hitlers an Frankreich erfolgen wird, das empfänglich dafür gestimmt ist. Ich teile K.'s Hoffnungen nicht. Die Elenden in Deutschland werden nicht in den Krieg gehen; sie wollen »den Aufgaben der Zeit gerecht werden«, d. h. ihre Macht bewahren und befestigen. Von jeher waren sie ausschließlich innerpolitisch interessiert. Schwierigkeiten wird es nur mit dem Abstoppen der Aufrüstung haben. Und die Frage: »Wozu also das Ganze?« wird unbeantwortet bleiben.

Diktierte und schrieb Briefe zwischen Thee und Abendessen.

Abends machten wir uns Plattenmusik.

Erika telephonierte, daß sie in der Stadt bleibt, da vorm Schauspielhaus Unruhen und die Polizei zu ihrem Schutz nicht abkömmlich. Das Kabaret gut besucht und störungsfrei.

Dienstag den 27. XI. 34.

Am Roman einen Schritt weiter, wenig aufgelegt. Den ganzen Tag niedergeschlagen und verstimmt über die verdammte Ähnlichkeit, die der Gang der Dinge in der Schweiz mit dem in Deutschland aufweist. Die »fanatischen« Rüpeleien der Frontisten mit patriotischem Aushängeschild, äußerst gefährlich und verwirrend für das Bürgertum. Dennoch sind die Gewichte hier anders verteilt, und Zürich ist nicht mit der Schweiz zu verwechseln. Die intellektuellen Vorzüge der modernen Stadt, deren Charakter ehemals kritizistisch-sozialistisch war, sind völlig gebrochen durch die Nachteile, die [die] elende Verfassung der modernen Massen mit sich bringt. Durch den Mordprozeß Naef wird der moralische Tiefstand und die Fäulnis des großstädtischen Mittelstandes von heute gekennzeichnet. Zürich ist schlimmer als Basel und Bern, weil es moderner, mehr »auf der Höhe der Zeit« ist.

Spaziergang mit K. und Reisiger.

Erika hat auch gestern, Montag, einen vollen Saal gehabt. Man denkt sogar an Prolongierung.

Nachmittags Korrespondenz; Ersatzbrief an die Herz, denn

der vorige ist endgültig abhanden gekommen, wahrscheinlich politisch gestohlen. Meinetwegen.

Reisiger abends in der Stadt. Ich las in Ed. Meyers Buch über die Juden. Nach R.'s Rückkehr war noch Unterhaltung in meinem Zimmer.

Erika wohnt wieder bei uns und benutzt zur Heimfahrt den Omnibus, wird von der Haltestelle vom Küsnachter Beamten hierher begleitet.

Mittwoch den 28. XI. 34.
Bei Zeiten auf und am Roman, obgleich etwas unsicher zur Zeit, den üblichen Schritt weiter.

Mit Reisiger spazieren in die Schlucht, wo es bei dem dunklen Nebelwetter bedrückend war.

Erika aß außer Hause. Las nach Tische das Manuskript eines jungen H. Mettler, Zürich.

Brief des Dr. Grab, Prag, zum Dank für meine Äußerung.

Schickte »Meerfahrt« an Vossler und K.'s Mutter.

Brief einer Martha Löwisohn, Berlin, über den »Jaakob«, enthusiastisch.

Brief an den jungen Mettler.

Der Angeklagte Naef im Zürcher Prozeß überraschender Weise zum Tode verurteilt. Der Verteidiger Rosenbaum hat sieben Stunden gesprochen. Naef ist wahrscheinlich im engeren Sinne nicht schuldig.

Donnerstag den 29. XI. 34
Frühstück mit K. und Reisiger. Am Roman weiter. Las gestern Abend Reisiger das On-Kapitel aus den Anfängen des 3. Bandes vor, die mir im ganzen Zweifel und Sorge machen. Doch fand R. das langsame u. ausführliche Eindringen in die fremde Welt zu bejahen.

Zum Lunch ½ 1 Uhr bei Herrn u. Mme Clerc in Zürich, mit Lichtenberger, Madariaga und Fleiners. – Angegriffen von Kaffee und Unterhaltung.

In der N.Z.Z. Wiedergabe eines Artikels, den Furtwängler in der D. Allgem. Zeitung zugunsten Hindemiths veröffentlicht hat. Dieser sollte von den völkischen Banausen wegen Kulturbolschewismus aus Deutschland verdrängt werden; F. findet energische Worte gegen diese Dummheit und betont H's Meistertum und die Ehre, die er dem Lande erwirke. Kein »Kollege« hat sich gefunden, der gegen die Behandlung, die die Münchner Rammel-Regenten mir haben zuteil werden lassen, die Stimme erhoben hätte, – weder ein Einzelner noch ein Kollegium. Dennoch hätte die deutsche Literatur sich dadurch in internationales Ansehen setzen können. Es wäre eine billige Gelegenheit für sie gewesen, da ihre Werke ohnehin nicht dazu taugen.

Handschr. Korrespondenz.

Abends im Polytechnikum Vortrag Lichtenbergers über Nietzsche, ziemlich seicht. Ich bedachte, daß ein, dem Wagner-Essay entsprechender, Aufsatz über Nietzsche auf meinem Wege liege. – Wir fuhren Raschers nach Hause.

Abendessen mit Reisiger. – Gedichte von Eichendorff: Betrachtung über volkstümliche und hohe Romantik.

In Erikas Vorstellung 120 Stadträte, die begeistert gewesen sind. Großer Erfolg.

Las in Jacobs Tora-Kommentar.

Freitag den 30. XI. 34.

Spät das Licht gelöscht und spät auf. Am Roman ein wenig weiter. Gegen Mittag mit K. und Reisiger zur Stadt, wo wir das Atelier des Fräuleins Frey besuchten, um R.'s nicht übel getroffene Büste zu sehen. Nachher beim Friseur zum Haarschneiden (Ölbehandlung)

Mittagessen mit Erika. Äußerte die Absicht, einen längeren grundsätzlichen Brief an Korrodi zu richten.

Zeitungen und »Tage-Buch«.

Nach dem Thee Diktat des Artikels über Kunst und Handwerk für das Protokoll des Kongresses von Venedig.

Ging noch etwas aus. Abends alle Welt in der letzten Aufführung der »Pfeffermühle«. Aß allein zu Abend. Las in klassizistischen Gedichten eines F. G. Jünger, die Bermann geschickt hatte, erschienen im »Widerstandsverlag« (!) Berlin, darin ein Stück »Der Mohn«, von fabelhafter Aggressivität gegen die Machthaber, das ich, als die Meinen vom Theater zurückgekehrt waren, ihnen beim Abendessen zu allgemeinem Erstaunen vorlas. – Die Abschiedsvorstellung war glänzend und einträchtig verlaufen, Erika und die Ihren sind stürmisch gefeiert worden.

Sonnabend den 1. XII. 34

Wieder wurde es gestern 1 Uhr, ehe ich das Licht löschte. Bewegt von dem siegreichen Abschluß, den Eri's Gastspiel gefunden, las ich noch längere Zeit im Ljeskow, der mir sehr zusagt und nahm dann ein halbes Phanodorm. Sehr anregend, wenn auch etwas komisch durch das fromme und antikritische Bestehen auf Einheit und Realität, ist mir die Lektüre des Jacob'schen Kommentars zur Josephsgeschichte.

Stand ½ 9 Uhr auf und verabschiedete mich während des Anziehens von Erika, die auf zwei Tage nach Davos zum Besuch des jungen Landshoff fährt. Frühstückte mit K. und Reisiger, dessen Abreise auf Montag festgesetzt ist.

Etwas weiter am Roman. Mittags mit K. spazieren: Nebel, der die Luftröhre reizt.

Nach dem Thee schrieb ich die Einleitungsansprache auf, die ich morgen bei meiner Küsnachter Vorlesung halten will.

Brief und Buchsendung eines Berliner Nationalökonomen Dr. O. Veit.

Guter Artikel der »Nation. Zeitung« über die innere Verwandtschaft der Zürcher Unruhen von 1871 mit denen gegen die »Pfeffermühle«.

Nach dem Abendessen mit K. zu Prof. *Medicus* am Zürichberg, musikalische Soirée, Universitätsprofessoren, Lehrer und Industrielle, Vortrag von Courvoisier und César Frank, Thee und Bewirtung, Unterhaltung bis gegen 12.

Fuhr vorm Einschlafen noch mit der Lektüre der »Untergehenden Geschlechter« von Ljeskow fort.

Sonntag den 2. XII. 34

Am Roman weiter, versuchend und neu ansetzend. Mit K. und Reisiger durch den Wald spazieren, der im Nebel sehr schön. Bereifte Spinnewebe an den Tannen.

Erregt wegen des bevorstehenden Auftretens.

Tranken ½ 5 Uhr Thee und fuhren mit der Giehse und Reisiger zum Lehrerseminar, wo die vom »Jungschweizerverein, Küsnacht« veranstaltete *Vorlesung* stattfand. Der Saal (Turnhalle) dicht besetzt. Zahlreiche Gäste aus Zürich. Hielt meine Ansprache (über den heutigen Sinn des Konservativismus) und las das Travemünder Kapitel aus »Buddenbrooks«. Es folgte Musik, dann las ich die Begegnungen mit Rahel und Esau aus den Jaakobsgeschichten. Musik beschloß die Darbietung, die das Publikum sichtlich befriedigte. Besonders mit der Einleitung hatte ich es getroffen. Junger Mann rechts vorn, der über Esau vor Lachen erstickte. Auch die Kinder und die Mädchen waren zugegen. – Nachher Zusammensein und Thee mit Herren der Vereinigung in der »Alten Post«. – Zum Abendessen nach Hause.

Nachher musizierten die Kinder Viotti und Beethoven recht tüchtig. Später wurde aus Hamburg über Bern das Klavierkonzert von Beethoven, gespielt von Pembaur gesendet. Wir hörten es bis zu Ende.

Montag den 3. XII. 34.

Nach dem Frühstück mit K. und Reisiger einige Arbeit. Viel Post, unerheblich. Schwierigkeiten in Sachen der Ost-Reise im Januar. Es will mit Wien und Budapest nicht stimmen.

Spaziergang durch den Wald mit K. und Reisiger. Nach Tische Zeitungen und Fischers Jahrbuch.

Nach dem Thee Briefdiktate an K.: Bermann, Auernheimer (wegen Wien).

Reisiger kehrte von seiner Konferenz mit M. Bodmer zurück, auf die er finanzielle Hoffnungen gesetzt, und meldete ein ziemlich negatives Ergebnis. Die Unterhaltung politisch verlaufen (Pfeffermühle).

Abends teilte Reisiger uns ein weiteres erfreuliches Stück aus seinem Mary-Roman mit, und ich las ihm und mir dann Gedichte aus der Wiegler'schen Anthologie und von Schiller (»Das Glück«).

Dienstag den 4. XII. 34.

Ich arbeitete vormittags und fügte die Korrektur des Beitrags für das Pariser Protokoll von Venedig an.

Unnatürlich warmes Wetter, föhnig-still, mit einer Beleuchtung wie bei einer Sonnenfinsternis, feucht dabei, die Straßen lehmig. Ging mit Reisiger noch einmal über Itschnach spazieren.

Nachmittags reiste er ab. Wir brachten ihn vor 4 Uhr zum Bahnhof, sagten ihm Lebewohl für diesmal und hatten auf der Post zu tun, worauf wir nach *Baden* weiterfuhren, um Hesses zu besuchen. Thee mit diesen im Hotel Verena und freundschaftliche Unterhaltung. Nach 7 Uhr traten wir die Rückfahrt auf der stark befahrenen Straße an und waren kurz vor dem Abendessen zurück.

Es kam der »Schweizer Spiegel« mit meinem Beitrag, illustriert. Dankesbrief, angenehm, von K. Hiller-Prag, der 50 Schw. Franken erhielt. Zuschriften aus Zürich und Küsnacht im Anschluß an die Vorlesung.

Die Kinder im Konzert. Aß allein mit K. zu Abend.

Erika hatte angerufen: Die gestrige Vorstellung in St. Gallen ist erfolgreich und störungsfrei verlaufen, freilich unter Polizeischutz, der die Frontisten abschreckte.

Las im Tora-Kommentar, dessen Mischung aus Einfalt und Gelehrsamkeit, auch Scharfsinn etwas Erstaunliches u. Erheiterndes hat. Entschieden bietet er viel Anregung und Belehrung.

Mittwoch den 5. XII. 34.

Frühstück mit K., dann Arbeit (Beknechons, Politik, indirekt, schwierig.)

Ausgedehnter Waldspaziergang mit K.. Das laulich-dunkle Wetter hält an. Regen zwischenein, sehr unschön, gelbe Sonnenblicke.

Der erste Tag ohne Reisigers Gesellschaft u. bei der kleinen Hausbesetzung, die nun einige Wochen währen wird. Es ist etwas langweilig, hat aber den Vorzug, daß ich mehr zum Lesen komme.

Prof. Corrodi-Küsnacht schrieb und schickte sein Buch über Schoeck.

Nachricht von der Entlassung Furtwänglers aus allen seinen Ämtern, – sehr eindrucksvoll, da es ein Beweis ist, daß mit diesen Menschen kein irgendwie besser Gearteter zusammen-arbeiten kann. Der Haß der Gebildeten wird gesteigert, das Ausland empfängt eine neue Lehre. Das ist gut. Andererseits scheint die Saar-Angelegenheit sich recht friedlich zu regeln, die Aufrüstung wird hingenommen, nach ihrer Vollendung wird die Rückkehr nach Genf erfolgen und wahrscheinlich eine höchst »kühne« Friedensaktion zwecks wirtschaftlicher Hilfe und Befestigung des Regimes. Hesse hält, mit Recht ge-wiß, das System für »morsch«; Hiller schrieb hoffnungsvoll über »unsere« Rückkehr. Merkwürdig genug, gleichwohl, daß die Unmöglichkeit dieser Menschen, die ich tief empfinde, mich nicht von ihrem Mißerfolg überzeugt – aus Mißtrauen gegen die Zeit, in der ich das Unmögliche für möglich halte. Weitere, vielleicht wieder blutige Auseinandersetzungen innerhalb des Regimes mögen bevorstehen, eine neue »Reinigung« und Niederschlagung von Widerspenstigen und »Unverständigen«, gemeinsam mit der Reichswehr. Aber die »neue Zeit« wird man sich nicht nehmen lassen, fürchte ich; man wird sie retten durch »großzügige« und »kühne« Zugeständnisse an die Welt, und Hitler wird bleiben: man wird dem Volk den neuen Choc eines Zusammenbruchs des Führertraums unbedingt ersparen wollen.

Branting veröffentlicht in Schweden die Aufzeichnungen jenes Ernst, der zusammen mit anderen, ebenfalls Ermordeten, den Reichstagsbrand gelegt haben soll, im Auftrage von Goebbels und Goering.

Rascher schickt einen ganzen Berg von Novitäten seines Verlages.

Rabener in Berlin schreibt hübsch über »Meerfahrt« und »Tristan« und kündigt sein neues Buch an.

Schrieb an Dr. Veit – Berlin.

Das lange Ausbleiben des Dezemberheftes der »Neuen Rundschau« fängt an, bedenklich zu werden.

Donnerstag den 6. XII. 34.
Fortdauer des lauen, dunklen u. matten Wetters. Arbeit. Mit K. im Sommerüberzieher spazieren.

Die Rundschau kam, zahlreiche Bücher außerdem.

Zum Thee bei Herrn *Sonderegger* in Küsnacht. Emigranten, von der Strasser-Front, mit sonderbaren Ideen über das Jesuitentum als spiritus rector des Hitlerismus. Gab mir eine Nummer der »Deutschen Revolution«, worin Strasser mich auf Grund eines Briefes ans Svenska Dagbladet von 1915 als eigentlichen Erfinder des »3. Reiches« vorstellt. Mit Sonderegger, der sympathisch über Erika schrieb, manches über die Schweiz.

Brief des Ehepaars Liepmann – Berlin und Nummern der D.A.Z. über den Fall Furtwängler, der sich weiter auswirkt. Eine Art von Musik-Emeute ist im Gange, die gut deutsch mit der protestantisch-religiösen Emeute zusammenpaßt. Der Brief des nat. soz. Kulturbundes an die D.A.Z. ist von unergründlicher Dummheit, Frechheit und Roheit. Ebenso die Betrachtungen des Rosenberg im »Völk. Beobachter«.

Wir fuhren ins »Corso« und hatten Freude und Zerstreuung an einem Varieté-Programm sehr hoher Qualität.

Sonnabend den 8. XII. 34.

Gestern sehr müde. Abends Ankunft Erikas für zwei Tage, Unterhaltung mit ihr im Eßzimmer.

Heute ausgeruhter. Nach der Arbeit mit K. spazieren: höchst malerisches Nebelwetter mit zeitweisem Erblauen und bezaubernden Pastellfarben-Wirkungen im Wald und im Freien.

Mittagessen mit Erika und der Giehse. Vorlesung eines äußerst frappanten und sehr schönen Gedichtes von Keller, das E. jetzt in der »Pfeffermühle« spricht, und das auf Hitler-Deutschland gemünzt scheint. Ich schicke es Bertram.

Nach dem Thee zahlreiche Briefe diktiert.

Abends für K., Erika und die Giehse in meinem Zimmer ausgedehnte Joseph-Vorlesung: die drei Kapitel nach der Szene im Dattelgarten. Man war angetan.

Sonntag den 9. XII. 34.

Gestern wurde es wieder spät. Schlief schwer ein, nahm ½ Phanodorm. Heute wieder gearbeitet. Kompositionsschwierigkeit und Zweifel, ob nicht das gegenwärtig in Herstellung Begriffene überflüssig ist. Verspreche mir im Grunde nichts davon. Meine Neigung, zu verschleppen, mir immer neue Hindernisse vor das »Eigentliche« zu legen.

Dichter Nebel. Ging mit K. eine Stunde darin spazieren. Gestern besprachen wir dabei unsere »Verhältnisse«. Immer noch beläuft sich unser Jahres-Etat auf 30 bis 40 000 Franken gegen 50 - 60 in München. Voraussichtlich wird es aber im nächsten Jahr so gut wie ganz durch Einnahmen gedeckt sein, sodaß die »Substanz« nicht, oder nicht erheblich, angegriffen zu werden braucht.

[...]

Zu Tische der junge *Hecht*, Basel, Student. K.'s sanguinische Hoffnung und vernünftige Forderung des baldigen Endes des Regimes in Deutschland. Heute dort der Tag der »Solidarität«, und der Sammlung für die Winterhilfe, bei der Goering und Göbbels »selbst« auf die Straße gehen. Solidarität!

Es fehlt nicht viel, offenbar, daß sie *gegen* das Regime komplett geworden ist. Die Saar-Angelegenheit und ihr Ausgang ist dunkel. Aber fiele die außenpolitische Spannung weg, gäbe es keine Ablenkung mehr durch sie und ihre zusammendrückkenden »nationalen« Wirkungen, so wäre die Wahrscheinlichkeit heftigster innerer Erdrutsche und Entladungen nur desto größer. Es wird daran keinesfalls fehlen, aber ob sie die Abschüttelung des Traumes der Weltführung durch eine neue politische Weltanschauung, das Ende all dessen bedeuten würden, was heute noch die Köpfe der »Intellektuellen« beherrscht? Ich kann mir das nationale Eingeständnis des überstandenen Irrsinns noch lange nicht vorstellen. Die Verfassung der Außenwelt, der Zustand der Demokratieen ist wenig geeignet, dazu anzuhalten.

Schrieb an K. Hiller, Prag.

Las gestern einen Vortrag der Dr. Hamburger über den »Joseph«, heute Abend lange, mit Interesse und Zweifel, in Blochs »Erbschaft dieser Zeit«.

Montag den 10. XII. 34.

Am Letztgeschriebenen gebessert; Einteilungsversuche; Schwierigkeit, Stockung.

Mit K. spazieren und mit ihr allein gegessen.

Viel Post: wegen der Januarreise, von Lion, von Dr. Bauer wegen Wiederholung der Baseler Rede in Luzern. Ein Buch »Modern Fiction« kam, von Lektoren der Columbia-Universität, worin Studien über meine Bücher, besonders über den »Joseph«.

½5 Thee und mit K. ins *Scala-Kino*, wo wir eine reichhaltige Wochenschau und ein gut inszeniertes Lustspiel sahen.

P. Eisner in der »Prager Presse« über die tschechische Ausgabe der Josephsbücher. Seine Übersetzer-Eifersucht ist deutlich und mag gerechtfertigt sein.

Meldung, daß auch R. Strauss in Solidarität mit Furtwängler, als Präsident der Musik-Kammer zurückgetreten ist.

Dienstag den 11. XII. 34.
Kapitelschluß »Beknechons«. Besuch des Amerik.-holländischen Agenten Fles, mit dem wir spazieren gingen. Unterbringung von »Meerfahrt« auf englisch. Anregung einer Short story für Amerika.

Nach dem Thee handschr. Korrespondenz.

Einstündiger Abendgang.

Nach dem Abendessen moderne Musik aus der Tonhalle. Ein Viola-Konzert von Hindemith hatte demonstrativen Beifall. Chinesische Gesänge von Andreä mit kundiger Orchesterbehandlung, pittoresk, aber unpersönlich.

In München das Gerücht, Gulbransson habe mir sein Buch mit Widmung geschickt und ich hätte es zurückgeschickt mit dem Verlangen der Zurücknahme seiner Unterschrift, Wagnerprotest. – K.'s Vater wird in der »Allotria« gefeiert, weil er eine von der Regierung verlangte Unterschrift verweigert – gefeiert wahrscheinlich von Solchen, die sie geleistet haben.

Mittwoch den 12. XII. 34.
[. . .] Taubes Ohr am Morgen. Sekret-Verstopfung.

Vorbereitung zum Übergangs-Zeit-Kapitel.

Besuch des jungen Hamburgers und Deutschlands-Flüchtlings Scharpf. Töricht. K. nahm mir die Visite größtenteils ab.

Nur einige Schritte aus.

Allerlei Post. Zu erwähnen Karte von Rabener, der »Potiphar« fünfmal gelesen. Sehr hübscher Brief von Hörschelmann-München, voller schöner Anhänglichkeit.

Nach dem Thee mit K. zum Ohrenarzt, der das Ohr frei machte.

Regen. Schrieb an Lion.

Las abends in einem eingegangenen Buch »Mensch und Gesellschaft im Zeitalter des Umbaus«. Manche erfreuliche Klarstellungen.

Donnerstag den 13. XII. 34

Das neue Kapitel (Jahresumlauf) angefangen zu schreiben.

Briefe von Schickele und Meier-Graefe (über »Meerfahrt«).
Sch. schickte sein Lawrence-Büchlein mit Widmung »aus un-
absehbarem Exil«. Sehr möglich.

Waldspaziergang mit K.

Nachmittags geschlafen.

Schrieb nach dem Thee an Heinrich nach Nizza.

Dr. Heins rief aus München an. Meine »Sache« sei eigentlich schon entschieden und solle durchaus noch vor Weihnachten abgeschlossen sein, nur habe man der »Nationalzeitung«
entnommen, daß ich Schweizer Bürger geworden sei, was noch
rasch dementiert werden müsse. Daß ich den Ossietzky-Auf-
ruf unterschrieben hätte, mache nichts. H. hoffe, demnächst
zu der ausgemachten Flasche Champagner kommen zu können.
– Dummes Zeug, aber tatsächlich wäre ich freier und ruhiger,
würde die Situation weitgehend als wiederhergestellt empfinden, wenn ich meine Möbel und Bücher wieder hätte.

Mit K. ins Theater, wo wir ein minutenweise komisches,
aber zu einfallsarmes Singspiel von O. Horvath sahen.

Auf der Rückfahrt dichter Nebel. Thee mit Medi, die mit
ihrer Klasse bei ihrem Religionslehrer, dem Theologen Brunner, einem Gegner Barths, auf einer Abendgesellschaft gewesen war. Austausch von Grüßen.

Freitag den 14. XII. 34.

Gestern schwer und spät eingeschlafen, Phanodorm. Heute
aber flüssig gearbeitet.

Mit K. über Itschnach spazieren.

Nach Tische Zeitungen und das »Tage-Buch«.

Nach dem Thee Briefe diktiert: hauptsächlich Bücherempfehlungen für die »Nationalzeitung«.

Abendspaziergang.

Nach dem Abendessen, mit K. allein, Lektüre von Zeitschriften: Sympathisch die Saarbrückener Wochenschrift »Das

Reich« des Prinzen Löwenstein. In den Neuen Deutschen Blättern freundliche Besprechung von Klaus' Roman durch K. Kersten.

Furtwängler angeblich unter Polizeibewachung, ohne Paß. Heutige Nachrichten besagen, daß er sich habe verpflichten müssen, ein Jahr nicht im Ausland zu dirigieren und eine Loyalitätserklärung für die Regierung unterschrieben habe. Ich bedauere ihn weder noch bewundere ich ihn, der neben tollen Hunden wie Streicher im Staatsrat des Henkers Goering sitzen konnte.

Krauss von Wien nach Berlin. In Wien hat es seinetwegen einen Theaterskandal mit Einschreiten der Polizei gegeben. Dorthin ist Weingartner berufen worden.

Die miserabelste Rolle spielt R. Strauss, der dem Goebbels ein begeistertes Glückwunschtelegramm mit »Heil Hitler« zur »Kulturrede« des Lügenmauls geschickt hat. Wie sieht es in diesen Köpfen aus?

Gegen Hindemith ist der Ausdruck »marxistische Musik« geprägt worden. Der Gedanke berührt immer wieder phantastisch, daß diese Kleinbürger-Idiotie zur absoluten politischen und gesellschaftlichen Macht gelangen konnte, sich ein für allemal mit »Deutschland« gleichsetzt und jeden Widerspruch lähmt.

Sonnabend den 15. XII. 34.

Regentag. Weiter am Zeit-Kapitel. Nicht ausgegangen. Viel Post, meist unbeträchtlich, aber rührender Brief von Frau C. Vossler, die ihrem Mann meine Bücher zum Fest schenkt und eine Widmung dafür wünscht. Auch die Mazzucchetti schrieb. Bertram schickte die Erstausgabe von Platens Gedichten zum Gedenken an seinen Freund Glöckner.

Schrieb nachmittags herzlich an Hörschelmann und ging dann etwas spazieren.

E. Ludwig schickte im Auftrage jenes etwas phantastischen Rechts-Oppositionspolitikers die Copie eines Berichts oder Memorandums aus Deutschland: über Hitlers Geisteszustand, seine über-zaristische Bewachtheit, Umtriebe zur Herbeiführung eines makabren »Direktoriums« Papen-Düsterberg-Mackensen. Die Wirkung ist verdächtig und trübselig. Aber die Fäulnis des Systems ist ruchbar auch wohl für stumpfe Nasen, und selbst ein »Sieg« an der Saar wird daran nicht viel ändern. Weitgehende Entwaffnung der S.S. auf Druck der Reichswehr. –

Abends Gäste: Beidlers und Frau Guyer-Studer mit Gatte. War anfangs frisch, dann müde und ungeduldig.

Sonntag den 16. XII. 34.

Etwas klareres Wetter. Bis 9 Uhr im Bette geblieben. Dann etwas weiter gearbeitet an der Ägyptisierung Josephs.

Waldspaziergang mit K.

Nach dem Essen in dem sehr klugen Buch von C. Mannheim gelesen. Er war Professor in Mannheim und ist es jetzt in London.

Nach dem Thee Briefe diktiert, auch an die Lagerlöf im Interesse der Hamburger.

Dann eigenhändige Briefe. Widmung in die Ges. W. an Vossler.

Nach dem Abendessen etwas Musik. Dann Lektüre in Platens Gedichten u. im Tora-Kommentar.

Einen Haufen Korrespondenz befördert, bezw. ausgefertigt, nicht anders wie in Münchener Tagen.

Nachts trifft Erika ein.

Regen draußen.

Montag den 17. XII. 34.

Eine Seite gearbeitet. Bei bleiernem Himmel allein etwas spazieren; schlecht aufgelegt dabei, Neigung zu Platzangst.

Zu Tische Erika und die Giehse. Bericht über ihre Erfolge in Burgdorf etc., wo sie haben spielen dürfen. – E. reiste 3 Uhr nach Prag ab, eine weite Fahrt, die auch uns bevorsteht. –

Chamberlain äußert: »Das Hitlerregime in Deutschland ist tief eingewurzelt; ich glaube nicht an sein Verschwinden.« Bedenklich. –

Briefe von Reisiger, Auernheimer, Lesser, der über das Rundschau-Kapitel schreibt.

Nach dem Thee mit K. ins neue Urban-Cinéma. *Eskimo-Film*, der mir trotz recht schwerer nervöser Beklemmung, die von einer Magenverstimmung kam, starken Eindruck machte. Großartige Aufnahmen von Jagden auf Robben und Renntiere, toller Kampf mit einem Wolf. Bezaubernd der Hauptdarsteller, junger Eskimo-Jäger von kindlicher Schönheit.

Dienstag den 18. XII. 34

Nach großer Müdigkeit gestern Abend gute, schlafreiche Nacht. Dennoch heute erregt und beklommen bei der Arbeit, wie denn die Neigung zu nervöser Beängstigung sich wieder stärker bemerkbar [macht], begünstigt wohl von der andauernd dunklen und bleiernen Witterung.

Machte mittags mit K. den Wald-Spaziergang. Auf die Lichtung hinaustretend erörterten wir wieder einmal Baupläne.

K. zum Thee bei der Schriftstellerin Frau Waser.

Ich erledigte handschr. Korrespondenzen, schrieb u. a. an Fiedler, Auernheimer, Heyse.

Las noch in Ed. Maiers Buch über die Israeliten.

Zum Abendessen kamen *Bermanns*, auf der Durchreise hier. Der Abend verging mit Gesprächen über die deutschen Zustände. B. teilt meine Skepsis gegen einen eklatanten Zusammenbruch des Regimes. Ein allmählicher Umbau ist das Wahrscheinlichere. Hübsche Wendung in Berlin: Man erwartet eine »Reichs-Mord-Woche«. – B.'s spendeten üppige Bonbonière in Form eines Nähkörbchens.

Die allgemeine Abwendung von dem Regime auch vonseiten derer, die anfangs begeistert mittaten, ist doch tröstlich.

Der Roman des jungen Rabener, in dem ich gestern einiges las, ist begabt und hat eine gewisse Großartigkeit, doch

»müßte man das Ganze ein wenig heben«, und die Abhängigkeit von mir, die bis zum unmarkierten Citat geht, – irritiert
mich und entfremdet mich dem Eigenen. Schüler sind entwer-
tend und schrecklich.

Ein junger Prager Jude schickte Proben aus einer Art von
Rhapsodie der Menschheit; hat zuviel von trist-ambitiösem
Querulantentum, das danach schreit, zurückgewiesen zu
werden.

Mittwoch den 19. XII. 34.
Wie oft in letzter Zeit bis gegen 9 Uhr im Bette geblieben
und erst um 10 zu arbeiten begonnen, was nicht gerade von
Furor zeugt. Kommt dennoch das übliche Quantum zustande.

Mit K. etwas spazieren.

Briefe von Heinrich, Frau H. Brauer, Wittkowski-Genf, der
ein Buch von Mauriac zu Weihnachten sandte, und von Lalla
Pringsheim mit einem japanischen seidenen Taschentuch.

Nervenzustand recht schlecht und bedrückt. Schrieb nach dem
Thee an Rabener über sein Buch.

Abendgesellschaft bei Fleiners am Zürichberg mit Major
Dr. Brunner und einem Mediziner u. seiner Frau. Wie gewöhnlich war ich anfangs nicht schlecht in Form und ermüdete
dann bis zum Leiden. Dabei voller Anerkennung für die
Sympathie der Menschen, besonders des Offiziers und Fleiners
selbst, der mit begeisterter Dankbarkeit von Heidelberg vor
dem Kriege sprach, wo er 10 Jahre verbracht. – Besichtigung
des modernen und bequemen Hauses.

Frischeres und klareres Wetter. Die Atmosphäre verspricht
Schnee.

Donnerstag den 20. XII. 34.
Lange geschlafen. Zehn Uhr im Bett, nach dem Bade, gefrüh-
stückt. Dann etwas gearbeitet. Nur einige Schritte aus. Zu
Tische die Giehse. Nachher Eintreffen *Klaus'*, der endlich sein
Paßvisum erhalten, das man ihm lange verweigert auf Grund

seiner Reise nach Moskau. Die Weltphobie gegen den Kommunismus ist absurd. In Frankreich: »Vous êtes écrivain comme votre papa? Tout s'arrangera. . .« Es ist das Einzige.

Nach dem Thee in den Ort hinunter zum Haarschneiden.

Coudenhove schickt sein neues Buch »Europa erwacht«.

Bonnier akzeptiert »Meerfahrt« für seine Zeitschrift und zahlt 250 Kronen.

Kracauer übernimmt den vorgeschlagenen Titel für seinen Roman: »Gesellschaft«. Dabei habe ich nur darin geblättert. . .

Freitag den 21. XII. 34
Traurig dunkler und regnerischer, recht schwer erträglicher Tag. [. . .]

Ein wenig vors Haus gegangen bis K. mit den Söhnen aus der Stadt zurückkehrte. Sie fuhr auch nachmittags noch wieder zu Besorgungen dorthin.

Zum Thee der Dramaturg *Hirschfeld*, der von Moskau erzählte, und Frau *Giehse*.

Schrieb nach Wien an den Manager. – Reisiger, eingeladen, kündigt sein Kommen für Montag an.

Las »Faust«.

Sonnabend den 22. XII. 34.
Gut geschlafen. Helles und frischeres Wetter. Arbeitete und fuhr mit K. zur Stadt, wo wir Weihnachtseinkäufe für sie machten: Handtasche und Portefeuille, eine Stehlampe, ein Schreibmaschinen-Tischchen. Zwischendurch besuchten wir Tennenbaum in Geschäften. – Verspätet zum Mittagessen.

Nach Tische Zeitungen.

Brief von Brüll, Meier-Graefe (über »Josephs Verkauf«), Frankl (wegen Prager Rundfunk) und einem Graphiker in Montagnola, der eine Zeichnung zu machen wünscht. Stelle wachsende Empfindlichkeit fest gegen Fehlgriffe im Ton bei brieflichen Anreden an mich. – Rascher schickte ein schönes Don Quijote-Werk, illustriert, zu Weihnachten.

Schrieb nachmittags an Brüll, dem ich von der Januar-Reise Mitteilung machte, und ging noch einige Schritte.

Beendete gestern vorm Einschlafen die Lesung der Familienchronik von Ljeskow. Setze, der sprachlichen Anregung wegen, die Faust-Lektüre fort.

Es fehlte nicht an nervöser Bedrücktheit und melancholischer Trübung tagsüber.

Sonntag den 23. XII. 34

Besser gemutet, obgleich spät eingeschlafen. Am ägypt. Jahreslauf weiter. Briefe von Rabener, Fr. Blei (Majorka) und Frau Fischer, die das Gedenkbuch für S. Fischer sendet.

Mit K. und Medi spazieren. In der Nacht war Frost, am Tage hielt sich die Temperatur wieder über Null, und es war schmutzig.

Die »Nation. Zeitung« sendet die Bücherempfehlungen.

Las im Mt. einen Artikel von Klaus gegen die Identifizierung von Homosexualität und Fascismus. Problematisch.

Zum Thee jener Dr. Fischer, den wir zuerst in Lugano sichteten: Große politische Berichterstattung, die bei aller Vorsicht, die ich ihr entgegensetze, etwas Erquickendes und Aufrichtendes hat.

Abendspaziergang. Bei meiner Rückkehr Ankunft Golo's, den K. vom Zürcher Bahnhof geholt hatte.

Nach dem Abendessen las ich für K. und die Söhne »Joseph redet vor Potiphar«.

Montag den 24. XII. 34. Weihnachtsabend.

Nach gut verbrachter Nacht an dem Jahreskapitel weiter.

Machte mittags mit Klaus und Golo unter recht angeregten Gesprächen den Waldspaziergang.

Zum Essen trafen Erika und Reisiger ein. Verstörte Stimmung: Man erfuhr allmählich, daß ein schöner junger Schäferhund, der den Clou der Bescherung bilden sollte, durch Bibi's Schuld entlaufen war. Betrüblich. K., von hundert Besorgungen heimkehrend, mußte mit der Nachricht empfangen werden.

Briefe von der Herz, von Herrmann-Neisse, dem Prager Agenten, Joh. R. Becher wegen eines Pariser Schriftsteller-Kongresses und Unbekannten.

Mittagessen und Kaffee mit Eri und Reisiger. Erstere über ihren Prager Aufenthalt.

Geschäftigkeit im Hause, Ausschmuck der hübsch gewachsenen Tanne und Aufschlagen der Geschenktische in der Halle.

Dienstag den 25. XII. 34. Erster Weihnachtstag.
Gestern Nachmittag erledigte [ich] Korrespondenzen in Sachen der Januarreise und schrieb an Fr. Fischer. Rasierte mich dann, die Giehse und Reisiger kamen, man sang die Lieder in Medi's Zimmer im Dunkeln, wobei die Kinder begleiteten, und trat dann in die Halle ein zum brennenden Baum. Der Raum eignet sich besonders für den festlichen Zweck, K. hatte viel ersonnen und beigebracht, der eigentümlich feenhafte und bezaubernde Eindruck der vielen neuen und schmucken Gaben war ausgesprochen. Reisiger war erfreulich und gediegen beschenkt, die Kinder beglückt, auch die Giehse beschenkte alle. Theetischchen und Tischlampe, die ich erhielt, sind hübsche Beiträge zu meiner Bequemlichkeit, von den vielen nützlichen Kleinigkeiten zu schweigen. Die Herz schenkte ein Leselämpchen und ein Drehbrett für den Eßtisch.

Man aß zu Abend mit Champagner bei Kerzenlicht an dem vergrößerten und geschmückten Tisch. Von der Polizei wurde gemeldet, daß der Hund hinter Itschnach einem Hause zugelaufen und abzuholen sei, zur großen Erleichterung Bibi's. Es gab schöne Blumen von A. M. Schwarzenbach, ein Glas mit Bonbons von Tennenbaum. Nach Tische probierte man neue Platten, die 4. Symphonie von Brahms unter Walter, sehr wohlklingend. Am Eßtisch amüsierte man sich mit einem von der Kurz den Kindern geschenkten »Führer«-Quartettspiel, das gräuliche Bildnisse aufweist. Verbrachte den Abend größtenteils heiter und behaglich und litt erst gegen Ende unter unruhiger Müdigkeit. Man trennte sich ½1 Uhr. Reisiger kehrte ins Gasthaus Sonne zurück.

Heute stand ich ¾9 Uhr auf und frühstückte mit K. und den Jüngsten. Aß ein Stück Weihnachtsstollen. – Kalter Nebel nach wie vor. Fühlte mich gestern Nacht erkältet, überwand aber die Affektion im Schlaf.

– Schrieb vormittags an Rascher, die Herz u. a. ., arbeitete nicht.

Der Hund kam, ein schönes Tier, noch sehr verwirrt und schüchtern. Wir führten ihn mittags durch den Wald spazieren, K., Reisiger und die Kleinen waren dabei.

In der Nat. Zeitung schreibt Hartung über den Joseph.

Nach Tische (Indian) führten die Kinder eine Komposition Bibi's für Bratsche und Klavier vor.

Schreibe bei der neuen Arbeitslampe; sie gibt ein schönes Licht.

Diktierte nachmittags Briefe und ging etwas aus.

Festliches Abendessen zu achten. Man trieb Reim- und Ratespiele nachher und lachte viel, bis Mitternacht.

Mittwoch den 26. XII. 34. Zweiter Weihn. Tag
Stand ½9 Uhr auf [und] frühstückte mit K. und den Kindern. Arbeitete dann an dem Zeit-Kapitel weiter (Amenhotep III.) Ging mittags mit K., Reisiger und »Bill« spazieren.

Las nach Tisch in einer merkwürdigen neuen Wiener Zeitschrift, »Die Erfüllung«, katholisch-judenfreundlich.

Nachmittags fuhren wir alle in zwei Wagen nach Zürich, den Wessely-Film, »Das Ende einer Liebe« zu sehen. Das Theater vollständig besetzt. Der Dialog von lächerlicher Plumpheit (historisch, Heirat Marie Louisens mit Napoléon, Metternich-Gründgens). Das Photographische z. T. vorzüglich. Die Wessely reizvoll. Wir stellten eine Ähnlichkeit mit Medi fest. Im Ganzen ein etwas beschämender Genuß.

Abends trank man Champagner und hörte Brahmssche Musik. »Bill« war in der Halle zugegen, sehr scheu nach wie vor.

Donnerstag den 27. XII. 34.

9 Uhr aufgestanden. Die beiden Jüngsten zum Skilaufen nach St. Moritz abgereist.

Arbeitete Einiges in Gegenwart »Bills«, der sich gewöhnen soll.

K. holte Reisiger, der vom Gasthaus hierher übersiedelte. Wir gingen in feuchtem Nebel-Geniesel spazieren.

Viel Post.

Zum Essen Herr und Frau Prof. *Waser* und Prof. *Singer* - Bern. Nachher in der Halle, die bis auf den Weihnachtsbaum wieder ihr normales Aussehen angenommen.

K.'s Mutter berichtet von bemerkenswertem Auftritt mit Knappertsbusch nach der Oper, mit heißen Händedrücken. . . Sonderbar und wirr muß es in diesen Menschen aussehen.

Erledigte nach dem Thee handschr. Korrespondenzen und brachte die Briefe und Karten zum Kasten.

Abends saß man in der Halle, und ich las für K., Reisiger, Erika, Klaus und Golo: »Amun blickt scheel auf Joseph« und »Beknechons«.

Tapferer Artikel der A. M. Schwarzenbach über die »Pfeffermühle« in der »Zürcher Post«.

Freitag den 28. XII. 34

Etwas weiter im Roman (»Hebsed«). Mittags mit K. und Erika bei Reiffs zum Essen, recht langweilig.

Im »Tage-Buch« erquicklich-optimistischer Artikel Schwarzschilds über die Zersetzung des Nazi-Regimes.

Schrieb Briefkarten nach dem Thee: Coudenhove, Burri, Dr. Hessberg-Essen, der aus Arosa schrieb.

Ging von 7 bis 8 in dichtem Nebel spazieren.

Abends mit Eri und Klaus; hörten Tschaikowski. Es kam Annemarie Schwarzenbach, sehr abgemagert. Sie kam aus Bern von irgend einer Aktion gegen die Frontisten, ausgehungert. Erika stärkte sie mit Eiern und Thee. – Später kam Reisiger von einer Einladung bei Prof. Frey. Gespräch über die Lage in Deutschland und seine Finanzmisere.

Englische Verleugnung der Möglichkeit einer zweiten Saar-Abstimmung. Die Minorität gegen Hitler wird kaum sehr erheblich sein.

Die deutsche Regierung dementiert die Nachrichten über Verhaftungen und Erschießungen. Die ca 100 Verhaftungen hätten nichts mit der innerpolitischen Lage zu tun. Sondern mit Homosexualität? Auch waren es schon einmal dreihundert.

Sonnabend den 29. XII. 34.

8 Uhr auf, nicht ausgeschlafen, müde. Nur »eine Handbreit« vorwärts gekommen.

Allein mit Bill durch den Wald spazieren.

Herzog, aus Saarbrücken zurück, äußert sich optimistisch, hält angenehme Überraschungen für möglich.

Nach dem Thee Briefe diktiert, einen längeren an Mrs. Pankhurst, die mir wegen Deutschlands und des Friedens einfältig geschrieben und der ich über die Hitler-Regierung den Kopf zurechtsetze. – An Becher wegen des Pariser Schriftsteller-Kongresses.

Die Giehse wieder zu uns gezogen.

Abends las Reisiger wohlgefällige Szenen aus seiner Maria Stuart-Erzählung.

Sonntag den 30. XII. 34

Einige Arbeit (Ausfahrt Pharaos).

Spazieren mit K., Reisiger und »Bill«, der frei laufen durfte und anfängt, sich zu gewöhnen.

Bücher und Briefe. Eine Vita des Erasmus, lateinisch und deutsch. Abzüge von »Meerfahrt«. Längeres Schreiben von Frank-London: Verfilmung von »K. H.« hat sich vorderhand zerschlagen. Ihm geht es besser.

Sehr warmes, frühlingsmäßiges, zuweilen sonniges Wetter. Man trank nach Tische den Kaffee im Garten.

Sprach beim Thee mit Reisiger über den Abstieg Europas, das Phänomen der Verhunzung ehemalig echter Geistes- und

Geschichtsphänomene, wie es sich etwa in dem Verhältnis Spenglers zu Nietzsche und Schopenhauer, des National-Sozialismus zur Reformation erweist. Es scheint, daß es sich nicht mehr um echte Geschichte, sondern um humbughafte und verderbte Nachspiele und Nachahmungen handelt, um Schwindel-Geschichte. Was, soviel ich sehe, noch nicht da war und keine Nachahmung ist, ist das bewußte Über Bord werfen menschheitlicher Errungenschaften und das Zurückgehen auf frühere Zustände, der moralische Anachronismus aus Haß auf Vernunft und Fortschritt (hauptsächlich in Deutschland zu Hause). Ein Gegenstück zur Abschaffung der Menschenrechte im Berliner Sportpalast durch Goebbels unter dem Jubel von Zehntausenden gibt es meines Wissens nicht in der Geschichte.

Reisiger meinte, das Wesentliche der Epoche sei die langsame Loslösung von den im Grunde toten Kirchen und die allmähliche Entstehung einer freien Religiosität. –

Korrespondenz, handschriftlich. Abendspaziergang. Abendessen mit K., Reisiger und Golo. Hörten nachher mit Interesse Meistersinger-Platten. Das Vorspiel zum III. Akt ist ein sehr distinguiertes Stück. Später Unterhaltung mit Reisiger über das Geheimnis der Wirkung der nationalsozialistischen »Lehren« auf die kleinen Leute. Vielleicht besteht es darin, daß diese durch sie überhaupt zum ersten Mal mit dem Gedanken selbst in Berührung kamen, in einer geistigen Elementarwirkung also. – Wir sprachen auch von den Zukunftsaussichten der katholischen Kirche, die ich höher schätzte als er. Sie hat nun einmal das »Geistige« als Prinzip der Sittigung in populärer Verwaltung: als Tröstung der Niedrigkeit und Beugung des Stolzes.

Montag den 31. XII. 34.

Der letzte Tag des zweiten außerdeutschen Jahres, – sonderbar. Der Kopf träge beim Arbeiten und nachher sehr angegriffen. Allerlei Post, darunter von Schickele eine alte Ausgabe Freiligrathscher Gedichte als Neujahrsgruß.

Mittags zu *Opprechts*, die uns alle, einschl. Reisigers und des aus Davos eingetroffenen Dr. Landshoff zum Essen eingeladen hatten. Hübsches altes Haus, angenehme Bewirtung.

Nachher waren Besorgungen zu machen. Ich war angegriffen und ruhte eine Stunde. Zum Thee Dr. Landshoff außer den Übrigen.

K. sehr optimistisch in politischer Hinsicht auf Grund von Nachrichten aus dem Saargebiet (Herzog) und aus Deutschland, wo der Verfall und nahe Umsturz unverhüllbar sei. Geb' es Gott. Auch ich zweifle nicht an der fortschreitenden Abhalfterung der Partei, aber daran, daß die »Bewegung« — auch außerhalb Deutschlands — wirklich schon niedergebrannt ist, und daran, daß man sie preisgeben wird.

Leidend, Darmaffektion, Nerventiefstand. Ging nicht mehr aus, da es überdies regnete. Las im Stuhle, sah das Buch der Brauer an, das ich mich aus Widerwillen gegen alles Oktroyierte nicht überwinden kann zu lesen. Schickele hat den Freiligrath hübsch gewählt:

»Mir ist, als müßt' ich auch von hier
Den Stab noch in die Weite setzen;
Als würden auch aus Tells Revier
Die Launen dieses Spiels mich hetzen!«

ANHANG

ABKÜRZUNGEN

GW   Thomas Mann, Gesammelte Werke in dreizehn Bänden, Frankfurt 1974.

Briefe I   Thomas Mann, Briefe 1889-1936, herausgegeben von Erika Mann, Frankfurt 1961.

TM-HM   Thomas Mann/Heinrich Mann, Briefwechsel 1900-1949, herausgegeben von Hans Wysling, Frankfurt 1969.

TM-GBF   Thomas Mann, Briefwechsel mit seinem Verleger Gottfried Bermann Fischer, herausgegeben von Peter de Mendelssohn, Frankfurt 1973.

HH-TM   Hermann Hesse/Thomas Mann, Briefwechsel. Erweiterte Ausgabe, herausgegeben von Anni Carlsson und Volker Michels, Frankfurt 1975.

TM-KK   Thomas Mann/Karl Kerényi, Gespräch in Briefen, herausgegeben von Karl Kerényi, Frankfurt 1960.

ANMERKUNGEN

1933

15. 3. 1933

1] *Nikischs:* Arthur Philipp Nikisch (1889-1968), Sohn des Dirigen- 3
ten Arthur Nikisch, Verwaltungsjurist in Dresden, später Professor
für Arbeitsrecht an mehreren deutschen Universitäten, verheiratet
mit der Opernsängerin Grete Merrem-Nikisch; mit TM, den sie oft
bei sich in Dresden zu Gast hatten, seit 1922 befreundet. Nikisch hat
das zufällige Zusammentreffen im Neuen Waldhotel in Arosa in seinen posthum erschienenen Lebenserinnerungen ›Wissenschaft und
Kunst‹, Kiel 1969, Seite 229 ff. geschildert.

2] *Suhrkamp:* Peter (eigentlich Heinrich) Suhrkamp (1891-1959),
ursprünglich Lehrer, später Redakteur im Ullstein-Zeitschriften-Ver-
lag, Berlin, wurde Ende 1932 als Nachfolger von Rudolf Kayser
zum Redakteur der Monatsschrift ›Die Neue Rundschau‹ im S.
Fischer Verlag bestellt. Er hatte in den folgenden Jahren im Verlag
eine leitende Stellung inne und übernahm nach der Auswanderung
Gottfried Bermann Fischers den in Deutschland verbliebenen Teil
des Verlags.

3] *Wagner-Essay:* Leiden und Größe Richard Wagners. GW IX,
363-426.

4] *K.:* TMs Abkürzung für den Vornamen seiner Gattin Katia, geborene Pringsheim (geb. 1883), die er durchgehend im Tagebuch
verwendete. Obwohl sie selbst sich stets ›Katia‹ schreibt, hielt er
zeitlebens an der Schreibweise ›Katja‹ fest.

5] *Schutzverband:* Die 1909 gegründete gewerkschaftliche Interes-
sengemeinschaft ›Schutzverband Deutscher Schriftsteller‹ (S.D.S.),
die 1933 »gleichgeschaltet« wurde und in der NS-Reichsschrifttums-
kammer aufging. TM gehörte dem Vorstand der Ortsgruppe München an.

6] *Erika:* Erika Julia Hedwig Mann-Auden (9. 11. 1905 – 27. 8.
1969), TMs älteste Tochter, ursprünglich Schauspielerin, später Journalistin, kulturpolitische Publizistin und Schriftstellerin, 1925-1928

mit dem Regisseur und Schauspieler Gustaf Gründgens verheiratet, seit 1935 mit dem englischen Dichter Wystan H. Auden. Unter ihren Arbeiten sind zu nennen sieben Kinderbücher; Texte für das Kabarett ›Die Pfeffermühle‹; ›School for Barbarians‹ (über Kindererziehung unter Hitler) (New York, 1938); ›The Lights Go Down‹ (Wahre Geschichten aus dem Dritten Reich) (New York 1940); ›Das letzte Jahr. Bericht über meinen Vater‹ (Frankfurt 1956). Zusammen mit ihrem Bruder Klaus Mann veröffentlichte sie ›Rundherum, ein heiteres Reisebuch‹ (Berlin 1925); ›Escape to Life‹ (Boston 1939) und ›The Other Germany‹ (New York 1940). Während des letzten Lebensjahrzehntes ihres Vaters wurde sie zu seiner ständigen Begleiterin auf allen seinen Vortragsreisen und zu seiner vertrauten Helferin bei seiner Arbeit. Sie gab 1961-1965 eine dreibändige Auswahl aus den Briefen TMs heraus und verwaltete seinen Nachlaß.

Erika Mann hatte am 1. 1. 1933 in München mit großem Erfolg ihr literarisch-politisches Kabarett ›Die Pfeffermühle‹ eröffnet, das bis Ende Februar 1933 spielen konnte. Am 28. 2. 1933 ging sie in die Schweiz, kehrte aber am 12. 3. 1933 noch einmal nach München zurück, von wo sie ihre Eltern telefonisch dringend vor der Rückkehr warnte. Sie traf am folgenden Tag wieder bei den Eltern in Arosa ein.

7] *Eri:* In der Familie gebräuchlicher Kosename für Erika Mann.

4   8] *Scharnagel:* Dr. h. c. Karl Scharnagl (1881-1963), der Bayerischen Volkspartei zugehöriger Münchner Kommunalpolitiker, 1911-1918 Mitglied des Bayerischen Landtages, seit 1919 Stadtrat, 1925-1933 Erster Bürgermeister von München, vom NS-Regime unverzüglich abgesetzt. Er war mit TM gut bekannt und hatte bei der offiziellen Feier von TMs 50. Geburtstag 1925 im Münchener Rathaus eine der Festreden gehalten.

9] *Löwenstein:* Dr. Karl Löwenstein (1891-1973), angesehener Münchener Rechtsanwalt und Privatdozent an der Universität München, emigrierte 1934 nach USA, wo er an der Universität Yale Professor für Staatsrecht war.

10] *Frau Giese:* Die Münchner Schauspielerin Therese Giehse (1898-1975), ungeachtet ihrer rein jüdischen Abstammung eine vielbewunderte urbayerische Charakterdarstellerin, war eine enge Freundin Erika Manns und Mitgründerin und Hauptmitwirkende des Kabaretts ›Die Pfeffermühle‹. Sie floh vor der nationalsozialistischen

Verfolgung am 12. März 1933 nach Tirol und gelangte von dort in die Schweiz. Ihre Lebenserinnerungen ›Ich hab nichts zum Sagen‹ (in Gesprächen mit Monika Sperr) erschienen 1973. TM schrieb ihren Namen (wie auch zahlreiche andere Eigennamen) beharrlich falsch.

11] *Reisiger:* Der Erzähler und Übersetzer Hans Reisiger (1884-1968), dem TM unter anderem seine Kenntnis Walt Whitmans verdankte. Sie kannten sich seit 1913, und Reisiger gehörte zu TMs engsten und liebsten Freunden, wie er überhaupt ein Hausfreund der ganzen Familie Mann war. Er lebte bescheiden und zurückgezogen in einem Gasthof in Seefeld in Tirol, tauchte aber häufig zu längeren Besuchen auf und begleitete TM vor 1933 zuweilen auch auf Reisen. Siehe *Hans Reisiger,* GW X, 539-543; *Hans Reisigers Whitmanwerk,* GW X, 626-627 und *An Hans Reisiger,* GW XIII, 219-223.

12] *Medi:* Elisabeth Veronika Mann-Borgese (geboren 24. 4. 1918), genannt ›Medi‹, TMs dritte und jüngste Tochter, Schriftstellerin, in englischer Sprache, Verfasserin eines Novellenbandes ›To Whom it May Concern‹ (New York 1960, deutsch ›Zwei Stunden. Geschichten am Rande der Zeit‹, 1965); ›Ascent of Woman‹ (New York 1963, deutsch ›Der Aufstieg der Frau‹, 1965) und ›Das Drama der Meere‹ (1977). Sie heiratete den italienisch-amerikanischen Historiker und Literaturwissenschaftler Giuseppe Antonio Borgese (1882-1952), Professor an der Universität Chicago, und kehrte 1950 mit ihm nach Italien zurück. Sie ist Mutter zweier Töchter und lebt abwechselnd in Italien und den Vereinigten Staaten. Sie ging zur Zeit dieser Tagebuch-Eintragung noch in München zur Schule und weilte zu einem Skiurlaub bei den Eltern in Arosa.

13] *Poschingerstraße:* Das Haus Poschingerstraße 1 am Münchener Herzogpark, von der Familie kurz »die Poschi« oder »das Kinderhaus« genannt, von TM 1913/1914 erbaut. Er hatte das Haus am 11. Februar 1933 verlassen, um sich auf seine Wagner-Vortragsreise zu begeben, nicht ahnend, daß er es nicht wiedersehen würde.

14] *Werfels:* Der Erzähler, Lyriker und Dramatiker Franz Werfel (1890-1945) und seine Gattin Alma Mahler-Werfel (1877-1964), die Witwe Gustav Mahlers.

15] »*Mario*«: TMs Novelle *Mario und der Zauberer,* in der am italienischen faschistischen Regime unverhohlene Kritik geübt wird. Eine italienische Übersetzung erschien erst 1945.

16] *1. April:* TMs deutscher Reisepaß lief in Wahrheit am 5. April 1933 ab.

17] *Dr. Feist:* Dr. Hans Feist (1887-1952), ursprünglich Arzt, war seit den zwanziger Jahren, als TMs älteste Kinder ihn in Berlin kennenlernten, ein namhafter Übersetzer aus dem Italienischen, Französischen und Englischen, unter anderen von Pirandello und Jules Romains. Er übersiedelte später nach München und verkehrte im Hause Mann, wo man ihn wegen seiner undeutlichen und verschwommenen Ausdrucksweise scherzhaft »Nebel« nannte. Siehe *Hans Feist zum Gedächtnis,* GW X, 532-533.

5   18] *W. Haas:* Der Schriftsteller und Kritiker Willy Haas (1891-1973) gründete 1925 zusammen mit Ernst Rowohlt die Wochenzeitschrift ›Die Literarische Welt‹, die er bis 1933 leitete und an der TM häufig mitarbeitete. Er mußte die Zeitschrift unter Druck zwangsverkaufen und emigrierte nach Prag, von dort nach Indien, später nach London. Worum es bei der fraglichen Korrespondenz ging, war nicht mehr zu ermitteln.

19] *Heller:* Der Staatsrechtswissenschaftler und Soziologe Hermann Heller (1891-1933), Professor für öffentliches Recht an den Universitäten Berlin und Frankfurt am Main, wurde bald nach Erscheinen seines Aufsatzes amtsenthoben und emigrierte nach Spanien, wo er noch im selben Jahr starb. Unter seinen Schriften ›Europa und der Faschismus‹ (1929). Sein Aufsatz im Märzheft 1933 der ›Neuen Rundschau‹: ›Autoritärer Liberalismus‹.

20] *Kessler:* Harry Graf Kessler (1868-1937), Schriftsteller, Bibliophile und Diplomat, langjähriger Präsident der Deutschen Friedensgesellschaft, 1918-1921 deutscher Gesandter in Warschau, Gründer der ›Cranach-Presse‹, unablässig bemüht um die Stärkung der Weimarer Republik und ihre internationale Stellung, Verfasser der ersten Rathenau-Biographie (1928). Seine Erinnerungen ›Gesichter und Zeiten‹ (1935) und seine posthum veröffentlichten ›Tagebücher 1918-1937‹ (1961) sind von beträchtlicher zeitgeschichtlicher Bedeutung. Sein Aufsatz im Märzheft 1933 der ›Neuen Rundschau‹: ›Der neue deutsche Menschentyp.‹

21] *»Corona«:* Die von Martin Bodmer und Herbert Steiner gegründete und herausgegebene literarische Zweimonatsschrift ›Corona‹, München und Zürich, die von 1930 bis 1943 erschien und mehrfach Beiträge von TM veröffentlichte. Sein Vortrag *Goethes Laufbahn als*

Schriftsteller (GW IX, 333-362) erschien in Jahrgang 3, Heft 3 (Februar 1933).

22] *Joseph-Manuskript:* Erika Mann hatte, klug vorausschauend, das Manuskript des noch unvollendeten dritten Joseph-Romans *Joseph in Ägypten* mitsamt den zugehörigen Konvoluten von Vorarbeiten und Notizen aus München mitgebracht, was TM die Weiterarbeit an dem Romanwerk ermöglichte. Abschriften der beiden ersten Joseph-Romane, *Die Geschichten Jaakobs* und *Der junge Joseph*, befanden sich bereits in den Händen des S. Fischer-Verlags in Berlin.

23] *Gedichtbändchen Bertrams:* Ernst Bertram, ›Wartburg‹. TM hatte den Germanisten Ernst Bertram (1884-1957), Verfasser eines von TM sehr geschätzten Nietzsche-Buches und Professor in Köln, seit 1910 zu seinen engsten und vertrautesten Freunden gezählt. Sie hatten sich freilich in den letzten Jahren der Weimarer Republik schon einigermaßen auseinandergelebt, und Bertrams Sympathien für den Nationalsozialismus, dessen Ruchlosigkeit er nicht erkannte oder begriff, führte rasch zur völligen Entfremdung und schließlich zum Bruch. Siehe Thomas Mann an Ernst Bertram, Briefe aus den Jahren 1910-1955, Herausgegeben von Inge Jens, 1960, Seite 176 ff.

24] *Verhaftung Falkenbergs:* Otto Falckenberg (1873-1947), seit 1916 Leiter der Münchner Kammerspiele und TM persönlich gut bekannt, war vorübergehend verhaftet worden, konnte aber nach seiner Freilassung sein Theater bis 1944 weiterführen.

25] *Tod Gerlichs:* Der bekannte Münchner katholische Publizist Dr. Fritz Gerlich (1883-1934), der seit 1931 in der von ihm gegründeten Zeitschrift ›Der gerade Weg‹ einen erbitterten Kampf gegen den Nationalsozialismus führte, wurde am 9. 3. 1933 in seinem Redaktionsbüro von SA überfallen, verhaftet und ins Konzentrationslager Dachau gebracht. Das Gerücht seines Todes in Schutzhaft bestätigte sich nicht; er wurde jedoch am 1. 7. 1934 in Dachau erschossen.

26] *H.:* Hitler

27] *Arco:* Graf Arco-Valley, der Mörder Kurt Eisners.

16. 3. 1933

1] *Hanna Kiel:* Die Kunsthistorikerin und Schriftstellerin Hanna Kiel, Mitarbeiterin Bernard Berensons, gehörte zum Schweizer Freundeskreis von Liesl und Bruno Frank und Erika und Klaus Mann. 6

Sie war die Besitzerin des gastfreien Chalet Canols in Lenzerheide, in dem die Geschwister bereits im Februar vorübergehend gewohnt hatten, und lebt heute in Florenz.

2] *Franks:* Der Erzähler und Dramatiker Bruno Frank (1887-1945) und seine Gattin Elisabeth (Liesl) (geb. 1903), enge Freunde TMs und seiner Familie und bis 1933 ihre Nachbarn im Münchner Herzogpark. Franks verließen Deutschland am Tag nach dem Reichstagsbrand (27. 3. 1933) und fuhren zunächst nach Bissone im Tessin, wo Liesl Franks Mutter, die Operettendiva Fritzi Massary (1882-1969) ein Haus besaß. Später übersiedelten sie nach Lugano. Siehe *Politische Novelle*, GW X, 685-700; *Bruno Franks ›Requiem‹*, GW X, 566-567; *Vorwort zu Bruno Franks ›Cervantes‹*, GW XIII, 444-449 und *In memoriam Bruno Frank*, GW X, 497-500.

3] *M.:* München

4] *Bermann:* Dr. Gottfried Bermann (geb. 1897), ursprünglich Chirurg, heiratete 1926 Brigitte Fischer, genannt Tutti (geboren 1905), die ältere Tochter von TMs Verleger S. Fischer, sattelte auf den Verlegerberuf um und trat in den S. Fischer Verlag ein. Er wurde 1928 Geschäftsführer des Verlags und fügte auf Wunsch seines Schwiegervaters den Namen ›Fischer‹ seinem eigenen Familiennamen hinzu. S. Fischer, der in den folgenden Jahren rasch alterte und kränkelte, zog sich schrittweise von den Geschäften zurück, und zur Zeit des nationalsozialistischen Umsturzes lag die Leitung des Verlags fast vollständig in den Händen des damals fünfunddreißigjährigen Dr. Gottfried Bermann Fischer. Siehe hierzu Gottfried Bermann Fischer ›Bedroht – Bewahrt. Weg eines Verlegers‹, 1967, und Thomas Mann, ›Briefwechsel mit seinem Verleger Gottfried Bermann Fischer‹ 1932-1955, herausgegeben von Peter de Mendelssohn, 1973, sowie Peter de Mendelssohn, ›S. Fischer und sein Verlag‹, 1970, Seite 989 ff.

5] *Gyldendal u. Pios:* TM hatte mehrere dänische Verleger, die einander abwechselten; die wichtigsten waren Gyldendal/Nordisk Forlag und Jespersen og Pio, beide in Kopenhagen.

6] *Oestergaard:* TMs damaliger dänischer Übersetzer Carl V. Østergaard. Er hatte 1930 den *Zauberberg* für Jesperson og Pio übertragen und übersetzte in der Folge die vier Joseph-Romane für denselben Verlag.

17. 3. 1933

1] *Golo:* TMs zweiter Sohn Angelus Gottfried Thomas Mann, ge-   7
nannt Golo (geboren 27. 3. 1909), studierte Philosophie und Geschichte und promovierte in Heidelberg bei Karl Jaspers. Er bereitete
sich zur Zeit dieser Tagebucheintragung auf sein Staatsexamen vor
und hielt sich in Göttingen auf, von wo er auf Geheiß seiner Eltern
in das verwaiste Münchener Haus zurückkehrte, um nach dem rechten zu sehen. Er verließ Deutschland im Frühsommer 1933, hatte
Lehrämter in St. Cloud und in Rennes inne und war anschließend
Mitredakteur der Zeitschrift ›Maß und Wert‹ in Zürich. Er ging im
Mai 1940 von der Schweiz als Kriegsfreiwilliger nach Frankreich,
wurde von den Franzosen interniert und konnte im Spätherbst 1940
nach den Vereinigten Staaten entkommen. Dort war er Professor an
den Colleges von Olivet/Michigan und Claremont/Kalifornien.
1958-1959 war er Gastprofessor an der Universität Münster, 1960-
1964 Professor für Politische Wissenschaft an der Technischen Hochschule Stuttgart. Er lebt seither als freier Schriftsteller in Kilchberg
bei Zürich. Unter seinen Werken: ›Friedrich von Gentz. Geschichte
eines europäischen Staatsmannes‹ (1947); ›Vom Geist Amerikas –
Eine Einführung in amerikanisches Denken und Handeln im zwan-
zigsten Jahrhundert‹ (1954); ›Deutsche Geschichte des 19. und 20.
Jahrhunderts‹ (1958); die Essaybände ›Geschichte und Geschichten‹
(1961) und ›Zwölf Versuche‹ (1973) und die große Biographie ›Wallenstein‹ (1971). Er ist Herausgeber der neuen ›Propyläen Weltgeschichte‹ und seit 1963 Mitherausgeber der ›Neuen Rundschau‹.

2] *ihrer Eltern:* Die Eltern von Frau Katia Mann, Geheimrat Professor Dr. Alfred Pringsheim (1850-1941) und seine Gattin Hedwig,
geborene Dohm (1855-1942) lebten in München in ihrem Haus Arcisstraße 12.

3] *Betrauung der Kurz:* Marie Kurz, auch Kürzl oder Kürzchen genannt, Hausdame im Hause Mann in München, aus dem sie einen
Teil des Familienbesitzes retten konnte.

4] *Dr. Richter:* Besitzer und Direktor des Neuen Waldhotels in
Arosa.

5] *Tagebuch:* ›Das Tage-Buch‹, liberale kulturpolitische Berliner Wochenschrift, gegründet 1920 von Stefan Grossmann, seit 1922 herausgegeben von Leopold Schwarzschild, zählte TM zu seinen gelegentlichen Mitarbeitern. Nach dem Verbot setzte Schwarzschild die

Zeitschrift als ›Das Neue Tage-Buch‹ im Pariser Exil von 1933 bis 1940 fort und machte sie zur angesehensten, bestinformierten und einflußreichsten der deutschen Exils-Zeitschriften.

6] *Weltbühne:* ›Die Weltbühne‹, linksgerichtete kulturpolitische Berliner Wochenschrift, begründet 1905 von Siegfried Jacobsohn, seit 1927 geleitet von Carl von Ossietzky, wurde nach dem Verbot im Exil in Prag als ›Die Neue Weltbühne‹ weitergeführt. Einer ihrer Hauptmitarbeiter zu dieser Zeit war Heinrich Mann.

7] *Papen:* Franz von Papen (1879-1969), rechtskonservativer deutscher Politiker und Wegbereiter Hitlers, war von Juni bis Dezember 1932 deutscher Reichskanzler, trug Anfang 1933 maßgebend zum Sturz des Kabinetts Schleicher bei und trat am 30. 1. 1933 als Vizekanzler in die Regierung Hitler ein.

18. 3. 1933

8 1] *Schillings:* Der Komponist, Dirigent und Opernintendant Max von Schillings (1868-1933), war als Nachfolger Max Liebermanns seit 1932 Präsident der Preußischen Akademie der Künste. Er erzwang am 15. Februar 1933 den Rücktritt Heinrich Manns vom Amt des Präsidenten der Sektion für Dichtkunst und besorgte die drastische »Gleichschaltung« der »Dichterakademie«.

2] *Revers:* Eine von Gottfried Benn formulierte und vom Akademie-Präsidenten Max von Schillings an alle Mitglieder der Sektion für Dichtkunst gerichtete Umfrage. Sie lautete: »Sind Sie bereit, unter Anerkennung der veränderten geschichtlichen Lage weiter Ihre Person der Preußischen Akademie der Künste zur Verfügung zu stellen? Eine Bejahung dieser Frage schließt die öffentliche politische Betätigung gegen die Regierung aus und verpflichtet Sie zu einer loyalen Mitarbeit an den satzungsgemäß der Akademie zufallenden nationalen kulturellen Aufgaben im Sinn der veränderten geschichtlichen Lage.« Die Anfrage war bündig mit Ja oder Nein zu beantworten. TMs Antwort vom 17. 3. 1933 aus Lenzerheide siehe unter 19. 3. 1933.

3] *Wassermann:* Jakob Wassermann (1873-1934), den TM als Erzähler sehr schätzte und, trotz einiger ironischer Distanz, bewunderte, war mit TM seit ihrer gemeinsamen Münchner Jugendzeit vor der Jahrhundertwende gut befreundet. Er lebte in Österreich und war ebenfalls Mitglied der »Dichterakademie«. Seine überaus erfolgrei-

chen Hauptwerke die Romane ›Caspar Hauser‹, ›Das Gänsemänn-
chen‹, ›Christian Wahnschaffe‹ und ›Der Fall Maurizius‹. Siehe TM
Jakob Wassermanns ›Caspar Hauser‹, GW X, 553-555, und *Tischrede auf Jakob Wassermann*, GW X, 449-453. Wassermann befand
sich zu diesem Zeitpunkt schwer krank in einer Wiener Klinik.

4] *Ljeskow:* Der russische Erzähler Nikolaj Semjonowitsch Leskow,
von TM seit langem sehr geschätzt, dessen Novelle ›Die Rechtschaf-
fenen‹ im Märzheft 1933 der ›Corona‹ erschien.

5] *Döblins teleph. Anruf:* Der Berliner Arzt und Schriftsteller Alfred   9
Döblin, berühmt durch sein Hauptwerk ›Berlin Alexanderplatz‹,
hatte in der Akademiesitzung vom 15. 2. 1933 als einziges anwe-
sendes Mitglied nachdrücklich gegen die Amtsenthebung Heinrich
Manns protestiert. Döblin schätzte TM als Schriftsteller nicht und
hatte sich mehrfach sehr absprechend über ihn geäußert, nahm aber
in der Akademie-Sache mit ihm eine gemeinsame Haltung ein. Er
hatte vorsichtshalber Berlin verlassen und befand sich abwartend in
der Schweiz.

6] *Hauptmanns:* Gerhart Hauptmann (1862-1946) und seine Gattin
verbrachten alljährlich zusammen mit S. Fischer und anderen Freunden einige Frühlingswochen in Lugano. Zwischen Hauptmann und
TM bestand nach der Beilegung der »Peeperkorn-Affäre« wieder
oberflächlich gutes Einvernehmen, aber TM wußte zu diesem Zeitpunkt noch nicht, daß Hauptmann den Akademie-Revers mit Ja beantworten und seinen Frieden mit dem Hitlerregime machen würde.
Siehe Anmerkung 4 zum 9. 5. 1933.

7] *Steiner:* Dr. Herbert Steiner (1892-1966), Redakteur und Mither-   10
ausgeber der Zeitschrift ›Corona‹ und nach dem Zweiten Weltkrieg
Herausgeber der Gesammelten Werke in Einzelausgaben von Hugo
von Hofmannsthal (ab 1945).

8] *Käthe Rosenberg:* Kusine von Frau Katia Mann und namhafte
Übersetzerin aus dem Französischen, Englischen und Russischen
(1883-1960).

9] *Verbote der Bruno Walter-Konzerte:* Siehe Anmerkung 6 zum
21. 3. 1933.

10] *Centrum:* Die Katholische Zentrums-Partei.

19. 3. 1933

11 1] *S. f. D.:* Sektion für Dichtkunst. Siehe Anmerkung 2 zum 18. 3. 1933.

2] *»Deutsche Akademie«:* Die seit 1925 in München bestehende ›Deutsche Akademie zur Pflege des Deutschtums im Ausland‹, der TM seit ihrer Gründung angehörte.

3] *Pen-Club:* P.E.N., Abkürzung für Poets, Essayists, Novelists, 1921 in London gegründete internationale Schriftsteller-Vereinigung. TM gehörte dem deutschen Zentrum seit seiner Gründung 1926 an.

4] *Rotary-Club:* Internationale gesellige Vereinigung von Geschäftsleuten und Angehörigen freier Berufe. TM, Bruno Frank und andere Münchner Schriftsteller gehörten dem Münchner Rotary-Club seit seiner Gründung an, und TM hatte in dem Club mehrfach Vorträge für die Mitglieder gehalten. Siehe GW XIII, 57-63 und 63-75.

5] *Völkerbunds-Komitee:* Das beim Völkerbund bestehende ›Comité permanent des Lettres et des Arts‹, dem TM angehörte.

12 6] *Wegen meiner alten Tagebücher:* TM bewahrte seine Tagebücher und andere vertrauliche Papiere in dem sogenannten »Schließschrank« in der Diele des Münchner Hauses auf, zu dem er den Schlüssel mitgenommen hatte.

20. 3. 1933

12 1] *des jungen Kliewe:* Richtig Rudolf Kieve, Freund von TMs zweiter Tochter Monika Mann.

2] *Bertaux:* Félix Bertaux (1881-1948), französischer Germanist und Übersetzer aus dem Deutschen, mit Heinrich und Thomas Mann befreundet, hatte seit 1914 zahlreiche Aufsätze über TM veröffentlicht, 1925 *Der Tod in Venedig* übersetzt und damit TM in Frankreich eingeführt und auch die französische Fassung von *Leiden und Größe Richard Wagners* hergestellt.

3] *Bonnet:* Der im Völkerbundssekretariat tätige Professor der Geschichte Henri Bonnet, der die Sitzungen des »Comité permanent des Lettres et des Arts«, dem TM angehörte, leitete.

4] *Madrider Versammlung:* Die Tagung des Völkerbundskomitees für Kunst und Literatur, die in Madrid stattfand und zu der TM eingeladen war.

13 5] *Mazzucchetti:* Lavinia Mazzucchetti (1889-1963), italienische Germanistin, Essayistin und Kritikerin, die seit dem Ende des Er-

sten Weltkrieges eine Anzahl vorzüglicher Arbeiten über TM veröffentlichte, nach dem Zweiten Weltkrieg auch einige Werke TMs
wie *Lotte in Weimar, Leiden und Größe der Meister, Adel des Geistes*
und *Die Bekenntnisse des Hochstaplers Felix Krull* übersetzte. TM
kannte sie persönlich seit 1918 und war in späteren Jahren herzlich
mit ihr befreundet.

6] *Goering:* Hermann Göring (1891-1946), im Ersten Weltkrieg
Fliegeroffizier, schloß sich 1922 der NSDAP an, wurde 1932 Reichstagspräsident und am 10. 4. 1933 preußischer Ministerpräsident und
Innenminister. Er errichtete das preußische »Geheime Staatspolizei-
amt«, das Himmler und Heydrich ab 1934 zur Geheimen Staatspoli-
zei (Gestapo) ausbauten, und war in den ersten Monaten nach dem
Umsturz für die Verhaftung der kommunistischen Funktionäre und
das Verbot der kommunistischen und sozialdemokratischen Presse
verantwortlich. Seine Rolle bei der Anstiftung des Reichstagsbrandes blieb ungeklärt.

7] *Frau Hesse:* Ninon Hesse, geborene Ausländer (1895-1966), in
erster Ehe mit dem Zeichner B. F. Dolbin verheiratet, war die dritte
Gattin Hermann Hesses, den sie 1931 heiratete.

8] *dem jungen Köster:* Kai Köster (1911-1976), Studienfreund Golo
Manns aus Heidelberg, Sohn des sozialdemokratischen Politikers
Adolf Köster (1883-1930), der 1920 Reichsaußenminister, 1921-1922
Reichsinnenminister war und später deutscher Gesandter in Riga und
Belgrad wurde. Der Sohn folgte dem Vater in der diplomatischen
Laufbahn und war Botschafter der Bundesrepublik in mehreren
südamerikanischen Staaten.

9] *Renn:* Der Schriftsteller Ludwig Renn (eigentlich Arnold Vieth   14
von Golssenau) (geb. 1889), proletarisch-revolutionärer Schriftsteller, der durch seine Romane ›Krieg‹ (1928) und ›Nachkrieg‹ (1930)
berühmt wurde. Er wurde vom NS-Regime 1933 verhaftet und zu
zweieinhalb Jahren Gefängnis verurteilt und floh 1936 in die
Schweiz.

10] *Thälmann:* Der kommunistische Politiker und Reichstagsabgeordnete Ernst Thälmann (1886-1944), seit 1924 Vorsitzender der
KPD, wurde im März 1933 verhaftet, in verschiedenen Konzentra-
tionslagern gefangen gehalten und 1944 im KZ Buchenwald ermordet.

21. 3. 1933

14 1] *K. Godwin:* Die Münchener Romanschriftstellerin Katarina Godwin (eigentlich Frau de Vargas).

2] *S.D.S.:* Schutzverband Deutscher Schriftsteller.

3] *Friedrich:* Der Münchner Schriftsteller Hans Friedrich (geboren 1884), Vorstandsmitglied des S.D.S.

4] *Maril:* Dr. Konrad Maril (geboren 1889), seit 1924 Leiter der Theater- und Filmabteilung des S. Fischer Verlags.

15 5] *Aretin:* Erwein Freiherr von Aretin (1887-1952), aus altem bayerischem Adelsgeschlecht, konservativ-monarchistischer Publizist und Schriftsteller in München, überlebte Schutzhaft und Konzentrationslager Dachau. Seine Memoiren ›Krone und Ketten. Erinnerungen eines bayerischen Edelmannes‹ erschienen 1955.

6] *Strauss:* Der Komponist Richard Strauss (1864-1949). Bruno Walter wurde von Goebbels genötigt, ein für Mitte März angesetztes Konzert in der Berliner Philharmonie abzusagen – einige Tage zuvor war ihm im Leipziger Gewandhaus dasselbe widerfahren –, und Richard Strauss sprang für ihn ein. »Der Komponist des ›Heldenleben‹ erklärte sich tatsächlich bereit, anstatt des gewaltsam entfernten Kollegen zu dirigieren«, schrieb Walter in seinen Erinnerungen ›Thema und Variationen‹, Seite 194 f.

7] *Furtwängler:* Der Dirigent Wilhelm Furtwängler (1886-1954) war 1922-1945 Leiter der Berliner Philharmoniker.

16 8] *Frau v. Morgen:* Nicht ermittelt.

9] *Brief von K.'s Mutter:* Frau Hedwig Pringsheim schrieb ihrer Tochter zwei- bis dreimal wöchentlich und berichtete ihr, zum Teil verschlüsselt, ausführlich, so daß TM laufend über die Münchner Vorgänge gut unterrichtet war.

10] *Dr. Bernstein:* Dr. Otto Bernstein, Rechtsanwalt in München.

11] *Brief ... an die Mazzucchetti:* TM an Lavinia Mazzucchetti aus Arosa vom 13. 3. 1933, veröffentlicht in *Briefe I*, 328-329.

22. 3. 1933

17 *die Herz:* Die Nürnberger Buchhändlerin Ida Herz (geboren 1894), eine frühe Verehrerin TMs, lernte ihn 1925 kennen und wurde von ihm beauftragt, seine Münchner Bibliothek zu ordnen. Seither stand sie in regelmäßiger Verbindung mit dem Haus Mann. Sie war eine leidenschaftliche Sammlerin aller erdenklichen, TM betreffenden

Unterlagen und Kuriosa, und TM selbst fügte ihrer Sammlung im Lauf der Jahrzehnte zahllose Zeitungsausschnitte, Zeitschriftenbelege und Manuskriptabschriften hinzu, wissend, daß sie bei ihr am besten aufgehoben waren. Ida Herz rettete diese einzigartige Sammlung ins Exil nach London und übergab sie später, zusammen mit ihrem sehr umfangreichen Briefwechsel mit TM, dem TM-Archiv in Zürich.

23. 3. 1933

1] *umbrochenen Bogen des »Wagner«:* Der Essay *Leiden und Grö-* 18
ße Richard Wagners, den TM für den Vortrag zusammengekürzt hatte, erschien in ungekürzter Fassung im Aprilheft 1933 der ›Neuen Rundschau‹.

2] *Montagnola:* Der Wohnsitz Hermann Hesses im Tessin.

24. 3. 1933

Lenz-Auto: Mietauto der Garage Lenz in Lenzerheide.

27. 3. 1933

1] *Bodmer:* Hesses Freund und Gönner Hans Bodmer (1891-1956) 19
hatte das Haus in Montagnola für ihn gebaut, aber auf Hesses ausdrücklichen Wunsch ihm nicht geschenkt, sondern auf Lebenszeit zur Verfügung gestellt.

2] *Wiegand:* Der Musikkritiker Heinrich Wiegand (1895-1934), Herausgeber der sozialistischen Arbeiterzeitung ›Kulturwille‹, starb am 28. 1. 1934 unter nicht geklärten Umständen (vermutlich Selbstmord) in Lerici bei La Spezia. TM nannte in seinem Kondolenzbrief an die Witwe die Todesursache »Deutschland«. Unter seinen Schriften ›Richard Wagner und Thomas Mann‹ (›Der Bund‹, Bern, 20. 4. 1933) und ›Bemerkungen zu Thomas Manns Roman »Die Geschichten Jaakobs«‹ (unveröffentlicht, im TM-Archiv, Zürich.)

3] *Fulda's:* Der vormals sehr erfolgreiche Dramatiker und ausgezeichnete Übersetzer von Molière, Rostand und anderen Ludwig Fulda (1862-1939) wurde wegen seiner jüdischen Abstammung aus der »Dichterakademie« ausgeschlossen und verließ Deutschland im Frühjahr 1933, kehrte aber später, von Heimweh getrieben, zurück und nahm sich am 30. 3. 1939 in Berlin das Leben.

4] *Archiprete:* Richtig Arciprete (Erzpriester). 20

5] *Monternach:* Nicht ermittelt, vermutlich Völkerbundsbeamter. 21

6] *Fayard:* Der Pariser Verlag Arthème Fayard, bei dem die französische Ausgabe des Wagner-Essays erschien.

7] *Kardorf:* Siegfried von Kardorff (1873-1945), von 1920 bis 1933 Reichstagsabgeordneter der Deutschen Volkspartei.

22   8] *Reichstagsbrand:* Der nie völlig aufgeklärte Brand des Berliner Reichstagsgebäudes in der Nacht des 27. 2. 1933, der dem NS-Regime den Vorwand und das Signal für die brutale Verfolgung der politischen Linken lieferte. Wegen Brandstiftung angeklagt wurden der Holländer Marinus van der Lubbe, der kommunistische Reichstagsabgeordnete Ernst Torgler und die drei in Berlin wohnhaften Bulgaren Dimitroff, Popoff und Taneff. Van der Lubbe wurde schuldig befunden und hingerichtet, die drei Bulgaren in die Sowjetunion ausgewiesen und Torgler bis Ende 1936 in Haft behalten. Der Verdacht ließ sich nicht abweisen, daß die Nationalsozialisten das Gebäude selbst angezündet hatten. Unmittelbar nach dem Brand wurde eine Reihe sorgfältig vorbereiteter Notverordnungen erlassen, die die in der Verfassung garantierten Freiheiten aufhoben und die Gewaltherrschaft Hitlers einleiteten.

9] *Frau Massary:* Siehe Anmerkung 2 zum 16. 3. 1933.

10] *Held:* Heinrich Held (1868-1938), der Bayerischen Volkspartei zugehörig, seit 1924 bayerischer Ministerpräsident, wurde im März 1933 von den Nationalsozialisten zum Rücktritt gezwungen, befand sich vorübergehend in Schutzhaft, wich eine Zeitlang in die Schweiz aus und kehrte später nach Deutschland zurück.

11] *Bonnier:* Der Stockholmer Verlag Albert Bonnier, TMs schwedischer Verlag, in dem 1933 die schwedische Ausgabe des Wagner-Essays erschien.

12] *Ali-Bureau:* Agence Littéraire Internationale in Paris.

28. 3. 1933

23   1] *Schwarzschild:* Der politische Publizist Leopold Schwarzschild (1899-1950), Herausgeber der Wochenschrift ›Das Tage-Buch‹. Siehe Anmerkung 5 zum 17. 3. 1933.

24   2] *Fiedler:* Dr. Kuno Fiedler (1895-1973), evangelischer Pastor, stand mit TM seit 1915 in Briefwechsel und taufte TMs jüngste Tochter Elisabeth. TM schilderte ihn in der Taufszene in *Gesang vom Kindchen* (GW VIII, 1068-1101). Fiedler wurde wegen seiner Streitschrift ›Luthertum oder Christentum‹ aus dem Dienst der evange-

lischen Kirche entlassen, trat in den thüringischen höheren Schuldienst ein, machte sich aber durch seine theologischen und philosophischen Schriften beim NS-Regime so mißliebig, daß er abermals entlassen wurde. Er lebte zurückgezogen in Dettingen am Main, bis er am 2. September 1936 von der Gestapo verhaftet wurde. Er entfloh aus dem Würzburger Gefängnis, entkam in die Schweiz und war bis Ende 1955 Seelsorger in St. Antönien in Graubünden. Von seinem umfangreichen Briefwechsel mit TM sind nur Teile erhalten. Eine Auswahl wurde in den ›Blättern der Thomas Mann Gesellschaft Zürich‹, herausgegeben von Hans Wysling, in den Heften 11 und 12, 1971-1972 veröffentlicht.

29. 3. 1933

1] *Rechtsanwalt Herrn von Aaken:* Richtig van Aken. 25

2] *Speyer:* Der Romanschriftsteller Wilhelm Speyer (1887-1952), 26
Jugendfreund Bruno Franks, mit dem Hause Mann seit Jahrzehnten befreundet. In seinem umfangreichen erzählerischen Werk vor allem die Romane ›Schwermut der Jahreszeiten‹, ›Der Kampf der Tertia‹, ›Charlott etwas verrückt‹, ›Der Hof der schönen Mädchen‹ und ›Das Glück der Andernachs‹. Er verließ Deutschland im Februar 1933 und lebte nach kurzen Aufenthalten in der Schweiz und Südfrankreich hauptsächlich in Österreich und gelangte nach Kriegsausbruch nach den Vereinigten Staaten, von wo er nach dem Krieg nach Deutschland zurückkehrte.

3] *Kiefer:* Der politische Journalist und Schriftsteller Wilhelm Kiefer, TM aus München bekannt, der Anfang 1933 aus undurchsichtigen Gründen in die Schweiz emigrierte und sich als politischer Publizist, unter anderem in der ›National-Zeitung‹, Basel, betätigte, war eine zwielichtige Erscheinung, möglicherweise ein Nazi-Agent, der TM und andere zu täuschen verstand. Er wurde am 10. 9. 1945 wegen nationalsozialistischer Umtriebe aus der Schweiz ausgewiesen.

4] *Feuchtwangers ›Jüdischem Krieg‹:* Lion Feuchtwangers historischer Josephus-Roman ›Der Jüdische Krieg‹ war 1932 im Berliner Ullstein-Verlag erschienen, der das Buch unter schwerem nationalsozialistischem Druck aus dem Handel ziehen mußte. Feuchtwanger hatte um diese Zeit bereits Deutschland verlassen und lebte in Südfrankreich. Der Verlag Ullstein wurde im folgenden Jahr vom NS-Regime mittels eines Zwangsverkaufs enteignet.

5] *Verleger Trotzkis:* Leo Trotzkis Autobiographie ›Mein Leben‹ erschien 1929, seine ›Geschichte der Russischen Revolution‹ 1931-1932 in deutscher Übersetzung im S. Fischer Verlag.

30. 3. 1933

27 1] *Braun:* Otto Braun (1872-1955), sozialdemokratischer Politiker, war von 1920 bis 1933, mit kurzen Unterbrechungen, preußischer Ministerpräsident. Am 20. 7. 1932 wurde er durch den damaligen Reichskanzler und Reichskommissar für Preußen von Papen amtsenthoben, aber vom Staatsgerichtshof wieder eingesetzt und am 6. 2. 1933 vom Reichspräsidenten Hindenburg neuerlich abgesetzt. Im März 1933 emigrierte er in die Schweiz.

2] *Severing:* Der sozialdemokratische Politiker Karl Severing (1875-1952) war 1920-1926 mit kurzen Unterbrechungen preußischer Innenminister, 1928-1930 Reichsinnenminister und von Oktober 1930 bis zu seiner Amtsenthebung durch Papen neuerlich preußischer Innenminister. Er verblieb während des Hitlerregimes, zurückgezogen lebend, in Deutschland und widmete sich nach 1945 dem Wiederaufbau der SPD.

3] *Herrenklub:* Eigentlich »Deutscher Klub«, eine 1924 in Berlin gegründete konservativ-monarchistische Vereinigung, in der Franz von Papen das Wort führte und die bis 1933 von beträchtlichem Einfluß auf den Reichspräsidenten von Hindenburg war.

28 4] *Bibis Italienfahrt:* Michael Thomas Mann (21. 4. 1919 - 1. 1. 1977), TMs dritter und jüngster Sohn, in der Familie ›Bibi‹ genannt, ging im Internat Neubeuern zur Schule und unternahm Ostern 1933 mit seiner Schulklasse eine Fahrt nach Rom. Die Eltern riefen ihn auf der Rückreise zu sich in die Schweiz, und er kehrte nicht ins Internat und nach Deutschland zurück. Er besuchte in Zürich die Schule und das Konservatorium, wurde Violinist und Bratschensolist und spezialisierte sich auf moderne Musik. Er unternahm Konzertreisen in Amerika (mit Yaltah Menuhin), im Fernen Osten und in Europa. Er gab jedoch die Musikerlaufbahn auf, studierte Germanistik und promovierte an der Universität Harvard 1961 über Heinrich Heines Musikkritiken. Ab Herbst 1961 war er Professor für Deutsche Literatur an der University of California in Berkeley.

5] *Hans:* Hans Holzner, der Chauffeur des Hauses Mann, langjährige Vertrauensperson, die sich als nicht vertrauenswürdig, sondern schließlich als Spitzel des Braunen Hauses und der Münchner Politischen Polizei erwies. Siehe die Vorbemerkungen des Herausgebers.

6] *Berth. Brecht:* Der Dichter Bertolt Brecht (1898-1956), zu dieser Zeit hauptsächlich durch seine ›Dreigroschenoper‹ berühmt. TM und Brecht kannten einander während der Weimarer Republik kaum, schätzten einander wenig und äußerten sich ironisch übereinander. Um so bemerkenswerter Brechts (nicht erhaltener) Sympathie-Brief. Es ist nicht ersichtlich, was er, im besonderen, mit TMs »Botschaft« meinte, da TM sich bis dahin nicht öffentlich zum NS-Regime geäußert hatte. Brecht emigrierte nach Schweden, von dort nach USA, wo in späteren Jahren seine Antipathie gegen TM zu offener Feindschaft wurde.

7] *Wagner-Diner:* TM hatte am 18. 2. 1933 im Foyer de l'Europe in Paris seinen Wagner-Vortrag auf Französisch gehalten, und anschließend fand ein Diner zu seinen Ehren statt.

8] *Annette Kolb:* Die Erzählerin und Essayistin Annette Kolb (1870-1967), mütterlicherseits französischer Abkunft, war eine Jugendfreundin Katia Manns und mit dem Haus Mann seit Jahrzehnten befreundet. Sie wies als erste 1920 Thomas Mann auf den damals in Deutschland noch völlig unbekannten Marcel Proust hin. Unter ihren Werken vor allem die Romane ›Das Exemplar‹, ›Daphne Herbst‹ und ›Die Schaukel‹. Sie war stets für eine deutsch-französische Verständigung eingetreten und verließ Deutschland im März 1933 aus Widerwillen gegen den Antisemitismus und Chauvinismus des NS-Regimes. Von der Schweiz ging sie später in das ihr heimatliche Paris.

31. 3. 1933

1] *Paul Ehrenberg:* (1876-1949), Maler und begabter Amateurmu- 29
siker, engster Jugendfreund TMs in den frühen Münchner Jahren, vor TMs Heirat. TMs innige Beziehung zu ihm ist in seinen Notizbüchern ausführlich geschildert. Siehe Peter de Mendelssohn, ›Der Zauberer‹, Teil I, Seite 376 ff.

2] *die Lowe:* Helen-Lowe-Porter (1877-1963), TMs in England lebende amerikanische Übersetzerin, die zwischen 1924 und 1951 sein gesamtes Werk ins Englische übertrug. Siehe John C. Thirlwall, ›In another Language. A Record of the Thirty-Years Relationship between Thomas Mann and Helen Lowe Porter‹, 1966, in dem zahlreiche Auszüge aus ihrem sehr umfangreichen Briefwechsel mit TM veröffentlicht sind.

3] *Past Masters:* Die von Helen Lowe-Porter übersetzte amerikanische Ausgabe von TMs gesammelten Essays *Past Masters and Other Papers,* die auch den Wagner-Aufsatz enthielt.

4] *D.A.Z.:* ›Deutsche Allgemeine Zeitung‹, Berlin.

5] *die Sammlung:* Professor Pringsheims international berühmte und außerordentlich wertvolle Sammlung von Majoliken und Silberschmiedearbeiten der Renaissance, die sich in seinem Haus in der Arcisstraße in München befand.

1. 4. 1933

30   1] *Knopf:* Alfred A. Knopf (geb. 1892) war seit 1924 TMs amerikanischer Verleger, wie auch zahlreicher anderer europäischer, insbesondere deutscher Autoren, unter ihnen Bruno Frank. Er leitete den Verlag zusammen mit seiner ungemein tatkräftigen Frau Blanche Knopf (1894-1966), und beide waren TM von ihren häufigen Europa-Aufenthalten persönlich gut bekannt.

31   2] *das »Bunte Kleid«:* Das 1. Kapitel des 4. Hauptstücks des Romans *Der junge Joseph,* GW IV, 470-483.

2. 4. 1933

32   1] *Oskar Wassermann:* (1869-1934), Bankier, Direktor der Deutschen Bank & Disconto-Gesellschaft.

2] *Wells:* Der sozialdemokratische Politiker Otto Wels (1873-1939), seit 1919 Vorsitzender der SPD, begründete am 23. 3. 1933 im Reichstag namens seiner Partei die Ablehnung des Hitlerschen Ermächtigungsgesetzes, das den Reichstag als Gesetzgebende Versammlung außer Funktion setzte. Er emigrierte nach Prag und führte die SPD im Exil fort.

3] *Hellpach:* Willy Hellpach (1877-1955), Politiker und Professor für Psychologie in Heidelberg, Vorstandsmitglied der Deutschen Demokratischen Partei, war 1922-1925 badischer Kultusminister, 1924-1925 badischer Staatspräsident, 1928-1930 Mitglied des Reichstags. Er veröffentlichte 1928 im S. Fischer Verlag ›Politische Prognose für Deutschland‹, und war Mitarbeiter der ›Neuen Rundschau‹, aus der TM seine Arbeiten bekannt waren. Seine schwankende und kompromißlerische Haltung während der dreißiger Jahre mißfiel TM.

4] *Kerr:* Der Berliner Theaterkritiker Alfred Kerr (1867-1948), gefürchtet wegen seiner scharfen, oft persönlich kränkenden Rezensionen im ›Berliner Tageblatt‹, hatte seit TMs Anfängen eine Antipathie gegen ihn und verfolgte ihn jahrzehntelang mit bissigen Angriffen. Er versuchte, wie Katia Mann in ihren ›Ungeschriebenen Memoiren‹ berichtet, sich im Exil in Lugano mit TM zu versöhnen,
aber TM wich ihm vorsätzlich aus.

5] *Tucholski:* Der kulturpolitische Publizist Kurt Tucholsky (1890-
1935), mit seinen politischen Satiren der Hauptmitarbeiter der Berliner ›Weltbühne‹, lebte bereits seit vielen Jahren als Korrespondent
in Paris und ging dann nach Schweden, wo er sich 1935 aus Verzweiflung über die deutschen Verhältnisse das Leben nahm.

6] *Hermann Hesse:* (1877-1962), lebte bereits seit 1913 ständig in
der Schweiz und war seit 1923 Schweizer Staatsbürger.

7] *Vikko:* Viktor Mann (1890-1949), auch »Vikko« oder »Vicco«   33
genannt, TMs jüngerer Bruder, war ursprünglich Landwirt, arbeitete
später im Bankfach und blieb während des NS-Regimes in Deutschland. Nach dem Zweiten Weltkrieg schrieb er die Familienchronik
›Wir waren fünf. Bildnis der Familie Mann‹, die posthum erschien.

3. 4. 1933

1] *Faust-Novelle:* Dies ist der erste Hinweis, daß TM nach Abschluß   34
der Joseph-Romane sich dem Faust-Stoff zuwenden wollte, den er
sich bereits 1904 in einer Notizbuch-Eintragung vorgemerkt hatte.
Der Plan wurde schließlich mit dem *Doktor Faustus* in den Jahren
1943-1947 verwirklicht.

2] *Nansen-Pass-Sache:* Der sogenannte Nansen-Paß war ein vom   35
Völkerbund auf Betreiben des norwegischen Polarforschers und Phi-
lanthropen Fridtjof Nansen (1861-1930) geschaffener international
gültiger Personalausweis für politische Flüchtlinge, Exilierte und
Staatenlose. TM erwog, sich um einen solchen Paß-Ersatz zu bemü-
hen.

3] *Einstein:* Der Physiker Albert Einstein (1879-1955), Begründer
der Relativitätstheorie und Nobelpreisträger 1921. TM lernte ihn später in den Vereinigten Staaten kennen, wo Einstein in Princeton
1938-1940 sein Nachbar war, und war mit ihm befreundet. Siehe
Zum Tode von Albert Einstein, GW X, 549-550.

4] *Helbling:* Der Schweizer Literarhistoriker Carl Helbling (1897-   36

1966), Professor an der Universität Zürich, schrieb die erste schweizerische Dissertation über TM: ›Die Gestalt des Künstlers in der
neueren Dichtung. Eine Studie über Thomas Mann‹, 1922. TM war
mit ihm seit Anfang der zwanziger Jahre persönlich gut bekannt.
5] *Prof. Heuser:* Der amerikanische Germanist Friedrich Wilhelm
Heuser (1878-1961) an der Columbia-Universität, New York.
6] *Möglichkeiten Golos:* Es handelte sich darum, für Golo Mann
eventuell ein Lehramt in den Vereinigten Staaten zu finden.
7] *Artikel der Nouvelles littéraires:* Nicht nachgewiesen.

4. 4. 1933

36   1] *Neurath:* Konstantin Freiherr von Neurath (1873-1956) war nach
längerer Diplomatenlaufbahn in Kopenhagen, Rom und London von
1932 bis 1938 Reichsaußenminister in den Regierungen Papen,
Schleicher und Hitler, wurde am 18. 3. 1939 Reichsprotektor von
Böhmen und Mähren und 1946 im Nürnberger Kriegsverbrecher-
Prozeß zu 15 Jahren Gefängnis verurteilt und 1954 entlassen.
2] *Rosenberg:* Alfred Rosenberg (1893-1946), einer der frühesten
Anhänger Hitlers und mit seinem Buch ›Der Mythus des zwanzig-
sten Jahrhunderts‹ der führende ideologische Propagandist des Nationalsozialismus. Er wurde 1941 Reichsminister für die besetzten
Ostgebiete, 1946 im Nürnberger Prozeß zum Tod verurteilt und
hingerichtet.
3] *Reinhart:* Der Berliner Theaterdirektor und Regisseur Max Reinhardt (1873-1943).

5. 4. 1933

37   1] *Dr. Knoche:* Dr. Erich Knoche, Hofzahnarzt in München.
2] *Barbeys Auto:* Mietwagen der Autofirma Barbay in Lugano.

6. 4. 1933

38   1] *Motta:* Giuseppe Motta (1871-1940), schweizerischer Staatsmann,
war mehrfach und auch im Jahr 1933 Bundespräsident. TM korrespondierte mit ihm wegen seiner Paßangelegenheit und Aufenthaltserlaubnis in der Schweiz.
2] *Korrodi:* Eduard Korrodi (1885-1955), schweizerischer Publizist
und Literaturkritiker, seit 1914 Feuilletonredakteur der ›Neuen
Zürcher Zeitung‹ und von maßgebendem Einfluß auf das literarische
Leben im deutschen Sprachgebiet. Er war mit TM seit langem gut

bekannt und veröffentlichte viele Beiträge von ihm in der NZZ. Es kam zu einem schweren Zerwürfnis zwischen ihnen, als Korrodi am 26. 1. 1936 in der NZZ die deutsche Exilliteratur mit Ausnahme TMs in Bausch und Bogen als jüdisch bezeichnete, und TM ihm in einem offenen Brief vom 3. 2. 1936 scharf entgegentrat und sich, nach langer Zurückhaltung, mit der deutschen Emigration solidarisierte. Siehe *Briefe I*, 409.

3] *Broch:* Der österreichische Erzähler und Essayist Hermann Broch 39 (1886-1951), Autor der Romantrilogie ›Die Schlafwandler‹, des Romans ›Der Tod des Vergil‹ und anderer Werke. Er floh nach der deutschen Besetzung Österreichs 1938 nach England und von dort nach den Vereinigten Staaten. Siehe *Über Hermann Brochs ›Der Tod des Vergil‹*, GW XIII, 449. Brochs Beitrag im Aprilheft der ›Neuen Rundschau‹: ›Eine leichte Enttäuschung.‹

4] *Huxley über Lawrence:* Der englische Romancier und Essayist Aldous Huxley (1894-1963), den TM im Sommer 1933 in Sanary kennenlernte, hatte 1932 in England die Briefe seines Freundes, des Dichters D. H. Lawrence (1885-1930) gesammelt und herausgegeben. (Eine deutsche Auswahlausgabe, besorgt von W. E. Süskind, erschien 1938). Huxleys Aufsatz in der ›Neuen Rundschau‹: ›Wer war D. H. Lawrence?‹

5] *ihr Kinderbuch:* siehe Anmerkung 4 zum 22. 4. 1933.

7. 4. 1933

1] *Wassermanns Ehe-Affaire:* Jakob Wassermann wurde in seinen 39 letzten Lebensjahren von seiner ersten Gattin Julie Wassermann-Speyer in endlose Prozesse und Rechtsstreitigkeiten verwickelt, die ihn finanziell ruinierten und seine Gesundheit untergruben. Siehe seine eigene, sehr wahrheitsgetreue Schilderung dieses Konflikts in dem autobiographischen Schlüsselroman ›Joseph Kerkhovens dritte Existenz‹, der nach seinem Tod erschien.

2] *Prof. Joel:* Der Philosoph Karl Joël (1864-1934), Professor an der Universität Basel, Verfasser von ›Nietzsche und die Romantik‹ (1905).

3] *Jüngers Buch:* Ernst Jüngers 1932 erschienenes und damals neue- 40 stes Buch ›Der Arbeiter. Herrschaft und Gestalt‹ war im Aprilheft 1933 der ›Neuen Rundschau‹ von Kurt Heuser rezensiert worden: ›Ein frommes Buch.‹

8. 4. 1933

41 1] *Lewisohn:* Der damals in Paris lebende amerikanische Schriftsteller und Übersetzer Ludwig Lewisohn (1882-1955), Anhänger des
Zionismus, einer der ersten, die in Amerika auf TM aufmerksam
machten. TM schrieb 1928 ein Vorwort zu seinem Roman ›Der Fall
Herbert Crump‹, GW X, 700-703.

42 2] *Gilbert Murray:* (1866-1957), englischer Altphilologe und Übersetzer griechischer Klassiker, Professor in Oxford und 1923-1938,
als leidenschaftlicher Anwalt der Völkerverständigung, Präsident der
League of Nations Union. Er war Mitglied des Völkerbundkomitees
für Kunst und Literatur, dem auch TM angehörte, und ein tatkräftiger Helfer der exilierten deutschen Intellektuellen.

3] *Prof. Petersen:* Vermutlich Houston Peterson (geb. 1897), Professor für Philosophie an der Rutgers University, New Jersey, der
im Juli 1934 in der amerikanischen Zeitschrift ›Literary World‹
einen Aufsatz über ›Joseph and His Brothers‹ veröffentlichte.

4] *In Sachen der Hamburger:* Die Germanistin Käte Hamburger (geboren 1896) übersandte im Herbst 1932 TM ihre Schrift
›Thomas Mann und die Romantik‹, die zu einem ausgedehnten
Briefwechsel führte. (Siehe *Briefe I*, 322 und folgende). Sie emigrierte 1933 nach Schweden, wo sie ein Lehramt fand. TM hatte sich
bemüht, ihr eine Dozentur in den Vereinigten Staaten zu beschaf-
fen. Sie kehrte nach dem Zweiten Weltkrieg nach Deutschland zurück und erhielt eine Professur an der Technischen Hochschule Stuttgart. Sie veröffentlichte 1945 ›Thomas Manns Roman »Joseph und
seine Brüder«. Eine Einführung‹ (Neufassung 1965 unter dem Titel
›Der Humor bei Thomas Mann. Zum Joseph-Roman‹.)

9. 4. 1933

44 1] *Gustav Brecher:* Der deutsche Kapellmeister Gustav Brecher
(1879-1940), damals Generalmusikdirektor in Leipzig. Er emigrierte
nach Belgien und nahm sich beim Einmarsch der deutschen Truppen
in Ostende das Leben.

2] *A. P. Saunders:* Arthur Percy Saunders (1869-1953), Professor
am Hamilton College in Clinton, N. Y.

3] *Croces letztes Buch:* Der italienische Historiker und Kulturphilosoph Benedetto Croce (1866-1952), erklärter Antifaschist, von Mussolini mit Rücksicht auf seinen Ruhm und die italienische öffentliche

Meinung in Italien geduldet, hatte die deutsche Ausgabe seiner ›Geschichte Europas im 19. Jahrhundert‹ TM gewidmet.

4] *Mondadori:* TM war bisher in Italien bei einem Dutzend verschiedener, zumeist kleinerer Verlage erschienen. Lavinia Mazzucchetti brachte ihn zu dem großen Mailänder Verlagshaus Arnoldo Mondadori, das 1933 zwar nicht den Wagner-Aufsatz, aber den ersten Band der Joseph-Tetralogie und alle folgenden Bände herausbrachte. Mondadori war ab 1933 TMs hauptsächlicher italienischer Verleger. Der Wagner-Essay erschien dort 1946, in dem Band ›Saggi‹ (Essays), übersetzt von Lavinia Mazzucchetti.

10. 4. 1933
Adrienne Thomas: Elsässische Schriftstellerin (geboren 1897), wurde 45
1930 bekannt durch ihren Roman ›Die Kathrin wird Soldat‹. Sie emigrierte nach USA, war verheiratet mit dem österreichischen Sozialdemokratenführer Julius Deutsch und kehrte mit ihm 1947 nach Wien zurück.

11. 4. 1933
1] *Paul E.:* Paul Ehrenberg. Siehe Anmerkung 1 zum 31. 3. 1933. 46
2] *Nidden:* TMs Sommerhaus in dem memelländischen Fischerdorf Nidden an der Kurischen Nehrung, das er 1930 erbaut hatte und wo er zuletzt den Sommer 1932 verbracht hatte. Siehe *Mein Sommerhaus*, eine Plauderei für den Münchner Rotary-Club, in GW XIII, 57-63. Das Haus stand auf litauischem Staatsgebiet und war dadurch dem Zugriff der deutschen Behörden entzogen. Heute befindet sich in ihm eine von Leonas Stepanauskas begründete TM-Gedenkstätte.
3] *Ludwig Bauer:* (1876-1935), österreichischer Publizist, politischer Leitartikler der ›National-Zeitung‹, Basel, lebte damals in Lugano.
4] *Emil Ludwig:* (1881-1948), deutscher Schriftsteller und in alle Weltsprachen übersetzter Verfasser von Biographien, seit 1932 Schweizer Staatsbürger, lebte in Moscia bei Ascona, übersiedelte 1940 in die Vereinigten Staaten und kehrte nach dem Zweiten Weltkrieg in die Schweiz zurück. Unter seinen überaus erfolgreichen Biographien: ›Bismarck‹, ›Goethe‹, ›Napoleon‹, ›Michelangelo‹, ›Schliemann‹ und ›Beethoven‹.

13. 4. 1933

47 1] *Gesandter Müller:* Dr. med. Adolph Müller, deutscher Gesandter in Bern.

2] *Remarque:* Der Schriftsteller Erich Maria Remarque (1898-1970) wurde durch seinen Roman ›Im Westen nichts Neues‹ 1929 weltberühmt. Er lebte seit 1931 in Ascona, übersiedelte 1939 nach New York, kehrte 1948 in die Schweiz zurück und lebte in Porto Ronco im Tessin.

3] *Graf Wolf-Metternich:* Paul Graf Wolff Metternich (1853-1934), deutscher Botschafter in London 1901-1912 und in Konstantinopel 1915-1916.

4] *Toller:* Der revolutionär-pazifistische Lyriker und Dramatiker Ernst Toller (1893-1939), den TM schon aus seiner Münchner Studentenzeit im Ersten Weltkrieg kannte. Als Toller wegen Beteiligung am Münchner Umsturz 1918 und als Mitglied der Räteregierung 1919 zu fünf Jahren Festung verurteilt wurde, bemühte TM sich mit anderen um seine Freilassung und setzte sich mehrfach für ihn ein. Toller war durch rechtzeitige Flucht seiner Verhaftung durch das NS-Regime entgangen, emigrierte in die Schweiz und über England nach New York, wo er sich am 22. 5. 1939 das Leben nahm. Siehe *Brief an Ernst Toller* (1927) GW XI, 762-764, und *Writers in Exile* (Zum Gedenken Ernst Tollers), GW XIII, 843-846. Tollers Autobiographie ›Eine Jugend in Deutschland‹ war eines der ersten Bücher der deutschen Exilliteratur.

5] *Abegg:* Wilhelm Abegg (1876-1951), Staatssekretär a. D. im preußischen Innenministerium, besaß deutsche und schweizerische Staatsangehörigkeit, emigrierte 1933 in die Schweiz und richtete in Zürich eine Anwaltskanzlei ein. Er bemühte sich in der Folge mehrfach beim deutschen Gesandten in Bern, von Weizsäcker, um eine Verlängerung der Pässe für das Ehepaar Mann.

6] *Schickele:* Der elsässische Schriftsteller René Schickele (1883-1940) war 1932 aus Gesundheitsgründen aus seinem Haus in Badenweiler nach Sanary in Südfrankreich übersiedelt und kehrte nach dem Umsturz nicht wieder nach Deutschland zurück. Er hatte TM im Ersten Weltkrieg in seiner pazifistischen Zeitschrift ›Die Weißen Blätter‹ scharf angegriffen, wurde aber in der Folge zu einem seiner guten Freunde, so daß TM die Adresse Schickeles in Badenweiler 1933 als deutsche Deckadresse benutzen konnte und Schickele, der französischer Staatsbürger war, ihm bei der Herausschaffung eines Teils seiner Münchner Habe behilflich war. Siehe *Zur französischen Ausgabe von René Schickeles ›Witwe Bosca‹*, GW X, 761-766, und TMs Nachruf auf ihn, GW XIII, 849-851.

7] *Furchtwängler:* Gemeint ist der Dirigent Wilhelm Furtwängler (1886-1954), der sich in einem Aufsatz ›Kunst aus deutschem Volkstum‹ für das Weiterwirken jüdischer Künstler wie Bruno Walter, Otto Klemperer und Max Reinhardt in Deutschland eingesetzt hatte, wozu Propagandaminister Goebbels bemerkte: »Es gibt überhaupt keinen dreckigen Juden mehr in Deutschland, für den sich Herr Furtwängler nicht eingesetzt hätte.« Siehe Wilhelm Furtwängler, Briefe, S. 305.

8] *Frau Klöpfer:* Nicht ermittelt. Vermutlich eine Münchner Bekannte der Familie Mann.   48

9] *Götz:* Der Dramatiker und Erzähler Wolfgang Goetz (1885-1955), dessen erfolgreichstes Schauspiel ›Neidhart von Gneisenau‹ mit Werner Krauss in der Titelrolle 1926 im Deutschen Theater in Berlin uraufgeführt wurde, wo TM es sah.

14. 4. 1933

Müller-Hoffmann: Der Wiener Maler Wilhelm Müller-Hofmann   49
(1885-1948), seit 1919 Professor an der Wiener Kunstgewerbeschule, gehörte zum engeren Freundeskreis Hugo von Hofmannsthals. TM hatte ihn im Dezember 1919 in Wien bei Hofmannsthal kennengelernt.

15. 4. 1933

Prager Gesamtausgabe: Die erste tschechische Gesamtausgabe der   50
Werke TMs erschien im Prager Verlag Melantrich.

16. 4. 1933

1] *Heinrich:* Luiz Heinrich Mann (1871-1950), TMs älterer Bruder.   51
Heinrich Mann hatte am 21. 2. 1933, wenige Tage nach seinem erzwungenen Rücktritt vom Präsidium der »Dichterakademie«, Deutschland verlassen und lebte seither zurückgezogen in Nizza, wo er an seinem großen Alterswerk, dem ›Henri Quatre‹-Roman, arbeitete. Der erwähnte Brief TMs an ihn ist nicht in ihrem veröffentlichten Briefwechsel enthalten und gleich zahlreichen anderen vermutlich verloren.

2] *Knappertsbusch:* Hans Knappertsbusch (1888-1965) war 1922-1935 Generalmusikdirektor der Bayerischen Staatsoper in München und mit TM persönlich gut bekannt. Er war einer der Initiatoren des »Protests der Wagner-Stadt München«, wenngleich zu späterer Zeit in Widerspruch zum NS-Regime. Siehe Anmerkung 1 zum 19. 4. 1933.

3] *Bürgermeister:* Der neue, nationalsozialistische Oberbürgermeister von München hieß Karl Fiehler (1895-1969).

17. 4. 1933

1] *Bürgermeister Seitz:* Der sozialdemokratische österreichische Politiker Karl Seitz (1869-1950) war 1923-1934 Bürgermeister von Wien.

2] *Bonnier:* Karl Otto Bonnier (1856-1941), Inhaber des Stockholmer Verlags Albert Bonnier, in dem seit 1904 nahezu sämtliche schwedischen Ausgaben der Werke TMs erschienen.

19. 4. 1933

52 1] *»Protest der Wagner-Stadt München«:* Der »Protest« gegen TMs Wagner-Vortrag erschien am 16. April 1933, zwei Monate nachdem TM den Vortrag gehalten hatte, in den ›Münchener Neuesten Nachrichten‹ und wurde gleichzeitig durch den Rundfunk verbreitet. Sein voller Wortlaut mit sämtlichen Unterschriften, vom nationalsozialistischen Verlagsdirektor Max Amann bis zu Richard Strauss, darunter zahlreichen bisherigen Freunden und guten Bekannten TMs, findet sich in Gottfried Bermann Fischer, ›Bedroht – Bewahrt‹, Seite 92-94, sowie in Schröter, ›Thomas Mann im Urteil seiner Zeit‹, S. 199-200. Der ›Protest‹ war eine unverhüllte Denunziation und wurde von TM selbst und seinen Freunden auch als solche verstanden.

2] *Erwiderung:* TMs *Erwiderung auf den ›Protest der Wagner-Stadt München‹* in GW XIII, 76-77. Sie erschien in ›Vossische Zeitung‹, ›Frankfurter Zeitung‹, ›Deutsche Allgemeine Zeitung‹ und ›Neue Freie Presse‹, Wien.

20. 4. 1933

53 1] *Devisen-Freiheit:* Bermann Fischers Brief vom 16. 4. 1933 aus Rapallo in TM-GBF, 15-16. Er enthielt den Satz: »Da wir für die Zahlung unserer Autorenhonorare die allgemeine Devisenerlaubnis

haben, können wir Ihnen fällige Honorarbeträge oder aus dem Ausland eingehende Honorare auch nach Lugano auszahlen.« TM erhielt zu dieser Zeit vom S. Fischer Verlag eine monatliche Ratenzahlung von 1000,– Mark.

2] *St. Zweig:* Der österreichische Erzähler und Autor erfolgreicher Biographien Stefan Zweig (1888-1942) stand mit TM seit 1914 in Briefwechsel und war ihm auch persönlich gut bekannt. Er nahm sich 1942 in Brasilien aus Verzweiflung über die Weltlage das Leben. Siehe *Stefan Zweig zum zehnten Todestag,* GW X, 524-525, und TMs Brief an Zweigs erste Gattin, Friderike Maria Zweig-Winternitz, vom 15. 9. 1942 in *Briefe II* (1937-1947), 280-281.

3] *Keyserling:* Der Philosoph Hermann Graf Keyserling. Siehe Anmerkung 5 zum 23. 3. 1934.

4] *Witkop:* Der Germanist Philipp Witkop (1880-1942), Professor für neuere deutsche Literatur in Freiburg, mit TM seit 1904 befreundet.

5] *Berrsche:* Der Münchner Musikschriftsteller Alexander Berrsche (1883-1940) war einer der Unterzeichner des ›Protestes‹. 54

6] *Preetorius:* Der Graphiker, Illustrator, Bühnenbildner und Kunstsammler Emil Preetorius (1883-1973) illustrierte die Vorzugsausgabe von *Herr und Hund* und gehörte seit dem Ende des Ersten Weltkrieges zu TMs engerem Münchner Freundeskreis.

7] *Max Mohr:* (1891-1944), hauptberuflich Arzt, erfolgreicher Erzähler und Dramatiker der zwanziger Jahre, Autor von ›Improvisationen im Juni‹ und ›Venus in den Fischen‹, emigrierte 1934 nach China. 55

21. 4. 1933

1] *Schuh:* Der Zürcher Musikschriftsteller und Musikkritiker der ›Neuen Zürcher Zeitung‹ Willi Schuh (geboren 1900) trat in der NZZ vom 21. 4. 1933 mit einem Aufsatz »Thomas Mann, Richard Wagner und die Münchner Gralshüter« sehr scharf gegen die Unterzeichner des Münchner Protestes auf. 55

2] *Emil Nachek:* Nicht ermittelt.

3] *Brief an W. Schuh:* In *Briefe I,* 330. 56

22. 4. 1933

56 1] *Telegramm von Fischers:* In TM-GBF, Seite 16.

2] *Prof. Daniel:* Der Stimmbildner Oscar Daniel, bei dem Erika Mann Unterricht nahm.

57 3] *Broschüre:* Vermutlich der Sonderdruck von *Goethes Laufbahn als Schriftsteller* der Zeitschrift ›Corona‹ vom Februar 1933.

4] *Neues Kinderbuch:* Erika Mann hatte bis dahin nur ein Kinderbuch veröffentlicht, ›Stoffel fliegt übers Meer‹, das 1932, noch in Deutschland, erschienen war. Hier handelt es sich vermutlich um ihr zweites, ›Muck, der Zauberonkel‹, das 1934 in einem Basler Verlag erschien. Eine Anzahl weiterer Kinderbücher erschien erst nach dem Zweiten Weltkrieg.

23. 4. 1933

57 1] *Süskind:* Der Münchner Schriftsteller W. E. (Wilhelm Emanuel) Süskind (1901-1970), der bis 1933 eng mit Erika und Klaus Mann befreundet war und Klaus Mann zur Rückkehr nach Deutschland zu bewegen suchte. Siehe seinen Brief an Klaus Mann vom 5. 8. 1933 in Klaus Mann, ›Briefe und Antworten‹, Band II, 460 ff. Süskind war 1933-1942 Redakteur der Zeitschrift ›Die Literatur‹, nach dem Zweiten Weltkrieg Redakteur an der ›Süddeutschen Zeitung‹, München.

2] *Brüll:* Der Textilindustrielle Oswald Brüll in Bielitz, ein langjähriger Verehrer TMs, schrieb zahlreiche Einzelstudien über TM und ein Buch ›Thomas Mann. Variationen über ein Thema‹, 1923.

58 3] *Brief an Schickele:* In *Briefe I*, 330.

4] *Prof. Overbeck:* Alfred Freiherr von Overbeck (1877-1945), Professor der Rechtswissenschaft an der Universität Fribourg.

5] *Alterswiderspenstigkeit:* Der alte S. Fischer, der um diese Zeit bereits an Bewußtseinstrübungen litt, verkannte, ebenso wie seine Frau, die Situation in Deutschland völlig und wollte von einer Auswanderung des Verlags, die Bermann Fischers ihm nahelegten, nichts wissen, und da er alleiniger Inhaber des Verlags war, ließ sich an seiner Weigerung nicht rütteln.

24. 4. 1933

59 1] *Felix Braun:* (1885-1973), österreichischer Erzähler, Lyriker und Dramatiker, war 1925-1937 Dozent für deutsche Literatur in Pa-

lermo. Er emigrierte 1938 nach England und kehrte 1951 nach Wien zurück.

2] *Rechtsanwalt Heins:* Dr. Valentin Heins (1894-1971), Rechtsanwalt in München, mit der Familie Hallgarten, Nachbarn und Freunden der Familie Mann in München, befreundet, wurde von dieser an TM empfohlen und von ihm mit der Wahrung seiner Interessen gegenüber den deutschen Behörden betraut. Heins bemühte sich mehrere Jahre lang und im Endresultat ohne Erfolg bei den Münchner Behörden und den Ministerien in Berlin, die gegen TM verfügten Maßnahmen, Vermögensbeschlagnahme, Konfiskation des Hauses und Verweigerung des Passes, rückgängig zu machen. TM vertraute ihm seine in München befindlichen Manuskripte und Briefschaften zur Aufbewahrung an, aber sie gingen auf nie völlig geklärte Weise angeblich während des Krieges verloren.

3] *Bonnet:* siehe Anmerkung 9 zum 19. 3. 1933.

4] *Pallenberg:* Der Schauspieler Max Pallenberg (1877-1934), hervorragender Charakterdarsteller, verheiratet mit Fritzi Massary.

5] *Rutra:* Der Dramatiker und Erzähler Arthur Ernst Rutra (1892-1939), starb im Konzentrationslager Dachau.

6] *Vossler:* Der Romanist Karl Vossler (1872-1949) war 1911-1937 und 1945-1947 Professor in München und TM persönlich gut bekannt. Er hielt, in der Maske Settembrinis, eine der Festreden bei der Feier von TMs 50. Geburtstag im Münchner Rathaus.

25. 4. 1933

Artikel im Berner ›Bund‹: Walter Sieber, ›Richard Wagner und Thomas Mann‹. ›Der Bund‹, Bern, vom 20. 4. 1933.   59

26. 4. 1933

1] *Professor Marck:* Siegfried Marck (1889-1957), Professor der Philosophie an der Universität Breslau, emigrierte 1933 und lehrte an der Universität Dijon; übersiedelte 1939 in die Vereinigten Staaten. Unter seinen Werken: ›Große Menschen unserer Zeit‹ (1954), darin ›Die deutsche und europäische Krise im Spiegel des Lebenswerkes von Thomas Mann‹.   61

2] *Giraudoux:* Der französische Romancier und Dramatiker Jean Giraudoux (1882-1944). Er trat 1910 in den diplomatischen Dienst ein und war in seiner amtlichen Eigenschaft Pressechef des Außenministeriums in Paris (Quay d'Orsay) und 1939-1940 französischer

Anmerkungen

Propagandaminister. TM wandte sich vermutlich an ihn, um eine Einreise-Erlaubnis nach Frankreich trotz abgelaufenen Passes zu erhalten.

27. 4. 1933

61 1] *Paul Stefan:* (1879-1943), österreichischer Musikschriftsteller. Sein Artikel nicht nachgewiesen.

2] *Kläber:* Der kommunistische Schriftsteller Kurt Kläber (1897-1959), vor 1933 Redakteur der Zeitschrift ›Die Linkskurve‹, ging 1933 ins Exil in die Schweiz und kehrte nicht nach Deutschland zurück. Er war mit der Jugendschriftstellerin Lisa Tetzner verheiratet.

62 3] *Dr. Noder:* Der Münchner Schriftsteller Anton Alfred Noder (1864-1936), der unter dem Pseudonym A. de Nora schrieb und den TM aus München kannte.

28. 4. 1933

63 1] *Walter Seidl:* (1905-1937), deutscher Schriftsteller, emigrierte nach Prag, starb in Neapel.

2] *Du Bos:* Der französische Literarhistoriker und Übersetzer Charles Du Bos (1882-1939), den TM seit seinem Paris-Besuch im Januar 1926 persönlich kannte und der sich um TM in Frankreich sehr verdient machte. Sein Buch: ›François Mauriac et le problème du romancier catholique‹, 1933.

3] *Viennot:* Der französische Publizist und Diplomat Pierre Viénot, Verfasser von ›Incertitudes Allemandes‹, 1930, TM seit 1926 aus Paris persönlich bekannt. Er war zu diesem Zeitpunkt, was TM offenbar nicht wußte, Botschaftsrat an der französischen Botschaft in Berlin. Siehe TM über die deutsche Ausgabe von Viénots Buch GW XIII, 427.

4] *Hardekopf:* Ferdinand Hardekopf (1876-1954), bedeutender Übersetzer aus dem Französischen, besonders der Werke André Gides, lebte hauptsächlich in Frankreich, geriet im besetzten Frankreich ins Konzentrationslager und ließ sich nach dem Krieg in der Schweiz nieder.

5] *Telegramm von Golo:* Golo Mann hatte vor der Sperrung der väterlichen Bankguthaben in München einen nicht unerheblichen Geldbetrag abheben können und diesen mit Hilfe seines Freundes Pierre Bertaux und Viénots durch die französische Botschaft in Berlin nach Paris weiterleiten und den Eltern in der Schweiz zustellen kön-

630

nen. Er fuhr über Karlsruhe nach Rorschach an der deutschen Grenze, um sich dort mit den Eltern und dem getrennt von München anreisenden Rechtsanwalt Heins zu treffen und die nächsten Schritte zu beraten. Er kehrte nach der Rorschacher Besprechung noch einmal nach München zurück. Siehe die nachfolgenden Tagebucheintragungen vom 30. 4. 1933 und die ›Vorbemerkungen des Herausgebers‹.

30. 4. 1933

1] *Tennenbaum:* Der Zürcher Geschäftsmann Richard Tennen-   65
baum, Vermögensverwalter von Frau Massary, an TM von Fritzi Massary und Franks empfohlen, war TM in finanziellen Dingen und bei der Rückerlangung eines Teils seiner Münchener Habe behilflich.

2] *Handkoffer mit den Tagebüchern:* Die abenteuerliche Geschichte des Handkoffers, der TMs Tagebücher enthielt, ist in den ›Vorbemerkungen des Herausgebers‹ geschildert.

3] *Koch:* Die Münchner Musikalienhandlung Koch, in der TM sein   66
Grammophon gekauft hatte und von der er seine Schallplatten bezog.

4] *Pierre Bertaux:* (geb. 1907), Sohn von Félix Bertaux, gleich sei-   67
nem Vater Germanist, Jugendfreund von Golo Mann und mit Pierre Viénot befreundet.

1. 5. 1933

1] *Dr. Steinitz:* Dr. Hans Steinitz (geboren 1912) aus Berlin.   67
2] *Direktor I. Hecht:* Direktor Jakob Hecht, Inhaber einer Basler Reederei-Gesellschaft.

2. 5. 1933

1] *Baseler Geschäfte:* TM dachte zu dieser Zeit daran, sich in Basel   69
niederzulassen, und zog die notwendigen Erkundigungen ein.
2] *Anruf von Dr. Heins:* Siehe ›Vorbemerkungen des Herausgebers‹.
3] *W. v. Cornides:* Wilhelm Ludwig von Cornides, Direktor des   70
Münchner Verlagshauses Oldenbourg.

3. 5. 1933

1] *›Critica‹:* Die von Benedetto Croce seit 1903 herausgegebene und   70
zum größten Teil von ihm selbst geschriebene Zeitschrift, in der Croce im Mai 1920 einen Aufsatz über TMs *Betrachtungen eines*

Unpolitischen veröffentlicht hatte. Seither stand TM mit Croce in Verbindung.

2] *Feuchtwanger:* Die Münchner Privatbank Feuchtwanger, bei der TM, ebenso wie bei dem Bankhaus Aufhäuser, Konten unterhielt. Golo Mann hatte auf TMs Weisung vorsichtshalber bei beiden Banken größere Barbeträge abgehoben, um sie seinen Eltern irgendwie zuzustellen; aber bei einem zweiten Versuch, das restliche Bargeld abzuheben, war ihm in beiden Banken mitgeteilt worden, daß die Konten inzwischen gesperrt seien und weitere Auszahlungen nicht erfolgen könnten.

71 3] *Frl. Joel:* Hedwig Joël, Schwester von Karl Joël. Siehe Anm. 2 zum 7. 4. 1933.

4] *Prof. Schmalenbach:* Hermann Schmalenbach (1885-1950), Professor der Philosophie der Universität Basel.

5] *Frau Burkhardt-Schatzmann:* Die Mutter des Historikers Carl Jacob Burckhardt.

6] *Zur Mühlen:* Richtig: von der Mühll: Der Basler Architekt Hans von der Mühll und seine Gattin Theodora, Schwester von Carl Jacob Burckhardt.

7] *Dr. Bernoulli:* Der Basler Rechtsanwalt Dr. Christoph Bernoulli, mit TM seit langem gut befreundet, diente als Deckadresse, an die TM durch Ida Herz die für den *Joseph* benötigte Handbibliothek schicken ließ. Die Bücher, in mehreren Postpaketen, kamen wohlbehalten an.

8] *K.'s Bruder:* Der Physiker Professor Peter Pringsheim (1881-1964), seit 1930 Ordinarius in Berlin.

4. 5. 1933

72 1] *Moenius:* Nicht ermittelt.

2] *Osborn:* Der Berliner Literatur- und Kunstkritiker Max Osborn (1870-1946), seit 1910 Kritiker der Ullstein-Blätter und Redakteur der ›Vossischen Zeitung‹, emigrierte 1938 nach Frankreich und 1940 in die Vereinigten Staaten. Seine Erinnerungen ›Der bunte Spiegel‹, New York 1945.

3] *E. Lasker-Schüler:* Die Dichterin Else Lasker-Schüler (1869-1945), floh 1933 mittellos nach Zürich, gelangte später nach Palästina und starb in Armut in Jerusalem. Sie war mit TM flüchtig seit 1905 aus Berlin bekannt. Er bemühte sich mehrfach, ihr zu helfen.

5. 5. 1933

1] *Vollmöller:* Der Schriftsteller Karl Gustav Vollmoeller (1878-   73
1948), Dramatiker, Lyriker, Übersetzer d'Annunzios, zeitweise sehr
bekannt durch Max Reinhardts Inszenierung seiner Pantomime ›Das
Mirakel‹, lebte in Berlin, Paris, Venedig und Basel und ging später
nach Hollywood.

2] *Altes Geschwisterpaar:* Professor Karl Joël und seine Schwester.

3] *›Wenkenhof‹:* Der Herrensitz ›Wenkenhof‹, der dem berühmten
Sprachforscher Jacob Wackernagel (1853-1938), Professor in Basel,
gehörte.

4] *Meyer-Graefe:* Der bedeutende Kunstschriftsteller Julius Meier-
Graefe (1867-1935), Verfechter des Impressionismus und Wieder-
entdecker El Grecos, lebte in St. Cyr bei Toulon und war mit dem in
der Nähe wohnenden René Schickele befreundet.

5] *Hälfte des Nobelpreises:* Als TM im Herbst 1929 den Nobelpreis   74
für Literatur erhielt, rieten Freunde der Familie angesichts der be-
ginnenden Wirtschaftskrise und der unsicheren Verhältnisse dringend dazu, den sehr erheblichen Schwedenkronen-Betrag im Ausland
zu lassen. TM legte jedoch nur die Hälfte des Betrages bei einer
Schweizer Bank an und transferierte die andere Hälfte nach München, wo sie schließlich durch die Zahlung der Reichsfluchtsteuer
verloren ging.

6. 5. 1933

1] *Klaus:* Klaus Heinrich Thomas Mann (18. 11. 1906 - 21. 5. 1949)   75
TMs ältester Sohn, veröffentlichte bereits als Achtzehnjähriger seine
ersten dichterischen und kritischen Arbeiten, trat Ende der zwanziger Jahre und zu Beginn der dreißiger Jahre mit einer rasch wach-
senden Zahl von Bühnenwerken (›Anja und Esther‹), Novellen (›Vor
dem Leben‹ und ›Abenteuer‹) und Romanen (›Der fromme Tanz‹,
›Alexander‹, ›Treffpunkt im Unendlichen‹) sowie Essays und autobiographischen Arbeiten hervor, und war zur Zeit des deutschen
Umsturzes, sechsundzwanzigjährig, bereits ein sehr bekannter, von
der politischen Rechten heftig angegriffener Schriftsteller. Er besaß
einen großen internationalen intellektuellen Freundeskreis und war,
mit ausgeprägtem politischem Verstand und Realitätssinn begabt,
rastlos für die Völkerverständigung, besonders für ein deutsch-fran-
zösisches Einvernehmen tätig. Er verließ Deutschland zusammen mit

seiner Schwester Erika im März 1933, ging vorerst nach Paris, später nach Amsterdam, wo er ab Herbst 1933 in der von ihm herausgegebenen Exilzeitschrift ›Die Sammlung‹ die deutsche Exilliteratur repräsentativ zusammenzufassen suchte. Das hier notierte Zusammentreffen war das erste zwischen Vater und Sohn seit TMs Abreise aus München. Klaus Mann war in der Folge unablässig zwischen Paris, Amsterdam, Zürich, Prag und Wien unterwegs und besuchte die Eltern, wann immer es sich fügte. Er ging später, wie auch seine ganze übrige Familie, nach den Vereinigten Staaten, gab in New York während des Zweiten Weltkrieges die kurzlebige englisch-sprachige Zeitschrift ›Decision‹ heraus und war schließlich amerikanischer Soldat während der Endphase des Krieges in Europa. Er war verzweifelt über die, wie ihm schien, aussichtslose Lage der Geistigen im Nachkriegseuropa und nahm sich 1949 in Cannes aus tiefster Todessehnsucht, die ihn stets begleitete, das Leben. Siehe *Vorwort zu einem Gedächtnisbuch für Klaus Mann (1950)* GW XI, 510-514, und *An Klaus Mann über den Roman ›Der Vulkan‹ (1939)* GW X, 766-769.

2] *A. M. Schwarzenbach:* Annemarie Schwarzenbach-Clarac (1908-1942), Schweizer Schriftstellerin, aus reichem Industriellenhaus, enge Freundin von Erika und Klaus Mann, begleitete sie auf vielen ihrer Reisen.

8. 5. 1933

77 1] *General Epp:* General Franz Ritter von Epp (1868-1947), 1919 Freikorpsführer im Kampf um München, einer der frühesten Anhänger Hitlers, setzte am 9. 3. 1933 im Auftrag Hitlers die bayerische Regierung Held ab und richtete als Statthalter oder Reichskommissar für Bayern das NS-Regime in München ein. Der Brief TMs an Epp ist nicht erhalten.

2] *junge Mendelssohn:* Es handelt sich um den in die Schweiz geflüchteten Berliner Journalisten Felix Manuel Mendelssohn, der Remarque besucht hatte und in der Dunkelheit auf Remarques Grundstück ums Leben kam, entweder durch einen Unglücksfall oder, wahrscheinlicher, durch einen Mordanschlag. Die Schweizer Zeitungen verwechselten ihn in ihren Berichten mit dem ebenfalls emigrierten, mit Erika und Klaus Mann befreundeten Schriftsteller Peter von Mendelssohn, der sich um diese Zeit in Paris befand.

78 3] *Der junge Schickele:* Einer der beiden Söhne René Schickeles.

Anmerkungen

9. 5. 1933

1] *Pannwitz:* Der von TM nach dem Ersten Weltkrieg zeitweise sehr   79
geschätzte und gerühmte Schriftsteller und Kulturphilosoph Rudolf
Pannwitz (1881-1969). Er lebte bereits seit 1921 auf einer kleinen
jugoslawischen Insel und übersiedelte 1948 ins Tessin.

2] *Mombert:* Der Dichter und Philosoph Alfred Mombert (1872-
1942), wollte trotz seiner Verfehmung Deutschland nicht verlassen,
kam 1940 als Jude ins Konzentrationslager Gurs in Frankreich und
wurde als Schwerkranker von Freunden in die Schweiz gebracht, wo
er starb.

3] *R. Huch:* Die Dichterin und Historikerin Ricarda Huch (1864-
1947). Sie trat Ende März 1933 aus der »Dichterakademie« aus.

4] *Hauptmann:* TM war seit seiner Jugend und zeitlebens ein
großer Bewunderer des Dichters Gerhart Hauptmann (1862-1946),
wenngleich er gegenüber dem Menschen Hauptmann stets Zweifel
und Vorbehalte hatte. Er lernte ihn schon 1903 bei S. Fischer kennen,
kam ihm aber erst nach dem Ersten Weltkrieg näher. In den zwanziger Jahren traten sie mehrfach bei öffentlichen Gelegenheiten zusammen in Erscheinung, und 1922 feierte TM Hauptmann in der Rede
Von deutscher Republik als den »König der Republik«. Unverkenn-
bare Porträtähnlichkeiten Hauptmanns mit der Gestalt Peeperkorns
in *Der Zauberberg* führten zu einer schweren Verstimmung, die jedoch durch TMs Brief vom 11. 4. 1925 (*Briefe I*, 234 ff.) beigelegt
wurde. Hauptmann setzte sich nachdrücklich und erfolgreich für die
Zuerkennung des Nobel-Literaturpreises an TM 1929 ein. Schon bald
nach der vorliegenden Tagebuch-Eintragung nahm TM eine versöhn-
lichere Haltung ein, als er am 12. 6. 1933 an A. M. Frey schrieb:
»Ich kann es dem alten Hauptmann nicht übelnehmen, daß er
schweigt. Was soll er sich um Habe und Vaterland reden?« (*Briefe I*,
333). Hauptmann starb an TMs Geburtstag. Siehe die Gedenkworte
zu seinem Tod in *Die Entstehung des Doktor Faustus*, GW XI,
175 ff. Siehe desgleichen *Von deutscher Republik* (1922), GW XI,
811-852; *Gerhart Hauptmann zum 70. Geburtstag* (1932), GW X,
467-472, und die große Gedenkrede zu Hauptmanns 90. Geburtstag
(1952), GW IX, 804-815.

5] *Bernheimer:* Das Münchner Antiquitätengeschäft Bernheimer, in   80
dem der Schreibtisch gekauft worden war.

10. 5. 1933

80 1] *E. A. Reinhardt:* Der österreichische Schriftsteller Emil Alphons Rheinhardt (1889-1945), Autor erfolgreicher Biographien im S. Fischer Verlag, TM seit 1920 aus München bekannt. Rheinhardt lebte bereits vor 1933 in Frankreich, gehörte später der französischen Widerstandsbewegung an, wurde denunziert, verhaftet und kam im Konzentrationslager Dachau ums Leben.

81 2] *Moni:* Monika Mann, genannt Moni oder Mönchen, TMs zweite Tochter, geboren 7. 6. 1910, befand sich damals noch in Deutschland. Sie verließ zusammen mit ihrem Bruder Golo das Land und stieß zu den Eltern in Südfrankreich. Sie lebte später in Florenz und heiratete den Kunsthistoriker Jenö Lanyi, mit dem zusammen sie 1940 von England aus die Vereinigten Staaten zu erreichen versuchte. Ihr Schiff, die ›City of Benares‹, wurde von den Deutschen torpediert, Lanyi ertrank vor ihren Augen, sie selbst wurde nach 24 Stunden im Wasser gerettet und von ihrer Schwester Erika nach USA gebracht. Sie lebt heute als Feuilletonistin auf Capri, Verfasserin mehrerer Bücher, darunter des autobiographischen ›Vergangenes und Gegenwärtiges‹.

3] *P. Valéry:* Der französische Dichter Paul Valéry (1871-1945), den TM seit langem kannte und mit dem er in gelegentlichem Briefwechsel stand. Valéry gehörte gleich TM dem Völkerbundskomitee für Kunst und Literatur an, das seine Jahrestagung in Madrid abhielt, an der TM wegen seiner Paßschwierigkeiten nicht teilnehmen konnte.

4] *Pinder:* Der Kunsthistoriker Wilhelm Pinder (1878-1947), damals Professor in München und TM von dort bekannt, ab 1936 Professor in Berlin.

11. 5. 1933

82 *Hotel de la Tour:* Das in einem alten Festungsturm am Hafen von Sanary eingerichtete Hotel de la Tour war ein einfaches und billiges, aber sehr gemütliches Hotel, in dem viele deutsche Emigranten wohnten. Erika und Klaus Mann hatten es bereits Jahre zuvor entdeckt und wohnten mit ihren Freunden stets dort.

12. 5. 1933

83 1] *L. Feuchtwanger:* Der Erzähler Lion Feuchtwanger (1884-1958), Autor von ›Jud Süss‹, ›Die häßliche Herzogin‹, ›Erfolg‹ und ›Der

Jüdische Krieg‹, hatte sich in einer Villa oberhalb des Ortes Sanary niedergelassen. Siehe Anmerkung 4 zum 29. 3. 1933.

2] *Fritz Busch:* Der Dirigent Fritz Busch (1890-1951) war 1922-1933   84
Generalmusikdirektor an der Staatsoper Dresden, wurde vom NS-
Regime abgesetzt, verließ freiwillig Deutschland, ging nach Buenos
Aires ans Teatro Colón und leitete unter anderem ab 1934 im
Sommer zusammen mit Carl Ebert die Opernfestspiele in Glynde-
bourne. Seine Autobiographie: ›Aus dem Leben eines Musikers‹,
Zürich 1949.

3] *Amerikanische Reise:* Dies ist der erste und einzige Hinweis auf
eine offenbar beabsichtigte, von Professor Heuser angeregte Amerikareise TMs im Jahr 1933. Sie kam nicht zustande; Einzelheiten
über den Plan sind nicht feststellbar. TM reiste im Mai/Juni 1934
zum ersten Mal in die Vereinigten Staaten.

4] *Lucka:* Der Erzähler und Lyriker Emil Lucka (1877-1941), bekannt durch seinen Roman ›Isolde Weisshand‹ (1908).

5] *Mackan:* Gerhard Mackans. Nichts Näheres bekannt.

6] *Brief von Bermann:* GBF an TM vom 8. 5. 1933 in TM-GBF, 16.   85

7] *Antwort der Rundschau:* Suhrkamp hatte an eine Anzahl der Unterzeichner des Münchner Wagner-Protests namens der Redaktion
der ›Neuen Rundschau‹ geschrieben und das ›Rundschau‹-Heft mit
dem Wagner-Essay beigelegt, um sie von der Unrichtigkeit ihrer
Anwürfe zu überzeugen. Er hatte eine Reihe von Antworten erhalten, die er TM übersandte, darunter von Siegmund von Hausegger,
Komponist und Leiter der Münchner Akademie für Tonkunst. Hausegger veröffentlichte seine Antwort als Offenen Brief in den ›Münchner Neusten Nachrichten‹ vom 6. 5. 1933. Suhrkamp antwortete hierauf im selben Blatt vom 1. 6. 1933, und Hausegger antwortete in
derselben Nummer nochmals. Der Briefwechsel ist veröffentlicht in
Klaus Schröter, ›Thomas Mann im Urteil seiner Zeit‹, S. 200 ff.

13. 5. 1933

1] *T.i.V.: Der Tod in Venedig.* In der amerikanischen Anthologie   85
›Great German Short Novels and Stories‹, herausgegeben von
Bennett Cerf, Verlag Random House, New York 1933.

2] *Gulbransson und Frankenstein:* Der Maler und Zeichner Olaf
Gulbransson (1873-1958), Mitarbeiter des ›Simplicissimus‹, und der
Komponist Clemens Freiherr von Franckenstein (1875-1942), damals

Generalintendant der Münchner Staatsoper, beide TM aus München gut bekannt und beide Unterzeichner des Wagner-Protestes.

14. 5. 1933

85 *Borel:* Der französische Mathematiker, Parlamentarier und Politiker Emile Borel (1871-1956), Professor an der Sorbonne.

15. 5. 1933

86 1] *weitere amerikanische Anthologie:* ›Twentieth Century Short Stories‹, ausgewählt von Sylvia Chatfield Bates, Verlag Houghton, Mifflin, Boston, 1933. ›Disorder‹ ist eine Abkürzung für den englischen Titel von *Unordnung und frühes Leid*, nämlich *Disorder and Early Sorrow*, in anderen Ausgaben auch nur *Early Sorrow*. Die Novelle erschien in England und Amerika erstmals 1929.

87 2] *Ilse Dernburg:* (1880-1964), Kusine von Frau Katia Mann, Tochter von Else Rosenberg, geb. Dohm, einer Schwester von Frau Hedwig Pringsheim. Sie heiratete 1900 den Architekten Professor Hermann Dernburg. Die Ehe wurde 1914 geschieden. Danach arbeitete sie als Innenarchitektin und war zwölf Jahre lang in leitender Stellung in einem Berliner Einrichtungshaus tätig. Sie lebte mit ihrer unverheirateten Schwester, der Übersetzerin Käthe Rosenberg, zusammen und emigrierte mit ihr später nach London.

17. 5. 1933

87 1] *»Goëland«:* Das in Bandol, unmittelbar zwischen den Felsklippen über dem Meer gelegene Hotel »Le Goëland« (Die Seemöwe), dessen Besitzerin, Mademoiselle de l'Epine, den deutschen Exilierten besonders hilfreich entgegenkam.

2] *B. T.:* ›Berliner Tageblatt‹.

18. 5. 1933

87 *Diebold:* Bernhard Diebold (1886-1945), Publizist und angesehener Theaterkritiker der ›Frankfurter Zeitung‹, hatte in einem Aufsatz ›Olympia des Geistes‹ in der ›Frankfurter Zeitung‹ vom 16. 5. 1933 die NS-Machthaber sehr nachdrücklich davor gewarnt, TM und andere aus dem deutschen Geistesleben auszustoßen.

19. 5. 1933

1] *Prof. Frankel:* Oskar Benjamin Frankl, der Leiter der Volks-   88
hochschule in Prag und TM von früheren Vorträgen dort persönlich bekannt; emigrierte später in die Vereinigten Staaten.

2] *Tschechischer Journalist:* Henry Jordan, Freund von Eva Herrmann und Sybille von Schönebeck, wanderte später in die Vereinigten Staaten aus. Siehe Anmerkungen 1 zum 28. 5. 1933 und 1 zum
26. 7. 1933.

20. 5. 1933

»Litt. Magasin«: ›Bonniers Litterära Magasin‹, die im Verlag Bonnier   89
erscheinende angesehene schwedische Literaturzeitschrift, die häufig
Vorabdrucke und Beiträge von TM veröffentlichte. Hermann Hesse
veröffentlichte dort in den dreißiger Jahren regelmäßig Aufsätze
über neue deutsche Literatur.

22. 5. 1933

1] *Le Lecque:* Richtig Les Lecques.   90

2] *Cyautat:* Richtig La Ciotat, Hafenstädtchen und Badeort bei Toulon mit einer großen Schiffswerft.

24. 5. 1933

1] *Neurath:* Siehe Anmerkung 2 zum 6. 7. 1934.   91

2] *K.'s 50. Geburtstag:* Frau Katia Manns 50. Geburtstag am
24. Juli 1933. Er wurde in Sanary gefeiert.

3] *Berliner Freundin:* Heinrich Manns Lebensgefährtin Nelly Kröger (1898-1944), eine Lübeckerin, war in Berlin zurückgeblieben.
Heinrich Mann ließ sie nach Südfrankreich nachkommen, heiratete
sie in Nizza am 9. September 1939 und emigrierte mit ihr 1940 nach
Amerika, wo sie sich am 18. Dezember 1944 das Leben nahm. Sie
stammte aus einfachen Verhältnissen und fand sich in der Intellek-
tuellen-Exilswelt, in die sie geraten war, nicht zurecht. TM hatte für
ihr gutherziges, aber primitives Wesen nicht viel übrig.

4] *franz. Ausgaben: Mario et le Magicien* erschien französisch   92
1932, *Tonio Kröger,* zusammen mit anderen Novellen, in verschiedenen Ausgaben, unter anderen 1931, beide im Pariser Verlag Stock.

26. 5. 1933

1] *Suzy:* Café und Bar in Bandol.   92

2] *Akademie-Rede Bindings:* Der konservative Lyriker und Erzähler

Rudolf G. Binding (1867-1938), seit der Gleichschaltung der Preußischen Akademie zweiter Vorsitzender der Sektion für Dichtkunst.
Seine Rede im Juniheft 1933 der ›Neuen Rundschau‹: ›Von der Kraft
deutschen Worts als Ausdruck der Nation.‹

3] *Sänger:* Professor Samuel Saenger (1864-1944), Staatswissen-
schaftler und Politologe, nach dem Ersten Weltkrieg kurze Zeit deutscher Gesandter in Prag, war seit 1908 politischer Redakteur und
Mitherausgeber der ›Neuen Rundschau‹. Er war ein vorzüglicher,
formgewandter und eleganter, am englischen Essaystil geschulter
und überaus kenntnisreicher Schriftsteller und veröffentlichte im
Juniheft 1933 in der ›Neuen Rundschau‹ unter dem Titel ›Betrach-
ter und Gestalter‹ eine dezidierte Antwort auf die Münchner Wag-
ner-Anwürfe gegen TM, in der es abschließend hieß: »Keinem
Kunstmenschen des deutschen Sprachgebiets ist die Heimkehr in die
so sehr geliebte ›Freiheit der Begrenzung‹ eher zu gönnen als ihm.«
Saenger wanderte 1939 nach Frankreich aus, wo er kurze Zeit an
Schwarzschilds ›Das Neue Tage-Buch‹ mitarbeitete, rettete sich 1941
nach Amerika und starb im Exil in Los Angeles.

27. 5. 1933

93   *Funkspiel in Versen:* Von Hans Rehberg (1901-1963).

28. 5. 1933

94   1] *Frau M.:* Frau Lisa Marchesani, deren Namen TM im Nachfolgenden mehrfach irrig ›Marcesani‹ schreibt. Sie war eine mit einem
Italiener verheiratete Deutsche und seit längerem in Sanary ansässig.
Da sie morphiumsüchtig war, wurde sie in der Familie Mann scherzhaft ›Frau Morphesani‹ genannt. Ihre Tochter aus erster Ehe, Sybille von Schönebeck, genannt Billux, inzwischen bekannt als die englische Schriftstellerin Sybille Bedford, war mit Erika und Klaus
Mann von ihren früheren Aufenthalten in Sanary her befreundet,
und so entstand die Verbindung, die zur Vermittlung der Villa ›La
Tranquille‹ durch Frau Marchesani an TM führte. In ihrer Biographie Aldous Huxleys, der sich damals ebenfalls in Sanary niedergelassen hatte und mit dem Sybille von Schönebeck eng befreundet
war, schildert sie (Band I, Seite 277-278) das Haus und eine Vorlesung TMs aus dem Joseph-Manuskript vor geladenen Gästen. Besitzerin des Hauses war die Schwiegermutter des damaligen deutschen
Botschafters in Kairo, Eberhard von Stohrer.

2] *Dr. Levi:* O. Levy, der Herausgeber der achtzehnbändigen englischen Nietzsche-Gesamtausgabe, die 1909-1913 erschien.

3] *Ossietzky:* Der bedeutende linksdemokratische deutsche Publizist   95
Carl von Ossietzky (1889-1938) war 1926-1933 Chefredakteur der
Wochenschrift ›Die Weltbühne‹ (siehe Anmerkung 6 zum 17. 3.
1933). Er wurde 1933 nach dem Reichstagsbrand von der NS-Regierung verhaftet und 1934 in ein Konzentrationslager gebracht.
1936 erhielt er, unter anderem auf Betreiben TMs, den Friedens-
Nobelpreis, durfte ihn aber nicht annehmen. Er starb unter Polizei-
aufsicht in einer Berliner Klinik. Siehe *Zum Urteil des Reichsge-
richts Leipzig im ›Weltbühnen-Prozeß‹ gegen Carl von Ossietzky*
(1932), GW XII, 677-681; *Zum Tode Carl von Ossietzkys* (1938),
GW XII, 825, und *An das Nobel-Friedenspreis-Comité, Oslo* (1936),
GW XII, 779-783.

4] *Mühsam:* Der linkssozialistische Politiker und Schriftsteller Erich
Mühsam (1878-1934) lebte seit 1909 in München, woher TM ihn
flüchtig kannte, war an der Ausrufung der Bayerischen Räterepublik 1919 beteiligt, erhielt 15 Jahre Festungshaft, wurde 1924 am-
nestiert, gab 1926-1933 die anarchistisch-kommunistische Zeitschrift
›Fanal‹ heraus, wurde vom NS-Regime 1933 verhaftet und 1934 im
Konzentrationslager Oranienburg ermordet.

29. 5. 1933

1] *ironischer Brief an Binding:* Nicht auffindbar.   95

2] *Antwort von Benn:* Klaus Mann hatte am 9. 5. 1933 an Gottfried Benn einen privaten Brief geschrieben, in dem er den einst von
ihm bewunderten Dichter darüber zur Rede stellte, wie er mit dem
Nationalsozialismus gemeinsame Sache machen könne. Der Brief
wurde außerhalb Deutschlands nicht veröffentlicht. Benn antwortete,
ohne Nötigung, öffentlich in der ›Deutschen Allgemeinen Zeitung‹.
Er publizierte den Wortlaut von Klaus Manns Brief nach dem
Zweiten Weltkrieg in seiner autobiographischen Schrift ›Doppelle-
ben‹, zusammen mit Teilen seiner Antwort, und gestand in einem
Kommentar zu, daß der Siebenundzwanzigjährige die Situation
»richtiger beurteilt« habe und »klarerdenkend« gewesen sei als er.
Der Text von Klaus Manns Brief ist nur aus Benns Veröffentlichung
bekannt.

30. 5. 1933

96 1] *Frau Marcesani:* Siehe Anmerkung 1 zum 28. 5. 1933.

2] *Herzog:* Der Schriftsteller und Publizist Wilhelm Herzog (1884-1960), enger Freund Heinrich Manns, hatte TM zu Beginn des Ersten Weltkrieges wegen seiner chauvinistischen Haltung in seiner pazifistischen Zeitschrift ›Das Forum‹ scharf angegriffen, und TM, der ihn seit langem aus München flüchtig kannte, verabscheute ihn anfänglich, wie aus seinen Tagebüchern der Jahre 1918-1921 hervorgeht. Später, nach TMs politischer Wandlung und Bekehrung zur Republik, gelangten sie zu einem freundschaftlichen Einvernehmen. Während der Exilsjahre verstanden sie sich gut. Herzog lebte seit 1933 in Frankreich und der Schweiz, kam schließlich in die Vereinigten Staaten und kehrte 1952 nach Deutschland zurück.

3] *Grenzsperre:* Die sogenannte 1000-Mark-Sperre, mit der die Hitler-Regierung den Fremdenverkehr nach Österreich zu unterbinden und die Regierung Dollfuß durch wirtschaftlichen Druck gefügig zu machen suchte.

31. 5. 1933

97 1] *Brief von Bermann:* Nicht erhalten.

98 2] *Mr. Seabrooks:* Der amerikanische Reiseschriftsteller William (›Willie‹) Buehler Seabrook (1886-1945), der damals in Sanary lebte und mit Sybille von Schönebeck befreundet war.

3] *Brief an Bermann:* Nicht erhalten.

4] *deutsch-französischen Verlag:* Die Schriftstellerin und Übersetzerin Antonina Vallentin-Luchaire (1893-1957) bemühte sich damals, im Rahmen des Verlags der Nouvelle Revue Française (Gallimard) und des Verlags Hachette einen deutschsprachigen Exilverlag in Paris zu gründen und hoffte vor allem auf TMs Mitwirkung. Die Gründung kam nicht zustande.

5] *R. Kayser:* Dr. Rudolf Kayser (1889-1964), Schwiegersohn von Albert Einstein, war 1922-1933 Redakteur der ›Neuen Rundschau‹, mußte aus dem S. Fischer Verlag ausscheiden und wurde durch Peter Suhrkamp ersetzt. Er emigrierte 1933 nach Holland und 1935 nach USA, wo er zuletzt Professor für deutsche Literatur an der Brandeis University war.

1. 6. 1933

Finanzminister Himmler: Irrtum TMs, der wohl den Münchner   99
Polizeipräsidenten Heinrich Himmler (1900-1945), den späteren Ge-
stapochef und Reichsführer der SS, mit dem bayerischen Finanzminister Ludwig Siebert verwechselte.

2. 6. 1933

1] *»Negermädchen« von Shaw:* ›The Adventures of the Black Girl   100
in her Search for God‹ von Bernard Shaw, erschien 1932 in England; eine deutsche Ausgabe im S. Fischer-Verlag kam nicht mehr
zustande.

2] *Brief an Hesse:* TM an HH vom 2. 6. 1933 in HH-TM, 37-38.

3] *Die Großen:* Hier wie auch anderwärts sind mit dieser Bezeich-   101
nung stets die ältesten Kinder, Erika und Klaus, gemeint.

4] *Artikel Heinrichs:* ›Sous le régime des ratés‹ (›Im Reich der Ver-
krachten‹) in ›La Dépêche‹, Toulouse, 1. 6. 1933. Heinrich Mann
war regelmäßiger Mitarbeiter der von den Brüdern Sarraut herausgegebenen Zeitung.

5] *Geheimr. Plank:* Der Physiker und Nobelpreisträger Max Planck
(1858-1947), Professor in Berlin, Begründer der Quantentheorie,
»Beständiger Sekretar der mathematisch-physikalischen Klasse« der
Preußischen Akademie der Wissenschaften und Vorsitzender der
Deutschen Physikalischen Gesellschaft, ein Mann von geradem und
unbeugsamem Charakter, war bei Hitler persönlich vorstellig geworden, um ihn von seinen antisemitischen Maßnahmen abzu-
bringen.

3. 6. 1933

Briefwechsel Suhrkamp–Hausegger: Siehe Anmerkung 7 zum 12. 5.   102
1933.

4. 6. 1933

1] *Marcesani:* Siehe Anmerkung 1 zum 28. 5. 1933.   103

2] *Hatzfeld:* Der blinde Dichter Adolf von Hatzfeld (1892-1957),
bekannt durch seinen Franziskus-Roman.

3] *Potemka:* Richtig Potempa. Am 22. 8. 1932 hatten SA-Leute in   104
der oberschlesischen Ortschaft Potempa den kommunistischen Bergarbeiter Pietrzuch in seiner Wohnung überfallen und umgebracht.

Hitler hatte sich damals öffentlich mit den zu Zuchthaus verurteilten Mördern solidarisch erklärt.

5. 6. 1933

104   1] ›*Witiko*‹: Roman von Adalbert Stifter. Siehe *Witiko*, GW X, 916.

2] *Mme Luchaire*: Siehe Anmerkung 4 zum 31. 5. 1933.

3] *Brief an Berman*: Nicht erhalten.

4] *Schwarzschild*: Das ›Neue Tage-Buch‹ wurde von einem holländischen Geldgeber finanziert, und sein Verlagssitz war in Amsterdam. Es erschien jedoch in Paris, wo sich Druckerei und Redaktion befanden. TM arbeitete erst ab 1937, nach seiner Ausbürgerung, an der Zeitschrift mit.

6. 6. 1933

105   1] *Alfr. Neumann*: Der Erzähler und Dramatiker Alfred Neumann (1895-1952) war TMs Nachbar im Münchner Herzogpark gewesen und mit ihm seit Beginn der zwanziger Jahre herzlich befreundet. Zu seinen sehr erfolgreichen Hauptwerken zählen die Romane ›Der Teufel‹, ›Der Held‹, die Romane über Napoleon III. ›Neuer Cäsar‹ und ›Das Kaiserreich‹. Neumann emigrierte 1933 nach Florenz, von dort nach Südfrankreich und 1940 nach den Vereinigten Staaten. TM stand mit ihm während der ersten Exilsjahre in ständiger brieflicher Verbindung, und während der kalifornischen Jahre waren Alfred Neumann und seine Frau Katharina (Kitty) wiederum seine Nachbarn und gehörten zu seinem vertrautesten Umgang. Neumann erlag während eines längeren Europa-Aufenthalts 1952 in der Schweiz einem Herzleiden. Siehe TMs Nachruf *Für Alfred Neumann*, GW X, 530-531. Neumanns Glückwunschbrief in Thomas Mann/Alfred Neumann, Briefwechsel.

7. 6. 1933

106   1] *A. M. Frey*: Der Schriftsteller Alexander Moritz Frey (1881-1957), bekannt durch seinen Kriegsroman ›Die Pflasterkästen‹, mit TM befreundet, ging 1933 freiwillig ins Exil, zuerst nach Salzburg, später in die Schweiz und kehrte nicht nach Deutschland zurück. Er stand während der Exiljahre in ständiger brieflicher Verbindung mit TM.

2] *Schoenberner*: Franz Schoenberner (1892-1970) war bis März 1933 Redakteur des ›Simplicissimus‹ in München und emigrierte in die Schweiz, dann nach Südfrankreich und gelangte 1941 in die Vereinigten Staaten. Sein Plan einer repräsentativen deutsch-europäischen Monatsschrift, den er mit vielen exilierten Schriftstellern erörterte, ist im zweiten Band seiner Lebenserinnerungen ›Innenansichten eines Außenseiters‹ kurz geschildert. Seiner ohnehin sehr fraglichen Verwirklichung kam Klaus Mann mit der Gründung der ›Sammlung‹ in Amsterdam im Herbst 1933 zuvor. Siehe auch Schoenberners aufschlußreichen Brief vom 23. 6. 1933 an Hermann Kesten in dieser Sache, in ›Deutsche Literatur im Exil‹, herausgegeben von Hermann Kesten, Seite 39 ff.

3] *Heine:* Der Maler, Graphiker und satirische Zeichner Thomas Theodor Heine (1867-1948) gründete 1896 zusammen mit Albert Langen die Zeitschrift ›Simplicissimus‹ und war einer ihrer Gesellschafter und Hauptmitarbeiter. Er gelangte später von Prag nach Stockholm, wo er starb. Sein autobiographischer Roman ›Ich warte auf Wunder‹ (1941).

8. 6. 1933

1] *R. G. Binding:* Rudolf G. Bindings Briefe an Thomas Mann aus den Jahren 1933-1935 finden sich in Binding, ›Die Briefe‹. — 107

2] *C. G. Heise:* Der Kunsthistoriker Carl Georg Heise (geboren 1890) war 1920-1933 Direktor des Lübecker Museums für Kunst und Kulturgeschichte, wurde vom NS-Regime abgesetzt. 1945 wurde er Direktor der Hamburger Kunsthalle.

3] *Pelzer:* Berliner Luxusrestaurant.

4] *Herr Pinkus:* Klaus Pinkus, ein junger Bewunderer Heinrich Manns, mit dem Heinrich Mann bis zu seinem Tod in Briefwechsel stand. Siehe Heinrich Mann, ›Briefe an Karl Lemke und Klaus Pinkus‹. In seinem Vorwort erzählt Pinkus von dem Zusammentreffen mit den Brüdern Mann im Hause Lion Feuchtwangers.

9. 6. 1933

1] *Beidler:* Franz W. Beidler (geb. 1901), Enkel Richard Wagners, Schriftsteller in Zürich, arbeitete hauptsächlich über Wagner, wurde in den folgenden Jahren mit TM gut bekannt. — 108

2] *Biehler:* Der Literatur- und Sprachwissenschaftler Professor Otto Biehler (geboren 1884).

3] *Lewandowski:* Holländischer Agent für Vortrags-Tourneen.

10. 6. 1933

1] *Simon:* Der Berliner Bankier Hugo Simon (1880-?), Sozial- — 108 demokrat, gehörte dem Aufsichtsrat des S. Fischer Verlags an und führte in Berlin ein der Kunst und Literatur aufgeschlossenes Haus. TM hatte dort auf der Rückreise von der »Nobelpreisreise« nach Stockholm am 20. 12. 1929 in privatem Kreis zugunsten der Jüdischen Altershilfe aus den *Geschichten Jaakobs* vorgelesen. Hugo Simon wanderte im Frühjahr 1933 nach Frankreich aus.

12. 6. 1933

110 1] *Die Abgeordnete Pfülf:* Antonie Pfülf, Volksschullehrerin in München, geboren 1877, 1919-1920 Mitglied der verfassungsgebenden Nationalversammlung und seit 1920 sozialdemokratische Reichstagsabgeordnete.

2] *Hans Schickele:* Sohn von René Schickele.

13. 6. 1933

111 *Brief Bindings:* Siehe Anmerkung 1 zum 8. 6. 1933.

15. 6. 1933

112 *Jordan:* Siehe Anmerkung 2 zum 19. 5. 1933.

16. 6. 1933

113 1] *Carossa:* Der Dichter und Arzt Hans Carossa (1878-1956). TM hatte ihn 1932 bei Ernst Bertram in Köln kennengelernt.

114 2] *Aktion:* Die in Paris in deutscher und französischer Sprache in den Jahren 1933-1934 erschienene Exilzeitschrift ›die aktion‹ (›Organ zur Verteidigung der deutschen Flüchtlinge und zum Kampf gegen den Hitlerfaschismus‹).

17. 6. 1933

114 *Rolland:* Romain Rolland (1866-1944), französischer Erzähler, Essayist und Musikologe, gegen dessen Pazifismus und Internationalismus TM im Ersten Weltkrieg heftig polemisierte.

18. 6. 1933

115 1] *Kurt Wolff:* Der Verleger Kurt Wolff (1887-1963), Wegbereiter des deutschen literarischen Expressionismus, brachte im Ersten Weltkrieg die erste Gesamtausgabe Heinrich Manns heraus und war TM aus München gut bekannt. Er hatte seine deutschen Verlage bereits 1930 aufgelöst, emigrierte 1933 nach Frankreich, dann nach Italien und 1941 nach New York, wo er den Verlag Pantheon Books gründete.

2] *Hasenclever:* Der Lyriker und Dramatiker Walter Hasenclever

(1890-1940), dessen Drama ›Der Sohn‹ 1916 dem expressionistischen Theater zum Durchbruch verhalf. Er wandte sich später der Gesellschaftskomödie zu, emigrierte 1933 zusammen mit seinem Freund Kurt Wolff (siehe Anmerkung 1), wurde 1940 in Frankreich interniert und nahm sich beim Herannahen der deutschen Truppen im Lager Les Milles das Leben.

19. 6. 1933

1] *Hugenberg:* Alfred Hugenberg (1865-1951), Vorsitzender der   *116* Deutschnationalen Volkspartei, baute in den zwanziger Jahren den größten deutschen Medienkonzern auf, der den Scherl-Zeitungsverlag, die Ufa-Filmgesellschaft, die Nachrichtenagentur Telegraphen-Union und zahllose Pressekorrespondenzen und Materndienste umfaßte. Er war einer der Wegbereiter Hitlers und wurde in der Regierung Hitler 1933 Wirtschaftsminister, aber noch im selben Jahr von Hitler entlassen.

2] *Schleicher:* Kurt von Schleicher (1882-1934), General der Reichswehr, trug im Mai 1932 entscheidend zum Sturz der Regierung Brüning bei, wurde im nachfolgenden Kabinett Papen Reichswehrminister und war vom Dezember 1932 bis Januar 1933 Reichskanzler. Als solcher versuchte er vergeblich, für seine Regierung einen breiten Rückhalt bei den Parteien, den Gewerkschaften und dem linken Flügel der NSDAP zu gewinnen. Er wurde Ende Januar 1933 vom Reichspräsidenten Hindenburg entlassen, der Hitler an seine Stelle berief. Schleicher wurde im Zuge des sogenannten ›Röhm-Putsches‹ und der Entmachtung der SA am 30. 6. 1933 von der SS ermordet.

3] *Schwarzenbachs:* Die erzkonservative Zürcher Großindustriellen-Familie Schwarzenbach. Siehe Anmerkung 2 zum 6. 5. 1933.

4] *Frau Meyrisch:* Aline Mayrisch de Saint-Hubert, Witwe des luxemburgischen Stahlmagnaten Emile Mayrisch und Schwiegermutter des französischen Diplomaten und Schriftstellers Pierre Viénot (siehe Anmerkung 3 zum 28. 4. 1933), kam in der Stille, ohne daß ihr Name an die Öffentlichkeit gelangte, vielen exilierten deutschen Schriftstellern, unter anderen Annette Kolb, zu Hilfe und trug ab 1937 wesentlich zur Finanzierung von TMs Zeitschrift ›Maß und Wert‹ bei.

5] *Loerke:* Der Lyriker und Essayist Oskar Loerke (1884-1941) war   *117* Lektor des S. Fischer Verlags und bis 1933 Sekretär der Sektion für

Dichtkunst der Preußischen Akademie der Künste. Er betreute im S. Fischer Verlag das Werk TMs und besorgte die Redaktion der beiden ersten Joseph-Romane, für die er auch die Waschzettel und Werbetexte verfaßte.

6] *H. O. Roth:* Hans Oskar Roth. Näheres nicht bekannt.

20. 6. 1933

1] *Faesi:* Der Schweizer Schriftsteller und Literarhistoriker Robert Faesi (1883-1972), 1922-1953 Professor für deutsche Literatur an der Universität Zürich, war mit TM seit 1914 gut befreundet. Auf seinen Vortragsreisen in der Schweiz vor 1933 war TM mehrmals Faesis Gast in Zollikon bei Zürich. Faesi schrieb ›Thomas Mann. Ein Meister der Erzählkunst‹, 1955, und veröffentlichte 1962 seinen Briefwechsel mit TM.

2] *August Mayer:* Professor Dr. August Mayer (geboren 1885), Hauptkonservator der staatlichen bayerischen Gemäldesammlungen, Kunsthistoriker von internationalem Ruf, war bereits 1932 aus seinem Amt ausgeschieden.

118　3] *›Freie Presse‹:* Eine kurzlebige antifaschistische Zeitschrift in Amsterdam, die ohne TMs Wissen ihn als ständigen Mitarbeiter angekündigt hatte. Auf Ersuchen von GBF dementierte TM und arbeitete nicht mit. Siehe TM-GBF 28 und 686.

21. 6. 1933

119　1] *›Europäische Revue‹:* Die von Karl Anton Prinz Rohan seit 1924 in Leipzig herausgegebene, der europäischen Verständigung gewidmete Monatsschrift hatte in den letzten Jahren der Weimarer Republik bereits eine zwielichtige Rolle gespielt und wurde 1933 gleichgeschaltet, 1944 eingestellt.

2] *Dietrich:* Otto Dietrich (1897-1952), seit 1931 Pressechef der NSDAP, 1933 mit der Gleichschaltung der Presse beauftragt, 1938 Pressechef der Reichsregierung. 1949 im Wilhelmstraße-Prozeß verurteilt, 1950 entlassen.

3] *›Psychoanalytische Bewegung‹:* Wiener Zweimonatsschrift, erschien 1929-1933.

22. 6. 1933

1] *Aufsatz über den Joseph:* TM hatte im November 1928 anläßlich einer Vorlesung aus dem Joseph-Roman in der deutschen Gesandtschaft in Wien einen kurzen Einführungstext *Ein Wort zuvor:*

Mein ›Joseph und seine Brüder‹ verfaßt, der am 31. Oktober 1928 in der ›Neuen Freien Presse‹, Wien, erschien. Der Text sollte Loerke als Vorlage für den Waschzettel zu den *Geschichten Jaakobs* dienen. GW XI, 626-629.

23. 6. 1933

1] *Paul Stengel:* Baron Paul von Stengel, München, Adjutant des   119
Reichsstatthalters General von Epp (siehe Anmerkung 1 zum 8. 5.
1933) warnte TM vor der Rückkehr nach Deutschland.

2] *Amerikanisches Mietangebot:* Frau Hedwig Pringsheim teilte mit,   120
eine Amerikanerin, Mrs. Henriette Taylor, Frau eines amerikanischen Geschäftsmannes in Deutschland, habe sich an sie gewandt mit
dem Ersuchen, das Haus Poschingerstraße 1 für sich und ihre vier
Töchter möbliert zu mieten. Die Vermietung kam zustande (siehe
Eintragung vom 24. 6. 1933), aber man hatte viel Ärger mit der
Familie Taylor, und sie zog im September 1933 bereits wieder aus.

3] *Betitelung:* TM hatte die Handschrift der Joseph-Romane vorerst
nur nach ›Hauptstücken‹ gegliedert und nahm ihre Unterteilung in
Abschnitte oder Kapitel und die Einführung entsprechender Kapitel-
Überschriften erst nachträglich, vor der Drucklegung vor. Er war
beim *Zauberberg*, dessen Gliederung der der Joseph-Romane ähnlich
ist, ebenso verfahren.

4] *»Stahlhelm«:* Der »Stahlhelm, Bund der Frontsoldaten«, 1918
gegründete nationalistische, paramilitärische Frontkämpfer-Vereini-
gung, gehörte seit 1929 mit Nationalsozialisten und Deutschnationalen zur sogenannten »Harzburger Front«, wurde 1934 gleichgeschaltet und 1935 aufgelöst.

5] *Dollfuß:* Dr. Engelbert Dollfuß (1892-1934) war seit Mai 1932
österreichischer Bundeskanzler und Außenminister, bekämpfte in
enger Anlehnung an Italien den Anschluß Österreichs an Deutschland. Er schaltete im März 1933 das Parlament aus und begründete
einen »christlichen Ständestaat«, nachdem er im Februar 1934 Sozialdemokraten und Gewerkschaften mit Waffengewalt unterdrückt
hatte. Er wurde bei einem nationalsozialistischen Putschversuch am
25. 7. 1934 ermordet.

25. 6. 1933

1] *Athenaeum:* Der Budapester Verlag Athenaeum, in dem schon   122
vor dem Ersten Weltkrieg einige Werke TMs erschienen waren,

brachte ab 1934 die Joseph-Romane in der Übersetzung von György Sarközi in ungarischer Sprache heraus. Zwischendurch war TM bei verschiedenen anderen ungarischen Verlagen erschienen.

29. 6. 1933

123   1] *Querido:* Der namhafte holländische Verleger Emanuel Querido (1871-1943) gliederte im Sommer 1933 seinem Amsterdamer Verlag eine deutsche Abteilung an, die zum bedeutendsten deutschen Exilverlag wurde und zahlreiche Werke emigrierter deutscher Autoren in der Originalsprache herausbrachte. Leiter der deutschen Abteilung war Fritz H. Landshoff, vormals Direktor des Gustav Kiepenheuer Verlags in Berlin und mit GBF aus Berlin gut bekannt. Es bestand eine stillschweigende Vereinbarung zwischen ihnen, daß Landshoff Bücher, die der S. Fischer Verlag in Deutschland aus politischen Gründen nicht mehr bringen konnte, in den Querido-Verlag übernehmen werde. Landshoff bemühte sich in der Folge mehrfach, TM als Autor für den Querido-Verlag zu gewinnen.

2] *Levinson: Souffrances et Grandeur de Richard Wagner* erschien in der Übersetzung von Félix Bertaux und mit einem Vorwort des französischen Kritikers André Levinson im Verlag Arthème Fayard. Levinson hatte bereits mehrfach über TM geschrieben und auch zur französischen Ausgabe von *Buddenbrooks* (1932) im selben Verlag das Vorwort beigesteuert.

3] *Klaus Pr.:* Der Musiker Klaus Pringsheim (1883-1973), Zwillingsbruder von Frau Katia Mann, Schüler Gustav Mahlers und vormals musikalischer Leiter der Berliner Reinhardt-Bühnen, wirkte seit 1931 als Dirigent und Lehrer am Kaiserlichen Konservatorium in Tokio.

30. 6. 1933

124   1] *»Demütigung und Erhebung«:* Nicht eindeutig festzustellen. Käte Hamburger vermutet, daß es sich um die Abschnitte ›Eliphas‹ und ›Haupterhebung‹ aus den *Geschichten Jaakobs* gehandelt habe, die sie im Sommer 1933 durch Ida Herz kennenlernte.

2] *Anna Jacobson:* (1888-1972), Amerikanische Germanistin, Dozentin für Literaturwissenschaft am Hunter College, New York, Verfasserin von ›Nachklänge Richard Wagners im Roman‹, 1932, und zahlreicher Studien über TM, war mit TM in späteren Jahren persönlich gut bekannt.

3] *Mackensen:* Generalfeldmarschall August von Mackensen (1849-1945), deutscher Heerführer im Ersten Weltkrieg, später von Hitler als ›Aushängeschild‹ benutzt.

1. 7. 1933

Gockele: Gertrud von Böck, genannt Gockele, Erzieherin der bei-   125
den jüngsten Kinder TMs in München.

3. 7. 1933

1] *Bernhardt:* Georg Bernhard (1875-1944), prominenter Berli-   126
ner Journalist, 1920-1930 Chefredakteur der ›Vossischen Zeitung‹,
Professor an der Handelshochschule Berlin und seit 1928 Reichstagsabgeordneter der Demokratischen Partei, emigrierte 1933 nach Paris, wo er die deutsche Emigranten-Tageszeitung ›Pariser Tageblatt‹
gründete und leitete. Er gelangte 1941 nach New York, wo er starb.
Er veröffentlichte 1933 ›Die deutsche Tragödie. Der Selbstmord einer
Republik‹ und 1936 ›Warum schweigt die Welt?‹
2] *François-Poncet:* André François-Poncet (geboren 1887) war
1931-1938 französischer Botschafter in Berlin, 1943-1945 von den
Deutschen interniert, 1949 französischer Hochkommissar in Deutschland, 1953-1955 Botschafter in der Bundesrepublik.
3] *Aufsatz Pfitzners:* Der mit TM seit dem Ersten Weltkrieg be-
freundete Komponist Hans Pfitzner (1869-1949), dessen Oper ›Pa-
lestrina‹ TM in den *Betrachtungen eines Unpolitischen* ein ganzes
Kapitel gewidmet hatte, gehörte zu den Unterzeichnern des Münchner Wagner-Protestes. Ida Herz hatte ihm und einigen anderen
Unterzeichnern TMs ›Erwiderung‹ (siehe Anmerkung 2 zum 19. 4.
1933) zugesandt, und Pfitzner hatte darauf seinerseits mit einer
langen Erwiderung in der ›Frankfurter Zeitung‹ vom 1. 7. 1933
geantwortet und darin in vollem Wortlaut – eine ungewöhnliche
Indiskretion – die beiden Briefe zitiert, die sie anläßlich TMs 50.
Geburtstags gewechselt hatten. TM schrieb daraufhin seine *Antwort an Hans Pfitzner,* die er in der ›Neuen Rundschau‹ veröffentlichen wollte. Suhrkamp lehnte jedoch die Veröffentlichung aus
politischen Gründen ab, und da TM den langen Aufsatz allein im
Ausland nicht publizieren wollte, blieb er ungedruckt. Er wurde
erstmals veröffentlicht in GW XIII, 78-92. Siehe auch TM an GBF
vom 9. 7. 1933 in TM-GBF, 27.
4] *Ansprache:* Ernst Bertrams Ansprache zur Eröffnung des Som-   127

mersemesters der Universität Köln: ›Deutscher Aufbruch‹ gegen
westliche Zivilisation und volksfremde Ideologien. Abdruck in der
›Kölnischen Zeitung‹ vom 4. 6. 1933 und den ›Münchner Neuesten
Nachrichten‹.

6. 7. 1933

127 1] *Zweigs:* Der Erzähler Arnold Zweig (1887-1968), berühmt durch
seinen 1927 erschienenen Kriegsroman ›Der Streit um den Sergean-
ten Grischa‹, emigrierte 1933 nach Frankreich und ging später, als
überzeugter Zionist, nach Palästina, von wo er 1948 nach Deutschland (DDR) zurückkehrte. Zweig war mit Feuchtwanger seit langem
befreundet.

128 2] *Del Bogno:* Richtig Del Bondio, Münchner Familie.

3] *»Angriff«:* Von Dr. Joseph Goebbels geleitetes Berliner national-
sozialistisches Abendblatt.

4] *Starhemberg:* Ernst Rüdiger Fürst Starhemberg (1899-1956) war
Führer der austrofaschistischen, paramilitärischen Heimwehr, die in
Anlehnung an Mussolini einen von Deutschland unabhängigen österreichischen Diktaturstaat anstrebte und Nationalsozialisten und Sozialdemokraten gleicherweise bekämpfte.

20. 7. 1933

130 *Bülowstraße:* Berlin, Bülowstraße 90 war der Sitz des S. Fischer
Verlags.

21. 7. 1933

133 1] *Graf:* Der Schriftsteller Oskar Maria Graf (1894-1967), politisch
stark engagierter, pazifistischer und linkssozialistischer Erzähler, ge-
hörte während des Münchner Umsturzes 1918 zum Freundeskreis
Kurt Eisners, wurde bekannt durch sein autobiographisches Buch
›Wir sind Gefangene‹, 1927. Ein urwüchsiges, kraftvolles und hu-
morvolles urbayrisches Erzählertalent, ging er 1933 freiwillig nach
Wien ins Exil, wo er gegen die Verschonung seiner Bücher durch das
NS-Regime protestierte: ›Verbrennt mich!‹, von dort 1938 in die
Vereinigten Staaten. Siehe *Für Oskar Maria Graf,* GW X, 538.

134 2] *Ewen:* Der amerikanische Musikschriftsteller David Ewen (geboren 1912) hatte TM um ein Interview ersucht, das TM viel Ärger
bereitete, da es völlig entstellt erschien und ihm Äußerungen unter-
schob, die er nicht getan hatte.

22. 7. 1933

1] *Vicomtesse Trolly de L'Espinasse:* Nicht ermittelt.   *134*

2] *Joyce Weiner:* Londoner literarische Agentin.

24. 7. 1933

1] *Neuer Brief von Bermann:* GBF an TM vom 17. 4. 1933 in TM–   *135*
GBF, Seite 27-28.

2] *»Bekenntnis zum Übernationalen«:* Heinrich Manns Aufsatz war   *136*
im Dezemberheft 1932 der ›Neuen Rundschau‹ erschienen und wurde
in seinen Essayband ›Der Haß‹ aufgenommen, der im Herbst 1933
im Verlag Querido, Amsterdam erschien.

25. 7. 1933

Käthe Rosenberg: Die Übersetzerin Käthe Rosenberg (1883-1960),   *136*
Kusine von Frau Katia Mann. Siehe Anmerkung 2 zum 15. 5. 1933.
Sie war im Begriff, nach Sanary zu Besuch zu kommen.

26. 7. 1933

1] *Eva Herrmann:* Die Zeichnerin Eva Herrmann (geboren 1901),   *137*
langjährige enge Freundin von Erika und Klaus Mann, lebt heute in
Santa Barbara, Kalifornien und beschäftigt sich hauptsächlich mit
parapsychologischen Studien. Sie wurde wegen ihres schönen, fein-
geschnittenen Profils von TM »Die Gemme« genannt.

2] *Thyssen:* Der Großindustrielle Fritz Thyssen (1873-1951) schuf   *138*
zusammen mit seinem Vater August Thyssen die Vereinigten Stahl-
werke, als deren Geschäftsleiter er einen der größten deutschen Mon-
tankonzerne aufbaute. Er war einer der ersten deutschen Großunter-
nehmer, die die NSDAP unterstützten, wurde von Hitler zum Staatsrat mit weitgehenden Wirtschaftsvollmachten ernannt und war
Reichstagsabgeordneter. Er überwarf sich 1935 wegen der zuneh-
menden Judenverfolgungen mit dem NS-Regime, emigrierte 1939
in die Schweiz, wurde 1941 im besetzten Frankreich verhaftet und
war bis 1945 mit seiner Frau im Konzentrationslager.

28. 7. 1933

1] *The Criterion:* Bedeutende englische literarische Monatsschrift,   *139*
1922-1939 von T. S. Eliot herausgegeben.

2] *Freud-Aufsatz: Die Stellung Freuds in der modernen Geistesge-
schichte* (1929), GW X, 256-280.

3] *schon ausgedruckt:* TM verwechselte häufig »abgesetzt« mit »ausgedruckt«. Der Band kann zu diesem Zeitpunkt nicht bereits ausgedruckt gewesen sein, sonst hätte TM nicht noch Korrekturen lesen können.

29. 7. 1933

139 1] *K. R.:* Käthe Rosenberg.
140 2] *provençalischer Roman:* René Schickeles Roman ›Die Witwe Bosca‹, erschien 1933 im S. Fischer Verlag.

30. 7. 1933

140 *Ostertag:* Der Berliner Buchhändler Ferdinand Ostertag, der 1933 nach Paris emigrierte.

31. 7. 1933

141 *Liefmann:* Der kunstliebende und literaturverständige Frankfurter Arzt Dr. Emil Liefmann (1878-1955), der TM auf seinen Vorlesungsreisen häufig gastfrei in seinem Haus aufnahm und seit 1922 herzlich mit ihm befreundet war. Er emigrierte 1940 nach New York.

1. 8. 1933

141 *L. Bauer:* Ludwig Bauer. Siehe Anmerkung 3 zum 11. 4. 1933.

3. 8. 1933

142 *Brief an Hermann Hesse:* In HH-TM, 44-45.

5. 8. 1933

143 1] *Klassowsky:* Der in Paris lebende deutsche Maler und Übersetzer Erich Klossowski.
2] *Grautoff:* TMs Jugendfreund Otto Grautoff (1876-1937). Siehe ›Briefe an Otto Grautoff und Ida Boy-Ed‹ (1975).
3] »*Rundschau*«*:* Das Augustheft 1933 der ›Neuen Rundschau‹ enthielt die Beiträge ›Das Böse im Wertsystem der Kunst‹ von Hermann Broch und ›Rasse‹ von Peter Suhrkamp.
4] *Armstrong:* Der amerikanische politische Publizist Hamilton Fish Armstrong (geboren 1893), Herausgeber der einflußreichen Zeitschrift ›Foreign Affairs‹.
144 5] *Loebe:* Paul Löbe (1875-1967), sozialdemokratischer Politiker, 1920-1932 Reichstagspräsident, war 1934-1935 in Schutzhaft, nahm nach 1945 wieder aktiv an der Politik teil und war 1949-1953 Mitglied des Bundestags.

6] *Fechenbach:* Felix Fechenbach (1894-1933) war Mitglied des bayerischen Arbeiter- und Soldatenrates und Sekretär Kurt Eisners, wurde
1922 wegen ›Landesverrats‹, trotz zahlreicher entlastender Gutachten,
zu elf Jahren Zuchthaus verurteilt. Die »Affäre Fechenbach« wurde
zu einer Art deutscher Dreyfuss-Affäre. Fechenbach wurde 1924 be-
gnadigt, das Urteil später aufgehoben. Er lebte als freier Schriftsteller
in Detmold, wurde 1933 vom NS-Regime verhaftet und ermordet.

7] *Graf Lerchenfeld:* Der deutsche Gesandte in Brüssel, der anläßlich
TMs Wagner-Vortrag in Brüssel am 14. 2. 1933 in der Gesandtschaft einen Empfang für TM gegeben hatte und dafür vom ›Völkischen Beobachter‹ scharf gerügt worden war.

8] *Prittwitz:* Friedrich Wilhelm von Prittwitz und Gaffron (1884-
1955) war 1928-1933 deutscher Botschafter in Washington.

6. 8. 1933

1] *W. Bauer:* Walter Bauers Reiseaufsatz im Augustheft 1933 der   144
›Neuen Rundschau‹. ›Herzschlag im Süden.‹

2] *Übersetzer Tarnowski:* Marceli Tarnowski hatte 1931 *Mario und
der Zauberer* ins Polnische übersetzt und übertrug 1933 *Die Geschichten Jaakobs* für den Warschauer Verlag Fruchtmann.

3] *Book of the Month Club:* Die größte amerikanische Buchgemeinschaft, die in der Folge mehrere Werke TMs erwarb.

4] *Hübsch:* Der amerikanische Verleger B. W. (Ben) Huebsch (1873-
1965), Gründer und Leiter des großen New Yorker Verlags Viking
Press, setzte sich jahrzehntelang sehr erfolgreich für die moderne
deutsche Literatur ein und war der amerikanische Verleger Lion
Feuchtwangers, den er in Sanary besuchte.

7. 8. 1933

Prof. Goll: Nicht ermittelt.   145

8. 8. 1933

Fechter: Der Literarhistoriker und Kritiker Paul Fechter (1880-1958)   146
veröffentlichte 1941 eine gleichgeschaltete ›Geschichte der Deutschen
Literatur‹.

9. 8. 1933

1] *Verlag Plon:* Das bedeutende Pariser Verlagshaus Editions Plon.   146
Die Joseph-Romane erschienen jedoch nicht dort, sondern im Verlag
Gallimard in der Übersetzung von Louise Servicen (1896-1976).

2] Musiker *Landshoff:* Der Cellist Werner Landshoff, ein Vetter von Brigitte (Tutti) Bermann Fischer.

10. 8. 1933

147 1] *»Schriftsteller«:* ›Der Schriftsteller‹, das Vereinsorgan des Schutzverbandes deutscher Schriftsteller, der gleichgeschaltet wurde und in der Reichsschrifttumskammer aufging. Diese war eine »Zwangsorganisation«, und Zugehörigkeit zu ihr war Voraussetzung für das Erscheinen in Deutschland.

11. 8. 1933

148 1] *Frank Thiess:* Romanschriftsteller (geboren 1890), rechnete sich gleich Walter von Molo und anderen während des NS-Regimes zu den ›Stillen im Lande‹, die sich später als die »innere Emigration« bezeichneten. Er trat nach dem Zweiten Weltkrieg polemisch gegen TM auf.

2] *Tochter Tolstois:* Alexandra Tolstois 1925 deutsch erschienenes Buch ›Tolstois Flucht und Tod‹. Sie veröffentlichte außerdem ›Der Roman meines Elternhauses‹.

3] *Wut der Mieterin:* Die amerikanische Mieterin des Hauses Poschingerstraße 1 beklagte sich erregt darüber, daß aus dem möbliert gemieteten Haus von der Familie Mann ein großer Teil der Einrichtungsgegenstände heimlich entfernt werde, und beschwerte sich hierüber auch bei der Münchner Politischen Polizei. TM machte geltend, daß die Entfernung gewisser persönlicher Gegenstände, wie Bücher, Schreibtisch etc. vereinbart gewesen sei. Der »Export« gelang. Die Möbel und Kisten mit Büchern und Hausrat gingen an die Badenweiler Adresse Schickeles, von wo sie als Umzugsgut eines französischen Staatsbürgers in die Schweiz expediert wurden.

12. 8. 1933

148 1] *Melantrich:* Siehe Anmerkung 2 zum 15. 4. 1933.

2] *Dr. Haensel:* Paul Hänsel. Näheres nicht bekannt.

3] *Prof. Heuser:* Professor Werner Heuser war Direktor der Düsseldorfer Kunstakademie. TM hatte ihn, seine Gattin Mira und ihren Sohn Klaus 1927 in Kampen auf Sylt kennengelernt und eine Zuneigung zu dem ansprechenden siebzehnjährigen Jüngling gefaßt. Er lud Klaus Heuser zu sich nach München ein und widmete ihm viel Zeit und Aufmerksamkeit.

13. 8. 1933

Zwangsorganisation: Siehe Anmerkung zum 10. 8. 1933. TM wei-   *150*
gerte sich, als Auslandsdeutscher, den Fragebogen auszufüllen und
die Loyalitätserklärung zu unterschreiben. Siehe hierzu den Briefwechsel zwischen TM, Suhrkamp und Hans Friedrich Blunck, dem
Präsidenten der Reichsschrifttumskammer, im folgenden Jahr in Dr.
Walther Blunck, ›Thomas Mann und Hans Friedrich Blunck‹, Hamburg 1969, sowie TMs Brief an Julius Meier-Graefe vom 23. 12.
1933 in *Briefe I,* 339.

14. 8. 1933

Jaloux: Der französische Romancier, Essayist und Kritiker Edmond   *151*
Jaloux (1878-1949) war 1922-1940 Literaturkritiker der ›Nouvelles Littéraires‹ in Paris. Er schrieb Monographien über Goethe,
Rilke und andere, sowie mehrere Studien über TM. TM hatte Jaloux
im Januar 1926 in Paris persönlich kennengelernt. Siehe *Pariser Rechenschaft,* GW XI, 55 und *Vorwort zu Edmond Jaloux' Roman
›Die Tiefen des Meeres‹,* GW X, 704-710.

15. 8. 1933

1] *Kilchberg:* Villenvorort von Zürich, wo Erika Mann damals   *151*
wohnte und wo TM sich an seinem Lebensabend niederließ.

2] *Rainer Schickele:* Sohn von René Schickele.

3] *Graf Sforza:* Carlo Graf Sforza (1873-1952), Historiker und Kulturphilosoph, war 1920-1921 italienischer Außenminister, emigrierte
als Antifaschist und Gegner Mussolinis 1926 nach Belgien und 1940
nach den Vereinigten Staaten, kehrte 1943 nach Italien zurück und
war 1947-1952 neuerlich Außenminister. Sein in Kanada erschienenes Buch ›Les Italiens tels qu'ils sont‹ ist TM gewidmet: »A Thomas
Mann – gran nome tedesco che non fa disperare dell' avvenire«
(»ein großer deutscher Name, der an der Zukunft nicht verzweifeln
läßt.«) Seine Bücher ›Gestalten und Gestalter des heutigen Europa‹,
›Europäische Diktaturen‹ und ›Die feindlichen Brüder‹ erschienen,
übersetzt von Hans Reisiger, im S. Fischer Verlag.

4] *G. Ferrero:* Der antifaschistische italienische Historiker und So-   *152*
ziologe Guglielmo Ferrero (1871-1943), Verfasser von ›Die Einheit
der Welt‹ (1928), emigrierte 1930 in die Schweiz und war Professor
in Genf.

5] *Prof. Salvatimini:* Der Historiker Gaetano Salvemini (1843-

1957), Professor an der Universität Florenz, vom faschistischen Regime seiner Professur enthoben, emigrierte nach den Vereinigten Staaten. Er wurde 1949 wieder in seine Stellung eingesetzt.

17. 8. 1933

153 1] *Brief von Bermann:* Nicht erhalten.

2] *Teil, der sich bei Feist befindet:* Die von Hans Feist aus der Poschingerstraße geretteten und in seiner Wohnung untergebrachten, zum Teil sehr wertvollen Bücher gingen verloren, als eine Haussuchung bei Feist stattfand und die Bücher beschlagnahmt wurden.

3] *Garten-Geselligkeit:* Geschildert in Sybille Bedfords Huxley-Biographie, Band I, 277-278.

19. 8. 1933

154 *Franco Schwarz:* Näheres nicht bekannt.

20. 8. 1933

155 1] *L. Weiss:* Mademoiselle L. Weiss, Herausgeberin der Zeitschrift ›Europe Nouvelle‹, die TM 1926 in Paris kennengelernt hatte. Mehrfach erwähnt in *Pariser Rechenschaft,* GW XI, 9-97.

2] *Dr. A. Apfel:* Der namhafte Berliner Rechtsanwalt und Strafverteidiger Alfred Apfel (1882-1940) spielte eine bedeutende Rolle in zahlreichen politischen Prozessen der Weimarer Republik, emigrierte 1933 und veröffentlichte 1934 im Pariser Verlag Gallimard ›Les dessous de la justice allemande‹. Siehe TMs offenen Brief an Apfel in Sachen Ossietzky vom 10. 1. 1932, in GW XII, 677-678.

3] *Herriot:* Der französische Staatsmann Edouard Herriot (1872-1957), mehrmals Ministerpräsident und Außenminister, schrieb zahlreiche schöngeistige und politische Werke, darunter 1929 auch ein Leben Beethovens. 1943-1945 in deutscher Haft, 1946-1953 Präsident der französischen Nationalversammlung. Ein Vorwort TMs zu einem Buch über ihn ist nicht bekannt.

4] *Dr. Freund:* Dr. Robert Freund, Teilhaber des R. Piper Verlags in München bis 1933, emigrierte später in die Vereinigten Staaten.

21. 8. 1933

156 *Grimme:* Der sozialdemokratische, vormalige preußische Kultusminister Adolf Grimme (1889-1963).

23. 8. 1933

1] *Breitbach:* Der deutsch-französische Erzähler und Dramatiker Jo- 157
seph Breitbach (geboren 1903) lebt seit 1929 in Paris. Er schrieb
unter anderem den Erzählungsband ›Rot gegen Rot‹ und die Romane ›Die Wandlung der Susanne Dasseldorf‹ und ›Bericht über
Bruno‹; ›Die Rabenschlacht und andere Erzählungen‹ und die Büh-
nenstücke ›Die Jubilarin‹, ›Hinter den Kulissen oder Genosse
Veygond‹, ›Requiem für die Kirche‹. Mit Klaus Mann befreundet.

2] »*Zürcher Novellen*«: von Gottfried Keller.

24. 8. 1933

1] *Romain Rolland:* Es handelte sich um das Beweismaterial einer 158
internationalen Kommission zur Aufklärung des Reichstagsbrandes,
der Rolland angehörte und die im August 1933 dem Leipziger Reichstagsbrand-Prozeß mit einem Sonderprozeß in London zuvorkam.
Das Material wurde in zwei ›Braunbüchern‹ veröffentlicht: ›Über
den Reichstagsbrand und Hitlerterror‹, Basel 1933, und ›Dimitroff
contra Göring. Enthüllungen über die wahren Brandstifter‹, Paris
1934.

2] *Politisches Buch Spenglers:* Oswald Spenglers ›Jahre der Entscheidung‹ erschien 1933.

3] *Büchergilde:* Die große Schweizer Buchgemeinschaft »Büchergilde
Gutenberg«, deren deutscher Zweig 1933 vom NS-Regime gleichgeschaltet wurde.

4] *Dreyfusbuch:* Wilhelm Herzogs Buch ›Der Kampf einer Republik‹.

25. 8. 1933

1] *Brief an Bermann:* TM an GBF aus Sanary vom 24. 8. 1933 in 159
TM–GBF, Seite 35-37.

2] *P. Eisner:* Der zweisprachige deutsch-tschechische Journalist und
Kritiker Pavel (Paul) Eisner (1889-1958) veröffentlichte zahlreiche
Aufsätze über TM, war Herausgeber der tschechischen Gesamtausgabe der Werke TMs und übersetzte ab 1936 eine Anzahl von Werken TMs ins Tschechische, darunter *Buddenbrooks, Lotte in Weimar*
und *Doktor Faustus.*

27. 8. 1933

Deutsche Akademie: Siehe Anmerkung 2 zum 19. 3. 1933. 160

28. 8. 1933

162 1] *Verlag A. Langen:* Der Münchner Verlag von Albert Langen, in dem TM in jungen Jahren als Lektor und Redakteur gearbeitet hatte, 1932 mit dem Verlag Georg Müller fusioniert.

2] *Frau v. Storer:* Die Gattin des deutschen Botschafters in Kairo, Eberhard von Stohrer, deren Mutter die Villa »La Tranquille« gehörte.

29. 8. 1933

162 1] *Großer Brief von Bermann:* GBF an TM vom 25. 8. 1933 in TM–GBF, 37-40.

163 2] *Barth:* Der Schweizer protestantische Theologe Karl Barth (1886-1968), Wortführer der »Dialektischen Theologie«, war seit 1930 Professor in Bonn, wurde 1935 vom NS-Regime abgesetzt und wirkte bis 1962 als Professor in Basel. TM war von seiner Schrift ›Theologische Existenz heute‹ so beeindruckt, daß er daran dachte, in Klaus Manns Zeitschrift ›Die Sammlung‹ darüber zu schreiben, führte die Absicht aber nicht aus.

3] *P. Graetz:* Der Schauspieler Paul Graetz (1890-1966), hervorragender Charakterdarsteller vornehmlich Urberliner Typen, ging später nach Hollywood.

4] *Fürstin M. Lichnowsky:* Die Erzählerin und Essayistin Mechtilde Lichnowsky, geb. Gräfin Arco-Zinneberg (1879-1958), Witwe des Fürsten Karl Max Lichnowsky (1860-1928), der 1912-1914 deutscher Botschafter in London war. Zu ihren bekanntesten Büchern zählen die graziösen Novellen ›An der Leine‹, die geistreichen Essaybände ›Der Kampf mit dem Fachmann‹ und ›Worte über Wörter‹ und der autobiographische Roman ›Kindheit‹.

30. 8. 1933

164 1] *Brief von Bermann:* GBF an TM vom 28. 8. 1933 in TM–GBF Seite 41-42.

2] *Frau Rosenbaum:* Regina Rosenbaum, seit 1896 S. Fischers Privatsekretärin und engste Mitarbeiterin, emigrierte im Oktober 1933.

31. 8. 1933

165 1] *Leo Ferrero:* (1903-1933), Sohn Guglielmo Ferrerros (siehe Anmerkung 4 zum 15. 8. 1933), Schriftsteller und Journalist, kam am

16. 8. 1933 in den Vereinigten Staaten bei einem Autounfall ums Leben. Verfasser eines Aufsatzes über den *Zauberberg:* ›La Montagne Magique‹ in der ›Revue Catholique pour la Suisse Romande‹, 1933.

2] *Th. Lessing:* Der Arzt und Kulturphilosoph Theodor Lessing (1872-1933), war 1908-1926 Privatdozent an der Technischen Hochschule Hannover, wurde wegen seiner aggressiven Streitschriften, unter anderem gegen Hindenburg, stark angefeindet und boykottiert, flüchtete vor dem NS-Regime in die Tschechoslowakei und wurde in Marienbad ermordet. TM hatte 1910 wegen eines bösartigen Angriffs Lessings auf den jüdischen Literaturkritiker Samuel Lublinski, der TM den »bedeutendsten Romandichter der Moderne« genannt hatte, eine sehr heftige Kontroverse mit Lessing. Siehe *Der Doktor Lessing,* GW XI, 719-725 und die detaillierte Darstellung dieser Kontroverse, die TM zu einer Novelle *Der Elende* verarbeiten wollte, in Peter de Mendelssohn, ›Der Zauberer‹, Teil I, 824-832.

3] *Schrieb an Bermann:* TM an GBF vom 31. 8. 1933 in TM–GBF, 42-43.

1. 9. 1933

1] »*Fall des Hauses Usher*«: Novelle von Edgar Allan Poe.   165

2] *Hanno B.:* Hanno Buddenbrook.

2. 9. 1933

1] »*Sammlung*«: Die unter dem Patronat von André Gide, Heinrich   166
Mann und Aldous Huxley von Klaus Mann im Querido-Verlag Amsterdam herausgegebene literarisch-politische Monatsschrift, die vom September 1933 bis August 1935 erschien. Das erste Heft enthielt einen scharfen polemischen Aufsatz von Heinrich Mann ›Sittliche Erziehung durch deutsche Erhebung‹, einen Aufsatz von Jakob Wassermann ›Meine Landschaft, innere und äußere‹, einen von Alfred Döblin über den jüdischen Nationalismus, eine Erzählung von Hermann Kesten, ein Romanfragment von Joseph Roth und anderes. In einer Übersicht über die folgenden Hefte waren als Mitarbeiter unter anderen Stefan Zweig, René Schickele und Thomas Mann genannt. TM hatte hierzu seine Zustimmung gegeben, zog aber in der Folge auf Veranlassung des S. Fischer Verlags seinen Namen zurück.

2] »*William Wilson*«: Erzählung von Edgar Allan Poe.

3. 9. 1933

166 1] *K. Schrempf:* ›An der Schwelle einer neuen Zeit‹ von Claus
Schrempf (1895-1963) im Septemberheft 1933 der ›Neuen Rundschau‹.

167 2] *Dibelius:* Otto Dibelius (1880-1967), evangelischer Bischof von
Berlin und Brandenburg, wurde 1933 vom NS-Regime seines Amtes
enthoben und war 1949-1961 Vorsitzender des Rates der evangelischen Kirchen Deutschlands.

3] *H. Kesten:* Der Schriftsteller Hermann Kesten (geboren 1900),
mit seinen ersten Romanen ›Josef sucht die Freiheit‹ und ›Ein aus-
schweifender Mensch‹ einer der Begründer der Neuen Sachlichkeit,
war bis 1933 Lektor des Kiepenheuer-Verlags in Berlin und gab zusammen mit Félix Bertaux die Anthologie ›Neue französische Erzähler‹ heraus; siehe *Jungfranzösische Anthologie* (1931) in GW
X, 746-749. Kesten gründete 1933 zusammen mit Walter Landauer,
vormaligem Direktor des Kiepenheuer-Verlags, im Rahmen des Allert de Lange Verlags in Amsterdam den zweiten großen deutschen
Exilverlag und war sein literarischer Leiter. Er war eng mit Klaus
Mann und Fritz Landshoff befreundet, und die beiden Verlage Querido und de Lange, in denen der größte Teil der deutschen Exilliteratur nunmehr beheimatet war, arbeiteten freundschaftlich zusammen.
Kesten wurde 1940 in Frankreich interniert und gelangte nach seiner
Freilassung nach New York, wo er mit großer Tatkraft für die Ret-
tung der in Frankreich zurückgebliebenen deutschen Exilschriftsteller
wirkte. Unter seinen im Exil entstandenen Romanen vor allem ›Die
Kinder von Gernika‹ (1939); über seine deutsche Nachkriegsaus-
gabe TM in GW X, 811-814.

4. 9. 1933

168 *Monsieur Aron:* Vermutlich Robert Aron, Direktor des Verlags Gallimard, Paris.

5. 9. 1933

168 1] *Prof. Saenger:* Siehe Anmerkung 3 zum 26. 5. 1933.

169 2] *Dr. Uhde:* Der Kunsthistoriker Wilhelm Uhde (1874-1947), der
bereits seit 1924 in Paris ansässig war und im Exil seine bedeutenden Werke über Van Gogh und die Impressionisten veröffentlichte,
sowie seine aufschlußreichen ›Erinnerungen und Bekenntnisse‹. Er
verbrachte die Jahre 1940-1945 versteckt in Südfrankreich.

3] *Frau Stieler:* Hilde Stieler, eine Freundin von Frau Marchesani.

4] *Frau Franz Hessel:* Die Gattin des Schriftstellers Franz Hessel (1880-1941), der vor allem durch seine vorzüglichen Übersetzungen von Balzac, Stendhal und Proust bekannt wurde. Hessel emigrierte erst 1938 nach Paris und starb in Sanary.

6. 9. 1933

Telegramm an Bermann: Das erste Telegramm, in dem TM sich von 169
der ›Sammlung‹ distanzierte, ist nicht erhalten.

7. 9. 1933

Artikel von Heinrich: Heinrich Manns Aufsatz ›Sittliche Erziehung 172
durch deutsche Erhebung‹, welcher der ›Sammlung‹ sogleich einen
ausgesprochen politisch-polemischen Charakter verlieh und TMs und
Schickeles Erwartungen einer rein literarischen Zeitschrift zuwider-
lief.

8. 9. 1933

1] *Stybel:* Der Verlag A. Y. Stybel in Tel Aviv, in dem 1935 ›Die 172
Geschichten Jaakobs‹, übersetzt von Jaakob Kopelewith, erschienen.

2] *Joseph Roth:* Der österreichische Erzähler und Journalist (1894-
1939), berühmt vor allem durch seine Romane ›Hiob‹ und ›Radetz-
kymarsch‹, emigrierte 1933 von Berlin nach Paris. Seine vom Habs-
burger-Legitimismus bestimmten politischen Ansichten waren häufig
äußerst skurril und wirklichkeitsfremd.

3] *Röhm:* Ernst Röhm (1887-1934), einer der ältesten Weggenossen 173
Hitlers, Stabschef der SA, wurde im Zuge der Entmachtung der SA
am 30. 6. 1934 auf Hitlers Befehl ermordet.

4] *Gewerkschaftler Ebert:* Der erste Reichspräsident der Weimarer 174
Republik Friedrich Ebert (1871-1925) war, genau genommen, kein
Gewerkschaftler gewesen, hatte sich aber stets für enge Zusammen-
arbeit zwischen Gewerkschaften und SPD eingesetzt. TM war Ebert
mehrfach begegnet und hatte ihn als »Landesvater« aufrichtig geschätzt. Siehe *Zu Friedrich Eberts Tod,* GW XII, 635-636.

11. 9. 1933

Brief an den ›Intransigeant‹: TMs Antwort auf eine Rundfrage der 176
Pariser Tageszeitung ›L'Intransigéant‹ »Que pensez-vous de la
France?«, erschien am 4. 1. 1934. Sie war entstellt und fehlerhaft
übersetzt und bereitete TM in Berlin beträchtliche zusätzliche Un-

annehmlichkeiten. Siehe den authentischen Wortlaut in GW XI, 436-438 und GBF an TM vom 1. 3. 1934 in TM–GBF, 63.

13. 9. 1933

178 1] *ausführlich an Bermann:* Dieser Brief ist nicht erhalten, nur GBFs Antwort auf ihn vom 19. 9. 1933 in TM–GBF, 43-44.

2] *H. Mosse:* Der vormalige Berliner Zeitungsverleger Hans Lachmann-Mosse, Schwiegersohn und Nachfolger von Rudolf Mosse, dem Gründer des ›Berliner Tageblatt‹.

3] *Forster:* Professor Edmund Forster (1878-1933) war Leiter der psycho-neurologischen Klinik an der Universität Greifswald.

14. 9. 1933

179 *Sacerdote:* Gustavo Sacerdote war der italienische Übersetzer der Joseph-Romane.

15. 9. 1933

Secker: Der Londoner Verlag Martin Secker Ltd., später umbenannt in Secker and Warburg, in dem die englischen Ausgaben der Werke TMs erschienen und der zusammen mit dem Verlag Knopf, New York, die Übersetzungen von Helen Lowe-Porter verwendete.

16. 9. 1933

180 *Sifour:* Richtig Six Fours.

17. 9. 1933

181 1] *Reiffs:* Der Zürcher Seidenindustrielle, Kunstliebhaber und Mäzen Hermann Reiff (1856-1938) und seine Gattin, die Liszt-Schülerin Lilly Reiff-Sertorius (1886-1958)waren alte Freunde von TMs Schwiegereltern, dem Ehepaar Pringsheim in München, und führten in Zürich ein gastfreies, besonders der Musik und den Musikern aufgeschlossenes Haus. TM hat den Reiffschen »Salon« mit seinen künstlerischen Darbietungen von stets hohem Niveau im *Doktor Faustus*, Kapitel XXXIX, GW VI, geschildert.

2] *H. Hauser:* Der Schriftsteller Heinrich Hauser (1901-1955) gehörte mit seinen Romanen aus dem Seemannsleben ›Brackwasser‹ und ›Donner überm Meer‹ zu den Hoffnungen der jungen Dichtergeneration der zwanziger Jahre, und war einer der markantesten Vertreter der Neuen Sachlichkeit. Seine Verblendung durch den Nationalsozialismus währte nicht lange. Er emigrierte 1938 nach den Vereinigten Staaten und kehrte 1948 nach Deutschland zurück.

3] *Frau Luchaire:* Siehe Anmerkung 4 zum 31. 5. 1933.

18. 9. 1933

1] *Frage ihres Kabaretts:* Erika Mann bemühte sich um die Erlaub-   *182*
nis der Schweizer Behörden, ihr Kabarett ›Die Pfeffermühle‹ in Zürich wiederzueröffnen.

2] *Bodmer:* Hans Bodmer (1863-1948), Gründer und Präsident des
Lesezirkels Hottingen, einer namhaften Zürcher literarischen Gesellschaft, die TM in früheren Jahren bereits mehrfach zu Vorlesungen
eingeladen hatte. Siehe Anmerkung 1 zum 27. 3. 1933.

3] *Frau Lantzhoff:* Richtig ›Landshoff‹.

22. 9. 1933

Mira und Klaus: Gattin und Sohn von Professor Werner Heuser.   *185*
Siehe Anmerkung 3 zum 12. 8. 1933.

23. 9. 1933

1] *»Fronten«:* Chauvinistische, fremdenfeindliche und antisemitische   *187*
Schweizer Verbände, die in den dreißiger Jahren in der Schweiz häufig nationalistische Demonstrationen veranstalteten und Krawalle
provozierten.

2] *Verteidiger Sack:* Rechtsanwalt Dr. Alfons Sack, Verteidiger Torg-   *188*
lers im Reichstagsbrandprozeß, über den er 1934 ein Buch veröffentlichte.

3] *»Neudeck-Partei«:* So genannt nach dem Gut Neudeck in Ostpreußen, das seit 1755 der Familie Hindenburg gehörte.

24. 9. 1933

1] *die Hess:* Porträtphotographin in Frankfurt.   *188*

2] *baltisches Pfeffermühlen-Mitglied:* Der baltische Komponist und   *189*
Pianist Magnus Henning besorgte den musikalischen Teil des Kabaretts ›Die Pfeffermühle‹ in Zürich wie bereits zuvor in München.

3] *E. von Kahler:* Der Historiker, Soziologe und Kulturphilosoph
Erich von Kahler (1885-1970) war mit TM seit 1919 aus München
bekannt, aber erst in der Emigration, namentlich in den gemeinsamen amerikanischen Jahren, in Princeton, entwickelte sich eine enge
Freundschaft. Kahler schrieb mehrfach über TM, unter anderem ›The
Orbit of Thomas Mann‹, 1969. Siehe *Erich von Kahler,* GW X,
502-506, und *An Exceptional Friendship. The Correspondence of Thomas Mann and Erich Kahler* (Briefwechsel), 1975.

4] *Sonderausgabe:* Diese Ausgabe kam nicht zustande.

25. 9. 1933

190   1] *Grete Ring:* Die Kunsthistorikerin Grete Ring (1887-1952), eine Nichte von Max Liebermann, Schülerin von Wölfflin, mit dem Haus Pringsheim befreundet, trat 1919 in die Berliner Kunsthandlung Paul Cassirer ein, emigrierte 1938 nach London und gründete dort zusammen mit Dr. Walter Feilchenfeldt die englische Firma Paul Cassirer. Sie lebte bis zu ihrem Tod in England.

191   2] *Memeler Bankadresse:* Vermutlich im Zusammenhang mit TMs Sommerhaus in Nidden bei Memel.

3] *Erbschaft:* Frau Katia Mann hatte von ihren trotz aller Inflationsverluste noch immer wohlhabenden Eltern eine beträchtliche Erbschaft zu erwarten.

193   4] *Schiedhaldenstraße:* Das Haus Schiedhaldenstraße 33 in Küsnacht bei Zürich, in dem die Familie Mann bis zu ihrer Übersiedlung in die Vereinigten Staaten 1938 lebte.

26. 9. 1933

193   1] *Brief an Bermann:* TM an GBF vom 26. 9. 1933 in TM–GBF, 45-46.

2] *Onegin:* Die Wagner- und Verdi-Sängerin Sigrid Onegin (1891-1943), verheiratet mit dem deutschen Arzt Fritz Penzoldt, lebte seit 1931 in der Schweiz.

3] *Frl. Rössler:* Richtig Frl. Rössner, Hausschneiderin, eine Verwandte der Familie Reiff.

194   4] *Universitätsvortrag Hofmannsthals:* Hugo von Hofmannsthals Vortrag ›Das Schrifttum als geistiger Raum der Nation‹, gehalten an der Universität München im Januar 1927, erschien im Juliheft 1927 der ›Neuen Rundschau‹, die erste Buchausgabe im Verlag der Bremer Presse. Im Herbst 1933 brachte der S. Fischer Verlag eine Neuausgabe heraus. Siehe hierzu GBFs Rechtfertigung in TM–GBF an TM vom 23. 3. 1945 in TM–GBF, 389-390 und 784.

27. 9. 1933

195   *Buch von Jaspers:* Der Existenzphilosoph Karl Jaspers (1883-1969) war damals Ordinarius in Heidelberg, erhielt 1937 Lehrverbot, wurde 1945 wieder eingesetzt und nahm 1948 eine Berufung an die Universität Basel an. Sein Werk ›Max Weber, Politiker, Forscher, Philosoph‹ war 1932 erschienen.

28. 9. 1933

1] *Bermann antwortet:* GBF an TM vom 19. 9. 1933 in TM–GBF,   *196*
43-45.

2] *Brief an Bermann:* TM an GBF vom 28. 9. 1933 in TM–GBF,
46-47.

3] »*Neue Deutsche Blätter*«: Anspruchsvolle literarisch-politische
Exilsmonatsschrift von linkssozialistisch-kommunistischer Haltung,
begründet und herausgegeben von Wieland Herzfelde (geboren
1896), vormals Leiter des Berliner Malik-Verlages 1917-1933, erschien in Prag seit Herbst 1933 und wurde 1935 eingestellt.

29. 9. 1933

1] *Fall Bertram:* Siehe TMs Brief an Ernst Bertram vom 19. 11. 1933   *198*
in ›Thomas Mann an Ernst Bertram‹, Briefe, S. 177 f. und 278 f.

2] *Haas:* Willy Haas. Siehe Anmerkung 18 zum 15. 3. 1933.

30. 9. 1933

Kalser: Der Schauspieler Erwin Kalser (1883-1958) wirkte 1923-   *199*
1933 am Staatlichen Schauspielhaus Berlin, emigrierte nach Zürich,
wo er jahrelang dem Ensemble des Schauspielhauses angehörte. Er
emigrierte später in die Vereinigten Staaten und kehrte nach dem
Krieg nach Zürich zurück.

1. 10. 1933

1] *Ankunftskapitel: Joseph in Ägypten,* Drittes Hauptstück: *Die*   *200*
Ankunft, später unterteilt in sieben Kapitel.

2] *Bumann:* Rechtsanwalt Dr. Walter Bumann, Partner von Dr.
Valentin Heins, dem Münchner Anwalt TMs.

3] *H. L. Held:* Der Münchner Schriftsteller und Kulturhistoriker   *203*
Professor Dr. Hans Ludwig Held (1885-1954), Beauftragter für Kultur der Stadt München und Direktor der Münchner Stadtbibliothek,
Begründer ihrer Handschriftensammlung, TM aus München gut bekannt, ein Mann von bedeutender Leibesfülle.

4] *Konkordat:* Das zwischen der Regierung Hitler und Papst Pius   *204*
XI. am 22. 7. 1933 geschlossene, sogenannte Reichskonkordat.

2. 10. 1933

1] *Brief von Bermann:* GBF an TM vom 30. 9. 1933 ist nicht er-   *206*
halten. TMs Antwort darauf vom 2. 10. 1933 in TM–GBF, 47-48.

2] *Ad. Busch:* Der Violinist Adolf Busch (1891-1952), jüngerer Bru-   *207* der von Fritz Busch, war ab 1918 Lehrer an der Hochschule für Musik in Berlin, gründete 1919 das Busch-Quartett, übersiedelte 1926 nach Basel, 1940 nach den Vereinigten Staaten. Er war als Solist und Kammermusikspieler vor allem ein berühmter Interpret von Werken Bachs, Beethovens und Brahms'. Sein ständiger Partner am Klavier war Rudolf Serkin. Siehe Anmerkung 4 zum 19. 12. 1933.

3] *James Cleugh:* ›Thomas Mann. A Study‹ von James Cleugh, ein schmaler Band von 108 Seiten, erschien 1933 im Londoner Verlag Secker. Cleugh schrieb auch die Einführung zu der im selben Verlag erschienenen englischen Ausgabe des Essaybandes *Past Masters and Other Papers.*

3. 10. 1933

208   1] *Bérenger:* Henri Bérenger, französischer Politiker und Senator.

2] *Gobineau:* Arthur Graf Gobineau (1816-1882), französischer Schriftsteller und Diplomat. Sein berühmtes Werk ›Essai sur l'iné-galité des races humaines‹ hatte vor allem in Deutschland großen Widerhall.

3] *Hornstein:* Dr. Ferdinand Freiherr von Hornstein, ›Zu Richard Wagners Aufenthalt in der Schweiz‹, ›Neue Zürcher Zeitung‹ vom 3. und 4. 10. 1933.

4] *Barnum oder Straussberg:* Der amerikanische Spekulant Phineas Taylor Barnum (1810-1891), der ›König des Humbugs‹, Zirkusunternehmer und Schausteller großen Stils, und der Berliner Spekulant der Gründerzeit Henry Strousberg (1823-1884), Generalunternehmer für Eisenbahnbauten, der 1871 spektakulär bankrott ging.

209   5] *»Excelsior«:* Pariser Tageszeitung.

6] *Malraux:* ›La condition humaine‹, das berühmteste Buch des französischen Schriftstellers und Politikers André Malraux (1901-1976) erschien im Herbst 1933 und erregte sogleich großes Aufsehen. Eine deutsche Ausgabe erschien unter dem Titel ›So lebt der Mensch‹ im Verlag der Büchergilde Gutenberg, Zürich 1934.

4. 10. 1933

209   1] *Andrée:* Der Schweizer Dirigent und Komponist Volkmar Andreae (1879-1962) war 1906-1949 Leiter des Zürcher Tonhalle-Orchesters und 1914-1939 Direktor des Zürcher Konservatoriums und setzte sich als Dirigent vor allem für das Werk Bruckners ein. TM schreibt den Namen auch ›André‹ oder Andrä.

2] *R. Strauss:* Richard Strauss (1864-1949) gehörte ebenso wie Hans Pfitzner (1869-1949) und Hans Knappertsbusch zu den Unterzeichnern des Münchner Wagner-Protestes.

3] *die bisherigen 18 Kapitel:* Bis zum Ende des Dritten Hauptstücks. 210

4] *Buch von H. Hauser:* Heinrich Hauser, ›Ein Mann lernt fliegen‹ 211 erschien im Frühjahr 1933 im S. Fischer Verlag. Hauser forderte die Aufnahme einer Widmung an Hermann Göring. GBF versuchte, der Beschämung zu entgehen, indem er verlangte, Hauser selbst müsse die Erlaubnis Görings hierzu einholen. Er war überzeugt, daß Göring ablehnen würde, aber Göring war einverstanden. »Mir blieb nichts anderes übrig, als die Schande auf mich zu nehmen, ein Buch des S. Fischer Verlags einem unserer Erzfeinde und Verfolger gewidmet zu sehen –«. GBF in ›Bedroht – Bewahrt‹, S. 97-98. Der Verlag trennte sich daraufhin von Hauser.

5. 10. 1933

1] *L. Frank:* Der Schriftsteller Leonhard Frank (1882-1961), be- 212 kannt durch seine Erzählungen ›Die Räuberbande‹, ›Karl und Anna‹, ›Das Ochsenfurter Männerquartett‹ und seine Autobiographie ›Links, wo das Herz ist‹, floh im Frühjahr 1933 nach Zürich, ging 1937 nach Paris und gelangte nach mehrfacher Internierung in Frankreich 1940 in die Vereinigten Staaten. Er kehrte 1950 nach Deutschland zurück.

2] *Horwitz:* Der Schauspieler und Regisseur Kurt Horwitz (1897-1974) wirkte in den zwanziger Jahren besonders an Falckenbergs Münchner Kammerspielen, emigrierte 1933 in die Schweiz, gehörte 1933-1945 dem Zürcher Schauspielhaus an, leitete 1946-1950 das Stadttheater Basel und war 1953-1958 Intendant des Bayerischen Staatsschauspiels.

6. 10. 1933

1] *de Boer:* Der holländische Geiger und Musikpädagoge Willem 213 de Boer (1885-1962) war Konzertmeister des Zürcher Tonhalle-Orchesters.

2] *Borel:* Pierre Borel. Siehe Anmerkung 2 zum 27. 1. 1934. 214

3] *Brock:* Der Schweizer Germanist Dr. Erich Brock (1889-1976), dessen Aufsatz ›Der zeitgemäß unzeitgemäße Goethe‹ in der ›Neuen Schweizer Rundschau‹, Oktoberheft 1933 eine von zahlreichen Arbeiten ist, die er über TM veröffentlichte.

4] »*Neue Schweizer Rundschau*«: In Zürich erscheinende Schweizer literarische Monatsschrift, hervorgegangen aus der Zeitschrift ›Wissen und Leben‹, deren Redakteur seit 1923 der TM gut bekannte Essayist Max Rychner war. Siehe Anmerkung 2 zum 10. 10. 1933.

7. 10. 1933

215 1] *Nadler:* Der österreichische Literarhistoriker Josef Nadler (1884-1963), 1931-1945 Professor in Wien, dessen Hauptwerk, eine vierbändige, nach deutschen Stämmen und Landschaften geordnete Literaturgeschichte, von den nationalsozialistischen Rassetheoretikern für sich in Anspruch genommen wurde und bis heute umstritten ist.

2] *Hanhart:* Der Zürcher Arzt Dr. Ernst Hanhart (1891-1973), Spezialist für erbliche Krankheiten, Professor an der Universität Zürich, war mit TM seit 1921, als dieser auf einer Schweizer Vortragsreise sein Gast war, gut befreundet und beriet ihn häufig in medizinischen Fragen, unter anderem für den *Zauberberg*.

8. 10. 1933

215 1] *holländische Reise:* Die geplante Vortragsreise durch Holland fand nicht statt.

216 2] *Zum vierten Mal:* TM hatte sich zuvor 1908 sein Sommerhaus in Tölz, 1914 seine Villa in der Poschingerstraße in München und 1930 das Sommerhaus in Nidden gebaut.

3] *Dr. Fleischmann:* Rechtsanwalt Dr. Carlo Fleischmann, rumänischer Konsul in Zürich.

4] *Lagerlöf:* Die von TM sehr geschätzte und ihm seit dem Nobelpreis-Bankett 1929 in Stockholm auch persönlich bekannte schwedische Dichterin Selma Lagerlöf (1858-1940). Siehe *Große Unterhaltung* (1924), GW X, 639-664, und *Zu Selma Lagerlöfs fünfundsiebzigstem Geburtstag* (1933), GW XIII, 833.

9. 10. 1933

217 1] *Franz Horch:* (1901-1952) Kritiker, Dramaturg an den Reinhardt-Bühnen, Berlin, später literarischer Agent in New York. Seine Besprechung ›Die Geschichten Jaakobs‹ erschien in der ›Neuen Freien Presse‹, Wien, am 8. 10. 1933.

2] *Brief an Bermann:* TM an GBF vom 9. 10. 1933 in TM–GBF, 48-49.

3] »*Equinox*«: ›Equinox Quarters‹, amerikanische Zeitschrift.

10. 10. 1933

1] *Brief von Heinrich:* Nicht erhalten. *218*

2] *Rychner:* Der Schweizer Literarhistoriker, Essayist und Kritiker Max Rychner (1897-1965) ging im Herbst 1931 als Feuilletonredakteur an die ›Kölnische Zeitung‹ nach Köln, gab diesen Posten jedoch bei der nationalsozialistischen Machtübernahme auf und blieb als Sonderberichterstatter der ›Neuen Zürcher Zeitung‹ bis 1937 in Köln.

3] *Dr. Kesser:* Der Erzähler und Dramatiker Hermann Kesser (1880-1952), emigrierte 1933 in die Schweiz. Sein Sohn, der Journalist Armin Kesser (geboren 1906) war ein Schulfreund Klaus Manns aus der Odenwaldschule.

4] *Viotti:* Der italienische Komponist und Violinvirtuose Giovanni Battista Viotti (1755-1824).

5] *Claire Goll:* Deutsch-französische Lyrikerin und Erzählerin, ursprünglich Claire Studer (1901-1977), heiratete 1919 den Dichter Ivan Goll und lebte in Paris; sie schrieb vorwiegend in französischer Sprache. Siehe TM an Claire Goll vom 29. 10. 1933 in Briefe I, 335.

6] *H.I.Weigand:* Professor Hermann John Weigand (geboren 1892), *219* amerikanischer Germanist und Professor an der Yale University, veröffentlichte zahlreiche Arbeiten über TM. Sein Buch über den *Zauberberg* ist bis heute eine maßgebende Studie dieses Werkes und wurde von TM selbst sehr geschätzt.

11. 10. 1933

1] *Bertram:* Ernst Bertrams Briefe an TM sind verloren; nur TMs *219* Gegenbriefe sind erhalten. Die Begegnung in Zürich scheint nicht stattgefunden zu haben.

2] *Korrodi:* Eduard Korrodis Aufsatz ›Der biblische Roman Thomas *220* Manns‹ erschien in der Morgenausgabe der ›Neuen Zürcher Zeitung‹ vom 11. 10. 1933. Korrodi hatte bereits zuvor, am 7. 8. 1932, in derselben Zeitung einen Aufsatz ›Thomas Manns biblischer Roman. Perspektiven‹ veröffentlicht.

3] *Gunkel:* Hermann Gunkel (1862-1932), Verfasser von ›Urgeschichte und Patriarchen‹. Korrodi zitiert in seinem Aufsatz ausführlich aus Gunkels ›Deutung zum 1. Buch Moses, 29.‹

4] *Ludwig Hart:* Der Rezitator Ludwig Hardt (1886-1947), den TM seit 1920 aus München kannte und der ihn als erster auf Franz Kafka aufmerksam machte. Siehe *Über einen Vortragskünstler*, GW X, 864-866.

221   5] *Frau Rudolph:* Ruth Rudolph, geb. von Martini, enge Freundin von Annette Kolb, die bei ihren Aufenthalten in Zürich stets bei ihr wohnte und durch die sie in Beziehung zur Familie Mann trat.

6] *Hilferding:* Der sozialdemokratische Politiker Rudolf Hilferding (1877-1941) war 1924-1933 Mitglied des Reichstags und zweimal, August-Oktober 1923 und Juni 1928 bis Dezember 1929 Reichsfinanzminister.

12. 10. 1933

221   1] *Klaus' Aufsatz:* Klaus Mann, ›Das Schweigen Stefan Georges‹. (Über Stefan George und den deutschen Faschismus) im Oktoberheft 1933 der ›Sammlung‹.

222   2] *W. Born:* Der Maler und Graphiker Wolfgang Born (1894-1949), schuf 1921 neun farbige Lithographien zu *Der Tod in Venedig*, die als Mappe und in Buchform erschienen und zu denen TM in Form eines Briefes vom 18. 3. 1921 ein Vorwort schrieb. Born war Professor für Kunst und Kunstgeschichte in Wien und gab die Zeitschrift ›Der Wiener Kunstwanderer‹ heraus. Er emigrierte später nach Amerika und lehrte an verschiedenen amerikanischen Colleges.

3] *Kokoschka:* Der Maler und Zeichner Oskar Kokoschka (geboren 1886) schuf zwei Zeichnungen zum Joseph-Roman, die zusammen mit einem Aufsatz von Wolfgang Born ›Joseph und seine Brüder‹ im November 1933 in ›Der Wiener Kunstwanderer‹ veröffentlicht wurden.

13. 10. 1933

223   1] *›Buchhändler-Börsenblatt‹:* Die von Alfred Rosenberg geleitete Reichsstelle zur Förderung des deutschen Schrifttums veröffentlichte am 10. Oktober 1933 unter dem Titel ›Literarische Emigrantenzeitschriften‹ im ›Börsenblatt für den deutschen Buchhandel‹ einen massiven Angriff auf ›Die Sammlung‹ und ihre Mitarbeiter, der mit dem Satz schloß: »Es müßte für den deutschen Buchhändler eine Selbstverständlichkeit sein, daß er keine Bücher verbreitet von Autoren, die im Ausland geistige Kriegshetze gegen Deutschland betreiben.« GBF übergab daraufhin die Erklärungen, in denen TM, René Schickele und Alfred Döblin sich von der ›Sammlung‹ di-

stanziert hatten (siehe Anmerkung zum 6. 9. 1933) dem Börsenblatt zur Veröffentlichung, wo sie am 14. Oktober erschienen, und die Reichsstelle nahm ihren Vorwurf zurück. (Siehe Tagebuch-Eintragung vom 14. 10. 1933). Die Wiener ›Arbeiter-Zeitung‹ veröffentlichte daraufhin am 19. 10. einen schweren Angriff gegen TMs Haltung, auf den TM am 25. 10. 1933 in einem Offenen Brief an diese Zeitung antwortete. Diese Erwiderung wurde am 15. 11. 1933 in ›Neue Deutsche Blätter‹, Prag und am 1. 12. 1933 in ›Das Blaue Heft‹, Wien veröffentlicht. Der Text dieser Erwiderung findet sich in TM–GBF, 650. Die gesamte Dokumentation zu dieser Angelegenheit ist in Klaus Schröter, ›Thomas Mann im Urteil seiner Zeit‹, 1969, S. 206 ff. veröffentlicht.

2] *Goldstein:* Ludwig Goldstein, aus Ostpreußen stammender Literat und Publizist, Freund und Gönner Klaus Manns, emigrierte nach Prag und später nach Palästina.

3] *Hofmiller:* Der Essayist und Kritiker Josef Hofmiller (1872-1933), Mitherausgeber der ›Süddeutschen Monatshefte‹ und TM aus München gut bekannt, war am 11. 10. 1933 gestorben. Er hatte zahlreiche Arbeiten über TM veröffentlicht.

14. 10. 1933

1] *Rückziehung des Vorwurfs:* Siehe Anmerkung 1 zum 13. 10. 1933. 223
2] *Brief an Bermann:* Nicht erhalten.

15. 10. 1933

Offener Brief: Nicht aufgefunden. 224

17. 10. 1933

1] *Besprechung in der ›B.Z.‹:* Siehe Anmerkung 3 zum 20. 10. 225
1933.

2] *Besprechung in der Kölnischen Zeitung:* Dettmar Heinrich Sar- 226
netzki, ›Ein biblisches Epos von Thomas Mann‹ in ›Kölnische Zeitung‹ vom 15. 10. 1933. Enthalten in K. Schröter, ›Thomas Mann im Urteil seiner Zeit‹, 214-217.

3] *Hauptmann-Premiere:* Gerhart Hauptmanns Schauspiel ›Die goldene Harfe‹ wurde am 15. 10. 1933 in den Kammerspielen München uraufgeführt.

4] *W. Horowitz:* Der Pianist Wladimir Horowitz (geboren 1904), Schwiegersohn von Arturo Toscanini, lebt in New York.

18. 10. 1933

227 1] *Chefredakteur:* Dr. Willy Bretscher (geboren 1897), Chefredak-
tor der ›Neuen Zürcher Zeitung‹.

2] *J. Lesser:* Der österreichische Philologe und Schriftsteller Jonas
Lesser (1896-1968) emigrierte 1938 nach London und veröffentlichte
1952 sein Hauptwerk ›Thomas Mann in der Epoche seiner Vollendung‹, das sich sehr ausführlich mit den Joseph-Romanen beschäftigt.

19. 10. 1933

228 1] *Focillon:* Der französische Kunsthistoriker Henri Focillon
(1881-1943), seit 1925 Lehrer an der Sorbonne, seit 1938 am Col-
lège de France, emigrierte 1940 nach USA und lehrte an der Yale
University.

2] *Frau Katzenstein:* Dr. Nettie Sutro-Katzenstein (1889-1967),
Gattin des Zürcher Neurologen Dr. Erich Katzenstein, gründete
1933 das »Schweizer Hilfswerk für Emigrantenkinder«, das in
den Jahren 1933-1947 nahezu 10 000 heimatlose Flüchtlingskinder
betreute. Das Ehepaar Katzenstein war mit der Familie Mann befreundet.

20. 10. 1933

228 1] *Prinzessin von Bourbon:* Von TM anderwärts auch als ›Infantin
von Bourbon‹ erwähnt, vermutlich die Gattin von Ferdinand Prinz
von Bourbon, Herzog von Kalabrien, der in München lebte.

2] *Brief von Bermann:* Nicht erhalten.

3] *Wiegler:* Der Berliner Literarhistoriker und Kritiker Paul Wiegler (1878-1949) war Redakteur im Ullstein-Verlag. Seine Besprechung in der Ullstein-Zeitung ›B.Z. am Mittag‹ nicht nachgewiesen.

21. 10. 1933

230 *Rychner in Köln:* Siehe Anmerkung 2 zum 10. 10. 1933.

23. 10. 1933

230 1] *der junge Lanzoff vom Querido-Verlag:* Fritz H. Landshoff (geb.
1901) war bis 1933 Direktor des Gustav Kiepenheuer-Verlags Berlin, gründete 1933 die deutsche Abteilung im Verlag Querido, Amsterdam, die er bis zum deutschen Überfall auf die Niederlande leitete. Er befand sich in diesem Augenblick zufällig in London und in
Sicherheit, ging von dort nach New York, wo er zusammen mit

GBF den Verlag L. B. Fischer gründete. Er kehrte nach dem Krieg nach Holland zurück, führte den deutschen Querido-Verlag bis zu seinem Zusammenschluß mit dem neugegründeten S. Fischer Verlag weiter und wirkt heute in leitender Stellung im Verlag Harry N. Abrams, New York. Landshoff, schon seit seiner Jugend ein Verehrer TMs, war insbesondere mit Erika und Klaus Mann eng befreundet.

2] *Diktatbrief an Bermann:* Nicht erhalten.

3] *Rabener:* Johann Rabener (geboren 1909); sein autobiographischer Roman ›Verurteilt zum Leben‹ erschien 1933 im Rowohlt Verlag Berlin.

4] *Kaula:* Friedrich Kaula, Kommerzienrat und Handelsrichter in   231
München, wohnte in der Steubstraße am Herzogpark, in nachbarlicher Nähe TMs.

24. 10. 1933

1] *M. Platzer:* Martin Platzer, Mitarbeiter der ›National-Zeitung‹,   231
Basel und guter Bekannter TMs seit 1921, veröffentlichte eine Anzahl von Arbeiten über TM.

2] *»Wiener Arbeiter-Zeitung«:* Siehe Anmerkung 1 zum 13. 10.   232
1933.

3] *Antiquar Dr. Rosenthal:* Der Kunsthistoriker und Kunsthändler Dr. Erich Rosenthal (geboren 1889), emigrierte 1933 in die Schweiz, Inhaber eines renommierten Antiquitätengeschäftes in Zürich, Verfasser zahlreicher kunsthistorischer Bücher und Schriften.

25. 10. 1933

1] *Schlamm:* Willi Schlamm (geboren 1904), der sich später Wil-   232
liam S. Schlamm nannte, emigrierte 1933 von Wien nach der Tschechoslowakei und gab zusammen mit Hermann Budzislawski in Prag die ›Neue Weltbühne‹ heraus. Er wanderte 1938 nach den Vereinigten Staaten aus, wandelte sich von einem linkssozialistischen zum konservativen Publizisten an den Zeitschriften von Henry Luce und kehrte 1959 nach Europa zurück.

2] *Diebolds Besprechung:* Bernhard Diebold, ›Thomas Mann unter   233
den Patriarchen‹, in ›Frankfurter Zeitung‹ vom 25. 10. 1933.

3] *Bermanns Verteidigungsbrief:* Nicht erhalten.

4] *Stroh:* Der Berliner Essayist und Kritiker Heinz Stroh (1899-

1952) veröffentlichte in den zwanziger Jahren zahlreiche Rezensionen der Werke TMs und während des NS-Regimes ›Thomas Manns jüdische Menschen‹ im Märzheft 1937 der ›Jüdischen Revue‹, Berlin.

5] *A. T. Wegner:* Der pazifistische Schriftsteller Armin T. Wegner (geboren 1886) wurde 1933 verhaftet und durch mehrere Konzentrationslager und Gefängnisse geschleppt, nachdem er am Ostersonntag 1933 ein Sendschreiben an Hitler ›Die Warnung‹ veröffentlicht hatte. Er gelangte 1934 nach England, ging 1936 vorübergehend nach Palästina und lebt seit 1937 in Italien.

6] *Hartau:* Richtig Hartung: Der Regisseur Gustav Hartung. Siehe Anmerkung 4 zum 14. 12. 1933.

26. 10. 1933

233 1] *Heuser:* Der Erzähler Kurt Heuser (1903-1975), debütierte 1928 im S. Fischer Verlag mit dem Novellenband ›Elfenbein für Felicitas‹, mit GBF befreundet.

2] *Hausmann:* Der Lyriker und Erzähler Manfred Hausmann (geboren 1898, bekannt durch seine Romane ›Salut gen Himmel‹ und ›Abel mit der Mundharmonika‹, war Autor des S. Fischer Verlags und mit den Familien Fischer und Bermann Fischer befreundet.

234 3] *Golo:* Golo Mann hatte durch Vermittlung von Pierre Bertaux ein Lehramt am Lehrerseminar in St. Cloud erhalten. Er wechselte von dort zur Universität Rennes über.

27. 10. 1933

234 *Schrieb an Heinrich:* Der Brief ist nicht erhalten.

28. 10. 1933

235 1] *Rascher:* Max Rascher (1883-1962), Inhaber des Zürcher Verlags Rascher & Cie, der sich um einen Essayband von TM bemühte. TM war dieser Vorschlag willkommen, aber GBF war nicht bereit, die Rechte abzutreten, da der S. Fischer Verlag den Band selber bringen wollte. Siehe TM an GBF vom 30. 6. 1933 in TM–GBF, 26.

2] *Brief von R. Rolland:* Ein Brief Romain Rollands an Klaus Mann betreffend die Erklärungen TMs, Schickeles und Döblins über ihre Mitarbeit an der ›Sammlung‹ erschien, in französischer Sprache, im Novemberheft 1933 der Zeitschrift.

3] *Panther:* Der englische Journalist Noel Panther, Korrespondent Londoner Blätter in Deutschland.

4] *Berner Bund:* Hugo Marti, ›Thomas Manns biblischer Roman‹, in ›Der kleine Bund‹, 29. 10. 1933.

5] *Berliner Tageblatt:* Hans Flemming, ›Thomas Mann: Die Geschichten Jaakobs‹, ›Berliner Tageblatt‹, 26. 10. 1933.

6] *Schlesinger:* Kurt Schlesinger. Näheres nicht bekannt.

30. 10. 1933

Tod Painlevés: Der französische Mathematiker und Politiker Paul   236
Painlevé (geboren 1863), mehrfach französischer Ministerpräsident und ein Befürworter der deutsch-französischen Verständigung, war am 29. 10. 1933 gestorben.

31. 10. 1933

1] *O. M. Fontana:* Der österreichische Dramatiker und Erzähler Os-   237
kar Maurus Fontana (1889-1969) war TM aus Wien persönlich bekannt.

2] *›Literarische Welt‹:* Die von Willy Haas gegründete Berliner Li-   238
teraturzeitschrift war in ›Das deutsche Wort‹ umgenannt worden. Der Artikel: ›Thomas Manns Alterswerk. Eine notwendige Ablehnung‹ von Joachim Wecker erschien am 27. 10. 1933. Wortlaut in Klaus Schröter, ›Thomas Mann im Urteil seiner Zeit‹, 217-220.

1. 11. 1933

1] *K.'s Jugendbild von Kaulbach:* Vermutlich eine Verwechslung   238
mit dem Jugendbildnis Frau Katias von Lenbach. Das Bild von Kaulbach war nicht im Besitz der Familie Mann und kam nicht nach Zürich. Es hing im Haus Pringsheim in der Arcisstraße und befindet sich heute in Privatbesitz in München. Das Lenbach-Bild hingegen befindet sich im Haus Mann in Kilchberg bei Zürich.

2] *O. Basler:* Otto Basler (geboren 1902), Lehrer und Essayist, lebt   239
in Burg im Aargau und war mit TM seit 1930 befreundet. Er erhielt im Lauf des nächsten Vierteljahrhunderts rund 150 Briefe von ihm, aus denen er 1965 in Heft 5 der Blätter der Thomas-Mann-Gesellschaft eine Auswahl veröffentlichte. Siehe auch *Briefe an einen Schweizer* in *Altes und Neues*, 1953.

3] *Buenger:* Präsident des Reichsgerichtshofes in Leipzig, vor dem der Reichstagsbrandprozeß verhandelt wurde.

4] *›Beobachter‹:* Die nationalsozialistische Parteizeitung ›Völkischer Beobachter‹.

5] *Prof. Reinstrom:* Heinrich Rheinstrom (1884-?), Professor für Finanzwissenschaft und Steuerrecht an der Technischen Hochschule München, später Professor an amerikanischen Hochschulen.

2. 11. 1933

240 *Rektor Fleiner:* Fritz Fleiner (1867-1937), Schweizer Historiker und Staatsrechtslehrer, seit 1915 Professor in Zürich.

3. 11. 1933

241 *Storm-Essay: Theodor Storm* (1930), GW IX, 246-267.

4. 11. 1933

241 *Dr. H. Hellmund:* Der Schriftsteller und Philosoph Heinrich Hellmund (1897-1937) emigrierte 1933 nach der Schweiz, von dort nach Frankreich, wo er 1937 in der Nähe von Dijon ums Leben kam. Sein Hauptwerk ›Das Wesen der Welt‹ erschien 1927. TM bemühte sich bei Carl J. Burckhardt, dem Schweizer Diplomaten und Historiker (1891-1974), der seit 1932 Professor in Genf und 1937-1939 Völkerbundkommissar in Danzig war, um Hilfe für Hellmund. Siehe TM an C. J. Burckhardt in Briefe I, 337.

6. 11. 1933

242 1] *Nicolson:* Der englische Diplomat, Historiker und Essayist Harold Nicolson (1886-1968) hatte an den Versailler Friedensverhandlungen teilgenommen und 1919 sein kritisches Buch ›Peacemaking 1918‹ veröffentlicht, das in deutscher Übersetzung unter dem Titel ›Friedensmacher‹ 1933 erschien. TM scheint jedoch die englische Originalfassung gelesen zu haben.

2] *Brief von Heinrich:* Nicht erhalten.

3] *Dr. Steiner:* Herbert Steiner. Siehe Anmerkung 7 zum 18. 3. 1933.

4] *Silomon:* Karl H. Silomon, Buchhändler, Mitautor der ersten Hermann-Hesse-Bibliographie (1947), später Gründer des Verlags ›Die Waage‹ in Murnau.

5] *Dr. Opprecht:* Der sozialdemokratische Zürcher Buchhändler und Verleger Dr. Emil Oprecht (1895-1952) war mit TM späterhin eng befreundet. Zusammen mit seiner Gattin Emmie Oprecht nahm er sich in tatkräftiger und aufopfernder Weise der exilierten deutschen Schriftsteller und Schauspieler an. Seine Buchhandlung in der Rämistraße 5 in Zürich war Treffpunkt und Zentrum der exilierten deutschen Intellektuellen, und die von ihm gegründeten und geleiteten Verlage ›Dr. Oprecht und Helbling‹ und ›Europa-Verlag‹ waren die führenden antifaschistischen Verlage der Schweiz und veröffentlichten unter anderem das Werk von Ignazio Silone, der in Zürich im Exil lebte. Oprecht veröffentlichte im Januar 1937 TMs *Ein Briefwechsel* (Antwort an den Dekan der Philosophischen Fakultät der Universität Bonn auf die Aberkennung der Ehrendoktorwürde), und in seinem Verlag erschien die von TM gegründete und von ihm und Konrad Falke herausgegebene literarische Zweimonatsschrift ›Maß und Wert‹. Siehe *Abschied von Emil Oprecht* (1952), GW X, 526-528.

7. 11. 1933

1] *Bermann schrieb:* Der Brief ist nicht erhalten.   243

2] *›Die Welt im Wort‹:* Von Willy Haas als Nachfolge seiner ›Literarischen Welt‹ im Prager Exil herausgegebene, kurzlebige deutschsprachige Literaturzeitschrift. Paul (Pavel) Eisners Aufsatz ›Thomas Manns Höllenfahrt‹ erschien in Nr. 4 der Zeitschrift am 20. 10. 1933.

8. 11. 1933

1] *Mollenhauer-Nidden:* Der Maler Ernst Mollenhauer (1892-1963)   244
in Nidden, Schwiegersohn des Niddener Gasthofbesitzers Blode. Er hatte TM den Ankauf des Dünengrundstückes vermittelt, den Architekten des Sommerhauses beschafft und den Hausbau überwacht und war während der Abwesenheit der Familie TMs Vertrauensperson am Ort.

2] *Faber du Faur:* Curt von Faber du Faur (1890-1966), bedeutender Privatgelehrter und Bibliophile in München, enger Freund des Verlegers Kurt Wolff, emigrierte zusammen mit diesem nach Florenz und von dort nach den Vereinigten Staaten und war seit 1940 Professor an der Yale University, der er seine berühmte Barockbibliothek übereignet hatte.

9. 11. 1933

245   1] *Clemenceau:* Georges Clemenceau (1841-1929), genannt ›Der Tiger‹, französischer Politiker und Staatsmann, mehrfach Minister und zweimal Ministerpräsident (1906-1909 und 1917-1920), Hauptarchitekt des Friedensvertrags von Versailles, in dem er anstrebte, den Rhein zur militärischen Grenze Frankreichs zu machen. Siehe TMs heftige Polemik gegen ihn während des Ersten Weltkrieges in *Betrachtungen eines Unpolitischen,* GW XII, 9-589.

2] *Grey:* Sir Edward Grey, seit 1916 Viscount Grey of Fallodon (1862-1933), liberaler britischer Staatsmann, britischer Außenminister 1905-1916.

3] *P. Cassirer:* Der Berliner Kunsthändler und Verleger Paul Cassirer (1871-1926).

10. 11. 1933

247   *Prof. Medikus:* Fritz Medicus (1876-1956), Professor der Philosophie an der Eidgenössischen Technischen Hochschule in Zürich; unter seinen Werken ›Grundrisse der philosophischen Wissenschaft‹.

14. 11. 1933

248   *Schmidhauser:* Der Schweizer Essayist Julius Schmidhauser (* 1893)

16. 11. 1933

249   1] *Ebert:* Der Schauspieler, Regisseur und Opernintendant Carl Ebert (geboren 1887) war seit 1931 Intendant der Städtischen Oper Berlin, emigrierte 1933 in die Schweiz und wirkte kurze Zeit als Schauspieler am Schauspielhaus Zürich. 1934 gründete er mit Fritz Busch und Rudolf Bing die Opernfestspiele in Glyndebourne, England, und leitete später Opernschulen in Ankara und an der Universität Los Angeles. 1954 wurde er als Intendant an die Städtische Oper Berlin berufen, wo er bis 1962 wirkte.

2] *Wickihalder:* Dr. Hans Wickihalder (1896-1951), Direktor des Corso-Theaters Zürich und Gatte der Tänzerin Trudi Schoop.

3] *Loewenfeld:* Philipp Loewenfeld (1887-1963), Münchener Strafverteidiger, emigrierte 1933 nach Zürich und ließ sich 1938 in New York nieder.

17. 11. 1933

249   1] *Brief von Bermann:* GBF an TM vom 14. 11. 1933 in TM–GBF, 53-55.

2] *Brief vom alten Fischer:* S. Fischer an TM vom 15. 11. 1933 in TM–GBF, 55-56.

3] *Einleitungsaufsatz:* Heinrich Manns Aufsatz ›Das Bekenntnis zum Übernationalen‹, der den Essayband ›Der Haß‹ eröffnet.

4] *Franks Besprechung:* Bruno Frank: ›Zu Thomas Manns neuem   250
Werk »Die Geschichten Jaakobs«‹ in ›Das Neue Tage-Buch‹, **Paris**.

5] *Rechtsanw. Forster:* Dr. Ferdinand Forster, Rechtsanwalt in Zürich.

18. 11. 1933

Beckers Wagner-Buch: Paul Bekker, ›Richard Wagner – Das Leben   250
im Werke‹ (1924).

19. 11. 1933

Lotte Buff-Kestner: Dies ist der früheste Hinweis in den Tagebü-   251
chern auf den Novellenstoff, aus dem in den Jahren 1936-1939 der
Roman *Lotte in Weimar* wurde.

20. 11. 1933

1] *Brief von Suhrkamp:* Nicht erhalten.   251

2] *Reisigers Aufsatz:* Hans Reisiger, ›Zu Thomas Manns »Geschichten Jaakobs«‹ in ›Neue Rundschau‹, Dezemberheft 1933.

3] *Heinrich schreibt:* HM an TM aus Nizza vom 18. 11. 1933 in
TM–HM, 142-144.

4] *Walter Bauer:* Der Arbeiterdichter, Lyriker und Erzähler Walter   252
Bauer (1904-1976), dessen Roman ›Das Herz der Erde‹ (1933) hier
vermutlich gemeint ist. Bauer wanderte 1952 nach Kanada aus, war
dort zuletzt Dozent für deutsche Sprache und Literatur in Toronto.

5] *Theodor Haecker:* Der katholische Kulturphilosoph Theodor
Haecker (1879-1945) wurde bekannt mit seinem Hauptwerk ›Vergil, Vater des Abendlandes‹. Seine während der NS-Zeit insgeheim
geführten und versteckt gehaltenen ›Tag- und Nachtbücher‹ wurden
nach seinem Tod veröffentlicht und sind von beträchtlicher zeitgeschichtlicher Bedeutung.

6] *Kerr:* Alfred Kerr (siehe Anmerkung 4 zum 2. 4. 1933) hatte um
die Jahrhundertwende viel zu Hauptmanns Ruhm und Aufstieg beigetragen. Er war enttäuscht und empört über Hauptmanns kompromißlerische Haltung gegenüber dem NS-Regime und veröffentlichte
1933 im Exil eine sprachgewaltige, alttestamentarisch anmutende
›Verfluchung‹ seines einstigen Freundes und Weggenossen.

22. 11. 1933

253   1] *Der junge Widmann:* Siehe Anmerkung 4 zum 7. 2. 1934.

2] *Franks Cervantes-Roman:* Bruno Franks Roman ›Cervantes‹ erschien 1934 im Verlag Querido, Amsterdam.

3] *»40 Tage«:* Der Roman ›Die vierzig Tage des Musa Dagh‹ von
Franz Werfel.

4] *Wassermann:* Jakob Wassermanns Roman ›Joseph Kerkhovens
dritte Existenz‹, der dritte Roman der Etzel Andergast-Trilogie und
sein letztes Werk, war eine sehr stark autobiographische Erzählung,
die unverhüllt sein Ehedrama berichtete. Seine erste Gattin, Julie
Wassermann-Speyer, die darin unverkennbar porträtiert ist, versuchte, das Erscheinen des Buches zu verhindern, indem sie den S.
Fischer Verlag und andere Verlage mit Schadenersatz-Prozessen
bedrohte. Der Roman erschien erst nach Wassermanns Tod 1934 im
Querido-Verlag, Amsterdam.

23. 11. 1933

253   *B. Tecchi:* Der italienische Schriftsteller, Übersetzer, Germanist und
Literaturprofessor Bonaventura Tecchi (1896-1968) veröffentlichte
zahlreiche Studien über das Werk TMs.

24. 11. 1933

254   1] *Köhler:* Ludwig Köhler (1880-1956), Professor für biblische Wissenschaft an der Universität Zürich.

2] *Wölflin:* Der Kunsthistoriker Heinrich Wölfflin (1884-1945)
wurde 1912 Professor in München, woher TM ihn kannte, und war
seit 1924 Professor in Zürich. Er wirkte, vor allem durch seine
›Kunstgeschichtlichen Grundbegriffe‹ (1915) weit und maßgebend
über sein Fachgebiet hinaus.

3] *H. Burte:* Der Maler, Lyriker und Erzähler Hermann Burte
(1879-1960), von bewußt völkischer Tendenz, erhielt 1912 für seinen Roman ›Wiltfeber, der ewige Deutsche‹ den Kleist-Preis.

26. 11. 1933

258   1] *Nouvelles Littéraires:* Diese Rezension ist nicht nachweisbar.
Edmond Jaloux besprach ›Les Histoires de Jacob‹ und ›Le Jeune Jo-
seph‹ erst am 15. 8. 1936 bezw. 22. 8. 1936 in den ›Nouvelles
Littéraires‹. Siehe TM an GBF vom 26. 11. 1933 in TM–GBF, 56-57.

2] *Wallenstein-Roman:* Siehe Anmerkung 2 zum 15. 11. 1934.

3] *Schrieb an Bermann:* TM an GBF vom 26. 11. 1933 in TM–GBF, *259*
56-57.

27. 11. 1933

1] *Brief von Hesse:* HH an TM vom 26. 11. 1933 in HH–TM, 47. *259*

2] *Gieseking:* Der Pianist Walter Gieseking (1895-1956).

3] *Frau Fritz Busch:* Grete Busch geborene Boettcher (1886-1966).

4] *Wüllner:* Der Rezitator und Sänger Ludwig Wüllner (1858-1938).

28. 11. 1933

1] *Schreiben Bertrams:* Nicht erhalten. *260*

2] *Posener:* Der Berliner Architekt und Schriftsteller Julius Posener
(geboren 1904), emigrierte 1933 nach Frankreich, später nach Palästina und England, seit 1961 Professor an der Hochschule der Künste,
Berlin, 1971 emeritiert.

30. 11. 1933

1] *Hörschelmann:* Der Maler und Zeichner Rolf von Hoerschelmann *260*
(1885-1947), mit TM aus München seit Jahrzehnten gut befreundet.
TM nannte den kleinen, verwachsenen, skurrilen und überaus hu-
morvollen und herzlichen Mann scherzhaft den ›Herrn vom Hörsel-
berg‹. Der letzte Brief, den TM vor seiner Abreise aus Deutschland
am 11. 2. 1933 schrieb, war an Hoerschelmann gerichtet. Seine Erinnerungen ›Leben ohne Alltag‹, Berlin 1947.

2] *»Rassen«:* Das Schauspiel ›Die Rassen‹ des österreichischen Dra- *261*
matikers Ferdinand Bruckner (eigentlich Theodor Tagger) (1891-
1958). Bruckner wurde in den zwanziger Jahren in Berlin durch seine
Schauspiele ›Krankheit der Jugend‹, ›Die Verbrecher‹ und ›Elisabeth von England‹ berühmt und emigrierte 1933 in die Schweiz und
nach Frankreich und 1936 nach den Vereinigten Staaten. Er kehrte
1951 nach Berlin zurück.

3] *Cokor:* Der österreichische Dramatiker Franz Theodor Csokor
(1885-1969), bedeutender Vertreter des Expressionismus, erklärter
Pazifist und Antifaschist, bekannt durch seine Schauspiele ›Gesellschaft der Menschenrechte‹ und ›Dritter November 1918‹, Verkün-
der einer neuen, weltweiten Humanität, emigrierte 1938 freiwillig
nach Polen, später nach Jugoslawien, kehrte 1946 nach Österreich
zurück. Er inszenierte 1926 Klaus Manns ›Anja und Esther‹ am

Wiener Volkstheater und war mit Erika und Klaus Mann befreundet.

1. 12. 1933

261   1] *Bermann berichtet:* Der Brief ist nicht erhalten.

2] *Vossische Zeitung:* Aufsatz des Komponisten Ernst Křenek ›Zivilisierte Magie‹. Zu Thomas Manns alttestamentarischem Romanwerk‹ in ›Vossische Zeitung‹, Berlin, vom 26. 11. 1933.

3] *L. Weltmann:* Lutz Weltmann (1901-1967), Lehrer und Bibliothekar in Berlin, veröffentlichte eine Anzahl von Arbeiten über TM. Er emigrierte 1939 nach London. Sein Aufsatz ›Die Geschichten Jaakobs‹ erschien in der ›Bayerischen Israelitischen Gemeindezeitung‹, München, 1933, 9. Jahrgang, Seite 357.

4. 12. 1933

262   1] *Gide:* Der französische Dichter André Gide (1869-1951) vertrat in seinem vielschichtigen Werk, vor allem in ›Les caves du Vatican‹, ›Si le grain ne meurt‹ und ›Les Faux-monnayeurs‹ den Immoralismus als die eigentliche Moral und übte auf TM stets große Faszination aus. TM kannte ihn flüchtig von einem Münchner Besuch Gides und wurde vor allem von seinem Sohn Klaus, der Gide sehr verehrte und mit ihm befreundet war, immer wieder auf ihn hingewiesen. Gide war einer der Schirmherren der Zeitschrift ›Die Sammlung‹. (Siehe Klaus Mann, Gide-Biographie, 1948). Siehe auch TM *Si le grain ne meurt* (1929), GW X, 711-721, und *Zum Tode André Gides* (1951), GW X, 523.

263   2] *Schrieb an Bermann:* TM an GBF vom 4. 12. 1933 in TM–GBF, 58.

3] *Holländische Ausgabe:* Eine holländische Ausgabe der Joseph-Romane kam zu TMs Lebzeiten nicht zustande.

4] *Stefan George:* Der Dichter Stefan George (geboren 1868) war 1933 aus Protest gegen die nazistische Umdeutung seines Werkes in die Schweiz gegangen und am 4. 12. 1933 in Minusio bei Locarno gestorben. TM hatte für seine Persönlichkeit und sein Werk stets Respekt gehegt, ohne jedoch wirkliche Zuneigung zu empfinden.

5] *»Jaakob trägt Leid um Joseph«:* Das erste Kapitel des Siebenten Hauptstücks von *Der junge Joseph* erschien im Vorabdruck im Januarheft 1934 der ›Neuen Rundschau‹.

7. 12. 1933

1] *Bohnenblust:* Siehe Anmerkung 1 zum 6. 8. 1934.   *264*

2] *V. Wittkowski:* Der Lyriker Victor Wittkowski (1909-1960), dem TM im Exil verschiedentlich zu helfen suchte.

3] *Prof. Gumbel:* Der politisch sehr aktive Naturwissenschaftler Emil J. Gumbel (1891-1966), den TM aus Heidelberg kannte, war vor 1933 zuletzt Professor an der Universität Gießen, ging bereits 1932 nach Frankreich und 1940 nach den Vereinigten Staaten, wo er Professor an der Columbia University, New York, war.

4] *E. Frisch:* Der Schriftsteller und Übersetzer Efraim Frisch (1873-1942) war ein guter Bekannter TMs aus München, wo Frisch die literarische Monatsschrift ›Neuer Merkur‹ geleitet hatte, an der TM häufig mitarbeitete. Frisch emigrierte 1933 in die Schweiz und arbeitete, unter verschiedenen Pseudonymen, an der ›Sammlung‹ und an ›Maß und Wert‹ mit. Sein Aufsatz ›Die Geschichten Jaakobs. Einige Anmerkungen‹ erschien unter dem Pseudonym E. H. Gast im Januarheft 1934 der ›Sammlung‹.

5] *Alban Berg:* Der österreichische Komponist Alban Berg (1885-1935).

9. 12. 1933

1] *»Welt im Wort«:* Siehe Anmerkung 2 zum 7. 11. 1933.   *265*

2] *Wassermann:* Jakob Wassermann befand sich auf der Durchreise in Zürich. Obwohl bereits schwer leidend, bestand er darauf, eine Vortragsreise in Holland zu absolvieren, von der er todkrank zurückkehrte. Siehe Eintragung vom 20. 12. 1933.

3] *Pfeiffer-Belli:* Der Kritiker Erich Pfeiffer-Belli (geboren 1901),   *266* der eine große Anzahl von Arbeiten über TM veröffentlichte, war damals Feuilletonredakteur an der ›Königsberger Hartungschen Zeitung‹.

10. 12. 1933

1] *F. Strich:* Der Literarhistoriker Fritz Strich (1882-1963) wurde   *266* 1915 außerordentlicher Professor in München und war mit TM seit der Münchner Zeit gut befreundet. 1929-1953 war Strich ordentlicher Professor in Bern. Sein Buch ›Kunst und Leben‹ enthält unter anderem drei Aufsätze über TM.

2] *Singer:* Der österreichische Germanist Professor Samuel Singer (1860-1948), hervorragende Autorität auf dem Gebiet der mittelalterlichen Literatur, war seit 1896 Professor an der Universität Bern. Er lieferte TM eine Übersetzung des mittelhochdeutschen Textes von Hartmann von Aues ›Gregorius‹, die TM als Unterlage für *Der Erwählte* benutzte.

3] *Blunck:* Der deutsche Heimatschriftsteller Hans Friedrich Blunck (1888-1961), TM persönlich flüchtig bekannt, war 1933-1935 Präsident der Reichsschrifttumskammer.

11. 12. 1933

266 1] *Hans Henning Jahn:* Der Erzähler, Dramatiker und Orgelbauer Hans Henny Jahnn (1894-1959), Kleistpreisträger 1920, emigrierte 1933 nach Dänemark, lebte 1933-1934 in der Schweiz und kehrte dann nach Dänemark zurück.

2] *Prof. Griesebach:* Nicht ermittelt.

13. 12. 1933

267 1] *»Witiko«:* Adalbert Stifters ›Witiko‹, den TM kürzlich gelesen hatte, war TMs Antwort auf eine Rundfrage nach einem Geschenkbuch zu Weihnachten. Erschien in ›Welt im Wort‹ am 21. 12. 1933.

2] *Rensch:* Der Schweizer Verleger Eugen Rentsch in Erlenbach bei Zürich.

14. 12. 1933

268 1] *»Juarez und Maximilian«:* Das erfolgreichste und meistgespielte Drama Franz Werfels, war bereits 1924 entstanden. TM kannte Werfels Werk seit 1920, als ihm der Roman ›Nicht der Mörder, der Ermordete ist schuldig‹ trotz seines Abscheus vor dem Expressionismus großen Eindruck machte.

2] *Frau Rieser:* Marianne Rieser, Schwester Franz Werfels, mit dem Direktor des Zürcher Schauspielhauses, Ferdinand Rieser, verheiratet.

3] *der Binder:* Die Schauspielerin Sibylle Binder (1898-1962).

4] *Hartung:* Der Regisseur und Theaterleiter Gustav Hartung (1887-1946) war bis 1933 Intendant des Landestheaters Darmstadt, emigrierte in die Schweiz und wirkte bis zu seinem Tod in Zürich und Basel.

16. 12. 1933

269 1] *Dr. Bollag:* TMs Augenarzt in Zürich.

2] *Dr. Wälty:* Dr. Jakob Welti, Feuilletonredakteur und Theaterkritiker der ›Neuen Zürcher Zeitung‹.

18. 12. 1933

1] *Brief von Bermann:* Nicht erhalten, hingegen TMs Antwort vom   *270*
18. 12. 1933 in TM–GBF, 59-60, worin er »eine nochmalige Teilung,
ein Erscheinen des 3. Bandes in zwei Teilen« vorschlägt, damit die
Pause zwischen Band II und III nicht zu lang werde. Dies ist der
erste Hinweis auf die Gliederung von *Joseph und seine Brüder,* ursprünglich dreibändig geplant, in vier Romane.

19. 12. 1933

1] *L. Marcuse:* Der Schriftsteller, Kritiker und Publizist Ludwig   *271*
Marcuse (1894-1971), vor 1933 zuletzt am ›Frankfurter General-
Anzeiger‹ tätig, emigrierte 1933 nach Frankreich, 1938 nach den
Vereinigten Staaten, war seit 1940 Professor für Philosophie an der
University of Southern California, Los Angeles, und kehrte 1963
nach Deutschland zurück. Er schrieb zahlreiche scharfsinnige und
geistvolle philosophische, literar- und kulturhistorische Monographien, unter anderem über Georg Büchner, Heine, Börne, Loyola,
Freud sowie eine Autobiographie ›Mein zwanzigstes Jahrhundert‹.
2] *»Blaue Hefte«:* Die Wiener literarische Emigrantenzeitschrift ›Das
Blaue Heft‹.
3] *B.:* Beethoven.
4] *Serkin:* Der Pianist Rudolf Serkin (geboren 1903), ständiger Partner von Adolf Busch, seinem späteren Schwiegervater, bildete mit
diesem und Hermann Busch das Busch-Serkin-Trio. Serkin lebte seit
1926 in Basel, ging später nach den Vereinigten Staaten, wirkt seit
1939 in Philadelphia, wo er Direktor des Curtis Institute of Music
ist. Er leitet das Marlboro Festival of Music.
5] *deutschen Generalkonsul:* Joachim Windel (1882-1934) war
1931-1934 deutscher General-Konsul in Zürich.

20. 12. 1933

1] *Wassermann:* Siehe Anmerkung 2 zum 9. 12. 1933. Wassermann   *271*
starb kurz nach seiner Heimkehr in den Morgenstunden des 1. 1.
1934 in Altaussee. Siehe TMs Tagebuch-Eintragung vom 2. 1. 1934.
2] *Keilpflug:* Nicht ermittelt.   *272*
3] *W. Süskind:* Siehe Anmerkung 6 zum 22. 4. 1933.
4] *4 Jahre:* Die Dauer des Ersten Weltkrieges.

21. 12. 1933

272   1] *Hinkel:* Hans Hinkel (1901-1960), nationalsozialistischer Reichsorganisationsleiter des von Alfred Rosenberg gegründeten »Kampf-
bundes für deutsche Kultur«.

2] *»Königsberger H. Zeitung«:* Die wegen ihres ausgezeichneten
Kulturteils angesehene, 1640 gegründete ›Königsberger Hartung-
sche Zeitung‹, an der Erich Pfeiffer-Belli Feuilletonredakteur war,
stellte ihr Erscheinen ein, und TM widmete ihr in einem zur Veröffentlichung bestimmten Brief einige Abschiedsworte.

23. 12. 1933

274   *an Bermann:* TM an GBF vom 23. 12. 1933 in TM–GBF, 60.

24. 12. 1933

274   *Everth:* Erich Everth, ›C. F. Meyer. Dichtung und Persönlichkeit‹.

25. 12. 1933

275   1] *Buddenbrooks-Suite von N.:* Die Sätze ›Flötenstück‹ und ›Kin-
dertanz‹ aus der ›Buddenbrooks-Suite‹ des neuromantischen Komponisten und Schriftstellers Walter Niemann (1876-1953), die 1932
im deutschen Rundfunk uraufgeführt wurde. Hier handelt es sich
um eine Privataufnahme des Studio Hug in Zürich.

276   2] *Herr Papale:* Die beiden jüngsten Kinder TMs übernahmen diese,
von ihrer schwäbischen Kinderfrau geprägte Bezeichnung für TM.

3] *Emigranten-Novelle:* Nicht feststellbar; möglicherweise ›Schmerz
eines Sommers‹ (unveröffentlicht).

26. 12. 1933

276   1] *Brief von Bermann:* Nicht erhalten.

2] *Französisches Unglück:* Die Eisenbahnkatastrophe bei Langy in
Frankreich mit 217 Toten und 250 Verletzten.

277   3] *Dietrich Eckart:* Der deutsch-völkische, antisemitische Schriftstel-
ler Dietrich Eckart (1868-1923), seit 1919 Mentor und Förderer
Hitlers, 1921-1923 Chefredakteur des ›Völkischen Beobachters‹ und
Erfinder des NS-Kampfrufes »Deutschland erwache!«

27. 12. 1933

277   1] *Brief von Heinrich:* HM an TM vom 25. 12. 1933 in TM–HM,
144-145.

2] *Célines Roman:* Der Roman ›Voyage au bout de la nuit‹ von Louis-Ferdinand Céline (1894-1962) erschien im Herbst 1933 in deutscher Übersetzung unter dem Titel ›Reise ans Ende der Nacht‹ im Verlag Kittel, Mährisch-Ostrau, CSR.

3] *Dr. K.:* Der Schulreformer Dr. Fritz Karsen, vormals Leiter des Karl Marx-Gymnasiums in Berlin-Neukölln.

28. 12. 1933

Lawrence: Der englische Erzähler David Herbert Lawrence (1885-1930), der lange unter den Indianern von Neu-Mexiko gelebt hatte.　　278

29. 12. 1933

1] *Conrad:* Der von TM sehr geschätzte polnisch-englische Erzähler Joseph Conrad (1857-1924). Siehe TMs *Vorwort* zu Conrads ›Der Geheimagent‹ (1926), GW X, 643-656, und *Über Joseph Conrad* (1928), GW XIII, 829-830.　　278

2] *Die Architektin:* Die Erbauerin und Besitzerin des Hauses Schiedhaldenstraße 33, Frau Studer-Guyer.

3] *Brief von Alfr. Neumann:* Alfred Neumann an Thomas Mann aus Florenz vom 27. 12. 1933. In Thomas Mann–Alfred Neumann, Briefwechsel.

30. 12. 1933

1] *Brief an A. M. Frey:* TM an A. M. Frey vom 30. 12. 1933 in Briefe I, 341-343.　　279

2] *Brief an A. Neumann:* Nicht erhalten.

31. 12. 1933

1] *Dr. Bloch:* Nicht ermittelt.　　279

2] *Cousine Anne-Marie:* Anne Marie Schneider, eine Kusine von TM.　　280

1934

1. 1. 1934

283   1] *Jeremias:* Der Assyriologe und Religionswissenschaftler Alfred Jeremias (1864-1935) war Professor für alttestamentarische Religionsforschung in Leipzig und Verfasser zahlreicher grundlegender Werke. TM machte bei den Vorarbeiten zu den Joseph-Romanen von Jeremias' 1913 erschienenem ›Handbuch der altorientalischen Geisteskultur‹ ausgiebigen Gebrauch, stand in Briefwechsel mit Jeremias und schrieb auch einen Aufsatz über sein Werk, *Einheit des Menschengeistes* (1932), GW X, 751-756.

2] *bis Ende Juni:* TM bewohnte das Haus Schiedhaldenstraße 33 bis zu seiner Übersiedlung nach Princeton im Herbst 1938.

2. 1. 1934

284   *Tod Jakob Wassermanns:* Siehe Anmerkung 1 zum 20. 12. 1933.

3. 1. 1934

284   1] *Briefe an Hesse:* In HH–TM, 53-55.

2] *A. Gerhard:* Die Romanschriftstellerin Adele Gerhard (1868-1956), Verfasserin von ›Am alten Graben‹, ›Das Bild meines Lebens‹ und zahlreicher anderer Bücher, stand mit TM seit vielen Jahren in Briefwechsel. Sie emigrierte 1938 aus Berlin nach den Vereinigten Staaten.

5. 1. 1934

285   *Schlumberger:* Der französische Romancier, Essayist und Publizist Jean Schlumberger (1877-1968) entstammte einer bedeutenden elsässischen Industriellen- und Gelehrtenfamilie, gründete 1909 zusammen mit André Gide und Jacques Rivière die ›Nouvelle Revue Française‹ und schrieb seit 1938 regelmäßig in der Pariser Tageszeitung ›Figaro‹ über deutsch-französische Probleme.

6. 1. 1934

1] *Maria Stuart-Arbeit:* Hans Reisigers Roman über Maria Stuart   *285*
›Ein Kind befreit die Königin‹, an dem er viele Jahre arbeitete, erschien erst 1939 im Verlag Rowohlt.

2] *L. Hardt:* Der Rezitator Ludwig Hardt. Siehe Anmerkung 4 zum
10. 11. 1933.

7. 1. 1934

1] *Hülsen:* Der Schriftsteller Hans von Hülsen (1890-1968), be-   *286*
freundet mit Gerhart Hauptmann, war schon vor dem Ersten Weltkrieg mit TM bekannt und stand mit ihm jahrzehntelang in Briefwechsel.

2] *H. Stehr:* Der schlesische Erzähler Hermann Stehr (1864-1940),
nach dem Ersten Weltkrieg vorübergehend berühmt durch seinen
1919 erschienenen Roman ›Der Heiligenhof‹, war in seinen Anfängen Autor des S. Fischer Verlags, fühlte sich verkannt und im
Schatten Hauptmanns, mit dem er befreundet war, gehörte seit
1926 der Preußischen ›Dichterakademie‹ an und war TM dort begegnet.

8. 1. 1934

1] *Bunin:* Der bedeutende russische Erzähler Iwan Bunin (1870-   *287*
1953), der 1933 den Literatur-Nobelpreis erhielt und dessen Meister-
werk ›Der Herr aus San Francisco‹ TM dem ›Polikuschka‹ von
Tolstoi als ebenbürtig an die Seite stellte. TM hatte mit Bunin, der
seit 1920 in Paris im Exil lebte, bereits brieflich in Verbindung gestanden, als er ihn 1926 in Paris kennenlernte. Die Begegnung ist in
Pariser Rechenschaft, GW XI, 60, geschildert; das erwähnte »Citat«
lautet: »Hier empfinde ich Sympathie, Solidarität, – eine Art von
Eventualkameradschaft; denn wir sind in Deutschland ja noch nicht
so weit, daß ein Schriftsteller vom ungefähren Charakter Bunins den
Staub des Vaterlandes von den Füßen schütteln und das Brot des
Westens essen muß. Aber ich habe gar nicht zu zweifeln, daß unter
Umständen mein Schicksal das seine wäre.«

2] *an Schickele über Wassermann:* TM an René Schickele vom 8. 1.
1934 in *Briefe I*, 345-6.

9. 1. 1934

287 1] *Cramer-Klett:* Theodor Freiherr von Cramer-Klett (1874-1938), erblicher Reichsrat, Fabrikbesitzer und Förderer von Kunst und Wissenschaft in München.

2] *protest. Kirchenkonflikt:* Der Kampf zwischen der Deutschen Evangelischen Kirche und der nationalsozialistischen Bewegung der Deutschen Christen um die Gleichschaltung der evangelischen Landeskirchen unter dem von Hitler ernannten Reichsbischof Müller. Der Konflikt, aus dem die Bekennende Kirche unter Martin Niemöller hervorging, führte im Sommer 1934 zur Spaltung der evangelischen Christen.

10. 1. 1934

288 1] *Intransigeant-Brief:* Siehe Anmerkung zum 11. 9. 1933.

2] *Brief von Suhrkamp:* Dieser Bericht Suhrkamps über seine Bemühungen bei Blunck ist nicht erhalten. Sein Briefwechsel mit Blunck in Sachen Thomas Mann aus dem Januar 1934 findet sich in Dr. Walther Blunck, ›Thomas Mann und Hans Friedrich Blunck‹, Hamburg 1969.

11. 1. 1934

288 *Emil Lind:* Der Literaturkritiker Emil Lind (1890-1966). Seine Besprechung des »Jaakob« im Wiener ›Tag‹ ist nicht nachgewiesen, hingegen seine spätere Rezension von *Der junge Joseph* in ›Der kleine Bund‹, Bern, vom 1. 4. 1934.

12. 1. 1934

289 1] *Schrieb an Heinrich:* Der Brief ist nicht erhalten.

2] *Creuzot:* Der französische Stahl- und Maschinenbaukonzern Schneider-Creusot, das größte französische Rüstungsunternehmen.

13. 1. 1934

289 1] *Heinrichs vorzüglicher Aufsatz:* Heinrich Mann, ›Das überstandene Jahr‹ im Januarheft 1934 der ›Sammlung‹.

290 2] *Dr. Lohser:* Dr. Guido Looser in Kilchberg bei Zürich. Näheres nicht bekannt.

3] *Vossler:* Karl Vosslers Werk ›Lope de Vega und sein Zeitalter‹ war bereits 1932 erschienen.

14. 1. 1934

1] *Das Henoch-Kapitel:* Das Kapitel *Der Knabe Henoch* wurde aus 290
Der junge Joseph ausgeschieden, da es, wie TM am 15. 2. 1934 an
GBF schrieb, »schleppend wirkte«. Es hatte ursprünglich im Dritten
Hauptstück *Der Himmelstraum* stehen sollen. TM überließ es der
von Eva Jungmann-Reichmann geleiteten, in Berlin erscheinenden
›Monatsschrift der deutschen Juden‹, ›Der Morgen‹, wo es mit
einem Vorwort von Julius Bab im Juliheft 1934 erschien. Jetzt in
GW VIII, 951-957.

2] *S. Trebitsch:* Der Wiener Schriftsteller Siegfried Trebitsch (1869-
1956), hauptsächlich bekannt als der erste deutsche Übersetzer
George Bernard Shaws, dem er in Deutschland zum Ruhm verhalf.
Trebitsch lebte bis 1938 in Wien, danach in Zürich. TM kannte ihn
seit seinem Wien-Besuch im Dezember 1919.

16. 1. 1934

1] *Hirschfeld:* Kurt Hirschfeld (1902-1964) emigrierte 1933 in die 291
Schweiz und wurde unter der Direktion Ferdinand Rieser Dramaturg
am Schauspielhaus Zürich. Nach Aufenthalten in Italien und Frankreich kehrte er 1938 nach Zürich zurück und war unter der Direktion
Wälterlin Dramaturg und Regisseur und ab 1961 Direktor des Schauspielhauses, wo er sich große Verdienste um das exilierte deutsche
Bühnenschaffen und die emigrierten deutschen Schauspieler erwarb.

2] *Heer:* Der Schweizer Schriftsteller Gottlieb Heinrich Heer (1903-
1967).

3] *»Huy und Tuy«:* Richtig *Huij und Tuij*, das fünfte Kapitel des 292
Vierten Hauptstücks von *Joseph in Ägypten*.

4] *Kokoschka:* Der österreichische Maler Oskar Kokoschka (geboren
1886), früher Vertreter des Expressionismus, emigrierte 1938 nach
England und lebt seit dem Ende des Zweiten Weltkrieges in der
Schweiz. Siehe Anmerkung 3 zum 12. 10. 1933 und *Über Oskar
Kokoschka* (1933), GW X, 914-916.

17. 1. 1934

1] *Gabr. Reuter:* Die Erzählerin und Frauenrechtlerin Gabriele Reu- 292
ter (1859-1941), die TM 1904 in Berlin kennenlernte und die er als
Schriftstellerin und Persönlichkeit sehr schätzte. Der nach ihrer ersten
Begegnung geschriebene Aufsatz über sie, *Gabriele Reuter* in GW
XIII, 388-398.

2] *Frau Guyer:* Frau Lux Studer-Guyer, die Besitzerin des Hauses Schiedhaldenstraße 33 in Küsnacht.

19. 1. 1934

293 1] *Dr. Pinkus:* Vermutlich Klaus Pinkus. Siehe Anmerkung 4 zum 8. 6. 1933.

2] *Max Tau:* Der Schriftsteller Max Tau (1897-1975) war bis 1938 Verlagslektor in Berlin, wo er sich in mutiger Weise der in Deutschland gebliebenen, vom NS-Regime unerwünschten Schriftsteller annahm, emigrierte 1938 nach Norwegen und wirkte seit 1945 als Lektor norwegischer Verlage. Tau setzte sich nach dem Zweiten Weltkrieg unermüdlich für Frieden und Völkerversöhnung ein, erhielt 1950 als erster den Friedenspreis des Deutschen Buchhandels und gründete 1956 die ›Friedensbücherei‹. Seine Erinnerungsbücher ›Das Land, das ich verlassen mußte‹ (1961), ›Ein Flüchtling findet sein Land‹ (1964) und ›Auf dem Weg zur Versöhnung‹ (1968) sind aufschlußreiche idealistische Zeitdokumente.

20. 1. 1934

294 »*Deutsche Freiheit*«: Sozialdemokratische Pariser Exilszeitschrift, herausgegeben von Max Brauer (1883-1973), der bis 1933 Bürgermeister von Altona und nach seiner Rückkehr aus dem Exil 1946-1953 und 1957-1960 Erster Bürgermeister von Hamburg war.

22. 1. 1934

295 *italienischer* »*Giacobbe*«: Die italienische Ausgabe der *Geschichten Jaakobs* – *Le storie di Giacobbe* – erschien in der Übersetzung von Gustavo Sacerdote im Verlag Mondadori in Mailand.

23. 1. 1934

296 1] *Herr Hennig:* Nicht ermittelt.

2] *Kerényi:* Der ungarische klassische Philologe und Religionsforscher Karl Kerényi (1897-1973), übersiedelte 1943 von Budapest in die Schweiz. Mit der Übersendung seines Aufsatzes begann ein lebhafter, regelmäßiger Briefwechsel über religionswissenschaftliche Fragen zwischen TM und ihm, der bis zu TMs Lebensende fortdauerte und TM zahlreiche fruchtbare Anregungen brachte. TM lernte Kerényi im Januar 1935 in Budapest persönlich kennen. Der Briefwechsel ›Thomas Mann – Karl Kerényi / Gespräche in Briefen‹ erschien 1960.

24. 1. 1934

1] *Tagebuchband 1927/28:* Dieses Tagebuch existiert nicht mehr.   296
Siehe hierzu die Vorbemerkungen des Herausgebers.

2] *K. H.:* Klaus Heuser. Siehe Anmerkung 3 zum 12. 8. 1933.

3] *Viktoria:* Richtig ›Viktor und Viktoria‹ (Filmoperette).   297

4] *Renate Müller:* (1906-1937) deutsche Filmschauspielerin, Tochter
des Münchner Publizisten Karl Eugen Müller, geriet unter dem NS-
Regime in politische Verwicklungen und nahm sich aus ungeklärten
Gründen das Leben.

5] *H. Thimig:* Der Schauspieler Hermann Thimig (geboren 1890).

25. 1. 1934

1] *Münchner Schamlosigkeit:* Nach dem Auszug der amerikani-   297
schen Familie Taylor aus dem Haus Poschingerstraße 1 hatte die
Münchner Politische Polizei auf eigene Faust und ohne Kenntnis
oder Einwilligung der Familie Mann die beschlagnahmte Villa abermals widerrechtlich an eine vielköpfige Familie namens Defregger
vermietet und zog den Mietzins dafür ein. Rechtsanwalt Heins protestierte ohne Erfolg gegen diese Eigenmächtigkeit.

26. 1. 1934

1] *Dr. Heyse:* Der Lübecker Museumsdirektor Carl Georg Heise.   298
Siehe Anmerkung 2 zum 8. 6. 1933.

2] *Dr. Böök:* Der schwedische Germanist Professor Martin Fredrik
Böök (1883-1961), Mitglied der Schwedischen Akademie, setzte sich
1929 maßgebend für die Erteilung des Nobelpreises an Thomas
Mann ein, und zwar ausdrücklich für *Buddenbrooks* und nicht
für den *Zauberberg,* den Böök aus weltanschaulichen Gründen ablehnte. Böök war ein erzkonservativer Nationalist, der schon im Ersten Weltkrieg öffentlich für Deutschland Partei genommen hatte
und offen mit dem Nationalsozialismus sympathisierte. Über TMs
persönliche Beziehung zu Böök siehe den Aufsatz ›Thomas Mann
und Fredrik Böök‹ von George C. Schoolfield in ›Deutsche Weltliteratur – Festgabe für J. Alan Pfeffer‹, Tübingen 1972, in dem der
Briefwechsel zwischen ihnen, soweit erhalten, abgedruckt ist.

3] *Dr. Ernst Pollack:* Der Wiener Literat Ernst Polak (1886-1947),
enger Freund Franz Werfels, emigrierte 1938 in die Tschechoslowakei und von dort nach England.

27. 1. 1934

299   1] *Ernst Zahn:* (1867-1952), Überaus beliebter und produktiver Schweizer Erzähler und einer der meist übersetzten Volksschriftsteller seiner Zeit.

2] *Borel:* P. L. Borel veröffentlichte in späteren Jahren mehrere Studien über TM in der ›Feuille d'Avis de Neuchâtel‹.

3] *Schrieb an Kerényi:* TM an KK vom 27. 1. 1934 in TM-KK, 37-38. Darin der Satz: »Mein Interesse fürs Religionshistorische und Mythische ist spät erwacht; es ist ein Produkt meiner Jahre und war in Jugendzeiten überhaupt nicht vorhanden.«

4] *Brief von Bermann:* Nicht erhalten.

5] *Nürnberger »Stürmer«:* Das vom nationalsozialistischen Gauleiter von Franken Julius Streicher (1885-1946) in Nürnberg herausgegebene antisemitische Hetzblatt ›Der Stürmer‹. Streicher wurde im Nürnberger Kriegsverbrecherprozeß zum Tode verurteilt und hingerichtet.

28. 1. 1934

300   *»Unterhaltungen deutscher Ausgewanderten«:* Novelle von Goethe.

29. 1. 1934

300   1] *Chautemps:* Camille Chautemps (1885-1963), führender französischer radikalsozialistischer Politiker, zwischen 1924 und 1940 wiederholt Minister, im Februar 1933 und von November 1933 bis Januar 1934 Ministerpräsident, wurde durch den Stavisky-Korruptionsskandal gestürzt und war von Juni 1937 bis März 1938 abermals Ministerpräsident. Sein Nachfolger im Januar 1934 war nicht Herriot, sondern Edouard Daladier.

301   2] *Attinger:* Nicht ermittelt; vermutlich zum Verlagshaus Victor Attinger Paris und Neuchâtel, gehörig, in dem 1931 *Goethe et Tolstoi. Points de Tangence* in der Übersetzung von Alexandre Vialatte erschien.

3] *Esser:* Hermann Esser (geb. 1900), einer der frühen Kumpane Hitlers in München und bayerischer Staatsminister.

4] *Frick:* Wilhelm Frick (1877-1946), nationalsozialistischer Politiker, war am Münchner Hitlerputsch 1923 beteiligt und von Januar 1933 bis August 1943 Reichsinnenminister und als solcher für die NS-Rassengesetze verantwortlich. Er wurde im Nürnberger Kriegsverbrecherprozeß zum Tod verurteilt.

5] *Deutsch-Professor Schoop:* Dr. Hermann Schoop, Professor für   *302*
deutsche Sprache und Literatur an der Universität Neuchâtel.

6] *Niedermann:* Max Niedermann (1874-1954), Altphilologe und
vergleichender Sprachwissenschaftler, Professor und Rektor der
Universität Neuchâtel.

31. 1. 1934

1] *Brief an Heinrich:* Nicht erhalten.   *303*

2] *Dr. Enz:* Dr. Hans Enz (1890-1975), Germanist, Lehrer an der   *304*
Kantonsschule Solothurn, Präsident der ›Töpfergesellschaft Solothurn‹, der Veranstalterin der Vorlesung.

2. 2. 1934

1] *Prof. Fehr:* Der Anglist Bernhard Fehr (1876-1938), Professor an   *306*
der Universität Zürich.

2] *Biese:* Richtig Bise, scharfer Nordwind.

2] *Jaburg:* Karl Jaberg (1876-1958), Professor für romanische Philologie an der Universität Zürich und 1932-1933 Rektor der Universität.

3] *Dr. Saurer:* Nicht ermittelt.

4] *Lindley:* Der amerikanische Literaturkritiker und Übersetzer Den-   *307*
ver Lindley (geboren 1904), veröffentlichte eine Anzahl von Aufsätzen über TM und übersetzte *Die Bekenntnisse des Hochstaplers
Felix Krull* 1955 ins Englische.

3. 2. 1934

1] *jüdische Anthologie:* Die »mystifikatorische« Postkarte an Reisi-   *308*
ger mit ihrer Anspielung hat sich nicht aufklären lassen.

2] *Abel mit der Mundharmonika:* Siehe Anmerkung 2 zum 26. 10.
1933. Der Film wurde 1932 gedreht.

3] *Ballhaus:* Der Schauspieler Carl Balhaus, mit Erika und Klaus
Mann befreundet.

4] *Brausewetter:* Der Bühnen- und Filmschauspieler Hans Brausewetter, in den zwanziger Jahren der Prototyp des strahlenden blon-
den deutschen Jünglings und Liebhabers.

4. 2. 1934

1] *Brief an Prof. Böök:* Der volle Wortlaut dieses Briefes vom 4. 2.   *309*
1934 findet sich in Schoolfield, ›Thomas Mann und Fredrik Böök‹,
›Deutsche Weltliteratur‹, S. 176-177. Siehe Anmerkung 2 zum 26. 1.
1934.

310 2] *Dr. Tschudi:* Der Leiter der Musik- und Vortragsgesellschaft in Glarus, die TM zu einer Vorlesung eingeladen hatte.

5. 2. 1934

311 1] *Ziegenegge:* Richtig Ziegelbrücke.

2] *Fritz Ernst:* Der Schweizer Literarhistoriker Fritz Ernst (1898-1958), Professor für Vergleichende Literaturgeschichte an der Eidgenössischen Technischen Hochschule in Zürich, Verfasser zahlreicher Werke zur deutschen und schweizerischen Literatur, darunter ›Die romantische Ironie‹, ›Der Klassizismus in Italien, Frankreich und Deutschland‹, ›Die Schweiz als geistige Mittlerin‹.

6. 2. 1934

312 1] *Polling:* Der Gutshof der Familie Schweighardt bei Weilheim in Oberbayern, wo TMs Mutter, Frau Julia Mann, viele Jahre hindurch wohnte und wo TM sie häufig besuchte, im Roman *Doktor Faustus* unter dem Namen Pfeiffering geschildert.

2] *Ettal:* Kloster Ettal in Oberbayern und das dortige Klosterhotel, wo TM in den zwanziger Jahren häufig kurze Urlaube verbrachte und wohin er sich auch zuweilen zum Arbeiten zurückzog.

7. 2. 1934

312 1] *Frl. Sernau:* Lola Sernau, später Lola Humm-Sernau, die damalige Sekretärin Lion Feuchtwangers, die TM bereits aus Sanary kannte.

2] *Girardin:* Dr. Paul Girardin (1886-?); Anglist, Lehrer am Gymnasium Burgdorf, Präsident der ›Casinogesellschaft Burgdorf‹.

313 3] *Sohn des Widmann vom ›Bund‹:* Dr. Max Widmann (1867-1946), Redakteur am ›Burgdorfer Tageblatt‹, Sohn des Schriftstellers Joseph Viktor Widmann (1842-1911), der seit 1880 Feuilletonredakteur des Berner ›Bund‹ war.

4] *Dr. Burckardt:* Dr. Paul Burkhardt (geboren 1892), Gymnasiallehrer in Olten.

8. 2. 1934

314 1] *Dr. Günther:* Dr. Carl Günther (1890-1956): Deutschlehrer am Aargauischen Lehrerinnenseminar in Aarau, Präsident der ›Literarischen und Lesegesellschaft Aarau‹.

315 2] *Vorgänge in Paris:* Die politischen Folgen des Stavisky-Korruptions-Skandals, die zu schweren Unruhen führten. Das kurzlebige

zweite Kabinett des Radikalsozialisten Edouard Daladier (1884-1970) trat zurück und wurde durch eine Regierung der nationalen Konzentration unter dem vormaligen französischen Staatspräsidenten Gaston Doumergue (1863-1937) ersetzt, die jedoch ihrerseits kurz darauf zurücktrat und von den Kabinetten Flandin, Bouisson, Laval und Sarraut in rascher Folge abgelöst wurde, bis es schließlich Anfang Juni 1936 zur Bildung der Volksfrontregierung unter Léon Blum kam. Daladier wurde nach dem Ende der Volksfront im April 1938 abermals Ministerpräsident und wirkte an dem Münchner Abkommen mit, das zur Aufteilung der Tschechoslowakei führte.

10. 2. 1934

geistige Testament des armen Wassermann: Der Essay ›Humanität   *316* und das Problem des Glaubens‹, der im Januarheft 1934 der ›Neuen Rundschau‹ erschien.

11. 2. 1934

1] *»Rede« des H. Johst:* Der ursprünglich expressionistische Drama-   *319* tiker und Erzähler Hanns Johst (geboren 1890) war TM aus München persönlich gut bekannt und von ihm in seinen Anfängen warm empfohlen und gefördert worden. Später wurde Johst Nationalsozialist und 1935, als Nachfolger von Blunck, Präsident der Reichsschrifttumskammer.

2] *National-deutsche Abteilung des P.E.N.-Clubs:* Auf dem internationalen P.E.N.-Kongreß in Ragusa 1933 war die deutsche Delegation nach heftigen Angriffen wegen ihrer nationalsozialistischen Haltung aus der internationalen Schriftsteller-Organisation demonstrativ ausgetreten und hatte einen national-deutschen P.E.N.-Club gegründet, an dessen Tagung der Schweizer Romanschriftsteller Emanuel Stickelberger (1884-1962) als Gast teilnahm. Johst hielt auf dieser Tagung eine Propagandarede.

3] *Seghers in seinem Buch:* Der sozialdemokratische Reichstagsab-   *321* geordnete Gerhart Seger (nicht Seghers, eine Verwechslung der Namenschreibung mit Anna Seghers) (1896-1967), wurde nach dem Reichstagsbrand verhaftet, kam ins Konzentrationslager Oranienburg, von wo es ihm zu entfliehen gelang. Er gelangte in die Tschechoslowakei und von dort 1934 nach den Vereinigten Staaten, wo er 1936-1949 Chefredakteur der deutschsprachigen ›Neuen Volkszeitung‹ war. Er veröffentlichte 1934 im Karlsbader Verlag Graphia

›Oranienburg. Erster authentischer Bericht eines aus dem Konzentrationslager Geflüchteten‹ mit einem Geleitwort von Heinrich Mann, der weltweites Aufsehen erregte.

12. 2. 1934

321 1] *schwedische Ausgabe des ›Wagner‹: Richard Wagner. Ett tal* erschien in schwedischer Übersetzung von Sven Stolpe im Verlag Bonnier, Stockholm.

2] *Interessanter Brief von Kerényi:* KK an TM vom 7. 2. 1934 in TM–KK, S. 38-40.

322 3] *Trudi Schoop:* Die Schweizer Tänzerin und Choreographin Trudi Schoop (geboren 1903), die zusammen mit ihrer Schwester, der Tänzerin Hedi Schoop, eine bekannte Tanzgruppe leitete. Sie war mit Erika und Klaus Mann befreundet und lebt heute in den Vereinigten Staaten als Tanz-Therapeutin. Siehe Anmerkung 2 zum 16. 11. 1933.

4] *Powys:* Der englische Erzähler und Essayist John Cowper Powys (1872-1963), der durch seinen in alle Weltsprachen übersetzten Entwicklungsroman ›Wolf Solent‹ auch im deutschen Sprachbereich sehr bekannt wurde. Es handelt sich vermutlich um seinen Essay ›In Defense of Sensuality‹.

5] *Agent Fles:* Der holländische Literatur-Agent Barthold Fles emigrierte später in die Vereinigten Staaten und setzte sich besonders für die deutsche Exilliteratur ein.

6] *in Österreich:* Der als »Februar-Aufstand« bekannte, durch einen von Gewerkschaften und Sozialdemokratie ausgerufenen Generalstreik ausgelöste Aufstand der österreichischen Arbeiterschaft gegen den Versuch der Regierung Dollfuß, ein faschistisches Regime nach italienischem Muster in Österreich einzuführen. Der Aufstand wurde von der Regierung mit Waffengewalt in blutigen Kämpfen niedergeschlagen und brachte das Ende der organisierten österreichischen Sozialdemokratie.

7] *Seitz:* Siehe Anmerkung 1 zum 17. 4. 1933.

8] *Renner:* Karl Renner (1870-1950), sozialdemokratischer österreichischer Politiker und Staatsmann, war mehrfach österreichischer Staatskanzler und seit 1930 Erster Präsident des Nationalrats. Renner erklärte sich 1938 für den Anschluß Österreichs an das Deutsche Reich, bildete am 27. 4. 1945 als Staatskanzler die Provisorische Regierung, die die Wiederherstellung der Republik Österreich verkündete, und war vom Dezember 1945 bis zu seinem Tod österreichischer Bundeskanzler.

9] *Gesandten Zech:* Dr. Julius Graf von Zech (1885-1945) war 1927-1940 deutscher Gesandter in Den Haag. TM und Frau Katia waren bei ihrem Aufenthalt in Holland am 12./13. 2. 1933 anläßlich des Wagner-Vortrags seine Hausgäste in der Gesandten-Residenz gewesen.

13. 2. 1934
1] *Prof. de Boor:* Der Germanist Helmut de Boor (1891-1976),   323
Professor für Sprachwissenschaft an der Universität Bern.
2] *›Past Masters‹:* ›Thomas Mann's Great Germans‹, Besprechung von Peter Monro Jack in ›New York Times Book Review‹, 10. 12. 1933.
3] *Gubner:* Der Feuilletonredakteur der ›Frankfurter Zeitung‹ Friedrich T. Gubler, später Rechtsanwalt in Winterthur.

14. 2. 1934
1] *Martha Wassermann:* Marta Wassermann-Karlweis (1889-1965),   324
Schwester des Schauspielers Oskar Karlweis, in den zwanziger Jahren unter ihrem Mädchennamen Marta Karlweis eine bekannte Romanschriftstellerin, zweite Gattin Jakob Wassermanns. Zu ihrem Buch ›Jakob Wassermann. Bild, Kampf und Werk‹, das 1935 im Verlag Querido in Amsterdam erschien, schrieb TM das Geleitwort.
2] *Brief an Bermann:* TM an GBF vom 15. 2. 1934 in TM–GBF   325
161-162.

15. 2. 1934
Ehepaar Mann: Hermann Mann aus Neuhaus in Thüringen.   327

16. 2. 1934
1] *Oskar Bie:* Der Kunsthistoriker, Musikwissenschaftler und Lite-   327
ratur- und Theaterkritiker Oscar Bie (1864-1938), von 1894 bis 1922 Redakteur, danach Mitherausgeber der ›Neuen Rundschau‹.

18. 2. 1934
1] *Rascher:* Siehe Anmerkung 1 zum 28. 10. 1933.   328
2] *König der Belgier:* König Albert I. der Belgier (1875-1934) kam am 17. 2. 1934 bei einem Bergsteiger-Unfall ums Leben.

19. 2. 1934

329   1] *von dem französischen Übersetzer:* Der »französische Übersetzer«
war, was TM offenbar nicht wußte, eine Frau, Louise Servicen (1896-
1975). Ihre Übersetzung *Les Histoires de Jacob* erschien im Pariser
Verlag Gallimard unter dem Pseudonym Louis Vic. Ihre späteren
Übersetzungen der Werke und Briefe TMs erschienen unter ihrem
richtigen Namen.

2] *Von Bermann:* Dieser Brief ist nicht erhalten.

20. 2. 1934

330   *Brief an Prof. Kerényi:* TM an KK vom 20. 2. 1934 in TM–KK, 40-
43. Darin über Telesphoros: »Welche zauberhafte Figur, dieser kleine
Totengott! Und im Besonderen: Welch ein Zauber geht aus von der
Geschichte des Kapuzenmantels durch die Jahrtausende hin! Sonderbar! Ich hatte keine Ahnung von diesen Dingen, und doch habe ich
meinen Joseph, nach seiner Auferstehung aus dem Brunnen, als die
Ismaeliter ihn durch Ägypten führen, mit einem Kapuzenmantel
und einer Schriftrolle ausgestattet. Das sind geheimnisvolle Spiele
des Geistes . . .«

21. 2. 1934

331   1] *Fechenbach:* Siehe Anmerkung 6 zum 5. 8. 1933.

2] *Sieburg:* Friedrich Sieburg (1893-1964), Korrespondent der
›Frankfurter Zeitung‹ in Paris und London, Verfasser von ›Gott in
Frankreich?‹ und anderer historischer und kulturhistorischer Bücher, wandte sich mit ›Es werde Deutschland‹ (1932) der nationalistischen Strömung zu und war während des Zweiten Weltkrieges
deutscher Kulturattaché im besetzten Paris. Nach dem Zweiten
Weltkrieg wurde er zu einem führenden deutschen Literaturkritiker und war ab 1957 Leiter des Literaturblatts der ›Frankfurter
Allgemeinen Zeitung‹.

3] *»Pate Herzfeld«:* Dr. Günther Herzfeld-Wüsthoff (1893-1969),
als junger Leutnant im Ersten Weltkrieg schwerverwundet, schrieb
aus dem Feldlazarett an TM, der seine Briefe in *Betrachtungen eines
Unpolitischen* zitierte, und war Taufpate von Elisabeth (›Medi‹)
Mann; die Taufszene ist in *Gesang vom Kindchen* geschildert.

332   4] *Walser:* Der Maler und Illustrator Karl Walser (1877-1943)
entwarf die Schutzumschläge für die drei ersten Bände der Joseph-
Tetralogie.

Anmerkungen

22. 2. 1934

Holnstein: Ludwig Graf von Holnstein, Oberstleutnant a. D., Nach- 333
bar TMs in München, wohnte in der Pienzenauerstraße 21. Sein
Grundstück stieß an das der Poschingerstraße 1 an.

23. 2. 1934

1] *Dr. Brauer:* Dr. Ernst Brauer, Archäologe, deutscher Emigrant aus 333
Schlesien, arbeitete zeitweilig an der Universität Zürich.

2] *Hermes von Lysippos:* Das Original des Hermes des Lysippos
(4. Jahrhundert vor Chr.) befindet sich in Neapel. Dazu TM an
Kerényi am 20. 2. 1934: »Haben Sie bemerkt, daß ich ihn (den Anup
aus Jaakobs Traum) genau in der Pose des Hermes von Lysipp in
Neapel auf seinen Stein gesetzt habe? Ich liebe dies Bildwerk . . .
ganz besonders, und jene Stelle ist eine heimliche Huldigung.«

3] *Th. Wolf:* Der bedeutende Publizist Theodor Wolff (1868-1943)
war 1906-1933 Chefredakteur des ›Berliner Tageblatt‹, emigrierte
nach Frankreich und lebte zurückgezogen in Nizza. 1943 wurde er
von den deutschen Besatzungsbehörden verhaftet und kam ins Konzentrationslager Sachsenhausen; er starb im Israelischen Krankenhaus in Berlin-Moabit.

24. 2. 1934

Hündchen Mouche: Ein kleiner Malteser-Hund namens Muschi, den 334
Fritzi Massary, die Mutter von Liesl Frank, den jüngsten Kindern
TMs geschenkt hatte und den Marie Kurz bei ihrem Besuch aus Mün-
chen nach Küsnacht mitbrachte.

25. 2. 1934

1] *Ghasel von Platen:* Ghasel 40 von August von Platen. Die Um- 335
stellung der Verszeilen stammt von TM.

2] *Hamann:* Der Philosoph Johann Georg Hamann (1730-1788), 336
der »Magus des Nordens«, Begründer des Irrationalismus in der
deutschen Philosophie.

3] *Moritz:* Karl Philipp Moritz (1756-1793), Verfasser des tiefgrün-
digen, kulturgeschichtlich wie autobiographisch bedeutenden psycho-
logischen Entwicklungsromans ›Anton Reiser‹ (1785).

27. 2. 1934

1] *C. G. Jung:* Der Schweizer Tiefen- und Typenpsychologe Carl 339

Gustav Jung (1875-1961), lebte in TMs Nähe in Küsnacht am Zürichsee, schuf die Unterscheidung zwischen individuellem und kollektivem Unbewußten und den Begriff der Archetypen.

2] *Kretschmer:* Der Psychiater Ernst Kretschmer (1888-1964), bekannt durch sein grundlegendes Werk ›Körperbau und Charakter‹, trat 1933 als Präsident der ›Ärztlichen Gesellschaft für Psychotherapie‹ und Herausgeber des ›Zentralblatts für Psychotherapie‹ zurück. Beide Stellungen wurden von C. G. Jung übernommen, der sie auf nationalsozialistischer Linie bis 1940 fortführte.

28. 2. 1934

342 1] *F. Lion:* Der elsässische, deutschsprachige Literatur- und Kulturkritiker und Essayist Ferdinand Lion (1883-1965), den TM aus München seit langem gut kannte. Er schrieb ›Romantik als deutsches Schicksal‹, ›Der französische Roman im 19. Jahrhundert‹, die 1947 erschienene, 1955 erweiterte Monographie ›Thomas Mann, Leben und Werk‹, das Textbuch zu Hindemiths Oper ›Cardillac‹ und war 1937-1938 Redakteur der von TM und Konrad Falke in Zürich herausgegebenen Zweimonatsschrift ›Maß und Wert‹. Er emigrierte 1933 in die Schweiz und starb in Kilchberg bei Zürich.

2] *Alfred Weber:* Der Volkswirtschaftler und Soziologe Alfred Weber (1868-1958), seit 1907 Professor in Heidelberg, wo TM ihn 1921 persönlich kennenlernte, Verfasser von ›Die Krise des modernen Staatsgedankens‹, ›Kulturgeschichte als Kultursoziologie‹, ›Abschied von der bisherigen Geschichte‹ und anderer einflußreicher kultursoziologischer Werke.

1. 3. 1934

343 *Habicht:* Der nationalsozialistische Reichstagsabgeordnete Theodor Habicht, von Hitler zum Inspektor der österreichischen Nazipartei ernannt und maßgeblich an der Vorbereitung zur Ermordung des österreichischen Bundeskanzlers Dollfuß beteiligt.

2. 3. 1934

345 1] *Zwischenkapitel:* Das zweite Kapitel des Dritten Hauptstücks von *Joseph in Ägypten.*

2] *Ponten:* Der Schriftsteller Josef Ponten (1883-1940), Verfasser von ›Der babylonische Turm‹ und des Romanzyklus ›Volk auf dem Wege‹, war mit TM zu Beginn der zwanziger Jahre in München befreundet und stand mit ihm zeitweise in regem Gedankenaustausch. Die Beziehung führte infolge von Pontens ehrgeiziger Eifersucht und Zudringlichkeit zu heftigen Auseinandersetzungen und schließlich zur Entfremdung.

3. 3. 1934

1] *Moeschlin:* Der Schweizer Romancier und Dramatiker Felix   346
Moeschlin (1882-1959), den TM von früheren Aufenthalten in der
Schweiz kannte.

2] *der lyrische Nachlaß Hofmannsthals:* Hugo von Hofmannsthal,
›Nachlese der Gedichte‹, erschien 1934 im S. Fischer Verlag.

4. 3. 1934

Brief von G. Bermann: GBF an TM vom 1. 3. 1934 in TM–GBF,   347
63-64.

5. 3. 1934

1] *Brief von Kerényi:* KK an TM vom 1. 3. 1934 in TM–KK, 43-46.   348

2] *Prince-Mord:* Der französische Conseiller Prince war von unbekannten Tätern in betäubtem Zustand auf ein Eisenbahngeleis gelegt worden, um Selbstmord vorzutäuschen, und überfahren und getötet worden. Der Fall erregte in Paris ungeheures Aufsehen.

3] *Gömbös:* Gyula Gömbös (1886-1936), ungarischer General und Politiker nationalistisch-antisemitischer Richtung, 1932-1936 ungarischer Ministerpräsident, setzte sich für eine Anlehnung Ungarns an Hitlerdeutschland und das faschistische Italien ein.

4] *Neumann-Florenz:* TMs Münchner Freunde Alfred und Kitty Neumann waren 1933 nach Florenz emigriert und waren mit TMs Tochter Monika, die dort lebte, befreundet.

6. 3. 1934

1] *an Bermann:* TM an GBF aus Arosa vom 6. 3. 1934 in TM–GBF,   349
64-65.

2] *Brief von Heinrich:* Nicht erhalten.

7. 3. 1934

1] *Dr. Fuchs:* Dr. Walter Fuchs in Shanghai.   350

2] *Dr. Welti:* Dr. A. F. Welti in Thun.

3] *Günther:* Der Sozialanthropologe und Rasseforscher Hans Günther (1891-1968), Professor in Freiburg, dessen weitverbreitete

Schriften zur Rassekunde als ideologische Grundlage für den nationalsozialistischen Rassismus dienten.
4] *Pakt mit Polen:* Das deutsch-polnische Nichtangriffs-Abkommen vom Januar 1934.

8. 3. 1934

350 1] *»Das bunte Kleid«:* Vorabdruck des ersten Kapitels des Vierten Hauptstücks von *Der Junge Joseph* in der ›Neuen Zürcher Zeitung‹.
351 2] *seines Buches über Geschichte:* Vermutlich Ferdinand Lions Essayband ›Geschichte biologisch gesehen‹, der 1935 im Zürcher Verlag Niehans erschien.

10. 3. 1934

352 *Jesuitenpater H. Becher:* Hubert Becher, ›Thomas Mann unter den Patriarchen‹, ›Stimmen der Zeit‹, Freiburg, Märzheft 1934. Becher veröffentlichte eine Anzahl von Aufsätzen über TM in dieser Zeitschrift.

11. 3. 1934

353 1] *»Nietzsche und Wagner« von Dippel:* Paul Gerhardt Dippel, ›Nietzsche und Wagner. Eine Untersuchung über die Grundlagen und Motive ihrer Trennung‹. Bern, 1934.
2] *Brief an Hesse:* TM an HH aus Arosa vom 11. 3. 1934 in HH–TM, 58-59.

12. 3. 1934

354 1] *Seeligs Film-Rundfrage:* Eine von Carl Seelig veranstaltete Rundfrage in der ›Neuen Zürcher Zeitung‹ vom 15. 7. 1934: ›Welches halten Sie für den besten Film?‹ TM nannte den deutschen Film ›Abel mit der Mundharmonika‹, nach dem Roman von Manfred Hausmann, den er kurz zuvor gesehen hatte.
2] *Brief an Bermann:* TM an GBF aus Arosa vom 12. 3. 1934 in TM–GBF, 65-66.
3] *J. J.: Der Junge Joseph.*

13. 3. 1934

355 *Schulze-Gävernitz:* Vermutlich der Wirtschaftswissenschaftler, Soziologe und Historiker Gerhart von Schulze-Gaevernitz (geb 1864), Reichstagsabgeordneter 1912-1923, Professor an der Universität Freiburg i. B.

14. 3. 1934

1] *G. Benn:* Der Arzt und Dichter Gottfried Benn (1886-1956), be-   *356*
gann als Expressionist, schwenkte 1933-34 zeitweise zum Nationalsozialismus um. Siehe Anmerkung 2 zum 29. 5. 1933.

2] *Roman von Fallada:* ›Wer einmal aus dem Blechnapf frißt‹, Roman von Hans Fallada (1893-1947), erschien 1934 im Rowohlt Verlag, Berlin.

3] *Bertram:* »*Griecheneiland*«: Der Gedichtband ›Griecheneiland‹ von   *357*
Ernst Bertram war Ende 1933 erschienen.

4] *Prof. Frei:* Der Tierarzt und Veterinär-Wissenschaftler W. Frei   *358*
(geboren 1882), Professor an der Universität Zürich.

15. 3. 1934

1] *Brief von Kerényi:* KK an TM vom 13. 3. 1934 in TM-KK, 47-48.   *359*

2] *Brief an Bertram:* Siehe Eintragung vom 19. 3. 1934.

3] *Victrix causa:* »Die Sache der Sieger gefiel den Göttern, die der
Besiegten dem Cato.«

16. 3. 1934

1] *Maria:* Das Stubenmädchen Maria aus dem Münchner Haus. Sie   *360*
war der Familie Mann nach Zürich gefolgt und hatte sich zu einem
kurzen Urlaub in München befunden. Während dieser Zeit und der
Abwesenheit TMs und Frau Katias in Arosa hatte die Münchner
Hausdame Marie Kurz dem Küsnachter Haushalt vorgestanden.

2] *Kerényi's Buch:* Karl Kerényi, ›Die griechisch-orientalische Ro-   *361*
manliteratur in religionsgeschichtlicher Beleuchtung‹, 1927, Neuausgabe 1962.

3] *M. Oppenheim:* Der Maler und Zeichner Max Oppenheimer, genannt Mopp (1885-1954), lebte im Exil in der Schweiz, übersiedelte
später in die Vereinigten Staaten. Siehe TMs Aufsatz über sein Gemälde ›Das Konzert‹ unter dem Titel *Symphonie* (1926) in GW X,
877-879.

18. 3. 1934

1] *griechische Citate:* TM hatte in Lübeck die Realgymnasial-Abtei-   *363*
lung des Katharineums besucht, wo er Latein, Englisch und Französisch, aber kein Griechisch gelernt hatte. Er besaß, obwohl er es nur
bis zum ›Einjährigen‹ brachte, eine hinlängliche Kenntnis des Latei-
nischen, konnte aber Griechisch nicht lesen.

2] *Brief an Heinrich:* Nicht erhalten.

3] *Hauptmanns Lebenserinnerungen:* Der erste Teil von Gerhart Hauptmanns Lebenserinnerungen ›Das Abenteuer meiner Jugend‹ erschien in Auszügen in der ›Neuen Rundschau‹, die Buchausgabe erst 1937 im S. Fischer Verlag. Der zweite Teil der Erinnerungen blieb unvollendet.

4] *Escherich:* Der Forstentomologe Karl Escherich (1871-1951) war seit 1914 Professor an der Universität München; er war ein Bruder des Politikers Georg Escherich (1870-1941), der während der Münchener Räterepublik 1919 den nationalistischen Wehrverband der ›Organisation Escherich‹ (Orgesch) gründete.

5] *Kolbenheyer:* Der Schriftsteller Erwin Guido Kolbenheyer (1878-1962), bekannt durch seine Paracelsus-Romantrilogie. Er gehörte der Preußischen »Dichterakademie« seit 1926 an und zählte zu ihren reaktionären Mitgliedern, die nach der Gleichschaltung in der Akademie verblieben.

19. 3. 1934

364 1] *Brief von Bermann:* Nicht erhalten.

2] *an Bertram:* TM an Ernst Bertram aus Küsnacht vom 19. 3. 1934 in ›Thomas Mann an Ernst Bertram‹, 183-184; offensichtlich eine Neufassung des unter dem 15. 3. 1934 erwähnten und nicht abgesandten »kurzen« Briefes.

20. 3. 1934

365 1] *Brief von Hermann Hesse:* HH an TM vom 18. 3. 1934 in HH–TM, 60-61.

366 2] *A. Suarès:* Der französische Schriftsteller André Suarès (1868-1948), Verfasser bedeutender biographischer Essays über Tolstoi, Dostojewski, Goethe, Cervantes, Ibsen und andere.

367 3] *»Jour«:* Die Pariser Tageszeitung ›Le Jour‹.

4] *Schacht:* Der Bankier Hjalmar Schacht (1877-1970) stabilisierte als Reichswährungs-Kommissar 1923 die deutsche Währung, war zweimal (1924-1930 und 1933-1939) Reichsbankpräsident, 1934-1937 zugleich Reichswirtschaftsminister. Er war wegen seiner oppositionellen Haltung 1944-1945 im Konzentrationslager, wurde im Nürnberger Prozeß freigesprochen.

21. 3. 1934

1] *Dr. Schwabe:* Rudolf Schwabe (1883-1976), Basler Verleger.   *368*

2] *Frl. Waldstätter:* Die Schweizer Erzählerin, Lyrikerin und Dramatikerin Ruth Waldstetter (1882-1952) (Pseudonym für Martha Geering), eine gebürtige Baslerin.

3] *junge Stickelberger:* Rudolf Emanuel Stickelberger (1911-1975), Sohn des Schriftstellers Emanuel Stickelberger, Pfarrer und Schriftsteller.

4] *Dr. Klaiber:* Der Feuilletonredakteur der ›Nationalzeitung‹, Basel, Dr. Otto Kleiber (1883-1969).

5] *Fr. Dr. Schultes:* Paula Schulthess-Reimann, früher Schauspielerin in Berlin.

6] *Podach:* Erich F. Podach (1894-1967), Nietzsche-Forscher, emigrierte 1933 in die Schweiz. Verfasser von ›F. Nietzsche und Lou Salomé. Ihre Begegnung 1882‹, Zürich, 1938 und Herausgeber von ›Der kranke Nietzsche. Briefe seiner Mutter an F. Overbeck‹, erschienen im Bermann-Fischer Verlag, Wien 1937, aus dem TM Auskünfte und Anregungen für *Doktor Faustus* schöpfte.

7] *Professor Hoffmann:* Vermutlich der Germanist und Volkskundler Eduard Hoffmann-Krayer (geboren 1864), seit 1909 Professor in Basel.

8] *P-C.:* PEN-Club.

22. 3. 1934

1] *Pacquart:* Die amerikanische Automobilmarke Packard.   *369*

2] *N. Z.:* ›National-Zeitung‹ (Basel).

3] *Son-Rethel:* »Dotz« Sohn-Rethel, Sohn des Malers Alfred Sohn-   *370*
Rethel, Schulfreund Pamela Wedekinds und Klaus Manns aus der Odenwaldschule.

4] *Spitzer:* Das Café Spitz.

5] *die Schloß:* Sibylle Schloss, ein Mitglied des ›Pfeffermühle‹-Ensembles.

23. 3. 1934

1] *Brief Bermanns:* Nicht erhalten.   *371*

2] *Hans Bernstein:* Nicht ermittelt.

3] *Perl:* Der Germanist Walter H. Perl (1909-1975), damals Mitarbeiter der ›Neuen Zürcher Zeitung‹, emigrierte 1938 nach den Vereinigten Staaten, wurde Professor am Marshall College, Huntington, veröffentlichte 1945 ›Thomas Mann 1933-1945. Vom deutschen Humanisten zum amerikanischen Weltbürger‹. Herausgeber des Briefwechsels Hugo von Hofmannsthal-Leopold von Andrian, Frankfurt, 1968.

4] *Bibi Saccellaphilaccas:* Name des Pianisten-Wunderkindes in TMs Novelle *Das Wunderkind,* dessen Vorbild der damals neunjährige griechische Pianist Loris Margaritis ist, den TM 1903 in München hörte.

5] *Keyserling:* Der Kultur- und Geschichtsphilosoph Hermann Graf Keyserling (1880-1946), Gründer der »Schule der Weisheit« in Darmstadt, Verfasser unter anderem von ›Das Reisetagebuch eines Philosophen‹ und ›Das Spektrum Europas‹, stand mit TM, der seine Schriften sehr anregend fand, seit 1920 in Verbindung. Siehe *Brief an Hermann Grafen Keyserling,* GW XII, 593-603, und *Über die Ehe. Brief an den Grafen Hermann Keyserling,* GW X, 191-207.

25. 3. 1934

372 1] *Brief an Bermann:* TM an GBF aus Küsnacht vom 25. 3. 1934 in TM–GBF, 66-67.

2] *Brief an Kerényi:* TM an KK aus Küsnacht vom 25. 3. 1934 in TM–KK, 48-51 (dort vom 24. 3. 1934 datiert).

373 3] *Buch von Otto:* Walter F. Otto, ›Die Götter Griechenlands‹, 1929.

4] *Hermann Broch:* Siehe Anmerkung 3 zum 6. 4. 1933.

26. 3. 1934

373 1] *Diebold:* Bernhard Diebold, ›Der zweite Joseph-Roman von Thomas Mann‹, ›Frankfurter Zeitung‹, Literaturbeilage, 25. 3. 1934.

374 2] *Zarek:* Der Schriftsteller Otto Zarek (1898-1958) war TM seit 1919 aus München bekannt, wo TM den jungen Dramatiker zu fördern gesucht hatte. Zarek emigrierte 1933 nach Ungarn, 1938 nach England und kehrte 1954 nach Deutschland zurück, und veröffentlichte in späteren Jahren hauptsächlich biographische Werke über Kossuth, Moses Mendelssohn und andere. Seine Besprechung: ›Biblische Stoffe in der neuen deutschen Dichtung‹, ›Pester Lloyd‹, Budapest, 24. 3. 1934.

3] *Dr. Kober:* Dr. Alfred Kober (1885-1963), Redakteur der ›National-Zeitung‹, Basel.

27. 3. 1934

1] *Joel:* Karl Joël starb am 23. 7. 1934, vier Tage vor seinem   *375*
70. Geburtstag.

2] ›*Feste Zel*‹: *Die Feste Zel,* das sechste Kapitel des Ersten Hauptstücks von *Joseph in Ägypten.*

28. 3. 1934

1] *Besprechung Korrodis:* Eduard Korrodi, ›Der junge Joseph.   *375*
Thomas Manns neuer Roman‹. ›Neue Zürcher Zeitung‹ vom 26. und
28. 3. 1934.

2] *Sarnetzki:* Dettmar Heinrich Sarnetzki, ›Der zweite Joseph-Roman von Thomas Mann‹, ›Kölnische Zeitung‹, 25. 3. 1934.

29. 3. 1934

1] *Roda Roda:* Der Humorist, Komödienautor und Anekdoten-   *376*
erzähler Alexander Roda Roda (ursprünglich Sandor Friedrich Ro-
senfeld) (1872-1945), berühmt vor allem durch sein Lustspiel ›Der
Feldherrnhügel‹, emigrierte 1933 nach Österreich, 1938 in die
Schweiz und 1940 in die Vereinigten Staaten.

2] *Memoiren Fritz Buschs:* Es handelt sich um den ersten Entwurf
seiner erst 1949 erschienenen Autobiographie ›Aus dem Leben eines
Musikers‹.

30. 3. 1934

1] *Penzoldt:* Der Bildhauer und Dichter Ernst Penzoldt (1892-1955),   *376*
Verfasser von ›Der arme Chatterton‹ und ›Die Powenzbande‹, war
mit TM in München seit langem gut befreundet. Siehe *Ernst Penzoldt zum Abschied* in GW X, 546-549.

2] *Blomberg:* Werner von Blomberg (1878-1946), Generalfeldmarschall, wurde am 30. 1. 1933 Reichswehrminister, vereidigte nach
dem Tod Hindenburgs 1934 die Reichswehr auf Hitler und wurde
im Mai 1935 Reichskriegsminister und Oberbefehlshaber der Wehr-
macht, leitete die deutsche Wiederaufrüstung, wurde 1938 verabschiedet.

1. 4. 1934

Abgeordneter Morum: Der Reichstagsabgeordnete und frühere ba-   *378*
dische Staatsrat Ludwig Marum, seit Mai 1933 in Schutzhaft,
nahm sich im Konzentrationslager Kieslau das Leben.

2. 4. 1934

379 *Frau M. Wassermann:* Marta Karlweis-Wassermann, die zweite Gattin Jakob Wassermanns (siehe Anmerkung 1 zum 14. 2. 1934). Wassermanns nachgelassener Roman ›Joseph Kerkhovens dritte Existenz‹ erschien 1934 im Verlag Querido, Amsterdam. Marta Karlweis' Biographie ›Jakob Wassermann‹ erschien mit einem Geleitwort von TM 1935 nicht bei Rascher, sondern ebenfalls bei Querido.

4. 4. 1934

380 1] *Einsteins ›Weltbild‹:* Albert Einsteins ›Mein Weltbild‹ erschien 1934 im Verlag Querido, Amsterdam.
2] *Brief an Schickele:* TM an René Schickele aus Küsnacht vom 2. 4. 1934 in *Briefe I*, 355-358.
3] *Golos elsässischer Freund:* Adolphe Dahringer, heute Professor an der Universität Nantes.

6. 4. 1934

381 1] *Locarno:* Anlaß der Fahrt nach Locarno war ein internationaler Vortragszyklus, der dort stattfand und in dessen Rahmen Hans Reisiger über Walt Whitman sprach.
2] *Prof. Verneuil:* Der französische Germanist Edmond Vermeil, Professor in Straßburg, veröffentlichte zahlreiche Aufsätze über TM.
3] *Hutchinsons:* Richtig Hutchinsons, Freunde von Emil Ludwig.

8. 4. 1934

383 1] *Hofrat Weiss:* Vermutlich Julian Weiss, Budapest.
2] *Brief von Heinrich:* Nicht erhalten.
384 3] *Heinrichs Aufsatz:* Heinrich Mann, ›Schule der Emigration‹, in ›Der Sinn dieser Emigration‹, ›Streitschriften des Europäischen Merkur‹, Paris, 1934.

9. 4. 1934

384 1] *Brief an das Ministerium in Berlin:* Wortlaut des Briefes an das Reichsministerium des Inneren in TM–GBF, 654-662 (Anhang) und in GW XIII, 96-106.
385 2] *Dr. Katzenstein:* Dr. Erich Katzenstein. Siehe Anmerkung 2 zum 19. 10. 1933.
386 3] *›Weiland Granit‹-Brief:* Diese Anspielung war nicht mehr aufzuklären. Es dürfte sich um einen der zahlreichen nationalsozialistischen Schmähbriefe handeln, die TM vor 1933 erhielt.

10. 4. 1934

Brief der alten Frau Fischer: Hedwig Fischer an TM aus Rapallo   *386*
vom 9. 4. 1934 in TM–GBF, 68-69.

11. 4. 1934

1] *spanische Ausgabe des ›Zbg.‹: La montaña mágica,* übersetzt   *386*
von Mario Verdaguer, Editorial Apolo, Barcelona, 1934.

2] *Dr. Peacock:* Ronald Peacock, ›Das Leitmotiv bei Thomas Mann‹,
Dissertation vom 12. 3. 1934 an der Universität Marburg, veröf-
fentlicht als Heft 55 der Reihe ›Sprache und Dichtung‹ im Verlag
Haupt, Bern, 1934. Vom selben Verfasser: ›Thomas Mann and His
Faust‹, ›Manchester Guardian Weekly‹, 15. 4. 1948, und ›Much is
Comic in Thomas Mann‹, Antrittsvorlesung an der University of
London, Bedford College, 1966, und veröffentlicht in ›Euphorion‹,
Heidelberg, Heft 4, 1966.

12. 4. 1934

1] *Törichter Brief von Frau Fischer:* Nicht erhalten.   *387*
2] *Bermann schreibt:* GBF an TM vom 11. 4. 1934 in TM–GBF,
69-70.

13. 4. 1934

1] *Dr. Asper:* TMs Zahnarzt in Zürich.   *388*
2] *Kersten:* Der sozialistische Schriftsteller Dr. Kurt Kersten (1891-
1962) veröffentlichte politische Monographien über Georg Forster,
Lenin, Friedrich den Großen, Bismarck, Peter den Großen und andere.
Er emigrierte 1934 in die Schweiz, 1937 nach Frankreich und gelangte über Marokko und La Martinique 1946 in die Vereinigten
Staaten. Er war nicht Verfasser, sondern Herausgeber des 1933 erschienenen Buches ›1848. Die Deutsche Revolution‹.

3] *A. Ehrenstein:* Der expressionistische Lyriker und Erzähler
Albert Ehrenstein (1886-1950) stand mit TM seit dem Ersten Weltkrieg in Verbindung. Er emigrierte 1933 in die Schweiz und 1941 in
die Vereinigten Staaten. Sein Aufsatz über die beiden ersten Joseph-Romane in der ›Berner Tagwacht‹ vom 5. 4. 1934.

4] *Mechow:* Der Erzähler Karl Benno von Mechow (1897-1960), bekannt durch seine lyrischen Romane ›Das ländliche Jahr‹ (1929) und
›Vorsommer‹ (1933).

5] *Alverdes:* Der Erzähler Paul Alverdes (geboren 1897) erlitt im Ersten Weltkrieg, 1915, eine schwere Kehlkopfverwundung und wurde 1929 durch seine in einer Lazarettstube von Kehlkopfverletzten spielende Erzählung ›Die Pfeiferstube‹ bekannt.

6] *›Das innere Reich‹:* Die von Alverdes und Mechow herausgegebene Zeitschrift ›Das Innere Reich‹ erschien in Deutschland von 1934 bis 1944 und galt als repräsentativ für die sogenannte ›innere Emigration‹.

14. 4. 1934

390 1] *Freiherr von Pechmann:* Günther Freiherr von Pechmann (1882-1968).

2] *im ›Morgen‹:* Die in Berlin erscheinende ›Monatsschrift der deutschen Juden‹, ›Der Morgen‹. Siehe Anmerkung 2 zum 14. 1. 1934.

16. 4. 1934

391 1] *Nachgelassener Roman von Wassermann:* Siehe Anmerkung zum 2. 4. 1934.

2] *Buch von A. Zweig:* ›Bilanz der deutschen Judenheit‹ von Arnold Zweig (darin ein Kapitel über die Familie Pringsheim und die väterlichen Vorfahren von Frau Katia Mann), erschien 1934 im Verlag Querido, Amsterdam.

3] *Meunier:* Der belgische Bildhauer und Maler Constantin Meunier (1831-1905). Sein bildhauerisches Hauptthema war der arbeitende Mensch, besonders der Bergarbeiter, den er in monumentalen Einzelfiguren realistisch darstellte.

17. 4. 1934

391 1] *Brief an die ›Arb. Zeitung‹:* TMs offener Brief an die Wiener ›Arbeiter-Zeitung‹ vom 25. 10. 1933, in dem er sich gegen die von dieser Zeitung erhobenen Vorwürfe wegen seiner Distanzierung von der ›Sammlung‹ verwahrte. Siehe Anmerkung 1 zum 13. 10. 1933.

392 2] *Brief an Bermann:* TM an GBF vom 18. 4. 1934 aus Küsnacht in TM–GBF, 70-72, und GBF an TM aus Berlin vom 21. 4. 1934 in TM–GBF, 72-73. Der endgültige Wortlaut des Briefes *An das Reichsministerium des Inneren, Berlin* wurde zwischen TM und GBF abgestimmt und findet sich in TM–GBF, 654-663, und in GW XIII, 96-106. GBF übermittelte ihn an Rechtsanwalt Heins, und beide ließen eine Anzahl von Abschriften herstellen. GBF gab Abschriften an einige vertraute Freunde des Verlags zur Kenntnis weiter, darunter

an Manfred Hausmann. Obwohl TM in dem Brief eindeutig und unmißverständlich um die Rückgabe seiner beschlagnahmten Münchner Habe und die Ausstellung eines neuen Passes ersuchte und in dem Brief mit keinem Wort von einer Bereitwilligkeit zur Rückkehr nach Deutschland die Rede war, glaubte Hausmann sich nach dem Zweiten Weltkrieg, als er das Dokument nicht mehr besaß, zu erinnern, daß TM darin die Bitte um Erlaubnis zur Rückkehr ins Dritte Reich ausgesprochen habe, und richtete einen entsprechenden öffentlichen Angriff gegen TM. Der Wortlaut des Briefes – auf den TM vom Reichsministerium des Inneren nie eine Antwort erhielt – befand sich jedoch noch in GBFs Besitz und wurde mit TMs Einverständnis in der ›Neuen Zeitung‹, München, abgedruckt. Damit war Manfred Hausmanns Angriff entkräftet.

3] ›Kameraden‹: Der Boulevard-Schwank ›Towarisch‹ (Kamerad) von Jacques Deval, inszeniert von Leopold Lindtberg.

4] *die Holsten:* Die Schauspielerin Josy Holsten am Schauspielhaus Zürich.

18. 4. 1934

Maurice: Der Schweizer Komponist Pierre Maurice (1868-1936).   392

19. 4. 1934

›*Goethe als R. d. b. Z.*‹: TMs Vortrag *Goethe als Repräsentant*   393 *des bürgerlichen Zeitalters,* den er erstmals am 18. 3. 1932 auf der Feier von Goethes 100. Todestag in der Preußischen Akademie der Künste hielt. Heinrich Mann war zu einem Vortrag im Zürcher Schauspielhaus eingeladen worden, mußte aber absagen, und TM sprang für ihn ein. Siehe hierzu Heinrich Mann an TM aus Nizza vom 19. 4. 1934 in TM–HM, 145-146.

20. 4. 1934

Roffler: Thomas Roffler, ›Thomas Mann‹, in ›Bildnisse aus der   393 neueren deutschen Literatur‹, Verlag Huber, Frauenfeld und Leipzig, 1933.

21. 4. 1934

1] *ihren Geburtstag:* Der 21. April war der Geburtstag des jüngsten   393 Sohnes, Michael (Bibi). Seine Schwester Elisabeth (Medi) hatte am 24. April Geburtstag, und so feierten die jüngsten Geschwister ihre Geburtstage zumeist zusammen.

394　2] *Mrs. Knopf:* Blanche Knopf (1894-1966), die Gattin von TMs
amerikanischem Verleger Alfred A. Knopf. Siehe Anmerkung 1 zum
1. 4. 1933.

22. 4. 1934

394　1] *Bruno Walter:* Der Dirigent Bruno Walter (1876-1962), nahezu
gleichaltrig mit TM, gehörte zu TMs engsten und liebsten Freunden. Sie lernten einander kennen, als Walter 1913 Generalmusikdirektor in München wurde, und die Freundschaft währte lebens-
länglich. Während seiner Münchener Jahre (1913-1922) war Walter
TMs unmittelbarer Nachbar im Münchner Herzogpark. Nach seinem
Weggang von München zogen TMs Freunde Bruno und Liesl Frank
in dasselbe Haus in der Mauerkircherstraße. Walter emigrierte 1933
nach Österreich, war 1934-1936 Leiter der Staatsoper Wien und ging
1940 in die Vereinigten Staaten, wo er, in Beverly Hills, wiederum
unweit von TM wohnte. Siehe seine Autobiographie ›Thema und
Variationen‹ und seine ›Briefe‹. TM schrieb mehrmals über ihn:
Musik in München, GW XI, 329-350; *Für Bruno Walter* (zu seinem
sechzigsten Geburtstag), GW X, 479-483; *An Bruno Walter zum
siebzigsten Geburtstag,* GW X, 507-512, und *die Sendung der Musik. Zum fünfzigjährigen Dirigentenjubiläum von Bruno Walter,* GW
XIII, 859-863.

395　2] *Konzertmeister Buxbaum:* Der erste Cellist der Wiener Philharmoniker, Mitglied des Rosé-Quartetts.

24. 4. 1934

396　1] *Schwarzschild:* Leopold Schwarzschild (1891-1950) war Herausgeber der Pariser Exils-Wochenschrift ›Das Neue Tage-Buch‹. Siehe
Anmerkung 5 zum 17. 3. 1933. Sein Buch ›Das Ende der Illusionen‹
erschien 1934 im Querido Verlag, Amsterdam und in mehreren
Übersetzungen.

397　2] *Brief an Heinrich:* Nicht erhalten.

25. 4. 1934

398　1] *Frau Litzmann:* Vermutlich die Witwe des mit TM befreundeten
Bonner Literarhistorikers Berthold Litzmann (1857-1926), der nach
seiner Emeritierung nach München zog und TMs Nachbar im Herzogpark war.
2] *Max Brod:* Der Prager Erzähler Max Brod (1884-1968), schrieb
unter anderem ›Tycho Brahes Weg zu Gott‹, ›Eine Frau, nach der

man sich sehnt‹, eine Heine-Biographie und widmete sich vor allem der Betreuung des Werkes seines Freundes Franz Kafka, dessen Nachlaß er herausgab und dessen Biographie er schrieb. Er verließ Prag 1939 und emigrierte nach Tel-Aviv, wo er starb.
3] ›*Alpenkönig und Menschenfeind*‹: Von Ferdinand Raimund.

26. 4. 1934

1] *Berman erklärt seine Absicht:* Dieser Brief ist nicht erhalten.   399
2] *Schrieb an Bermann:* TM an GBF aus Küsnacht vom 26. 4. 1934 in TM–GBF, 73-75.

27. 4. 1934

1] *Wetzler:* Der deutsch-amerikanische Komponist und Dirigent   399
Hermann Hans Wetzler (1870-1943), eines der Modelle des Wendell Kretschmar in *Doktor Faustus*, lebte seit 1930 in Basel und kehrte 1940 in die Vereinigten Staaten zurück.
2] ›*Eur. Blätter*‹: Richtig ›Europäische Hefte‹, Wochenschrift für   400
Politik, Kultur, Wirtschaft, herausgegeben von Willi Schlamm, erschien in Prag und Paris 1934-1935.
3] *Ossietzky:* Siehe Anmerkung 3 zum 28. 5. 1933. Eine Stellungnahme TMs zum Fall Ossietzky zu diesem Zeitpunkt ist nicht nachweisbar.

28. 4. 1934

Edith Littmann: Eine langjährige Freundin Erika Manns, später   402
verheiratete Edith Loewenberg, lebt heute in London.

30. 5. 1934

1] *Professor Gigon:* Alfred Gigon (1883-1975), Arzt in Basel.   404
2] *Redakteur X:* Eduard Fritz Knuchel (1891-1966), Feuilletonredakteur der ›Basler Nachrichten‹.
3] *Burckhardt:* Dr. Jakob Burckhardt (geboren 1913), Jurist und   405
Diplomat.

1. 5. 1934

1] *Prof. A. Scharf:* Der Ägyptologe Professor Alexander Scharff   406
(1892-1950), Kustos bei den Staatlichen Museen in Berlin.
2] *Rud. Stratz:* Der Schriftsteller Rudolf Stratz (1864-1936), Verfasser zahlreicher vielgelesener Unterhaltungsromane.
3] *die alten Fischers:* Der Verleger S. Fischer (1859-1934), Gründer

des gleichnamigen Verlags und seit der Jahrhundertwende mit seinem Autor TM herzlich befreundet, und seine Gattin Hedwig Fischer geborene Landshoff (1871-1952). Das Ehepaar Fischer hatte seit langem die Gewohnheit, alljährlich im Frühjahr einige Wochen zusammen mit dem ihm eng befreundeten Ehepaar Hauptmann in Rapallo zu verbringen; so auch in diesem Jahr.

4] *die Kinder:* Mit der Bezeichnung ›die Kinder‹ sind in diesen Jahren fast stets die beiden jüngsten Kinder Elisabeth und Michael gemeint, die bei den Eltern in Küsnacht wohnten und noch in Zürich zur Schule bzw. aufs Konservatorium gingen. Mit den ›Kindern‹, die in derselben Eintragung im Zusammenhang mit Rotterdam erwähnt sind, sind hingegen die beiden ältesten gemeint: Klaus, der in Amsterdam lebte und dort im Verlag Querido arbeitete, und Erika, die ein Gastspiel der ›Pfeffermühle‹ in Holland absolvierte.

2. 5. 1934

406 1] *Budzislawski:* Der Publizist Hermann Budzislawski (geboren 1901), emigrierte 1933 in die Schweiz, von dort in die Tschechoslowakei, wo er in Prag die ›Neue Weltbühne‹ herausgab; er ging von dort nach Paris und gelangte schließlich in die Vereinigten Staaten, von wo er 1948 nach Deutschland zurückkehrte und eine Professur für Zeitungswissenschaften an der Universität Leipzig übernahm.

407 2] *Maier:* Der ehemalige Staatssekretär des Inneren Oskar Meier (1876-1961), emigrierte 1933 nach Zürich und ging von dort an die Universität Berkeley in Kalifornien.

3] *Suhrkamp:* In seinem Nachruf auf S. Fischer (*In memoriam S. Fischer*, GW X, 472-478) erwähnt TM diese Anekdote aus dem Gespräch mit S. Fischer, ohne freilich anzugeben, daß es sich dabei um Suhrkamp handelte.

4] *Brief von Kerényi:* KK an TM vom 30. 4. 1934 in TM–KK, 53-56.

408 5] *Hesses neue Erzählung:* ›Der Regenmacher‹ im Maiheft 1934 der ›Neuen Rundschau‹.

6] *zum ›Esel‹:* ›Der goldene Esel‹ von Lucius Apuleius.

7] *›Salome‹:* Oper von Richard Strauss nach dem Text von Oscar Wilde (1905).

8] *Hofmannsthal:* Hugo von Hofmannsthal schrieb die Textbücher zu Richard Strauss' Opern ›Elektra‹, ›Der Rosenkavalier‹, ›Ariadne auf Naxos‹, ›Die Frau ohne Schatten‹, ›Die ägyptische Helena‹ und ›Arabella‹.

9] *Zweig:* Stefan Zweig schrieb das Textbuch zu Richard Strauss' Oper ›Die schweigsame Frau‹.

3. 5. 1934

1] *Meyer-Graefe:* TM hatte Gerhart Hauptmann im *Zauberberg* in   *409*
der Figur des Mynheer Peeperkorn ziemlich unverkennbar porträtiert. Hauptmann war hierüber anfänglich sehr aufgebracht und bewahrte trotz Beilegung des Zwistes und Versöhnung insgeheim einen Groll gegen TM. René Schickele notierte in seinem Tagebuch unter dem 14. 4. 1934, Meier-Graefe, der Fischers in Rapallo aufsuchte, habe ihm berichtet: »Hauptmann schimpfte auf Thomas Mann, nannte seinen Josephsroman ein fünftrangiges Buch und überdies ein antisemitisches Pamphlet. Merkwürdig, der dumme Witz macht seinen Weg. Ich hörte ihn schon wiederholt. Hauptmann trägt Thomas Mann noch immer den Peeperkorn nach.« Meier-Graefe berichtete TM dieses Gespräch in Rapallo offenbar auch direkt. Siehe Anmerkung 4 zum 9. 5. 1933.

2] *Steiner:* Rudolf Steiner (1861-1925), Begründer der Anthroposophie und Gründer der anthroposophischen Hochschule Goetheanum in Dornach bei Basel.

3] *Krischna-Murti:* Der indische Philosoph Jiddu Krischnamurti (geboren 1897), verkündete eine neue Weltlehre des Seelenfriedens und hatte in den zwanziger Jahren in Europa zahlreiche Anhänger.

4] *an Bermann:* TM an GBF aus Küsnacht vom 3. 5. 1934 in TM–GBF, 75-76.

5] *Brand & Brand:* Die amerikanische literarische Agentur Brandt & Brandt, vormals Brandt & Kirkpatrick, die seit langem in Geschäftsverbindung mit dem S. Fischer Verlag stand und auch TMs Übersetzungsrechte nach Amerika vermittelte.

4. 5. 1934

Ehrenfeld: Der junge Wiener Schriftsteller Ernst Ehrenfeld. Nähe-   *409*
res nicht bekannt.

5. 5. 1934

›*Memoiren einer Idealistin‹:* Das 1875 erschienene Werk der Schrift-   *410*
stellerin Malwida von Meysenbug (1816-1903), die auf Grund ihrer

Beziehungen zu demokratischen Pädagogen und Politikern 1852 aus Berlin verwiesen wurde und mit Wagner und Nietzsche befreundet war. TM führte den Vorschlag Raschers nicht aus.

6. 5. 1934

411 1] *Barret-Browning:* Die englische Dichterin Elizabeth Barrett-Browning (1806-1861).

2] *P. E.:* Paul Ehrenberg. Siehe Anmerkung 1 zum 31. 3. 1933. Über die Roman-Idee der ›Geliebten‹ siehe Peter de Mendelssohn, ›Der Zauberer‹, Teil I, S. 480 ff.

3] *Mut-em-enet:* Die Frau des Potiphar in *Joseph in Ägypten.*

4] *Erste Notiz:* Die Notiz über Dr. Faust und den syphilitischen Künstler, der sich dem Teufel verschreibt, die erste Keimzelle zum späteren Roman *Doktor Faustus,* findet sich in TMs Notizbuch 7 auf Seite 155 und stammt aus dem Herbst oder Winter 1904. Siehe Peter de Mendelssohn, ›Der Zauberer‹, Teil I, S. 532.

5] *K. H.:* Klaus Heuser. Siehe Anmerkung 3 zum 12. 8. 1933.

6] *A. M.:* Armin Martens, Schulkamerad TMs aus Lübeck und seine erste Liebe, Vorbild zu Hans Hansen in *Tonio Kröger.*

7] *W. T.:* Name nicht mehr feststellbar; offenbar ein frühes homoerotisches Erlebnis.

7. 5. 1934

412 1] *Stilling:* Nicht ermittelt.

2] *Dr. Schieffer:* Der deutsche Rechtsanwalt Dr. Erich Schieffer (geboren 1903), der seit 1929 in Zürich ansässig war. Seine Lebensgefährtin Nelly Kreis war eine Kusine von Frau Ninon Hesse, und er war von Hesses an TM empfohlen. Er beriet TM in Steuersachen und seinen deutschen Vermögensangelegenheiten.

9. 5. 1934

413 ›*Straßenmusikanten‹:* Richtig ›Straßenmusik‹, Volksstück von Paul Schurek.

10. 5. 1934

414 1] *W. Schaefer:* Vermutlich der Erzähler Wilhelm Schäfer (1868-1952). Gehörte der gleichgeschalteten Berliner »Dichter-Akademie« an.

2] *Possekel:* Wilhelm Possekel, Direktor der Deutschen Buchgemeinschaft.

3] *Strauss:* Der Erzähler Emil Strauss (1866-1960) früher Autor des S. Fischer Verlags, Jugendfreund von Hermann Hesse, Autor von ›Der nackte Mann‹ und ›Freund Hein‹, gehörte der gleichgeschalteten Berliner »Dichter-Akademie« an.

11. 5. 1934

1] *zwei Stücke von Shaw:* ›Ländliche Werbung‹ (Village Wooing) (1933) und ›Blanco Posnets Erweckung‹ (The Shewing-Up of Blanco Posnet), beide in der Übersetzung von Siegfried Trebitsch.   414

2] *Rechtsanwalt F.:* Rechtsanwalt Fleischmann, siehe Anmerkung 3 zum 8. 11. 1933.   415

13. 5. 1934

1] *de Quincey:* Klaus Manns Aufsatz über den opiumsüchtigen englischen Dichter Thomas de Quincey (1785-1859), Autor der ›Bekenntnisse eines Opiumessers‹, im Maiheft 1934 der ›Sammlung‹.   416

2] *neues Buch von Huxley:* Besprechung von Aldous Huxleys ›Beyond the Mexique Bay‹ durch Sybille von Schoenebeck (siehe Anmerkung 1 zum 28. 5. 1933) im Maiheft 1934 der ›Sammlung‹.

3] *Hubermann:* Der Violinvirtuose Bronislaw Hubermann (1882-1947), mit TM besonders während der amerikanischen Jahre herzlich befreundet.   417

14. 5. 1934

1] *Olden:* Der Berliner Rechtsanwalt, Schriftsteller und Publizist Rudolf Olden (1885-1940), Verteidiger Carl von Ossietzkys im ›Weltbühne‹-Prozeß und politischer Redakteur des ›Berliner Tageblatt‹, emigrierte 1933 über Prag und Paris nach England, lebte in Oxford und war Mitbegründer des deutschen PEN-Clubs im Exil. Er kam 1940 bei der Überfahrt nach den Vereinigten Staaten ums Leben, als sein Schiff, die ›City of Benares‹, von einem deutschen Unterseeboot torpediert wurde.   417

2] *der Goebbels'sche Propaganda-Feldzug:* Der nationalsozialistische Propagandafeldzug gegen »Miesmacher und Kritikaster«.   418

17. 5. 1934

1] *Hirschfeld:* Der naturalistische Dramatiker und Erzähler Georg Hirschfeld (1873-1942), den TM seit seinen frühesten Münchener Tagen gut kannte. Hirschfeld befand sich, als jüdischer Schriftsteller, in großer materieller Not, emigrierte jedoch nicht und starb 1942 in München.   420

2] *Buch-Auszüge:* Die von TM angeforderten Auszüge aus den Geschäftsbüchern des S. Fischer Verlags, zwecks Klärung seiner Steuerangelegenheit.

3] *Reisigers Rundschau-Aufsatz:* Hans Reisiger, ›Zu Thomas Manns Jungem Joseph‹, im Juniheft 1934 der ›Neuen Rundschau‹.

4] *›Deutsche Meister‹:* Der Essayband wurde schließlich *Leiden und Größe der Meister* genannt.

5] *schrieb an Bermann:* TM an GBF vom 17. 5. 1934 in TM-GBF, 77.

6] *die Kurz:* Die Münchener Hausdame Marie Kurz kam nach Zürich, um während der Amerikareise den Küsnachter Haushalt und die beiden jüngsten Kinder zu versorgen.

421 7] *Mascagni:* ›L'amico Fritz‹, Oper von Pietro Mascagni (1863-1945), dem Komponisten der ›Cavalleria rusticana‹.

8] *englisch-amerikanische Ausgabe:* Die amerikanische Ausgabe der *Geschichten Jaakobs* trug in der Tat den irreführenden Titel *Joseph and His Brothers;* die englische Ausgabe, die bei Martin Secker, London, erschien, war richtig betitelt *The Tales of Jacob.* Die beiden Ausgaben benutzten, wie stets, dieselbe Übersetzung von Helen Lowe-Porter, die TM gut vorkam, aber in Wahrheit sehr fehlerhaft war.

19. 5. 1934

422 1] *Hausegger:* Siehe Anmerkung 1 zum 19. 4. 1933 und Anmerkung 7 zum 12. 5. 1933. TM hatte ursprünglich Hans Pfitzner für den Initiator des ›Protests der Wagner-Stadt München‹ gehalten, aber dann von Frau Hedwig Pringsheim in München erfahren, daß vermutlich Knappertsbusch die treibende Kraft hinter der Denunziation war. Die Äußerung von Richard Strauss deutet jedoch darauf hin, daß Siegmund von Hausegger maßgeblich an der Sammlung prominenter Unterschriften beteiligt war.

423 2] *Prof. Geiger:* Der Philosoph Moritz Geiger (1880-1937) war TM aus München bekannt, wo er seit 1915 Professor an der Universität war. Er wurde 1923 Professor in Göttingen, emigrierte 1933 und wurde Professor am Vassar College für Frauen im Staat New York.

3] *Kinder in Amsterdam:* Erika und Klaus Mann.

21. 5. 1934

424 *Vasano-Dragees:* Ein damals beliebtes Mittel gegen Seekrankheit.

24. 5. 1934

1] ›*moovings*‹: Von TM nach dem Gehör falsch geschrieben; rich- 428
tig ›movies‹, nämlich Filmvorführungen.

2] *des ägyptischen* ›*Heluan*‹: Vermutlich eine Erinnerung an einen 429
ägyptischen Dampfer, den TM auf seiner Ägypten- und Palästina-
Reise 1930 benutzte.

25. 5. 1934

Shuffel-board: Richtig shuffle board. 431

26. 5. 1934

Joyce: Der irische Romancier James Joyce (1882-1941). TM emp- 433
fand, wie er in der *Entstehung des Doktor Faustus* schrieb, bei »so
großer Verschiedenheit der literarischen Naturen«, eine gewisse Verwandtschaft mit dem Autor des ›Ulysses‹ und interessierte sich sehr
für ihn.

27. 5. 1934

1] *längerer Brief an Heinrich:* Nicht erhalten. 433

2] ›*Jean le bleu*‹: Deutsch ›Der Träumer‹, autobiographischer Roman des provençalischen Erzählers Jean Giono (1895-1970).

29. 5. 1934

1] *Mencken:* Der bedeutende amerikanische Kultur- und Literatur- 436
kritiker H. L. (Henry Louis) Mencken (1880-1956), Herausgeber der
Zeitschrift ›American Mercury‹.

12. 6. 1934

1] *Sibelius:* Der finnische Komponist Jean Sibelius (1865-1957) 437
schrieb insgesamt sieben Symphonien, mehrere sinfonische Dichtun-
gen, ein Violinkonzert und Kammermusik. Er war in den angel-
sächsischen Ländern stets bekannter und populärer als auf dem europäischen Kontinent.

2] *Dutch treat:* Amerikanischer Ausdruck für eine gemeinsame
Mahlzeit, bei der jeder für sich bezahlt; New Yorker Club-Restaurant
dieses Namens.

3] *Petri:* Egon Petri (1881-1962), bedeutender Klaviervirtuose und
Musikpädagoge, auf häufigen Konzertreisen in Amerika, übersiedelte
1940 ganz in die Vereinigten Staaten und lehrte ab 1957 wieder am
Konservatorium Basel.

4] *Warburgs:* Die aus Hamburg stammende, in London und New York niedergelassene internationale Bankiers-Familie.

5] *Mayor:* Fiorello La Guardia (1882-1947), der 1933-1945 Oberbürgermeister (Mayor) von New York war.

6] *Broadcast-Rede:* Rundfunkansprache.

438   7] *Testimonial-Dinner:* Das vom Verleger Knopf zu Ehren TMs und seines 59. Geburtstages im Plaza Hotel in New York veranstaltete Bankett.

8] *›Times‹:* Gemeint ist das amerikanische Nachrichtenmagazin ›Time‹.

9] *de Rede:* Dirk de Reede aus Haarlem in Holland, ein Mitpassagier. Näheres nicht bekannt.

10] *Stokowski:* Der amerikanische Dirigent Leopold Stokowski (1882-1977), damals (seit 1912) Leiter des Philadelphia Orchestra.

11] *Sinclair Lewis:* Der amerikanische gesellschaftskritische Romancier Sinclair Lewis (1885-1951), Autor der weltberühmten Romane ›Die Hauptstraße‹, ›Babbitt‹ und anderer, Träger des Literatur-Nobelpreises 1930, verheiratet mit Dorothy Thompson.

12] *Dor. Thompson:* Die amerikanische politische Journalistin und Publizistin Dorothy Thompson (1894-1961) war 1924-1934 Auslandskorrespondentin in Berlin, wurde 1934 wegen ihrer scharf antinationalsozialistischen Berichterstattung von Hitler ausgewiesen. Sie sprach fließend deutsch und war mit vielen deutschen Schriftstellern befreundet. Nach ihrer Rückkehr nach Amerika wirkte sie als einflußreiche politische Kommentatorin am ›New York Herald‹ und am amerikanischen Rundfunk. Ihr Aufsatz über TM: ›The Most Eminent Living Man‹ in ›New York Herald Tribune Book Review‹, 10. 6. 1934.

15. 6. 1934

439   1] *Jugendroman Iwan Bunins:* Vermutlich ›Mitjas Liebe‹.

2] *›P. R.‹: Pariser Rechenschaft.* Siehe Anmerkung 1 zum 8. 1. 1934.

16. 6. 1934

441   1] *Nathan Weinberg:* Der amerikanische Violinist, Musiklehrer und Musikschriftsteller Nathan Weinberg, ein großer Bewunderer TMs, hatte TM während seines Amerika-Aufenthaltes das Manuskript seines Aufsatzes ›Thomas Mann's »Die Geschichten Jaakobs«‹ mit einem Begleitbrief übersandt. Der Aufsatz erschien im August-

heft 1934 der Zeitschrift ›Jewish Forum‹. Es kam zu keiner Begegnung zwischen TM und Weinberg. Über Weinberg selbst war Näheres nicht zu ermitteln.
2] *die J. G.:* Jaakobs-Geschichten.

17. 6. 1934
Zusammenkunft des Hitler mit Mussolini: Die erste persönliche 443
Begegnung zwischen Hitler und Mussolini fand am 14. 6. 1934 in
Venedig statt.

20. 6. 1934
1] *W. Hellmert:* Der Lyriker und Erzähler Wolfgang Hellmert 445
(1906-1934), enger Freund von Klaus Mann, hatte sich in Paris mit
einer Überdosis Morphium das Leben genommen.
2] *Peter Pr.:* Peter Pringsheim (1881-1963), Bruder von Frau Katia
Mann, seit 1929 ordentlicher Professor der Physik an der Universität Berlin, emigrierte 1933, wurde Professor der Physik in Brüssel,
ging 1940 nach den Vereinigten Staaten und war in Chicago ständiger Mitarbeiter des Argonne National Laboratory. Nach seiner Emeritierung kehrte er nach Belgien, dem Heimatland seiner Frau, zurück und lebte in Antwerpen.
3] *Bethove:* Populärer Pariser Komiker und Chansonnier. 446
4] *Hauptmann-Rede:* TMs Festrede zu Gerhart Hauptmanns 70. Ge- 447
burtstag im Nationaltheater München am 11. 12. 1932 (*An Gerhart
Hauptmann*, GW X, 331-339).
5] *›Tales of Jacob‹:* Siehe Anmerkung 7 zum 17. 5. 1934.
6] *Rede des Papen:* Rede des Vizekanzlers Franz von Papen in der
Universität Marburg am 17. 6. 1934. Die Rede war hauptsächlich
von Papens Mitarbeitern Edgar J. Jung und Erich Klausener entworfen und forderte ein Ende der Revolution, Beendigung des NS-
Terrors, Wiederherstellung eines gewissen Ausmaßes von Freiheit,
namentlich der Pressefreiheit.
7] *Frau Thyssen:* Gattin des Industriellen Fritz Thyssen. Siehe Anmerkung 2 zum 26. 7. 1933.

22. 6. 1934
1] *Brief an Bermann:* TM an GBF aus Küsnacht vom 22. 6. 1934 448
in TM–GBF, 79-80, worin es heißt, daß die Wiedergabe einer solchen Lobrede auf Hauptmann »in diesem Augenblick verwirrend,

irreführend und schädigend wirken müßte, und diese Verantwortung kann ich nicht auf mich nehmen«. Die Rede wurde aus dem Essayband fortgelassen und durch die inzwischen entstandene, von der Amerikareise angeregte *Meerfahrt mit Don Quijote* ersetzt.

2] *Golos Aufsatz:* ›Wallenstein und die deutsche Politik‹ von Golo Mann im Juniheft 1934 der ›Sammlung‹.

3] *Böök:* Fredrik Bööks langer Aufsatz über die beiden ersten Joseph-Romane erschien im ›Svenska Dagbladet‹ vom 14. 6. 1934.

4] *Venedig:* In Venedig fand ein ›Internationaler Kunst-Kongreß‹ statt, zu dem TM eingeladen war und an dem er vom 25. bis 28. Juli 1934 teilnahm.

24. 6. 1934

449 *Lions Aufsatz:* Ferdinand Lion, ›Probleme des neuen Romanwerks Thomas Manns‹, ›Neue Zürcher Zeitung‹, 10. 6. 1934.

25. 6. 1934

450 *Theologe Moering:* Vermutlich Ernst Moering in Breslau, der bereits vor längerer Zeit, im Juliheft 1926 der Breslauer Zeitschrift ›Kunst und Volk‹ einen Aufsatz über den *Zauberberg* veröffentlicht hatte.

26. 6. 1934

450 1] *Prof. Zimmer:* Der Indologe Professor Heinrich Zimmer (1890-1943), Gatte von Christiane von Hofmannsthal, der Tochter Hugo von Hofmannsthals. Er war Professor in Heidelberg, emigrierte 1939 nach England und 1940 in die Vereinigten Staaten und war während der gemeinsamen Exiljahre in Amerika mit TM gut befreundet. TM verdankte ihm die thematische Anregung zu seiner indischen Novelle *Die vertauschten Köpfe.*

451 2] *Heinebuch:* ›Heinrich Heine‹ von Antonina Vallentin erschien 1934 im Verlag Gallimard, Paris.

27. 6. 1934

451 1] *›Journal‹ von Gide:* Gides ›Journal 1889-1939‹ erschien erst 1939. Möglicherweise las TM eine Teilveröffentlichung in der ›Nouvelle Revue Française‹.

2] *Weigand:* Siehe Anmerkung 6 zum 10. 10. 1933.

3] *G. Kölwel:* Der Erzähler, Lyriker und Dramatiker Gottfried Kölwel (1889-1958), den TM aus München kannte und für den er sich in früheren Jahren mehrfach eingesetzt hatte.

4] *Magic Mountain:* Der Titel des *Zauberberg* lautete in der englischen und amerikanischen Ausgabe *The Magic Mountain.*

5] *Tod Pallenbergs:* Der Schauspieler Max Pallenberg (1877-1934), berühmter komischer Charakterdarsteller, Gatte der Operettendiva Fritzi Massary, war bei einem Flugzeugunglück in Karlsbad am 26. 6. 1934 ums Leben gekommen. Seine Witwe war die Schwiegermutter von Bruno Frank, der zu dieser Zeit in Sanary lebte.

6] *Bermann teilt mit:* Dieser Brief GBFs ist nicht erhalten.

7] *Jüd. Hilfswerk:* Während seines Aufenthaltes in New York war 452 TM von dem Verein des Jüdischen Hilfswerkes in New York gebeten worden, diesem Unternehmen seine Unterstützung zu leihen. TM richtete darauf einen Brief an den Verein, dessen voller Wortlaut sich in TM–GBF, 705 findet. Das Berliner ›Acht-Uhr-Abendblatt‹ vom 15. 6. 1934 und die ›Deutsche Wochenschau‹ vom 16. 6. 1934 veröffentlichten entstellte Wiedergaben des Briefes sowie der in einem Interview in New York getanen Äußerungen TMs. Daraufhin sandte TM den Wortlaut des Briefes an GBF und Rechtsanwalt Heins zwecks Richtigstellung gegenüber den deutschen Behörden. Siehe TM an GBF aus Küsnacht vom 17. 6. 1934 in TM–GBF, 80-81.

8] *Else Heims:* Die Schauspielerin Else Heims (1878-1958) war die erste Gattin Max Reinhardts.

28. 6. 1934

1] *Hitschens:* Der englische Erfolgsschriftsteller Robert Hichens 452 (1864-1950), Verfasser des populären ›Garden of Allah‹, der längere Zeit in Ägypten lebte und von dort mit John Knittel (siehe die folgende Anmerkung) bekannt war.

2] *Knittel:* Der Schweizer Reiseschriftsteller, Romancier und Dramatiker John Knittel (eigentlich Hermann Knittel) (1891-1970), berühmt durch seinen Roman ›Via Mala‹, in Indien als Sohn eines Basler Missionars geboren, lebte abwechselnd in Ägypten und in Graubünden, gründete und leitete in Kairo das Institute of Oriental Psychology.

3] *Klaus Pr.:* Klaus Pringsheim, siehe Anmerkung 3 zum 29. 6. 1933.

4] *Brief von Heinrich:* Nicht erhalten.

29. 6. 1934

452   1] *Worringer:* Der Kunsthistoriker Wilhelm Worringer (1881-1965), berühmt durch sein grundlegendes Werk ›Formprobleme der Gotik‹, seit 1928 Professor in Königsberg, TM aus München bekannt.

453   2] *Dr. Bally:* Der Zürcher Nervenarzt und Psychiater Dr. Gustav Bally.

30. 6. 1934

453   *Zürcher Extrablatt:* Über die Ereignisse des 30. Juni 1934 in Deutschland, in denen Hitler die SA entmachtete und viele ihrer Führer ermorden ließ.

1. 7. 1934

454   1] *Papens Sekretär:* Edgar J. Jung (1894-1934).

2] *Bundeskapitel:* Das achte und letzte Kapitel des Vierten Hauptstücks von *Joseph in Ägypten: Joseph schließt einen Bund.*

3] *Schleicher:* Siehe Anmerkung 2 zum 19. 6. 1933.

4] *Roehm:* Der nationalsozialistische Politiker und vormalige Hauptmann Ernst Röhm (1887-1934), nahm 1923 am Münchner Hitlerputsch teil und wurde 1931 von Hitler zum Stabschef der SA ernannt.

455   5] *Heines:* SA-Obergruppenführer Eduard Heines.

6] *den Alten:* Die Eltern von Frau Katia Mann, Professor Alfred Pringsheim und seine Gattin Hedwig, geborene Dohm, die in München lebten.

7] *›Tristram Shandy‹:* ›The Life and Opinions of Tristram Shandy‹ (Leben und Meinungen des Tristram Shandy) (1760), humoristisch-exzentrischer autobiographischer Entwicklungsroman des englischen Erzählers Laurence Sterne (1713-1768).

2. 7. 1934

456   1] *Ley:* Dr. Robert Ley (1890-1945), nationalsozialistischer Politiker, gründete nach der Zerschlagung der deutschen Gewerkschaften die aus Arbeitgebern und Arbeitnehmern zusammengesetzte nationalsozialistische Deutsche Arbeitsfront. Er nahm sich im Nürnberger Kriegsverbrecher-Gefängnis das Leben.

2] *Streicher:* Julius Streicher. Siehe Anmerkung 3 zum 27. 1. 1934.

4. 7. 1934

1] *neuen Kapitel: Joseph tut Leib- und Lesedienst*, das erste Kapitel   457
des Fünften Hauptstücks von *Joseph in Ägypten*.

2] *E. Jung:* Der nationalistische Publizist Edgar J. Jung (1894-1934),   458
Mitarbeiter Papens. Siehe Anmerkung 1 zum 1. 7. 1934.

3] *General von Bredow:* General Kurt von Bredow, Freund und
vormaliger Staatssekretär Schleichers.

4] *Klausener:* Ministerialrat Dr. Erich Klausener (1894-1934), Leiter der ›Katholischen Aktion‹ und Kritiker der Hitlerschen Rassen-
und Kirchenpolitik.

5] *von Gleichen:* Nicht ermittelt.

5. 7. 1934

1] *Thoma-Bilder:* Professor Pringsheim hatte im Herbst 1933 sein   459
Haus in der Münchener Arcisstraße an die NSDAP verkaufen müssen, die es abriß, um an seiner Stelle ein Parteigebäude zu errichten.
Im großen Ballsaal des Hauses befand sich ein berühmter und oft
bewunderter Wandfries des Malers Hans Thoma, der abgenommen
und vor dem Abbruch gerettet wurde. Er wurde in Stuttgart und
anderwärts auf Ausstellungen gezeigt. Siehe Peter de Mendelssohn,
›Der Zauberer‹ Teil I, 553 ff.

2] *Kahr:* Gustav Ritter von Kahr (1862-1934), war 1917-1924 Re-
gierungspräsident von Oberbayern, willigte 1923 ein, sich an Hitlers
Putschversuch gegen die Reichsregierung zu beteiligen und schlug
am 9. 11. 1923 den Putsch mit Hilfe von Polizei und Reichswehr
nieder.

3] *›Gracians Handorakel‹:* Das ›Handorakel‹ (Oráculo manual)   460
des spanischen jesuitischen Schriftstellers Baltasar Gracian (1601-
1658), ein Brevier der Lebensweisheit, 1862 von Arthur Schopenhauer übersetzt.

6. 7. 1934

1] *Leutnant Scheringer:* Scheringer war ein junger Reichswehrleut-   461
nant, der zusammen mit zwei anderen, Ludin und Wendt, 1930 in
der Reichswehrgarnison Ulm wegen Verbreitung nationalsozialistischer Propaganda im Heer verhaftet und vor Gericht gestellt worden
war. In der Gerichtsverhandlung wurde Hitler als Zeuge vernommen
und desavouierte mit seiner Aussage seine Anhänger im Heer. Während seiner Gefängnishaft sagte sich Scheringer von der Nazipartei

los und wurde fanatischer Kommunist. Er entging jedoch dem Massenmord vom 30. 6. 1934, für den auch er ausersehen war, entfloh und überlebte Hitler.

3] »*Wir werden sehen*«: TM an Bertram vom 19. 11. 1933, darin der Satz: »Das Leben geht weiter, und wir werden sehen, – Sie nach menschlichem Ermessen mehr als ich.« In ›Thomas Mann an Ernst Bertram, Briefe‹, S. 178.

462   4] *Busoni:* Der italienisch-deutsche Komponist und Konzertpianist Ferruccio Busoni (1866-1924) war eine ungewöhnlich faszinierende Künstlerpersönlichkeit und hatte in der Schriftstellerwelt zahlreiche Freunde, unter anderen Jakob Wassermann. Er lebte während des Ersten Weltkrieges von 1915 an in Zürich und war ab 1920 Lehrer einer Meisterklasse für Komposition an der Akademie in Berlin.

7. 7. 1934

462   *Gregor Strasser:* (1892-1934) war ein früher Anhänger Hitlers, nahm am Münchner Putsch 1923 teil, wurde 1932 Reichsorganisationsleiter der NSDAP. Er konnte sich mit seiner Auffassung, daß die NSDAP sich an der Regierung Schleicher beteiligen sollte, gegen Hitler nicht durchsetzen, legte daraufhin alle Parteiämter nieder und wurde mit einigen Gesinnungsgenossen aus der Partei ausgeschlossen. Er wurde am 30. 6. 1934 ermordet.

8. 7. 1934

463   *Schnurrenbuch von Roda-Roda:* Vermutlich der 1934 erschienene Sammelband ›Schenk ein, Roda!‹

9. 7. 1934

463   1] *Hitschens:* Siehe Anmerkung 1 zum 28. 6. 1934.

2] *Prof. Reinhardt:* Karl Reinhardt (1886-1958) Professor der klassischen Philologie an der Universität Frankfurt. Sein Werk ›Sophokles‹ erschien 1933.

3] *franz. Übersetzerin:* Louise Servicen. Siehe Anmerkung 1 zum 19. 2. 1934.

464   4] *Perrault-Doré-Märchen:* Die von Gustave Doré (1832-1883) illustrierte Prachtausgabe der Märchen von Perrault hatte bereits zu TMs Kindheitsbibliothek im Lübecker Elternhaus gehört und war zu einem Lieblingsbuch seiner eigenen Kinder im Haus in der Poschingerstraße geworden.

5] *Treviranus:* Der ursprünglich deutschnationale Politiker Gottfried Treviranus (1891-1971) war 1924-1932 Mitglied des Reichstags, trennte sich von Hugenbergs Partei und war mehrfach Minister in der Regierung Brüning. Er emigrierte 1933 und lebte bis 1948 in Großbritannien und Kanada, schrieb nach seiner Rückkehr die Erinnerungsbücher ›Das Ende von Weimar‹ und ›Für Deutschland im Exil‹.

6] *Ehrhard:* Der Seeoffizier und Freikorpsführer Hermann Ehrhardt (1881-1971) bildete 1919 die ›Brigade Ehrhardt‹, die in München mehrfach gegen kommunistische Aufstände eingesetzt wurde, beteiligte sich im März 1920 am Kapp-Putsch und war auch an der für den Mord an Walther Rathenau verantwortlichen geheimen ›Organisation Consul‹ beteiligt.

7] *Brief an Bürgermeister Seitz:* In Briefe I, 365-66.   465

8] *Wolfskehl:* Der Dichter Karl Wolfskehl (1869-1948) gehörte seit der Jahrhundertwende dem Münchner Kreis Stefan Georges an und war eine der markantesten Persönlichkeiten des Münchner Kulturlebens. Er floh 1933 in die Schweiz und ging 1938 nach Neuseeland, wo er starb. TM war mit ihm seit Jahrzehnten aus München gut bekannt.

9] *Spengler:* Der Kulturphilosoph Oswald Spengler (1880-1936), dessen Hauptwerk ›Der Untergang des Abendlandes‹ TM bei seinem Erscheinen unmittelbar nach dem Ersten Weltkrieg stark beeindruckte und auf den *Zauberberg* einen gewissen Einfluß ausübte. TM wandte sich jedoch bald wegen seiner »Verhunzung Nietzsches« wieder von ihm ab. Siehe *Über die Lehre Spenglers,* GW X, 172-180, und *Briefe aus Deutschland,* Erster Brief, GW XIII, 260-272.

10. 7. 1934

1] *Hess:* Der nationalsozialistische Politiker Rudolf Hess (geboren   466
1894), ›Stellvertreter des Führers‹, wurde im Nürnberger Kriegsverbrecher-Prozeß zu lebenslänglichem Gefängnis verurteilt.

2] *Barthou:* Der französische Außenminister Louis Barthou (1862-1934) wurde am 9. 10. 1934 in Marseille mit König Alexander von Jugoslawien von kroatischen Terroristen ermordet. Barthou war 1922-1926 Präsident der alliierten Reparationskommission gewesen und als Außenminister ein Gegner der französischen Abrüstung.

3] *Brief von Breitbach:* Joseph Breitbach hatte am 9. 6. 1934 in der Pariser Zeitschrift ›Revue Hebdomadaire‹ einen Aufsatz »Les Français connaissent-ils vraiment la littérature allemande?« veröffentlicht, in dem er darauf hinwies, daß es in Deutschland eine weitverbreitete Literatur gebe, wie etwa Stehr, Hans Grimm, Albrecht Schaeffer, die für das deutsche Denken von beträchtlichem dokumentarischem Aussagewert sei, die man aber in Frankreich nicht kenne, weil sie nicht übersetzt werde. Es werde nur das übersetzt, was dem westlichen Geist am nächsten stehe, und die Auswahl der übersetzten deutschen Literatur sei bis auf einige Ausnahmen wie Thomas Mann, Rilke, Hauptmann, sehr einseitig. Der Aufsatz beschrieb diejenigen deutschen Autoren, deren Bücher in Deutschland nicht oder noch nicht verboten waren oder die als konservativ-nationalistisch auch nicht Gefahr liefen, verboten zu werden, und fragte, ob man nicht auch solche Werke zur Kenntnis nehmen müsse, die der westlichen Denkart nicht entsprächen. Klaus Mann faßte diesen Aufsatz als eine Verunglimpfung der deutschen Exilliteratur und als Handlangerarbeit der Goebbels-Propaganda auf und veröffentlichte im ›Neuen Tage-Buch‹ vom 30. 6. 1934 einen scharfen polemischen Angriff auf Breitbach, auf den Breitbach in derselben Zeitschrift vom 21. 7. 1934 erwiderte und Klaus Mann der Verdrehung und Entstellung bezichtigte: sein Aufsatz habe lediglich die Frage behandelt:»Soll man übersetzen, was einem fremd ist oder das, was einem familiär ist, wenn man etwas ›Dokumentarisches‹ bieten will?« Die Polemik führte unter anderem zu einem Briefwechsel zwischen TM und Breitbach und beruhte weitgehend auf Mißverständnissen, Entstellungen und unklaren Formulierungen.

11. 7. 1934

468 1] *Ortega:* Der spanische Kulturphilosoph José Ortega y Gasset (1883-1955) und sein Hauptwerk ›Der Aufstand der Massen‹ (deutsche Übersetzung 1931).

2] *Aufsatz von Heinrich:* Heinrich Mann, ›Propaganda‹, in ›Europäische Hefte‹, Heft 13, 1934.

12. 7. 1934

469 1] *Mühsam:* Siehe Anmerkung 4 zum 28. 5. 1933.

2] *Aram:* Der Erzähler und Dramatiker Kurt Aram (1869-1934), Mitherausgeber der Zeitschrift ›März‹.

14. 7. 1934

1] *Equinox:* Die amerikanische Vierteljahresschrift ›Equinox Quar- 471
ters‹, in deren Nummer 3, Jahrgang 1932, TMs Jugendgedicht
›Weihnacht‹ übersetzt von Henry Hart unter dem Titel ›A Christ-
mas Poem‹ erschien.

2] *Rathenau:* Der Großindustrielle, Wirtschaftsfachmann, Schrift- 472
steller und Politiker Walther Rathenau (1867-1922) war seit 1907
Präsident der von seinem Vater Emil Rathenau gegründeten Allgemeinen Elektrizitäts-Gesellschaft (AEG), baute 1914-1915 die Kriegs-
rohstoffabteilung im preußischen Kriegsministerium auf. Er vertrat schon vor Kriegsbeginn den Gedanken einer europäischen
Wirtschaftsunion unter Einschluß Frankreichs, wirkte 1919 im
Reichswirtschaftsrat, war 1921 Wiederaufbauminister, vertrat
Deutschland auf der Konferenz von Cannes und wurde am 1. 2.
1922 Reichsaußenminister. Er bemühte sich, die Reparations-
frage einer realisierbaren Lösung näherzubringen, und war wegen
dieser sogenannten ›Erfüllungspolitik‹ bei nationalistischen und antisemitischen Gruppen verhaßt. Er schloß auf der Konferenz von
Genua den Rapallovertrag ab und wurde am 24. 6. 1922 von Rechts-
extremisten ermordet. Siehe *Geist und Wesen der Deutschen Republik. Dem Gedächtnis Walther Rathenaus,* (1923) GW XI, 853-860.

3] *Stresemann:* Gustav Stresemann (1878-1929) gründete 1918
die Deutsche Volkspartei und war seit 1920 Mitglied des Reichstags.
Er war 1923 wenige Monate lang Reichskanzler, beendete in dieser
Zeit den sogenannten ›Ruhrkampf‹ und führte die Sanierung der
deutschen Währung durch. In den folgenden Regierungen wirkte
Stresemann bis zu seinem Tod als Außenminister. Nach der Ver-
ständigung über den Dawes-Plan zur revidierten Durchführung der
Reparationen waren der Abschluß der Locarno-Verträge 1924, die
Verständigung mit Frankreich und Deutschlands Eintritt in den Völ-
kerbund die Höhepunkte seiner Politik.

15. 7. 1934

1] *Goldberg:* Der Orientwissenschaftler Oskar Goldberg (geboren 473
1885). Sein Werk ›Die Wirklichkeit der Hebräer. Einleitung in das
System des Pentateuch‹ erschien 1925.

2] *Lessing:* Siehe Anmerkung 2 zum 31. 8. 1933. 474

3] *Pulver:* Der Schweizer Schriftsteller Max Pulver (1889-1952) begann als Lyriker, Dramatiker und Erzähler, wandte sich dann der Graphologie zu und hatte mit seinen Forschungen und analytischen Methoden großen Einfluß auf die Entwicklung der Handschriftenkunde. Er veröffentlichte eine Anzahl graphologischer Werke, darunter ›Symbolik der Handschrift‹ (1930), ›Trieb und Verbrechen in der Handschrift‹ (1934) und ›Person, Charakter, Schicksal‹ (1944).

16. 7. 1934

475   1] *Ostpakt:* Vermutlich ist der vom französischen Außenminister Barthou betriebene Abschluß der Balkan-Entente gemeint, den Barthou auf ein europäisches Paktsystem mit verstärkter Verbindung Frankreichs zur Sowjetunion erweitern wollte.

2] *Vicco:* TMs jüngerer Bruder Viktor Mann. Siehe Anmerkung 7 zum 2. 4. 1933.

17. 7. 1934

475   1] *Gespräch P.-J.:* Das zweite Gespräch zwischen Potiphar und Joseph im ersten Kapitel des Fünften Hauptstücks von *Joseph in Ägypten.*

2] *Schmitt:* Der Staatsrechtler und einflußreiche Theoretiker des totalen Staats Carl Schmitt (geboren 1888) war 1933-1945 Professor an der Universität Berlin. Seine Theorien über Politische Romantik, Souveränität, Diktatur, Parlamentarismus, Demokratie und Verfassung, geistvoll und glänzend formuliert, trugen indirekt viel zur Stärkung des nationalsozialistischen Staates bei.

3] *Jünger:* Ernst Jünger (geboren 1895), damals Vertreter einer aus dem Ersten Weltkrieg gewonnenen Gesinnung des ›heroischen Nihilismus‹, die in seinen Büchern ›In Stahlgewittern‹ und ›Der Kampf als inneres Erlebnis‹ zum Ausdruck kommt, stand zu jener Zeit Carl Schmitt nahe und war stark von seinen staatsrechtlichen Theorien beeinflußt.

19. 7. 1934

476   1] *Brief an Böök:* TM an Fredrik Böök aus Küsnacht vom 18. 7. 1934. Der Wortlaut des Briefes findet sich im Essay von George C. Schoolfield ›Thomas Mann und Fredrik Böök‹, am angegebenen Ort, Seiten 178-180. Darin setzt sich TM nochmals nachdrücklich für die Erteilung des Nobel-Literaturpreises an Hermann Hesse ein.

2] *Sinsheimer:* Hermann Sinsheimer (1883-1950), Chefredakteur 477
des ›Simplicissimus‹ und danach bis 1933 Chef des Feuilletons des
›Berliner Tageblatt‹. Er emigrierte 1938 nach England. Seine Lebenserinnerungen ›Gelebt im Paradies‹ erschienen posthum 1953.

3] *Potempa:* Siehe Anmerkung 3 zum 4. 6. 1933.

20. 7. 1934

1] *General Johnson:* Einer der frühen Mitarbeiter Präsident Roose- 477
velts, Bevollmächtigter für die Industrie in den ersten beiden Jahren
des New Deal, überwarf sich später mit seinem Chef.

2] *Prof. Löwenstein-Yale:* Siehe Anmerkung 9 zum 15. 3. 1933. 478

21. 7. 1934

1] *Malraux auf deutsch:* Siehe Anmerkung 6 zum 3. 10. 1933. TM 478
las ›La Condition humaine‹ ursprünglich offenbar im französischen
Original.

2] *Bethe:* Erich Bethe (1863-1940), Professor für klassische Philologie an der Universität Leipzig. Das erwähnte Werk vermutlich ›Mythos, Sage, Märchen‹ (1922).

3] *F. Thyssen:* Fritz Thyssen. Siehe Anmerkung 2 zum 26. 7. 1933. 479

4] *›Lu‹:* Illustrierte Pariser Wochenzeitung.

5] *Arnold:* Der Maler und Karikaturist Karl Arnold (1883-1953),
seit 1907 ständiger Mitarbeiter des ›Simplicissimus‹.

22. 7. 1934

1] *Heimeran:* Der Münchner Verleger Ernst Heimeran (1902-1955), 479
Verleger und persönlicher naher Freund von Ernst Penzoldt.

2] *Oldenbourg:* Der Münchner Verlagsbuchhändler Paul Oldenbourg, Leiter des gleichnamigen 1858 gegründeten geisteswissen-
schaftlichen Verlags.

23. 7. 1934

zum morgigen Tage: Frau Katia Manns einundfünfzigster Geburtstag. 481

24. 7. 1934

1] *Pellegrino:* Italienisches Mineralwasser. 482

2] *wie es im Buche steht:* In *Der Tod in Venedig.*

28. 7. 1934

1] *Oprescu:* Der rumänische Kunsthistoriker Georges Oprescu, Pro- 483
fessor an der Universität Cluj (Klausenburg), Rumänien.

2] *Ermordung Dollfuß'*: Der österreichische Bundeskanzler Dr. Engelbert Dollfuß (1892-1834) wurde am 25. 7. 1934 bei einem nationalsozialistischen Putschversuch im Bundeskanzleramt am Ballhausplatz in Wien ermordet.

484   3] *Rieth*: Der deutsche Gesandte in Wien Kurt Rieth, der im Verdacht stand, mit dem Putschversuch und der Ermordung Dollfuß' in Verbindung zu stehen.

4] *Mercante di Venezia*: ›Der Kaufmann von Venedig‹ von Shakespeare.

29. 7. 1934

485   1] *Glöckner*: Ernst Glöckner, Lebensgefährte Ernst Bertrams und strenger Anhänger Stefan Georges, mißbilligte Bertrams Freundschaft mit TM, weil George TM mißbilligte. TM kannte ihn oberflächlich aus München, wo Glöckner ihn zusammen mit Bertram einige Male in der Poschingerstraße aufgesucht hatte. Siehe Peter de Mendelssohn, ›Der Zauberer‹, Teil I, 840 ff.

486   2] *»Verging, wie Dunst«*: Wagner, ›Die Meistersinger‹, Hans Sachs auf der Festwiese: »Zerging im Dunst / das heil'ge römische Reich: / uns bliebe gleich / die heil'ge deutsche Kunst!«

3] *Goethe*: Über Deutsche und Juden an Friedrich von Müller am 14. 12. 1808: »Verpflanzt und zerstreut wie die Juden in alle Welt müssen die Deutschen werden, um die Masse des Guten, die in ihnen liegt, ganz und zum Heile der Nationen zu entwickeln.«

4] *Zweigs Erasmus-Buch*: ›Triumph und Tragik des Erasmus von Rotterdam‹ von Stefan Zweig erschien 1934 im Verlag Reichner in Wien.

5] *neue Oper von R. Strauss*: ›Die schweigsame Frau‹, Oper von Richard Strauss mit einem Textbuch von Stefan Zweig wurde am 24. 6. 1935 an der Staatsoper Dresden uraufgeführt und nach der zweiten Aufführung auf höheren Befehl abgesetzt. Siehe hierzu Richard Strauss–Stefan Zweig, Briefwechsel, herausgegeben von Willi Schuh, Frankfurt 1957, Seite 169 ff.

30. 7. 1934

487   1] *Brief an Bertram*: TM an Ernst Bertram vom 30. 7. 1934 in Thomas Mann an Ernst Bertram, Briefe, 184-185.

488   2] *Entsendung Papens nach Wien*: Franz von Papen wurde Ende Juli 1934 als Nachfolger Rieths als deutscher Gesandter nach Wien

entsandt, um die durch den Naziputsch und die Ermordung Dollfuß' entstandene deutsch-österreichische Spannung zu beschwichtigen. Er wurde 1936 zum Botschafter erhoben und blieb in Wien bis zum Anschluß im März 1938.

3] *jungen Kommunisten:* Der Schauspieler Wolfgang Langhoff (1901-1966) wurde 1933 verhaftet und im Konzentrationslager interniert, gelangte 1934 in die Schweiz und schrieb seinen aufsehenerregenden Erlebnisbericht ›Die Moorsoldaten. 13 Monate Konzentrationslager‹, der 1935 im Schweizer Spiegel Verlag erschien und in viele Sprachen übersetzt wurde. Langhoff gehörte 1934-1945 dem Zürcher Schauspielhaus an, kehrte nach Kriegsende nach Deutschland zurück und war 1946-1963 Intendant des Deutschen Theaters in Ost-Berlin.

31. 7. 1934

1] *Moskauer Kritik des Joseph:* Vermutlich die Rezension des kom- 489 munistischen Schriftstellers Alfred Kurella (geboren 1895), der 1934-1954 in Moskau lebte und in der Zeitschrift ›Internationale Literatur‹, Moskau, Nr. 1, 1934 *Die Geschichten Jaakobs* »Geist vom Geiste der Henker Deutschlands« nannte.

2] *Klages:* Der Philosoph und spätere Graphologe Ludwig Klages (1872-1956), der im Münchner Kreis um George und Wolfskehl zeitweise eine Rolle spielte, bis er sich mit ihnen überwarf. Er vertrat unter anderem in seinem Werk ›Der Geist als Widersacher der Seele‹ einen Antirationalismus, der dem Nationalsozialismus weltanschauliche Unterstützung lieh und auf den TM hier Bezug nimmt.

3] *Frau Brockdorff-Noder:* Die Schriftstellerin Frigga Noder (1878-1954), die unter dem Pseudonym Frigga Brockdorff-Noder schrieb und mit dem Münchner Schriftsteller A. de Nora (Alfred Noder) verheiratet war. Siehe Anmerkung 3 zum 27. 4. 1933.

1. 8. 1934

Sauerbruch: Der Chirurg Ferdinand Sauerbruch (1875-1951), seit 491 1928 Professor in Berlin.

2. 8. 1934

1] *Erikas Freund X:* Wolfgang Langhoff. Siehe Anmerkung 7 zum 492 30. 7. 1934.

2] *Frau Vickihalder:* Richtig Wickihalder. Die Tänzerin Trudi Schoop.

493 3] *Stadtpräsident Klöti:* Dr. Emil Klöti (1877-1963) war 1928-1942 der erste sozialdemokratische Stadtpräsident von Zürich.

4] *Frau Hesterberg:* Die Berliner Schauspielerin Trude Hesterberg (1897-1967), die auch als Diseuse und Chanson-Sängerin im Kabarett auftrat. Sie war in den zwanziger Jahren eng mit Heinrich Mann befreundet.

5] *Dr. Bierbaum:* Dr. Willi Bierbaum (1875-1942), Lokalredakteur der ›Neuen Zürcher Zeitung‹.

4. 8. 1934

494 1] *Roßbach:* Gerhard Roßbach (1893-1967), Gründer und Führer des baltischen Freikorps Roßbach.

2] *Heydebreck:* Hans Peter von Heydebreck, einer der am 30. 6. 1934 ermordeten SA-Gruppenführer.

495 4] *Berliner Organisationsfrage:* Die Frage des Beitritts zur Reichsschrifttumskammer, der Berliner Zwangsorganisation, ohne den Schriftsteller in Deutschland nicht publizieren konnten.

5. 8. 1934

496 1] ›*Grabspruch‹ Hauptmanns auf Hindenburg:* Reichspräsident Hindenburg (1847-1934) war am 2. 8. 1934 auf seinem Gut Neudeck in Westpreußen gestorben. Hauptmann hatte in seinem ›Grabspruch‹ geschrieben: »Ein mächtiger Felsen, der die Burg auf hohem Berge unbeweglich, naturhaft unterbaute, ist zur Tiefe gerollt. In diesem Manne war Gott. Mit diesem Gefäß hatten die ewigen Mächte das deutsche Schicksal vereint.«

2] *Tannenberg:* Östlich der ostpreußischen Ortschaft Tannenberg wurden im Ersten Weltkrieg zwischen dem 26. und 30. 8. 1914 die vordringenden russischen Heere unter Samsonow von der deutschen Achten Armee unter Hindenburg und Ludendorff in einer großen Einkreisungsschlacht zum Stehen gebracht.

3] *Hoffmann:* General Max Hoffmann wurde 1914 erster Generalstabsoffizier der Achten Armee im Osten, entwarf die Pläne für die Umfassungsschlacht von Tannenberg und war als Helfer Ludendorffs maßgeblich an der Leitung der Operationen beteiligt.

4] *Osthilfe-Skandal:* Das 1927 beschlossene landwirtschaftliche Hilfsprogramm der Reichsregierung, das fast allein den ostpreußischen Großgrundbesitzern zugute kam.

6. 8. 1934

1] *Bohnenblust:* Der Schweizer Schriftsteller Gottfried Bohnenblust   *499*
(1883-1960), Professor für deutsche Sprache und Literatur an der
Universität Genf. Über Hellmund siehe Anmerkung zum 4. 11. 1933.

2] *Wittkowsky:* Siehe Anmerkung 2 zum 7. 12. 1933.

7. 8. 1934

1] *Oberst-Sohn:* Oberst Oskar von Hindenburg, Sohn des Reichs-   *500*
präsidenten und Freund des Generals von Schleicher, war der persönliche Adjutant seines Vaters und sein politischer Berater.

2] *Theater von Tannenberg:* Hindenburgs Staatsbegräbnis auf dem   *501*
Schlachtfeld von Tannenberg, wo ihm 1927 ein riesiges Denkmal
errichtet wurde.

3] *Chawkin:* Richtig Jedidjah Habqin (1903-1948), wanderte 1922
mit seinen Eltern nach Palästina aus, schrieb auf Deutsch, Hebräisch
und Englisch, fiel im israelischen Unabhängigkeitskrieg. Siehe TMs
Brief an ihn vom 29. 6. 1934 in *Briefe I,* 364.

4] *Brief von Hesse:* HH an TM vom 4. 8. 1934 in HH-TM, 67-68.

5] *Schrieb an Hesse:* Postkarte von TM an HH aus Küsnacht vom
7. 8. 1934 in HH-TM, 69.

10. 8. 1934

1] *Max Hermann-Neisse:* Der Lyriker Max Herrmann-Neiße (1886-   *503*
1941) emigrierte 1933 in die Schweiz und später nach London. Zu
seinem 1936 im Verlag Oprecht, Zürich, erschienenen Gedichtband
›Um uns die Fremde‹ schrieb TM ein Vorwort.

2] *Biro:* Der ungarische Schriftsteller und spätere Filmautor Ludwig
(Lajos) Biro (1880-1948), den TM seit seinem ersten Besuch in Budapest 1913 persönlich kannte, arbeitete damals für Alexander Kordas
London Film Ltd. Die Verfilmung des *Joseph* verwirklichte sich nicht,
weder damals noch später.

3] *Schriftsteller-Kongreß:* Der internationale Schriftsteller-Kongreß,
der vom 17. 8.-1. 9. 1934 in Moskau stattfand. Klaus Mann nahm
an dem Kongreß teil und berichtete im Oktoberheft 1934 der
›Sammlung‹ (›Notizen aus Moskau‹).

11. 8. 1934

1] *Familie Taylor:* Siehe Anmerkungen 2 zum 23. 6. 1933 und 1   *503*
zum 15. 1. 1934. Die zweite Vermietung an die amerikanische Familie Taylor kam anscheinend nicht zustande.

504 2] *Sulzberger:* Arthur Hays Sulzberger (1891-1968), amerikanischer
Zeitungsverleger, trat 1919 in die Verlagsleitung der ›New York
Times‹ ein und war 1935-1961 Verleger und Herausgeber des Blat-
tes.

3] *Feuilleton für die NZZ: Meerfahrt mit Don Quijote,* geschrieben
zwischen dem 5. und 15. 9. 1934. In GW IX, 427-477.

12. 8. 1934

504 1] *Revy:* Der Schauspieler Richard Revy, seit 1907 in München,
1927 Regisseur an den Kammerspielen, emigrierte 1933 nach Hollywood, wo TM ihn wiedertraf.

505 2] *Kardinal Faulhaber:* Michael von Faulhaber (1869-1952), seit
1917 Erzbischof von München-Freising, seit 1921 Kardinal, hervorragender Führer des bayerischen Katholizismus, war ein erklärter
Gegner des NS-Regimes.

3] *Carl Joël:* Siehe Anmerkung 1 zum 27. 3. 1934. Joël war am
23. 7. 1934 gestorben und ließ eine unverheiratete Schwester zurück,
mit der er zusammengelebt hatte.

13. 8. 1934

506 *Bildhauerin Attenhofer:* Die Schweizer Schauspielerin Elsie Attenhofer, die als Malerin und Bildhauerin begann und 1934, angeregt
von den ›Joseph‹-Romanen, eine überlebensgroße Statue des jungen
Joseph in Ton modellierte, die TM in ihrem Atelier besichtigte.
1934 trat sie erstmals im Zürcher politischen Kabarett ›Cornichon‹
als Schauspielerin auf und blieb dieser Laufbahn bis heute treu. Ihr
1974 verstorbener Gatte Professor Karl Schmid, Literarhistoriker,
war Rektor der Eidgenössischen Technischen Hochschule in Zürich,
überreichte 1955 TM zu seinem 80. Geburtstag die Ehrendoktorwürde der ETH und war maßgeblich an der Gründung des TM-
Archivs der ETH beteiligt.

14. 8. 1934

506 1] *›Griechischer Roman‹:* Erwin Rohde (1845-1898), klassischer
Philologe, seit 1886 Professor in Heidelberg, befreundet mit Nietzsche, ein hervorragender Kenner des Altertums wie auch der modernen europäischen Literaturen. Sein Werk ›Der griechische Roman‹
erschien erstmals 1876 und in einem Neudruck 1960 mit einem Vorwort von Karl Kerényi.

2] *Sturmann:* Der Münchner Lyriker und Erzähler Manfred Sturmann (geboren 1903), emigrierte 1938 nach Palästina.

3] *Schriftsteller Rohde:* Der österreichische Rechtsanwalt und Schriftsteller Walther Rode (1876-1934) war Mitarbeiter aller bedeutenden deutschen Exilszeitschriften, emigrierte 1933 nach der Schweiz und starb in Lugano. Sein Buch ›Deutschland ist Caliban‹ erschien 1934 im Europa-Verlag, Zürich.

4] *Bratislawa'er Ausgabe:* Eine slowakische Übersetzung von *Königliche Hoheit* (Kralovska Vyost) von Alexander M. Medersky erschien 1934 in zwei Bänden in Bratislawa (Pressburg).

15. 8. 1934
Taine: Vermutlich ›Les origines de la France contemporaine‹ (Die 507
Entstehung des modernen Frankreich) des französischen Historikers und Geschichtsphilosophen Hippolyte Taine (1828-1893).

16. 8. 1934
1] *Ehepaar Neumann:* Alfred Neumann und seine Gattin Katha- 507
rina (Kitty).
2] *Brief von Kerényi:* KK an TM vom 13. 8. 1934 in TM-KK, 59-61.

17. 8. 1934
1] *Tänzerin Wallerstein:* Gitta Wallerstein. 508
2] *Brief von Bermann:* Nicht erhalten.

19. 8. 1934
Brüder Simon: Heinrich (Heinz) Simon (1880-1941), Verleger und 509
Vorsitzender der Redaktionskonferenz der ›Frankfurter Zeitung‹, war zusammen mit seinem Bruder Kurt bis 1934 Geschäftsführer des Blattes. Er wanderte 1938 nach den Vereinigten Staaten aus und starb am 6. 5. 1941 in New York an den Folgen eines Überfalls.

20. 8. 1934
1] *Tagebuch-Auszüge:* Das Notizen-Konvolut bildete die Grund- 510
lage für die tagebuchartigen Aufzeichnungen *Leiden an Deutschland*, die TM im Oktober 1946 als Privatdruck der Pacific Press, Los Angeles, herausgab (GW XII, 684-766).
2] *Brief an Bermann:* TM an GBF vom 20. 8. 1934 in TM–GBF, 83-84.

21. 8. 1934

511 1] *Lemmle:* Der Hollywooder Filmmagnat Carl Laemmle (1876-1939) wanderte siebzehnjährig mittellos aus dem heimatlichen Württemberg nach den Vereinigten Staaten aus, gründete 1912 die ›Universal‹-Filmgesellschaft und war einer der Mitbegründer der amerikanischen Filmindustrie.

2] *Gründgens:* Der Schauspieler und Regisseur Gustaf Gründgens (1899-1963), 1925-1928 mit Erika Mann verheiratet, wirkte 1928-1932 am Deutschen Theater in Berlin und wurde 1934 von Göring zum Intendanten des Staatlichen Schauspielhauses am Gendarmenmarkt, Berlin, ernannt. Nach dem Zweiten Weltkrieg leitete Gründgens das Düsseldorfer Schauspielhaus und war 1955-1963 Generalintendant des Deutschen Schauspielhauses Hamburg.

3] *Winnifred Wagner:* Richtig Winifred Wagner (geborene Williams, 1897), Witwe Siegfried Wagners, nach dessen Tod 1930 sie die Leitung der Bayreuther Festspiele übernahm; eine begeisterte Anhängerin Hitlers.

22. 8. 1934

512 1] *Briefe der alten Fischer:* S. Fischer an TM aus Freudenstadt vom 20. 8. 1934 in TM–GBF, 84.

2] *Fucig:* Bedřich Fucik, Leiter des Verlags Melantrich, Prag, in dem TMs Werke in tschechischer Sprache erschienen.

23. 8. 1934

513 1] *Th. Haecker:* Siehe Anmerkung 5 zum 20. 11. 1933. Theodor Haeckers Werk ›Was ist der Mensch?‹ erschien 1933.

2] *Toscanini:* Arturo Toscanini (1867-1957), der berühmteste Dirigent seiner Zeit, durch seine unbedingte moralische Integrität als Mensch und Künstler weltweit hoch geachtet. Als erklärter Gegner aller politischen Gewaltherrschaft lehnte er es ab, im faschistischen Italien zu wirken, und gab nach Hitlers Machtantritt auch die Leitung der Bayreuther Festspiele auf. Er dirigierte 1931-1937 bei den Salzburger Festspielen, kehrte aber nach dem gewaltsamen Anschluß Österreichs an Hitlerdeutschland auch Österreich den Rücken und wirkte 1937-1954 an der amerikanischen Rundfunkgesellschaft NBC in New York. Um seine Opposition gegen Faschismus und Nationalsozialismus, insbesondere gegen die Judenverfolgungen zu demonstrieren, übernahm er ab 1936 Konzerte mit der Palestine Philharmonic in Tel Aviv, Jerusalem und Haifa. Er kehrte 1946 nach Italien zurück und eröffnete 1949 die Musikfestspiele in Venedig.

25. 8. 1934

1] *d'Ormesson:* Wladimir d'Ormesson (1888-1973), französischer 514
Publizist und Diplomat, war 1924-1934 außenpolitischer Redakteur
und Leitartikler des ›Temps‹ und des ›Journal de Genève‹ und 1934-
1940 Leitartikler des ›Figaro‹.

2] *Musil:* Der österreichische Romancier und Essayist Robert Musil
(1880-1942), Autor des Romans ›Der Mann ohne Eigenschaften‹,
der ihn weltberühmt machte, lebte in Wien in sehr bedrängten materiellen Verhältnissen. Es ist zu vermuten, daß Pinkus' Brief einer
Hilfsaktion für ihn galt. TM kannte Musil persönlich seit seinem
Wien-Besuch im Dezember 1919.

27. 8. 1934

1] *Siegfried Wagner-Sproß:* Wieland Wagner (1917-1966) oder 515
Wolfgang Wagner (geboren 1919).

2] *Eloesser:* Der Berliner Theater- und Literarhistoriker Dr. Arthur
Eloesser (1870-1937), Kritiker an der ›Vossischen Zeitung‹ und Mit-
arbeiter der ›Neuen Rundschau‹, mit TM seit langem gut bekannt.
Er veröffentlichte 1925 zu TMs 50. Geburtstag die Monographie
›Thomas Mann. Sein Leben und sein Werk‹ im S. Fischer Verlag.
Siehe GW X, 464-465 und 727-734.

28. 8. 1934

an den alten Fischer: TM an S. Fischer aus Küsnacht vom 28. 8. 516
1934 in TM–GBF, 84-85. Von TM offenbar irrtümlich mit dem 23. 8.
1934 datiert. Es war sein letzter Brief an seinen alten Verleger.

29. 8. 1934

›*Einen Brief des Julius*‹: Siehe *Schwere Stunde*, GW VIII, 371-379. 517
Dort der Satz: »Es war schwerer, einen Brief des Julius zu schreiben,
als die beste Szene zu machen.«

30. 8. 1934

Prof. Venable: Vernon Venable (geboren 1907), Professor für Phi- 517
losophie am Vassar College, U.S.A. Sein Aufsatz über den *Tod in
Venedig* erschien unter dem Titel ›Poetic Reason in Thomas Mann‹
in ›Virginia Quarterly Review‹, Januar 1938, und unter dem Titel

›Death in Venice‹ in dem von Charles Neider herausgegebenen Sammelwerk ›The Stature of Thomas Mann‹, Verlag New Directions, New York 1947.

31. 8. 1934

518   1] *Prof. Perron:* Der Mathematiker Oskar Perron (1880-1975), seit 1922 Professor an der Universität München.

2] *dem tschechischen Übersetzer: Die Geschichten Jaakobs* und *Der Junge Joseph* wurden von Ivan Olbracht und Helena Malirova ins Tschechische übersetzt; beide Romane erschienen 1934.

3] *Dr. Alexander Mette:* Der Berliner Nervenarzt und kulturpsychologische Essayist Alexander Mette veröffentlichte zwei Aufsätze über TM, beide 1949. Seine Schrift: ›Tiefenpsychologische Grundlagen des Tragischen‹.

1. 9. 1934

518   1] ›*Feuilleton*‹: *Meerfahrt mit Don Quijote.*

2] *Haas:* Der Filmautor Willy Haas, vormals Herausgeber der ›Literarischen Welt‹, lebte damals in Prag. Siehe Anmerkung 18 zum 15. 3. 1933.

518   3] *Dr. Knoche:* Siehe Anmerkung zum 5. 4. 1933.

519   4] *Triestiner:* Irrtum TMs. Benito Mussolini (1883-1945) stammte nicht aus Triest, sondern aus der Provinz Forli in der Romagna. Seine guten Deutschkenntnisse rührten vermutlich von seinen frühen Auslandsaufenthalten in der Schweiz 1902-1904 und im österreichischen Trentino 1909-1910 her.

5] *Saturday-Revue:* Die amerikanische Zeitschrift ›Saturday Review of Literature‹.

6] *Freudenstadt:* S. Fischer verbrachte seinen Sommerurlaub in Freudenstadt im Schwarzwald, wo er sich in der Obhut seines Neffen, des Arztes Dr. Carl Beer, befand. In den letzten Augusttagen erkrankte der Vierundsiebzigjährige schwer, und die Angehörigen wurden herbeigerufen. Man brachte den Kranken nach Baden-Baden und von dort mit einem Krankenwagen der Reichsbahn nach Berlin, wo er in seinem Haus im Grunewald bis zu seinem Tod am 15. Oktober 1934 dahindämmerte.

2. 9. 1934

520   *Frau Hallgarten:* Constance Hallgarten (1881-1969), Witwe des germanistischen Privatgelehrten Robert Hallgarten (1870-1924). Ihr

Haus, ein geistig-künstlerisches Zentrum von München, befand sich in unmittelbarer Nachbarschaft der Villa TMs im Herzogpark, und die Familien waren befreundet und besuchten einander häufig. Besonders der jüngere Sohn Richard, genannt Ricki, Hallgarten war mit Erika und Klaus Mann eng befreundet; er nahm sich 1932 siebenundzwanzigjährig das Leben. Constance Hallgarten war eine engagierte Frauenrechtlerin und Mitbegründerin der ›Internationalen Frauenliga für Frieden und Freiheit‹. Siehe die Lebenserinnerungen ihres älteren Sohnes George W. Hallgarten ›Als die Schatten fielen‹, sowie Klaus Mann, ›Der Wendepunkt‹, S. 285 ff.

3. 9. 1934

Kurt Bois: Der Schauspieler und Kabarettist Curt Bois (geboren   521
1901), eines der großen komischen Talente der deutschen Bühne und des Films, emigrierte 1933, arbeitete sehr erfolgreich 1933-1950 in Hollywood, kehrte danach nach Deutschland zurück.

4. 9. 1934

1] *Emil Preetorius:* Siehe Anmerkung 6 zum 24. 4. 1933.   521

2] *Suhrkamp über Hamsun etc.:* Peter Suhrkamp: ›Knut Hamsun,   522
Geschichte eines Mannes und eines Dichters‹ und Hermann Hesse: ›Über einige Bücher‹, beides im Augustheft 1934 der ›Neuen Rundschau‹.

3] *Von Hesse heute längerer Brief:* HH an TM vom 3. 9. 1934 in HH-TM, 70-71.

4] *Scholz:* Der Schriftsteller Wilhelm von Scholz (1874-1969), Mitherausgeber des 1935 erschienenen biographischen Sammelwerkes ›Die großen Deutschen‹.

5. 9. 1934

1] *Schrieb an Herm. Hesse:* TM an HH aus Küsnacht vom 5. 9. 1934   522
in HH-TM, 73-75.

2] *Süskind:* W. E. Süskinds Aufsatz ›Wege der Erzählung‹ erschien im Septemberheft 1934 der ›Literatur‹, deren Redakteur Süskind damals war.

3] *›Flucht in den Norden‹:* Klaus Manns erster im Exil geschriebener Roman ›Flucht in den Norden‹ erschien im Herbst 1934 im Verlag Querido, Amsterdam.

6. 9. 1934

523   1] *C. Zuckmaier:* Der Dramatiker und Erzähler Carl Zuckmayer (1896-1976), Autor der in den zwanziger Jahren überaus erfolgreichen Komödien und Volksstücke ›Der fröhliche Weinberg‹, ›Schinderhannes‹, ›Katharina Knie‹ und ›Der Hauptmann von Köpenick‹, lebte im Exil in Henndorf bei Salzburg, floh beim Anschluß Österreichs 1938 nach England und ging von dort nach den Vereinigten Staaten, wo er sein erfolgreichstes Schauspiel ›Des Teufels General‹ schrieb. Er kehrte nach dem Zweiten Weltkrieg nach Europa zurück und lebte in Saas Fee in der Schweiz.

2] *›Knie‹:* Zuckmayers Zirkusdrama ›Katharina Knie‹.

3] *Golo . . . gescheite Aufsätze:* Von Golo Mann erschienen im Septemberheft 1934 der ›Sammlung‹ die ›Politische Chronik‹ für August (›Was man spricht und was man tut‹), gezeichnet ›G.‹, und ein mit seinem Namen gezeichneter Aufsatz zum siebzigsten Geburtstag von Ricarda Huch.

4] *Eindrucksvolles Essay von Heinrich:* Heinrich Mann, ›Sammlung der Kräfte‹ (über die Schriftsteller im nationalsozialistischen Deutschland) im Septemberheft 1934 der ›Sammlung‹.

7. 9. 1934

523   *Anna Jakobsen:* Gemeint ist Anna Jacobson. Siehe Annmerkung 2 zum 30. 6. 1933.

8. 9. 1934

524   *›Gruß an die Schweiz‹:* In GW XI, 438-447.

9. 9. 1934

524   1] *Ernst Zahn:* Siehe Anmerkung 1 zum 27. 1. 1934. Zahn war mit dem Ehepaar Reiff befreundet.

2] *Mythenstraße:* Das Haus des Ehepaars Reiff (siehe Anmerkung 1 zum 17. 9. 1933) in der Mythenstraße in Zürich.

3] *›Briefe eines Unbekannten‹:* Auswahl aus den Briefen des Alexander Heinrich von Villers (1812-1880), erschienen 1881.

10. 9. 1934

525   *Frau Dr. Wendriner:* Frau Anna Wendriner. Nichts Näheres bekannt.

13. 9. 1934

1] *Max Tau:* Siehe Anmerkung 2 zum 19. 1. 1934.   525

2] *Dr. K. T. Bluth:* Der Arzt und Schriftsteller Karl Theodor Bluth (1892-1964) lebte im Exil in London. Seine Schrift ›Medizinge-schichtliches bei Novalis‹ erschien 1934 im Verlag Ebering, Berlin.

3] *Schrieb . . . an Heinrich:* Der Brief ist nicht erhalten.   526

4] *an Lion:* TM an Ferdinand Lion v. 13. 9. 1934 in *Briefe I*, 373-374.

14. 9. 1934

1] *Saarfrage:* Das Saargebiet war durch ein Saarstatut im Friedens-   526
vertrag von Versailles auf 15 Jahre dem Völkerbund als Treuhänder unterstellt und wurde durch eine vom Völkerbund ernannte Regie-rungskommission verwaltet. Nach Ablauf des Mandats war ein Volks-entscheid über die künftige staatliche Zugehörigkeit des Saargebietes abzuhalten. Diese Volksabstimmung war auf den 13. 1. 1935 ange-setzt. Die Regierung Hitler organisierte einen heftigen Wahlkampf für die Rückgliederung des Saargebietes an das Deutsche Reich, gegen den die Anhänger der Fortdauer beziehungsweise Verlängerung des Völkerbundsmandats (Status quo) einen schweren Stand hatten.

2] *Prof. Claparède:* Edouard Claparède, Professor an der Universi-tät Genf.

16. 9. 1934

Wittkowski: Eine Arbeit von Victor Wittkowski über die Joseph-   527
Romane ist nicht nachweisbar.

17. 9. 1934

Tod Feists: Die Nachricht vom Tod Hans Feists (siehe Anmerkung 17   528
zum 15. 3. 1933) erwies sich als Falschmeldung.

19. 9. 1934

1] *Litwinow:* Der sowjetische Politiker und Diplomat Maxim Lit-   529
winow (1876-1951) vertrat 1917-1919 die Sowjetunion in London, wurde 1930 als Nachfolger Tschitscherins Volkskommissar des Äu-ßeren (Außenminister) und trat konsequent für kollektive Sicher-heit gegenüber dem nationalsozialistischen Deutschland und dem fa-schistischen Italien ein. Er mußte im Mai 1939 zugunsten von Mo-lotow zurücktreten, war 1941-1943 Sowjetbotschafter in Washing-ton. Litwinow genoß im Völkerbund hohes Ansehen.

2] *Motta:* Siehe Anmerkung 1 zum 6. 4. 1933.

20. 9. 1934

529   1] *Dr. Mannheimer:* Nicht ermittelt.

2] *Joh. R. Becher:* Der kommunistische Schriftsteller Johannes R. Becher (1891-1958) emigrierte 1933 in die Tschechoslowakei und Frankreich und ging 1935 in die Sowjetunion. Er kehrte 1945 nach Deutschland zurück und war 1954-1958 Minister für Kultur der Deutschen Demokratischen Republik. TM begegnete ihm 1949 und 1955 bei seinen Besuchen in Weimar.

3] *Frau Brauer:* Herta Brauer. Siehe Anmerkung 1 zum 31. 12. 1934.

4] *Brehmer:* Richtig Heinrich Bremer, Berlin. Nichts Näheres bekannt.

22. 9. 1934

530   *Brief von Heinrich:* Nicht erhalten.

24. 9. 1934

530   1] *Carlyle:* Der englische Schriftsteller und Historiker Thomas Carlyle (1795-1881) schrieb ein mehrbändiges Werk über die Französische Revolution, die berühmten Essays ›Über Helden und Heldenverehrung‹ und großangelegte biographische Werke über Cromwell und Friedrich den Großen. TM war mit seinem Werk seit langem gut vertraut. Siehe seinen Aufsatz über Carlyles ›Friedrich‹ von 1916 in GW X, 567-573.

2] *dänische Ausgabe:* Siehe Anmerkung 6 zum 16. 3. 1933.

3] *Schütz:* Der Schriftsteller und Journalist Wilhelm Wolfgang Schütz (geboren 1911), mit dem TM seit 1930 in gelegentlichem Briefwechsel stand. Schütz war 1957-1972 geschäftsführender Vorsitzender des Kuratoriums Unteilbares Deutschland.

25. 9. 1934

531   1] *Annettens Roman:* Annette Kolbs Roman ›Die Schaukel‹ erschien im Herbst 1934 im S. Fischer Verlag, Berlin. Der Roman war zuvor im Vorabdruck in der ›Frankfurter Zeitung‹ erschienen.

2] *Dr. Eichhorn:* Nicht ermittelt.

27. 9. 1934

532   *Carl Rössner:* Vermutlich der Münchner Schriftsteller Carl Rössler (1864-1949), Verfasser der vielgespielten Komödie ›Die fünf Frankfurter‹ und zahlreicher anderer Komödien. Er emigrierte 1933 nach Wien und 1938 nach England.

Anmerkungen

28. 9. 1934

1] *Brief von Klaus:* In Klaus Mann, ›Briefe und Antworten‹, Band I,   532
197-198.

2] *Bassermann:* Der Schauspieler Albert Bassermann (1867-1952),   533
bedeutender Ibsenspieler und Darsteller klassischer Rollen. Sein Tell
und Gessler gehörten zu seinen Glanzrollen. Er gehörte 1900-1914
Max Reinhardts Deutschem Theater in Berlin an und war anschließend fast nur noch auf Gastspielreisen. Er emigrierte 1933 nach der
Schweiz und ging 1934 nach den Vereinigten Staaten, von wo er
1946 zurückkehrte.

29. 9. 1934

Muntwyler: Ernst Muntwiler, Amtsvormund der Stadt Zürich,   533
Präsident des Bildungsausschusses der Sozialdemokratischen Partei
Zürichs, in welcher Eigenschaft er TM aufsuchte.

30. 9. 1934

Artikel über die Saxen-Unterwerfung: Rudolph Wahl, ›Gladius   534
Dei. Die Saxenkriege Karls des Großen‹ im Septemberheft 1934 der
›Neuen Rundschau‹.

1. 10. 1934

Frau von der Leyen: Vermutlich die Gattin des Germanisten Fried-   536
rich von der Leyen (1873-1966), der seit 1906 Professor in München,
seit 1920 Professor in Köln war und dessen Hauptgebiet die ger-
manischen Götter- und Heldensagen und die altdeutsche Literatur-
und Volkskunde war.

3. 10. 1934

1] *Monstre:* Ein von Golo Mann im Vorjahr aus Sanary mitge-   536
brachter verwilderter französischer Kater namens ›Le Monstre‹, ein
ungebärdiges Tier, das schließlich verschwand.
2] *Mouche:* Das Malteserhündchen Muschi.

5. 10. 1934

›Glasperlenspiel‹: Hermann Hesses Roman ›Das Glasperlenspiel‹ er-   539
schien in der Originalausgabe erst im November 1943 im Verlag
Fretz & Wasmuth, Zürich, als eine reichsdeutsche Ausgabe sich als
unmöglich erwiesen hatte. Der Roman kam in Deutschland erst 1946
im Suhrkamp Verlag heraus.

6. 10. 1934

540 1] *sein Buch:* Vermutlich Theodor Wolffs ›Der Krieg des Pontius Pilatus‹, das 1934 im Verlag Oprecht in Zürich erschien.

2] *E. Ludwig:* Emil Ludwig. Siehe Anmerkung 4 zum 11. 4. 1933.

3] *Dr. Bauer:* Ludwig Bauer. Siehe Anmerkung 3 zum 11. 4. 1933.

7. 10. 1934

541 1] *Schickeles Arbeit über Lawrence:* René Schickele, ›Liebe und Ärgernis des D. H. Lawrence‹, erschien 1934 im Verlag Allert de Lange, Amsterdam.

2] *Cervantes-Buch:* Bruno Franks Roman ›Cervantes‹ erschien im Herbst 1934 im Verlag Querido, Amsterdam.

3] *Schrieb an Bermann:* Der Brief ist nicht erhalten.

4] *Moskauer Schriftsteller-Kongreß:* Klaus Mann, ›Notizen in Moskau‹, ›Die Sammlung‹, Oktoberheft 1934.

10. 10. 1934

542 1] *Gener. v. Fritzsch:* Generaloberst Werner Freiherr von Fritsch (1880-1939) wurde 1934 Chef der Heeresleitung und 1935 Oberbefehlshaber des Heeres. Er geriet in Konflikt mit Hitler und wurde anläßlich der Blomberg-Affäre auf Grund von Verleumdungen Himmlers und Görings der Homosexualität verdächtigt und am 4. 2. 1938 verabschiedet. Fritsch fiel im Polenfeldzug 1939 vor Warschau.

543 2] *Ermordung Barthous:* Siehe Anmerkung 2 zum 10. 7. 1934.

3] *Mitterwurzer:* Der Schauspieler Friedrich Mitterwurzer (1844-1897) wirkte hauptsächlich am Wiener Burgtheater in Helden- und Charakterrollen und war ein Bahnbrecher der modernen Schauspielkunst.

11. 10. 1934

543 ›Neuen Cäsar‹ von Neumann: Siehe Anmerkung 1 zum 6. 6. 1933. Alfred Neumanns Roman über Napoleon III., ›Neuer Cäsar‹ erschien im Herbst 1934 im Verlag Allert de Lange, Amsterdam.

12. 10. 1934

545 *Brief an Schickele:* TM an René Schickele aus Lugano vom 12. 10. 1934 in Briefe I, 374-375.

14. 10. 1934

546 *Schrieb an Neumann:* TM an Alfred Neumann aus Lugano vom 14. 10. 1934 in Briefe I, 375-376.

15. 10. 1934

Tod des alten Fischer: S. Fischer starb kurz vor seinem 75. Geburts-   *547*
tag am 15. 10. 1934 in Berlin und wurde am 18. 10. 1934 auf dem
Jüdischen Friedhof in Weißensee begraben.

16. 10. 1934

Poincaré: Raymond Poincaré (1860-1934), französischer Politiker   *548*
und Staatsmann, war mehrfach Minister, 1912-1913 Ministerpräsident und Außenminister, 1913-1920 Präsident der Republik, wurde
im Januar 1922 abermals Ministerpräsident und Außenminister, als
welcher er Deutschland ein Moratorium auf die Reparationszahlungen
verweigerte und die Besetzung des Ruhrgebietes durchführte. Er trat
1924 zurück, war 1926-1929 zum dritten Mal Regierungschef und
gleichzeitig Finanzminister und sanierte den Staatshaushalt und die
französische Währung.

17. 10. 1934

1] *Nachruf auf Fischer: In memoriam S. Fischer* erschien in den   *548*
›Basler Nachrichten‹ vom 28. 10. 1934 (GW X, 472-478).

2] *Van der Mühlen-Burckardts:* Siehe Anmerkung 6 zum 3. 5. 1933.

3] *Sklenka:* Hans Sklenka, zeitweilig Mitglied des ›Pfeffermühle‹-
Ensembles.

4] *Rowohlt:* Der Verlag Ernst Rowohlt in Berlin.   *549*

5] *Cassirer:* Der Verlag Bruno Cassirer in Berlin.

6] *›Israeliten‹ von Meyer:* ›Die Israeliten und ihre Nachbarstämme‹
von Eduard Meyer (1906).

7] *Hahnemann:* ›Hahnemann‹ von Martin Gumpert (1897-1955)
erschien 1934 im S. Fischer Verlag. Der Berliner Arzt und Schriftsteller Martin Gumpert wanderte 1936 nach den Vereinigten Staaten
aus und war in späteren Jahren mit TM herzlich befreundet. Seine
Biographie ›Dunant‹ erschien 1938 im Bermann Fischer Verlag Stockholm. Siehe *An Martin Gumpert über ›Dunant‹* in GW XIII, 435,
und *Preface to Martin Gumpert ›First Papers‹*, GW XIII, 436-438.

18. 10. 1934

1] *Radbruch:* Gustav Radbruch (1878-1949), Strafrechtler, Rechts-   *549*
philosoph und Politiker, war 1921-1923 Reichsjustizminister und
1920-1924 sozialdemokratischer Reichstagsabgeordneter, bis 1933
Professor in Heidelberg, vom NS-Regime amtsenthoben. Sein Buch
›P. J. A. Feuerbach‹ erschien 1934.

550 2] *Wesselly:* Die Wiener Bühnen- und Filmschauspielerin Paula
Wessely (geboren 1907) gehörte zum Ensemble Max Reinhardts und
erzielte 1932 als Rose Bernd im Deutschen Theater in Berlin ihren
sensationellen Durchbruch. ›Maskerade‹ war ihr erster Film.

3] *Agnes Sorma:* Die Schauspielerin Agnes Sorma (1865-1927), be-
sonders hervorragend in Ibsen-Rollen, die der junge TM um die
Jahrhundertwende in München sehr bewunderte. Siehe sein Gedicht
An Agnes Sorma (1899) in GW VIII, 1105-1106.

20. 10. 1934

551 1] *Leopold von Belgien:* ›Leopold der Ungeliebte, König der Belgier und des Geldes‹ von Ludwig Bauer erschien im Herbst 1934
in Amsterdam.

2] *Radio-Ansprache: Gruß an die Schweiz,* GW XI, 438-447.

21. 10. 1934

552 E. *Ludwig:* Emil Ludwigs ›Führer Europas‹, eine Sammlung von
Porträts führender europäischer Staatsmänner, erschien im Herbst
1934 im Verlag Querido, Amsterdam.

22. 10. 1934

1] *Job:* Jakob Job (1891-1973), Schriftsteller, Leiter der Kulturab-
teilung des Schweizer Rundfunks.

2] *Briand:* Aristide Briand (1862-1932), französischer Staatsmann,
war ab 1906 in den meisten französischen Kabinetten Minister und
wiederholt Ministerpräsident. Nach 1926 leitete er die französische
Außenpolitik, trat für die Annäherung an Deutschland, die Rhein-
landräumung und die Abrüstung und kollektive Sicherheit ein. Seine
Politik gipfelte im Locarno-Pakt. 1926 erhielt er zusammen mit Gustav Stresemann und Austen Chamberlain den Friedensnobelpreis.

3] *Lloyd George:* David Lloyd George (1863-1945), britischer Staatsmann, seit 1905 ununterbrochen Minister in den liberalen britischen
Kabinetten Campbell-Bannerman und Asquith, bis er 1916 an die
Spitze einer Koalitionsregierung trat und zur Verkörperung des ent-
schlossenen britischen Kriegswillens wurde. Auf der Pariser Frie-
denskonferenz 1919 nahm er eine vermittelnde Stellung zwischen
Frankreich und den Vereinigten Staaten ein. Er wurde im Oktober
1922 gestürzt und befand sich hinfort als liberaler Parteiführer ein-
flußlos in der Opposition. Seine Memoiren ›Mein Anteil am Weltkrieg‹ erschienen deutsch in drei Bänden 1933 im S. Fischer Verlag.

23. 10. 1934

1] *Rembrandt-Karte:* Ansichtspostkarte mit Rembrandts Gemälde   553
>Der Segen Jakobs< von 1656. Original in den Staatlichen Kunst-
sammlungen Kassel.

2] *Bab:* Der Schriftsteller, Dramaturg und Literaturkritiker Julius
Bab (1880-1955), seit etwa 1910 mit TM gut bekannt und in häufi-
gem Briefwechsel und Meinungsaustausch. Bab emigrierte 1938 nach
Frankreich und 1940 nach den Vereinigten Staaten, wo er starb. Er
veröffentlichte eine große Anzahl von Aufsätzen über TM.

3] *Zeitschrift des Grafen Keyserling:* Die von Keyserlings Darm-
städter >Schule der Weisheit< herausgegebene Zeitschrift >Der Leuch-
ter<. Siehe Anmerkung 5 zum 23. 3. 1934.

24. 10. 1934

1] *Musiker David:* Der Zürcher Komponist Karl Heinrich David   553
(1884-1951), seit 1918 Musikkritiker in Zürich und 1928-1941 Redakteur der >Schweizerischen Musikzeitung<.

2] *Geheimr. M. Hahn:* Der Münchner Arzt Geheimrat Dr. Martin
Hahn, Onkel des Pädagogen Dr. Kurt Hahn, kannte Frau Katia
Mann schon als junges Mädchen und verehrte sie.

3] *Dankesbrief von A. Neumann:* Alfred Neumann an Thomas
Mann vom 23. 10. 1934 aus Florenz in Thomas Mann–Alfred Neumann, >Briefwechsel<.

4] *Kestenberg:* Leo Kestenberg (1882-1962), ursprünglich Pianist,   554
war 1918-1932 Musikreferent im Preußischen Kultusministerium,
seit 1921 Professor an der Hochschule für Musik in Berlin. Er emigrierte 1933 nach Prag und 1938 nach Palästina, wo er Geschäftsführer des Palestine Orchestra in Tel-Aviv wurde.

25. 10. 1934

1] *Das kl. Manuskript: Gruß an die Schweiz.*   554

2] *M. Brods Buch über Heine:* >Heinrich Heine<, Biographie von
Max Brod (1884-1968) erschien 1934 im Verlag Allert de Lange,
Amsterdam.

26. 10. 1934

1] *Wirtschaftskapitel:* Das zweite Kapitel des Fünften Hauptstücks   554
von *Joseph in Ägypten.*

2] *Fischer-Heft:* Das Dezemberheft 1934 der >Neuen Rundschau<, das dem Andenken S. Fischers gewidmet war und Beiträge von Autoren und Freunden des Verlags enthielt. TM steuerte nach längerer Überlegung den Vorabdruck des Kapitels *Wie Joseph dem Potiphar verkauft wurde* bei, in der Buchausgabe *Joseph kommt vor Peteprê's Haus* betitelt, sowie einen kurzen vorspruchartigen Text *Grabbeigabe für S. Fischer*. Siehe GW XIII, 109-110, sowie Peter de Mendelssohn, S. Fischer und sein Verlag, 1318-1320.

27. 10. 1934

555 1] *Lula:* TMs Schwester Julia Elisabeth Therese, genannt ›Lula‹ (1877-1927), die mit dem Münchner Bankier Josef Löhr verheiratet war und sich am 10. 5. 1927 das Leben nahm.

2] *Wälsungenblut:* TMs Novelle *Wälsungenblut* wurde 1905 für die ›Neue Rundschau‹ geschrieben und auf Wunsch von TMs Schwiegervater zurückgezogen; sie erschien erst 1921 im Münchner Phantasus-Verlag als Privatdruck. GW VIII, 380-410.

28. 10. 1934

556 1] *A. Kerr:* ›Die Diktatur des Hausknechts‹, Politische Aufsätze und Gedichte von Alfred Kerr (1867-1948) erschien 1934 im Exilverlag ›Les Associés‹ in Brüssel. Zwischen Kerr und TM herrschte seit frühester Zeit eine heftige Animosität. Kerr unterließ es auch im Exil nicht, TM am Zeug zu flicken. Siehe Anmerkung 4 zum 2. 4. 1933 und 6 zum 20. 11. 1933.

2] *Rachmanow:* Die russische Schriftstellerin Alja Rachmanowa (geboren 1898), die in Österreich im Exil lebte und mit ihren autobiographischen Büchern ›Studenten, Liebe, Tscheka und Tod‹ und ›Ehen im roten Sturm‹, die von ihrem Mann Arnulf von Hoyer übersetzt wurden, zu Beginn der dreißiger Jahre großen Erfolg hatte. Sie schrieb auch biographische Romane über Tolstoi, Dostojewski, Turgenjew und Tschechow. Später übersiedelte sie in die Schweiz.

29. 10. 1934

557 *Lowe-Porter:* TMs amerikanische Übersetzerin Helen Lowe-Porter lebte damals in Oxford, England.

31. 10. 1934

557 *K. H.:* TMs Roman *Königliche Hoheit*. Die Londoner Verfilmung des Romans kam nicht zustande.

1. 11. 1934

1] *Brief von Bermann:* Nicht erhalten.   *558*

2] *schrieb ich ihm ausführlich:* TM an GBF aus Küsnacht vom
1. 11. 1934 in TM–GBF, 85-86.

2. 11. 1934

1] *Brief an Frau Fischer:* TM an Hedwig Fischer aus Küsnacht vom   *559*
2. 11. 1934 in TM–GBF, 87-88.

2] *Somerset Maughan:* Der englische Erzähler und Dramatiker W.
Somerset Maugham (1874-1965). Es handelt sich um sein Stück
›Regen‹, das in der Südsee spielt.

3. 11. 1934

L. Frank: Leonhard Frank. Siehe Anmerkung 1 zum 5. 10. 1933.   *559*

6. 11. 1934

1] *Schloß das Kapitel ab:* Das zweite Kapitel des Fünften Haupt-   *561*
stücks von *Joseph in Ägypten.*

2] *Brief von Frau Fischer:* Hedwig Fischer an Thomas Mann aus
Berlin vom 3. 11. 1934 in TM–GBF, 89.

7. 11. 1934

1] *Brief von Bermann:* Nicht erhalten.   *561*

2] *Schrieb an Bermann:* TM an GBF aus Küsnacht vom 7. 11. 1934
in TM–GBF, 90.

8. 11. 1934

1] *Knicker-Bockers:* Richtig ›Knickerbockers‹: Weite sportliche Über- *562*
fallhose, die unterhalb des Knies von einem Bund zusammengehal-
ten wird.

2] *›Prof. Mannheim‹:* Später in ›Professor Mamlock. Ein Stück
aus dem Deutschland von heute‹ umbenannt, Schauspiel von Friedrich Wolf (1888-1953). Das Stück schildert den Kampf des jüdischen
Chirurgen Professor Mamlock gegen den Arierparagraphen und
um seine Rechte als Arzt und Deutscher und endet mit seinem
Selbstmord. Die Buchausgabe des sehr erfolgreichen Dramas erschien 1935 im Verlag Oprecht, Zürich. Wolf, bereits vor 1933 ein
angesehener Dramatiker, emigrierte 1933, lebte in Österreich, der
Schweiz, Frankreich, wo er 1939 vorübergehend interniert war,
und gelangte 1941 nach Moskau, von wo er 1945 nach Deutschland
zurückkehrte.

3] *Steckel:* Der Schauspieler Leonard Steckel (1901-1971), in den zwanziger Jahren ein bedeutender Charakterdarsteller der deutschen Bühnen, emigrierte 1933 in die Schweiz und war bis 1953 Mitglied des Zürcher Schauspielhauses. Während des Zweiten Weltkrieges inszenierte er dort mehrere bedeutende Brecht-Aufführungen.

563   4] *Offiziersroman von Heydenau:* Der Roman ›Der Leutnant Lugger‹ von Friedrich Heydenau erschien im Herbst 1934 bei S. Fischer in Berlin. Heydenau war ein Pseudonym für F. Oppenheimer, den Bruder des Malers und Zeichners Max Oppenheimer (Mopp). Siehe Anmerkung 3 zum 16. 3. 1934.

9. 11. 1934

563   1] *Erika beglückwünscht:* Erika Mann wurde am 9. 11. 1934 neunundzwanzig Jahre alt.

2] *Menuhin:* Der amerikanische Geiger Yehudi Menuhin (geboren 1916), seit seinem ersten Auftreten mit sieben Jahren als Wunderkind gefeiert, war damals achtzehn Jahre alt.

10. 11. 1934

563   *Vortrag:* Die Ansprache, die TM am 11. 11. 1934 beim ›Tag der Völkerverständigung‹, einer großen Kundgebung der ›Europa-Union‹, vor fast 2000 Zuhörern in Basel hielt.

11. 11. 1934

564   1] *Dr. Bauer:* Dr. Hans Bauer, Zentralpräsident der ›Europa-Union‹.

2] *Rioux:* Gaston Riou, Paris, Präsident von ›France-Europa‹.

3] *Hemmingway:* Der amerikanische Erzähler Ernest Hemingway (1899-1961), Autor der Romane ›Fiesta‹, ›In einem anderen Land‹, ›Wem die Stunde schlägt‹ und anderer, sowie zahlreicher Kurzgeschichten. Er erhielt 1954 den Literatur-Nobelpreis. Seine Erzählung ›Die Veränderung‹ erschien im Novemberheft 1934 der ›Sammlung‹, übersetzt von Annemarie Horschitz.

12. 11. 1934

565   1] *Nationalrat Schneider* und *Aktion gegen General Wille:* Der sozialdemokratische Nationalrat Schneider hatte in der Sitzung des Schweizer Nationalrats vom 6. 11. 1934 den Oberstkorpskommandanten Ulrich Wille (den Sohn des gleichnamigen Generals und Schöpfers der Schweizer Wehrverfassung) der unstatthaften engen

Fühlungnahme mit Hitler und den militärischen Führern Deutschlands bezichtigt, wodurch die Neutralität der Schweiz zugunsten eines militärischen Zusammengehens mit Deutschland beeinträchtigt worden sei. Im Hinblick hierauf hatte Schneider gefordert, Wille seines Postens zu entheben. Der Skandal wirbelte beträchtlichen politischen Staub auf.

2] *Sprüngli:* Teestube und Konditorei in Zürich.

3] *Tschuppik:* Der österreichische Historiker, Biograph und Romancier Karl Tschuppik (1877-1937), dessen Buch über die Kaiserin Maria Theresia 1934 im Verlag Allert de Lange, Amsterdam, erschien.

13. 11. 1934
Droemer: TM hatte 1930 für die Theodor Storm-Ausgabe des Berliner Verlags Droemer-Knaur eine Einleitung geschrieben und wollte diesen Aufsatz jetzt in seinen neuen Essayband aufnehmen. Hierzu war die Erlaubnis Droemers erforderlich. Siehe *Theodor Storm*, GW IX, 246-267.   566

15. 11. 1934
1] *Piper:* Der Verlag R. Piper & Co. in München.   566

2] *Durych:* Der tschechische Erzähler Jaroslav Durych (1886-1962), dessen Wallenstein-Romantrilogie ›Bloudeni‹, deutsch 1933 unter dem Titel ›Friedland‹ erschienen, TM kannte und schätzte. Eine öffentliche Äußerung TMs über Durych ist nicht bekannt. Siehe Eintragung vom 26. 11. 1933.

3] *Brief von Frau Fischer:* Hedwig Fischer an Thomas Mann aus Berlin vom 12. 11. 1934 in TM–GBF, 90-91.   567

4] *Frau Mühsam:* Die Witwe des im Konzentrationslager Oranienburg ermordeten Schriftstellers Erich Mühsam. Siehe Anmerkung 4 zum 28. 5. 1933.

5] *Kurt Hiller:* Der Schriftsteller Kurt Hiller (1885-1972), ein engagierter und scharfer Polemiker, Begründer der Aktivismus-Bewegung, gab 1916-1924 das ›Jahrbuch für geistige Politik‹, ›Das Ziel‹ heraus und griff TM wegen dessen ›Taugenichts‹-Kapitel in den *Betrachtungen eines Unpolitischen* 1918 heftig an. TM lehnte den Aktivismus ab, zu dessen bedeutendsten Vertretern damals auch sein Bruder Heinrich und Wilhelm Herzog gehörten, schätzte jedoch Hiller als einen sauberen und fairen Polemiker. Hiller emigrierte 1933

Anmerkungen

nach einer Konzentrationslagerhaft nach Prag und von dort 1938 nach London und kehrte 1955 nach Deutschland zurück. Er lebte im Exil in sehr bedrängten materiellen Verhältnissen.

17. 11. 1934

568 1] *Tumult:* Am Freitag, 16. 11. 1934 kam es während der Vorstellung der ›Pfeffermühle‹ im Kursaal Zürich zu einer planmäßig vorbereiteten Krawall-Demonstration der nationalistischen Schweizer ›Frontisten‹ (Angehörigen der Verbände ›Nationale Front‹, ›Heimatwehr‹ und ›Neue Schweiz‹), die zu einem wüsten Tumult und Schlägereien führte, wobei die Demonstranten, dem Bericht der ›Neuen Zürcher Zeitung‹ zufolge, antisemitische Hetzparolen schrien, Tränengasbomben warfen, das Publikum verprügelten und die Einrichtung des Lokals demolierten. Die Polizei schritt ein und verhaftete vierundzwanzig Personen, die sämtlich den genannten rechtsradikalen Organisationen angehörten. Die Krawalle setzten sich auf der Straße fort, wo die Demonstranten mit einem Steinhagel gegen die Polizei vorgingen. Ein Demonstrant wurde durch einen Warnschuß der Polizei verletzt.

2] *Die alte Schwarzenbach:* Die Mutter von Annemarie Schwarzenbach, der Freundin von Erika und Klaus Mann. Siehe Anmerkung 1 zum 12. 11. 1934. Die ›Neue Zürcher Zeitung‹ veröffentlichte am 19. 11. 1934 eine Zuschrift von James Schwarzenbach, in welcher er die Demonstranten verteidigte, da das Emigranten-Kabarett ›Pfeffermühle‹ gegen die Neutralität der Schweiz verstoße und Erika Mann ein ›ehemaliges Mitglied der Kommunistischen Partei Deutschlands‹ sei. In einer Erwiderung in derselben Zeitung erklärte Erika Mann, sie habe nie der Kommunistischen Partei und überhaupt nie irgend einer politischen Partei angehört.

18. 11. 1934

569 *W. Herzfelde:* Der Verleger Wieland Herzfelde (geboren 1896), Begründer und Leiter des linkssozialistisch-kommunistischen Berliner Malik-Verlags, emigrierte 1933 nach Prag, wo er die Monatsschrift ›Neue Deutsche Blätter‹ herausgab, von dort 1938 nach Frankreich und England und 1939 nach den Vereinigten Staaten, von wo er 1949 nach Deutschland (DDR) zurückkehrte.

20. 11. 1934

H. Grab: Der Prager Erzähler und Musikschriftsteller Hermann   570
Grab (1903-1949), emigrierte 1939 nach Frankreich und von dort
nach den Vereinigten Staaten.

21. 11. 1934

1] *Essayband: Leiden und Größe der Meister.*   571

2] *v. Brentano:* Der Schriftsteller Bernard von Brentano (1901-
1964), gehörte 1925-1930 der Redaktion der ›Frankfurter Zeitung‹ an,
emigrierte 1933 in die Schweiz und kehrte 1949 nach Deutschland
zurück. Er veröffentlichte im Exil eine Anzahl von Romanen, die in
Zürcher Verlagen erschienen, sowie später mehrere Biographien, die
im Umkreis seiner Romantiker-Vorfahren spielen.

3] *M. Kessel:* Der Berliner Lyriker, Erzähler und Essayist Martin
Kessel (geboren 1901) wurde 1932 mit seinem Roman ›Herrn
Brechers Fiasko‹ bekannt.

23. 11. 1934

1] *Maria Waser:* Die angesehene Schweizer Lyrikerin, Erzählerin   572
und Literarhistorikerin Maria Waser (1878-1939), die in Zollikon
bei Zürich lebte und in die Polemik um die ›Pfeffermühle‹ auf seiten Erika Manns mit einem offenen Brief an die ›Neue Zürcher Zeitung‹ eingriff.

2] *Vossler:* Siehe Anmerkung 6 zum 24. 4. 1933.

24. 11. 1934

Platen-Aufsatz: August v. Platen, geschrieben 1930 (GW IX, 268-281),   573
wurde in den Essayband *Leiden und Größe der Meister* aufgenommen.

25. 11. 1934

1] *Frl. Hirsch:* Die Pianistin Valeska Hirsch, spätere Gattin des   574
Regisseurs Leopold Lindtberg, gehörte dem Ensemble der ›Pfeffermühle‹ an.

2] *Schrieb an Bermann:* TM an GBF aus Küsnacht vom 25. 11. 1934
in TM–GBF, 91-92.

27. 11. 1934

Mordprozeß Naef: Der neuntägige Schwurgerichtsprozeß vom 20.   575
bis 28. 11. 1934 in Zürich gegen den Zahntechniker Hans Näf, der
des Mordes an seiner Ehefrau und des versuchten Versicherungsbe-

trugs angeklagt war. Näf beteuerte seine Unschuld und wurde auf Grund eines Indizienbeweises zu lebenslänglichem Zuchthaus verurteilt. Der Prozeß erregte großes Aufsehen, da die Möglichkeit eines Justizirrtums nicht ausgeschlossen schien.

28. 11. 1934

576 *H. Mettler:* Hugo Mettler. Nichts Näheres bekannt.

29. 11. 1934

576 1] *Herrn u. Mme. Clerc:* Nicht ermittelt.

2] *Lichtenberger:* Der französische Germanist Henri Lichtenberger (1864-1941) war seit 1905 Professor für deutsche Literatur an der Sorbonne, wo er 1929 das ›Institut d'Etudes Germaniques‹ gründete. Er veröffentlichte ›La Philosophie de Nietzsche‹, ›Richard Wagner, poète et penseur‹, ein Werk über Heine und ein zweibändiges Werk über Goethe, sowie ein Buch über das zeitgenössische Deutschland und seine Entwicklung, sämtlich auch ins Deutsche übersetzt. TM kannte ihn persönlich seit seinem Pariser Aufenthalt 1926.

3] *Madariaga:* Salvador de Madariaga (geboren 1886), spanischer Schriftsteller, Gelehrter und Diplomat, trat 1921 ins Sekretariat des Völkerbundes ein, war 1928-1931 Professor für spanische Literatur in Oxford, 1931 Botschafter in Washington, 1932 in Paris, 1934 spanischer Erziehungs- und Justizminister. Seit 1936 im Exil in England, wurde er zum einflußreichen Vertreter und Interpreten westeuropäischer Kultur, die er in zahlreichen Werken in spanischer, französischer und englischer Sprache darstellte.

577 4] *Furtwängler:* Wilhelm Furtwängler, ›Der Fall Hindemith‹ in der ›Deutschen Allgemeinen Zeitung‹, Berlin.

5] *120 Stadträte:* Vermutlich ein Irrtum; es dürfte sich um Gemeinderäte gehandelt haben.

6] *Jacobs Tora-Kommentar:* Benno Jacob, ›Das erste Buch der Tora‹, 1934.

30. 11. 1934

578 *F. G. Jünger:* Friedrich Georg Jünger (1898-1977), jüngerer Bruder von Ernst Jünger, Lyriker, Erzähler und Essayist, an der Antike, Klopstock, Hölderlin und Stefan George geschult, von bedeutender sprachlicher und formaler Geschlossenheit, veröffentlichte 1934 seinen ersten Band ›Gedichte‹, darin das Gedicht ›Der Mohn‹ damals großes Aufsehen erregte.

1. 12. 1934

1] *Dr. O. Veit:* Dr. Otto Veit (geb. 1898), Volkswirtschaftler und 578
Publizist, Verfasser mehrerer wirtschaftspolitischer und soziologischer Werke, Professor an der Universität Frankfurt.

2] *Courvoisier:* Der in München ansässige Schweizer Komponist und
Musikpädagoge Walter Courvoisier (1875-1931), seit 1910 Professor an der Münchner Akademie der Tonkunst, bekannt durch seine
Liedkompositionen, Chorwerke, Klaviermusik und einige Opern.
Während der Jahre 1910-1913, als die Familie Mann im Haus Mauerkircherstraße 13 am Münchner Herzogpark wohnte, bewohnte
Courvoisier die Etagenwohnung über ihr, und es bestand ein
freundnachbarliches Verhältnis.

3] *César Frank:* Der belgische Komponist César Franck (1822-1890).

2. 12. 1934
Pembaur: Der österreichische Pianist Joseph Pembaur (1876-1950). 579

3. 12. 1934
1] *Fischers Jahrbuch:* Der Almanach des S. Fischer Verlags auf das 579
Jahr 1935.
2] *Briefdiktat an Bermann:* TM an GBF aus Küsnacht vom 4. 12.
1934 in TM–GBG, 93.
3] *Auernheimer:* Der Wiener Erzähler, Dramatiker und Feuilletonist Raoul Auernheimer (1876-1948), den TM seit 1919 aus Wien
kannte. Er wurde 1938 verhaftet, kam ins Konzentrationslager
Dachau und emigrierte schließlich in die Vereinigten Staaten.
4] *M. Bodmer:* Der Kunstsammler und Mäzen Martin Bodmer 580
(1899-1971). Siehe Anmerkung 7 zum 18. 3. 1933.
5] *Wieglersche Anthologie:* Der Schriftsteller und Literarhistoriker
Paul Wiegler (1878-1949) gab eine Anzahl von Anthologien und
Sammelwerken heraus; nicht feststellbar, um welche es sich hier
handelt.

5. 12. 1934
1] *Prof. Corrodi:* Hans Corrodi, ›Othmar Schoeck‹, eine Monogra- 581
phie. Frauenfeld, Huber, 1931.
2] *Entlassung Furtwänglers:* Siehe Anmerkung 7 zum 13. 4. 1933.
Furtwängler wurde 1933 Direktor der Berliner Staatsoper, Vizeprä-

sident der Reichsmusikkammer und Preußischer Staatsrat, trat aber, weil er sich in seinen künstlerischen und organisatorischen Rechten gehindert sah, am 4. 12. 1934 von allen Ämtern zurück. Den unmittelbaren Anlaß hierzu hatte sein Eintreten für Hindemith gegeben. Er nahm am 25. 4. 1935 seine öffentliche Tätigkeit wieder auf und wirkte in der Folge als vielbeschäftigter Dirigent.

582   3] *Ernst:* Karl Ernst, SA-Gruppenführer, wurde am 30. 6. 1934 ermordet.

6. 12. 1934

582   *Brief ans Svenska Dagbladet:* Der im Ersten Weltkrieg (1915) als Antwort auf eine Umfrage geschriebene Brief *An die Redaktion des ›Svenska Dagbladet‹,* Stockholm. In GW XIII, 545-554.

8. 12. 1934

583   *Gedicht von Keller:* Gottfried Keller, ›Die öffentlichen Verleumder‹.

9. 12. 1934

584   1] *Dr. Hamburger:* Siehe Anmerkung 5 zum 8. 4. 1933. Käte Hamburger schrieb mehrfach über die Joseph-Romane. Der hier erwähnte Vortrag wurde, soweit ihr erinnerlich, in Göteborg in einem Kreis von schwedischen Deutschlehrern gehalten.

2] *Bloch:* Das Werk ›Erbschaft dieser Zeit‹ von Ernst Bloch (1885-1977) erschien Ende 1934.

10. 12. 1934

1] *P. Eisner:* Siehe Anmerkung 2 zum 25. 8. 1933. Eisner hatte sich große Verdienste um TM in der Tschechoslowakei erworben und mochte sich zu Unrecht übergangen fühlen. Er übersetzte nach 1936 mehrere Hauptwerke TMs. Seine hier erwähnte Rezension in der ›Prager Presse‹ ist nicht nachweisbar.

2] *R. Strauss:* Die Nachricht, daß Richard Strauss aus Solidarität mit Furtwängler vom Posten des Präsidenten der Reichsmusikkammer zurückgetreten sei, war unrichtig. Strauss legte sein Amt erst am 13. 7. 1935 nieder und zwar, wie er in seinem Schreiben an Hitler von diesem Tag sagt, »auf Weisung des Herrn Reichsminister Dr. Goebbels«. Er spricht in seinem Brief ausdrücklich von seiner »Enthebung« und nicht von einem freiwilligen Rücktritt.

11. 12. 1934

585   1] *Kapitelschluß:* Abschluß des vierten Kapitels, *Beknechons,* des Fünften Hauptstücks von *Joseph in Ägypten.*

2] *Gulbransson:* Der Zeichner und Karikaturist Olaf Gulbransson (1873-1958), langjähriger Mitarbeiter des ›Simplicissimus‹ und TM aus München persönlich gut bekannt, gehörte zu den Unterzeichnern des ›Protests der Wagnerstadt München‹. Seine Autobiographie ›Es war einmal‹ erschien 1934.

3] *›Allotria‹:* Künstler-Club in München-Schwabing.

12. 12. 1934

›Mensch und Gesellschaft im Zeitalter des Umbaus‹: Von Karl Mannheim. Siehe Anmerkung zum 16. 12. 1934.

13. 12. 1934

1] *Das neue Kapitel: Joseph wird zusehends zum Ägypter,* das   *586* fünfte und vorletzte Kapitel des Fünften Hauptstücks von *Joseph in Ägypten.*

2] *Schrieb . . . an Heinrich:* Der Brief ist nicht erhalten.

3] *O. Horvath:* Der Dramatiker und Erzähler Ödön von Horvath (1901-1938). Sein Singspiel war die Komödie ›Hin und Her‹, die in der Inszenierung von Gustav Hartung am Schauspielhaus Zürich uraufgeführt wurde.

4] *Brunner:* Der evangelisch-reformierte Schweizer Theologe Emil Brunner (1889-1966), Professor in Zürich.

14. 12. 1934

1] *Wochenschrift ›Das Reich‹:* Während der letzten Wochen des   *586* Wahlkampfes um die Volksabstimmung im Saargebiet wurde die antinationalsozialistische Wochenschrift ›Westland‹ von getarnten Naziagenten aufgekauft. Um einen Ersatz für diesen publizistischen Ausfall zu schaffen, gründete Hubertus Prinz zu Löwenstein (geb. 1906) zusammen mit Rudolf Olden und Peter de Mendelssohn die Wochenzeitung ›Das Reich‹, die nachdrücklich gegen die Rückgliederung des Saargebietes und für die Beibehaltung des Status quo eintrat. Es erschienen nur wenige Nummern.

2] *Klaus' Roman:* ›Flucht in den Norden‹.   *587*

3] *K. Kersten:* Der Schriftsteller Kurt Kersten (1891-1962) emigrierte 1934 in die Schweiz, 1937 nach Frankreich und gelangte über Marokko und La Martinique schließlich 1946 nach den Vereinigten Staaten. Er war regelmäßiger Mitarbeiter fast aller wichtigen Exilszeitschriften. Seine Biographie über Peter den Großen erschien 1935 im Verlag Querido, Amsterdam.

4] *Krauss:* Der Dirigent Clemens Krauss (1893-1954), der seit 1929 Leiter der Wiener Staatsoper war und 1934 als Nachfolger Furtwänglers an die Staatsoper Berlin berufen wurde. Er war anschließend 1938-1945 Leiter der Münchner Oper.

5] *Weingartner:* Der Dirigent Felix von Weingartner (1863-1942) war bereits 1908-1911 als Nachfolger Gustav Mahlers Direktor der Wiener Hofoper gewesen. Er war seit 1927 Direktor des Konservatoriums und der Allgemeinen Musikgesellschaft in Basel und wurde 1935-1936 nochmals Direktor der Wiener Staatsoper.

16. 12. 1934

588 *C. Mannheim:* Der Soziologe Karl Mannheim (1893-1947) war 1930-1933 Professor an der Universität Frankfurt, emigrierte 1933 nach England und war Dozent für Pädagogik und Soziologie an der London School of Economics. Sein Werk ›Man and Society in an Age of Reconstruction‹ (1934) erschien deutsch unter dem Titel ›Mensch und Gesellschaft im Zeitalter des Umbaus‹.

18. 12. 1934

589 1] *Heyse:* Richtig Carl Georg Heise. Siehe Anmerkung 2 zum 8. 6. 1933.

2] *Ed. Maier:* Richtig Eduard Meyer, ›Die Israeliten und ihre Nachbarstämme‹ (1906).

3] *Roman des jungen Rabener:* Nicht ermittelt.

19. 12. 1934

590 1] *Brief von Heinrich:* HM an TM aus Nizza vom 17. 12. 1934 in TM–HM, 146-148.

2] *Lalla Pringsheim:* (geboren 1888), Gattin von Klaus Pringsheim, Tokio. Siehe Anmerkung 3 zum 29. 6. 1933.

20. 12. 1934.

591 1] *Coudenhove:* Richard Graf Coudenhove-Kalergi (1894-1972), Schriftsteller und Politiker, gründete 1923 die Paneuropa-Bewegung mit dem Ziel eines europäischen Staatenbundes. Er mußte 1938 Österreich verlassen, wurde 1940 Professor für Geschichte an der Universität New York, kehrte 1946 nach Europa zurück und war als Präsident der Paneuropa-Union zuletzt in der Schweiz ansässig. ›Europa erwacht!‹, eines seiner zahlreichen Bücher, erschien 1934.

2] *Kracauer:* Der Soziologe Siegfried Kracauer (1889-1966), bis 1933 Redakteur und Literaturkritiker der ›Frankfurter Zeitung‹, emigrierte 1933 nach Frankreich und 1941 in die Vereinigten Staaten. Er wurde bekannt durch seinen 1928 erschienenen autobiographischen Roman ›Ginster‹ und die soziologische Studie ›Die Angestellten‹. Unter seinen im Exil entstandenen Büchern: ›Offenbach und das Paris seiner Zeit‹, das 1937 im Verlag Allert de Lange, Amsterdam erschien, und die in Princeton 1947 erschienene grundlegende Untersuchung ›From Caligari to Hitler. A psychological History of the German Film‹.

23. 12. 1934

Fr. Blei: Der österreichische Schriftsteller und Übersetzer Franz Blei   592
(1871-1942), TM aus München persönlich gut bekannt, emigrierte 1933 nach Mallorca, kehrte 1936 nach Wien zurück, ging 1938 nach Italien und 1941 nach den Vereinigten Staaten. Er veröffentlichte im Exil ›Zeitgenössische Bildnisse‹, 1940 im Verlag Allert de Lange, Amsterdam.

25. 12. 1934

1] *Schrieb an Frau Fischer:* Der Brief ist nicht erhalten.   593
2] *Hartung:* Gustav Hartungs Besprechung des *Jungen Joseph* er-   594
schien am 24. 12. 1934 in der ›National-Zeitung‹, Basel.

26. 12. 1934

›*Das Ende einer Liebe*‹: Richtig ›So endete eine Liebe‹.   594

27. 12. 1934

Amun blickt scheel auf Joseph: Das dritte Kapitel des Fünften   595
Hauptstücks von *Joseph in Ägypten.*

28. 12. 1934

1] *Burri:* Nicht ermittelt.   595
2] *Dr. Hessberg:* Richard Hessberg, damals Chefarzt der Städtischen Augenklinik, Essen.

29. 12. 1934

Mrs. Pankhurst: Vermutlich eine der Töchter der britischen Frauen-   596
rechtlerin Emmeline Pankhurst (1858-1928), die ihr in der Führung der militanten Frauenrechts-Bewegung nachfolgten; wahrscheinlich Sylvia Pankhurst (geboren 1882), die dem Kommunismus nahe-

stand und agitatorisch in die internationale Politik der zwanziger und dreißiger Jahre eingriff.

31. 12. 1934

598 1] *Buch der Brauer:* Herta Brauer, ›Flucht aus dem Zwielicht‹, Roman, Verlag Rascher, Zürich, 1934.

2] *Freiligrath:* Ferdinand Freiligrath (1810-1876), ›Ça ira!‹, Sechs Gedichte, Herisau, Druck und Verlag des Literarischen Instituts, 1846. Das Exemplar, das TM von Schickele als Neujahrsgruß empfing, ist erhalten. Die von TM zitierten Verszeilen stammen aus dem Gedicht ›Springer‹.

REGISTER

I WERKE VON THOMAS MANN

II ALLGEMEINES VERZEICHNIS

Der Name von Katia Mann, die auf fast jeder Seite der Tagebücher erwähnt wird, ist nicht aufgenommen. Orte und Hotels sind nur im Zusammenhang mit einem Aufenthalt TM's verzeichnet, die Registrierung fremder Werke bezieht sich auf TM's Eintragungen; nicht aufgeführt sind Artikel und Rezensionen.

Olden, Rudolf 417, 419, *721,
763*
Oldenbourg, Paul 479, *735*
R. Oldenbourg, Verlag 214, *631,
735*
Olten 312 ff.
Hotel Aaarhof 312 ff.
Onégin, Sigrid 193, 210, *666*
Oppenheimer, Max 361,*707,756*
Oprecht, Emil 242, 522, 572,
598, *678*
Oprecht, Emmie 242, 572, 598,
678
Dr. Oprecht und Helbling, Ver-
lag *679, 750, 755*
Oprescu, Georges 483 f., *735*
d'Ormesson, Wladimir 514, 535,
743
Ortega y Gasset, José 468, *732*
Der Aufstand der Massen 468
Osborn, Max 72, *632*
Ossietzky, Carl von 95, 323,
400, 406, 452, 480, 528, 531,
586, *608, 641, 658, 717, 721*
Ostertag, Ferdinand 140, *654*
Otto I., der Große, römischer
Kaiser 57
Otto, Walter F[riedrich]
Die Götter Griechenlands 373,
376, 378, 380 f., 386, *710*
Overbeck, Alfred Freiherr von
58, 60, 64 f., *628*

Pacific Palisades, Calif. V, XII f.
Pacific Press (Verlag) *741*
Painlevé, Paul 236, *677*
Pallenberg, Max 59, 451, 477,
629, 727

Pankhurst, Sylvia 596, *765 f.*
Pankhurst, Emmeline *765*
Pannwitz, Rudolf 79, *635*
Pantheon Books (Verlag) *646*
Panther, Noel 235, *677*
Papen, Franz von 7, 13, 27,
447 f., 454, 461, 464, 467, 488,
500 f., 503, 508, 588, *608, 616,
620, 647, 725, 729, 736 f.*
Paradiso 29, 62, 545
Paris IX, 17, 82, 318, 422 f.
Hotel Mirabeau 422
›Paris-Soir‹ 333, 377
›Pariser Tageblatt‹ *651*
Parpan 16
Parsifal s. Wagner, Richard
Pastorale *s.* Ludwig van Beetho-
ven, *Symphonie Nr. 6 F-Dur,
op. 68*
Paul, Jean *s.* Jean Paul
Peacock, Ronald *713*
*Das Leitmotiv bei Thomas
Mann* 386, *713*
Pechmann, Günther Freiherr von
390, *714*
Pembaur, Joseph 579, *761*
P.E.N.-Club 11, 266, 319, 368 f.,
413, 417, 420, 437, *610, 699,
721*
Penzoldt, Ernst 376, 479, *711,
735*
Penzoldt, Fritz 193, 210, *666*
Perikles 166
Perl, Walter H. 371 f., 388, 398,
709 f.
Perrault, Charles
Märchen aus vergangener Zeit
463, *730*

Das Register wurde von Wolfgang Kloft zusammengestellt